SV

»In den Niederungen des Aktuellen«

Hermann Hesse
Die Briefe

Band 5

1933-1939

Herausgegeben
von Volker Michels

Suhrkamp

Erste Auflage 2018

Satz: Satz-Offizin Hümmer GmbH, Waldbüttelbrunn
Druck: CPI – Ebner & Spiegel, Ulm
Printed in Germany
ISBN 978-3-518-42810-8

»In den Niederungen des Aktuellen«

Inhalt

1933

1 An seinen Sohn Heiner

(Mit einer aquarellierten Federzeichnung am Kopf des Briefes)

[Montagnola, Anfang Januar 1933]

Lieber Heiner

[...] Die Steuersache in Berlin war so, daß sie mich ruiniert hätte: es wurde verlangt, daß ich mein ganzes Einkommen, außer in der Schweiz, auch noch in Berlin versteure, zu sehr hohen Sätzen (weil ja die Berliner Behörden jeden Pfennig, den ich bekomme, erst bewilligen und nach dem Ausland durchlassen müssen), und außerdem war damit gedroht, daß ich diese Steuern noch für eine Anzahl Jahre rückwärts zahlen müsse. Es hätte das fast vollkommene Ausbleiben meiner Einnahmen für Jahre bedeutet. Jetzt ist vorerst eine Milderung und Verschiebung der ganzen Frage erreicht, die mich monatelang beständig beschäftigt hatte. Natürlich kann morgen schon eine neue deutsche Notverordnung kommen, die alles wieder umstößt, aber für den Moment habe ich Ruhe.

Du hast recht, daß wir gegen den Staat und ähnliche Mächte wehrlos sind. Aber du hast nach meiner Meinung vollkommen unrecht, wenn du daraus den Schluß ziehst, wir müßten darauf antworten, indem wir »skrupellos« uns wehren. Gerade das, Heiner, dürfen wir nicht: über die Welt schimpfen, weil sie skrupellos ist und selber ebenso skrupellos sein. Grade das ist unser Vorrecht und unser Adel, daß wir Skrupel haben, daß wir nicht alles für erlaubt halten, daß wir das Hassen und Töten und alle übrige Sauerei nicht auch noch mitmachen. Hier fängt jede Kultur an, jede Beseelung des an sich viehischen Lebens, auch jede Möglichkeit zur Kunst, zur Religion, zu allem geistigen Wert. Die ruppige Gebärde des »Ich scheiße auf das alles« ist nicht erst von Euch erfunden worden, sie ist in der Geschichte schon hundertmal dagewesen, man kann sie dulden, man kann sie verstehen als Reaktion schwacher und unerzogener Menschen auf grausame

Übermacht – aber billigen und richtig finden kann man sie nicht. Du siehst im Hause von Els[1], was es heißt, wenn ein Mensch an etwas glaubt und der Liebe und Güte fähig ist, und das den Kindern vererbt.

Bei uns war die Weihnacht ganz freundlich, seit 12 Jahren hatte ich zum ersten Mal wieder eine Weihnacht bei mir daheim. Ich bekam viel geschenkt, und Ninon[2] auch, aber es war mir zuviel, und das etwas allzu bürgerliche Milieu war mir ein wenig lästig. Ich habe dies Milieu angenommen, mit freiem Entschluß, indem ich nochmals heiratete und indem ich das Haus von Bodmers annahm, und ich stehe auch dazu und gönne es Ninon sehr, daß sie wieder ein so ziemlich gesichertes Leben und ihren »anständigen« Haushalt hat – das hindert nicht, daß ich selber darin nur ein Gast bin und mich fremd fühle. Wir haben seit etwa 3 Wochen Sonne, das ist ein Glück. [...] Laß mich weiter wissen, wie es geht, und wieder helfen, wenn es nötig ist. Grüße alle Bucherers und Hellen[3] schön von mir. Ich lege ein paar Briefe für Zürich bei, die ich in der Stadt einzuwerfen bitte.

Papi

1 Heiner Hesse hatte die Weihnachtstage bei Els Bucherer-Feustel verbracht.
2 Ninon Hesse (geb. Ausländer, 1895-1966), seit 1931 mit dem Dichter verheiratet.
3 Hellen Hesse, geb. Guggenbühl (1909-1981), Schauspielerin.

2 *An seine Schwester Marulla*
(Mit einer aquarellierten Federzeichnung am Kopf des Briefes)

Montagnola [Anfang Januar 1933]

Liebe Marulla
Ich sage Dir meine guten Wünsche fürs neue Jahr und danke Dir für Deine Karte aus Tübingen. Deine Zustände kann ich mir schon denken, allzu gut. Sie sind indessen zwar dem Ver-

stand nicht untertan, und nicht mit ihm allein zu regieren, aber immerhin sind sie ihm zugänglich und von ihm etwas beeinflußbar. Am vollkommensten war das ausgebildet im indischen Samkhya-System[1], dem wahrscheinlich Buddha nahestand. Die verstanden es, das erkennende Ich vom begehrenden (und darum leidenden) Ich so vollkommen zu trennen, daß sie wirklich Nirwana erreichten. Wir Heutigen sind dafür allzu zuchtlos. Die indische Selbstkontrolle ist zwar auch Verdrängung der Triebe, aber sie führt bis zu ihrer Sublimierung. Wir fühlen uns dazu nicht stark und gläubig genug, darum müssen wir den umgekehrten Weg nehmen und immer wieder unsrer Not und Verzweiflung ins Gesicht sehen. Es zeigt sich dann, daß wir jedem Leid, wenn es wirklich unerträglich wird, entfliehen können. Durch den Tod, indem der Körper selber genug hat. Durch den Selbstmord, wenn es nimmer auszuhalten ist. Da nun also diese Tür immerzu offen steht, haben wir, solang wir dennoch in der Qual bleiben, das Recht zu vermuten: Irgend etwas muß uns doch hier zurückhalten? Das Innerste in uns muß doch leben wollen? Nun ja, und meistens zeigt sich dann auch, daß das Leiden desto weher tut, je mehr man sich dagegen wehrt, je mehr man sich selber oder das Schicksal anklagt und ändern will. Nachgeben, sich sinken lassen, gar nicht mehr denken und suchen, sondern sich untersinken lassen im Leid, das ist nicht der schlechteste Weg, um zu finden, daß jedes Leid einen Boden hat.

Na, es ist gut gemeint, aber natürlich nutzt das Schwatzen da nicht viel. Schade, daß Du nicht ein wenig hier bist, wir haben seit fast drei Wochen immerzu helle Sonne.

Mit vielen guten Wünschen, auch für Karl's[2] grüßt Dich Dein

Hermann

1 Richtungsweisende Strömung des vedischen Denkens, die auf eine Befreiung aus dem Kreislauf der Wiedergeburten zielt.

2 An die Familie des Halbbruders Karl Isenberg.

3 An seinen Neffen Carlo Isenberg

[Montagnola] Januar 1933

Lieber Carlo

Danke für Dein Briefchen, es war mir eine Freude, wieder einmal Deine Stimme zu hören. Und, da ich immer schwerer reise, will ich auch gleich wiederholen, was Du schon weißt: wenn Du einmal kannst und willst, so bist Du uns hier willkommen, zu kurzem oder längerem Besuch, zum Ruhen oder Arbeiten. Nur fehlt ein Klavier, das haben wir nicht.

Deine Fragen kann ich nur schlecht beantworten. Mit dem Protestantismus hast Du sicher recht: Wenn ich von Protestantismus spreche, so meine ich natürlich immer den, den ich kenne, den ich erlebt und geschmeckt habe, und dessen weltlichen wie geistigen Niedergang und Zusammenbruch wir erleben. Ich habe nicht sehr viel historischen Sinn, und darum fehlt es mir auch an Gerechtigkeit im Gebrauch solcher Worte wie »Protestantismus«. Ich halte so etwas wie Kirche nur für möglich in der katholischen Form, und da ich die trotz allem für mich nicht annehmen konnte, ging ich eben den Weg des Protestantismus zu Ende, wie es vor mir alle echten Protestanten getan haben, am schönsten Lessing[1] und in seiner Art auch Schrempf[2] sehr schön.

In der Musik bis und mit Bach inclusive Mozart sehe ich überhaupt die deutsche Klassik. Goethe und Schiller, Herder und Lessing sind edle schöne Erscheinungen, aber keine Klassik, sie haben weder den Bogen über ein hohes Erbe gewölbt, noch ein ernstliches neues Ideal errichten können. Was das Deutschland nach dem Mittelalter der Welt zu geben hatte, gab es in der Musik. Wenn ich mich manchmal darauf zu besinnen suche, was ich an Christentum in mir habe, oder wo die letzte reine Gestaltwerdung dieses Christentums liegt, so fallen mir unfehlbar die Cantaten und Passionen von Bach ein: dort, nicht in der Dichtung, ist zum letzten Mal Christentum Form geworden. Und daß Du mit der Kirchenmusik auch heut noch an den Ufern dieses Stromes sitzest, ist ein schönes Amt, trotz allem.

Mit Eckhart[3] hingegen steht es so: Ich kenne ihn einfach nicht genug und habe das, was man »Mystik« nennt, früher immer lieber in den orientalischen Formen aufgesucht als in den christlichen und speziell deutschen. Kann sein, daß Luthers Abwendung davon und sein Verrat an der »Theologia deutsch«[4] (den ich wie den Verrat an den Bauern empfinde) mich da unbewußt abgeschreckt haben. Ich habe einen deutschen Eckhart und will ihn einmal wieder ansehn, leider geht es mit dem Lesen so, daß mir zum Lesen nach freier Wahl fast keine Augenkraft mehr bleibt. Mit dem Skilaufen ist es dies Jahr nichts. Das ist aus einem Grund schade: das Skilaufen wird mir höchstens noch bis gegen das 60. Jahr möglich sein, und von diesen paar übrigen Jahren verliere ich ungern eins. Statt dessen fahren wir in Bälde für kurze Zeit nach Bayern, um dort unsern Augenarzt zu treffen.

Addio, sei herzlich gegrüßt von

Deinem Hermann

1 Gotthold Ephraim Lessing (1729-1781), Dramatiker und Lyriker der Aufklärung, der als Sohn eines protestantischen Geistlichen für ein »Christentum der Vernunft« und Toleranz gegenüber den anderen Weltreligionen plädierte.

2 Christoph Schrempf (1860-1944), evangelischer Theologe und Philosoph, der als Erster die Werke des dänischen Philosophen Søren Kierkegaard ins Deutsche übersetzt hat.

3 Meister Eckhart (um 1280-1328), spätmittelalterlicher Theologe, Philosoph und Dominikaner, der am Ende seines Lebens als Häretiker angeklagt wurde.

4 »Theologia Deutsch«, mystische Schrift eines Frankfurter Deutschordenspriesters aus dem 14. Jahrhundert, die Martin Luther 1518 herausgab.

4 *An einen Leser in Düsseldorf**

[Montagnola] Januar 1933

[...] In Ihrem letzten Brief haben Sie aber ganz vergessen, was es eigentlich war, was Sie zuerst an mich schreiben ließ, und worauf ich in meinen beiden Antworten reagierte. Es war Ihre Frage, ob ich im »Steppenwolf« es mit irgendetwas ernst meine, oder einfach ein angenehmes Einduseln in Opiumräusche vorschlage. Daß es mir mit allen meinen Büchern und meinem Leben nicht gelungen ist, so weit verstanden zu werden, daß es mir Ernst ist, das war für mich nicht nur eine persönliche, sondern auch eine prinzipielle Enttäuschung. Aus Ihrem letzten Brief zum Beispiel erfahre ich nebenher, daß Sie auch den »Siddhartha« kennen. Sie haben also beim Lesen des »Steppenwolfs« den Eindruck haben können: dieser Mensch, der den »Siddhartha« geschrieben hat, sagt jetzt offenbar das Gegenteil.

Da Sie mit Ihrer Frage über das »magische Theater« den ganzen Ernst des Lebens und Tuns angezweifelt haben, für den ich durch manche Hölle gegangen bin, legte ich in meinen Antworten einen Ton von Spott auf die Feststellung, wie sehr ernst Sie Ihr eigenes Suchen und Denken nehmen. Auch in Ihrem letzten Brief betonen Sie wieder sehr, wie unbedingt Ihre Generation (oder die Minderheit, der Sie angehören) es »verlangt«, daß man ihr Suchen ernst nehme.

Für meinen Standpunkt ist das ohne Sinn. Ich nehme das Suchen jedes Menschen ernst, einfach als Lebenstatsache, ich habe vor jedem Menschen unbedingt Respekt, solang er sich mir nicht durch wirkliche Erfahrung als wertlos zeigt. Ich war sogar so naiv, für mich und meine Arbeit das gleiche als selbstverständlich vorauszusetzen: nämlich daß der Leser mich entweder wegwerfe oder aber mir so viel Vertrauen schenke, daß er mir zutraut, es sei mir ernst.

Aber auch diese Kluft zwischen Ihnen und mir kommt nur von den Lebensaltern her. Für Sie, die Jungen, hat Ihr eigenes Sein, Ihr Suchen und Leiden, diese große Wichtigkeit mit

Recht. Für den, der alt geworden ist, war das Suchen ein Irrweg und das Leben verfehlt, wenn er nichts Objektives, nichts über ihm und seinen Sorgen Stehendes, nichts Unbedingtes oder Göttliches zu verehren gefunden hat, in dessen Dienst er sich stellt und dessen Dienst allein es ist, der seinem Leben Sinn gibt.

Also: Ihr Suchen und Leiden nehme ich unbedingt ernst. Und ich wünsche Ihnen sehr, daß das Ergebnis Ihres Suchens sich einmal als dem meinen ähnlich erweisen wird: nicht in den Formen und Bildern, durch die es sich ausdrückt, sondern in der Sinngebung und Wertgebung für Ihr eigenes Leben.

Das Bedürfnis der Jugend ist: sich selbst ernst nehmen zu können. Das Bedürfnis des Alters ist: sich selber opfern können, weil über ihm etwas steht, was es ernst nimmt. Ich formuliere nicht gern Glaubenssätze, aber ich glaube wirklich: ein geistiges Leben muß zwischen diesen beiden Polen ablaufen und spielen. Denn Aufgabe, Sehnsucht und Pflicht der Jugend ist das Werden, Aufgabe des reifen Menschen ist das Sichweggeben oder, wie die deutschen Mystiker es einst nannten, das »Entwerden«. Man muß erst ein voller Mensch, eine wirkliche Persönlichkeit geworden sein und die Leiden dieser Individuation erlitten haben, ehe man das Opfer dieser Persönlichkeit bringen kann.

Der »Steppenwolf« ist kein geeignetes Objekt für unsere Diskussion, denn er hat ein Thema, das Sie nicht kennen: die Krise im Leben des Mannes um das fünfzigste Jahr. Daher wohl auch die Mißverständnisse.

Nun erbitte ich mir eine Ruhepause, meine Post ist jeden Tag groß, und wenn ich auch meine Zeit nicht hoch anschlage, so muß ich eben doch mit den Augen sparsam umgehen. Vielleicht begegnen wir uns ein andermal wieder.

Eben wie ich schließen will, fällt mir ein: Sie könnten das mißverstehen, was ich über »Entwerden«, Opfer etc. sage, nämlich als wollte ich es so darstellen: ich sei mit diesem Entwerden und diesem Opfer etc. fertig, hätte es vollzogen und stünde irgendwo jenseits. Im Gegenteil: ich kämpfe darum, ich leide darunter, ich wehre mich oft auch dagegen, aber ich sehe das Ziel, und glaube an den Sinn, so wie Harry Haller neben der Tanzmusik und andern Vergänglichkeiten an die Unsterblichen glaubt.

* Der Brief an Herrn M. K. ist nicht vollständig überliefert.

5 *An Heinrich Wiegand*

[Montagnola, Januar 1933]

Lieber Herr Wiegand
Ihr lieber Brief hat mich zu Hause im Tessin gefunden, wir sind die ganze Zeit hier, für Ninon ist es der erste Tessiner Winter, für mich beinahe auch wieder, denn seit den vier harten Wintern meiner ersten Montagnolajahre[1], die ich hier durchfroren habe, ist es lange her. Wir hatten mehrere Wochen wunderbar sonniges und farbiges Wetter, ich habe sogar ein paarmal Ende Dezember vor dem Hause noch ein bißchen gemalt. Aber jetzt kam es anders, es begann eines Tages zu schneien und schneite weiter, einen Tag und zwei und dann den dritten und am vierten hatten wir schon mehr als einen Meter Schnee, und es kam noch mehr. Wir mußten sehr um unsere Verbindung mit der Landstraße kämpfen, außer dem Bauern, der auch sonst bei uns oft im Taglohn arbeitet, hatte ich manche Stunde Schnee zu schaufeln, manche hundert Zentner, es tun mir noch alle Knochen weh. Dann aber kam sofort Föhn, und alles wäre längst wieder geschmolzen, wenn nicht die Nächte noch Frost hätten, so ist etwa die Hälfte des großen Schnees noch da, zum Teil in glasiges Eis verwandelt.

Über Neujahr war mein Freund Dr. Lang[2] aus Zürich ein paar Tage bei uns. Damals las ich Ihren Aufsatz in der »Rundschau«.[3] Den neuen Redakteur[4] kenne ich nicht, ich glaube, er ist mit Kurt Heuser[5] befreundet, es ist ein Experiment, aber verlieren kann man dabei nicht viel, für unsereinen sind Redakteure in jedem Fall Gegner, auch wenn sie es nicht merken lassen: Was wir schreiben, interessiert sie wenig, sie möchten vielmehr, daß wir das schreiben, was sie uns zu schreiben nahelegen usw. Mit der »Rundschau« habe ich wenigstens seit vielen Jahren keine ernstlichen Streitfälle gehabt, hoffentlich bleibt das so. Über Suhrkamp erfahre ich aus Ihrem Brief weit mehr, als ich vorher wußte. Wahrscheinlich wünschte der Verlag einen Mann, der Beziehungen zur Jugend hat.[6] Möglich, daß ich Dr. Bermann[7] bald sehe, er ist in St. Moritz, dann frage ich ihn. Aber ich weiß noch nicht, ob er mich besuchen kann. Seine Kinder hatten Keuchhusten, und die Frau[8] war davon sehr herunter, darum hat er sie ins Engadin gebracht. Wir gehen dies Jahr nicht hin. Der Freund, der mich sonst dorthin einlud, d.h. den größern Teil der Kosten trug[9], ist von der Krise auch eingeklemmt und kann nicht mehr.

Wunderlich war es mir, in einigen Zeitungen etc. zu lesen, was die berühmten Männer dies Jahr an lesenswerten Büchern nannten. Daß nicht einer die »Morgenlandfahrt« kannte, nahm mich weniger wunder, aber daß alle einmütig sich auf drei, vier Schlager geeinigt hatten, sah geradezu wie arrangiert aus.

[...] Ja, wenn Sie noch einmal nach Göppingen kommen, dann sagen Sie womöglich dem Bürgermeister Hartmann[10] grüß Gott, das ist einer der besten meiner Schulkameraden, ein Prachtskerl, lauter und bescheiden, dabei sehr klug.

Daß Sie jetzt den von mir verschandelten »Titan«[11] haben, ist mir nur halb recht. Ich täte das heut nicht mehr. Damals sah es anders aus, nicht nur weil ich frecher und naiver war und jünger, sondern auch weil es damals fast unmöglich schien, die superkluge saturierte Vorkriegswelt zu Jean Paul zu bringen.

Der »Radetzkymarsch«[12] war mir zu virtuos, zu neutral, zu gerecht und abstrakt. Alles richtig, alles wahr und gerecht, aber alles abstrakt, ohne Blut, eine Schattenwelt, keiner dieser Menschen bleibt einem im Gedächtnis, keiner tut einem leid. Weiter fehlt dem Buch freilich gar nichts. [...]

Von Ninon kann ich heute nichts melden, sie verträgt den Föhn noch schlechter als ich, ist nervös und zugeknöpft, ich muß warten, bis das vorbeigeht.

Herzlich Ihr

H. Hesse

1 Die Winter der Jahre 1919 bis 1922.
2 Der Psychoanalytiker Josef Bernhard Lang (1881-1945).
3 Heinrich Wiegand, »Hermann Hesses ›Morgenlandfahrt‹« in: »Die neue Rundschau«, Berlin vom Mai 1932.
4 Peter Suhrkamp (1891-1959), der am 1.1.1933 Nachfolger von Rudolf Kayser als Redakteur der im S. Fischer Verlag erscheinenden Zeitschrift »Die neue Rundschau« geworden war.
5 Kurt Heuser (1903-1975), Baumwollpflanzer, Erzähler und Drehbuchautor.
6 Vordem war Peter Suhrkamp u.a. Lehrer an der Odenwaldschule und pädagogischer Leiter der Freien Schulgemeinde Wickersdorf.
7 Gottfried Bermann Fischer (1897-1995), Schwiegersohn des Verlegers Samuel Fischer und nach dessen Tod 1934, sein Nachfolger gemeinsam mit Suhrkamp.
8 Brigitte Bermann Fischer (1905-1991), genannt Tutti, die ältere Tochter des Verlegers.
9 Joseph Englert (1874-1957), Ingenieur und Astrologe.
10 Otto Hartmann (1877-1952), Schulfreund Hesses aus Maulbronn.
11 Hesse hatte 1913 im Leipziger Insel Verlag eine von ihm gekürzte zweibändige Ausgabe von Jean Pauls »Titan« herausgegeben.
12 Joseph Roth, »Radetzkymarsch«, Roman, Kiepenheuer, Berlin 1932. Siehe auch Hesses Rezension in H. Hesse, »Sämtliche Werke« (SW), Bd. 19, S. 355f.

6 *Postkarte an Otto Kleiber, »National-Zeitung«, Basel*

Montagnola, 12.1.1933

Lieber Herr Dr. Kleiber

Besten Dank! Ja, bitte schicken Sie mir jeweils Ihre Bücherliste, bei den heutigen Zuständen ist richtige Mitarbeit an deutschen Blättern mir kaum mehr möglich. Ich würde dann sowohl Ihnen wie der N[euen] Zürcher [Zeitung] hie und da Bücher-Anzeigen schicken, und es Ihnen überlassen, ob Sie sie einzeln drucken wollen, oder jeweils mehrere zusammen.

Mit den besten Grüßen

Ihr H. H.

7 *An Helene Welti*

[Montagnola] 14.1.[19]33

Liebe Frau Dr. Welti

Ihr Brief hat mich gefreut, auch wegen des Maler Nolten.[1] Er hat keinen rechten Schluß und verliert sich gegen das Ende – aber wenn nichts drin stünde als die Landschaften und Stimmungen, und die Geschichte des Schauspielers, und einige Jugenderinnerungen des Nolten, so wäre das Grund genug, das Buch für immer zu lieben. Es gehört zu denen, die man alle zehn Jahre einmal wieder liest, und die jedesmal ein etwas andres Gesicht zeigen, also lebendig bleiben. Die kleinern Erzählungen Mörikes kennen Sie aber doch? Eine davon, die vom Schatz und vom Hofrat Arbogast[2], habe ich besonders gern. Die liebste aber, überhaupt das liebste Prosastück von Mörike, ist mir das »Hutzelmännlein«[3], nur muß man schon beinah Schwabe sein, um zu schmecken und zu riechen, wie viel Duft der Jahrhunderte und des Volkstums drin ist, das ist für einen rechten Schwaben wie Gotthelf[4] für einen rechten Berner.

Möchten doch Ihre Fersen-Schmerzen sich heilen lassen, ich wünsche es herzlich! Als ich davon las, fiel mir ein: als Knabe von 11 oder 12 Jahren lag ich einmal längere Zeit krank mit Wachstums-Schmerzen, und dabei war auch eine Ferse stark mitbetätigt. Geblieben ist mir von damals her durchs Leben die Neigung, bei jeder Geh-Anstrengung die Sehnenscheiden der Achillessehnen entzündet zu kriegen.

Wir hatten fast immer sehr gutes Wetter, ohne Schnee. Dennoch betrübt es mich etwas, daß ich dies Jahr nicht in die

Berge kann. Ich könnte zwar theoretisch in ein billiges Berggasthaus irgendwo gehen, aber leider geht das eben nicht, ich habe es oft genug probiert, ich brauche im Winter in den Bergen Ruhe und etwas Bequemlichkeit, man ist allzu viele Stunden aufs Hotel angewiesen, und das ist eben teuer. An sich wäre es mir gleich, aber das Skilaufen hört ohnehin so etwa mit dem 60. Jahr auf, und von den paar Wintern noch einen zu verlieren tut mir leid. Aber tief geht das nicht. Und statt der Berge leisten wir uns die Fahrt nach München, um in der Nähe (wahrscheinlich Tegernsee) unsern alten Augenarzt[5] zu konsultieren, der dann für einige Zeit aus Norddeutschland dorthin kommt. Den Termin weiß ich noch nicht, vermutlich ist es schon bald.

Heiner, mein zweiter Sohn[6], ist meine Sorge. Zur Zeit ist er in Zürich, samt seiner Frau, noch immer Arbeit suchend. Für ihn allein wäre mir nicht so bang, aber ich fürchte für das Kind, und halte die Frau für Heiners Unglück, worin viele meiner Ansicht sind. Andrerseits gibt ihm seine Liebe zu ihr einen gewissen Halt, sonst wäre er ganz nur Nihilist. Schade, er ist der begabteste meiner Söhne, in mancher Hinsicht schien er zu Besonderem bestimmt, aber ich fürchte, sein Los wird nur ein besonders schweres sein.

Ich lege Ihnen einige Kleinigkeiten bei, und möchte auch noch einmal Ihnen Beiden für Ihre Weihnachtsgaben danken, bei den Platten geschieht jedesmal liebevoll Ihre Erwähnung.

Herzlich Ihr

H. Hesse

1 Eduard Mörike, »Maler Nolten«, Roman, Stuttgart 1832.
2 Eduard Mörike, »Der Schatz«, Novelle, Stuttgart 1836.
3 Eduard Mörike, »Das Stuttgarter Hutzelmännlein«, Märchen, Stuttgart 1853.
4 Der Schweizer Erzähler Jeremias Gotthelf (1797-1854).
5 Maximilian Graf von Wiser (1861-1938), der Hesse am 26.2.1933 in Lindau behandelte.
6 Heiner Hesse (1909-2003), Dekorateur und ab 1967 Verwalter des väterlichen Nachlasses.

8 An Reinhold Geheeb

Montagnola, 26.1.1933

Lieber Geheeb!

[...] Nein, ich kann deine Auffassungen vom Geldverdienen etc. zwar nicht bekämpfen, denn ich bekämpfe andrer Menschen Meinungen nicht, aber ich muß sie für mich ganz und gar ablehnen. Und was das betrifft, daß ich gesagt habe, ich bemühe mich meine Bücher immer mehr der Massenverbreitung und dem »Erfolg« zu entziehen[1], so hast du das nicht sehr genau geprüft. Zum Beispiel, daß die »Morgenlandfahrt«[2] für ganz Wenige ist, sich der Masse vollkommen verschließt und mir infolgedessen auch nichts einbringt, das ist eine meiner Praktiken, mit denen ich meine Stellung zum Geld, zum Geldverdienen und zur Mechanisierung des Lebens zum Ausdruck bringe, und ich habe nicht im Sinn, jemals meine Freunde für diese Praktiken vorher oder nachher um ihre Billigung zu bitten. Und daß ich, der Schwache, noch eigens nach München reisen soll, um mir von dir, dem Starken, auf die Schultern hauen und »Vernunft« predigen zu lassen, nein, das geht mir nicht ein.

Übrigens bist du nicht konsequent: Sobald der Gedanke auftaucht, mir die Bestehlung durch deutsche Finanzämter nicht mehr gefallen zu lassen und in der Schweiz, die meine Heimat ist und deren Bürger ich bin, künftig zu verlegen – da mahnst du plötzlich den Hesse an ideale Pflichten und findest, das dürfe ein Seifenfabrikant, aber nicht ein Hesse. Ich habe diese zweierlei Moral nicht gern und nehme sie nicht ernst. Sie hat in Euren Weltkrieg geführt und wird zum nächsten führen, und wird von mir nicht mitgemacht werden, auch wenn die Welt mich dafür verrecken läßt.

Ich war etwas verwundert über deine Predigt, die allem ins Gesicht haut, was mir ernst und heilig ist. Meine Art zu leben und zu denken, hat eine gewisse Askese zur Vorbedingung und ist für mich die einzige Art, in der ich leben und denken kann und muß, und mir da auch vom besten Freund mit so derben geschäftsmännischen Argumenten »Vernunft« beibringen zu lassen, ist zwecklos. Ich folge einer anderen Vernunft, nach wie vor, und gehe auf diese Diskussion nicht ein.

Nun zu deinen andern Vorschlägen, wegen des »Lauscher«.[3] Ich sehe zwar den »Lauscher« ganz anders an, als du es tust, du hast ihn auch gewiß manche Jahre nicht mehr in Händen gehabt, aber vielleicht ist hier dennoch eine Einigung möglich.

Der »Lauscher« könnte in Eurer kleinen Bücherei erscheinen, aber nur als Ganzes, ungekürzt. Ich halte ihn zwar für gar nicht aktuell, aber das ist die Morgenlandfahrt oder der Goldmund ebensowenig, aber für so viel minderwertiger meinen späteren Büchern gegenüber wie er dir erscheint, halte ich ihn nicht. Du meinst, das »Knaben«-Tagebuch im »Lauscher« halte doch den Vergleich mit dem Tagebuch in der Corona[4] nicht aus. Ja, ich sehe das anders. Erstens steht im »Lauscher« kein Knabentagebuch, sondern der ganze »Lauscher« ist von einem 20- bis 24jährigen geschrieben und ist ein durchaus ebenbürtiger Vorläufer jenes viel späteren Tagebuches, sowohl, was die Gesinnung und Aufrichtigkeit als was den Ausdruck betrifft. Ich halte den »Lauscher« für eine meiner besten Schriften, während ich z. B. den bald darauf entstandenen »Camenzind«, der den Erfolg brachte, für sehr viel geringer halte.

Also falls eine ungekürzte Lauscherausgabe in Betracht käme, bitte ich um Eure Vorschläge, wegen Auflage, Honorierung etc. Eventuell wäre ich bereit, einige Zeilen dazu zu schreiben, eine kurze Rechtfertigung der Neuausgabe, muß es mir aber noch überlegen, es soll noch nicht eine bindende Zusage sein.

Noch eine kleine Bitte: Du erinnerst dich, daß ihr seinerzeit ohne mein Wissen (ich glaube auch ohne deines) meine Anthologie »Lieder deutscher Dichter«[5] verramscht habt. Ich bat dich damals sofort um die Adresse des Käufers, und bekam sie auch, und probierte dann zuerst direkt, dann durch den Verlag Fischer, von jenem Mann eine Anzahl Exemplare für mich zu kaufen. Er reagierte darauf überhaupt nicht. –

Falls du nun irgend einmal dieses Buch wieder angeboten siehst, etwa im Börsenblatt, wäre ich für einen Wink dankbar. Die Anthologie war besser als die meisten, die seither erschienen sind.

Sei mir nicht böse, Geheeb, und versteh es nicht falsch, wenn ich dir sage, daß deine Worte (die »Predigt«) mich enttäuscht und mir weh getan haben, nicht an sich, sondern weil sie von dir kamen, von einem Freund, von einem der paar Leute, bei denen ich mich, wenn nicht gebilligt, so doch verstanden glaubte. Das versurrt wieder, es gibt Schlimmeres, aber wir wollen jene Fragen vorerst unberührt lassen. Ihre gründliche Erörterung würde auch zu einer Erörterung über Dinge führen, die dir nicht angenehm wäre, mit mir zu erörtern und auch ich möchte das vermeiden, ich meine das Politische. Ich habe in Deutschland noch Freunde, mit denen ich gut Freund geblieben bin, mit denen aber vorerst diese Fragen zu erörtern unmöglich ist. Die meisten stehen noch zögernd vor Fragen, die sich für mich schon anno 1915 und 16 aufs grellste und für immer entschieden haben.

Wir wollen das alles noch ruhen lassen und uns an das halten, was sich zwischen uns seit bald dreißig Jahren bewährt hat. Es ist wichtiger als das andre, es ist Gott sei Dank die Hauptsache.

Herzlich grüßt dich dein alter

H. Hesse

1 Reinhold Geheeb (1872-1939), Redakteur der satirischen Zeitschrift »Simplicissimus« und Direktor des Münchner Verlags Albert Langen/Georg Müller, hatte Hesse gebeten, ihm für die in seinem Verlag erscheinende, preiswerte Buchreihe »Die Kleine Bibliothek« (Ladenpreis pro Bändchen: RM 0,80) eine Erzählung neueren Datums zur Verfügung zu stellen.

2 H. Hesse, »Die Morgenlandfahrt«. Eine Erzählung, S. Fischer, Berlin 1932.

3 Hesses Alternativvorschlag für »Die Kleine Bibliothek« war eine Lizenzausgabe seines »Hermann Lauscher«, die jedoch nicht realisiert wurde. Die Rechte für »Hermann Lauscher« lagen damals

noch bei Albert Langen, der 1907 eine Neuausgabe des Buches herausgegeben hatte.

4 H. Hesse, »Aus einem Tagebuch des Jahres 1920« in der Zeitschrift »Corona« vom Dezember 1932.

5 »Lieder deutscher Dichter«. Eine Auswahl der klassischen Lyrik von Paul Gerhardt bis Friedrich Hebbel. Herausgegeben und mit einem Vorwort von H. Hesse, Albert Langen Verlag, München 1914.

9 *An Hermann Hubacher*

(Mit einer aquarellierten Federzeichnung am Kopf des Briefes)

Montagnola [Ende Januar 1933]

Caro amico!

So, Du bist mir also böse gewesen? Schadet nichts. Ich wurde einmal, vor Jahren, gefragt: »Wozu hat man eigentlich Freunde? In der wirklichen Not sind sie ja doch nie da, und das übrige Leben ginge auch ohne sie.« Ich sagte: »Freunde hat man, damit sie einem böse sind. Auch andre Leute haben einen gelegentlich gern, auch andre Leute machen sich über einen lustig, aber einem böse sein, einem grollen, einem irgend etwas Nichtiges eine Weile nachtragen, das tun nur Freunde, und dazu hat man sie. Denn dieses Bösesein, das ist so eine Art von Männerzärtlichkeit, es ist eine Art von Ersatz für große Worte und Gebärden, und das ist besser als gar nichts.«

Daß ich an Neujahr in Zürich gewesen sei, ist eine Legende, von der ich nichts wußte. An Neujahr war mein Freund Dr. Lang einige Tage hier in Montagnola bei mir. Dagegen bin ich allerdings im November zu einer kurzen Kur in Baden gewesen, und besann mich damals, ob ich es Dir melden solle, aber erstens hatte ich dazu nicht recht die Courage, denn um Dich zu besuchen war mein Befinden nicht gut genug (meine Zürcher Freunde meinen alle, das Beste für einen alten Mann während seiner heißen Schwefelbäderkur sei, wenn er recht oft nach Zürich fahre, auf zugigen Bahnhöfen herumstehe etc. etc.), und Dich zu einem Besuch in Baden aufzufordern war ich nicht frech genug; ich war früher so naiv, Freunden je und je so was vorzuschlagen, wurde aber belehrt, daß das nicht geht. Und doch bekam ich damals in Baden einen Besuch, und grade dies war der zweite Grund, warum ich Dir nicht extra schrieb; es kam eines Tags Morgenthaler mit Sascha[1], und da nahm ich an, wenn er wisse, daß ich in Baden sei, dann wissest Du es auch. Ja, ungefähr so war es, und außerdem hatte ich jeden Tag, wie immer, drei, vier Stunden Post zu lesen und zu schreiben, denn da gibt es keine Kur und keine Ferien, das geht das ganze Jahr hindurch. Nun werden die Gründe wohl genügen um Dich zu überzeugen, daß es nicht wohlüberlegte Herzensroheit von mir war, wenn ich mich nicht bei Dir meldete. Ich war auf dem Rückweg, weil ich nach 6 Monaten wieder einmal Musik hören wollte, zwei Tage in Zürich, bei Bodmers[2], war aber von der Kur zu kaputt, ging also nicht aus, und von der Musik hörte ich bloß Haydns Schöpfung. Jetzt kommt bald der Februar, das war sonst die Zeit wo ich zum Skilaufen in den Bergen war. Aber die Jahre des Skilaufens sind nun bald für mich vorbei, und es scheint, daß ich die letzten davon noch verliere, weil Freund Englert, der das sonst finanzieren half, es jetzt nicht kann. Seit Jahren ist von mir kein Buch erschienen als die Morgenlandfahrt, und Bücher dieser Art sind nicht geeignet, dem Autor das tägliche Brot einzubringen, also bleibe ich zuhause und spare die Groschen, um im März schnell zu meinem Augenarzt zu reisen (wovon ich mir für die Augen nicht viel verspreche, was aber als Höflichkeit und zur Beruhigung meiner an Ärzte glaubenden Frau sein muß). [...]

Im übrigen geht das Leben in meinem feudalen Hause wie gewohnt, aber ich fühle mich allmählich degoutiert und eingeschnürt in diesem Leben, seit anderthalb Jahren habe ich den Plan zu einer Dichtung, und bin noch nicht soweit gekommen, eine Zeile zu schreiben, weil ich alt werde, weil es mir zu gut und bequem geht, weil ich jeden Tag durch die Post etc. etc. gezwungen werde, den vielbeschäftigten berühmten Mann zu spielen. Ähnlich war es dem alten Tolstoi, der ging dann im Moment vor dem Tode weg und verschaffte sich wenigstens für die letzten Atemzüge das Gefühl von Landstraße, Freiheit, Luft und Weite.

Wahrscheinlich werde ich es anders machen, werde vielleicht sogar das geplante Buch wirklich noch schreiben. Es macht mir nur keinen rechten Spaß mehr. Es sind so sehr Wenige da, welche die Pointen merken. Lieber würde ich jetzt ein wenig Ski laufen. Aber sobald es wärmer wird, kann ich ja wieder Schnee schaufeln. Also tanti saluti! Viele Grüße an Anny und Hasi!

H. H.

1 Der sowohl mit Hesse als auch mit Hubacher befreundete Schweizer Maler Ernst Morgenthaler und seine Frau Sasha.
2 Bei seinem Mäzen, dem Sammler von Beethoven-Werken, Dr. H. C. Bodmer, und dessen Frau Elsy in der Zürcher Bärengasse.

10 An Max Picard
(Mit einer aquarellierten Federzeichnung am Kopf des Briefes)

[Montagnola, Ende Januar 1933]

Lieber Herr Picard
Danke recht schön! Das kleine Buch[1] habe ich ganz gelesen, mit großem Interesse, vieles darin ist großartig.

Ich hoffe, Sie kommen recht bald einmal für ein paar Nachmittagsstunden herauf, es ist mir stets eine Freude. Dann müssen Sie mir von Ficker[2] erzählen. Ich wußte bis vor kurzem von ihm überhaupt nichts, aber neulich schrieb er mir, nachdem er mir den Brenner gesandt hatte. Sein Brief, sehr einfach, hat eine geheime, etwas gedämpfte oder resignierte Güte ausgestrahlt, die ich lange nachempfand. Ich glaube, daß Häckers[3] fanatische Rhetorik ihm recht fern steht. Aber warum gibt es so sehr selten Katholiken, die in würdiger und großer Art das Wort für ihre Sache führen? Warum sind die eigentlich katholischen Blätter, die bekannten und gelesenen, die »Hochland«[4] etc., so ausgesucht kitschig? Und warum muß ein Blatt von solcher Reinheit wie der Brenner als Vordermann und Lautsprecher diesen wilden Convertiten haben? Ich muß sagen, daß am Fall Häckers (über dessen Person ich bis zu Ihrem letzten Besuch nichts wußte) mir wieder alle Bedenklichkeiten des Convertitentums peinlich gegenwärtig wurden. [...] Sie beide grüßt Ihr

H. Hesse

1 Vermutlich Max Picard, »Die Ungeborenen«, Eckart, Berlin 1933.
2 Ludwig von Ficker (1880-1967), Gründer und Herausgeber der Zeitschrift »Der Brenner«, Halbmonatsschrift für Kunst und Kultur, Innsbruck.
3 Theodor Haecker (1879-1945), Kulturphilosoph, seit seiner Konversion zur katholischen Kirche (1921) gehörte er zu den Erneuerern des Christentums. Übersetzer Kierkegaards und Mitarbeiter der Zeitschrift »Der Brenner«.
4 »Hochland«. Katholische Monatsschrift, Kösel/Kempten/München.

11 *An Horst Schwarze*

[Montagnola] Ende Januar 1933

Lieber Herr Schwarze

Ihr Brief freut mich und bringt mich in Verlegenheit, wie mancher ähnliche Brief es tut. Ich sehe als Frucht meiner früheren Arbeit, meiner Bücher, zwar außer Ablehnung und Feindschaft auch viel Sympathie und Zustimmung, aber als Künstler, der abseits lebt und auf direkte Wirkung durch Wort und Verkehr nicht zielt, bin ich durch die Sympathie der Leser ebenso behindert wie durch die Ablehnung anderer Leser. Oder kürzer gesagt: Ich bin seit vielen Jahren augenleidend und überarbeitet und weiß nicht, was ein Tag ohne Augenschmerzen ist, und neuerdings rückt auch die Gefahr des Erblindens langsam mit jedem Jahr näher – und da finde ich nun jeden Morgen, wenn ich zur Arbeit gehen möchte, meinen Tisch übervoll mit Post bedeckt, und wenn ich sie einigermaßen durchlesen habe, bin ich für den Tag mit der Augenkraft fertig, und an eine eigene Arbeit ist von Jahr zu Jahr weniger zu denken. Zur kleinen »Morgenlandfahrt« habe ich beinahe zwei Jahre gebraucht. Nun, darum wäre es ja nicht schade, es kommt nicht auf ein paar Bücher mehr oder weniger an, die ich bei meinem Tode zurücklasse. Aber leider ist es so: obwohl diese Post das einzige lebendige Echo meiner Arbeit ist, kann ich doch wenig mit ihr anfangen. Ich kann nur antworten: es freut mich, ich danke schön, aber ich kann nicht das geben und erfüllen, was alle Briefschreiber eigentlich möchten: meine künstlerische Existenz aufgeben und künftig Privatbesitz der Briefschreiber werden.

Ich sehe darin einen Fehler in meinem Leben, etwas Falsches und Verbogenes in meinem Schicksal: das was als Antwort auf ein ziemlich einsames und schwieriges Leben in Form von Briefen zu mir kommt, ist zwar Bestätigung, aber sie bleibt Papier. Ich denke mir, die richtige Wirkung eines Dichters wäre die: daß eine kleine Zahl von Lesern seine Bücher eine Weile liebt, sie dann weglegt, aber aus ihnen eine Änderung, Festigung, Klärung ihres Lebens und Charakters mitnimmt. Statt dessen ist bei mir die Wirkung die: daß hunderte von Lesern entweder ihre ablehnende Kritik oder ihre Zustimmung bei mir abladen, in der Meinung, ich müsse nun die eingehende Beschäftigung, die sie mir gewidmet haben, dankbar erwidern, und selber tausende von Briefen schreiben.

So ist es mit Ihrer Frage und Bitte. Ich habe im vergangenen Jahr außer den vielen Kritiken in den Zeitungen, die ich meist nicht lese, nur flüchtig ansehe, eine ganze Menge von Arbeiten über mich lesen müssen, zum Teil Arbeiten von Schülern oberer Klassen, zum Teil Dissertationen von Studenten, zum Teil Privatarbeiten ohne wissenschaftlichen Ehrgeiz. Es waren gute Arbeiten darunter, über meine Jugendpsychologie, über mein Verhältnis zum Osten und zur Romantik, und manche andere, aber es ist mir vollkommen unmöglich, immer und immer wieder Aufsätze und kleine Bücher über mich selbst zu lesen, es steht für mich kaum je etwas Neues darin, es sagt mir nichts. Und so stehe ich, obwohl ein Brief wie der Ihre mich durch seine Liebe gewinnt und erfreut, doch ratlos und ohne Gewinn für mich oder für Euch vor dieser Post. Das einzige, was ich Ihnen erwidern kann, ist der eine oder andere Hinweis, wie er mir gerade einfällt. Zum Beispiel auf die Bücher von Christoph Schrempf, sie gehören zu den lebendigsten und unerbittlichsten inmitten unserer etwas dünnen und flauen Literatur.

Ferner fällt mir ein: in Ihrer Gegend, in Seidenberg, dem Geburtsort von Jakob Böhme[1], lebt ein Mann namens G[eorg] Maass, ich glaube, er ist auch Lehrer, der hat mir zwei- oder dreimal schöne Briefe geschrieben – es könnte recht wohl sein, daß Sie an ihm jemand fänden, der Ihnen etwas bedeuten könnte, es ist ein Versuch, nicht mehr.

Schade, daß wir nicht eine halbe Stunde miteinander sprechen können, ich bin im Schreiben behindert. Ein kluger Kollege von mir hat einmal gesagt: »Schriftsteller sind Leute, welchen das Schreiben schwerer fällt als den andern.«[2]

Aber ich möchte doch noch etwas anzudeuten versuchen: Nehmen Sie aus dem »Steppenwolf« das mit, was nicht nur Zeitkritik und Zeitproblematik ist: den Glauben an den Sinn: an die Unsterblichen. In der »Morgenlandfahrt« sind es die Liebenden und Dienenden. Es ist das gleiche. Je weniger ich im ganzen an unsere Zeit glauben kann, je mehr ich das Menschentum verkommen und verdorren zu sehen meine, desto weniger stelle ich diesem Verfall die Revolution entgegen und desto mehr glaube ich an die Magie der Liebe. In einer Sache schweigen, über die alles klatscht, ist schon etwas. Über Menschen und Einrichtungen ohne Feindschaft lächeln, das Minus an Liebe in der Welt durch ein kleines Plus an Liebe im Kleinen und Privaten bekämpfen: durch vermehrte Treue in der Arbeit, durch größere Geduld, durch Verzicht auf manche billige Rache des Spotts und der Kritik: das sind allerlei kleine Wege, die man gehen kann. Ich freue mich darüber, daß es auch schon im »Steppenwolf« steht: Die Welt war nie ein Paradies, sie ist nicht früher gut gewesen und jetzt Hölle geworden, sondern sie ist immer und jederzeit unvollkommen und dreckig, und bedarf, um ertragen und wertvoll zu werden, der Liebe, des Glaubens.

Leben Sie wohl und seien Sie gegrüßt von Ihrem

H. Hesse

1 Jakob Böhme (1575-1624), Philosoph und Mystiker.
2 Thomas Mann in seiner Schiller-Erzählung »Schwere Stunde«.

12 An Gottfried Bermann Fischer

[Montagnola] 28.1.1933

Caro amico!

Du hast mir einen lieben und ausführlichen Brief geschrieben, ich danke Dir schön dafür, und bedaure, Dir im Augenblick nicht auch irgendeine Freude machen zu können. Aber ich bin in meinen Sorgen und Hemmungen verwickelt, und meine seelische Schulung reicht aus, sie zu ertragen, nicht aber zu überwinden, denn ich bin über das Überwinden und Siegen und alle Verherrlichung des Willens und der Energie seit 1914 äußerst skeptisch. So steht zwischen mir und meiner Arbeit, außer den andern Schwierigkeiten eine gewisse Interesselosigkeit, ein Wissen um den Unwert alles Tuns und Schreibens, und das wäre ja in Ordnung und schön, wenn ich mit dem Nichttun und der Weisheit des Lao Tse[1] zufrieden wäre, aber ich bin ein heißhungriger und egoistischer Europäer wie wir alle, wenn auch wissender als die Menge, und sehne mich doch nach dem naiven Glück des Schaffens, Zeugens, Produzierens.

So muß ich warten, und es bringt mich in Verlegenheit, Fragen darüber zu hören. Ich kann Dir über das, was mit dem »Glasperlenspiel« gemeint ist, nichts sagen als was Du jetzt schon aus dem Vorwort weißt[2], und etwa noch dies:

im Sinn habe ich einfach, die Geschichte eines Glasperlenspielmeisters zu schreiben, er heißt Knecht und lebt etwa um die Zeit, wo das Vorwort aufhört.

Mehr weiß ich nicht. Die Schaffung einer gereinigten Atmosphäre war mir nötig, ich ging diesmal nicht in die Vergangenheit oder ins märchenhaft Zeitlose, sondern baute die Fiktion einer datierten Zukunft. Die weltliche Kultur jener Zeit wird die gleiche sein wie heute, dagegen wird eine geistige Kultur da sein, in der zu leben und deren Diener zu sein sich lohnt – dies ist das Wunschbild, das ich mir da malen möchte. Reden wir aber nicht mehr davon, sonst ist der Keim tot. Ich hätte nichts davon mitteilen sollen, aber ich bereue es doch nicht, denn mir lag daran, daß Du eine Ahnung habest von der Art meines Lebens und Tuns, von der latenten Produktivität oder wie man das nennen will. Auf Deutsch und kürzer gesagt: ich schäme mich im Grund meiner langen Unfruchtbarkeit und wollte Dir zeigen, daß dahinter doch wenigstens irgend etwas steckt.

Aber eine Abschrift an Fischer zu schicken usw., wie Du vorschlägst, das wäre schon darum unmöglich, weil gar keine existiert. Es existiert ein einziger Durchschlag, der, den Du lasest, das Original ist bei mir, und wird gewiß seine jetzige Form nicht behalten. Es ist ja in diesem Vorwort nur das Terrain abgesteckt, und der Leser gezwungen, das Buch wegzulegen oder in die saubere, aber dünne Luft mitzugehen, in der es spielt.

Hinzugekommen sind seit der Niederschrift des Vorworts einige Details zu eben diesem Vorwort, sowie die lateinische Wendung des Mottos, das natürlich eine Fiktion ist – ich habe den Mann gefunden, der mir dies von mir erfundene Motto aus einem fiktiven Autor in ein schönes stilgerechtes Latein übertragen hat, er ist ein Schulkamerad[3] von mir, und anno 1890 waren wir zwei die besten Lateiner unsrer Klasse, deren Latein sich sehen lassen konnte, aber heute kann bloß er es noch, ich habe neun Zehntel vergessen.

Nun noch ein Wort wegen Suhrkamp. Es freut mich sehr,

was Du über ihn sagst. Ich hatte aus seinem Brief an mich wohl einen falschen Eindruck, jedenfalls nicht den der Unsicherheit, sondern im Gegenteil. Er schrieb mir z. B. über einen bei Kayser[4] seit November liegenden kleinen Aufsatz von mir, daß er ihn gern bringen werde, denn er »passe ins Programm« – was für mich bedeutet, daß also künftig für meine Arbeiten das bischöfliche Imprimatur der Redaktion davon abhängen wird, ob sie in Suhrkamps Programm passen. Ferner schlug er mir eine andre Überschrift zu meinem kleinen Aufsatz vor, er wollte ihn knalliger, vielversprechender, programmatischer haben. Ich schrieb ihm zurück: daß ich mir meine Titel ebensogut überlege wie den Text, und daß er künftig jeden Titel von mir ruhig nach seinem Geschmack ändern könne, nur müsse er dann eine Fußnote hinzusetzen, die besagt, daß für den Titel nicht der Autor verantwortlich sei, sondern der Redakteur. Mir meine Titel von ihm versauen zu lassen, und dann selber für sie die Verantwortung zu tragen, lehne ich ab. Ich schrieb ihm aber freundlich, und nun freut es mich, daß Du ihn sehr viel netter schilderst als er mir nach seinem Brief erschien. Ich begreife das Schwierige seiner Stellung: ein Blatt führen, das die Hälfte seines Gesichts und das Ganze seines Rufs einer kleinen Zahl von alten Mitarbeitern verdankt, die alle schon zu alt sind um umzulernen, und doch nicht alt genug, um zu resignieren.

Graf Wiser[5] ist am Tegernsee, das sind seine Winterferien. Auf dem Heimweg von dort (im Auto) will er einen Tag in Lindau Station machen und mich dort empfangen, aber das wird erst Anfang März sein. Und da ich in Zürich kein Absteigquartier mehr habe und so sehr ungern reise, ist es also diesmal leider nichts mit einem Wiedersehen. Schade, die Luftlinie von St. Moritz zu uns wäre ganz kurz. Aber daß Du diese lange umständliche Reise machst und zwei Tage dabei verlierst, das geht natürlich nicht. Wassermanns Stanley hat mir gefallen, hier und im Columbus ist er mir nicht bloß genießbar, sondern herzlich sympathisch.[6]

Wunderlich war es mir, die verschiedenen Aussprüche der

deutschen Prominenten über die besten Bücher des Jahres zu sehen. Es scheinen da drei bis vier erfolgreiche, rein intellektuelle Autoren (obenan Stefan Zweig und Joseph Roth) einen Ring zu bilden, an dem niemand vorbei kann ohne Kotao zu machen. Ich finde sowohl Zweig wie Roth anständig aber zweiten Ranges, und zwar nicht bloß, weil beide Intellektuelle und nicht Dichter sind, sondern es reicht mir bei beiden auch das Intellektuelle nicht tief genug.

»Feuilleton« würde Ziegenhals[7] sagen. Übrigens ist R. Kayser auch so, ich mag ihn sonst gern und versuche seit Wochen seinen Spinoza[8] zu lesen, aber jeder Satz hat Löcher, wenn man ihn fest in die Hand nimmt. Es ist ein Mosaikspiel mit Worten und Bildungswerten, ohne die festen und schwierigen Regeln des Glasperlenspiels.

Grüße Tutti[9] und grüße die Chantarella[10] von mir! [...]

H. Hesse

1 Lao Tse, chinesischer Philosoph aus dem 6. vorchristlichen Jahrhundert.

2 Gemeint ist die zweite, zeitkritische Fassung der Einführung in Hesses Spätwerk »Das Glasperlenspiel«. Bis 1934 hat Hesse die ursprünglich politische Einleitung noch zweimal überarbeitet. Veröffentlicht ist diese Fassung in H. Hesse, »Von Wesen und Herkunft des Glasperlenspiels« (SW 5, S. 519ff.).

3 Franz Schall (1877-1943), Philologe und Oberlehrer, Mitschüler Hesses in der Lateinschule Göppingen und im theologischen Seminar Maulbronn. Vom NS-Regime wurde er 1936 aus politischen Gründen inhaftiert.

4 Rudolf Kayser (1889-1964), Literaturhistoriker, seit 1919 Lektor im S. Fischer Verlag, von 1922-1933 Redakteur der »Neuen Rundschau«.

5 Maximilian Graf von Wiser (1861-1938) Hesses Augenarzt aus Bad Eilsen.

6 Jakob Wassermann, »Bula Matari. Das Leben Stanleys«, S. Fischer, Berlin 1932, und »Christoph Columbus. Der Don Quichote des Ozeans«, S. Fischer, Berlin 1929.

7 Plinius Ziegenhals, der fiktive Erzähler im »Glasperlenspiel«.

8 Rudolf Kayser, »Spinoza«. Bildnis eines geistigen Helden, Phaidon, Wien/Leipzig 1932.

9 Brigitte Bermann Fischer (1905-1991), die Tochter des Verlegers S. Fischer.
10 Hotel in St. Moritz.

13 An den S. Fischer Verlag, Berlin

Montagnola, Ende Januar 1933

Sehr geehrte Herren!
Ich erhielt Ihre Anfrage wegen des Tantième-Nachlasses an den holländischen Verleger des »Narziß«[1], der im Ganzen nur 16 Stück verkauft hat.

Die Nachricht paßt vollkommen zum Ergebnis Ihrer diesjährigen Abrechnung, und zu den Kritiken, die der »Narziß« in England und Amerika erfährt. Ich sehe daraus, was mir nicht mehr neu ist: daß der Geist der internationalen Bourgeoisie, in allen Ländern, nicht die Schicht ist, die etwas mit mir anfangen kann. Das bedeutet den Verzicht auf Tagesberühmtheit, Nobelpreise und ähnliches, aber ich empfinde es dennoch als etwas ganz Positives.

Selbstverständlich müssen wir dem holländischen Verleger entgegenkommen! Sie haben meine Vollmacht. Doch würde ich den Anlaß gern benutzen, um mir noch einige Exemplare dieser holländischen Ausgabe zu erbitten, die ja doch verramscht wird.

Mit Grüßen Ihr ergebener

H. Hesse

1 Holländische Übersetzung, u. d. T. »Narcis en Guldemond« 1931 in Utrecht erschienen.

14 An den S. Fischer Verlag, Berlin

30.1.1933

Hochgeschätzte Herren

Ich möchte doch »Deutsches« stehen lassen.[1] Das Volk braucht in Schwaben je und je »Deutsch« und »Deutlich« als Synonyme, am häufigsten in der Redensart »Sprich deutsch!«, die man anwendet, wenn jemand zwar deutsch, aber gewunden und verschwommen redet. Diese vielen schönen Sprachfeinheiten der lebendigen Sprache gehen heute ja rascher zum Teufel als früher, unsre Enkel werden überhaupt nicht mehr deutsch sprechen können. Aber einige Restchen davon wollen wir, auch wenn sie nicht mehr allgemein verstanden werden, doch in unsern Büchern noch aufbewahren.

1 Auf eine Anfrage, ob es in dem Text: »... der Besucher aber blieb stehen, sah zu und räusperte sich wie ein Redner, ohne doch etwas Deutsches herauszubringen«, nicht »Deutliches« statt »Deutsches« hätte heißen sollen.

15 An Franz Vetter

Montagnola, 3.2.1933

Lieber Herr Vetter

Danke für Ihren Brief. Natürlich soll der Plan an mir nicht scheitern.[1] Am liebsten würde ich das Büchlein selber zusammenstellen, die Zeit würde mich nicht reuen, aber die Augen erlauben mir das leider nicht, ich muß sehr mit ihnen sparen.

Also: ich bin mit Ihren Vorschlägen gerne einverstanden. Sie haben freie Hand zur Auswahl des Stoffes, sowohl aus Zeitungsaufsätzen von mir wie aus den »Betrachtungen«, dem »Bilderbuch« und, wenn Sie aus Siddhartha oder andern Erzählungen Auszüge nach Ihrer Wahl bringen wollen, steht auch das Ihnen frei. Eine einzige kleine Bedingung muß ich Ihnen noch auferlegen: da ich meinem Verleger gegenüber gern artig bin, erbitte ich für ihn (d. h. für Herrn Dr. Bermann im Verlag S. Fischer, Berlin W 57, Bülowstr. 90) auch ein

Exemplar des Buches aus. Die Auflage darf bis zu 260 gehen, in den Handel darf das Buch nicht kommen. Mit dem Verleger brauchen Sie sich dann nicht mehr zu plagen, ihm gegenüber vertrete ich Sie, seiner Zustimmung bin ich ohne weiteres sicher.

Statt eines Vor- oder Nachwortes von mir schlage ich (es gefiele mir besser) vor, ein Gedicht von mir an die Spitze zu setzen, eins aus dem Trost der Nacht[2], etwa »Sprache« oder was Ihnen geeignet scheint.

Wenn Sie dem Buch Zeichnungen von Ihrer Hand beigeben[3], so ist mir das ein besonderes Vergnügen.

Ich hoffe, es sei Ihnen mit diesen Zeilen der Weg geöffnet.

Bei uns geht es leidlich. In anderen Jahren war ich um diese Zeit zum Skilaufen in den Bergen, aber das geht dies Jahr nicht, meine Einnahmen sind in dieser Zeit klein und waren im vorigen Jahr sehr viel weniger als was ich brauchte. Unsere Gegend liegt seit 14 Tagen im Schnee, und meistens in strahlender Sonne.

Seien Sie herzlich gegrüßt von Ihrem

H. Hesse

1 Betrifft einen von Franz Vetter zusammengestellten Privatdruck »Mahnung« in 220 nummerierten Exemplaren mit Erzählungen und Gedichten von Hermann Hesse. Siehe Anhang S. 648ff.

2 Hermann Hesse, »Trost der Nacht«. Neue Gedichte, Berlin 1929.

3 Der Band erschien ohne Illustrationen.

16 An Anni Rebenwurzel

[Montagnola] 4.2.1933

Liebe Anni Rebenwurzel

Danke schön für Ihren Brief. Alles habe ich nicht entziffern können, aber doch beinahe alles, und alles mit Teilnahme gelesen und bedacht. Daß das Kölner Semester, von dem Sie damals so viel erwarteten, vielleicht enttäuschen würde, dachte ich schon damals – ich sagte damals nichts dazu, außer einer

Andeutung darüber, daß der von Ihnen verehrte Lehrer zu den extremen Nationalisten gehöre.[1] Nun scheint noch anderes dazu gekommen zu sein. Aber durch diese Sachen muß man hindurch, Sie wie jeder, und in jedem Fall ist es schwer, für einen jungen, zu Dienst und Tat bereiten Geist den Ort zu finden, wo er wirklich sich einordnen, dienen und leisten kann. Der »Betrieb« steht überall hindernd dazwischen, die Organisation, und alle die andern Begriffe und Zwangsmaßregeln von Gesellschaft, Staat und Geld, deren Erfinder und Anbeter der verfluchte »faustische Mensch« ist. Seine heutige Erscheinungsform ist u. a. der Nationalsozialist mit aufgerissener Schnauze und Hakenkreuz. In feinerer Form sind Universitäten, Schulen, Presse etc. genau dasselbe.

Ich mag Ihnen keine Predigten halten zu Ihrem lieben Brief. Ich war auch einmal jung, und auch für mich hatte das Wort »kämpfen« einen jubelnden und edlen Klang – im Jahr 1914 zwang mich die Welt, darüber einige Jahre lang gründlichst nachzudenken. Das »Kämpfen« ist aber grade das, was Sie trotz anderer Formulierungen mit den Nazis etc. etc. verbindet.

Der Abendländer, und besonders seine dümmste und wildeste, kriegerischste Form, der »faustische Mensch« (das heißt: der Deutsche, der aus seinen Inferioritäten durch Maulaufreißen Tugenden gemacht hat) – also der Abendländer liebt und lobt das Kämpfen sehr, Raufen ist ihm Tugend, und das hat ja etwas infantil Hübsches und Rührendes. Solang Bauernsöhne aus Überfluß an Drang und Blut einander verhauen oder hie und da auch zu Tod hauen, ist es ein hübscher Kindersport. Aber schon wenn organisierte Horden das gleiche tun, (siehe Nazi) sieht es unangenehmer aus. Die schlimmste Form des »Kämpfens« aber ist die staatlich organisierte, wie sie damals anno 1914 losbrach, und die dazu gehörige Philosophie des Staates, des Kapitals, der Industrie und des faustischen Menschen, dessen Erfindung diese Dinge sind.

Mir ist, seit der »Kampf« keinen Zauber mehr für mich hat, alles Nichtkämpferische, alles adlig Leidende, alles Still-Überlegene lieb geworden, und so fand ich den Weg vom Kämpfen zum Leiden, den Begriff des Duldens, der keineswegs bloß ein negativer ist, den Begriff der »Tugend«, der von Kung Fu Tse[2] bis Sokrates und Christentum immer der gleiche ist. Der »Weise« oder »Vollkommene« der alten chinesischen Schriften ist derselbe Typus wie der indische und der christliche und der sokratische »gute« Mensch. Seine Kraft beruht nicht darin, daß er zum Totschlagen bereit ist, sondern daß er bereit ist, sich totschlagen zu lassen. Alle Vornehmheit, aller Wert, alle vollendete Reinheit und Einmaligkeit der Leistung und des Lebens, von Buddha bis zu Mozart, haben dort ihre Wurzeln.

Bei uns liegt seit bald 3 Wochen Schnee, er lag mehr als 1 Meter hoch, und ist noch immer da, wenn auch dünner, und Tag für Tag scheint die Sonne drauf. Unser Klima bewährt sich in diesen Wintermonaten. Es unterscheidet sich vom Norden nicht durch ein großes Plus an Wärme, aber durch ein großes Plus an Licht.

Jene[s] Photo mit Th. Mann und W[assermann][3] stammt aus dem Jahr [19]31.

Dies Jahr gibt es keine Ferien, außer Anfang März eine kurze Fahrt zum Bodensee, zum Augenarzt. Es tut mir leid, vielleicht die wenigen Jahre vollends zu verlieren, in denen ich noch hätte Skilaufen können: es war der einzige Sport, eigentlich das einzige »Vergnügen« für mich, und in 3 oder 4 Jahren werde ich dafür zu alt sein. Aber die Zeit ist hart, und meine Einkünfte aus den Büchern sind im letzten Jahr so klein gewesen, daß es nicht zum Leben ausreicht, noch weniger zu Ferien und dergleichen.

Schlimm ist das nicht. Es geht mir auch ganz gut: wie immer seit einigen Jahren, bin ich im Winter gesünder und habe sehr viel weniger Schmerzen als im Sommer, so wunderlich es auch scheint. Ich bin leidlich wohl, und meine Frau auch.

Seien Sie herzlich gegrüßt von Ihrem

H. Hesse

1 Der dem George-Kreis nahestehende Geisteswissenschaftler und Hochschullehrer Ernst Bertram (1884-1957), der u.a. die nationalsozialistischen Bücherverbrennungen begrüßte.
2 Konfuzius (ca. 551-479 vor Christus), chinesischer Philosoph.
3 Aufnahme von Hermann Hesse mit Thomas Mann und Jakob Wassermann »Drei Männer im Schnee« in St. Moritz. Siehe Hermann Hesse – Thomas Mann. Briefwechsel. Herausgegeben von Anni Carlsson und Volker Michels, Frankfurt/M. 1999, S. 166ff.

17 An Anni Rebenwurzel

[Montagnola, Februar 1933]

Liebe A.R.
Danke für Ihren lieben und schönen Brief! Seien Sie ohne Sorge, ich verstehe Sie, und es fällt mir nicht ein, Sie bekehren und ändern zu wollen. Ich halte nicht »Leiden« unbedingt für gut und »kämpfen« für schlecht, und habe selber in jüngern Jahren allerlei Kämpfe ausgetragen. Ich meinte in meinem Brief nicht eine Absage an Kampf und Aktivität, sondern Absage an die deutsche Unart, sich bei Ausbrüchen germanischer Berserkergefühle und wilder Appetite auf den »faustischen« Menschen, diebischerweise also indirekt auch auf Goethe etc., zu berufen. Was damit angerichtet wird, habe ich seit 1914 in einigen hundert tödlichen Beispielen mit angesehen, und daß die Verfälschung sowohl des Geistes wie der Heimatliebe durch solche Begriffs-Verschiebungen nicht nur im Völkischen Beobachter[1] stattfindet, sondern auch höhere Kreise wie die um Stefan George[2] tief verseucht und verdorben hat, ist der Grund, warum ich junge Deutsche, von denen ich etwas halte, je und je auf dies schmählichste Kapitel des deutschen Geistes und Charakters aufmerksam mache.

Aber daß ich Ihr Wesen, Ihr Temperament, Ihre Natur und Jugend korrigieren oder tadeln möchte, davon ist keine Rede. Und wenn Sie zeitlebens lieber Wagner als Mozart hören mögen, so tun sie es ruhig. Ich habe die Tugend, das Leidenkönnen, die Weisheit sehr gern, aber nur dort wo sie echt ist und Opfer gekostet hat. [...]

Viele Grüße!

H. H.

1 Das Parteiorgan der NSDAP.
2 Stefan George (1868-1933), Lyriker des Symbolismus.

18 An Rudolf Freese

[Montagnola] Mitte Februar 1933

Ihr Brief hat mich gefunden, doch kann ich nicht sagen, daß Ihre Lage und Frage mir durch ihn sehr deutlich geworden sei. Ich glaube nur zu sehen, daß Sie an sich selber zweifeln, weil Sie besonders hohe Ansprüche an sich stellen. Das ist das Kennzeichen der »Berufenen«, das heißt: derer, aus denen etwas werden kann. Aber es gehen unzählige von ihnen zu Grunde, weil sie zwischen Ich und Welt nicht die Mitte finden. Für jeden »berufenen«, das heißt zu einem höheren Grad von Individuation bestimmten Menschen sind die Jugendjahre schwer, weil das Werden der eigenen Persönlichkeit isoliert und Kämpfe und Zweifel bringt. Und später kommt dann die andere Gefahr: daß gerade die Begabtesten am schwersten aus der Befangenheit im eigenen Ich wieder herausfinden, welche die Entwicklungsjahre fordern, und zur Welt in kein fruchtbares Verhältnis kommen können.

Es läßt sich von außen nichts raten, Sie müssen Ihren Weg zu gehen versuchen. Sie müssen entweder verzichten und einfach sich notdürftig den andern anzupassen versuchen oder aber sich bewußt machen, daß Ihre Anlagen Sie zu nicht Durchschnittlichem berufen und verpflichten. Auch wenn Sie noch kein Ziel sehen und noch nicht wissen, wohin das Leben später einen Menschen von Ihrer Art stellen wird, müssen Sie sich und Ihr Studium ernst nehmen und etwas aus sich zu machen suchen. Was unsere Zeit braucht und verlangt, ist nicht geschicktes Beamtentum und Betriebsamkeit, sondern Persönlichkeit, Gewissen, Verantwortlichkeit. An Intellekt, »Talent« ist Überfluß, sie bedeuten an sich nicht viel. Versuchen Sie es, Ihre Lage einmal von diesem Punkt aus zu sehen, es kommen Ihnen vielleicht Gedanken dabei, welche weiter führen.

Herzlich Ihr

H. Hesse

19 An Ernst Rogasch

[Montagnola, Mitte] Februar 1933

Hochgeschätzter Herr Rogasch!

Ihr Manuskript und Ihr Brief [1] sind bei mir angekommen. Ich bin seit Jahren augenleidend und habe große Mühe, jeden Tag mit meiner unangenehm großen Post fertig zu werden, so brauchte ich auch für die Ihre etwas Zeit.

Ihre Karamasoff-Phantasie ist stark und schön, obwohl sie das Problem selber für mein Gefühl nicht vorwärts treibt. Der Kardinal, der statt eines Theologen ein Intellektueller ist und so verzweifelt denken und reden kann, ist freilich reif zum Untergang, aber es ist nicht schade um ihn, schade ist nur, daß wir so schwer von ihm loskommen, und daß Christus daneben steht und nichts sagt.

Nicht daß ich wünschte, Sie hätten ihn reden lassen! Nein, das durften Sie nicht, keiner dürfte das. Aber während der Kardinal seine belesene Gescheitheit und kultivierte Verzweiflung ein letztes Mal genießt, wird er uns verflucht zuwider, und unser Herz geht zu dem, der neben ihm steht und durch ihn hindurch auch uns anblickt.

Ich danke Ihnen für das Manuskript. Ich bin nicht mehr reich genug, alle die vielen Manuskripte, die man mir schickt, zu frankieren, habe aber nächstens eine Gelegenheit, es von der deutschen Grenze aus zu senden.

Ihr Brief zeigt Not und Verzweiflung, auf die ich nur antworten kann: Halten Sie sie aus! Gehen Sie ihr nicht aus dem Weg! Begnügen Sie sich nicht damit, sie zu äußern! Durchleben Sie sie! Leid tut es mir, daß Worte von mir (ich weiß nicht welche) mit Anlaß waren, Sie niederzudrücken. Vermutlich sehen Sie in mir etwas viel Stärkeres, als ich wirklich bin. Ich habe vor Ihnen nichts voraus, und bin noch heute ähnlicher Verzweiflung zugänglich, nur das Eine habe ich dennoch voraus: ich bin älter und habe es auf einem langen Weg erlebt, daß hinter allem Persönlichen das Unpersönliche steht, das Göttliche, und daß dort erst Wirklichkeit entsteht und Leben gelebt werden kann. Manchmal erreiche ich ein Stück Wirklichkeit, manchmal geht sie mir wieder verloren. Es ist Menschenlos, und wir sollen uns damit nicht zufrieden geben, aber wir sollen diese Tragik auch nicht als etwas Persönliches und Individuelles in Anspruch nehmen. Mehr kann ich zu Ihrem Brief nicht sagen. [...] Nehmen Sie mit diesem Gruß vorlieb!

H. H.

1 Der Leser hatte Hesse einen Essay über Dostojewskis Roman »Die Brüder Karamasow« geschickt, vermutlich auf Hesses eigenen Aufsatz zu diesem Thema hin (siehe SW 18, S. 125 ff.).

20 *An Helene Welti*

[Montagnola] 20.2.1933

Liebe Frau Dr. Welti

[...] Das, was Sie mir schreiben über die Briefe meiner Leser und darüber, daß wohl kein andrer Autor so viele Briefe beantworte, macht mich nachdenklich. Ich weiß schon, daß ich kein richtiger Autor bin, d. h. daß das Bücherschreiben bei mir weniger ein Beruf und Geschäft als eine Notlage ist, weil ich keinen anderen, direkten Weg fand, etwas Gutes zu tun und meiner Zeit irgendwie zu dienen. Aber ich glaube doch nicht, daß ich damit so ganz und gar allein stehe. Rilke hat viele, viele solche Briefe geschrieben, aus manchen davon sind ganze Briefwechsel geworden. Und ich denke mir, daß ein Mann wie R. Rolland auch zu denen gehört, die auf einen menschlichen Anruf antworten, wenn er aus wirklicher Not kommt, und wenn sie eine Antwort zu wissen meinen. [...]

Je mehr Menschen ein Buch verschlingen, desto mehr Grund hat der Autor, sich zu fragen: »Bin ich also so oberflächlich, komme ich den Masseninstinkten so weit entgegen?« Da ist es nicht übel, mit dem Bewußtsein zu arbeiten, daß die Arbeit von den wenigen wirklich Sachverständigen ernst genommen wird!

Im letzten (wundervollen) Buch von Martin Buber (es heißt »Kampf um Israel«[1]) wurde ich dieser Tage an eine Geschichte aus dem alten Testament erinnert, an die ich seit Jahrzehnten nicht mehr gedacht hatte und die eine wunderbare Illustration zu dem Gedanken ist, daß es einzig auf Qualität und Intensität, gar nicht auf Zahl und Quantität ankommt. Es ist die Geschichte vom Feldherrn Gideon, der gegen die Feinde über ein Heer von zehntausend Mann verfügte, und der im Gegensatz zu allen andern Generälen sein Heer nicht zu vergrößern suchte, sondern es einmal ums andremal verkleinerte, bis bloß noch 300 übrig waren, mit denen hat er dann gekämpft und gesiegt.

So denke ich mir: wenn ein Autor wie ich zehn oder fünf oder zwei Menschen findet, die infolge seiner Schriften ihr Leben ändern, ihren Willen zum Guten stärken, und aus ihren Herzen heraus der zerfallenden Welt einen neuen Halt zu geben suchen, so wiegt das 100000 Leser auf, denen die Lektüre bloß eine Angelegenheit des Genusses und der Bildung ist. Der Knabe in meinem Gedicht zur Morgenlandfahrt[2], der sich von Don Quichote zum Kreuzritter schlagen läßt, ist in diesem Sinn gemeint.

Ich kämpfe zur Zeit darum, daß meine Jugenddichtung, der »Hermann Lauscher«, endlich wieder neu gedruckt werde, wahrscheinlich wird es gelingen.[3] Er scheint mir innerhalb meiner Arbeiten wichtiger und ist mir lieber als der zeitlich auf ihn folgende »Camenzind«. Es geht heute oft schwer mit diesen Sachen, die Verleger sind ängstlich und sparsam, sie wollen Quantität, nicht Qualität, und man kann ihnen das nicht verübeln. Zum Beispiel hat ein holländischer Verleger eine schöne holländische Ausgabe des Goldmund gebracht, und hat im Lauf eines Jahres nicht mehr als sechzehn Stück verkaufen können, jetzt muß er die ganze Auflage mit Schaden verramschen. Ich erfuhr es, weil er natürlich außerstande ist, nun auch noch die vereinbarten paar Franken Tantième an mich zu zahlen.

Das Recht auf den »Hermann Lauscher« gehört einem Münchener Verlag[4], und ich habe Aussicht, dies Jahr oder nächstes Jahr eine Neuausgabe zu mäßigem Preis durchzusetzen. [...] Herzlich Ihr

H. Hesse

1 Martin Buber, »Kampf um Israel«. Reden und Schriften 1921-1932, Schocken Verlag, Berlin 1933.

2 Das im März 1932 entstandene Gedicht »Die Morgenlandfahrt« (SW 10, S. 315).

3 Das Buch erschien noch im selben Jahr in einer von Gunter Böhmer illustrierten Neuauflage im S. Fischer Verlag.

4 Albert Langen, wo 1907 die zweite, erweiterte Ausgabe des »Hermann Lauscher« erschien.

*21 An die Redaktion des »Eckart«, Berlin**

[Februar 1933 (?)]

Hochgeschätzte Herren

Ihren Vorschlag wegen eines »Rundgespräches« habe ich erhalten. Ich halte es jedoch grundsätzlich für einen Irrtum, daß Autoren nicht das schreiben [sollten], wozu sie von sich aus getrieben sind, sondern das, was Redaktionen bei ihnen bestellen. Dem Irrtum liegt die Institution des intellektuellen Autors zu Grunde, der erstens käuflich ist, sei es durch Geld oder durch den Anreiz zur Interessantheit, und der zweitens stets gewillt und fähig ist, auf »Anregungen« zu reagieren und seine Weisheit über das jeweils ihm diktierte Thema loszulassen. Dazu kommt ein weiteres Übel: alle Vorschläge von der Art des Ihren wollen vom Autor, daß er etwas, was er gut und aus Notwendigkeit einmal ausgesprochen hat, auf zufällige Anregung hin nochmals (also notwendig schlechter) formuliere. Natürlich habe ich volle Achtung vor der Güte und Reinheit Ihres Willens, aber ich kann da nicht mitmachen, weder jetzt noch ein andres Mal.

* Der Brief ist nicht vollständig überliefert.

22 *An Jakob Wassermann**

[März 1933]

Lieber Jakob Wassermann
Lassen Sie auch mich zu Ihrem Geburtstag[1] Glück wünschen!

Ich habe in meinen jungen Jahren Ihre »Juden von Zirndorf«[2] geliebt und habe seither oft wieder in Ihren Dichtungen jenen Klang wiedergefunden, der mich damals gewann: einen Klang von Ballade und von Altem Testament, eine Verschwisterung von Deutschtum und von Judentum, und einen ruhelosen, zähen, ebenso leidenschaftlichen wie geduldigen Ehrgeiz und Künstlerwillen. Vieles in Ihrer Art ist der meinen gerade entgegengesetzt, und manchmal empfand ich Sie, bei aller Hochschätzung, fremd und beinah feindlich, ähnlich wie ich Balzac oft empfand. Und jedesmal, wenn dann Ihr Werk wieder zu mir sprach, war es die Gesinnung, die mich vor allem gewann und Sie mir lieb machte, die Gesinnung gegen die Menschen, als Humanität, und die Gesinnung gegen Ihre Arbeit und Ihr Handwerk, als Moral des Künstlers.

Unter den vielen Echostimmen, die Sie heute erreichen,

soll auch dieser Gruß Ihnen danken, eine von vielen Antworten auf das, was Sie gegeben haben. Herzlich Ihr

Hermann Hesse

* »Offener Brief« zu Wassermanns 60. Geburtstag in »Die neue Rundschau« vom Mai/Juni 1933.

1 Am 10. März (1873).

2 Jakob Wassermann, »Die Juden von Zirndorf«. Roman, Langen Verlag, München 1897.

*23 An Adolf Baden**

[ca. 8.3.1933]

Hochgeschätzter Herr Baden!

[...] Ich habe mich nie für protestantische Theologie interessiert (auch von Heim[1] wußte ich nichts), nur je und je für die katholische, denn das lateinisch geschulte Formulierungsvermögen Roms enthält für mich einen großen Wert. Das Phantasieren, das Spielen mit Begriffen ohne Verantwortung und ohne bindende, anerkannte Dogmatik, ist für mich ungenießbar. Das kann ich selber, ich brauche keine bezahlten Professoren dazu und halte sie für Schädlinge. Nur wenige starke Persönlichkeiten wie Kierkegaard[2] konnten mir da zeitweise etwas bedeuten, auch Schrempf[3] schätze und liebe ich. Aber alle die rasch wechselnden Theologien, die nichts sind als unverbindliche Weltanschauungen und Debattier-Gegenstände, hinter denen keine Kirche, kein Dogma, keine Verantwortung, kein echter Kampf um legitime Formulierung steht – das hat mich nie interessiert.

Aufgefallen ist mir in Ihrem Brief Ihre Abneigung gegen das Theater. Es gibt ja Schlimmeres als das Theater, aber diese Abneigung habe ich zeitlebens gehabt, einzig die klassische Oper (Mozart) macht da eine Ausnahme. Es grüßt Sie Ihr

H. Hesse

* Um 1939 nannte er sich Hans Jürgen Baden (1911-1986) und wurde ein namhafter evang. Publizist.

1 Karl Heim (1874-1958), evangelischer Theologe, Professor für systematische Theologie in Münster 1914, ab 1920 in Tübingen.

2 Søren Kierkegaard (1813-1855), dänischer Philosoph, Essayist und Theologe.

3 Schrempf wurde 1892 aus dem württembergischen Kirchendienst »frist- und pensionslos« entlassen. Seine »Gesammelten Werke« in 16 Bänden erschienen von 1930 bis 1940 bei Frommann, Stuttgart. Schrempf machte sich auch als Herausgeber und Übersetzer der Kierkegaard-Ausgabe bei Diederichs einen Namen. Seine Kierkegaard-Biographie entstand 1927/28.

24 An seinen Sohn Bruno

[Montagnola, 18.3.1933]

Lieber Bruno

[...] Die deutschen Zustände[1] bringen mich noch mehr in Sorgen, es steht wahrscheinlich auch mir wieder viel Häßliches und eine Art Krieg bevor, mit Anfeindungen, Boykott, schwarzen Listen etc. Immer das alte Lied.

Ich lege dir das Gedicht bei, das ich neulich in Zürich in einer schlaflosen Nacht aufschrieb.[2] Es ist formal schlecht, aber schau dir den Inhalt doch an.

Wir waren beim Augenarzt in Lindau, er war zufrieden, ich bekam wieder stark veränderte Brillen, wir kamen dann beide erkältet heim, und sind seither unwohl, aber im Bett war ich nicht, und Ninon bloß 2 Tage. Übermorgen erwarten wir im Gastzimmer den ersten Flüchtling aus Deutschland, einen Leipziger Freund[3], der sozialistischer Schriftsteller ist, die sind jetzt alle vogelfrei, und viele sind schon totgeschlagen oder verprügelt, zum Hunger sind sie ohnehin verurteilt, ihre Namen verfemt, ihre Zeitungen verboten, sie finden nirgends Brot. So werden nun noch viele kommen.

In der Schweiz wird das fettere Bürgertum nach anfänglichem Naserümpfen wahrscheinlich bald mit den deutschen Fascisten sympathisieren, so wie sie es mit Mussolini auch taten, des Kapitals wegen und aus Angst vor Bolschewismus. Wir wollen uns da nichts vormachen lassen. Aber ich gehe deswegen doch nicht zur Gegenpartei, um den Mangel an Liebe und Verstand in der Welt durch Schießen und Terror zu bekämpfen, ich halte das für völlig verkehrt, und den Marxismus, als Glauben, für ebenso stupid wie irgend eine preußische oder zaristische Staatsidee.

Leb wohl, Lieber. Wir haben noch immer hübsches Wetter, die übliche [lange] Regenzeit des Frühlings hat noch nicht begonnen.

Weißt du noch, wie du zum erstenmal mit mir ins Tessin gefahren bist, und in Locarno mit Köbi[4] bekannt wurdest?

Heiner hat noch keine Stelle, er scheint aber doch ernstlicher eine zu suchen.

Lieber Bruno, grüße die Amiets[5] schön von mir, und laß dirs gut gehen, und versuche immer was zu arbeiten. Einerlei ob du malst oder radierst oder den Garten umgräbst, alles das ist in jedem Fall viel besser als alle Politik und Weltverbesserung.

Dein Vater H. H.

1 Nach seiner Ernennung zum Reichskanzler am 30.1.1933 versetzte Adolf Hitler (1889-1945) der Weimarer Republik den Todesstoß; politische Gegner, Juden und andere Minderheiten wurden verfolgt oder ins Exil getrieben. Am 23.3.1933 erließ der Reichstag das sogenannte Ermächtigungsgesetz; dies war der Auftakt zur Durchsetzung der nationalsozialistischen Diktatur. Drei Tage zuvor hatte Heinrich Himmler (1900-1945) als kommissarischer Polizeichef von München die Errichtung des Konzentrationslagers Dachau angeordnet. Die Regierung nutzte den Reichstagsbrand vom 27./28. Februar 1933 als Vorwand, um gegen Regimekritiker und Kommunisten vorgehen zu können. Die Reichstagswahlen vom 5. März fanden unter massivem Terror und der Einschüchterung politischer Gegner statt.

2 »Absage« (SW 10, S. 568f.).

3 Heinrich und Eleonore Wiegand.

4 Der Schriftsteller und Marionettenspieler Jakob Flach (1894-1982).

5 Anna und der expressionistische Maler Cuno Amiet, Bruno Hesses Lehrer, bei dem er seit seinem 14. Lebensjahr aufwuchs.

25 *An Arthur Stoll*

[Montagnola, 19.3.1933]

Lieber Herr Professor

[…] Ich wünsche Ihnen von Herzen, Sie möchten sich an der Riviera erholt haben! Die Zustände in Deutschland drücken nun uns Schriftsteller noch mehr an die Wand, es gilt eine Herrschaft des vollkommen Ungeistigen und Brutalen auszuhalten. Mehrere meiner Freunde wurden schon persönlich betroffen, einer ist schon in der Schweiz eingetroffen, fast ohne Mittel.

Es hat etwas Ermüdendes sich vorzustellen, daß man nun nochmals Ähnliches wird erleiden und auskosten müssen wie während der Kriegszeit. Wenn man ja auch im Grunde weiß, daß unsre geistigen Bemühungen und Spiele von den Massen und von den Regierungen höchstens nur geduldet, niemals geteilt und ernst genommen werden, so hat doch der offene Kriegszustand zwischen Geist und Macht, zwischen Menschentum und organisierter Brutalität, etwas verflucht Lähmendes. Untergehen wird man ja nicht, es war damals im Kriege schwerer, aber es schmeckt bitter.

Seien Sie herzlich gegrüßt von Ihrem

H. Hesse

26 *An Rudolf Jakob Humm*

[Montagnola, 19.3.1933]

Lieber Herr Humm!

Danke für Ihren lieben Brief! Es liegt mir gar nichts an öffentlichen Berichtigungen.[1] Es liegt mir am Einzelnen, in diesem Fall also an Ihnen, das ist alles.

Der H. Hesse, zur Zeit in Amerika, ist ein Feuilletonist, der seit wohl 20 Jahren zum Teil davon lebt, daß er meinen Namen hat. Ich finde ihn oberflächlich und sprachlich flach. Peinlich für mich, daß ich mit ihm verwechselt werden kann.

Die Änderung Ihres Standpunktes und Denkens kann ich verstehen. Ich kenne den Ruf, der uns zur Masse und zum aktuellen Mitkämpfen ruft, sehr gut, und bin mehrmals nahe daran gewesen, ihm zu folgen. Bei der deutschen Revolution war ich ohne Vorbehalt auf seiten der Revolution, und meine drei Söhne[2] sind, soweit ich dazu beitragen konnte, über die Zustände in der Welt durchaus im sozialistischen Sinn aufgeklärt. Außerdem habe ich Freunde überall in der Linken, und nahe Freunde gerade bei der deutschen Linken. Die Betten sind auch bei mir gerüstet, und ich erwarte morgen den ersten aus Deutschland entkommenen Gast.[3]

Etwas anderes aber ist meine Einsicht in die Ungerechtigkeit der Zustände und meine Auffassung über die Änderung derselben. Ich habe den Krieg 1914-1918 so intensiv und bis zur Vernichtung erlebt, daß ich seither über eines vollkommen und unerschütterlich im Klaren bin: daß ich, für meine Person, jede Änderung der Welt durch Gewalt ablehne und nicht unterstütze, auch nicht die sozialistische, auch nicht die scheinbar erwünschte und gerechte. Es werden immer die Falschen totgeschlagen, und auch wenn es die Rechten wären: an die bessernde und entsühnende Kraft des Totschlagens glaube ich nun einmal nicht und sehe in der Zuspitzung der Parteikämpfe zum Bürgerkrieg zwar wohl die Kraft des Entschlusses, die moralische Spannung des »Entweder-Oder«, aber ich lehne die Gewalt ab. Die Welt ist krank an Ungerechtigkeit, ja. Sie ist noch viel mehr krank aus Mangel an Liebe, an Menschentum, an Brudergefühl. Das Brudergefühl, das dadurch genährt wird, daß man zu Tausenden marschiert und Waffen trägt, ist mir sowohl in der militärischen wie revolutionären Form nicht annehmbar.

Das gilt für mich, für meine Person. Ich lasse jedem andern seinen Entschluß, ich erwarte nur, falls er mich kennt, daß er meine Haltung als für mich notwendig, oder doch als von mir wohlbegründet und verantwortlich anerkenne. Wunderlich war mir z. B. in dem, was Sie damals über mich gesagt haben sollen, die Zusammenstellung mit Thomas Mann. Th.

Mann ist mit mir befreundet, und die wenigen Male, wo er mit mir auf Soziales zu sprechen kam, stand er, bei aller intellektuellen Billigung des Sozialismus, mit dem Herzen so unendlich viel weiter rechts als ich, war in seinem gepflegten feinen Wesen so unangegriffen vom klaffenden Riß in der Welt, daß es mich schauderte, denn ich habe ihn aus andern Gründen sehr gern.

Ich habe auch meinen Weg und meine Wandlungen hinter mir. Es ist vielleicht der Weg eines Don Quichote, jedenfalls ist es der eines Leidens und Sichverantwortlichwissens, er hat mir ein sehr empfindliches Gewissen gegeben, das begann (vorher war es harmlos) im Jahr 1914, und wenn ich heute bewußter als je der Alleinstehende und »Träumer« bin, so bin ich es bewußt, und sehe nicht bloß einen Fluch, sondern auch ein Amt darin. Ich habe freilich auch meine Art von Gemeinschaft und von Sozialität. Ich bekomme im Jahr viele tausend Briefe, alle von jungen Menschen, die meisten unter 25, und sehr viele suchen mich auch selber auf. Es sind fast ohne Ausnahme begabte oder schwierige Junge, bestimmt zu einem überdurchschnittlichen Maß von Individuation, verwirrt durch die Etikettierungen der normierten Welt. Manche sind pathologisch, manche so prachtvoll, daß auf ihnen mein ganzer Glaube an den Fortbestand eines deutschen Geistes beruht.

Für diese Minorität von zum Teil gefährdeten, aber lebendigen jungen Geistern bin ich weder Seelsorger noch Arzt, es fehlt mir jede Autorität und auch jeder Anspruch dazu, aber ich stärke, soweit meine Einfühlung reicht, jeden einzelnen in dem, was ihn von den Normen trennt, suche ihm den Sinn davon zu zeigen. Ich rate keinem ab, sich einer Partei anzuschließen, sage aber jedem, daß, wenn er es zu jung tut, er Gefahr läuft, nicht bloß das eigene Urteil zu verkaufen gegen die Annehmlichkeit, von Genossen umgeben zu sein, sondern (der Satz wurde durch Besuch unterbrochen, ich beginne neu:), sondern ich weise jeden, auch meine Söhne, vor allem darauf hin, daß Zugehörigkeit zu Programm und

Partei kein Spiel sein darf, sondern volle Gültigkeit haben muß, daß also, wer sich auf Revolution einläßt, nicht bloß selber mit Leib und Leben seiner Sache zur Verfügung stehen, sondern auch zum Töten, zum Schießen, zum Maschinengewehr und Gas entschlossen und fähig sein muß. Ich gebe jungen Menschen, zumal meinen Söhnen, oft die Literatur der revolutionären Linken zu lesen, aber wenn darüber gesprochen wird, und das übliche verantwortungslose Schimpfen auf den Bürger, den Staat und den Faschismus losgeht (die ich natürlich alle zum Teufel wünsche), dann erinnere ich an die Gewissensfrage: daß man bereit zum Töten sein muß, und nicht bloß zum Töten von solchen, die man als Verbrecher kennt und haßt, sondern zum Blindlings-Töten, zum Schießen in Massen. Meinerseits bin ich dazu nicht bereit, unter keinen Umständen, und bin darin Christ, daß ich im Notfall durchaus das Getötetwerden dem Töten vorziehe, aber ich habe nie einen andern, auch nicht meine Söhne, beim Entscheid in dieser letzten Gewissensfrage irgend zu beeinflussen gesucht.

Ich erwarte in einer Stunde einen bekannten antifaschistischen Autor[4], und morgen den ersten Flüchtling aus Deutschland. Die Wellen reichen auch hierher, ich kann mich ihnen beinahe ebenso wenig entziehen wie anno 14. Nur bin ich meines persönlichen Gewissens jetzt sicherer. Damals machte der Gedanke, daß meine Freunde im Feld stehen und auf sich schießen lassen, während ich nicht dabei sei, immerhin Unruhe, so sehr, daß ich oft nahe daran war, mich der nächsten deutschen Behörde zu stellen mit dem Verlangen: »ich verdamme und verfluche euren Krieg, aber ich will nicht am Leben bleiben: bitte schießt mich tot!« Das war, naiv formuliert, etwa der Stachel, der mich damals plagte. Ich bekam dann auch allerlei auszufressen, und stand von 1916 an vollkommen allein, für die Patrioten ein Schwein, für die Revolutionäre ein rückständiger Bürgerlicher. Ein letztes Mal mußte ich das alles durchprüfen während der deutschen Revolution, als mir dort eine Tätigkeit angeboten wurde. Bei aller Sympathie für Landauer[5] etc. blieb ich beiseite. Da stehe ich noch immer, und von Ihnen aus gesehen ist das vielleicht Stagnation, für mich war und ist es von Tag zu Tag Leben, Wandlung und Prüfung.

Herzlich grüßt Sie Ihr

H. Hesse

1 In seiner Zeitschrift »Information«, Zürich, vom Oktober 1932 hatte Rudolf Jakob Humm (1895-1977) aus dem Artikel eines in den USA lebenden Journalisten namens Hermann Hesse geschlossen, der Dichter H. H. halte sich z. Zt. in New York auf, und er versprach ihm, dies in der nächsten Ausgabe der »Information« zu berichtigen.

2 Die drei Söhne H. H.s: Bruno (1905-1999); Heiner (1909-2003); Martin (1911-1968).

3 Heinrich Wiegand (1895-1934), Lehrer, Pianist, Kabarettist, Kritiker, Mitarbeiter der »Frankfurter Zeitung«, des »Berliner Tageblatts«, der »Neuen Rundschau«, der »Literarischen Welt« und Herausgeber der sozialistischen Arbeiterzeitung »Kulturwille«. Wiegand und seine Frau Eleonore waren nach ihrer Flucht aus Deutschland bei Hesse vom 20. 3. bis 2. 4. 1933 zu Gast.

4 Bertolt Brecht (1898-1956), den Hesse als den »einzigen wirklichen Dichter unter den deutschen Kommunisten« bezeichnet hat.

5 Gustav Landauer (1870-1919), Philosoph, Literaturwissenschaftler und sozialistischer Politiker, Beauftragter für Volksaufklärung der Münchner Räteregierung, 1919 ermordet. Für ihn hat sich Hesse in zahlreichen Briefen und Rezensionen immer wieder eingesetzt.

27 An Els Bucherer-Feustel

[Montagnola, 19. 3. 1933]

Liebe Frau Els

Danke schön für Ihren Gruß und Ihre Blumen, die haben mich gefreut.

Antworten kann ich nicht viel, es geht mir nicht gut, und mit den Augen habe ich wieder eine ganz schlechte Zeit.

Ich möchte an Ihrer Begeisterung für Deutschland nicht

herumkritisieren. Sie sagen ja auch selbst: das Volk sei dazu da, fröhlich zu sein und sich um den Geist nicht zu kümmern, während der Geist da ist, um aus dem Volk heraus zu blühen und dann schnell abzuwelken. Aber deswegen ist es dennoch die Aufgabe von uns Geistigen, auf der Seite des Geistes zu stehen, und nicht mitzubrüllen, wo das Volk die ihm von seinen Führern befohlenen Hymnen singt. Ich stehe heut und stehe immer, liebe Els, bei denen die an der Mauer stehen und erschossen werden, und nicht bei den Schießenden. Und die Begeisterung über Deutschlands plötzlich entdeckte Größe, liebe Els, wird wieder zu Krieg und Blut führen, und ist der Begeisterung vom Jahr [19]14 zum Verwechseln ähnlich. Ich will Ihnen die Freude nicht verderben, freuen Sie sich über das Hübsche, das diese Sache mit sich bringt, und lieben Sie Ihr Volk, auch wenn es Phrasen singt und hohle Ideale anbetet. Aber ich bitte Sie sehr, liebe Els, machen Sie nicht für Hitler und die deutsche Diktatur Propaganda! Sie dienen damit dem nächsten Krieg, und einem verschärften Klassenkampf, wenn Sie in der Schweiz so sehr für Hitler schwärmen.

Als ich Ihnen anfangs März das Gedicht[1] schickte, in dem ich sowohl den Kommunisten wie den Faschisten absage, da haben Sie mir in einem Brief herzlich zugestimmt. Heute stehen Sie bei den Faschisten. Sie tun es aus Liebe für Ihr Volk, und weil Sie einige hübsche ländliche Feste gesehen haben. Aber Sie sehen nicht, welche Mächte dahinter stehen? Sie sind eine alte Patriotin und sind die Tochter des alten Draufgängers und Patrioten Feustel, und das freut mich und ist schön. Aber verwirren Sie nicht harmlosen Menschen die Köpfe durch Ihre Hymnen auf Hitler! Sie haben weder die deutschen Gefängnisse gesehen noch die ungeheure Not die überall herrscht. Hitler hat es fertiggebracht, daß die Deutschen jetzt nicht mehr über Bankrott und Arbeitslosigkeit klagen, sondern statt dessen über die Franzosen schimpfen und solchen Dreck singen wie ihr Wessel-Lied[2] – aber der Bankrott und die Arbeitslosigkeit und das alles ist nach wie vor da, es hat sie niemand weggezaubert, man spricht nur im Augenblick in Deutschland nicht davon, weil man sonst sofort ins Gefängnis kommt. Die Deutschen brauchen nicht viel Freiheit, sie sind geborene Diener und Soldaten – aber so wenig Freiheit wie jetzt, das ist für kein Volk gut.

Ich lehne es ab, mit Ihnen darüber zu diskutieren, liebe Els, ich kenne alles auswendig, was Sie mir zu erwidern haben. Ich schätze und liebe auch Ihre Begeisterung! Aber glauben Sie uns, die diese Dinge bis aufs Blut durchlebt und durchlitten haben, daß wir darüber keine Aufklärung mehr brauchen. Und bitte, helfen Sie nicht dazu, daß auch in der Schweiz die braunen Hemden eingeführt werden. Sonst können Sie es bald erleben, daß unter dem Jubel des Volks ich und andre Ihrer Freunde an der Mauer stehen und erschossen werden. Und das würde Ihnen dann doch ein wenig leid tun. Es grüßt Sie Ihr

H. Hesse

1 Das Gedicht »Absage« (SW 10, S. 568f.).

2 »Die Fahne hoch!«. Hymne der NSDAP des SA-Mannes Horst Wessel (1907-1930).

28 An seinen Halbbruder Karl Isenberg

[Montagnola, 19.3.1933]

Lieber Karl

Danke für Deinen l[ieben] Brief! Gewiß, es wird viel gelogen, überall und auf allen Seiten. Es ist immer so, wenn große Zeiten anbrechen, das Lügen und das Sichwehren gegen die Gegenlügen gehört halt mit dazu. Wir kennen das von 1914 her [...]. Die Erzählungen in »Kleine Welt«[1] sind nicht bloß ausgewählt, sondern auch vor einigen Jahren alle genau durchgesehen und leicht bearbeitet, das war stilistisch eine heikle und undankbare, aber lehrreiche Arbeit. Oft ist nur ein Wort oder Satzzeichen gestrichen, überhaupt bestehen zwei Drittel der Änderungen in kleinen Streichungen. So ist an der Substanz nichts geändert und doch der Umriß vielleicht ein klein wenig klarer geworden.

Wir sind sehr in Anspruch genommen, beständig Besuche und Logiergäste. Dabei ist es nicht mehr bloß warm, sondern heiß. Und wir haben die übliche Frühlingsregenzeit noch nicht gehabt, es wird also noch große Rückschläge geben. [...]

Herzlich Dein

Hermann

1 H. Hesse, »Kleine Welt«. Erzählungen, S. Fischer, Berlin 1933. Darüber schrieb er im April 1933 an Bertha Markwalder: »Sie haben recht: die ›Kleine Welt‹ ist viel hübscher als die große, die ist wieder einmal beinahe ganz unverdaulich geworden. Speziell dieser deutsche Ausbruch von Berserkerhaß gegen Geist und Talent trifft keineswegs bloß Kommunisten oder Juden, sondern uns alle, wir stehen wieder entwaffnet und gefesselt an der Wand, reif zum Erschossenwerden, genauso wie in den Kriegsjahren.«

29 An Josef Bernhard Lang

[Montagnola, März 1933]

Lieber Freund

Wir haben noch immer heiteres warmes Wettter, die unvermeidliche wochenlange Regenzeit des Frühlings läßt noch warten. Im Augenblick stehen für uns, soweit wir vor Schnupfen und Grippe dazu kommen, die Sorgen zuvorderst, die uns der Ausbruch des weißen Terrors in Deutschland bringt. Es ist für mich wieder Krieg, es wird wieder Feindschaft, Verarmung, Anpöbelei etc. jeder Art geben – und auch das ist noch nicht das Drückende, sondern im Moment steht die Sorge um alle die Freunde und Kollegen voran, die jetzt verhaftet, verprügelt, vielleicht totgeschlagen sind. Den ersten Flüchtling erwarten wir dieser Tage, einen Leipziger Sozialisten. Wem von diesen Leuten es gelingt, über die Grenze zu fliehen, der steht mittellos und verlassen da, es wird jetzt wieder eine Menge solcher Flüchtlinge geben.

Für mich ist die Lage nur insofern etwas leichter als im Krieg, als ich heut von Anfang an genauer weiß, wo ich stehe, und die Phrasen von rechts und links nicht mehr ernst nehme. Dafür bin ich auch älter und mutloser. Nun, vielleicht überlebt man auch dies. Die Periode der absoluten Brutalität und Verfolgung des Geistes wird ja bestimmt vorübergehn.

An Deine Sorgen denke ich manchmal.[1] Vale, amice[2]

Dein H.

1 Am 1.2.1933 war Lang aus der Sprechstunde heraus in Zürich verhaftet und 36 Stunden in Untersuchungshaft gehalten worden. In einem Verfahren gegen zeitweilig 60 Beschuldigte wurde Lang wegen »Gehilfenschaft bei Abtreibung« angeklagt. Erst am 11.3.1940 wurde er vom Schwurgericht Zürich freigesprochen.

2 Lateinisch: Leb wohl, mein Freund.

30 An André Gide

Montagnola [20].3.1933

Lieber Herr André Gide

Am selben Tag, an dem mein Gastbett auf den ersten Flüchtling aus Deutschland wartet, der sich vor den Fäusten und Revolvern der Rechtgläubigen retten muß, kommt Ihr lieber Brief und macht mir eine ebenso große wie unerwartete Freude.[1]

Stellen Sie sich vor: Ein Gymnasiast liebt und bewundert einen etwas älteren Kameraden, würde nie wagen, ihn anzureden, sieht ihn schon, den Unerreichbaren, für immer entschwinden, da wendet der Bewunderte, der schon bald die Schule verläßt, dem Jüngern sein Gesicht zu, lächelt und nickt ihm zu ... – so etwa ist Ihr Gruß für mich.

Darum darf ich Ihre Worte aus aufrichtigem Herzen erwidern, ich kenne Bücher von Ihnen schon seit der Zeit, als die

»enge Pforte« und der »Immoralist« zum erstenmal in deutscher Sprache erschienen, noch lang vor dem Kriege. Seither hat kein französischer Autor unsrer Zeit mich so viel beschäftigt[2] und ist so von mir geliebt worden.

Ihr Hermann Hesse

1 Der Brief André Gides vom 11.3.1933 lautet: »Depuis longtemps je désire vous écrire. Cette pensée me tourmente – que l'un de nous deux puisse quitter la terre sans que vous ayez eu ma sympathie profonde pour chacun des livres de vous que j'ai lus. Entre tous ›Demian‹, et ›Knulp‹ m'ont ravi. Puis ce délicieux et mystérieux ›Morgenlandfahrt‹ et enfin votre ›Goldmund‹, que je n'ai pas encore achevé – et que je déguste lentement, craignant de l'achever trop vite. Les admirateurs que vous avez en France (et je vous en récrute sans cesse de nouveaux) ne sont peut-être pas encore très nombreux, mais d'autant plus fervents. Aucun d'eux ne saurait être plus attentif ni plus ému que André Gide.«

2 Von 1905 bis 1933 hatte sich Hesse in 15 Rezensionen u.a. über »La porte étroite« und »L'Immoraliste« für die Verbreitung der Werke A. Gides in Deutschland eingesetzt.

31 An Helene Welti

[Montagnola, 22.3.1933]

Liebe Frau Dr. Welti

Für zwei liebe Briefe muß ich Ihnen danken, das ist eine angenehme Pflicht. Nur bin ich nicht gut auf den Beinen. Teils bin ich von der langweiligen Erkältung (Stirnhöhle etc.) her noch etwas angesägt, teils vom Föhn, der Schlaf und Augen schädigt, am meisten aber ist es natürlich der Ausbruch des neuen Krieges, d.h. der Ausbruch des deutschen Pogroms gegen den Geist, der auf mich drückt. Es ist wieder Krieg für mich, und wieder stehe ich auf der schwarzen Liste, für beide Teile, für die Patrioten wie für die Kommunisten. Unser Gastzimmer beherbergt seit einigen Tagen den ersten Flüchtling aus Deutschland, einen mir seit Jahren befreundeten sozialistischen Schriftsteller, andre kommen nach ihm, und leider ist es gar nicht unmöglich, daß der Schweizer Bundesrat, der sich nie durch Großzügigkeit ausgezeichnet hat, bald mit dem Asylrecht für Leute sparsam umgehen wird, die nicht Schieber sind und Geld mitbringen. Wunderlich, wie alles wiederkommt, und alles so furchtbar folgerichtig! Wie z.B. die deutsche Sozialdemokratie, die anno 1914 auf ihre ganze Macht verzichtete, indem sie vor dem Kaiser und seinem Krieg Kotao machte, jetzt dafür vernichtet wird. Was nicht vernichtet, sondern gestärkt wird, ist dafür der deutsche Bolschewismus, der seinerzeit an den Faschisten grausame Rache nehmen wird für die unsinnigen, mehr als dummen, vom Reich und dem alten Esel Hindenburg[1] feierlich geschützten Mordtaten, Einkerkerungen, Verprügelungen, Folterungen, die in diesen furchtbaren Tagen geschehen sind. Dies Blut wird alles zehnfach zurück gefordert werden, leider.

Für mich ist es ein Glück, daß ich die unheilbare Tragik des Geistes, und speziell des deutschen Geistes, damals in den Kriegsjahren nicht nur entdeckt, sondern gründlich geschmeckt habe, es waren anno 33 bei mir keinerlei angenehme Illusionen mehr zu zerstören, und auch die teuflischsten Verbrechen in Hitlers Reich können mich und meinen Blick nicht mehr verwirren. Nur hatte ich freilich, wie Jeder, so leise gehofft, es sei vielleicht mit dem einen Krieg genug und für den Rest meines Lebens würde ich wenigstens persönlich nicht mehr davon zu leiden haben.

Unser Gast (zur Strafe dafür, daß er seit 14 Jahren den Leipziger Arbeitern gute Musik, gutes Theater und gute Lektüre vorsetzte, politisch war er nie tätig) hat auf einen Schlag sein ohnehin kümmerliches Brot verloren. Es gibt die Zeitungen nicht mehr, für die er schrieb, sein Arbeiterbildungsinstitut ist aufgelöst, seine Verträge hinfällig, seine Frau löst zuhaus den Haushalt auf und kommt baldigst nach, falls nicht dann schon die Grenzen zu sind. So geht es einigen Tausenden, die mehr oder minder zu meinen Kollegen gehören. Und dieser Tage kommt auch Thomas Mann[2] her, um sich ein wenig hier aufzuhalten, und mit mir die Lage zu besprechen. Er sei ganz gebrochen, telefonierte seine Frau, und liege im Bett. Bei ihm droht kein Hunger, aber er steht zuoberst auf der schwarzen Liste derer, die von der deutschen Terror-Regierung als Volksfeinde angeprangert und als vogelfrei erklärt sind. [...]

Addio, viele Grüße von Ihrem

H. Hesse

1 Paul von Hindenburg (1847-1934), Generalfeldmarschall im Ersten Weltkrieg, seit 1925 Präsident des Deutschen Reiches, hatte im Januar 1933 Adolf Hitler zum Reichskanzler ernannt.

2 Der 1929 mit dem Literaturnobelpreis ausgezeichnete Romancier Thomas Mann und dessen Frau Katia (1883-1980) waren im Februar 1933 von einer Vortragsreise im Ausland nicht mehr nach Deutschland zurückgekehrt. Die ersten Wochen des Exils verbrachten sie in Arosa und Lenzerheide, ihr Aufenthalt in Montagnola und Lugano dauerte vom 24.3. bis zum 29.4.1933. Am 27. März notierte Mann in sein Tagebuch: »Es war gut, daß wir gleich den ersten Abend bei Hesses verbrachten, in dem schönen, eleganten Hause, das ihnen der Zürcher Bodmer geschenkt.« In den folgenden Wochen kam es zu wiederholten Besuchen bei Hesse in Montagnola.

32 An Arthur Stoll

Montagnola [24.3.1933]

Lieber Herr Professor Stoll!
Für die schöne Sendung neulich habe ich nur mit einer Karte gedankt, es ging nicht anders. Nun möchte ich sehr hoffen, daß Sie mit jenem Anfall von Krankheit fertig geworden sind und sich wieder wohl befinden. Hier scheint die Sonne freundlich, zuweilen drückt der Föhn, aber bis jetzt ist es ein freundlicher Frühling.

Unser Gastbett ist besetzt von einem Flüchtling aus Deutschland. Die Zeitungen, auch die der Schweiz, haben ja erstaunlich schnell sich von den Berliner Drohungen flach drücken lassen und triefen Honig. In Wirklichkeit ist drüben in Germanien ein richtiges und wütendes Pogrom gegen den Geist im Gange, mit Einkerkerungen, Entlassungen aus Amt und Brot, Vergewaltigung, Verprügelung, Totschlag, und nirgends sind es die Lauten und Krakeeler, die getötet oder gequält werden, sondern fast ohne Ausnahme stille Gelehrte, friedliebende Beamte, fleißige Künstler etc. etc. Heute erwarte ich hier Thomas Mann, der obenan auf der schwarzen Liste steht. [...]

Seien Sie herzlich gegrüßt von Ihrem

H. Hesse

33 An Anni Rebenwurzel

[Montagnola, 24.3.1933]

Liebe A. R.

[...] Seit einer Woche ist unser Gast da. Heut abend kommt Th. Mann und Frau, sie wohnen zunächst hier im Bellevue.

Die »Anfälle« der Verzweiflung an sich selber und über die Unwirksamkeit des Geistes auf die Welt lassen sich nicht ändern, man muß sie nicht bloß hinnehmen, sondern auch ernstnehmen, sie enthalten Weisheit. Wären wir nicht Barbaren, sondern etwa Christen oder Juden oder Schüler des Sokrates, so wäre uns die Erfahrung, daß der Geist unter andrem die Aufgabe hat, von der Macht totgeschlagen zu werden, nicht so neu und erschreckend. Das ist sehr alt und ist ewig wahr. Die Heilande werden nicht geboren, um Könige zu werden, sondern um ans Kreuz geschlagen zu werden, und wenn der »Fromme« oder der »Vollendete« einen Schritt im Göttlichen weiter tut, so tut er es stets auf Kosten des Weltlichen, des Erfolgs etc. Das steht auf jeder Seite der Bibel, und Dschuang Dsi und alle andern Weisen haben das auch gewußt und gelehrt. Weil aber die Lehre vom Geist, oder vom Reich Gottes, eine geheime ist, und dem »Fleische« und der »Welt« zuwiderläuft, darum muß sie von Jedem, der berufen ist, neu entdeckt werden. Er muß erst die Entdeckung machen, daß es keinen »Fortschritt« gibt, kein Erobertwerden der Welt durch den Geist, sondern ewig das tragische Gegenüberstehen der beiden. –

Genug, ich darf mich nicht verplaudern. [...] Gestern war auch ein kleiner Schreck: unser Wald hat gebrannt, das Feuer lief durchs trockne Laub wie ein Roß, viele Meter in der Minute, wir wurden aber damit fertig.

Seien Sie herzlich gegrüßt! Ninon ist mit unsrem Gast eben in Lugano, er fährt nächste Woche nach Italien weiter.

Ihr H.

34 An Hermann Hubacher

[Montagnola, 25.3.1933]

Lieber Freund

Hier sind die Postkarten.[1] Ich kann nicht viel dazu schreiben, dauerndes Unwohlsein und der furchtbare Druck der letzten Ereignisse haben mich kaputt gemacht. Ein Flüchtling aus Leipzig, sozialistischer Schriftsteller, ist seit 8 Tagen unser Gast, gestern kam auch Thomas Mann (der aber nicht bei mir wohnt). In Deutschland sind etwa 30 bis 40 Tausend Menschen zur Zeit, lediglich ihrer Gesinnung wegen, gefangen gesetzt, viele werden gefoltert, viele sind totgeschlagen, fast alle roh und zum Teil schwer mißhandelt worden. Das deutsche Pogrom gegen den Geist ist heftiger, brutaler und säuischer als alles das Schlimme, was im fascistischen Italien geschah. Dazu die Judenverfolgung, das Unwürdigste, was diese blutigen Tiger sich noch extra ausdenken konnten. Für mich ist es wieder genau wie anno 1914: die gesamte öffentliche Meinung des Landes, auf das ich in jeder Hinsicht angewiesen bin, schlägt allem ins Gesicht und verflucht und verfolgt alles, woran ich glaube und was mir heilig ist. Und welche Saat von Haß! Der Gegenaufstand, den (wahrscheinlich erst in vielen Jahren) der deutsche Kommunismus (der jetzt Märtyrer ist) einmal machen wird, wird doppelt wild, roh und blutig sein. Es fehlen bloß noch die Scheiterhaufen.

Gestern kam Thomas Mann mit seiner Frau. Er kann natürlich nicht nach Deutschland zurück, er steht zuoberst auf der schwarzen Liste der auszurottenden Schriftsteller. In einer Stunde erwarte ich sie zum Mittagessen wieder.

Eine unerwartete kleine Freude kam dieser Tage zwischen all dem Scheußlichen angeflogen: ein reizender Brief von André Gide[2] (neben Hamsun[3] fast dem einzigen heutigen Autor von Weltruhm, der mir viel bedeutet). Er schreibt: er fürchte, es möchte plötzlich er oder ich sterben, ehe er mir gesagt hätte, daß er eine Anzahl Bücher von mir seit manchen Jahren kennt, liebt und in seinem Freundeskreis propagiert: Demian, Knulp, Morgenlandfahrt, Goldmund.

Grüße Anny und Hasi[4] schön von mir!

Herzlich Dein

H. H.

1 Mit einer Abbildung von Hubachers Hermann-Hesse-Büste.
2 André Gide (1869-1951), französischer Erzähler, der 1947 mit dem Nobelpreis ausgezeichnet wurde.
3 Knut Hamsun (1859-1952), norwegischer Erzähler, seit 1920 Nobelpreisträger.
4 Hubachers Frau und sein Sohn Hans.

35 An Fritz Abel

(Mit einer aquarellierten Federzeichnung am Kopf des Briefes)

[Montagnola, 31.3.1933]

Lieber Herr Abel

Ich kann mich im Augenblick nicht äußern, danke aber für die gute Absicht Ihres Briefes. Über die Ereignisse bin ich, heute wie damals im Krieg, besser unterrichtet als Sie, da Sie ja in Deutschland nichts erfahren. Thomas Mann, von dem Sie schreiben, saß neben mir, als Ihr Brief kam. Unser

Gästezimmer beherbergt einen Flüchtling um den anderen. Das Pogrom gegen Geist und Menschlichkeit ist gründlich, ich werde nicht klagen dürfen, wenn es auch mich wieder trifft, es wäre ja nicht das erstemal. Es eigens gegen mich zu provozieren, ist aber nicht meine Absicht. Ich wußte von dem Abdruck in der Sonntagszeitung nichts, und der Beitrag fürs Berliner Tageblatt[1] war lang vor den herrschenden Ereignissen eingesandt.

In Eile grüßend

Ihr H. H.

1 Die Kurzgeschichte »Erlebnis in der Knabenzeit« (»Knaben-Erlebnis«) im »Berliner Tageblatt« vom 29.1.1933 (SW 6, S. 52ff.).

36 An Arthur Stoll

Montagnola [Ende März 1933]

Lieber Herr Professor

Wieder sind Sie mir mit Ihrem lieben Brief und Ihrer Gabe wie ein freundlich hilfreicher Zauberer erschienen, ich sage Ihnen dafür recht schönen Dank. Die Gabe ist willkommen und wird ganz in Ihrem Sinn verwendet, als Beitrag zum Üben der Gastfreundschaft an den Exilierten und Emigranten.

Jener erste Gast, aus Leipzig, ist vorgestern nach Italien weitergereist. Es entsteht für alle diese Leute jetzt wirtschaftlich eine schlimme Lage. Sämtliche Redakteure und Mitarbeiter der deutschen Linkspresse sind plötzlich brotlos geworden, viele mußten, um Freiheit und Leben zu retten, rasch entfliehen. Bei meinem Gast z. B. blieb die Frau zurück, um die Wohnung zu kündigen und zu räumen, und womöglich eine ausstehende Forderung noch einzubringen, aber die Redaktionen der fraglichen Blätter sind geschlossen, die Druckereien im Durcheinander, zum Teil auch demoliert, die Angestellten entlassen und brotlos. Allein für die sozialistische

Presse macht das etwa 80- bis 100000 Menschen im ganzen Reich.

Morgen kommt wieder ein Bekannter und Kollege aus Deutschland zu mir. Inzwischen waren Thomas Manns öfter bei uns[1], und ich sehe mit Freude, daß er die erste schwere Depression langsam überwindet. Wir verbrachten halbe Tage miteinander. Bei ihm herrscht ja keine materielle Not, vorerst ist er in guten Verhältnissen. Aber was aus seinem Haus und seinen Kindern in München werden soll, weiß er nicht, und dieser Tage läuft sein Paß ab und wird ihm von keinem deutschen Konsulat auch nur provisorisch erneuert, er wendet sich jetzt an den Völkerbund mit der Bitte um einen Paß. Noch im letzten Moment vor Hitlers Sieg erschien in Berlin Th. Manns Bekenntnis zur sozialen Republik (einen etwas gekürzten Abdruck lege ich Ihnen bei).[2] Seither steht er auf der schwarzen Liste der Terroristen obenan. Gegen mich ist vorerst nichts geschehen, es kamen nur einige Warnungsbriefe von besorgten Lesern, ich möchte doch ja den Mund halten und vorsichtig sein, denn es drohe mir die Boykottierung meiner Bücher und die Sperrung meiner Bezüge aus Deutschland. Das ist natürlich sehr möglich, aber immerhin ungewiß. Am Montag erwarte ich meinen Verleger, er will auf der Durchreise nach Italien (wo er Gerhart Hauptmann aufsucht) die Lage mit mir durchsprechen. Da der Gründer und die Besitzer meines Verlags Juden sind, besteht auch von dieser Seite Gefahr.

Im Ganzen freilich denke ich, daß grade die phantastische Verrücktheit des momentanen Zustandes gegen seine Dauer spricht. Zwar wird der Hitlerterror sicher noch lang herrschen (so lang, bis er in einen Krieg stolpert und ihn verliert, oder wirtschaftlich Bankrott macht). Aber so ausgefallene und pathologische Erscheinungen wie der Minister Göring[3] mit seinen sadistischen Reden (er soll Morphinist sein, sagt man) halten sich doch wohl vor der Welt nicht allzulange. Leider wird in Deutschland die Korruption groß werden, und auch Leute mit großen Namen werden klein beigeben.

Ich würde mich gar nicht wundern, wenn z. B. Hauptmann umfiele und Kotao machte. Aber schließlich kommt es immer nur auf die Minorität der Echtgesinnten an, und die ist vorhanden. [...]

Von Herzen grüßend und dankend

Ihr H. Hesse

1 Thomas Mann besuchte Hesse vom 27. bis 30. 3. sowie am 11., 17. und 26. 4. 1933 in Montagnola.

2 Thomas Mann, »Bekenntnis zum Sozialismus« (Brief an Kultusminister Adolf Grimme), in: »Sozialistische Bildung«, Berlin, vom Februar 1933.

3 Hermann Göring (1893-1946), seit 1933 Reichsminister und Ministerpräsident Preußens.

37 An Anni Rebenwurzel

[Montagnola, 10. 4. 1933]

Liebe A. R.

Ihr Brief wendet das Wort »katholisch« auf mich genau in dem besondern Sinne an, mit dem es Burger auf das geistige Schwabentum anwendete.[1] So haben Sie entweder das Buch gelesen, oder diesen guten und charakteristischen Ausdruck, auf andrem Weg als Burger, erfunden. Er stimmt genau. Auch im Übrigen kommt Ihr Brief meinen eigenen Gedanken überall entgegen. Ja, es wird wohl so sein mit Ihnen, Ihrem Beruf, Ihrem Studium etc., wie Sie sagen. Nur sind Sie grade in dem Stadium, wo man das Berufensein eher als Fluch empfindet. Natürlich ist es aussichtslos (das ist Ihr Ausdruck), nur zum Schreiben bestimmt zu sein. Es ist auch aussichtslos, als Prophet oder Heiland, als Mozart oder als Nietzsche geboren zu sein. Alles Schicksal ist »aussichtslos«, weil es seinen Sinn erst bekommt, wenn man es annimmt, samt seinen Paradoxien.

Es geht sehr unruhig zu, Tag für Tag Gäste. Heute der einstige Verleger Kurt Wolff, der eben in London, Paris und Berlin war, und ein Freund aus Tübingen. Thomas M. kommt morgen wieder, bald wohl auch Dr. Bermann. [...]

Die alten Erzählungen in »Kleine Welt« sind alle vor einigen Jahren (ebenso wie die in »Diesseits«) von mir durchgearbeitet worden, mit kleinen, straffenden Kürzungen.

Viele Grüße, und Dank für die Zeitungen!

Ihr H.

1 Heinz Otto Burger, »Schwabentum in der Geistesgeschichte«, Cotta, Stuttgart 1933.

38 An Els Bucherer-Feustel

[Montagnola, 14.4.1933]

Liebe Frau Els

[...] Unsre Gegend ist übervoll von Fremden, teils von Ostergästen wie jedes Jahr, teils von deutschen Flüchtlingen. Da ist jeden Tag Besuch da. Heut waren wir schon eine ganze Gesellschaft am Nachmittag, hatten Boccia gespielt und wollten Tee trinken, da kam noch ein Schulkamerad von mir[1] aus Württemberg mit seiner Frau, er ist Rechtsanwalt in Stuttgart, sprach vorsichtig und neutral von den Nazis und meinte, manches dran sei für Deutschland gut, und die Gerüchte von Judenverfolgungen etc. seien alle verlogen. Ich sagte ihm, daß ich das nicht glaube, und daß es wieder gleich sei wie anno 14, wo man in Deutschland auch alles für Lüge erklärte, was die Welt über Deutschland sagte, und auf jeden Fall sei Deutschland jetzt eben wieder ein Land ohne Freiheit. Die Frau rief entsetzt, das dürfte zuhaus niemand sagen, ohne sofort ins Gefängnis zu kommen. Die Leute waren aber nett, und der Besuch freute mich. Morgen will ich Dahlien pflanzen und einige Samen stecken, es ist jetzt bald alles im Boden.

Leben Sie wohl, seien Sie gegrüßt von Ihrem

H. Hesse

1 Edmund Natter (1877-1971), Schulkamerad Hesses in der Göppinger Lateinschule von Rektor Otto Bauer, der »zu dessen Lieblingen gehörte und Violine spielte«.

39 An Arthur Stoll

Montagnola, 18.4.[19]33

Lieber Herr Professor!
Ostern ist vorbei, es war strahlendes Wetter und die Gegend von Fremden überfüllt, inzwischen aber ist Regen gekommen, und heut will ich den ganzen Tag zum Pflanzen nehmen, es kommen allerlei Blumen ums Haus, die will ich heut setzen.

Heut möchte ich Ihnen nur für Ihren letzten Brief, vom 6. April, danken. Selbstverständlich bin ich ganz damit einverstanden, daß wir beide gegenseitig unsre brieflichen Äußerungen über Politisches vollkommen diskret behandeln, es ist ja wieder Hochkonjunktur für Denunzianten. [...]

Morgen habe ich Besprechungen mit dem Schwiegersohn meines Verlegers.[1] Ich hoffe, daß wir meine Jugenddichtung, den »Hermann Lauscher«, in absehbarer Zeit neu herausbringen können, den schrieb ich in den Jahren um 1900, größtenteils in Basel. Geschäftlich sieht es schlecht aus, man muß jetzt im Buchhandel froh sein, wenn man von einem neuen Buch so viel Hunderte absetzt, wie es früher Tausende waren.

Moralisch und politisch scheine ich und mein Verlag jedoch vorerst nicht bedroht. Es wird zwar wahrscheinlich doch noch zu einem vorübergehenden Boykott etc. kommen, glaube ich, denn auf die Dauer wird sich auch bei vorsichtiger Haltung für mich eine Stellungnahme zum deutschen Regime und seinen Folgen fürs Geistige kaum vermeiden lassen. Aber das ist ungewiß, und ich glaube auch nicht daran, daß ein solcher Boykott sich lange durchführen ließe. Thomas Mann, der noch in Castagnola ist und oft zu mir kommt, wird scheußlich angepöbelt.

Ich hoffe, Sie haben an Ostern ein wenig Luft schöpfen können. Seien Sie herzlich gegrüßt von Ihrem

H. Hesse

1 Gottfried Bermann Fischer.

40 An Thomas Mann

[Montagnola] 21.4.1933

Lieber Herr Mann

Mit Freude sah ich in der Zürcher Zeitung den Aufsatz von Schuh[1] (den ich seit Jahren schätze) und denke mir, daß er auch Ihnen Freude gemacht hat.

Ihre jetzige Situation bewegt mich aus mancherlei Gründen sehr stark mit. Zum Teil wohl deshalb, weil ich selbst, während des Krieges, sehr Ähnliches erlebt habe, woraus für mich nicht nur eine vollkommene Absage an das offizielle Deutschland wurde, sondern auch eine Revision meiner Auffassung von der Funktion des Geistes und der Dichtung überhaupt. Bei Ihnen liegt vieles anders als damals bei mir, gemeinsam aber scheint mir das seelische Erlebnis dabei: das Abschiednehmenmüssen von Begriffen, die man sehr geliebt und lang mit dem eigenen Blut genährt hat.

Es steht mir nicht zu und ist nicht mein Wunsch, darüber andre Worte zu sagen als eines der innigen Sympathie. Ich fühle auch, daß Ihr jetziges Erlebnis von meinem damaligen verschieden und schwerer ist, als das meine war – einfach dadurch, daß Sie heute wesentlich älter sind, als ich es in der Kriegszeit war.

Aber ich sehe aus dem allen einen Weg für Sie und für uns weiterführen, einen Weg ins Europäische aus dem Deutschen und ins Überzeitliche aus dem Aktuellen. In dieser Hinsicht halte ich den Zusammenbruch der deutschen Republik und der Hoffnungen, die Sie auf sie setzten, nicht für unerträglich. Es ist etwas zusammengebrochen, was nicht recht lebendig war. Und es wird für den deutschen Geist eine fruchtbare Schule sein, wenn er wieder in offene Opposition zum offiziellen Deutschland kommt.

Ich hoffe, wir sehen uns bald wieder, auch die Kinder.

Herzlich grüßt Sie Ihr

H. Hesse

1 Der Musikkritiker Willi Schuh (1900-1986) hatte am selben Tag in der »Neuen Zürcher Zeitung« u. d. T. »Thomas Mann, Richard Wagner und die Münchener Gralshüter« korrigierend auf den »Protest der Richard-Wagner-Stadt München« anlässlich Thomas Manns Vortrag »Leiden und Größe Richard Wagners« reagiert.

41 An Fritz Adolf Hünich
(Mit einer aquarellierten Federzeichnung am Kopf des Briefes)

[Montagnola, Mai 1933]

Hochgeschätzter Herr Dr. Hünich

Danke für Ihre freundlichen Zeilen vom 6. Mai wegen Aufnahme eines »vollwertigen« Werks von mir in die Inselbücherei. Wir haben darüber schon mehrere Male korrespondiert, und ich habe den Eindruck, daß Ihnen meine Stellungnahme nicht ganz klar geworden ist, darum möchte ich sie heut nochmals zu erklären versuchen.

Geschäftlich steht es so, daß S. Fischer das Recht auf alle meine Schriften hat, es wird also niemals möglich sein, etwas von mir ohne Fischers ausdrückliche Erlaubnis anderswo zu publizieren. Ferner bin ich mit meinem Verleger vollkommen zufrieden und rede ihm in seine praktischen Maßnahmen nicht hinein, wie ich auch mir selber in literarischen Angelegenheiten von ihm nichts dreinreden lasse. Dieser modus vivendi hat sich in Jahrzehnten vollkommen bewährt.

Psychologisch aber liegt die Sache so: Ich habe schon seit manchen Jahren keinen literarischen Ehrgeiz mehr, und tue grundsätzlich nie einen Schritt zur Propagierung meines

Werks, weder was populäre Ausgaben noch was Übersetzungen etc. betrifft. Es ist mir an beiden nichts gelegen.

Dazu kommt nun ein weiterer Punkt: Ich habe Ihnen vor Jahren als der Moment dafür für mich gekommen war, angeboten, in der Inselbücherei ein Bändchen mit einer Auswahl meiner besten Gedichte zu bringen. Ich glaubte, Ihnen damit entgegenzukommen, bekam aber die Antwort, daß Sie für Gedichte von mir kein Interesse hätten.[1] Daraufhin habe ich resigniert, und dabei ist es geblieben.

In jüngster Zeit hat A. Langen sich bemüht, etwas von mir in seine billige Bücherei zu bekommen, und ich habe abgesagt, obwohl ich mit dem Verlag seit 1905 befreundet bin. Ferner gibt sich Reclam für seine Universalbibliothek seit mehr als 10 Jahren Mühe um ein Bändchen von mir, und hat es nicht bekommen können. Sie mögen daraus sehen, daß mein Widerstreben keine persönlichen Gründe hat, sondern ein ganz prinzipielles ist.

Mit Grüßen in alter Hochschätzung, Ihr ergebener

Hermann Hesse

1 Erst als Dr. Friedrich Michael die Redaktion der Insel-Bücherei übernahm, kam es 1934 als Bändchen 454 u.d.T. »Vom Baum des Lebens« zu einer Auswahlausgabe von Hesses Gedichten.

42 *An Max Herrmann-Neiße*

[Montagnola, Mai 1933]

Lieber Herr Herrmann

Ihr lieber Gruß mit der schönen Anzeige meines Buchs[1] und mit dem Gedicht[2], das Sie mir noch mehr zum Freunde macht, sind mir heut am stürmischen Regenmorgen nach dem Blick in die Zeitung eine Freude und ein Trost gewesen, dafür sage ich Ihnen Dank. Ich habe viele Jahre keine Zeitungen gelesen, jetzt tue ich es vorübergehend wieder, es ist nicht bekömmlich und nützt wohl auch nichts. Nicht, um

Ihr schönes Gedicht damit zu beantworten, nur weil mein Gedichtentwurf von Anfang März in Gedanken dem Ihren nahe ist, sende ich Ihnen die Absage[3] mit. Ein älteres, mir lieberes, lege ich auch noch bei. Leider komme ich nie nach Zürich, da müßte schon ganz Besonderes passieren. Aber wenn Sie in unsere Nähe kämen, würde ich um Ihren Besuch bitten. Vermutlich geht diese Zeit über uns weg und ist für den Moment stärker. Zweimal im Leben so »große Zeiten« zu ertragen, ist wohl zu schwer, aber das, was wir meinen und wofür wir leben wird bestehen, auch wenn das Theater von heut verklungen und das Blut verraucht ist. Von Herzen grüßt Sie Ihr

H. H.

1 Am 5.5.1933 hatte Max Herrmann-Neiße in »Die literarische Welt«, Berlin, Hesses Erzählband »Kleine Welt« besprochen.
2 Max Herrmann-Neiße, »Zuversicht«. Gesammelte Werke, Gedichte, Band 2, S. 263. Herausgegeben von Klaus Völker, Zweitausendeins, Frankfurt/M. 1986.
3 Zeitkritisches Gedicht Hesses. Siehe SW 10, S. 568f.

43 An Lisa Tetzner

Montagnola, Mai 1933

Liebe Frau Lisa Tetzner
Ich danke Ihnen schön, und hoffe daß Sie bald einmal herüberkommen.[1] Der Faden der Besuche reißt doch nie ganz ab, und das lange Warten hätte keinen Zweck. Ich habe mich auch so ziemlich drein ergeben, daß wieder einmal eine große Zeit stattfindet, und daß dies Theater mir meinen kleinen Garten verhagelt und meine Arbeit unmöglich macht. Neues ist nicht dabei, ich habe das, was für mich die Konsequenzen aus dem Einblick in große Zeiten waren, damals während des Kriegs vollzogen, es ist nichts Neues dazu gekommen.

Aber es fällt mir oft auf und ermüdet mich, wie von den Menschen, die ich jetzt sehe, der größere Teil das Unglück, das sie trifft, ganz persönlich und widerwillig hinnimmt, vielmehr nicht hinnimmt, sondern sich sehr dagegen sträubt. Der eine hat sein Brot verloren, der andre Freunde und Angehörige, der dritte mußte flüchten und fühlt sich aufgeschmissen, vielen ist das Gefühl von Sinn und Zusammenhang in ihrem Leben zerstört. Nur ganz wenige, soweit ich sehen kann, reagieren darauf anders als durch Trauer und Unmut, aber die Zeit war wohl noch zu kurz, und wahrscheinlich täusche ich mich, wenn es mir heute scheint, als habe ich damals im Krieg auf das plötzliche Erwachen aus dem Kindertraum von Freiheit, Wohlergehen und Ordnung anders reagiert. Es sind nur ganz Wenige, denen das Erlebnis des Tragischen an sich möglich ist, ich meine, die Einsicht in das Unerbittliche, und wenn schon diese Berufenen selten sind, so sind noch seltener die Auserwählten, denen es gelingt, durch die Hölle hindurch zu gehen und jenseits den Himmel zu finden. Ich mußte mich, da ich kein Auserwählter bin, damit begnügen, daß ich das Leben als Hölle erleben lernte, und daß ich wenigstens den Glauben nicht verloren habe. Denn den habe ich noch immer. Ich glaube: daß das an sich sinnlose und nichts als grausame Menschenleben dem Einzelnen die Möglichkeit läßt, gegen hohen Einsatz es mit Sinn und Schönheit anzufüllen. Ich finde aber selten einen, der dazu nicht lächelt. Jeder, den diese neue Hölle in Deutschland jetzt betroffen hat, flieht entweder in ein privates Vergessen oder Trauern, oder rüstet sich zum Kampf, um Gewalt mit Gewalt zu erwidern und eine nächste große Zeit mit Kanonen und Gas vorzubereiten.

Dieser Tage erwarte ich einen meiner Söhne, der zur Zeit Sorgen macht. Emmy Ball war soeben einige Tage bei uns, sie ist wieder aus Italien zurück.[2] Ich hörte, Carl Hofer[3] sei in Haft, halte es vorerst aber für ein Gerücht. Übrigens trifft die große Walze auch die harmlosesten Leute: Der Mann meiner Schwester[4], ein kleiner argloser Dorfpfarrer im Schwarzwald, der nie einer Partei angehört und nie etwas von Politik gewußt hat, muß demissionieren, nur weil er nicht Mitglied der nationalsozialistischen Partei ist und nicht dem Bund nationalsozialistischer Pfarrer angehört.

Addio, auf Wiedersehen!

Da Sie von der Morgenlandfahrt schreiben, lege ich ein Gedicht für Sie bei, von dem ich nicht weiß ob Sie es kennen

Ihr H. Hesse

1 Die Schriftstellerin Lisa Tetzner und ihr Mann Kurt Kläber wohnten im benachbarten Tessiner Dorf Carona. Am 19. März hatte Kurt Kläber zusammen mit Bertolt Brecht und Bernard von Brentano Hesse in Montagnola besucht.

2 Emmy Ball-Hennings war seit Januar 1933 mit Tochter Annemarie und Enkel Michael in Rom, auf Ischia, in Syrakus und Positano.

3 Der mit Hesse befreundete, lange Zeit im Tessin ansässige Maler Carl Hofer (1878-1955) lehrte bis 1934 an der Berliner Hochschule für bildende Künste.

4 Hermann Gundert (1876-1956), verheiratet mit Hesses Schwester Adele, später Mitglied der »Bekennenden Kirche«.

44 An Klaus Mann

[Montagnola, Mitte Mai 1933]

Lieber Herr Klaus Mann

Danke für Ihren Brief, er hat mich gefreut. Ich bedauerte es sehr, daß mein im Dezember geschriebener Aufsatz[1] gerade in einer Zeit erschien, wo Sie exponiert stehen – aber die Arbeit stand schon gesetzt und konnte nicht mehr zurückgezogen werden. Nun haben Sie sie ja so aufgenommen, wie ich es wünschte, und haben meine Anmerkungen nicht als böse oder nörglerisch, sondern als »väterlich« empfunden, genau wie ich es mir wünschte. Mit dem »väterlich« ist ja auch dies mit gemeint: daß der »Vater« wohl weiß, daß seine Mahnungen nicht nur einer Person, sondern einer Generation gelten, und daß der Einzelne notwendig die Moralen und Unmoralen seiner Generation teilt, und daß eigentlich nur das mit legitimem Anspruch als Tradition verteidigt werden darf, was weit über die väterliche Generation zurückreicht und schon den Anschein des Zeitlosen hat.

Für Ihren Vater, den ich sehr zu grüßen bitte, kam der beiliegende Brief, er kam durch den Dr. K. Fiedler[2] in Altenburg.

Was nun die Mitarbeit an Ihrer geplanten Zeitschrift[3] betrifft, so kann ich heut noch nichts darüber sagen. Eigentlich sollte ich ohne Weiteres Nein sagen, weil ich nichts Ungedrucktes besitze und seit Monaten zu meiner eigenen Arbeit nicht mehr komme, da ich mit der täglichen Post und den sehr vielen Besuchen etc. nicht fertig werde, das hat sich seit dem März noch gesteigert. Aber ich möchte doch nicht so unbedingt Nein sagen, nur sehe ich vorerst keine Aussicht dazu, zu irgendeiner Arbeit außer dem täglich Notwendigen zu kommen (wozu für mich auch mehrere Stunden täglicher Gartenarbeit gehören).

Meine Stellung zu den Tagesfragen ist der Ihres Vaters sehr ähnlich, nur ist bei mir die Tonart anders, insofern für mich das Prinzip der Gewaltlosigkeit obenan steht und das Ganze mehr religiös gefärbt ist. Ich halte viel vom Ertragen und von der Geduld und allen passiven Tugenden, und wenig vom Kämpfen. Meine lebenslängliche Opposition ist nicht die zu Gunsten eines realen Zieles, sondern die des Religiösen, der grundsätzlich und immer zur »Welt« im Gegensatz steht, und dem jede Partei, jedes Wirkenwollen auf andre gleich verdächtig ist. Ich stehe damit ziemlich allein, da meine »Religion« keine konfessionelle Färbung hat, sie ist im Lauf meines Lebens aus indischen, chinesischen, christlichen und jüdischen Quellen langsam zusammen geronnen und bis heute einer verantwortlichen Formulierung nicht fähig.

Seien Sie mit guten Wünschen gegrüßt von Ihrem

H. Hesse

1 Anlässlich Klaus Manns Roman »Treffpunkt im Unendlichen«, S. Fischer, Berlin 1932, erschien im Mai 1933 in der »Neuen Rundschau« Hesses kritische Betrachtung »Beim Lesen eines Romans« (SW 14, S. 460ff.).
2 Kuno Fiedler (1895-1973), Pastor, Lehrer, Philosoph und Publizist, seit 1915 mit Thomas Mann, seit 1922 mit Hesse im Briefwechsel und befreundet. 1932 war er seiner theologischen Publikationen wegen von der evangelischen Landeskirche vom Kirchendienst suspendiert worden.
3 »Die Sammlung«, Literarische Monatsschrift unter dem Patronat von A. Gide, A. Huxley, Heinrich Mann. Herausgegeben von Klaus Mann von 1933 bis 1935.

45 An Adolf Baden

[erhalten am 30.5.1933]

Lieber Herr Baden!
Ihr Brief hat mich recht sehr gefreut und das kleine hübsch aussehende Buch nicht minder, ich sage Ihnen schönen Dank! Was die »protestantische Theologie« betrifft, so müssen Sie als Theologe sich ja doch daran gewöhnen, daß die Umwelt an ihr Kritik übt und daß Deutschland am Zwiespalt des Schismas[1] krank ist. Was ich gegen den Protestantismus habe, ist vielleicht nicht Ihre »Theologie«, die erklären Sie ja selbst in Ihrem Brief als ein rein privates Geist-Abenteuer des Theologen, und für solche Vergnügungen und Laster einsamer Geister habe ich nicht wenig Verständnis. Sondern was mir an den protestantischen Theologen mißfällt, das ist, daß sie nichts zu lehren haben, das Volk leer lassen und sich dafür ohne Kritik und Widerstand der materiellen Staatsmacht zur Verfügung stellen, den Fürsten, den Geldhabern, den Generälen, das tun sie heut, wie sie es immer getan haben, und das Volk hat an ihnen nichts von Mahnung, von Hemmung gegen das Hineingerissenwerden in die große Maschinerie. Ich teile die Auffassung meines Freundes Hugo Ball (oder Theodor Häckers) über die deutsche Geschichte nicht ganz und gar, aber ihre Vorwürfe kann ich nur wieder und wieder

richtig finden. Zwar ist Luthers Schisma noch lange nicht, wie die Katholiken oft sagen, die Grund-Ursache des deutschen Elends, aber sie ist sein schreiendstes Symptom. Man strebt zum Geistigsten und endet bei den Kanonen. Man verlegt das Gebet ins Kämmerlein, verwirft die guten Werke und rutscht verantwortungslos in alle Höllen, gegen die man Fels und Widerstand sein sollte. Ich will das grade gegen Sie nicht verschweigen, Sie werden Ihren Weg trotzdem gehen, und es wird gut sein, wenn Sie nicht vergessen, wie schmal er ist, und daß man die privaten Abenteuer des Geistes zwar alle lieben und wagen darf, daß aber eigentlich das Volk nicht dafür seine Pfarrer bezahlt.

Ich will mit dem allem gar nicht recht haben und Objektives sagen, aber mich aussprechen, ganz subjektiv. [...]

Herzliche Grüße von Ihrem

H. Hesse

1 Die seit der Reformation begonnene Kirchenspaltung.

46 An Otto Kleiber, »National-Zeitung«, Basel
(Mit einer aquarellierten Federzeichnung am Kopf des Briefes)

Montagnola, Pfingsten [19]33

Lieber Herr Dr. Kleiber

[...] Erlauben Sie mir eine vertrauliche Frage. Wie Sie wissen, zeige ich je und je auch in der N[euen] Zürcher Z[eitung] ein Buch an. Ich bekam bisher von der Zürcher Z[eitung] ein Korrespondenten-Gratisexemplar der Zeitung, in der Form, daß ich bei der Post vierteljahrweise auf das Blatt abonnierte, und die Beträge dafür mir auf Honorar-Rechnung rückvergütet wurden.

Ganz vertraulich: es wäre mir sympathisch, etwa vom nächsten Monat an dies Verhältnis so zu ändern, daß ich künftig mehr für Sie als für die Zürcher arbeiten würde. d.h. ich würde von Ihnen ein Mitarbeiter-Freiexemplar erbitten, im übrigen bliebe alles wie bisher. Wenn Sie darauf eingehen können, so würde ich die Neue Zürcher Zeitung, die mir mehr und mehr fremd und unsympathisch wird, abbestellen, und meine dortige Mitarbeiterschaft langsam kleiner werden lassen. Daß ich überhaupt dort mitarbeitete, hatte den Grund, daß meine Rezensionen dort von einigen meiner Bekannten gelesen werden, welche sie beachten, d. h. fast alle von mir empfohlenen Bücher kaufen. Einer von ihnen, der meine kleinen Arbeiten sammelt, hat schon jetzt die Nationalzeitung abonniert, und hoffentlich folgen die andern. Soweit ich überhaupt fähig bin, mich den Urteilen und Gesinnungen eines Blattes anzuschließen, ist mir die Haltung Ihres Blattes, im Auswärtigen wie im Eidgenössischen, lieber als die jedes andern.

Dies alles sei ganz unter uns gesagt. Ich bitte gelegentlich um Bescheid.

Freund H. Wiegand in Lerici schreibt zuweilen einen Gruß. Über seinen damals im »Bund« erschienenen Aufsatz zur Frage Thomas Mann und Richard Wagner schrieb mir Thomas Mann eingehend und bewundernd.[1]

Wir haben es schön und heiß, ich arbeite jede freie Stunde im Garten.

Herzlich grüßt Sie Ihr

H. Hesse

1 Heinrich Wiegand, »Richard Wagner und Thomas Mann«, »Der Bund«, Bern, vom 20.4.1933. Jener Brief Thomas Manns an Hesse ist bis heute verschollen.

47 *An Thomas Mann*
(Mit einer aquarellierten Federzeichnung am Kopf des Briefes)

[Montagnola, 12.6.1933]

Lieber Herr Mann

Wir sind recht froh darüber, etwas von Ihnen zu wissen, haben Sie Dank für Ihren lieben Brief! Um Basel tut es mir leid, ich weiß selber nicht recht, warum ich das als eine Art Nachbarschaft empfunden hätte.[1]

Mit der spezifisch deutschen Art von Vaterlandsliebe erlebt man jetzt manche wunderliche und rührende Beispiele. Es gibt hinausgeworfene Juden und Kommunisten, darunter solche, die in der Kollektivhaltung eines unsentimentalen Heroismus schon ganz hübsche Fortschritte gemacht hatten und welche jetzt, kaum eine kleine Weile in der Fremde und Unsicherheit lebend, an einem geradezu rührenden Heimweh leiden. Ich kann es begreifen, wenn ich daran denke, wie schwer es mir in der Zeit des Krieges fiel und wie lang ich dazu brauchte, in mir selbst mit dem sentimentalen Teil der Deutschlandliebe aufzuräumen.

Von Ihnen allen war und ist bei uns oft und herzlich die Rede. Es waren seither viele Besuche da, allzu viele, aber auch, von den übrigen Sympathien abgesehen, empfand ich zu den wenigsten eine solche Verwandtschaft wie zu Ihnen in Hinsicht auf Ihr Verhältnis zu Deutschland. Auch die Art der Beleidigungen, die Sie erfuhren, ist mir vom Kriege her vertraut – noch jetzt lese ich je und je in Literatur- oder Buchhändlerblättern solche Töne.

Ich muß gestehen, daß ich diesmal die deutschen Vorgänge nicht so heftig miterlebe wie damals im Krieg, weder um Deutschland bange noch mich für Deutschland schäme, sondern eigentlich wenig berührt bin. Ich hänge, je mehr das Gleichschalten Schlagwort wird, desto inniger an meinem Glauben ans Organische und an die Berechtigung und Unentbehrlichkeit auch solcher Funktionen, welche vom Kollektivbewußtsein verabscheut werden. Darüber, ob mein Denken und Tun deutsch sei oder nicht, habe ich ja gar nicht zu urteilen. Ich kann aus dem Deutschtum, das ich habe, ja nicht heraus, und ich glaube, daß mein Individualismus und auch mein Widerstand und Haß gegen gewisse deutsche Allüren und Phrasen Funktionen sind, bei deren Ausübung ich nicht bloß mir, sondern meinem Volk diene.

Ihnen allen die herzlichsten Grüße! Wir hatten eine sehr trockene Zeit und sind dem Gießkannen-Schleppen beinah erlegen; jetzt hat es endlich tüchtig geregnet, und man kann wieder an seinen Beeten vorübergehn, ohne sich schämen zu müssen. Zwei junge Katzen haben unsere Familie vergrößert, von Ninon wohl gefüttert und gepflegt.

Gute Wünsche von Ihrem

H. Hesse

1 Thomas Mann hatte schon damals mit dem Gedanken gespielt, sich in der Schweiz niederzulassen. Zunächst dachte er an Basel, »den altdeutschen Kulturboden, die Nietzsche-Bachofen-Tradition«, und an die Achtung, die man ihm dort entgegenbrachte (»Tagebücher 1933-1934«, Notiz vom 11.4.1933). Angeboten war ihm u.a. im Vorort Riehen an der deutschen Grenze auch ein Domizil im 1736 errichteten »Wenkenhof«, den Hesse in seiner Zeit als Basler Buchhandelsgehilfe und Gast des dortigen Staatsarchivars Dr. Rudolf Wackernagel oft besucht hatte. Aber schließlich waren es wohl Vorsichtserwägungen, die diesen Plan einer Niederlassung unmittelbar an der deutschen Grenze scheitern ließen.

48 An Adolf Baden

[Montagnola, 14.6.1933]

Lieber Herr Baden

Schönen Dank! Ihre Gedichte sind mir lieber als Ihre Theologie, und ich möchte unsrem Streit darüber nun ein Ende machen, er ist nutzlos wie jeder Streit zwischen Jugend und Alter. Also zum Schluß: Ich habe gegen Luther nicht »Zweideutigkeiten« sexueller Art, sondern ich verüble ihm seine feige Stellung zu den Bauern und seine dienerische gegen die Fürsten. Aus jenen Anfängen ist jene deutsch-protestantische

Theologie geworden, die an der Universität von lauter Freiheit, Persönlichkeit, Dynamik etc. etc. redet, und nachher in der Praxis aus dem Pfarrer und der Kirche ein liebedienerisches Werkzeug für den Staat, den Kapitalismus, den Krieg etc. macht.

Das, was Sie Theologie nennen, und womit Sie ohne Grund die protestantische Christenheit identifizieren, ist eine Weltanschauung, weiter nichts, und Weltanschauungen sind frei, sie sind das Recht und der schöne Luxus des Einzelnen. Ihre Theologie mag der eines Kierkegaard nahestehn, noch über sie hinausgehn, aber sie befähigt den Pfarrer und die Kirche nicht, Gutes zu tun und Böses zu lassen, Liebe zu fördern und Haß zu heilen – im Gegenteil. Das wird auch durch Verächtlichmachung des Katholischen nicht anders. Uns älteren Leuten, welche schon allerlei erlebt haben, ist die Fähigkeit des Menschen zu allen Teufeleien wohlbekannt, und auch seine Fähigkeit, sie theologisch zu rechtfertigen, eben deshalb danken wir der katholischen Kirche dafür, daß sie sich so naiver Dinge wie Morallehre, Sündenverbieten etc. nicht schämt, sondern die Bestie zu zähmen sucht. Im heutigen Deutschland wäre das bei Gott nötiger als alles andre. – Nun genug, und einen herzlichen Gruß!

H. H.

49 An Els Bucherer-Feustel

[Montagnola, 16.6.1933]

Liebe Frau Els

[…] Gestern kam Mia[1] aus Ascona herüber, wollte abends wieder weg, blieb dann aber doch bis heut Mittag.

Ihre damalige Begeisterung über das neue Deutschland wurde uns nicht von Heiner oder sonst irgendwem mitgeteilt, sondern Sie haben sie uns ja selbst mitgeteilt in einem Brief.

Wenn ich mir erlaubt habe, Ihnen zu widersprechen, und

Sie um ein sachlicheres Betrachten zu bitten, so geschah das aus guten Gründen. Nämlich diese Begeisterungen sind sehr ansteckend, und ein Mensch wie Sie, der gut erzählen kann und etwas Suggestives hat, kann es doppelt gut. Daran dachte ich und dachte auch speziell an Bodmers, zu denen Sie manchmal kommen. Die sind, als reiche Leute, eigentlich sehr nach rechts und zur Frontbildung und brutalen Feindseligkeit gegen alles Sozialistische etc. etc. geneigt. Wenn wir solchen Leuten nicht bei jedem Anlaß etwas Vernunft und Gerechtigkeit aufzwingen, (ich denke dabei mehr an die Kinder), dann dürfen wir uns nicht wundern, wenn wir bald in der Schweiz den bewaffneten Bürgerkrieg haben, wir haben dann dazu beigetragen, ihn herbei zu rufen.

So steht es heute mit der Verantwortung, die der Einzelne im Politischen hat. Wir sollen nicht Kommunisten werden, wir Wohlmeinenden und Nachdenkenden, sondern sollen uns von Machtrausch und Haß freihalten und unsere Freunde mit.

Ich bekomme oft fürchterliche Briefe aus Deutschland: manchmal Briefe von Fanatikern, die am liebsten zu jedem Frühstück drei Juden und zwei Katholiken fressen würden, dabei aber von der gewaltigen Zeit der »neuen Freiheit und Einigkeit in unserem Volke« faseln. Wo ist da die Freiheit? Und die Einigkeit? Mehr als die Hälfte des großen Volkes ist unter Terror und beständiger Beaufsichtigung zum Schweigen gezwungen, der Protestant haßt den Katholiken so wild wie man es seit den siebziger Jahren nicht mehr gekannt hatte! Andre Briefe sind von Leuten, die sich inmitten des großen blutigen Rausches ihrer Nation furchtbar verloren und heimatlos vorkommen.

Ich lege Ihnen einen von diesen Briefen bei, zum Lesen, geben Sie ihn dann später einmal der Frau Bodmer, sie sammelt solche Briefe, die ich ihr öfter schicke. Der Brief kommt aus meiner Heimat Calw und ist von einem pensionierten Professor, einem rührenden Gelehrten und Idealisten.

Ein andrer Briefschreiber schrieb mir dieser Tage aus Berlin: »Unser Leben ist nur noch Angst, alles ist zerstört. Ich kann mich nicht verständlicher ausdrücken. Es ist ganz ähnlich wie im Jahr 1917/18, bevor man in Stellung vor mußte, und zufällig an Musik von Händel oder Mozart dachte oder im Neuen Testament las. Man beneidete die Toten und die in den Irrenhäusern. So ist es jetzt wieder.« Dieser Mann ist weder Jude noch Sozialist und hat tapfer den ganzen Krieg mitgemacht.

Ich war sehr froh über das, was Sie mir schrieben. Ich weiß, daß Sie mir mein Zureden in dieser politischen Sache nicht übel nehmen. Herzlich grüßt Sie Ihr

H. Hesse

1 Hesses erste Frau und Mutter der 3 Söhne.

50 *An Otto Basler*

[Montagnola, 17.6.1933]

Lieber Herr Basler
Das Schicksal Mackay's[1] ist das Schicksal Vieler, und ist, symbolisch genommen, das derzeitige Schicksal des Geistes in der Welt, zumal in Deutschland. Wobei wir nicht vergessen wollen, daß weder unsre Zeit noch Deutschland eigentlich Ausnahmen bilden, sondern daß immer und zu jeder Zeit das Reich Gottes und des Geistes »nicht von dieser Welt« ist, und daß die Heilande nicht auf die Erde kommen, um sie zu ändern, sondern um gekreuzigt zu werden.

Die »Abrechnung«[2] bekam ich, da ich seit Bestehen der Mackay-Gesellschaft[3] zu deren Patronen gehörte, damals zu Anfang des Jahres zugesandt. Ich schrieb sofort etwas darüber[4] für die Zürcher Zeitung, und als diese Zeitung es sehr lang nicht druckte, fragte ich drei, vier mal deswegen bei der Redaktion an, ohne von ihr eine Antwort bekommen zu können. Ich bin diese Behandlung von jener Seite seit Langem gewohnt, und es gehört oft viel Geduld dazu, nicht alles abzubrechen und hinzuschmeißen, wenn man die Zeitungen, diese scheußlichen Apparate, zu guten Zwecken benützen will.

Endlich erschien, nach Monaten, meine Besprechung der »Abrechnung« gerade im Augenblick nach Mackay's Tod, den ich erst etwas später erfuhr.

Daß die »Abrechnung« mit Goldschnitt in Pergament geliefert wurde, wußte ich nicht. Ich habe, obwohl einer der ältesten Beschützer Mackays, das Büchlein nur in ganz bescheidener Ausstattung bekommen. Das bedeutet mir allerdings nichts, ich habe längst keine bibliophilen Begierden mehr.

Es grüßt Sie Ihr

H. Hesse

1 John Henry Mackay (1864-1933), deutscher Schriftsteller schottischer Herkunft, den Hesse als »eine der vornehmsten und lautersten Gestalten im deutschen Schrifttum seit den achtziger Jahren« schätzte.
2 John Henry Mackay, »Abrechnung«, Berlin 1932.
3 Die Mackay-Gesellschaft wurde 1931 zur Unterstützung des notleidenden Dichters von Kurt Zube gegründet.
4 Siehe Hesses Besprechung in SW 19, S. 123 und 450ff.

51 An Helene Welti

(Mit einer aquarellierten Federzeichnung am Kopf des Briefes)

Montagnola, 21.6.[19]33

Liebe Frau Dr. Welti

Heut am Tag des Sommeranfangs regnet und stürmt es wie toll, es ist für mich ein verlorener Tag, ich kann der Augen wegen fast nichts tun, und die Gartenarbeit verbietet das Wetter. Aber an Sie schreiben, das kann ich wohl, mit der Maschine strengt das die Augen nicht an. Ich freute mich gestern sehr über Ihren Brief!

Die Gegend von Ragaz[1] ist schön, ich kenne sie nur flüchtig, aber das dortige Rheintal und die paar Weindörfer Maienfeld, Malans etc. haben in meiner Erinnerung etwas Besonderes und Schönes. Dennoch kann ich Ihre Sehnsucht nach dem Meer begreifen: ich habe es früher sehr geliebt. Aber ich habe es seit ganzen zwanzig Jahren, seit meiner Indienreise 1911, nie mehr gesehen.

Seit Anfang Mai wohnt im alten Camuzzi-Haus im Dorf, wo ich so lang wohnte, ein ganz junger Maler aus Dresden[2], ein sehr lieber unverdorbener und feiner Mensch, und technisch eine sehr große Begabung, er zeichnet entzückend und hat mir mit verehrenden Briefen seit einem Jahr oft sehr schöne Zeichnungen und Radierungen geschickt. Er hat sich soviel gespart, daß er bei sehr sparsamem Leben einige Monate hier sein kann, das war seit Langem sein Wunsch, denn er hat eine Schwärmerei für mich, und litt sehr unter den deutschen Zuständen. Ich werde nun dies Jahr der Ninon zu ihrem Geburtstag im Herbst etwas Schönes schenken können: ein kleines neues Märchen von mir (dessen Text sie aber schon kennt, und auch Sie werden ihn in einigen Wochen kennen lernen) mit Handzeichnungen dieses jungen Malers, er heißt Böhmer.[3] Neulich war mein Verleger zu sorgenvollen Besprechungen da (er holte seine alten Schwiegereltern und seine 3 kleinen Kinder ab, die er wegen Pogromgefahr hierher geflüchtet hatte), da machte ich ihn mit Böhmer bekannt, er sah Zeichnungen von ihm, war sofort entzückt, und nun hat dies neue Verhältnis schon ein Ergebnis: die geplante Neu-Ausgabe meines »Lauscher« wird einige Zeichnungen von B[öhmer] bekommen. In den letzten Tagen war er viel da und half Ninon beim Kirschenpflücken.

Leider werden meine Buchrezensionen in der Zürcher Zeitung, die Sie dort manchmal fanden, nun selten werden und bald aufhören. Der Grund ist nicht nur das geradezu unmenschliche Verhältnis, in dem die Redaktion zu mir (und wohl zu allen andern Mitarbeitern) steht. Der Grund liegt noch mehr darin, daß diese ganze Zeitung, die ich nun nach vieljähriger Pause wieder eine Zeit lang gelesen habe, mir so furchtbar verderbt, schlecht und häßlich scheint, daß ich nicht mehr mit kann. In allem Intellektuellen ist sie glänzend, und in allem Menschlichen (wozu ja am Ende auch die Politik gehört) ist sie schlecht, kalt, böse. Ich habe jetzt bloß noch die Nationalzeitung in Basel, an der ich mitarbeiten kann, dort bespreche ich je und je Bücher. [...]

Ihnen beiden wünsche ich für Ragaz besseres Wetter als bisher und auch sonst alles Freundliche und Gute.

Herzlich Ihr

H. Hesse

P.S. Das über die NZZ bitte ich unter uns bleiben zu lassen.

1 Bad Ragaz, Schweizer Kurort im Kanton St. Gallen.
2 Gunter Böhmer (1911-1986).
3 Hermann Hesse, »Vogel«. Ein Märchen. Illustriert von Gunter Böhmer, insel taschenbuch 2399, Frankfurt/M. 2000.

52 An Otto Basler

[Montagnola, 24.6.1933]

Lieber Herr Basler

Haben Sie Dank für Ihren lieben Brief, ich habe Ihr Bekenntnis mit Liebe aufgenommen und habe mich darüber gefreut, wie viel Sinn Sie für meine »Spiele« haben. Zum »Vogel«[1] brauchen Sie nur noch eines zu wissen: daß es der Name ist, mit dem meine Frau mich nennt.

»Vogel« ist vor einigen Wochen geschrieben, und was ich Ihnen schickte, ist bis heut das einzige gedruckte Stück davon, nämlich das Doppel meines Korrekturabzugs, es wird in einem der nächsten Hefte der »Corona« erscheinen.

Ihre Liebe zu Wassermann[2] kann ich verstehen, mir ist bei ihm die Person lieber als das Werk, das heißt, ich schätze auch an seinem Werk weit mehr die charakterhaften, moralischen Qualitäten, die Gewissenhaftigkeit seiner Arbeit als das eigentlich Dichterische. Dies nur unter uns! Er hat auch manche von den typisch jüdischen Tugenden. Doch würde ich, wenn ich Vertreter des echtesten und edelsten deutschen Judentums nennen müßte, doch vor ihm noch Männer wie Martin Buber nennen. Persönlich kenne ich Wassermann seit langem, wir sehn uns selten, waren aber in den letzten Jahren mehrmals im Winter im Engadin zusammen. Leider mußte ich diese Ski-Ferien aufgeben. Vielmehr: ein sehr wohlhabender Freund, der mich früher dazu einlud oder einen großen Beitrag dazu gab, kann das jetzt nicht mehr.

Zu Thomas Mann ist mein Verhältnis komplizierter als zu Wassermann, aber auch ihn verehre und liebe ich sehr. Er kam im März, flüchtig und in Deutschland von allen Seiten bespien, eine Weile hierher und war fast täglich bei mir, in dieser Zeit bin ich ihm sehr nahe gekommen.

Was mir teils durch Briefe, teils direkt durch Besuche zur Zeit alles ins Haus kommt an deutschem Elend, ist nicht zu sagen. Ich ertrage diesmal die »große Zeit« etwas besser als einst im Krieg, einfach weil ich diesmal von Anfang an genau weiß, wo ich stehe und zum Begriff »Deutschland« keine sentimentalen Beziehungen mehr habe, aber einfach auch weil ich älter bin und nicht mehr so am Leben hänge, das klärt manches.

Was mir das Leben erschwert, ist der schlechte Zustand meiner Augen. Ich kämpfe seit 3 Jahren, nachdem ich schon zuvor beinah lebenslang immer Augenschmerzen gehabt hatte, gegen den grünen Star, und oft geht es teilweise viel besser, oft eben auch wieder schlechter, und eben jetzt geht es schlecht, das heißt, ich habe beständig Schmerzen, ertrage sehr wenig Lesen etc. Wie das auf die Arbeit drückt! Ich beantworte z. B. fast alle Briefe nur darum sofort, weil es mir unmöglich wäre, sie nach Tagen oder Wochen ein zweites Mal zu lesen. Zu eigener Arbeit komme ich fast gar nicht, meistens bin ich schon vormittags nach dem Erledigen der Post mit den Augen für den Tag fertig.

Nun haben Sie Dank, und seien Sie mit Ihrer Frau gegrüßt von Ihrem

H. Hesse

1 Ein Märchen Hesses, das im August 1933 in der Zeitschrift »Corona« vorabgedruckt wurde (SW 9, S. 199ff.).
2 Der Schriftsteller Jakob Wassermann (1873-1934).

53 An seinen Sohn Bruno

[Montagnola, Anfang Juli 1933]

Lieber Bruno

Schon seit einer kleinen Weile bin ich dir Dank für einen Brief schuldig, und jetzt ist noch deine schöne Geburtstagssendung dazu gekommen. Dafür sage ich dir recht herzlich Dank, Lieber, du hast mir viel Freude gemacht.

Ich war beim Ansehen der Photos wieder entzückt über Mostar[1], diese zauberhafte Stadt. Ich weiß von ihr, seit vor etwa 25 Jahren mein damaliger Freund Max Bucherer seine Hochzeitsreise nach Bosnien machte, da sah ich Zeichnungen von ihm von Mostar und der Brücke, und habe seither diese Bilder in mir.

Besondere Freude machst du mir natürlich mit deinen Radierungen. Ich finde in den Blättern zwei Tendenzen, die sich widerstreiten, das Streben nach größter gewissenhafter Naturtreue und das Streben nach Lockerung und Leichtigkeit, und dieser Widerstreit macht die Blätter noch anziehender, besonders die von der Rinderweid habe ich sehr gern.

Auch sonst dachte ich in letzter Zeit oft an dich, und zwar angeregt durch das öftere Zusammensein mit G. Böhmer. Er hat grade das, was dir schwer fällt und warum du dich mühst, er hat ein natürliches Talent zur Leichtigkeit, eine angeborene Grazie, er gibt jeder Zeichnung sofort etwas mit, was gefällt und besticht. Aber darin liegt auch viel Gefahr, und das Schöne ist, daß er das weiß und damit kämpft und daß man mit ihm darüber reden kann. Mein Verleger, der vor einigen Wochen da war, war von seinen Zeichnungen so entzückt, daß er ihm sofort den Auftrag gab, ein paar Blätter zu meinem »Lauscher« zu zeichnen, der bald neu gedruckt wird. Daran arbeitet er jetzt, und ich bin erstaunt wie viel Mühe und Sorgen er sich damit viele Wochen lang macht, denn wenn man mit ihm spricht und er nebenher mit dem Bleistift auf einem Notizblatt etwas skizzierend andeutet, dann ist das immer gleich so hübsch und fertig, daß man denkt, er würde die Illustrationen nur so aus dem Ärmel schütteln. Vielleicht wird er das später einmal, es ist möglich, jedenfalls besteht diese Gefahr für ihn. Vorerst ist er aber höchst gewissenhaft, und er hat zu mir eine so rührende Liebe und Verehrung, daß er die paar Zeichnungen zum Lauscher als eine heilige Aufgabe ansieht.

Zum Geburtstag bekam ich diesmal merkwürdig viel Gezeichnetes. Von dir die Radierungen, von Böhmer das Porträt Ninons und ein kleines Blatt, das zeigt den Garten meiner Kindheit in Calw mit einer von den Tannen, die mein Vater damals pflanzte, als ich so etwa 10 oder 11 Jahre alt war. Von Ninon bekam ich auch mehrere kolorierte Zeichnungen, dann ein schönes Blatt von Frau Geroe, und von Emmy Ball ebenfalls kolorierte Zeichnungen, darunter ein Bild des hl. Franz, das mir gleich lieb wurde.

Wohl das schönste am Geburtstag war ein Blumenstrauß. Ich war in letzter Zeit, teils wegen besonders vieler Augenschmerzen, teils auch wegen Herzbeschwerden, bei schlechtem Befinden und konnte wenig vertragen, drum war ich vor dem Geburtstag mit Gästen etc. etc. eher bang. Als ich nun am Morgen wie immer mich allein zu meinem Kaffee in der Bibliothek setzte, stand da, als Geschenk von Clara und Berta, ein großer dichter Strauß aus lauter Sommerblumen, sie hatten ihn vom Gärtner in Certenago; alle Sommerblumen waren darin und oben über all dem Gelb und Tiefrot und Scharlach schwebten luftig und zauberhaft helle blaue Rittersporn. Das war so schön, und war mir für einen Moment wie eine Erinnerung an alles, was in meinem Leben an Sinnenschönheit, Blüte und Freude gewesen ist, und was trotz allem gar nicht wenig war, und wovon man im Altwerden Abschied nimmt. Nachher wurde es dann ein recht heiterer und hübscher Tag, ich zog mich des öfteren zurück und ruhte aus, war aber doch meistens dabei, und man war recht vergnügt. Morgens brachte die Post deine liebe Sendung, und ein Paket von Wassmers, einen Brief von Heiner, Photos von Martin, auch manche schöne und rührende Briefe von Unbekannten aus Deutschland. Auch der Zeichner und Radierer Vetter in Gotha hat mir wieder geschrieben: der hat mir, ohne daß wir uns je gesehen haben, nun seit wohl etwa 26 Jahren jedes Jahr einen Gruß zum Geburtstag geschickt, einzig während er im Krieg war gab es eine Unterbrechung.

Ninon schenkte mir Rotwein, den ich mir gewünscht hatte, und es gab viel Blumen und zu Mittag ein Huhn und Wein und eine Torte zum Tee. Frau Ball war zum Mittagessen eingeladen, aber sie brachte es wieder einmal fertig, den Weg nicht zu finden, den sie einige tausend mal gemacht hat, sie war viele Stunden unterwegs, in ihren Gedanken lustwandelnd, und kam erst etwa um 5, als wir Tee getrunken hatten. Zu Mittag war dann bloß Böhmer da, um 3 kamen Geroes[2], dann Emmy[3], wir spielten Boccia, alle blieben zum Abendessen, nachher wurden für eine Viertelstunde im Wald die Lampions angezündet.

Wir hatten viel besseres Wetter als ihr, aber doch viele Gewitter, und einmal ein Gewitter in der Nacht mit großem Sturm, das hat ziemlich viel Schaden gestiftet. Bei uns war im Garten viel kaputt, und auf meiner Atelierterrasse war die große Glaswand eingedrückt, einige Querstangen herausgerissen, ein Teil der Scheiben kaputt, das Glas lag in großen und kleinen Scherben bis zu den Himbeeren und zur Quelle hinunter.

Ich hoffe, wir werden Kitty[4] dann auch einmal hier sehen, sage ihr das, oder bring du sie mit.

Tante Adele ist jetzt in einer neuen Pfarrei, in einem kleinen richtigen Bauerndorf, ohne Industrie, das Dorf heißt Ekkenweiler, liegt sehr schön in der Nähe von Horb am Rand des Schwarzwalds.

Leb wohl, Bruno, und noch einmal herzlichen Dank!

Dein Vater H. H.

1 Reizvolle und größte Stadt der Herzegowina mit einer historischen Flussbrücke über die Neretva.
2 Die Teppichweberin Maria Geroe-Tobler (1895-1963) und ihr Mann, der ungarische Dramatiker Marcel Geroe (1899-1975).
3 Die Schriftstellerin Emmy Ball-Hennings (1885-1948).
4 Freundin von Bruno Hesse.

54 An Karl Maria Zwissler

[Montagnola, 10.7.1933]

Lieber Herr Zwissler,
Danke für Ihren lieben Brief, ich habe mich über ihn gefreut, auch über den Fortschritt in Ihrer Laufbahn.[1]

Viel helfen kann ich Ihnen nun bei Ihrem Plane[2] nicht, erstens weil ich Sie lieber selber wählen und machen lasse, zweitens weil ich, seit Jahren zunehmend augenleidend, von Tag zu Tag nur mit Mühe das Notwendigste an Briefen und Lektüre bewältigen kann – zu dem, was mich freuen würde, komme ich schon lange gar nicht mehr.

Immerhin möchte ich Ihnen, völlig unverbindlich, einiges zu Ihrem Plan sagen.

Die schönsten Zyklen dieser Art hat nach meinem Gefühl Othmar Schoeck komponiert, z. B. für die »Elegie«[3] hat er aus Eichendorff und Lenau wunderbar ausgewählt. Ich rate auch Ihnen, ganz frei zu wählen, was Sie lockt, und mein Schema nur so ganz ungefähr als Skizze für den Aufbau zu verwenden. Ich denke mir den Aufbau des ganzen Werks, sei es nun für Chor oder für Einzelstimmen oder einen Solisten, etwa so:

Der Wanderer mit Gedichten wie: Der stille Hof – Über die Felder – Landstreicherherberge – Spät auf der Straße – Im Nebel – Auf Wanderung (Knulp) – Der Wanderer an den Tod.

Der Sucher: Einsame Nacht – Julikinder – Manchmal – Glück – Der Künstler – Nachts auf hoher See – Seele banger Vogel du – Vergänglichkeit (Vom Baum des Lebens fällt).

Lebensglaube: Spruch (So mußt du allen Dingen) – Allein (Es führen über die Erde) – Nachtgefühl (Tief mit blauer Nachtgewalt) – Beides gilt mir einerlei – Der Blütenzweig – Weg nach Innen – Andacht (Was Menschen wollen) – Die Unsterblichen. Mit diesem Gedicht wäre ein guter Schluß da, scheint mir.

Nun wählen und arbeiten Sie bitte ganz nach eigenem Antrieb!

Ein Besuch hier bei mir speziell zu diesem Zweck scheint mir nichts zu versprechen. Ich könnte mehr als das hier Gegebene nur dann beitragen, wenn es mir möglich wäre, tagelang in Ruhe wieder einmal in allen meinen Gedichtbüchern zu lesen – aber dazu werde ich in diesem Leben kaum noch einmal kommen.

Das soll nun aber nicht heißen, daß Ihr Besuch mich nicht freuen würde, wenn Sie ihn irgend einmal ausführen können und wollen.

Ich hoffe, Sie können irgend etwas mit meinem Schema anfangen. Andernfalls steht Ihnen ja frei, es anders aufzubauen.

Zu der Frankfurter Tätigkeit wünsche ich viel Glück! Ich habe in diesem Theater einmal vor 25 Jahren einen ganz guten Figaro[4] gehört.

Vor 8 Tagen haben wir meinen 56. Geburtstag gefeiert, der Herr Jubilar war etwas müde und mußte sich öfter zurückziehen und hinlegen, aber im Ganzen war es doch hübsch und vergnügt. Man muß die paar Feste nehmen wie sie fallen, das Traurige und Schäbige überwiegt. Soeben schreibt mir der Verleger des kleinen Buchs, das ich zum Gedächtnis meines Vaters herausgab[5], es sei seit 2 Jahren kein Stück mehr verkauft worden, und nie mehr der kleinste Absatz zu hoffen, und falls ich es nicht selber gleich jetzt zurückkaufen wolle, müsse er es in nächster Zeit eben als Papier verramschen. Und ähnlich sieht es überall aus um mich her.

Seien Sie herzlich gegrüßt von Ihrem

H. Hesse

1 Der Komponist K.M. Zwissler (1900-1984) war kurz zuvor als erster Kapellmeister an die Oper von Frankfurt am Main berufen worden.
2 Zwissler plante einen Zyklus von Hesse-Gedichten zu vertonen.
3 Othmar Schoeck, »Elegie«, Opus 36 (1922/23).
4 Die Mozart-Oper »Figaros Hochzeit«, KV 492.
5 Hermann und Adele Hesse, »Zum Gedächtnis des Vaters«, Rainer Wunderlich Verlag, Tübingen 1930.

55 An Thomas Mann

[Montagnola] Mitte Juli 1933

Lieber Herr Mann

Ihr Sohn Michael[1] hat mir einen lieben Brief geschrieben, ich lege meine Antwort[2] hier bei. Unsre Frauen haben einander auch geschrieben, und nun komme ich auch noch, obwohl eigentlich in letzter Zeit genug zu tun wäre, aber ich denke sehr viel an Sie, und werde in letzter Zeit immer wieder an Sie erinnert. Einmal durch die Geschichte mit Fiedler in Altenburg[3], von dessen Prozeß Sie ja wissen. Dann war Bruno Frank[4] einmal bei uns, und er sprach so schön und wissend und verehrend von Ihnen, daß es eine Freude war, ich dachte lebhaft an mein erstes Zusammensein mit Frank, etwa 1908, schon damals waren Sie sein Stern und Vorbild. Und so mahnt mich dies und jenes an Sie, auch manche unserer Gespräche haben Nachklänge bei mir hinterlassen.

Leid tut es mir ein wenig, daß ich bei Ihrem Hiersein meine Scheu nicht überwand und Sie mit dem Vorwort meines seit zwei Jahren geplanten Buches[5] bekannt machte. Es ist vor mehr als einem Jahr geschrieben, und schildert den heutigen geistigen Zustand Deutschlands so genau voraus, daß ich dieser Tage beim Wiederlesen beinah erschrak.

Gleich als Sie abgereist waren, nahm ich mir vor, mich nun auch wieder eine Weile mit Ihrem Werk zu beschäftigen, von dem ich die »Buddenbrooks« und die »Königliche Hoheit« sehr viele Jahre nicht mehr gelesen hatte. Bei meinem Augenzustand ist es nun freilich so eine Sache mit Lesevorsätzen, aber nun sind wir soweit, und seit einigen Tagen sind die »Buddenbrooks« unsere Abendlektüre, meine Frau liest sie mit Hingabe vor, und Sie sind oft den ganzen Abend aufs lebendigste bei uns.

Meine Rolle in Deutschland und der dortigen Literatur ist diesmal, vorerst wenigstens, eine angenehmere als die Ihre. Offiziell bin ich unbelästigt geblieben. In Aufrufen an die Hitlerjugend, sich um ihre deutschen Dichter zu kümmern, finde ich mich weder unter den empfohlenen Kolbenheyern[6] etc. noch auch unter den »Asphaltliteraten« genannt, vor denen gewarnt wird. Man hat mich diesmal vergessen, und ich schätze das sehr, ohne doch zu vergessen, daß es nur ein Versehen ist und sich jeden Tag ändern kann.

Sehr merkwürdig sind mir die Briefe aus dem Reich, die ich von Anhängern des Regimes bekomme, sie sind alle in einer Temperatur von etwa 42 Grad geschrieben, rühmen in großen Worten die Einigkeit, ja sogar die »Freiheit«, die jetzt im Reich herrsche, und schreiben in der nächsten Zeile wütend über das Saupack von Katholiken oder Sozialisten, dem man es jetzt zeigen werde. Es ist Kriegs- und Pogromstimmung, freudig und schwer betrunken, es sind Töne von 1914, ohne die damals noch mögliche Naivität. Es wird Blut und anderes kosten, es riecht sehr nach allem Bösen. Dennoch rührt mich zuweilen die blauäugige Begeisterung und Opferbereitschaft, die man bei vielen spürt.

Möchten Sie es erträglich haben, und möchten wir uns in nicht zu ferner Zeit doch wiedersehen!

Ich bitte Sie, Ihre Frau recht sehr von mir zu grüßen, und Mädi![7] Herzlich Ihr

H. Hesse

1 Michael Mann (1919-1977), Musiker und Literaturwissenschaftler, jüngster Sohn von Katia und Thomas Mann.
2 Nicht erhalten.
3 Kuno Fiedler (1895-1973), Pastor, Lehrer und Publizist, war damals von seinem Dienst am Gymnasium von Altenburg/Thüringen suspendiert worden, weil er den NS-Behörden den Gehorsam verweigert hatte.
4 Bruno Frank (1887-1945), Lyriker und Dramatiker, der Hesse im April 1933 besucht hatte.
5 »Das Glasperlenspiel«. Es handelt sich um die zweite, politische Fassung des Vorwortes (SW 5, S. 528ff.).
6 Erwin Guido Kolbenheyer (1878-1962) und andere »völkische« Schriftsteller.
7 Elisabeth Mann (1918-2002), Meeresforscherin und Publizistin, jüngste Tochter von Katia und Thomas Mann.

56 An Joseph Englert

Montagnola, 16.7.[19]33

Lieber Freund Englert

Diesmal bin ich Ihnen für zwei liebe Briefe Dank schuldig, für einen Geburtstagsbrief und für den, der heut morgen kam. Also herzlichen Dank für beide! Ich bin froh, daß das Büchlein »Mahnung« Sie erreicht hat; in Deutschland sind von meinen ganz wenigen paar Exemplaren zwei verloren gegangen!

Ja, an Zustimmung von Lesern und Gesinnungsgenossen in Deutschland fehlt es mir natürlich nicht, zum Geburtstag kamen viele solche Briefe. Nur ist diese Schicht sehr dünn, und ist machtlos. Bis jetzt bin ich noch, abgesehen von brieflichen Anpöbelungen, unbehelligt geblieben, aber es ist auf die Dauer kaum anzunehmen, daß das so bleiben kann, obwohl ich keinen akuten Anlaß zu Maßregelungen gebe. Es genügen die Denunziationen einiger neidischer Kollegen, dann wird man wieder scharf auf mich, entdeckt, daß ich kein Patriot bin, und zieht den Strick zu, was in meinem Fall sehr einfach ist: man schnürt mir einfach meine Geldzufuhr ab. Nur ist diese Gefahr zur Zeit nicht so schrecklich, denn es kauft kein Mensch ein Buch, und mein Einkommen ist seit 25 Jahren nie so winzig gewesen wie jetzt.[1]

Was für Gedanken, Phantasien und geistige Spannungen mich sonst beschäftigen, ahnen Sie vielleicht aus dem Manuskript, das ich Ihnen im Februar senden ließ, dem Vorwort zu meinem geplanten Buch. Sie haben nicht darauf reagiert, es aber doch wohl erhalten, denn es ging durch meinen Verleger, der damals in St. Moritz war, und außer ihm und Ninon sind Sie der einzige Mensch, der bisher etwas von dieser Sache weiß. Sie beschäftigt mich schon bald 2 Jahre, ist ein gewagtes geistiges Abenteuer, und zwingt zu einer so gewaltigen Distanz vom heutigen Augenblick, daß die Arbeit daran ebenso schwierig wie angenehm ist. Außer jenem Vorwort aber existieren erst wenige geschriebene Seiten, das Ganze wird, falls ich es überhaupt fertig bringe, Jahre brauchen.

Mit den Augen bin ich viel geplagt. Zur Zeit, schon seit 4 Wochen, wieder durch eine häßliche Affektion des linken Tränenkanals. Daran habe ich schon vielemale gelitten, oft mit scheußlichen Schmerzen und Eiterungen, und vor 25 Jahren hat man mir einmal eine kleine Operation am Tränenkanal gemacht, die damals Mode war, und über die jeder heutige Augenarzt lacht, weil sie genau das Gegenteil erzielt als gemeint war: sie hat den Tränenkanal, statt ihm zu helfen, vollends gelähmt.

Sie fragen, ob ich Whisky oder Cigarren brauchen könne. Mit Cigarren bin ich versehen, da ich nur sehr wenig rauche. Dagegen ist mein Verlangen nach einem guten Getränk groß, und wenn Sie mir das spendieren mögen, amice, dann sage ich nicht Nein.

Ich lege Ihnen zwei neue Gedichte bei, ein Spaßgedicht[2] und ein ernst gemeintes.

Freude macht mir der Umgang mit dem jungen Dresdner Maler Böhmer, der seit Mai hier ist und oft zu uns kommt. Er schenkte mir zum Geburtstag [Bilder], die er auf seiner Wallfahrt zu mir in Calw gemacht hat, da sieht man das Gärtchen und Gartenhäuschen, das mein Vater so um 1890 anlegte, und eine von den Tannen, die er damals pflanzte. Es hat mir ganz Heimweh gemacht.

Wie gern möchte ich heut für eine Stunde bei Ihnen sein, und Sie und Ihre Frau und die Kinder sehen! Aber irgend einmal kommen Sie gewiß auch wieder nach Lugano, und dann müssen Sie uns besuchen!

Von Herzen grüßt Sie Ihr

H. Hesse

1 Für das erste Halbjahr 1933 bekam Hesse als Ertrag aus all seinen Büchern vom S. Fischer Verlag 500 Mark abzüglich zehn Prozent Steuer. »Man braucht Bücher nicht einmal zu verbieten oder zu verbrennen, sie erledigen sich heute von selbst«, schrieb er am 25.8. 1933 an Wilhelm Stämpfli.

2 »Der Gärtner träumt« (SW 10, S. 594).

57 *An Hedwig Fischer*

[Montagnola, Ende Juli 1933]

Liebe Frau Fischer!
Eben wollte ich Ihnen eine Zeile schreiben, G. Böhmers wegen, da kam Ihr lieber Brief mit den Fotos, da sage ich Ihnen schönen Dank!

Mit Böhmer ist das so: er ist äußerst gewissenhaft, daher auch empfindlich, was mir sehr an ihm gefällt, und es widerstrebt ihm, ein Honorar für die Zeichnung von Vater Fischer zu verlangen[1], da Sie sich nicht recht zufrieden über das Blatt äußerten. Ich würde nun sehr dazu raten, daß Sie ihm einfach ein anständiges Honorar anweisen, um die Sache zu erledigen. Übrigens finde ich, wie auch Ninon, die Zeichnung ganz ausgezeichnet. Die Bilder zum Lauscher werden ebenfalls famos, aber Böhmer ist nicht befriedigt von der Antwort des Verlags auf seine Fragen, er sträubt sich dagegen, daß seine Zeichnungen beliebig vergrößert oder verkleinert werden sollen, und auch ich finde, dies sollte nicht ohne seine Zustimmung bei jedem Blatt geschehen. Wir sollten die Gewissenhaftigkeit eines jungen Künstlers nicht dadurch abtöten und flachwalzen, daß wir auf seine Bitten nicht hören und ihn daran gewöhnen, fünfe grade sein zu lassen und in der Reproduktion mit allem zufrieden zu sein. Im Gegenteil! Bitte sagen Sie das Bermann[2], er möchte ein Wort dazu sagen. [...]

Wir denken Ihrer oft und herzlich, und grüßen Sie alle recht sehr!

Ihr H. Hesse

1 Anfang Juni, nach dem Pfingstbesuch der Familie Fischer in Montagnola, hatte Gunter Böhmer den Verleger Samuel Fischer in seinem Luganer Hotelzimmer porträtiert. Siehe Böhmers Schilderung und seine Zeichnung in H. Hesse, »Hermann Lauscher«. Mit Zeichnungen und einem Nachwort von Gunter Böhmer, insel taschenbuch 206, Frankfurt/M. 1976.

2 Ihrem Schwiegersohn.

58 An seine Cousine Fanny Schiler

[Montagnola, Anfang August 1933]

Liebe Fanny

Du hast mir einmal eine Bach-Platte geschenkt, darauf ist ein Choral, ich glaube, er heißt »Ach bleib bei uns«, der ist mir fast zur liebsten Musik der Welt geworden und paßt in meine innersten und besten Besinnungen und Stimmungen. Es ist jetzt schwer zu leben, sehr schwer, aber diese Musik ist ewig, wir haben teil an ihr, sie geht durch uns durch, und wenn die übrige Luft auf Erden kaum mehr zu atmen ist und so beengend nach Zyankali schmeckt, dann zieht unsre Seele immer noch aus Sachen wie diesem Choral ihre liebe Nahrung. Diese Musik ist Tao. Auch das nämlich ist eine der 1000 Erscheinungsformen des Tao: die vollkommene Form, die den »Inhalt« verschluckt und aufgelöst hat und in sich selber schwebend nur noch atmet und schön ist. Man wünscht sich, diese Musik im Augenblick des Sterbens zu hören – vielmehr: so zu sterben wie diese Musik ist, so sich hinzugeben und dem Schweren zu entschweben und mit dem Einen eins zu werden. Das wollte ich dir einmal schreiben. [...]

Addio, sei gegrüßt von deinem

Hermann

59 An Heinrich Wiegand

[Montagnola, 7.8.1933]

Lieber Herr Wiegand

Schon lang sollte und will ich Ihnen schreiben, aber es gelang nicht, ich ersticke in Besuchen, Post, Arbeit, Gartengeschäft und weiche dem Studierzimmer mit Angst aus, weil diesen ganzen Sommer, bei sonstigem gutem Befinden, die Augen miserabel sind. Wenn ich einen Brief nicht sofort beantworte, dann kostet das bloße Wiederheraussuchen und Wiederlesen, um antworten zu können, meistens ein paar Stunden Augenschmerzen. Also haben Sie Nachsicht!

Die deutschen Ereignisse interessieren mich wenig. Das, was zu wissen und zu verstehen mir interessant wäre, erfahre ich von niemand, und das andre – nun, ob da ein paar Dummheiten oder Brutalitäten mehr oder weniger passieren, kann für uns nichts am Bilde ändern. Was mich eher interessiert, ist die Frage: wie leben eigentlich die gutgesinnten anständigen Deutschen heute im Reich? Dieser Tage war ein Neffe von mir da (der, der mit mir den Novalis etc. herausgegeben hat)[1], samt einem Freunde, einem Richter, beide aus Schwaben. Es sind stille, musische, gebildete Menschen, musizieren viel, sie sagen, in ihren Kreisen nehme man das Staatstheater nicht ernster, als man seinerzeit die Allüren Wilhelms[2] genommen habe, man lache darüber, schäme sich auch, und in ihren Kreisen geniere sich niemand, seine Witze darüber zu machen.

Seit 3 Tagen sollten wir zu Frau Mareili[3] gehen, um ihren eben fertig gewordenen Teppich zu sehen, aber es kam noch nicht dazu, ich und Ninon sind belagert von Besuchen, Briefpflichten, Korrekturen des »Lauscher«, Gartenarbeit.

Thomas Mann schrieb gestern aus Sanary, er arbeitet wieder, im Herbst will Fischer den ersten Band seines neuen Werks herausbringen.[4] [...]

Freude habe ich am Garten und am Maler Böhmer, der dieser Tage mit seinen Zeichnungen zum »Lauscher« fertig werden will.

Lieber Herr Wiegand, seien Sie recht sehr gegrüßt!

Ihr H. Hesse

1 Carlo Isenberg (1901-1945), der Carlo Ferromonte im »Glasperlenspiel«.
2 Kaiser Wilhelm II.
3 Maria Geroe-Tobler.
4 Thomas Mann, »Joseph und seine Brüder«. (Die Geschichten Jakobs), S. Fischer, Berlin 1933.

60 *An Max Thomann*

Montagnola [15.8.1933]

Lieber Freund Thomann

[...] Sollten Sie irgendwo das Juliheft von Velhagens Monatsheften zu sehen bekommen, so finden Sie darin von mir eine Erinnerung an Wilhelm Raabe.[1]

Im übrigen suche ich die Unsicherheit und die vielen Beschwerden, die diese Zeit mir bringt, möglichst ruhig zu ertragen. Es ist moralisch wie materiell recht heikel, der Buchhandel in Deutschland ruht, mit Ausnahme des Verkaufs von Hitlerbroschüren, so gut wie ganz. Kürzlich ist es mir zum ersten Mal im Leben passiert, daß ein Verleger ein Buch von mir als Einwickelpapier verkauft hat, weil es unverkäuflich bei ihm auf Lager lag, obwohl es erst vor wenigen Jahren erschienen ist. Es war das kleine Buch zum Gedächtnis meines Vaters.

Gestern hatten wir einen Heidelberger Indologen zu Besuch da[2], der mir öfter geschrieben und Bücher geschickt hatte, den Schwiegersohn von H. von Hofmannsthal, die Frau gefiel uns sehr.

So, nun wünsche ich Euch beiden schöne Badetage am See. Ich denke manchmal mit Vergnügen und auch mit ein wenig Neid an frühere Zeiten, wo auch ich im Wasser und im Boot den halben Sommer verlebte. Jetzt habe ich, aus verschiedenen Gründen[3], seit vielen Jahren nicht mehr im Freien baden können. [...]

Herzlich Ihr

H. Hesse

1 Siehe SW 12, S. 320ff.
2 Heinrich Zimmer (1890-1943) und seine Frau Christiane (1902-1987).
3 U.a. wegen rheumatischer Beschwerden.

61 An Adolf Baden

[Montagnola] 28.8.1933

Lieber Herr Baden

Ich kann zu Ihrem Brief wenig sagen. Ich kenne den Menschentyp, dem Sie angehören, zwar sehr genau aber das Individuum kennt man damit noch lange nicht. Immerhin sehe ich deutlich: Sie kämpfen da mit Erscheinungen der Entwicklung, die durchaus notwendig, ja zum Teil selbstverständlich sind. Das Abwelken mancher Lieblingsfreuden zum Beispiel, das man oft im Leben durchmacht, habe ich als Erzähler sehr oft geschildert, in »Unterm Rad« und »Demian« und da und dort. Da ist kein Grund zu Klagen und zu Befürchtungen. Und dazu gehört auch die Stockung in der Produktivität. Nehmen Sie die um Gottes willen als das, was sie ist: als eine Mahnung und Forderung, sich nicht für fertig zu halten, sondern die Leiden neuer Entwicklungsphasen auf sich zu nehmen! Es fehlt Ihnen, dem Theologen, da noch an Frömmigkeit, man hat sie in der Jugend nicht, sie kommt erst später, aber man kann ihr zustreben. Lassen Sie die Frage nach Ihrem Talent, Ihrer Produktivität etc. eine rein biologische sein, und denken Sie daran, daß in jedem Künstlerleben das Ertragen und fruchtbare Überwinden der oft jahrelangen Produktivitätspausen zum Schwersten, aber Lehrreichsten gehört. Sehen Sie Ihr Dichtertum doch nur ja nicht als einen Beruf, als eine Angelegenheit Ihres äußeren Lebens, Ihrer Karriere an! Nichts wäre verderblicher. Lassen Sie ruhig das Produzieren ausbleiben, so wie es Zeiten gibt, wo man nicht träumt, und ziehen Sie diese Vorgänge ja nicht in den Bereich rationaler Lebensgestaltung. Ihre Produktivität ist, wie meine und jede, eine Gnade, nichts andres, und wir können nichts dazu tun. Wir können aber schaden, wenn wir sie dem Bereich des Wunderbaren entreißen wollen.

Seien Sie herzlich gegrüßt von Ihrem

H. Hesse

62 *An Carl Seelig*

[Montagnola, Mitte September 1933]

Lieber Herr Seelig

Es hat mich gefreut, endlich wieder etwas von Ihnen zu erfahren, und es tut mir nur leid, daß ich Ihnen nicht ohne weiteres Ihre Frage mit Ja beantworten kann. Aber ich habe seit Jahren auf alle Vorlesungen verzichtet, und werde wohl dabei bleiben. Zum Teil ist daran meine Gesundheit schuld, namentlich die Augen, denn ich wäre heute gar nicht mehr fähig, eine Stunde lang die Lesebrille zu tragen und vorzulesen. Aber es ist auch das Gefühl dabei beteiligt, daß der Dichter nicht die Aufgabe hat, in Konkurrenz mit der Wissenschaft und der intellektuellen Weltbewältigung zu treten. Die Dichtung ist heut unbeliebt, und auch Sie haben, als Sie mich zu einem Auftreten einluden, sofort dabei an eine Rede, einen Vortrag gedacht, nicht an Dichtung. Ich mache da nicht mit, und ich bin beinahe froh, daß der Zustand meiner Gesundheit dazu die ausreichende Entschuldigung gibt.

Vielleicht sehen wir uns dennoch einmal wieder. Ich komme zwar nur höchstens einmal im Jahr nach Zürich, aber vielleicht sehe ich Sie einmal hier. Ich bin seit einigen Jahren wieder verheiratet, und geistig gehe ich einen gewundenen und langsamen Weg, dessen erste Etappe die »Morgenlandfahrt« war.

Herzlich grüßt Sie Ihr

H. Hesse

63 Postkarte an Cecilie Clarus

[Montagnola, 15.9.1933]

Danke für Ihre Karte! Die Erzählung kann ich Ihnen schikken, ich fand noch einen Abzug. Den »Franz« und »Boccaccio«[1], die seit wohl 15 und mehr Jahren vergriffen sind, habe ich nicht wieder drucken können, da beide mir viel zu oberflächlich gearbeitet sind. Sie werden viel gesucht, auch ich selber suchte sie für Freunde schon antiquarisch; sie tauchen je und je auch auf, aber selten.

In Bälde erscheint eine hübsche neue Ausgabe des »Lauscher«, zugleich Debut, eines begabten jungen Künstlers, der Zeichnungen dazu machte und zur Zeit hier in Montagnola ist.

Es geht in materieller Hinsicht schlecht, am schlechtesten

mit den Augen, es ist wenig Arbeitsfähigkeit mehr übrig. Vom Tagesgeschrei dagegen, in das man auch mich oft ziehen will, lasse ich mich nicht anrühren, ich spüre die »Zeit« zwar am Ausbleiben meiner Einkünfte, bis in meine eigentlichen Bezirke dringt sie nicht. Herzlich Ihr

H. Hesse

1 Hesses 1904 bei Schuster und Loeffler, Berlin, erschienene Monographien über Franz von Assisi und Giovanni Boccaccio (SW 1, S. 623ff. und 595ff.).

64 *An Arthur Stoll*

Montagnola, 17.9.1933

Lieber Herr Professor Stoll!
Wieder bin ich für mehrere Freundschaftszeichen Ihnen Dank schuldig: für Ihre Sendung mit Allisatin und Calcium, für Ihre Bestellung auf eine Handschrift und für Ihren lieben, schönen Brief. Ich habe mich über alles sehr gefreut, und schicke Ihnen heute das Manuskript[1], ich habe mir Mühe gegeben, ein hübsches für Sie herzustellen. Das Geld erbitte ich womöglich nicht per Post, sondern an mein Konto (Schweizer Kreditanstalt Lugano). Und wenn Sie jetzt oder später je einmal Gelegenheit haben, jemand auf meine Handschriften aufmerksam zu machen, so bitte ich Sie, es zu tun. Ich muß jetzt mit einer Zeit rechnen, in der ich beinahe keine Einnahmen habe.

Das Phänomen, daß auch sehr kluge und kultivierte Deutsche, die früher über Hitler lachten, ihn jetzt so ernst nehmen, begegnet auch mir des öftern. Ich erkläre es mir so: Deutschland hat, weil es weder seine Mitschuld am Krieg noch den Verlust und die Folgen des Krieges moralisch verdaut und auf sich genommen hat, seit 1918 dauernd mit geschlossenen Augen gelebt. Seine Revolution, die sehr nötig war, ließ es von einer winzigen Gruppe aktiver Linkssozialisten machen, es ließ alle seine Regierungen machen, keine hatte das Interesse und Vertrauen des Volkes; der einzige politische Akt, an dem das Volk ernstlich teilhatte, war die Wahl des alten Generals Hindenburg (der am Jetzigen große Mitschuld hat, der alte Feldwebel). Jetzt auf einmal hat im Volk eine Partei Sympathien gewonnen, ist etwas wie Patriotismus, wie Glaube an sich selber wieder in der Nation aufgewacht – und nun fürchten viele Deutsche, die ihr Volk lieben: wenn auch diese Hoffnung trügt und das Volk in diesem Vertrauen enttäuscht wird, dann bricht alles zusammen. Das ist zwar nicht richtig gedacht, oder doch nur halb richtig, ist aber sehr begreiflich und erklärt die Ergebenheit, mit der auch viele geistig Hochstehende sich dem heutigen Regime zur Verfügung stellen. Wenn es ihnen glückt, und wenn sie es fertig bringen, Deutschland ohne Krieg wieder in die Höhe zu bringen und die scheußlichen Auswüchse der jetzigen Bewegung wieder zu heilen, so soll es mich freuen. Einen Glauben daran habe ich aber nicht, es ist mir alles zu wüst, zu krampfig, zu marktschreierisch, zu unedel und auch zu dumm, zu geistfeindlich.

Ich werde des öftern belästigt durch das Drängen von Kollegen, ich müsse Stellung nehmen und mich öffentlich der Opposition gegen Hitler anschließen. Ich lehne das ab, ich gehöre keiner Partei an, und wenn der Kommunismus mir auch persönlich sympathischer ist als der Faschismus, so hänge ich ihm dennoch nicht an, wie überhaupt keiner Form von Machtstreben. Ich sehe das Amt des Dichters und Geistigen darin, den Frieden zu fördern und nicht den Kampf.

Meine Schwester[2] ist zu Besuch da, das freut mich sehr, sie liest uns abends Tagebücher und Briefe meiner Mutter vor, da kommt die Schlacht von Solferino[3] und Sedan[4] drin vor! Seien Sie recht herzlich gegrüßt von Ihrem

H. Hesse

1 »Gedichte des Sommers 1933«.
2 Adele Gundert.

3 In der Schlacht bei Solferino am 24.6.1859 verloren die Österreicher die Lombardei an Napoleon III. und an das Königreich Sardinien.
4 Der Sieg Deutschlands in der Schlacht bei Sedan Anfang September 1870 hatte die Kapitulation Frankreichs und die Gefangennahme von Napoleon III. zur Folge.

65 *An Trude Michel**

Montagnola, 19.9.[19]33

Ihr Brief hat mich gefunden. Ich bin seit Jahren und langsam zunehmend augenleidend und kann nur wenig Briefe mehr schreiben. Es kommt ja auch nicht auf eine Beantwortung Ihrer Fragen an, das haben Sie selber schon gefühlt. Es gibt keine Antworten darauf. Es ist für jeden Menschen, Mann oder Frau, der Weg durch die Welt neu und wunderbar, trotz allen Lehren, trotz allen Vorbildern. Es gibt Millionen Wege zwischen Anpassung und Selbstbehauptung, zwischen Hingabe und Bewahrung, zwischen Herrschen und Dienen. Wir sollen, wie Sie es tun, oft daran denken und daran leiden, daß uns das Vollkommene unerreichbar ist, aber wir sollen niemals aufhören, mit uns und der Welt in einem höheren Sinne unzufrieden zu sein. Man muß auch das Menschentum, unsere eigene Unzulänglichkeit hinnehmen als etwas, das nur Bild und Gleichnis ist und auf Höheres deutet, als etwas, daran man leidet und mit dem man kämpft, das man aber im Grunde nicht ändern kann, vielleicht auch nicht ändern will. Ja sagen ist nicht sattes Zufriedensein, es ist auch Kampf, auch Trotz, auch Leid. – Ihr Leben ist reicher als das meine. Ich kann weder das Leben eines mondänen Bades mitleben noch Tanznächte und kann auch nicht mehr viel lesen. Ich habe aber nach vielen Jahren des Entbehrens, seit 2 Jahren wieder ein Stückchen Land, da pflanze und baue ich allerlei Grünes und trage Wasser und sehe das Blühen und Welken, und in manchen Stunden sehe ich mich selber, sehe die ganze aktuelle und wichtigtuende Welt im großen Blühen und Welken als Stäubchen mittätig und mitleidend und sehe mein eigenes Leben, Michplagen, Leiden mit als Bildchen im großen Bilderbuch. Für Sie wird es andere Wege geben als für mich, aber das Ziel ist dasselbe. Von dort aus gesehen sind die Unterschiede zwischen Mann und Frau, Alt und Jung nicht groß, das Gemeinsame ist größer, und von da aus kann man auch die Feinde, die Gegner, die anders Fühlenden in die Einheit einbeziehen, also lieben.

Es grüßt Sie Ihr

H. Hesse

* Ohne Anrede.

66 *An Werner Reinhart*

Montagnola b. Lugano, September [19]33

Lieber Herr Reinhart

Haben Sie Dank für Ihren Brief, Ihr Auftrag[1] hat mich sehr gefreut, und ich habe mich bemüht, für Sie ein anständiges Exemplar herzustellen. Bitte nehmen Sie es freundlich auf, einige der Gedichte rechne ich zu meinen bessern.

Mit dem, was Sie über Deutschland und über die Funktion von Literaten meiner Art sagen, haben Sie ganz recht. Diese Funktion dauert unverändert fort, wird sogar noch notwendiger, und daß es so ist, zeigen mir das Jahr hindurch einige tausend Briefe von Lesern, meist jungen Menschen, diese Briefe haben seit dem Regime Hitler an Zahl kaum abgenommen und an Intensität sich verstärkt. Dagegen wird uns Autoren im heutigen Deutschland der wirtschaftliche Boden immer mehr entzogen, der Geist an sich ist unbeliebt, das Volk soll nicht lesen, sich bilden oder Gefühle pflegen, sondern soll turnen, gehorchen und den Krieg vorbereiten. Wir merken das zunächst daran, daß der ganze gute Büchermarkt fast völlig eingeschlafen ist. Die Zeitungen bezahlen uns Autoren heute noch ein Viertel der ohnehin mäßigen Honorare, die noch vor kurzem galten. Und langsam droht unser äußerer Apparat notzuleiden und zu verrosten: z. B. mein Verlag hat einige seiner besten und erfolgreichsten Autoren durch Bücherverbote und Verfehmung zur Zeit verloren, unsre gute Zeitschrift, die Neue Rundschau, hält sich nur noch mühsam und wahrscheinlich nicht mehr sehr lange. Zum erstenmal im Leben ist es mir passiert, daß ein kleines Buch von mir, erst vor 4 Jahren erschienen, vom Verleger als Makulatur verramscht wurde. Nur diese äußeren, materiellen Zustände sind es, die ich beklage und die mir Leiden bringen. In der Arbeit selbst lasse ich mich nicht beirren. Hätte ich die Gabe und den innern Beruf des Organisators, statt ein so ausgesprochener Einzelgänger zu sein, so würde ich jetzt eine Gruppe der Intellektuellen bilden, welche die Politik und das Parteiwesen grundsätzlich und schärfstens sabotieren, würde zur Geduld, zur Liebe, zum Festhalten großer Gesichtspunkte aufrufen, ja einen Boykott gegen das Aktuelle in der Kunst und Literatur ausrufen. Denn wenn ich Hitler und Goering nicht billigen kann, so billige ich den Kommunismus eben so wenig, und halte es für das Amt der Literaten, keineswegs Richtungen und Parteien und aktuellen Zielen zu dienen, sondern im Gegenteil die Menschen an das Zeitlose zu mahnen. Aber es würden mir da nur wenige Schwärmer folgen, ich muß weiterhin als Einzelgänger leben und arbeiten. So stehe ich im Augenblick zwischen der offiziellen, gebilligten Literatur Deutschlands und der oppositionellen der Emigranten ganz allein, ebenso wie ich während des Krieges allein stand.

Der September hat bei uns wunderbar schön begonnen, den strahlenden Tagen folgen strahlende Mondnächte, ich hoffe wir behalten den Sommer, der in meinen Gedichten schon zu Ende ist, doch noch eine Weile.

Mit Grüßen Ihr

Hermann Hesse

1 Werner Reinhart hatte ein illustriertes Exemplar der »Gedichte des Sommers 1933« bestellt.

67 *An eine Studienassessorin**

Montagnola, 25.9.1933

[…] Ich verstehe es und billige es, wenn ein Mensch viel von sich selbst verlangt, wenn er aber diese Forderung auf andere ausdehnt und sein Leben zum »Kampf« für das Gute macht, so muß ich mich des Urteils darüber enthalten, denn ich halte von Kampf, Aktion, Opposition nicht das mindeste; ich glaube zu wissen, daß jeder Wille zur Änderung der Welt zu Krieg und Gewalt führt, und kann darum mich keiner Opposition anschließen, denn ich billige die letzten Konsequenzen nicht, und halte das Unrecht und die Bosheit auf Erden nicht für heilbar. Was wir ändern können und sollen, das sind wir selber: unsere Ungeduld, unser Egoismus (auch der geistige), unser Beleidigtsein, unser Mangel an Liebe und Nachsicht. Jede andere Änderung der Welt, auch wenn sie von den besten Absichten ausgeht, halte ich für nutzlos, darum habe ich auch keinerlei Beziehungen zu oppositionellen Parteien und Blättern, und kann Ihnen also leider auch in dieser Hinsicht keinen Rat geben.

Ich möchte mit meinen Worten keine Kritik an Ihrem Standpunkt üben, ich habe Achtung vor jedem ernsten Willen, aber mein eigener Standpunkt ist ein völlig anderer, es hätte keinen Sinn, dies nicht klar auszusprechen.

Ich würde für einen Menschen, der in Ihrer Lage ist, es für das beste halten, daß er irgendwo eine positive, aufbauende dienende Arbeit fände, auch wenn sie unter Opfern und Zugeständnissen geschehen muß. Dies schiene mir das einzige, was anzustreben wäre. Den intellektuellen Kampf gegen Unfreiheit und Gewalt, obwohl zu Zeiten auch er notwendig ist, halte ich nicht für eine Tätigkeit, die einen leidenden Menschen aufrichten und beglücken kann.

* Der Brief ist nicht vollständig überliefert.

68 An Joseph Englert

Montagnola, 29.9.1933

Lieber Feund Englert!

Heut morgen kam Ihr Brief mit Inhalt richtig an, ich freue mich sehr über Ihren Auftrag[1], und werde die beiden Abschriften für Sie zur gewünschten Zeit liefern, für die willkommene Vorauszahlung sage ich recht schönen Dank!

Was Sie über Deutschland sagen, deckt sich fast ganz mit meiner eigenen Auffassung. Ich habe seit dem Frühling hunderte von Deutschen bei mir gesehen, Flüchtlinge sowohl wie Feriengäste, Anhänger wie Gegner des deutschen Faschismus, Leute beinahe jeden Standes, und ich selbst hänge mit Deutschland so eng zusammen (wirtschaftlich ganz und gar, es ist ja mein Markt, und seelisch sowohl durch die Sprache und Literatur wie durch meine nahen Verwandten und Freunde, die dort leben und zuhaus sind), daß ich im Wesentlichen orientiert bin. Nur ist meine persönliche Anschauungsweise und auch meine Ausdrucksweise eine etwas andre als die Ihre. Ich habe, als ein sehr stark »introvertierter« Mensch, von frühester Jugend an in einer gewissen Einsamkeit und Weltabgewandtheit gelebt, und daraus ist auch meine Aufgabe, mein Beruf und Pflichtenkreis entstanden: Anwalt und Sprecher für die Menschen meinesgleichen, für die Vereinsamten, Insichgekehrten, von der »Welt« Verspotteten zu sein. Darum ist auch heute meine Stellung zu den deutschen Vorgängen die: ich versuche mit aller Ruhe, so lange meine Funktion weiter auszuüben, als es mir erlaubt wird. Einer Opposition gegen Hitler mich anzuschließen, hätte nur dann einen Sinn, wenn ich mich einer Partei, einer organisierten Macht anschlösse, das wären die Kommunisten, aber die Teilnahme an ihrem Kampf ist mir ebenso verboten wie die Teilnahme am militaristischen Faschismus, denn ich lehne jede Macht und jedes Erreichenwollen von Macht mit materiellen Mitteln ab. Meines Standpunktes bin ich geistig nahezu vollkommen sicher, und das ist diesmal mein Vorzug im Gegensatz zum Jahr 1914: ich habe damals eine Reihe von

Selbstprüfungen und inneren Aufräumearbeiten bis zur Grenze der Selbstvernichtung tun müssen, und die meisten davon brauchte ich diesmal, wo aufs neue Politik und brutale Nötigung mich zum Blick nach außen zwingen, nicht wieder zu tun.

Die traurige Mentalität der deutschen Juden ist mir leider seit langem bekannt, ihr Verhalten gegen die Ostjuden war schon lang vor Hitler ein Verrat und eine Schande, beinah möchte man sagen »es geschieht ihnen recht«, wenn das nicht gegenüber ihrer jetzigen Lage unerlaubt roh wäre. Aber wir dürfen nicht vergessen: Juden wie Deutsche haben neben ihrer rohen dummen und feigen Mehrheit auch eine feine, weise und tapfere Minderheit, mag sie noch so klein sein. Allein das Vorhandensein einer Person wie Martin Buber ist ein Trost und Glück. Er hat sich in seinen letzten Schriften und seinem Verhalten seit Jahren zu einer Reinheit, Klarheit und Sicherheit des Standpunkts entwickelt, und ist heute, als Jude und für die kleine Minderheit der geistigen Juden, ein Sammler und Kraftspender geworden, er hat sich weder der deutschen noch der feigen deutsch-jüdischen Art auch nur um einen Schritt gefügt.

Diese kleinen Minderheiten und Herde von Geist und Frömmigkeit sind es, für die ich heute ein lebendiges Mitwissen und Mitschwingen und stilles Mittragen und Mitarbeiten habe. Für meinen kleinen persönlichen Lebenskreis zum Beispiel wird meine Verbindung mit Deutschland mir beinah täglich bestätigt durch die Briefe von Lesern, namentlich ganz jungen Lesern, die sich in einer oft argen Unsicherheit, aber meist mit rührendem Vertrauen an mich wenden, um in ihren Lebenskrisen irgendeine Bestätigung oder Korrektur zu suchen. Und diese Briefe, seit 20 Jahren mein einziger realer Beweis für den Sinn meiner Existenz und Arbeit, und zugleich meine tägliche Last und Plage – diese Briefe von jungen deutschen Lesern haben sich seit dem März 33 in nichts geändert, nicht einmal seltener sind sie geworden. Nach wie vor kämpfen jene Schichten der Jugend, denen ein rasches

Aufgehen in der Masse und Uniform nicht möglich ist, ihren Kampf um Licht und Geist, wozu oft die bitterste materielle Not kommt, lesen Arbeitslose in Leihbibliotheken ein Buch, das sie anpackt, beginnen nachzudenken, suchen den Weg zum Autor, verlassen ihn vielleicht bald wieder, weil er für sie nicht als Ratgeber oder Vorbild, nur als Erwecker in Betracht kam, und an dieser Stelle, als Sprecher für eine kleine Minderheit von Menschen, die um Sinngebung und Zielsetzung ringen, an dieser Stelle bin ich nach wie vor mit dem deutschen Volk verbunden und habe in ihm eine Funktion. Manche dieser Leute finden auch persönlich den Weg bis Montagnola, erscheinen eines Tages hier, sprechen für eine Stunde oder einen halben Tag vor, sind zu Fuß oder per Rad hergekommen, und geben, ebenso wie die Briefe, sowohl Sorgen und Freude, und im ganzen wird für mich daraus eine langsam und stetig wachsende Verantwortlichkeit, die mich manchmal schwer drückt, manchmal auch hält und freut.

Andererseits begreifen viele meiner Freunde nicht, daß ich nicht Partei ergreife, mich weder in Deutschland einordne noch der Opposition anschließe. Ich hätte zu Letzterem oft Lust, aber nur für Augenblicke. Wozu die Proteste? Wozu die witzigen Aufsätze über Hitler oder über die deutsche Unteroffiziersbegabung? Was geht sie mich an? Ich kann sie nicht ändern. Ich kann aber allen denen ein wenig helfen, die gleich mir die ganze säuische Machtstreberei und Politik in ihrem ganzen Tun und Denken sabotieren und Inseln des Menschentums und der Liebe inmitten von Teufeltum und Totschlag.

Sehr gern hätte ich Sie, liebster Freund, einmal gesprochen. Daß Sie, in Ihrer von mir sehr geliebten straffen Art, inmitten der Hölle aktiv geworden sind und selber eingegriffen und Gutes gestiftet haben, ist mir eine herzliche Freude.

Nun seien Sie von Herzen gegrüßt, samt Frau und Kindern, und haben Sie in Fiesole, sei es auch zum letzten Mal, noch einen schönen milden Herbst! Ihr

H. Hesse

1 Zwei der illustrierten Handschriften »Gedichte des Sommers 1933« zu erwerben.

69 *An Bertha Markwalder*

[Montagnola, Ende September 1933]

Liebe Frau Markwalder!

Danke schön für Ihren lieben Brief, der macht mir große Freude. Natürlich komme ich sehr gern, aber es geht erst im November. Im Oktober hat meine Frau ihre Ferien, sie sind dies Jahr besonders wohlverdient, weil wir manche Sorgen hatten und haben, und weil wir dies Jahr ungewöhnlich viel Besuche und Gäste hatten. Auch muß ich im Oktober in Garten und Haus vieles besorgen, und erwarte einen meiner Söhne zu Besuch. Aber dann im November werde ich mich gerne anmelden.[1]

Ich werde auch, wie Sie es sich wünschen, sehr viel Versöhnlichkeit mitbringen. Sie haben da, liebe Frau Markwalder, in Ihrem Brief etwas gesagt, was nicht richtig ist: Sie sagen, ich sei »stets unter den Feinden Deutschlands« gewesen! Warum denn? Weil ich sehr häufig ein Gegner der deutschen Politik war? Aber ein Volk hat ja nicht bloß seine Politik, es hat auch seine Seele, seine Kultur, seine Landschaft, seine Sprache, seine Geschichte und Erinnerungen, sein Erbe an Geist und Kunst. An dem allen habe ich, seit ich lebe, mit meiner ganzen Lebensarbeit den innigsten Anteil, sowohl als Dichter wie als Kritiker. Seit vielen Jahren besteht etwa die Hälfte meiner Arbeit im Lesen und Beantworten von Briefen, die ich aus Deutschland erhalte, meist von jungen Leuten, die mit ihren Nöten, ihren Hoffnungen, Idealen und Zweifeln zu mir kommen. Ich möchte alle diese, oft sehr verantwortungsvolle und lastende Arbeit nicht getan haben, um nun am Ende als ein »Feind Deutschlands« angesehen zu werden. So steht es wirklich nicht. Und wenn ich, wie Sie selbst es ja auch tun, die zum Teil unerhört grausamen und törichten Akte des jetzigen Regimes mißbillige (wie ich es auch schon vor dem Krieg unter dem Kaiser tat), so kommt auch das keineswegs aus Feindschaft, sondern aus Liebe. Ein Volk hat seine Denker, Dichter und Literaten nicht bloß, um ihm zu schmeicheln und es in jeder Laune und Unart zu bekräftigen, das wäre eine falsche Auffassung von unserer Aufgabe. Kurz, Sie werden keinen Deutschenfresser in mir finden. [...]

Mir ging es mit dem Rheuma und der Ischias dies Jahr sehr ordentlich, ich hatte wenig Schmerzen und war nie zu Bett. Dagegen hat mein Augenzustand sich noch etwas verschlechtert, und das ist für mich oft recht schwer zu ertragen, es braucht viel Geduld und Resignation.

Ich danke Ihnen von Herzen für Ihre liebe Einladung und freue mich auf das Wiedersehen.

Mit den herzlichsten Grüßen Ihr

H. Hesse

1 Zu einer Thermalkur in Baden bei Zürich.

70 An Willy Kehrwecker

[Ende September 1933]

Lieber Herr Kehrwecker

[...] Ich kann nicht viel Briefschreiben. Aber ich möchte Ihnen doch sagen, daß Ihr Brief angekommen ist und mich schön und tröstlich ansieht. Ich lebe fast ganz außerhalb dessen, was man heute Wirklichkeit nennt, und nehme sie kaum ernst. Aber so hie und da habe ich doch das Gefühl: Ist nicht alles vergebens gewesen und hat dein Sein und Tun innerhalb dieser Zeit noch einen Sinn? Da kommt Ihr Brief und sagt Ja.

Herzlich grüßt Sie Ihr H. Hesse

*71 An eine unbekannte Adressatin**

[ca. 1933]

Verehrte gnädige Frau!

[...] Sie haben, als Sie den katholischen Glauben verließen, damit die beste und gültigste Formulierung abgelehnt, die das Streben nach einer geistigen Begründung unseres Daseins und nach einer hohen Sinngebung für unser Leben im Abendland gefunden hat. Und nun erwarten Sie, irgendein Literat solle Ihnen in einem Brief schnell eine bessere und brauchbarere Formel geben. Sie sehen ein, daß das nicht geht. Sie müssen entweder zu einer dogmatischen, festen Formel zurückkehren, und sich mit ihr abkämpfen und sie zu erfüllen und völlig ernst zu nehmen trachten – das tun auch heute noch viele echte Katholiken, darunter einige der besten Köpfe des heutigen Europa: z. B. hat Theodor Häcker kürzlich in seinem kleinen Buch »Was ist der Mensch?«[1] den römischen Glauben mit Hinblick auf die heutige Weltlage wundervoll neu formuliert. Oder Sie müssen auf Führung und Formulierung verzichten und nur dem eigenen Herzen folgen. Aber ich habe den Eindruck, Sie suchen viel zuviel mit dem Verstand, sonst würden Sie nicht solche Dinge über die Grausamkeit in der Natur sagen können. Sie könnten gerade so gut als Prinzip aller Natur die Liebe entdecken, wie Sie die Grausamkeit entdeckt haben. Das sind Spielereien. Fangen Sie doch dort an, wo Sie selber in Ihrem Leben Aufgaben sehen, an die Sie glauben, wo Sie andern helfen und etwas sein müssen, und fragen Sie sich, ob Sie dem scheinbaren Egoismus der »Natur« folgen oder doch lieber diese Aufgaben auf sich nehmen und damit im eigenen Herzen die Forderung anerkennen wollen. Und dann bleiben Sie bei dem, was Ihr Herz entscheidet.

Das Leben hat so viel Sinn, als Sie ihm zu geben vermögen. Die Bibel und das Dogma und alle Philosophien sind nur eine Hilfe, diese Sinngebung zu erleichtern. Die Natur, die Pflanze und das Tier, bedarf der Sinngebung nicht, weil sie den Gedanken und die Sünde nicht kennt, sie lebt naiv und unschuldig. Wir Menschen sind weniger als Tiere, wenn wir versuchen wollen, ohne Sinn zu leben. Sinn gewinnt das Leben, wenn wir es, soweit möglich, dem naiven Streben nach egoistischer Lust entziehen und in einen Dienst stellen. Wenn wir diesen Dienst ernst nehmen, kommt der »Sinn« von selbst. [...]

* Der Brief ist nicht vollständig überliefert.
1 Theodor Häcker, »Was ist der Mensch?«, bei Jakob Hegner, Hellerau 1933. Hesse hat das Buch 1934 im Aprilheft der Zeitschrift »Die neue Rundschau« besprochen (SW 19, S. 449).

72 An seine Frau Ninon

[Montagnola, 14.10.1933]

Keuper[1]
Du hast dich in der letzten Zeit recht sehr geplagt und abgerackert, die Reise[2] wird dir gut tun. Aber es kommt ja vor, daß angesammelte Müdigkeit sich grade dann am stärksten zeigt, wenn man aus der Arbeit heraus ist. Dann muß man ihr nachgeben, sie ist weiser als unsre Köpfchen und muß sich Ruhe gönnen. Falls es dir so gehen sollte, und du unterwegs dich recht müde fühlst, dann denke dran: daß du nicht die Aufgabe hast, auch noch in den Ferien Tatkraft, Ausdauer etc. zu zeigen, denn Mut zeigt auch der Mameluk und Heroismus ist auch Görings Ideal, des Keupers Schmuck aber ist Gehorsam, nämlich Weisheit = Gehorsam gegen die Weisheit unseres Körpers und unserer Seele (nicht unseres Willens und Intellekts).

Also: falls du dir unterwegs müde und abgespannt vorkommst, dann gib nach: schlafe länger, unternimm weniger und halte deine Programme nicht für Marschbefehle und Fleißaufgaben. Gönne dir halbe oder ganze Ruhetage, und wenn das nicht genügt und geht, so fahre z. B. von Rom für einige Tage ans Meer oder in die Albaner Berge und tue

nichts als faulsein, bummeln und schlafen. Vogel vertraut dir seinen Keuper an, daß du ihn ihm gut und heil und vergnügt zurückbringst, auch wenn du ein paar Tage länger wegbleibst und einige Franken mehr brauchst. Gute Reise, Keuper, ich beneide dich beinah. Geschrieben in der Nacht vor deiner Abreise –
Vogel

1 Kosename Hesses für seine Frau.
2 Bis Anfang November 1933 unternahm Ninon Hesse eine Italienreise.

73 An seine Cousine Fanny Schiler

[Montagnola, Oktober 1933]

Liebe Fanny

[...] Also Du fragst nach dem Inayat Khan.[1] Der Name ist echt, und natürlich ist es wirklich ein Inder, es gibt viele solche. Ihre geistige Erbschaft ist zwar indisch, ist verdünnter Brahamismus oder Buddhismus (dies seltener), aber sie haben alle viel zu gut Englisch gelernt, um noch die Kraft des alten indischen Wesens zu haben. Als Schriftsteller gehört auch Gandhi dazu, seine Autobiographie[2] z.B. könnte fast von einem Engländer sein. Mit Tagore[3] ist es ebenso und auch mit der jetzigen indischen Malerei, sie bestrebt sich, indisch zu sein, ist aber doch nur ein dünner Tee.

Der Gedanke, der Dich bei Inayat Khan gefesselt hat, vom Leerwerden des Herzens, ist einer der Grundgedanken jeder Mystik, auch die chinesischen Weisen sprechen stets davon, übrigens auch fast alle christlichen Mystiker. Er gehört zu den paar prinzipiellen Anfangssätzen aller Mystik. Und der Zweck aller indischen Geistesübungen, Meditation etc. ist nichts andres als das Leermachen des Herzens, dies zum leeren Gefäß Werden für das Andre, das Göttliche.

Ich lese seit einiger Zeit in den winzigen Rationen, die mir da noch möglich sind, (es sind eigentlich bloß jeden Abend zehn bis 20 Minuten vor dem Schlafen) einige alte Calwer Schmöker, namentlich die Beschreibungen vom Leben frommer Schwaben: Bengel[4], Oetinger[5] etc. Dabei entdecke ich, daß einige von ihnen wie Oetinger mich schon in der Jugend angezogen, daß ich aber damals von ihrem biblisch-pietistischen Jargon so angewidert war, von dieser Missionszöglings-Sprache und dem Gesäusel, das dazu gehört, daß ich doch nichts damit anfangen konnte. Die Pietistensprache schmeckt mir auch heut noch nicht, aber sie regt mich auch nicht mehr auf, und ich entdecke hinter diesen Schmökern allerlei, was mich freut, einige Typen wie Bengel sind echte Weise und Verwandelte gewesen. Dabei ist es mir eine gewisse Freude zu sehen, wie diese dickköpfigen Schwabenchristen damals aller Glätte und Vernünftigkeit der Aufklärungszeit widerstanden haben, sie sind die einzigen Theologen jener Zeit, die man noch lesen kann.

Addio, ich muß aufhören. Viele Grüße von Deinem

Hermann

1 Inayat Khan (1882-1927), Ordensgründer und Initiator der internationalen Sufi-Bewegung.
2 Mahatma Gandhi, »Mein Leben«, Insel Verlag, Leipzig 1931.
3 Rabindranath Tagore (1861-1941), indischer Dichter, Philosoph, Musiker und Maler. 1913 als erster asiatischer Künstler mit dem Nobelpreis ausgezeichnet.
4 J. A. Bengel (1687-1752), pietistischer Kirchenvater.
5 F. Ch. Oetinger (1702-1782), pietistischer Theologe.

74 *An einen ungenannten Empfänger*

[Montagnola, Mitte Oktober 1933]

Sehr geehrter Herr!

Eigentlich beantworte ich Ihren Brief jetzt nicht gerne, weil meine Frau verreist ist und noch 14 Tage wegbleibt. Ich hätte das Ganze lieber vorher mit ihr besprochen. Aber da ich Sie nicht warten lassen will, und Ihre Frage so berechtigt ist, antworte ich in Kürze mit dem Wenigen, was ich zur Erklärung sagen kann, und werde die Abschrift meines Briefes, wie den Ihren auch, nachher meiner Frau zu lesen geben.

Ich habe Ihre Frau von einem gewissen Zeitpunkt an, wo ihre Briefe mir allzu intim schienen, mehrmals ausdrücklich gebeten, mir nicht mehr zu schreiben. Sie hat nicht darauf gehört. Dann habe ich ihr zweimal mitgeteilt, daß ich ihre Briefe nicht mehr öffne, und zum Beweis habe ich ihr auch ein- oder zweimal mehrere ungeöffnete Briefe zurückgeschickt. Auch darauf reagiert sie nur mit immer wiederholten Briefen. Ich habe diese Briefe teils vernichtet, teils liegen sie noch da, aber geöffnet und gelesen habe ich keinen mehr. Auch heute noch finde ich, daß mein Verhalten das einzig mögliche war, und werde es weiter so halten.

Ich würde auch Ihre Frau nicht empfangen, wenn sie in die Schweiz und zu mir käme. Sie sucht etwas bei mir, was ich ihr nicht zu geben habe. Ihre irrige Meinung, ich sei vielleicht gar nicht verheiratet, stammt vielleicht daher, daß sie zuweilen Aufsätze von mir in Zeitungen findet, welche vor langen Jahren geschrieben sind und welche, oft ohne mein Wissen, sehr häufig von Zeitungen wieder abgedruckt werden. Auch jene Betrachtung, über die Sie mir neulich schrieben, ist schon vor etwa sieben Jahren geschrieben, wird aber je und je wieder von irgend einer Zeitung abgedruckt. Auf diese Weise kann Ihre Frau recht wohl Aufsätze aus meinen ehelosen Jahren gelesen haben, welche sie für neu hielt. In Wirklichkeit lebe ich seit Jahren, lang ehe Ihre Frau mir zuerst schrieb, wieder verheiratet. Und für meine Frau ist es peinlich, wenn ich von unbekannten Frauen Briefe verliebter Art erhalte. Ich kann da nichts tun als solche Briefe gar nicht mehr zu lesen.

Der Fall kommt nicht so sehr selten vor. Ich bekomme im Lauf des Jahres viele tausend Briefe, die meisten sind von mir unbekannten Lesern geschrieben. Darunter sind viele von Frauen, und im Lauf der Jahre kam es mehrmals vor, daß irgend eine Leserin es sich zur Gewohnheit machte, mir immer wieder zu schreiben, und daß die Briefe dieser Frauen allzu intim und zärtlich wurden. Einmal kam es auch vor, daß eine solche Briefschreiberin wirklich hergereist kam, sie wurde von mir und meiner Frau artig empfangen, wurde aber daraufhin so anspruchsvoll und überschüttete mich so sehr mit Briefen, Telegrammen etc. etc., daß ich aufs Schroffste mit ihr brechen mußte. Gerade um es bei Ihrer Frau nicht auch soweit kommen zu lassen, habe ich von einer bestimmten Zeit an aufgehört, ihr zu antworten und ihre Briefe zu lesen.

Ich erkläre mir diese Dinge etwa so: Manche Frauen, obwohl verheiratet und eigentlich zufrieden, haben doch eine Sehnsucht nach irgend etwas Anderem, Höherem, Schönerem, nach einem idealen Leben, und einer idealen Liebe, und in der Phantasie lenken sie diese Sehnsucht auf einen Künstler oder Dichter, sie machen aus ihrer Liebe zu seinen Werken eine Liebe zu seiner Person, und stellen sich vor, wenn sie diesem idealen Mann in Wirklichkeit begegnen und ihn lieben könnten, dann müßte dies der Inbegriff von Glück sein. In Wirklichkeit sind gerade die guten Künstler und Dichter zwar oft feurige Liebhaber, aber selten gute Gatten, und würden eine solche Frau, wenn sie wirklich mit ihr lebten, schwer enttäuschen. Denn der Künstler lebt in erster Linie für sein Werk, er hat nicht mehr Liebe zu geben als ein anderer, sondern eher weniger, da die Arbeit an seinem Werk so viel davon fordert.

Ich überlasse es natürlich Ihnen, ob und wieviel von meinem Brief Sie Ihrer Frau mitteilen wollen. Aber ich glaube, es wäre eher besser, sie vor die nackte Wirklichkeit zu stellen und ihr zu sagen, daß dieser Hesse, dem sie schreibt, tatsächlich an keine andere Frau denkt als an seine eigene, und daß ihre Briefe ungelesen bleiben.

Die inneren Stimmen, welche Ihre Frau hört, halte ich für bloße Phantasien. Diese »innere Stimme« ist nichts anderes als die Sehnsucht eines Menschen nach dem Schönen und Vollkommenen, und das soll er nicht in der Ferne und in Träumen suchen, sondern soll soviel davon, als er eben kann, in seinem tatsächlichen Leben zu verwirklichen suchen. Wenn eine solche Sehnsucht, wie im Fall Ihrer Frau, sich an einen bestimmten Menschen in der Ferne hängt, so bedeutet das für Sie beide einen beständigen Verlust, es ist wie wenn ein Teil von Blut und Herzschlag immer beiseite rinnen würde, statt im wirklichen Leben auszuschwingen und Früchte zu tragen.

Ich danke Ihnen für die Gelegenheit zur Aussprache. Was ich zu der Sache sagen kann, habe ich restlos gesagt.

Es grüßt Sie Ihr

H. Hesse

75 An seine Frau Ninon

[Montagnola] Freitag, 20.10.1933

Liebste Ninon!

Deine beiden Florentiner Briefe machen mir Freude, du erlebst da ein Stück Geschichte, die immer Geistesgeschichte ist, d.h. Geschichte der Verwandlung der Nation durch den Geist, und erlebst zugleich ein Stück subjektiver Philosophie, d.h. dein eigener Geist sieht das Material, die Bauten und Bilder in eben der Weise verwandelt, neu geordnet und neu bewertet, wie du selber dich verwandelt hast durch Leben, Lesen, Denken, Älterwerden etc. Daß die Beine dabei viel stehen und zuweilen ruhen müssen, schadet nichts, aber Köpfchen und Nerven sollten zwischenein auch etwas ausruhen. Deinen Zustand (den Hunger nach möglichst viel Sehen) habe ich schon seit Jahren nicht mehr erlebt, in Wirklichkeit aber tue ich beinahe jeden Tag eine Stunde lang etwas Ähnliches: ich betrachte das Stück Geschichte, das mir durch Erinnerung, Lektüre etc. grade nahesteht, erlebe und prüfe Gotik und Barock, Kreuzzüge und Reformation, deute sie aus meinen subjektiven Zuständen, bringe das aber nicht in Worte, übrig bleibt nur das Wenige, was später etwa in einer Dichtung Raum findet. Man kann zu diesem schönen Geistesspiel jedes Material verwenden: das Politische, das eigene Leben und Ergehen, Jahreszeit und Wetter, Garten und Wald: Immer wandelt man durch Bildersäle, sieht Vollkommenes und Unvollkommenes, sieht ewige Änderungen und Kämpfe, nimmt Partei oder übt sich in Parteilosigkeit, lernt viel Kluges und kann es beim nächsten praktischen Anstoß dann nicht verwenden [...]. Am Dienstag kam mittags Mia und abends Martin, ich war dumm und ärgerte mich über Mia's Kommen, eigentlich war es interessant einmal meine einstige Familie beisammen zu sehen, aber da ich nicht viel Besuche vertrage und immer Augenschmerzen habe, und Bruno dann nicht so zu meiner Verfügung stand, hatte ich keine Freude dran. Übrigens haben Mia und Bruno im Haus überall geholfen, beim Tischdecken etc. etc. Mia reiste gestern Nachmittag wieder ab. Martin ist noch da, aber nur zum Abendessen und Schlafen, hat in Lugano zu tun, heute wird er fertig und geht wieder (per Velo) [...]. Tiger[1] klagt manchmal mit Tenorstimme nach Dir. Löwe kommt oft, springt mir auf die Schulter, entfernt den ihn störenden Hut, spricht über die merkwürdigen Menschen (levibusque hominibus)[2] einiges Latein mit mir. [...]

Von Herzen grüßt dich und wünscht dir Gutes

dein H.

1 Tiger und Löwe hießen Hesses damalige Hauskatzen.
2 Lateinisch: leichtfertige Menschen. Siehe das Motto zu Hesses »Glasperlenspiel«.

76 An die »Württemberger Zeitung«, Stuttgart

24.10.1933

»Was ist ein Dichter?«*

Ein Dichter ist ein Original gebliebener, im Herzen reiner, empfänglicher und frommer Mensch, ein Mann mit zarten Sinnen und geläutertem Gefühlsleben, ein Mensch, der Ehrfurcht hat, und der ein beseeltes, irgendwie geadeltes Leben zu führen sich sehnt. Er ist der Gegenpol zum Geldmenschen, zum Gewaltmenschen. –

Er genießt nur scheinbar eine gewisse Freiheit und Isolierung, ist aber in Wirklichkeit in hohem Grade verantwortlich und muß sich opfern, wenn sein Dichtertum nicht eine Maskerade sein soll. Übrigens sind jene hohen Eigenschaften und Ziele, jene Treue gegen sich selbst, jene Ehrfurcht vor der Natur, jene Bereitschaft zu ungewöhnlicher Hingabe an eine Aufgabe, jene Verantwortlichkeit, die nie mit sich zufrieden ist, all jene Tugenden (wenn wir sie schon so nennen wollen) keineswegs nur Merkmale des echten Dichters. Sie sind Merkmale des echten Menschen schlechthin, des nicht versklavten, nicht mechanisierten Menschen, des ehrfürchtigen und verantwortlichen Menschen, einerlei welches sein Beruf sei.

Wer das Ideal dieses Menschenbildes hat, wem nicht Schneid und Erfolg, Geld und Macht als Ziele vorschweben, sondern ein in sich gegründetes, von außen nicht beirrbares Leben – der ist zwar noch kein Dichter, aber des Dichters Bruder, ihm ähnlich.

Hermann Hesse

* Publiziert am 24.10.1933.

77 *An Hans Popp*

Montagnola, Ende Oktober [19]33

Hochgeschätzter Herr Popp

[…] Was Sie in Ihrem Brief über Dichter-Preise etc. sagen, daran will ich Ihnen die Freude nicht verderben, aber an den einzigen internationalen Preis, den Nobelpreis, für den ich von Thomas Mann schon vorgeschlagen wurde, ist nicht zu denken, weil meine Dichtung so außerordentlich eng mit der deutschen Sprache zusammenhängt, daß sie in den Übersetzungen fast alles verliert. Und an die Möglichkeit, je in Deutschland einen Preis zu erhalten, glaube ich noch weniger, da ich ja farbiger Ausländer bin. Ich bin Schweizer. Aber wie gesagt, dreinreden will ich Ihnen nichts.

Einen andern Satz Ihres Briefes verstand ich nicht. Sie sprechen von einem Aufsatz, den ich in der Corona gebracht habe. Ich habe dort aber nie einen Aufsatz gebracht. Dagegen stand in der Corona diesen Sommer ein Märchen[1] von mir, kein Aufsatz sondern eine reine Dichtung, etwas außerordentlich Persönliches und nur für einen sehr kleinen Kreis voll verständlich, noch intimer als die »Morgenlandfahrt«. Je flacher und krakeelerischer das deutsche und europäische Geistesleben wird, desto stärker wird für die paar Dichter die Nötigung, sich beinahe in eine Geheimsprache zurückzuziehen und sich auf die Wirkung in engstem Kreise zu beschränken – in ihrer Art haben George und Rilke uns das ja schon seit Jahrzehnten vorgemacht. [...]

Übrigens habe ich jetzt auch ein ganz neues Gedicht-Manuskript für einige Freunde und ganz wenige Subskribenten gemacht, einen neuen Zyklus von 13 Gedichten, genannt »Sommer 1933« mit Bildern. Es ist außer dem Corona-Märchen das einzige Dichterische, was ich seit 3 Jahren geschrieben habe. Meine Produktion scheint allmählich aufzuhören, schon die Behinderung durch die Augen trägt dazu viel bei, dazu die allgemeinen Zeitumstände. Ich brauche zwei Drittel meiner Kraft, um das schwierig gewordene Leben, die Schmerzen und das Altern zu ertragen, das letzte Drittel brauchte ich für die Sorge um meine Nächsten und um einen ziemlich großen Kreis von Menschen, für die ich eine Art Ratgeber und Seelsorger bin, seit manchen Jahren der wichtigste Teil meiner Tätigkeit. Wir haben heute den Ofen angezündet, es wurde allzu kühl, doch ist im Garten noch viel zu tun.

Mit guten Wünschen für Ihr neues Leben und Arbeiten grüßt Sie Ihr

H. Hesse

1 Das Märchen »Vogel« im Augustheft der Zeitschrift »Corona« (SW 9, S. 199 ff.).

78 An Alfred Kubin

[Montagnola, Ende Oktober 1933]

Lieber Freund Kubin

Auch ohne Ihren lieben Brief hätte ich in diesen Tagen Ihrer gedacht, beim Lesen des neuen Buchs von Carossa[1] – d. h. es ist kein Lesen, denn meine Augen werden immer schlechter, sondern ein junger Freund[2] liest mir das Buch vor, da meine Frau zur Zeit verreist ist. Wie wunderbar paßt zu dem, was Carossa über Sie sagt, Ihr Blatt (Hamburger Archiv[3], Fisch und Mond)! Es ist mir eine Ihrer liebsten Zeichnungen, haben Sie schönen Dank für diese köstliche Beilage!

Sie haben in der Sache recht mit dem, was Sie über den illustrierten Lauscher und die leider nicht illustrierte Morgenlandfahrt sagen! Ich selbst bin dabei unbeteiligt: ich »mache« in diesen Sachen nie etwas, schweige, füge mich, zaubere aber gelegentlich ohne Worte doch irgend etwas zusammen. Daß mein Verleger damals die Morgenlandfahrt nicht ganz illustrieren lassen wollte[4], jetzt aber plötzlich beim »Lauscher« doch Lust hatte, scheint bloß Laune und Zufall, hat aber doch Gründe. Erstens ist der Verleger nicht mehr ganz derselbe. Der alte Vater Fischer hat sich mehr und mehr zurückgezogen und der junge Schwiegersohn kommt an die Führung. Zweitens war, als er hier bei mir war im Frühling, die ganze Lage so unklar, die Zukunft des ganzen Verlags so ganz ungewiß, daß er gerade aus dieser Stimmung des Ungewissen heraus Lust zu einem kleinen Abenteuer bekam. Ferner lernte er den jungen G. Böhmer hier bei mir persönlich kennen, und so kam diese Sache zu Stande. Übrigens bekam B[öhmer] ein sehr kleines Honorar, so klein, daß ich mich schäme. Wirtschaftlich und moralisch geht es mir wohl ziemlich ähnlich wie Ihnen. Auch ich bin ohne Widerstreben bereit, wenn Freund Hein ruft oder glaube es doch zu sein. Zusammen mit dem Zunehmen meines Augenübels in den letzten Jahren hat sich meiner, ohne von mir gewollt zu sein, eine Haltung bemächtigt, die man je nach Geschmack Altersschwäche oder Altersweisheit nennen kann. Ich bin nicht mehr aktiv und nicht mehr ehrgeizig, lasse alles gehen, arbeite im Garten und lasse die Monate und Jahre rinnen. Doch weiß ich immerhin, daß solche Perioden verschieden gedeutet werden können, die jetzige kann Vorklang der großen und endgültigen Ruhe sein, aber vielleicht auch nur Rastpause vor neuen Stufen, die zu durchschreiten und zu erleiden sind.

Meine Frau bekommt Ihren Brief zu lesen, wenn sie aus Rom zurückkommt. Sie ist in den Ferien, sie war abgearbeitet und kaputt nach einem Frühling und Sommer mit ungewöhnlich viel Sorgen und ganz ungewöhnlich vielen Besuchen und Gästen, darunter natürlich sehr viele Emigranten, auch Th[omas] Mann war im Frühling viel bei uns. Die Haltung des offiziellen Deutschland gegen ihn ist sehr töricht gewesen, auch wenn man die besonderen Umstände anerkennt. Und die Art, wie die früheren Freunde, obenan der widerliche Pfitzner[5] über ihn hergefallen sind!

Ich selbst nehme nicht Partei, das Politische ist mir nahezu gleichgültig. Es spielt auf einer Ebene, die nicht die unsre ist, und ist immer unser Feind. Die »großen Zeiten« im Politischen sind nie die unsern. Und ob wir anerkannt oder verfolgt werden, beides geschieht meistens aus Mißverständnis.

Es regnet in die gelb gewordenen Wälder hinein, an deren Rand ich wohne, es riecht nach welkem Laub, nasser Erde, absterbenden Pflanzen. Nach einer Woche Frieren habe ich heut den Ofen angezündet.

Seien Sie mit vielen guten Wünschen gegrüßt von Ihrem

H. Hesse

1 Hans Carossa, »Führung und Geleit«. Ein Lebensgedenkbuch, Insel Verlag, Leipzig 1933, worin auch A. Kubin mehrfach treffend charakterisiert wird (siehe Hesses Besprechung in SW 19, S. 430f.).

2 Gunter Böhmer, der seit dem 5.5.1933 in Montagnola lebte.

3 Bereits 1926 hatte der Kubin-Sammler Dr. Kurt Otte (1902-1983) in Hamburg ein eigenes Alfred-Kubin-Archiv gegründet.

4 Kubin erhielt vom Verlag den Auftrag, nur den Schutzumschlag und das Titelblatt zu illustrieren.

5 Der Komponist Hans Pfitzner (1869-1949), der sich Mitte April 1933 zusammen mit anderen in dem Aufruf »Protest der Richard-Wagner-Stadt München« gegen Thomas Manns Vortrag »Leiden und Größe Richard Wagners« wandte, den dieser am 10.2.1933 zu Wagners 50. Todestag in München gehalten hatte.

79 Postkarte an Emil Szittya

Montagnola, 1.11.1933

Werter Herr Szittya!

Es erscheinen Beiträge von mir nicht nur im »Schwabenspiegel«[1], sondern in vielen deutschen Zeitungen. Es sind keine Originalbeiträge, sondern lauter Zweitdrucke, und ich weiß von den einzelnen Abdrucken nichts, sie werden durch ein Büro vermittelt, dem ich diese Arbeiten abgetreten habe.

Ferner aber trage ich auch gar kein Bedenken an jeder beliebigen Zeitung der Welt in meinem Sinn mitzuarbeiten, im Sinn einer vollständigen Abwendung von Zeit und Aktualität, Politik und Geschäften: es ist mir dabei ganz einerlei, welche momentanen politischen Gesinnungen meine Leser haben – es hat sich oft genug gezeigt, daß diese Gesinnungen oft sehr rasch gewechselt werden. Ich benütze jede Zeitung, ohne sie allzu ernst zu nehmen, als Mittel zur Verbreitung dichterischer unpolitischer, haßloser, menschlicher, liebevoller Gedanken. Schon vor dem Krieg liefen meine Beiträge von der »Kreuzzeitung«[2] bis zum »Vorwärts«[3]. Und das wird, soweit es an mir liegt, so bleiben.

Mit Grüßen Ihr

Hermann Hesse

1 Kulturbeilage der »Württemberger Zeitung«, Stuttgart.
2 Die christlich-konservative »Neue Preußische Zeitung«, Berlin, die von 1848 bis 1939 erschien.
3 Zentralorgan der deutschen Sozialdemokratie (Berlin), das 1876 gegründet wurde.

80 An seinen Sohn Heiner

Montagnola [8.11.1933]

Lieber Heiner

[...] Meine Bemerkung über dein Verhältnis zum Geld bitte ich mir nicht übel zu nehmen. Ich habe auch Verständnis für eine jugendlich-idealistische Weltanschauung der Verachtung des Geldes. Indessen ist Geld, solange unsere jetzige Gesellschaftsform noch besteht, außer einer blinden und bösen Macht auch noch etwas anderes: es ist der konzentrierte Ertrag von Arbeit, Entbehrung, Sparen, Treue in der Lebensführung. Darum ist jeder Vater, der klein und langsam gespart hat, empfindlich gegen Gebärden der Geldverachtung bei seinen Kindern. Es sind meist ja bloß Kleinigkeiten, ganz kleine Anzeichen, um die es sich handelt. Ich kann z. B. durchaus nicht begreifen, warum du monatelang ein teures Atelier haben mußtest, während es dir, wie du sagst, am Kleingeld für Papier, Pinsel, Farben etc. fehlt, und warum du etwa 2 Monate lang in Ascona segelst, während in Zürich das gemietete Atelier leer steht, auch das begriff ich nicht, warum du in jener Zeit dir aus Zürich nicht einmal deine Post nachschikken ließest – es konnte ja eine Anfrage wegen eines Auftrags dabei sein! Oder z. B. mit der heutigen Morgenpost kam dein Brief, und mit der gleichen Post kam einer von Hellen[1], jeder extra, doppeltes Porto. Du findest das ohne Zweifel sehr kleinlich. Aber vermutlich hast du trotz allem, was du als junger Mensch schon hast schlucken müssen, doch solche jahrelangen Sorgen ums Brot nicht kennengelernt wie ich sie durchmachen mußte, als ich schon längst nicht mehr jung war. Man gewöhnt sich daran, das Geld ganz anders anzusehen. Darum habe ich dennoch auch in meinen schlechtesten Jahren manchem armen Kollegen durchgeholfen – es war gerade darum möglich, weil ich mir selber jede unnütze Ausgabe vollkommen verbot.

Ich erwarte keineswegs von dir, daß du dies als eine Predigt nimmst, und erwarte auch keinen Erfolg davon. Ich weiß, daß man Menschen nicht ändern kann. Ich möchte nicht nachträglich dich zu erziehen versuchen – aber ich habe den Wunsch, von dir verstanden zu werden. Darum bin ich auch froh, daß du mir nach so langer Zeit, in der ich kaum etwas von dir wußte, etwas von deinen Zuständen und Sorgen mitteilst. Wir wollen das in Baden besprechen, und ich werde dir dazu helfen, daß du arbeiten kannst. [...]

Herzlich grüßt dich (und bitte auch Hellen)

dein Vater

1 Heiner Hesses erste Frau Hellen, geb. Guggenbühl.

81 An Otto Basler

[Baden, 24.11.1933]

Lieber Herr Basler

[...] Dieser Tage will Th. Mann mit seiner Frau mich auch besuchen[1], nur ist Frau Mann vorerst noch etwas krank. Der schlecht stilisierte, feierlich-komische Fluch, den der arme Kerr seinem Hauptmann nachruft[2], hat mich nicht sehr tief bewegt. Er maßregelt den, den er seit 30 Jahren überschätzt hat. Und wie spät hat er das alles bemerkt, der sonst so gerissen und findig tuende Kerr! Vor zwei Jahren will dieser Scharfsinnige bemerkt haben, daß Hauptmann politisch nicht ganz »sicher« sei! Als ob Hauptmann das jemals gewesen wäre! Als ob Hauptmann nicht immer dorthin gelaufen wäre, wo Macht und Erfolg waren! Als ob die liederlichen Kriegsgedichte, die Hauptmann schon gleich im Sommer

1914 schrieb (während er gleichzeitig alles tat, um seinen Sohn militärfrei zu kriegen), nicht genügen würden! Oder die würdelos feige Antwort, die er mir [19]14 auf Rolland's offenen Brief[3] gab!

Nein, Kerr konnte seit Jahrzehnten ganz genau wissen, wieviel Hauptmann wert sei. Aber solang Kerr Erfolge hatte und von Hauptmanns Ruhm mitzehrte, war er zufrieden mit ihm. Erst als Kerr Ruhm und Brot verlor und flüchtig werden mußte, während Hauptmann weiterhin gedieh, da entdeckte Kerr nun plötzlich, daß Hauptmann »seit zwei Jahren« politisch »unsicher« sei.

Das ist keine Tragödie, sondern ein derber Schwank. Den beiden brauchen wir nicht nachzutrauern, nicht dem Hauptmann und nicht dem Kerr. Meine Frau hat nach Ihnen gefragt und läßt Sie grüßen. Auch von mir herzliche Grüße Ihnen beiden!

H. Hesse

1 Vermutlich plante Thomas Mann ein Treffen mit dem befreundeten Lehrer und Literaturkritiker Otto Basler.

2 In seinem Buch »Die Diktatur des Hausknechts« hatte der Kritiker Alfred Kerr (1867-1948) u. d. T. »Gerhart Hauptmanns Schande« geschrieben: »Dornen sollen wachsen, wo er noch hinwankt [...]. Er hat mit dem letzten bißchen Kraft den Hakenkreuzlappen gehißt auf seinem Haus, aus Furcht, aus Vorteilssucht, aus schmieriger Schwäche [...]. Sein Andenken soll verscharrt sein unter Disteln; sein Bild begraben in Staub.«

3 Romain Rolland, »Offener Brief an Gerhart Hauptmann«, in: »Journal de Genève« vom 2.9.1914. Die Antwort Hauptmanns erschien kurz darauf in der »Vossischen Zeitung«, Berlin. – Kerr ebenso wie Hauptmann waren Autoren des S. Fischer Verlags. In zahlreichen Schriften und Theaterkritiken hatte Kerr Gerhart Hauptmann als den größten zeitgenössischen deutschen Dichter gefeiert.

82 PS zu einem Brief an Hans Popp

Baden, Sonntag 26.11.[19]33

Hochgeschätzter Herr Popp

[...] Ihre Bemerkungen zum »Vogel«[1] haben mich interessiert und gefreut. Aber Sie müssen bedenken, daß ich nicht wähle und frei bestimme, was und wie ich zu schreiben habe, sondern daß ich der inneren Stimme folgen muß. Wenn manche Leser zu mir Vertrauen haben, so kommt das ja gerade davon, daß sie mir zutrauen, daß ich wirklich der inneren Stimme folge und daß mein Leben im Dienst dieser Stimme steht. Wollte ich damit beginnen, meine Produktion vom Urteil und den Wünschen meiner Leser (seien es auch die besten Leser) abhängig zu machen, so wäre das das Ende.

Übrigens glaube ich, selbst wenn man die obige Frage aus dem Spiel läßt, daß ich als ein Autor, der etwa 30 Bücher und unzählige Aufsätze etc. geschrieben hat, wirklich das volle Recht habe, einmal im Leben auch etwas wie den »Vogel« zu schreiben, dessen Idee klar und jedem zugänglich ist, dessen *Sprache* aber zu einem kleinen Teil nur meinem engeren Freundeskreis angehört.

Mit herzlichen Grüßen Ihr

H. Hesse

1 Hesses im März 1933 für seine Frau Ninon zu ihrem Geburtstag am 18.9. geschriebenes Märchen »Vogel« (SW 9, S. 199ff.).

83 An Otto Basler

[Baden, 28.11.1933]

Lieber Herr Basler!

[...] Meine Meinung im letzten Brief war nicht die, daß mein Gedicht[1] von Ihnen beeinflußt sei. Es ist ein ganz sachlicher und strenger Versuch, die Grundlagen meines Glaubens aufzuzeichnen, so weit sie formulierbar sind. Mehr als ein Versuch ist es nicht. Angeregt wurde er aber durch Ihren Besuch, bei dem ich allzu unzulänglich Ihnen meinen Glauben angedeutet hatte; im wesentlichen ging es ja um nichts anderes als um die Vorherrschaft des Geistes über die Sinne, wie wir es am Beispiel der Musik (Bach) betrachtet hatten. Inzwischen habe ich Schoecks »Venus«[2] wiedergehört, eine ganz zauberhaft schöne Musik, die aber dadurch, daß sie der Verherrlichung der nur triebhaften Leidenschaft dient, eben jenen letzten Adel doch nicht hat und nicht haben kann.

Den ganzen Winter werde ich in Montagnola sein. Ihnen und Ihrer Frau herzliche Grüße!

H. H.

1 Die erste Niederschrift (vom 20.11.33) des Gedichtes »Besinnung« (SW 10, S. 324f.), das H. H. Otto Basler zugesandt hatte, trug die Nachbemerkung »im Nachklang unserer Gespräche«. An Thomas Mann schrieb Hesse am 26.11.1933 über dieses Gedicht, es »hängt zusammen mit meiner (oft von den ›Emigranten‹ aufgegriffenen) Neutralität im Politischen«.

2 Othmar Schoeck, »Venus«. Oper in 3 Akten nach einer Novelle von Mérimée, 1921.

84 An Gunter Böhmer

[November 1933]

Sehr geehrter Herr

Tut mir leid, daß ich Ihnen das Geldchen geklaut habe[1], wußte nicht Bescheid, Sie sahen so wohlhabend aus.

Das Ihre ist längst verjubelt, Kleinigkeit bei den heutigen Preisen. Doch konnte ich soeben einen andern um zwei Scheine erleichtern, die ich beilege.

Der Betreffende an den Betroffenen

1 Der damals 22-jährige Maler Gunter Böhmer (1911-1986) war auf der Rückfahrt von einem anstrengenden Porträtierauftrag in Zürich im Zug eingeschlafen und währenddessen um seine Brieftasche mit dem Honorar bestohlen worden. Nachdem er Hesse davon be-

richtet hatte, erhielt er dieses Briefchen mit zwei Hundert-Franken-Scheinen.

*85 An Adolf Hildenbrand**

[Etwa 1933]

Lieber Herr H.

[...] Ernst nehme ich nur den Menschen als Einzelnen, als Persönlichkeit, und wie es scheint, ist der Weg heute noch schwerer, als er schon zur Zeit meiner Jugend war. Im übrigen hat er einen Sinn und auch sein Gesicht wohl doch nicht verändert, denn die eigentlich menschlichen Schicksale ändern sich kaum in Jahrhunderten.

Geändert haben sich nur die Verlockungen, die heute den jungen Menschen dazu bringen wollen, den schweren Weg zum eigenen Selbst schon früh aufzugeben und sich dafür einer Gemeinschaft, einem scheinbar hohen und edlen Ziel hinzugeben. Wie ich sehe, sind bei Ihnen diese Verlockungen nicht in der groben Gestalt politischer Programme und Scheinideale erschienen, dazu sind Sie schon zu sehr Person geworden. Aber Sie neigen dazu, sich den kleineren, mehr idealistischen Gemeinschaften hinzugeben: den Vegetariern, Siedlern, Lebensreformern usw. Ganz einerlei, ob die Ideale dieser Gemeinschaften an sich edel und gut sind oder nicht, sie bedeuten doch für junge Menschen Ihrer Art eine Gefahr: nämlich auch diese kleineren und idealeren Gemeinschaften wollen Sie vor der Zeit formen und abstempeln, erziehen und einreihen, und dieser Gefahr sollen Sie auch gar nicht davonlaufen und allein bleiben, aber Sie sollen je und je daran denken, daß Ihr voller Menschenwert erst dann erreicht ist und wirksam werden kann, wenn Sie sich wirklich so weit zu einer Persönlichkeit, einem Charakter entwickelt haben, als Ihnen möglich ist. Sie sollen also die Ideale und Ziele solcher Gemeinschaften und ihrer Führer niemals gleich ernst nehmen wie Ihr eigenes Werden. Sie werden zwar, wenn Sie etwas taugen, Ihre Person später gewiß hohen und menschlichen Zielen unterordnen, aber erst wenn Sie den Ihnen möglichen Grad von Menschwerdung erreicht haben.

Darum: Nehmen Sie die Programme und Gedankeninhalte der Bünde, Gemeinschaften etc. nicht allzu wichtig, nehmen Sie aber die Ihnen begegnenden Führer ernst, und verlassen Sie sie erst, wenn Sie deutlich fühlen, daß sie Ihnen nichts mehr zu geben haben und unterlegen sind. Nicht an den allgemeinen Ideen, sondern an den Menschen, an den »Führern«, an denen, die Ihnen vorerst noch als Personen überlegen sind, müssen Sie sich bewähren und messen, und wenn es dabei Verzweiflungen und Selbstmordgelüste gibt, so soll Sie das nicht abschrecken, gehen Sie auf die Hölle los, sie ist überwindbar.

Mehr kann ich nicht sagen, mehr sehe ich nicht aus Ihren geschriebenen Blättern. Lesen Sie meine Zeilen ein paarmal durch, vergessen Sie sie dann ruhig wieder, und lassen Sie nur das wirken, was irgend einen Stachel und Antrieb hinterläßt.

* Der Brief ist nicht vollständig überliefert.

86 An Hermann Hubacher

[Baden, 1.12.1933]

Lieber Freund Hubacher

Danke für deinen lieben Gruß. Es sind nicht Viele, die ein Gedicht lesen und ernstnehmen, darum freut mich eine solche Stimme. Jenes Gedicht[1] ist nicht eine »Erleuchtung«, nicht im Sinn des Momentanen und Irrationalen. Es entstand in einer schlaflosen Nacht, wie die Mehrzahl meiner Gedichte, und es entstand als ein ganz nüchterner und strenger Versuch, dasjenige von meinem Glauben in Worten aufzuzeichnen, was ich für meinen sicheren Besitz halte. In Wirklichkeit freilich umfaßt das Gedicht keineswegs meinen ganzen Glauben (der geht noch ein Stück weiter ins eigentlich Religiöse und Christliche hinein), sondern eben nur dessen geistige Fundamente, vor allem das Bekenntnis zum Primat des Geistes und zum Unterschied zwischen Schöpfer und Geschöpf. Der »Geist« in meinem Gedicht ist nicht nur göttlich, er ist Gott, er ist nicht pantheistisch gemeint.

Von den jetzigen Spaltungen im deutschen Christentum weiß ich nicht sehr viel, die protestantische Neigung zum Sichanpassen und zum Kapitulieren vor dem Staat war mir stets fatal und verhaßt, und anfangs sah ich, nachdem Deutschland die Katholiken zum Schweigen gebracht und durch ein Konkordat[2] eingeschläfert hatte, in der protestantischen Kirchenbewegung nichts anderes als einen brutalen Rückfall ins Barbarische und Urdeutsche. Inzwischen freilich hat es sich gezeigt, daß außer dem großartigen Juden Buber auch eine ganz stattliche protestantische Bewegung da ist, die sich gegen die Verdummung und Verrohung wehrt, und einige recht mutige Vertreter hat. Einer davon, der mir seit langem bekannte Tübinger Professor Hauer[3], hat mir dieser Tage geschrieben. [...]

Ich kann erst reisen, wenn Ninon wieder Dienstboten hat, und im Haus geheizt und gekocht werden kann. Hoffentlich findet sich das bald. Zum Glück fühlt sich wenigstens meine Frau in Zürich wohl, sie sollte ja eigentlich auch ein wenig Ferien haben und ausruhen, aber dazu ist sie zu lebendig und unruhig; während sie jeden Tag etwa von 3 bis 9 hier bei mir in Baden ist, mir vorliest, betreibt sie die Magdsuche, besucht in Zürich in jeder freien Stunde die Bibliotheken, um Archäologisches zu lesen, hört Konzerte etc. etc. Wenn sie dabei auch nicht ausruht, sondern sich abhetzt, so tut es ihr, hoffe ich, irgendwie gut.

Grüße Annie und Hasi von mir, vielleicht sehen wir uns noch. Dein

H. Hesse

1 Das Gedicht »Besinnung«, a. a. O.
2 Das am 20.7.1933 zwischen Vizekanzler Franz von Papen (1879-1969) und Kardinalstaatssekretär Pacelli (1876-1958) geschlossene Konkordat zwischen Deutschland und dem Vatikan.
3 Jakob Wilhelm Hauer (1881-1962), Religionsforscher und Indologe, zeitweiliger Führer der sogenannten deutschen Glaubensbewegung.

87 An Otto Feilke

[Baden, 3.12.1933]

Lieber Herr Dr. Feilke!
Ihr lieber Brief macht uns beiden viel Freude. Ich bin noch in Baden, meine Frau wohnt bei Freunden in Zürich und kommt jeden Tag einige Stunden zum Vorlesen, es geht mit den Augen nicht gut, dagegen mit der Ischias besser. Das neue Gedicht[1], das Sie als »Hymnus« empfanden, war für mich nicht so gemeint, sondern ein eher nüchterner, beinah philosophischer Versuch, jene Grundlagen meines gesamten Glaubens zu formulieren, die ich heute am nötigsten brauche.

Wenn man nicht das Primat des Geistes völlig ernst nimmt, ist man inmitten des Fanatismus und all des nur triebhaften und instinktiven Denkenwollens ohne Halt und Maßstab. Wie schön berichten Sie von Ihrem Gut! Ich beneide Sie ein klein wenig. Nicht um das Gut, aber um Ihre Freude daran. Bei uns war die Traubenernte schön, es gab nicht sehr viel, aber schöne gesunde Trauben, und wir konnten sie bei gutem Wetter schneiden. In 8 Tagen sind wir wieder zuhaus, meine Frau läßt Sie grüßen. Im neuesten Heft der Neuen Rundschau (Dezember) stehen meine Gedichte vom Sommer.

Mit vielen guten Wünschen grüßt Sie Ihr

H. Hesse

1 »Besinnung«, a. a. O.

88 An seine Schwester Adele (Entwurf, nicht abgesandt)

Baden, Dienstag [5.12.1933]

Liebe Adis

Dank für deinen Brief. Ich denke am Sonntag zu reisen. Bei Hans[1] war ich in der ganzen Zeit nur einmal. Ich kann dir leider bei dem Buch über Mutter[2] gar nicht helfen. Daß Frau Wenger[3] etwas darüber sagen könnte, glaube ich nicht, sie hat zum Religiösen gar kein Verhältnis.

Wenn ich versuchen wollte, mein Verhältnis zu Mutter und ihren Aufzeichnungen und Gedichten ganz aufrichtig auszusprechen, so kämen allerlei Widersprüche heraus. Im ganzen aber glaube ich doch: wenn sie nicht unsre Mutter, sondern ein fremder Mensch wäre, würde ihr Leben, so wie ich es bisher kenne, mich eigentlich nicht interessieren.

Persönlich habe ich ja mit Mama einiges erlebt, was mein Verhältnis zu ihr gestört hat. Sie ist zwar auch so noch für mich mehr als eine gewöhnliche Mutter, ihr Blick und ihre Stimme und das Lebendige an ihr strahlt über alles weg. Aber im ganzen, wenn ich versuche, es objektiv zu sehen, scheint ihr Leben mir doch nicht »glücklich« und nicht eigentlich vorbildlich zu sein. Z.B. bei Großvater Gundert[4] sehe ich eine Stille und Harmonie, eine geläuterte Geistigkeit, die alles andre durchstrahlt. Bei Mutter dagegen rührt und stört mich immer die große Leidenschaftlichkeit, und ich habe nie den Eindruck gehabt, daß sie ihr eigentliches Ziel je erreicht habe, nämlich sich selber und ihre glühende und heftige Natur auszulöschen und im Heiland sterben zu lassen. Gerade weil ich sehr viel von ihr geerbt habe, und an denselben Anlagen leide, sehe ich in Mutters Leben zwar einen großen, leidenschaftlichen Anlauf zum Heiligen, aber eine Heilige ist sie nicht geworden. Daneben stört mich, weil ich da Fachmann bin, in ihren Dichtungen eine gewisse Oberflächlichkeit des Ausdrucks, ein Streben nach hübschen und oft konventionellen Formen.

Vielleicht ist es ungeschickt von mir, dir das alles zu sagen, vielleicht hätte ich damit warten sollen, bis es dich in deinem Buch nicht mehr stören kann. Aber ich sage es doch lieber. Denn hier ist der Punkt, wo der alte König David[5] in Stuttgart vielleicht doch recht hat. Ein Leben wie das unsrer Mutter könnte außerordentlich interessant sein, wenn es von einem strengen Biographen aufgebaut würde, aber dazu wäre keins von uns imstande: eine gute Biographie ist das Schwerste, was es gibt. Die Aufzeichnungen Mutters aber sind selber schon beinah allzu geformt und literarisch, um naiv als Material verwendet zu werden. Hier sehe ich das Problem, ich sehe es von einem ganz andern Standpunkt aus als der Onkel, aber den Kern seiner Bedenken verstehe ich doch.

1 Hans Hesse (1882-1935), der jüngere, in Baden ansässige Bruder.
2 Adele Gundert, »Marie Hesse, ein Lebensbild in Briefen und Tagebüchern«, Stuttgart 1934; Neuauflage als insel taschenbuch 261, Frankfurt/M. 1977.
3 Die Schweizer Schriftstellerin Lisa Wenger (1858-1941) und Mutter von Hesses zweiter Frau, Ruth.
4 Hermann Gundert (1814-1893) Missionar und Sprachforscher.
5 H. Hesses Onkel David Gundert (1850-1945), Verlagsbuchhändler in Stuttgart.

89 Notiz Hesses an seine Schwester Adele, Gunter Böhmer mitgegeben, der sie am 10.12.1933 in Eckenweiler besuchte:

Mach nur mit dem Buch eine Pause und hänge Dein Herz nicht zu sehr daran. Die Schwierigkeiten kommen eigentlich daher, daß Mutter selber so viel geschrieben hat, und daß es zu gut geschrieben ist, um bloß als ›Material‹ verwendet zu werden. Ich würde auch eine richtige ›Biographie‹ für das Bessere halten; aber das kann selten einer, es ist schwer und braucht mehr Distanz als wir haben. Als Probe-Leserin ist Lisa Wenger kaum geeignet. Es sollte jemand sein, der uns nicht sehr nah steht, auch nicht der Mission, aber kein Literat, die müssen zu viel lesen und bringen zu wenig Frische und Neugierde mit.

90 *An Felix Möschlin, Präsident des Schweizer Schriftstellervereins*

Montagnola, 18.12.[19]33

Lieber Herr Möschlin

Meine Frau (die meines Augenleidens wegen mir jeweils das aus der Zeitung vorliest, was mich interessieren könnte) las mir kürzlich eine Notiz über ein Abkommen des Schweizer Schriftstellervereins mit den reichsdeutschen Organisationen vor.

Auch ich werde jetzt genötigt, irgendwie Stellung zu nehmen, namentlich drängt mein Verleger auf meinen Eintritt in den »Reichsverband«.[1] Dieser Eintritt scheint mir jedoch für einen Schweizer ganz unmöglich, wir können uns doch nicht blind der Regierung eines anderen Staates unterwerfen.

Kurz, da Sie für den Schriftstellerverein, wie es scheint, eine Ordnung dieser Beziehungen erreicht haben, bitte ich Sie, mir freundlichst die Möglichkeit zu geben, auch für mich an diesem Übereinkommen teilzuhaben. Vermutlich haben Sie schon eine Drucksache und ein Anmeldeformular, die Sie mir senden können? Ich bin, wenn nötig, natürlich gern bereit, dem Schweizer Verein beizutreten. Ich habe seit langen Jahren weder zu ihm noch zu einer der deutschen Berufsorganisationen Beziehungen gehabt und war nirgends Mitglied, einfach weil ich ein alter Outsider und Einsiedler bin, der für seine Art von Existenz und Arbeit ein ungewöhnliches Quantum an Einsamkeit und Kontemplation braucht.

Das einzigemal, vor etwa 10 Jahren, wo Ihr Verein (durch seinen Anwalt Dr. Naef)[2] einmal meine Mithilfe in Anspruch nahm, stand ich ihm gern und mit Erfolg zur Verfügung. Darum kann ich heut mit gutem Gewissen bitten, mich als Kollegen zu betrachten.

Politisch bin ich passiv, gehöre weder einer Partei an noch schreibe ich Politisches. Meine Staatsangehörigkeit ist etwas kompliziert: Ich bin bis zu meinem 14. Lebensjahr Schweizer (Basler) gewesen, wurde dann von meinen nach Württemberg verzogenen Eltern in Württemberg naturalisiert (der Studien-Stipendien wegen), und war also nun Deutscher, habe auch während des Krieges jahrelang als Freiwilliger bei der deutschen Kriegsgefangenenfürsorge gearbeitet und dort namentlich zwischen der deutschen Organisation und dem Schweizer Roten Kreuz (Rudolf v. Tavel) vermittelt. Seit 1912 ununterbrochen in der Schweiz lebend, habe ich vor mehr als zehn Jahren, wenige Jahre nach dem Krieg, wieder die Schweizerische Staatsangehörigkeit erworben (Einwohnergemeinde Bern).

Ich hoffe bald etwas von Ihnen zu hören. Eigentlich wollte ich diese ganze neue Angelegenheit erst noch mit Thomas Mann durchsprechen, mit dem ich befreundet bin; aber mein Fall liegt, da ich Schweizer bin, ja doch wesentlich anders als der seine.

Irgendwelche Belästigungen und Behinderungen als Schriftsteller habe ich bis jetzt in Deutschland nicht erfahren, Verleger und Zeitungen behandeln mich genau so wie vor der Umwälzung, und auch die Finanzämter haben, wenn auch oft etwas langsam, bisher meine Honorarbezüge stets durchgelassen. Da mein Fall also völlig harmlos und unkompliziiert ist, nehme ich an, er werde wohl durch meinen Beitritt zum Schweizer Schriftstellerverein ohne Weiteres in Ordnung kommen.

Ich lege einen Gruß für Sie und Ihre Frau diesen Zeilen bei, und bin mit guten Wünschen Ihr

Hermann Hesse

1 Anfang Dez. hatte Hesse ein Schreiben aus Berlin erreicht, das ihn aufforderte, sich als Mitglied der Reichsschrifttumskammer anzumelden, um weiterhin in Deutschland publizieren zu können.

2 Karl Naef (1894-1969), Sekretär des Schweizerischen Schriftstellervereins.

91 An Helene Welti

[Montagnola, 18.12.1933]

Liebe Frau Dr. Welti

[...] Wir kamen bei hellstem Sonnenwetter an, über Nacht schlug es um und wir stehen tief im Schneegestöber seit 12 Stunden, er liegt schon ziemlich hoch, man muß den Weg zur Landstraße wieder schaufeln, das macht der Taglöhner Lorenzo, der zur Zeit auch die Heizung besorgt. Ninon plagt sich mit Auspacken und Eröffnen des Haushalts mit dem neuen Mädchen, die Köchin soll dieser Tage auch kommen, aus der Aargauer Gegend, die andre ist aus Tyffenmatt und heißt Binggeli.

Das Atelier liegt voller Post, die sich seit Wochen angehäuft hat, ich bekam zwar Briefe nachgeschickt, aber alle die 100 Drucksachen, Bücherpakete, Manuskripte etc. machen wieder einmal einen großen Berg, man sieht noch nicht wie durchkommen. Aus Deutschland nichts Gutes, und auch von der anderen Seite, den Kommunisten unter den Emigranten, lauter Anpöbeleien etc. Hübsch war am Samstag[1] noch in Baden ein Besuch von Thomas Mann und Frau. Sonst konnte ich in Baden fast niemand sehen, manche Zürcher Freunde wollten mich besuchen, Andreae, Schoeck, Schädelin, Hubacher und andre, aber ich mußte abwinken und verzichten, ich war zu wenig mobil und brauchte die 1 bis 2 arbeitsfähigen Stunden am Tag. Im Hotel hatte ich es nett und ruhig, unangenehm war nur ein Streit mit dem Arzt, unserem Dr. M[arkwalder], er besuchte mich eines Morgens ärztlich, fing eine lange literarische Unterhaltung an, sprach über alles, was ich glaube und schätze, auf eine unartige und zum Teil unflätige Art, schimpfte wütend über Th. Mann, über Schoeck, ohne Mann gelesen oder Schoecks Musik gehört zu haben, ich verbat mir seinen Ton und gab keine Antwort mehr.

Gleich nach Weihnachten muß ich wieder einige Tage weg, zum Augenarzt nach Lindau, obwohl ich mir wenig davon verspreche, außer dem Wiedersehen mit dem famosen, noblen alten Herrn, den ich sehr gern habe.

Möchten Sie nach all dem Schweren und Widrigen jetzt möglichst friedlich einwintern! Herzlich grüßt Sie Ihr

H. Hesse

1 Am 9.12.1933.

92 *An Heinrich Wiegand*

[Montagnola, 20.12.1933]

Lieber Herr Wiegand

Von Ihnen aus gesehen[1], wohnen wir ja nicht im »Süden«, sondern in den Alpen, und so sitzen wir denn auch seit dem zweiten Tag nach unserer Rückkehr aus Baden ziemlich tief im Schnee, einige Tage war der Gärtner Lorenzo mit dem Ausschaufeln unseres kl[einen] Fußwegs bis zur Straße ins Dorf sehr beschäftigt, die Post hatte große Verspätung, und auch jetzt noch kann man unser Haus nur zu Fuß, nicht zu Wagen erreichen. Durch diesen Schnee ist auch Ihr lieber großer Brief und Ihr Manuskript[2] hergekommen, beides ist mir von meiner Frau vorgelesen worden, und für beides sage ich Ihnen heut schönen Dank. Diese Suche nach dem Vater (mit dem Zugeständnis, daß sein Fernbleiben und Verschollensein doch auch Angenehmes hat) hat mir gut gefallen. Streiten kann man darüber, wo die rein persönlichen Erlebniswerte aufhören es auch für den fremden Leser zu sein, in Ihren Erzählungen ist manchmal diese Grenze undeutlich, aber das ist bei meinen eigenen Erzählungen oft auch nicht anders.

Was Sie bei Carossa an Schwächen sehen, hat mich kaum gestört (ein klein wenig freilich schon). Ich sah mehr die andre Seite: daß der Mann, der von Bertram und dem George-Wesen[3] so stark berührt worden und außerdem ein guter Patriot in einem harmlosen Sinne ist, dennoch es fertigbrachte, diesem Kreis im Leben fernzubleiben und auch heute zum Offiziell-Patriotischen etc. anständige Distanz zu halten. Ich hüte mich sehr, solche Anblicke vom Standpunkt des Emigranten aus zu sehen, ich bin ja auch keiner, sondern für mich kommt sehr viel darauf an, wieviel Tradition, Arglosigkeit, Kunst, Menschlichkeit auch noch mitten im heutigen D[eutschland] in der Stille fortlebt – denn mich interessiert nicht, wann und von was für Mächten das jetzt Herrschende einmal wieder gestürzt werden wird, sondern ob und was dann noch an Substanz dasein werde. Da gehört Carossa durchaus zum Guten und Tröstlichen.

Ihre Zeilen über Conrad[4] gefielen mir sehr. Ich habe im Herbst über das gleiche Buch etwas geschrieben[5] (»National-ztg.«), kann es aber nicht mehr finden. Das ist jetzt überhaupt mein Los: Mit Not komme ich jeden Morgen durch meine Post hindurch, und was ich dann gleich beantworte, das ist besorgt, aber was liegenbleibt, das sollte ich dann nach Tagen nochmals lesen, oder zur Beantwortung wäre Nachschlagen in Büchern, Suchen alter Briefe etc. nötig, und das kann ich nicht mehr, auch nicht, wenn ich auf meine eigene Arbeit verzichte, denn das tue ich ja schon seit langem. [...]

Ein neues Buch von Walter Bauer[6] (»Herz der Erde«), das er mir schickte, enthält sehr Schönes, gefällt mir im ganzen aber weniger als die frühern, vieles ist Schema, und da und dort sprachlich Unerlaubtes: etwa »herzklopfend ging er« etc. Th. Mann war an einem der letzten Badener Tage noch bei mir. Schön schildern Sie mir Ihr Lerici. Möge der Winter dort freundlicher sein als der Spätherbst!

Herzlich Ihr

H. Hesse

1 Heinrich Wiegand hatte sich Ende März 1933 im italienischen Städtchen Lerici niedergelassen.

2 Wiegands Erzählung »Die Suche nach dem Vater«.

3 Ernst Bertram (1884-1957) stand dem Kreis um den Lyriker Stefan George (1868-1933) nahe.

4 Joseph Conrad, »Mit den Augen des Westens«. Roman, S. Fischer, Berlin 1930.

5 Siehe SW 19, S. 426f.

6 Walter Bauer (1904-1976), Erzähler, Romancier und Biograph.

93 An Otto Hartmann

[21.12.1933]

Lieber Hartmann

Von überall her sendet der Komet Böhmer[1] seine Strahlen zu mir, er besuchte mich in Baden, dann kamen von Eckenweiler, Stuttgart[2] und überall her Grüße von Leuten, mit denen er zusammen gewesen war, und der liebste dieser Grüße war Deiner, ich habe mich drüber gefreut, daß der liebe junge Bursch bei Euch war, und daß Du auch meinen Vetter kennen lerntest. Und dann stehen in Deinen Briefen immer so gewisse schwäbische Sachen, entweder ein schwäbischer Ausdruck oder die Anspielung auf eine Geschichte oder Figur etc. und mit dem Älterwerden geht es mir so wie andern älteren Leuten, daß ich das bißchen Heimat und Heimatgefühl, das mir beschieden war, stärker spüre und daß ein Basler oder Calwer Klang mir sehr lieb werden kann. Und so habe ich im Lauf dieses Jahres auch in meiner Lektüre begonnen, die geistige Herkunft jener Frömmigkeit etwas zu verfolgen, darum war mir in Deinem Brief die Erwähnung Bengels eine Freude. Ich las die »Württ[embergischen] Väter« und von sämtlichen frommen Schwaben darin ist Bengel[3] der größte und reinste, neben ihm interessiert mich am meisten Oetinger[4], dessen Leben ich nach langem vergeblichen Suchen jetzt durch Onkel Gundert[5] bekommen habe. Da fällt mir eine Bitte ein: Falls Du noch genügend freie Zeit hast, so schaue gelegentlich für mich bei Antiquaren nach. Ich hätte gern noch ein paar Biographien (möglichst alte) dieser Schwabenväter, namentlich die von Bengel, auch z. B. das Zündel'sche Werk über Blumhardt[6], die Biographie Dr. Barths[7] etc. [...] Ich will keine Bibliothek anhäufen, so sehr viel werde ich in meinem Leben nicht mehr lesen können, es wird immer knapper, aber zur Zeit interessiert mich das und ein paar dieser Bücher hätte ich gern. Ferner, falls dieser »Auftrag« Dich überhaupt interessiert, hätte ich gern ein paar unsrer religiösen Schulbücher, ich besitze von damals außer meiner Schülerbibel nichts mehr. In Betracht käme (möglichst in Ausgaben um 1880 und 1900) das Kirchengesangbuch, der Katechismus, das Konfirmandenbüchlein. Ferner irgendeine kleine Geschichte Württembergs. Natürlich kriegst Du alle Ausgaben gleich ersetzt.

Wir haben tüchtig Schnee und helles Sonnenwetter. Wäre die Augenhölle nicht, so ginge es mir recht gut, die Gliederschmerzen sind in diesem ganzen Jahr viel sanfter und unbedeutender gewesen als seit Jahren. Ninon liest mir viel vor. Aber richtig arbeiten kann ich doch nicht mehr, das Hantieren mit Schriften, Heraussuchen von Notizen, Briefen etc., das geht nicht mehr, ohne daß die Augen rasch versagen und ich enttäuscht wieder aufgebe. Vielleicht ist das auch der Grund, daß ich außer wenigen Gedichten seit mehr als 2 Jahren nichts geschrieben habe und meine literarischen Pläne ziemlich eingeschlafen sind – aber vermutlich liegt der Grund doch tiefer.

Manchmal höre ich ein Wort von Franz Schall, er lebt verkauzt, vereinsamt und wunderlich, auch ziemlich im Elend, ganz allein, von der Frau geschieden, mit den Söhnen entzweit, sie haben ihn sogar geprügelt, ein rechter Hiob, aber stolz und eigensinnig noch immer; und unter den Gedichten, die er mir je und je schickt, sind manchmal rührend schöne, richtig schöne Verse. Die müßte ich jetzt heraussuchen und für Dich abschreiben. [...]

Viele gute Weihnachtswünsche von Ninon und Deinem

H. Hesse

1 Der junge Maler Gunter Böhmer hatte – um seine Illustrationen zu Hesses »Hermann Lauscher« möglichst originalgetreu zu gestalten – die Originalschauplätze in Württemberg und Hesses Verwandte und Freunde besucht.

2 In Eckenweiler lebte Hesses Schwester Adele und sein Cousin Hermann Gundert, in Stuttgart die Familie seines Onkels David Gundert und dessen Sohn Fritz Gundert, in dessen Verlag 1934 das von Gunter Böhmer illustrierte Buch »Marie Hesse. Ein Lebensbild in Briefen und Tagebüchern« von Adele Gundert erschien.

3 Johann Albrecht Bengel (1687-1752), evangelischer Theologe, Initiator der neutestamentarischen Bibelkritik in Deutschland, die das Geschichtsbild von u. a. Hamann, Schelling und Hegel stark beeinflusste.

4 Friedrich Christoph Oetinger (1702-1782), einflussreicher württembergischer Prälat und Pietist, der in seinen Schriften mystisch-theosophische und orthodox-kirchliche Elemente in einer »heiligen Philosophie« zu vereinigen suchte.

5 David Gundert, jüngster Sohn von Hesses Großvater Hermann Gundert.

6 Friedrich Zündel, »Johann Christoph Blumhardt«. Ein Lebensbild, Brunnen Verlag, Gießen/Basel 1881.

7 Christian Gottlob Barth (1799-1862), pietistischer Pfarrer, Verfasser von Kirchenliedern und Verleger.

94 An Thomas Mann

Montagnola, Ende 1933

Lieber Herr Thomas Mann

Schon lange haben wir die Lektüre des Jaakob[1] beendet, ich hätte Ihnen daraufhin gerne gleich einen Gruß geschickt, aber die Weihnacht, mein sehr schlechtes Augenbefinden und dauernde Störungen im Haushalt (so daß auch die Mithilfe meiner Frau oft wegfiel) haben mich gehindert. Jetzt möchte ich Ihnen wenigstens danken für den großen Genuß, den ich von dem Buch hatte. Es wären viele Einzelheiten zu nennen, die mich entzückt haben, am meisten aber ist es doch die Gleichmäßigkeit und Kontinuität, die mich an diesem Buch wie an jedem früheren von Ihnen erfreut und ergriffen haben, die Dichtigkeit des Gewebes, die Treue im Willen zum Ganzen, zur großen Form. Und dann ist natürlich inmitten der heutigen Art von Geschichtsauffassung und Geschichtsschreibung die stille, leicht melancholische Ironie mir bis ins Kleinste lieb geworden, mit der Sie letzten Endes die Problematik aller Geschichte und allen Erzählenwollens ansehen, ohne doch einen Augenblick in der Bemühung um eben diese im Grund als unmöglich erkannte Geschichtsschreibung nachzulassen. Dies grade ist mir, der ich in Vielem anders geartet und durch andere Herkünfte gebildet bin, tief sympathisch und vertraut: das Unmögliche zu unternehmen, obwohl man darum weiß[2], das Tragische aktiv auf sich zu nehmen. Und dann traf dieses Buch so schön mit seiner Stille in eine mit dummen Aktualitäten überstopfte Zeit! Und seine Figuren fast alle waren so viel wirklicher, wahrscheinlicher, richtiger als die Figuren der Weltbühne. Es wird keinen Leser geben, der nicht Ihren Laban als eine erregende persönliche Bekanntschaft erlebt ...

Ich lese, soweit die Augen es erlauben, pietistische Biographien des 18. Jahrhunderts[3], und weiß gar nicht mehr, was Produktivität eigentlich ist. Dabei wächst die Vorstellung von meinem seit 2 Jahren vorhandenen Plan (dem mathematisch-musikalischen Geist-Spiel) zur Vorstellung eines bändereichen Werkes, ja einer Bibliothek an, desto hübscher und kompletter in der Phantasie, je weiter weg sie von der Möglichkeit einer Realisierung rückt. Unsere Gegend ist weiß, es schneit und taut durcheinander.

Grüßen Sie bitte Frau Mann und Mädi und Bibi[4] schön von mir, und nehmen Sie unsere guten Wünsche für das neue Jahr!

Herzlich Ihr H. Hesse

1 Thomas Mann, »Joseph und seine Brüder«. Teil 1, Die Geschichten Jaakobs.

2 Diese Haltung entsprach Hesses Devise: »Damit das Mögliche entsteht, muß immer wieder das Unmögliche versucht werden«, wie sie auch aus seinem Motto zum »Glasperlenspiel« hervorgeht: »... denn mögen auch in gewisser Hinsicht und für leichtfertige Menschen die nicht existierenden Dinge leichter und verantwortungsloser durch Worte darzustellen sein als die seienden, so ist es doch für den frommen und gewissenhaften Geschichtsschreiber gerade umgekehrt: nichts entzieht sich der Darstellung durch Worte so sehr und nichts ist doch notwendiger, den Menschen vor Augen zu stellen als gewisse Dinge, deren Existenz weder beweisbar noch wahrscheinlich ist ...«.

3 Vorstudien zu jenem »Schwäbischen Lebenslauf Josef Knechts«,

dessen zwei Fassungen aus dem Jahre 1934 Hesse nicht in »Das Glasperlenspiel« aufnahm (siehe SW 5, S. 602ff.).

4 Elisabeth und Michael Mann.

1934

95 An Arthur Stoll

1.1.1934

Lieber Herr Professor Stoll

[...] Unsre Weihnacht sollte dies Jahr eigentlich gar nicht stattfinden, wir waren durch manche Verpflichtungen und durch manche Not in unsrem Freundeskreis zum Entschluß gekommen, diesmal auf gegenseitiges Beschenken zu verzichten. Aber ein Bäumchen haben wir doch hergerichtet, und dann brachte die Weihnacht von mehreren Freunden reiche Geschenke [...] das wunderlichste und überraschendste Geschenk war ein rätselhaftes Paket aus Berlin, ich wußte erst gar nicht ob ich den Zoll dafür zahlen und es nicht lieber refüsieren sollte. Und dann enthielt es eine kleine Anzahl von dem schönen Druck, den ich Ihnen heute beilegen kann[1] sowie einen kleinen Vorrat von dem üppigen Briefpapier, auf dem ich Ihnen heut schreibe. Der Spender ist ein Verehrer von mir in Berlin[2], der hat das Gedicht, das ihm in die Hände geraten war, für seinen privaten Freundeskreis auf diese Art drucken lassen, und hat auch mir einige Abzüge gesandt sowie das Papier; und da, soweit ich weiß, dieser Mann zwar eine gute Stellung hat aber keineswegs reich ist, bedeutet es ein Opfer, das er gebracht hat, um das Gedicht zu Ehren zu bringen, und das ist schön, wenn mir auch diese Form zu üppig vorkommt. Das gleiche Gedicht hatte ich der Vossischen Zeitung zugeschickt mit der Bitte, es an Weihnacht oder Neujahr in einer Festbeilage zu bringen, damit Viele es zu sehen bekommen. Aber die gleichgeschaltete Redaktion hat richtig erkannt, daß der in dem Gedicht ausgesprochene Glaube genau das Gegenteil von der Blut- und Machtreligion ist, die heute regiert, und hat es abgelehnt und mir zu verstehen gegeben, daß ich bei ihr nichts mehr zu suchen habe. Da war also der luxuriöse Druck des Berliner Enthusiasten zugleich noch das Pflaster auf eine kleine Verwundung der lieben Eitelkeit.

Herzlich und in Dankbarkeit denkt Ihrer Ihr

Hermann Hesse

1 Hermann Hesse, »Besinnung«. Privatdruck der Erasmusdruck GmbH, Berlin 1933.

2 Hans Popp, Direktor der Erasmusdruckerei, Berlin.

96 An Hugo Marti

[Montagnola, Mitte Januar 1934]

Lieber Herr Dr. Marti

Ihr Gruß findet mich gerade im Augenblick, wo ich für etwa 10 Tage nach München verreise. Ich danke Ihnen für die Zusendung und für das Verständnis, mit dem Sie meine Gedichte[1] ansehen.

Ich habe in der Tat vor »Herz und Schmerz« nicht die mindeste Scheu. Ich bin der Meinung, daß diese Reime, ständige Ornamente im Volkslied, schon den Eichendorff oder den Goethe keineswegs durch ihre Originalität und Neuheit erschüttert haben, sondern daß sie von allen deutschen Dichtern einige Jahrhunderte lang ebenso natürlich und harmlos gebraucht wurden, wie wir uns der Buchstaben und Interpunktionen bedienen. So wenig ich das Bedürfnis habe, plötzlich das Komma oder das Fragezeichen durch irgend welche neue Zeichen in irgendeinem persönlichen Jugendstil ersetzen zu wollen, so wenig trage ich Bedenken, diese alten heimeligen Reimpaare immer wieder zu verwenden.

Inmitten der heutigen Zeit vollends, inmitten dieses tristen Ramsch-Ausverkaufs aller Kulturwerte, sehe ich in allen den bolschewikischen Zertrümmerungen der sprachlichen und dichterischen Tradition beinahe lediglich etwas Negatives. Die Sprach-Turnereien heutiger Originale werden altes Blech sein, noch ehe ihre Schöpfer graue Haare kriegen. Ich muß aber jetzt pressieren, es ist Zeit, an die Bahn zu rennen. Ich lege Ihnen wieder ein Gedicht zum gelegentlichen Abdruck bei[2], und bin mit Grüßen Ihr

H. Hesse

1 H. Hesse, »Gedichte des Sommers 1933«, erschienen in »Die neue Rundschau«, Berlin, vom Dezember 1933.
2 Das Gedicht »Klage« (SW 10, S. 328).

97 *Postkarte an Anni Rebenwurzel*

[Januar 1934]

Ein aus Holz gesägter Engel ist mir nachgereist, ein koketter Baby-Engel mit Löckchen und Stumpfnäschen in einem Biedermeierkleid, und trägt eine Kerze vor sich her. Kind, welche Scherze! das kommt aus einer Welt, die ich zwar schlecht kenne, die ich aber für alles »Deutsche« verantwortlich mache. Vergessen wir es, und gute Wünsche zum neuen Jahr von Ihrem

H. H.

98 *An Anni Rebenwurzel*

Egern/Tegernsee, 29.1.1934

Liebe A. R.
Ihr Brief über G[eorg] Alter hat mich in Egern gefunden, und ich bin für Briefe jetzt empfänglicher als sonst, da ich seit 14 Tagen keine Post bekomme. [...]

Auch hier, am Mittagstisch im bäuerlichen Wirtshaus, lernten wir einen treuen Leser kennen. Er saß an unserem Tisch, ist als Bank-Revisor für kurze Zeit am Ort, ein stiller, etwas schwerer und leidender Mann vom Krieg her mit einem Granatsplitter im Herzbeutel, anno 1915 bekam er die Musik des Einsamen[1] ins Feld geschickt und hat sie 3 Jahre bei sich getragen, später hat er den Siddhartha halb auswendig gelernt. Er hörte meinen Namen, sprach uns nach Tisch an, schnaufend und bebend vor Erregung, seither sehen wir uns je und je im Gasthaus beim Essen.

Einen Nachmittag war ich bei meinem einstigen Freund Olaf Gulbransson, fand ihn lieb und unverändert in einem schönen alten Hof hoch überm See. Aus München besuchte uns am Sonntag ein andrer alter Freund, der einst viele Jahre Redakteur des Simplizissimus[2] war. Im übrigen sah ich hier fast nur Aristokraten, Grafen, Fürsten, Barone, alte Offiziere oder Gutsbesitzer, nette einfache Leute mit angenehmen Formen, mir aber uninteressant und überall spürt man nahe Beziehungen zu den heutigen Führenden etc. Eine Ausnahme ist Graf Wiser selbst, mit ihm werde ich mehr und mehr richtig befreundet. Er hat mich nun 12 Tage behandelt, täglich 2 mal, und fast jeden Tag bekam ich neue Brillen, wir sind schon viel näher bei den Gläsern, die er mir geben möchte, die das Auge aber bisher ablehnte. Ich verspreche mir etwas davon. Die Lese-Übungen sind langweilig und anstrengend, alles andere angenehm. Ich hoffe in einigen Tagen entlassen zu werden.

Seien Sie herzlich gegrüßt! Es ist Zeit für mich zur Sprechstunde zu gehen, ein kurzer Weg unter sehr schönen Bäumen durch tiefen Schnee.

Ihr H. Hesse

Soeben kommt eine Todesnachricht. In Italien, in Sorgen und Armut als Emigrant, starb Freund Wiegand[3] (er schrieb zuletzt über den Lauscher). Er läßt eine junge Frau zurück, die vielleicht vorerst zu uns kommt. Wir reisen übermorgen.

1 H. Hesse, »Musik des Einsamen«. Neue Gedichte, Eugen Salzer, Heilbronn 1914.

2 Reinhold Geheeb.

3 Heinrich Wiegand, der am 28. Januar in Lerici gestorben ist.

*99 An seinen Vetter Wilhelm Gundert**

11.2.1934

[...] Den politischen Ereignissen des Jahres gegenüber verhielt ich mich still und neutral, ich lebe seit zweiundzwanzig Jahren in der Schweiz und bin Schweizer, und habe auch als solcher nicht viel Nationalismus in mir. Daß man in solchen Zeiten »bei seinem Volk stehen« müsse, wie auch Du es ausdrückst, mag schon richtig sein, aber man kann das auf viele Arten tun. Durch Mitschreien bei dem großen Geschrei und Mithassen bei all den Pogromen gegen die Juden und den Geist, gegen Christentum und Menschentum nützt man ja seinem Volk wenig, für das »Volk« sind die »großen Zeiten« ja immer die des Hassens und der Kriegsbereitschaft. Wir Geistigen, auch wenn wir uns dadurch unbeliebt machen, sollten dazu schweigen, solang es möglich ist, und sollten zwar zum Volk, nicht aber zu seinen Leidenschaften, Roheiten und Gemeinheiten stehen, dazu sind wir nicht da.

Inzwischen hat Dich vielleicht mein Gedicht »Besinnung« erreicht. Es ist ein Glaubensbekenntnis in ziemlich scharfer Formulierung, recht weit weg vom »deutschen« Christentum dieser Tage, das den Primat des Geistes nicht kennt, weil es von »Rasse«-Gläubigkeit betrunken ist [...].

* Der Brief ist nicht vollständig überliefert.

*100 An einen Leser in Hohenberg/Sachsen**

[Montagnola] Mitte Februar 1934

[...] Ich fürchte, daß der Tiefstand noch nicht erreicht ist, und Kunst und Dichtung noch eine Weile wird hungern müssen. Das hindert nicht, daß wir die daraus kommenden Leiden fruchtbar machen und uns selber der Zukunft aufsparen und darbringen. Es steht uns ja – scheinbar – auch der andere Weg offen: die Tragik zu übersehen und irgendwie in der Masse aufzugehen. Aber ob er uns wirklich offensteht, und ob wirklich unser Verzicht auf ihn unsere Tat und unsre Tugend ist? Vermutlich geht jeder von uns seinen Weg viel weniger frei als ihm scheint. Darum ist es für die Gezeichneten gut, von Kameraden zu wissen und sich der Reihe der Schaffenden und Leidenden eingeordnet zu fühlen, die durch die Weltgeschichte geht.

Das ist unsere Gemeinschaft der Heiligen, es gehört der arme Villon und der arme Verlaine ebenso dazu wie Mozart, Pascal so gut wie Nietzsche. Ich weiß heut nicht mehr zu sagen.

* Der Brief ist nicht vollständig überliefert.

*101 An Johanna Gold**

[Montagnola] Mitte Februar 1934

Liebe Frau Dr. G.

Danke für Ihren Brief! Über Buber[1] wußte ich halbwegs Bescheid, kenne ihn auch persönlich ein wenig. Wenn ich ihn zu den Juden rechne, die zu Deutschland in einem sehr nahen, engen, schicksalsmäßigen Verhältnis stehen, so tue ich es aus guten Gründen: Buber hat, außer der rabbinischen, auch die deutsche philosophische Schule durchlaufen (wenigstens eine derselben: Simmel[2]), ferner ist er mit einer Deutschen verheiratet[3], publiziert seit Jahrzehnten in Deutschland und schreibt – last not least – ein besseres Deutsch als die meisten Deutschen.

Der »deutsche Jude«, über den Sie mir schreiben, das heißt der traditions- und religionslose, angepaßte Geschäfts- oder Kulturjude, der von Bibel und Talmud so wenig wissen wollte wie von seinen ärmeren und gefährdeteren Brüdern im Osten, dieser »deutsche Jude« tut mir leid, weil er in schwerer Lage ist, aber er interessiert mich kaum, er hat mein Mitleid, aber ich halte ihn für eine Übergangserscheinung von kurzer Dauer, es gibt ihn seit dem Ende des 18. Jahrhunderts, und jetzt wird er vermutlich untergehen, denn die überlebenden deutschen Juden müssen in irgend einer Form wieder ins Judentum zurück: entweder in das deutsche Getto oder ins politische Judentum und nach Palästina – oder aber in das echte, ewige, geistige Judentum der Bibel und des Talmud. Dieser Weg steht jedem Juden auch in Not und Verfolgung offen, diesen Weg wollte ihm mein Hinweis auf Buber etc. zeigen, weiter nichts.

Daß es schwer ist, sein Vaterland zu verlieren, weiß ich; aber es können aus solchen Leiden gute Dinge entstehen, so wie auch bei dem verlachten und beargwöhnten Ostjuden Buber inmitten seiner deutschen Brüder, die ihn nicht verstanden und schätzten, gute Dinge entstanden sind. Wenn die jetzigen Judenhetzen irgend einen Sinn haben, so ist es der: die Wertvollen unter den Juden auf das Unzerstörbare, Geistige, Göttliche in ihrer Herkunft zurückzuweisen und dadurch dem Geist auf Erden zu dienen. Die deutschen, wohlangepaßten Durchschnittsjuden der jüngsten Vergangenheit waren angenehme, gebildete Leute, aber sie kannten nichts von Not, auch nicht von geistiger, und waren darum geistig auch nicht eigentlich fruchtbar. Durch die jetzige Not kann mancher es werden. Daran zu erinnern, war der Sinn meiner Zeilen über jüdische Bücher.[4] […]

* Der Brief ist nicht vollständig erhalten.

1 Der jüdische Religionsphilosoph Martin Buber (1878-1965).

2 Buber studierte u. a. bei dem Soziologen Georg Simmel (1858-1918) in Berlin.

3 Martin Buber war seit 1907 mit der Schriftstellerin Paula, geb. Winkler, verheiratet, die ihre Romane und Erzählungen unter dem Pseudonym Georg Munk veröffentlichte.

4 H. Hesse, »Jüdische Bücher« in »National-Zeitung«, Basel, vom 31.12.1933 (SW 19, S. 445).

102 An Gunter Böhmer

Kurzer Gartenbericht, 20. 2. 1934

Caro amico

Bei anhaltend trockner und warmer Witterung seit Wochen ist der Schnee bis auf winzige Reste am Waldrand verschwunden, und es wurden die ersten Aufräumearbeiten des Vorfrühlings möglich. Lorenzo[1] ist mit dem Schneiden und Aufbinden der Reben fertig, mancher neue Pfahl glänzt weiß und straff, darunter im dürren bleichen Wintergras lachen die kleinen gelben Primel-Inseln überall.

Auf der Blumenterrasse, wo voriges Jahr die Dahlien und Zinnien standen, links unten am Weg nach der Bocciabahn, sind nun die Reben, die den Blumen die Sonne nahmen, unbarmherzig ausgetilgt worden, auf der nun schön freiliegenden Terrasse brennt seit zehn Tagen immer ein Feuer aus Laub und Zweigen. Das Material dazu trägt Obergärtner Vogel[2] von den Wegen, Beeten etc. herbei. Auf der Bocciabahn allein liegen etwa 80 bis 100 Körbe Laub, etwa 50 sind schon weg. Die Laubhaufen scheinen ganz locker und trocken. Aber wenn man das Obere wegnimmt, sieht man, daß die untern Lagen feucht sind und zum Teil dick am Boden kleben, so daß man, um nicht die Bahn zu verderben, alles mehrmals umrechen und trocknen lassen, und die untern Schichten beinah Blatt für Blatt wegnehmen muß.

Bei den Arbeiten assistiert zuweilen, auf des Obergärtners Rücken sitzend, der Löwe.[3] Er ist aber, ebenso wie Tiger, eher nervös und scheu, die Pubertät beschäftigt sie beide, und sie sind ganz mager und lang geworden. Dazu ist dieser Tage ein Feind und Konkurrent erschienen, Frau Wiegand[4] aus Lerici ist jetzt bei uns, und sie brachte in einem Korb ihren herrlichen Angorakater mit, den lehnen die beiden Brüder ab, fürchten ihn oder sind eifersüchtig, so daß der Angora für sich allein lebt und auch allein gefüttert werden muß. Als ich meiner Frau diese Lage psychologisch erklären wollte, fragte sie: ob ich wirklich glaube, daß die beiden mageren Hauskatzen merken, daß der neue Kater so ein Rasse- und

Luxustier sei, und zweifelte, ob dieser selbst es wisse, daß er so etwas sei. Worauf ich erwiderte: »Glaubst du etwa, daß der G. Hauptmann nicht genau wisse, daß er ein Angora-Schriftsteller ist?«

Sorge macht der große Kaktus vor dem Atelier, der dies Jahr zum erstenmal im Freien überwintert hat, wenn auch unter seinem schönen Schutzdach. Wir wissen noch nicht, ob er davonkommt oder etwa erfroren sei.

Dank für Ihren Gruß und die hübschen kleinen Blättchen. Im Einzelnen gefallen sie mir gut, im Ganzen jedoch ist mir Farbe und Gold etwas zu spielerisch. Große Freude habe ich an allen Ihren Briefzeichnungen, die sprechen immer ganz zu mir. [...]

Frau Emmy Ball ist nach Deutschland gereist, wohl nur für kurze Zeit, hauptsächlich um mit Verlegern zu sprechen.

Jetzt muß ich an die Arbeit, seien Sie recht sehr gegrüßt von Ihrem

H. Hesse

1 Lorenzo Cereghetti (1878-1974), Gartenarbeiter.
2 Vogel = H. Hesse.
3 Seine jungen Katzen, genannt Löwe und Tiger.
4 Eleonore Wiegand (1896-1976), die Witwe des am 28.1.1934 in Lerici verstorbenen Publizisten Heinrich Wiegand.

103 An Walter Benjamin

Montagnola, Ende Februar 1934

Hochgeschätzter Herr Benjamin

Meine Frau hat mir Ihr Manuskript[1] vorgelesen, und als wir am Schluß waren, sagte sie bedauernd: »Schade, davon hätte ich gern noch viel gelesen!« Ich hatte große Freude an diesen zarten, genauen, straff formulierten Zeichnungen, besonders gern habe ich den Fischotter und das bucklichte Männlein.

Nun bin ich aber etwas in Verlegenheit, wie ich Ihnen bei der Verlegersuche helfen könnte: ich bin in diesen Dingen weder erfahren noch geschickt. Persönlich kenne ich bloß zwei Verleger, denen meine Empfehlung etwas bedeuten würde: den Dr. Bermann im Verlag S. Fischer und einen der Leiter des Verlags Albert Langen. Der letztere kommt nicht mehr in Betracht, er ist seit der Vereinigung mit G[eorg] Müller[2] so nationalistisch geworden, daß er kein Buch eines Juden, oder eines Emigranten, bringen würde.

Sagen Sie mir bitte, ob überhaupt ein reichsdeutscher Verlag in Betracht kommt? Wenn ja, so würde ich es mit Fischer probieren und ihm schreiben. Wenn nicht, dann kann ich wenig tun, da ich in der Schweiz keinen Verleger kenne. Es käme dann wohl die Vermittlung von Klaus Mann und seines Amsterdamer Verlegers[3] in Betracht: wenn ein Billett von mir an Klaus Mann Ihnen nützen könnte, sende ich es gern.

Daß ein Buch wie das Ihre zur Zeit noch fremder und gefährdeter als sonst schon in der schreienden Welt stehen wird, wissen Sie ja selbst. Es geht auch mir so. Ich bin zufällig von Bücherverbrennungen etc. etc verschont geblieben und bin Schweizer Bürger, man hat nichts gegen mich unternommen außer privaten Anpöbelungen, aber meine Bücher treten mehr und mehr zurück und bedecken sich mit Staub, und ich rechne damit, daß das noch lange dauern wird. Aber ich sehe aus Briefen, daß eine dünne Schicht von Lesern für uns doch noch vorhanden ist.

Ehe ich etwa an Fischer schreibe, bitte ich Sie, mir zu sagen, ob ein deutscher Verlag überhaupt für das Buch in Betracht käme, ob Ihr Name durch Bücherverbot, oder wegen politischer Verfolgung etc., zur Zeit für einen deutschen Verlag unmöglich wäre.

Mit Grüßen Ihr

H. Hesse

1 Am 13.1.1934 hatte Benjamin das Manuskript von 36 Miniaturen seiner »Berliner Kindheit um neunzehnhundert« an Hesse gesandt. Das Werk erschien erst 1950 im Suhrkamp Verlag.

2 Der Verlag des 1917 verstorbenen Georg Müller fusionierte 1932 mit dem des 1909 verstorbenen Verlegers Albert Langen.

3 Fritz Landshoff (1901-1988) Leiter der Exilabteilung des Querido Verlags, Amsterdam.

104 An Carlo Isenberg

[Montagnola, März 1934]

Lieber Carlo

Danke für Deine Karte [...]. Die Daten über [Johann Sebastian] Bach vergiß bitte nicht. Es wäre mir jetzt unmöglich neben allem (mein Thema ist komplex)[1] auch noch ein Bachwerk zu lesen.

Von dem Burney[2] (den ich in Zürich suchen lassen werde) weiß ich durch Schubart[3]. Er erwähnt ihn oft und schimpft über ihn, weil B[urney] nicht so enthusiastisch geschwellten Busens wie Schubart jeden Musikanten ans biedere Herz gedrückt hat.

Über etwaige Belesenheit meiner Mutter auf nichtchristlichem Gebiet weiß ich bloß, daß sie Eichendorff sehr liebte, ihr weltliches Leiblied war »O Täler weit«, daß sie gelegentlich mit etwas Schwärmerei Jean Paul erwähnte, und gelegentlich Sinn für Sprache, namentlich für Verse, zeigte. Ich glaube, sie hätte auch Goethe gern gehabt, aber der stand auf der schwarzen Liste. Mein Vater hatte, glaube ich, mehr »Geschmack« als sie, namentlich das reinere Sprachgefühl, dafür aber nicht ihre Entzündbarkeit und Wärme im Bewundern und Lieben. Sehr liebte sie einige fromme englische Liederdichter, z.B. Wordsworth und Longfellow, ferner Dickens, besonders den Copperfield.

Nächstens einmal mehr, falls Du nicht selber einmal kommst. Vorerst schönen Dank, und viele Grüße von Deinem

Hermann

1 Betrifft den unvollendeten vierten bzw. »Schwäbischen Lebenslauf« Josef Knechts im »Glasperlenspiel« (SW 5, S. 602ff.).
2 Charles Burney, »Tagebuch einer musikalischen Reise«, Hamburg 1772, des englischen Komponisten und Musikhistorikers (1726-1814).
3 C.F.D. Schubart (1739-1791), Dichter und Komponist.

105 An Franz Xaver Münzel

Montagnola, 13.3.1934

Lieber Herr Münzel

[...] Ihr Pessimismus in der Betrachtung der heutigen Lage, lieber Freund, hat im Materiellen zwar recht, nicht aber im Geistigen, und wir beide, die wir ja doch noch beide etwas wie Boden unter den Füßen und ein Bett und Brot für heut und morgen haben, dürfen die Sache eigentlich nicht so ansehen, wie Ihr Brief es tut. Daß das Übermorgen ungewiß ist, und unsre Lebensarbeit materiell beinah ertraglos ist, ist bedauerlich, aber noch nicht tragisch. Denken Sie sich nur zwei Minuten in die Lage eines deutschen Juden, oder eines Gefangenen in einem deutschen Konzentrationslager hinein!

Aber freilich leidet jeder von uns eben unter den Sorgen, die gerade ihn treffen, und sucht sich gegen sie geistig immun zu machen. So geht es jedem von uns. Ich kann mich in Ihre Stimmung recht wohl hineindenken, und wünsche Ihnen wie mir selbst für jeden Tag das Maß an Glauben und Geist, dessen es bedarf, um die Enttäuschung und Misere nicht bis ins Innerste dringen zu lassen [...].

Ich habe heute und morgen einen deutschen Künstler[1] zu trösten, der verzweifelt aus Deutschland kommt, zu mir geflohen ist und das Leben nicht mehr glaubt ertragen zu können. Die Witwe meines armen Freundes ist auch noch da und bleibt wohl noch etwa 14 Tage. Und im dritten Reich bereitet sich mehr und mehr eine richtige Christenverfolgung vor, welche den Katholiken und Protestanten, soweit sie Christen sind, gleichmäßig droht. [...]

Seien Sie bedankt und gegrüßt von Ihrem

H. Hesse

1 Der Maler Walter Lochmüller (1905-1992), Dozent für Emaille-Kunst an der Höheren Fachschule von Schwäbisch Gmünd.

106 An seinen Bruder Hans

[Montagnola, Mitte März 1934]

Lieber Hanno

[...] Dem Pauli[1] danke ich für seinen Brief, nur soll er ihn ein andermal besser frankieren. Viel Marken habe ich nicht, wir haben eine deutsche Köchin, die meine Marken kriegt, und ich kann ihr das nicht plötzlich wieder ganz wegnehmen, will aber hie und da etwas für eure Buben beiseite legen. Die paar Marken, die ich noch in einem alten Couvert fand, lege ich bei.

Wir haben seit vier Wochen die Witwe meines Freundes Wiegand bei uns, der vor einem Jahr als Flüchtling aus Leipzig zu uns kam und eine Weile bei uns wohnte, und neulich als Emigrant in Italien gestorben ist. Auch sonst Sorgen genug. Von Deutschland her kommt jetzt fast nur noch Schlimmes. Und das Schlimmste wird der kommende Krieg sein, der dort mit Fanatismus vorbereitet wird, wenn auch Hitler seine Friedensreklame macht. Nach der Judenverfolgung ist nun auch eine Art Christenverfolgung da, und bald wird alles, was mit Geist, mit Menschlichkeit etc. etc. zu tun hat, von diesen Berserkern ausgerottet worden. Ein baldiger Krieg, den sie noch verlieren würden, wäre das beste. Nun, behalte das für dich.

Grüße Frieda und die Buben, auch von Ninon. Herzlich grüßt dich dein

H.

1 Zwillingssohn von Frieda und Hans Hesse.

*107 An einen Theologiestudenten**

17.3.1934

Lieber Herr

Es ist nicht gut, daß Sie als Theolog so im Ungewissen sind, wo die Werte liegen und wo Trost zu finden sei. Und es ist auch nicht gut, daß Sie von mir erwarten, daß ich durch eine Apologie meiner selbst es Ihnen erleichtere, mir nicht untreu zu werden. Werden Sie lieber untreu, gehen Sie den Weg der Zeit vom Geist zur Macht, vom Glauben an den Geist zum Glauben an die Kanonen, und seien Sie dessen sicher, daß keiner von allen guten Geistern der Vergangenheit Ihren Weg billigt. Er ist leichter zu gehen als der unsere, man kann dabei ohne die »Müdigkeit« fertig werden, die Sie bei mir stört, und die auf einige Jahrzehnte des Kampfes für den Geist gegen die brutale Macht zurückzuführen ist. Es gab in Göttingen einen stud. theol. Adolf B[aden], der sehr schöne Gedichte schrieb – wenn Sie ihn kennen, so grüßen Sie ihn von mir und sprechen Sie mit ihm, da ich Ihnen das nicht geben kann, was Sie haben möchten.

* Der Brief ist nicht vollständig überliefert.

108 An Thomas Mann

[Poststempel 18.3.1934]

Lieber Herr Thomas Mann

Danke für Ihren Aroser Brief! [...] Daß ich meinem letzten Brief an Sie jene Zeitung mit dem Bericht über die Leipziger Wagner-Orgie[1] beilegte, war zunächst einfach Zufall –, sie war grade am selben Morgen angekommen, an dem ich Ihnen schrieb, und da ich selbst nur sehr selten deutsche Zeitungen zu sehen kriege, vergaß ich für einen Moment, daß Sie ja viel mehr Gelegenheit haben als ich, solche Dokumente der Zeit zu sehen. Aber wenn ich mich genauer prüfe, war leider auch etwas Bosheit oder Schadenfreude dabei: Sie wissen ja, daß ich in dem, was Sie Abschätziges und Kritisches über Wagners Theatralik und Großmannssucht sagen, sehr mit Ihnen übereinstimme, während Ihre Dennoch-Liebe zu Wagner mir zwar ehrwürdig und auch rührend, aber doch nur halb verständlich ist. Ich kann ihn, offen gesagt, nicht ausstehen. Und vermutlich empfand ich beim Blick auf jene Zeitung mit Hitlers Superlativen über Wagner Ihnen gegenüber etwas wie »Da haben Sie Ihren Wagner! Dieser gerissene und gewissenlose Erfolgmacher ist genau der Götze, der ins jetzige Deutschland paßt, und daß er doch wohl Jude ist, paßt erst recht dazu«. Irgend so etwas war wohl mit im Spiel.

Daß Sie nicht in Deutschland leben könnten, ist auch mir ganz klar. Wenn es auch ganz hübsch ist, daß dort allmählich alles irgendwie Geistige in Konflikt mit der Macht gerät und in die Christenverfolgung mit einbezogen wird (sogar ein recht harmloser Vortrag von Kolbenheyer wurde polizeilich verboten)[2] – so sieht das Ganze doch wohl sehr ernst aus, denn es ist kein Zweifel, daß drüben ganz gewaltig gerüstet wird. Ich weiß nicht recht, was ich wünschen oder anordnen würde, wenn ich für eine Minute Weltgeschichte machen müßte – ich glaube beinahe, ich würde Frankreich über den Rhein marschieren und Deutschland jetzt einen Krieg verlieren lassen, den es in ein paar Jahren vielleicht gewinnt.

Wir erwarten wie jedes Jahr um Ostern eine Masseninvasion von Fremden in der Gegend, das bringt manchen angenehmen Besuch mit, aber viel zu viel auf einmal, und meistens macht das Wetter sich den Spaß, die Fremden mit ihrem Traum vom sonnigen Süden zu verhöhnen. Denn März bis Mai sind nun einmal hergebrachter Weise hier Regenzeit, und daß Sie es letztes Jahr nicht so getroffen haben, war ein Glücksfall, den vielleicht der Himmel Ihnen zulieb geschehen ließ. Möge er weiter zu Ihnen stehen! Ich denke oft an

Sie, je größer die Einsamkeit wird, in der ich zwischen dem reichsdeutschen und dem emigrierten Deutschtum lebe.

Frau Wiegand ist noch bei uns. Meine Frau läßt sehr grüßen. Herzlich

Ihr H. Hesse

1 Der Komponist Richard Wagner (1813-1883) ist in Leipzig zur Welt gekommen.

2 Erwin Guido Kolbenheyer: »Der Lebensstandard der geistig Schaffenden und das neue Deutschland«, München 1934.

109 An Rudolf Leonhard

Montagnola, 19.3.1934

Hochgeschätzter Herr Leonhard!

Danke für Ihren lieben Brief. Ich hatte eine ähnliche Stellungnahme zu meinen Zeilen erwartet. Sie stehen an einem andern Punkt als ich, und die Welt sieht für Sie anders aus und muß Ihnen durch andere Mittel heilbar scheinen als mir. Das sind die »irrenden Brüder« meines Gedichts[1] – »irrend« weil es vollkommene Programme und Rezepte nicht gibt. »Brüder« weil es beiden ernst ist. Das trennt uns, auch wo wir verschiedenen Lagern angehören und Feinde scheinen, von allen denen, denen es nicht ernst ist, die nur mitlaufen, mitschreien, oder nur sich ducken und Angst haben.

Für Sie[2] muß heute alle Stellungnahme des Einzelnen politisch sein. Für mich nicht, sondern im Gegenteil, für mich ist an der Haltung eines Jeden das, was mich interessiert: ob er »politisch« ist und an die Mittel der Politik glaubt, deren letzte und stärkste immer die Kanonen sind, oder ob er den Unglauben an die Politik hat und dafür die Tendenz, sein Leben und Denken auf Gott hin, auf einen überzeitlichen, überaktuellen Mittelpunkt hin zu zentrieren, nicht im Sinn einer verständigen Weltanschauung, sondern im Sinn des Dienstes und Opfers. Mein Standpunkt ist für Sie nicht diskutabel, er ist es auch für mich nicht, da er nicht Wahl, sondern Schicksal ist. Ob ich damit »Recht« habe, das zu entscheiden, liegt gar nicht bei mir. Von mir aus gesehen, hat niemand recht, und die Kämpfe streitender Meinungen und Programme sind nicht vernünftig, also im Grunde vermeidbar, sondern tragisch und unvermeidbar. Für mich ist es ganz einerlei, ob Hitler oder ob Trotzki oder wer sonst die Kanonen befehligt – wohl ihm, wenn er aufrichtig an den Wert seines Tuns glaubt; die Welt ändern oder bessern wird er nicht, da er gar nicht am Angelpunkt steht, der liegt für die Menschen von meinem Glauben innen in jeder Seele, und jedem von uns ist es zwar erlaubt, für seinen Glauben zu sterben, aber nicht: für seinen Glauben zu töten.

Ich habe nicht die Gabe des Formulierens und habe ja auch keineswegs das Verlangen, Sie zu überreden oder zu bekehren. Ich halte Sie für aufrichtig und wünsche, daß auch Sie mich dafür halten, weiter nichts.

Ich habe seit vier Wochen die junge Witwe eines Freundes im Haus, eines Ihrer Gesinnungsgenossen, der als Emigrant in Italien gestorben ist. Die Beziehungen zu Deutschland bröckeln langsam ab; was dort noch in Zeitungen von mir steht, sind Zweitdrucke, ohne mein Wissen durch ein Büro vertrieben.[3] Allmählich rücken auch die Emigranten sachte von mir ab, und es entsteht eine ähnliche Isolierung wie die, in der ich die Jahre des Krieges lebte, aber sie ist heute trotz allem viel leichter zu ertragen. Ich kann sogar ein wenig arbeiten, freilich geht es sehr schwer.

Seien Sie mit vielen guten Wünschen herzlich gegrüßt von Ihrem

H. Hesse

1 »Besinnung« (SW 10, S. 324f.).

2 Rudolf Leonhard (1899-1953), Lyriker, Dramatiker, Verlagslektor, dessen Schrift »Das Wort« Hesse am 1.1.1933 in der »Neuen Zürcher Zeitung« empfehlend rezensiert hatte, war Kommunist und

Mitorganisator des »Schutzverbandes deutscher Schriftsteller im Exil«.

3 Die literarische Agentur von Cäcilie Tandler in Wien, welche den Feuilletonteil deutschsprachiger Tageszeitungen mit Beiträgen versorgte.

110 An seine Schwester Adele

[Montagnola, Ende März 1934]

Liebe Adis

Dein Brief vom 20. hat mich sehr gefreut, und daß auch heut noch Gockelhähne vergoldet und auf Türmchen gesetzt werden, samt allem andern, ist recht tröstlich und tut einem wohl, es gehört gewiß zu den gescheitesten und besten Sachen, die heut getan werden. [...]

Sehr freut es mich, daß Carlo bei deinem Buch[1] mithilft. Auch ich habe ihn mit Fragen belästigt, erwarte noch einige Auskünfte von ihm über Fragen, die den Plan zu meinem Buch angehen. Denn wenn auch die Einleitung zum Glasperlenspiel unmöglich und wertlos geworden und noch durch keine andre ersetzt ist[2], so sind die Gedanken dran doch weitergegangen, und ein Bruchstück ist auch geschrieben worden, das ich dir einmal zeigen werde. Unter anderem soll das Buch mehrere Lebensläufe des selben Mannes enthalten, der zu verschiedenen Zeiten auf Erden lebte oder doch solche Existenzen gehabt zu haben glaubt. Das erste Stück davon ist geschrieben, da ist er Regen- und Wettermacher vor etwa 20000 Jahren bei einem primitiven Menschenstamm. Eine der späteren Existenzen wird die eines schwäbischen Theologen aus der Zeit Bengels und Oetingers[3] sein, daran bin ich seit Monaten, d.h. erst an Vorbereitungen, zur Zeit habe ich aus einer Zürcher Bibliothek sämtliche Bände von Spangenbergs Leben[4] des Grafen Zinzendorf bei mir und viele andre solche Sachen, auch ein württ[embergisches] Gesangbuch vom Jahr 1700 mit dem Titel: Geistliche Seelen-

Harpffe oder Württembergisches Gesangbüchlein, darinnen enthalten etc. etc. etc. nebst einer Vorrede Weyland D. Andr. Adam Hochstetter.

Falls du einmal Gelegenheit hast, erkundige dich darüber, ob eine Möglichkeit besteht, daß die Tübinger Bibliothek mir zeitweise Bücher leiht. Ich weiß noch nicht, ob ich's brauche, es könnte aber wohl sein, Zürich ist ärmer auf diesem Gebiet als ich dachte. Vielleicht weiß Carlo oder Karl oder sonst jemand was. Es müßte jemand in Tübingen, der sich für mich interessiert, mir den Gefallen tun, gelegentlich dort nach meinen Angaben ältere Literatur für mich zu suchen, und dann müßte er entweder den Bibliothekar dafür gewinnen, daß er mir, mit Rücksicht auf meinen Namen etc. ins Ausland Bücher anvertraut, oder es müßte mein Tübinger Vertrauensmann selber es auf sich nehmen, Bücher zu entlehnen, die er dann mir schickt und für die ich natürlich alle Garantie leiste. Du sollst dir nicht eine Sorge draus machen, vielleicht brauche ichs überhaupt nicht, diese ganze Arbeit wird ohnehin durch meine Augen furchtbar erschwert und beschnitten.

Nur so einmal herumhorchen, meine ich. [...] An Ostern, wenn der große Heuschreckenschwarm der Fremden kommt und auch mir wieder einen Haufen Besuche bringt, ist meistens Regenwetter. Irgendwie kommen die Leute trotzdem immer wieder oder die Hoteliers wissen zu verhindern, daß unser Osterwetter sich herumspricht.

Mit der Arbeit geht es schwer, auch der Antrieb dazu ist schwach, von außen gar keine Ermutigung. Sonst geht's leidlich, doch muß ich mit den Augen immer aufpassen, jede kleine Überanstrengung bringt böse Tage. [...] Am 21., dem Frühlingsanfang, war L. Finckh's[5] Geburtstag. Er ist der alte Schwärmer und heut weiter von mir als je. Grüß Deine Leute!

Hermann

1 Hesses Neffe Carlo Isenberg unterstützte Adele Gunderts Arbeit an der Dokumentation des Lebens ihrer Mutter: »Marie Hesse. Ein Lebensbild in Briefen und Tagebüchern«, Stuttgart 1934.
2 Vgl. H. Hesse, »Von Wesen und Herkunft des Glasperlenspiels«. Die drei Vorstufen der Einleitung, SW 9, S. 519-569.
3 Für das Fragment des später aufgegebenen »Schwäbischen Lebenslaufs«.
4 A. G. Spangenberg, »Das Leben des Grafen N. L. von Zinzendorf«, (8 Teile) 1772-1775.
5 Sein Jugendfreund, der Schriftsteller Ludwig Finckh.

111 An Gunter Böhmer

[Montagnola, März 1934]

Lieber Herr Böhmer
Ihr Bilderbrief ist mir eine große Freude, obgleich er ja gar nicht bloß Gutes zu melden hat! Vielen Dank, ich habe einen grauen Regentag lang mich dran gefreut, und meine Frau auch. Wir haben Frau Wiegand noch bei uns.

Eines möchte ich Ihnen raten oder Sie drum bitten: Geben Sie nichts auf Gerüchte, die um Frau Emmy[1] herum entstehen! Sie spricht jedesmal über die selbe Sache anders, je nach Laune und je nach den Leuten bei denen sie grade ist, in dieser Hinsicht wäre sie direkt gefährlich, wenn nicht die meisten ihrer Freunde eben doch verstünden, wie man das bei ihr nehmen muß. *Mir* hat sie über Euren Besuch bei Fischer[2] nur ganz diskret geschrieben, gar nicht in dem Sinn den Sie fürchten. Betrübt und empört aber bin ich über die Art, wie Sie bei Fischer empfangen wurden, und ich bedaure sehr, daß Emmy mich nicht vorher um einen empfehlenden Brief an Fischer bat. Sachlich hätte es nichts genützt, aber eine so schroffe und kalte Behandlung wäre dann doch vermieden worden. Ich habe heute bei Bermann mein Befremden und Bedauern darüber ausgesprochen, das bei ihm Leute, die er als meine persönlichen Freunde kennt, so empfangen werden können. Auch das wird nichts helfen, unsereiner wird den Geschäftsleuten gegenüber immer und stets und überall der Beschissene sein, aber sagen mußte ich doch ein Wort.

Es regnet oft, und schneit hie und da, dazwischen ist es wieder schön und warm bis schwül. Ich radiere Unkräutchen im Pflaster der großen Straße mit dem Nagel, es wächst dort üppig. Die neu gepflanzten Stauden bekommen eine Bedekkung mit Torfmull über den Wurzeln, ich mache immer ein Stückchen weiter, so oft es geht. Über Ostern wird es Besuche hageln, hoffentlich auch liebe dabei.

Gut daß Sie wiederkommen! Mit den Weg-Anlagen werde ich nicht ernstlich fortfahren; der Rebenvater Lorenzo hat keinen Sinn dafür und sabotiert meine Arbeiten allzu sehr. Zur Zeit z.B. liegen zwei Wagen Mist seit 14 Tagen mitten auf unsrem neuen Weg, düngen ihn und machen alle unsre Mühen und Erwartungen illusorisch. Ähnlich indessen ist es ja mit allen unsern Taten und Bestrebungen beschaffen, und wir wollen trotzdem immer wieder dies und jenes unternehmen, was uns Spaß macht oder verdienstlich scheint. [...]

Sind Sie von Verlegern auch begaunert worden? Das wollen wir dann besprechen. Sie sollten sich immerhin soviel wehren, daß Sie nicht in den Ruf eines guten Jungen kommen, der allzu leicht übers Ohr zu hauen ist.

Tausend gute Wünsche, für die Augen, die Seele, die Arbeit! Wir haben in diesem Jahr bisher zweimal eine Partie Boccia gespielt.

Herzlich Ihr

H. Hesse

1 Emmy Ball-Hennings.

2 Im Februar hatte Gunter Böhmer die damals in Berlin weilende Schriftstellerin besucht. Dort hatten sie Dr. Gottfried Bermann Fischer um die Finanzierung einer Reise nach Japan für ein gemeinsames Buchprojekt gebeten.

112 An seine Schwester Adele

[Montagnola, April 1934]

Liebe Adis

Es ist schon wieder Ostern, richtiger banger Frühling, Veilchengeruch und feuchte Himmel mit blauen Streifen, und da ich eine Zeitlang gehofft hatte, am Karfreitag in Zürich die Matthäuspassion hören zu können, und es dann doch nichts damit war, denke ich viel an Ostertage in der Jugend und Kindheit, an das Gärtchen in Calw, das dann noch so kahl war, daß es schwer war die Eier zu verstecken. Außerdem sitze ich bei meiner jetzigen Arbeit über lauter Büchern, die es mit Schwaben, mit Theologie und mit Kirchenmusik zu tun haben, allerdings in der Zeit um 1700, als der alte Bengel noch lebte. Dabei fällt dies und jenes mir ein, und dies und jenes fällt mir nicht ein, d. h. ich suche mich an manches zu erinnern, wozu mir die Namen etc. fehlen. Z. B. denke ich bei meiner Arbeit oft an einen alten Lehrer in Calw[1], bei dem ich einmal Nachhilfestunden hatte (wahrscheinlich vor dem Eintritt in Göppingen), er wohnte an der Ledergasse oben in einem alten hohen Haus, zwischen Schuhmacher Zahn und dem Laden von Serva, war damals (um 1888) gewiß schon pensioniert und recht alt, und es wohnten bei ihm die beiden Brüder Klaiber, von denen der eine in Hermanns[2] Klasse ging, der andre in die meine.[3] Also wenn du den Namen nicht weißt, weiß ihn wahrscheinlich Hermann. Und noch etwas: Falls sich bei Hermann oder sonst in der Familie noch einige Schulbücher aus unsrer Zeit finden, z. B. eine latein[ische] u. griechische Grammatik, die griechische Chrestomathie[4] und andres, so wäre ich sehr froh sie bekommen zu können, aber bloß wenn sie wirklich ganz entbehrlich sind. [...]

Eigentlich ist alle diese große halbgelehrte Arbeit nicht recht im Verhältnis zu dem, was bei ihr herausschaut: falls es überhaupt glückt, wird diese Arbeit bloß ein kleines Teilstück in dem Buch sein, an das ich seit Jahren denke, und in dessen Mitte das Glasperlenspiel steht.

Addio, Adis, seid alle herzlich gegrüßt von deinem

Hermann

1 Johannes Kopp (1815-1894), Lehrer an einer Mädchenschule.
2 Hesses Vetter Hermann Gundert.
3 Johannes Klaiber (1877-1949), Gymnasiallehrer in Stuttgart. Ein Oberrechnungsrat R. Klaiber kommt in der ersten Fassung des Vorwortes zum »Glasperlenspiel« vor (SW 5, S. 519ff.).
4 Vorläufer der heutigen Schulbücher.

113 An Helene Welti

Ostersonntag, [1.4.] 1934

Liebe Frau Dr. Welti
Ich will diesen Ostervormittag im Garten zum Dahlienpflanzen benützen, vorher aber Ihnen einen Gruß an diesem warmen, schwülen Ostermorgen schicken, denn mit der Morgenpost kam Ihre liebe Sendung, und meinen herzlichen Dank dafür will ich keinen Tag warten lassen.

Sonst bringt die Post jetzt nicht so viel Gutes. Vorgestern wurde mir meine letzte, seit manchen Jahren bestehende Mitarbeit in Deutschland gekündigt, meine mehrmals im Jahr erscheinenden Bücherberichte für die »Propyläen«[1] werden jetzt nicht mehr gewünscht, es war meine letzte Verbindung mit der heutigen Öffentlichkeit in Deutschland. Jetzt habe ich als Organ, an dem ich gelegentlich, mit beschnittenen Flügeln natürlich, mitarbeiten kann, bloß noch die Neue Rundschau, und deren Leserkreis ist klein geworden, meine Tätigkeit ist wieder zu einem Privatvergnügen herabgesunken. Ich arbeite aber zur Zeit dennoch weiter, Studien zum nächsten Buch, dem schwierigsten und kompliziertesten meiner Versuche, ich habe auch die Bude voll alter Bücher aus der Zürcher Centralbibliothek liegen, meist schwäbische Theologie des 18. Jahrh[underts].[2]

In der Frage wegen der Schoeck-Woche[3] war es mir ein wenig traurig, wie Sie mir damals, als ich mich nicht gleich entscheiden konnte, sofort schrieben, ich möchte doch lieber zu Wassmers gehen. Nein, gerade das möchte ich nicht, gerade das hat mich auch bestimmt, Herrn Wassmer, der mich (ohne von Ihnen zu wissen) ebenfalls einlud, abzuschreiben. So wie die Menschen sind, sind solche Probleme eben nicht zu lösen. Entweder würde ich bei Wassmers wohnen, müßte täglich in einem Schwarm von Menschen stecken und nachts bis zum Umfallen an Banketten und Geselligkeiten teilnehmen – lauter für mich vollkommen unmögliche Dinge, oder aber ich käme unter Umgehung von Wassmers, von Schoeck etc. etc. für mich allein nach Bern, nur um die Musik zu hören, dann würde es von Wassmers, von Brun, von 20 andern Freunden Vorwürfe darüber hageln, daß ich nicht die Tage bei ihnen verschwatzen und die Nächte mit ihnen versaufen kann und will. Also bleibe ich weg, das ist allmählich mein habituelles Verhalten geworden.

Große Freude hatten wir an Annette Kolb[4], sie deutete übrigens einmal an, daß Sie vielleicht ins Tessin kämen, aber daraus ist nun also leider nichts geworden. Sie haben ja Recht, grade um diese Zeit der Überfüllung mit Fremden ist unsre Gegend nicht zu empfehlen. Wir werden wohl auch viele Besuche bekommen, zum Glück sind auch angenehme avisiert. […]

Ich habe etwas viel gearbeitet, man kann das nicht dosieren, und bin etwas gereizt und arm an Schlaf. Aber wenigstens ist nach sehr langem Brüten und Warten die Arbeit einen kleinen Schritt fortgerückt, ich lebe mit diesem Plan nun schon seit drei Jahren. Addio! Seien Sie von Herzen gegrüßt von Ihrem

H. Hesse

1 Die Kulturbeilage der »Münchner Zeitung«, die Hesse seit 1904 mit Buchbesprechungen und anderen Beiträgen beliefert hatte.

2 Vorarbeiten zu dem vierten, dem »Schwäbischen Lebenslauf« Josef Knechts im »Glasperlenspiel«.

3 Vom 22. bis 29.4.1934 fand in Bern eine von Fritz Brun und Max Wassmer organisierte Othmar-Schoeck-Woche statt, in deren Verlauf mehr als ein halbes Dutzend seiner Kompositionen aufgeführt wurden.

4 Vom 14. bis 27.3.1934 war die sowohl mit Weltis als auch mit Hesses befreundete Schriftstellerin Annette Kolb zu Besuch in Montagnola.

114 An Johanna Gold
(Mit einer aquarellierten Federzeichnung am Kopf des Briefes)

[Montagnola, nach Ostern 1934]

Hochgeschätzte liebe Frau Dr. Gold
Ihre schöne Sendung kam an einem schrecklichen Regenmorgen an, es goß seit zwei Tagen Tag und Nacht und die Wolken hingen bis auf den See herab, man konnte schon eine Ermunterung und Freude brauchen. So kam Ihre liebe Gabe zur rechten Zeit. Es war eins der Eier[1] zerbrochen, aber nur dies eine, die andern sind alle vollkommen wohlerhalten, und entzücken mich sehr; Ninon sagte, sie habe sich schon seit Jahren gewünscht, ich möchte einmal die Farben und Ornamente solcher Eier sehen. Diese alten Bauernkünste gehören, wie die orientalischen Teppichmuster, zum unzweifelhaft Schönsten. Sachen dieser Art gibt es auf der ganzen Erde, soweit nicht Kriege oder mechanisierende Zivilisationen damit aufgeräumt haben. Ich glaube, wenn eine Sintflut käme, und später die Erde sich wieder langsam bevölkerte, so würden alle die gleichen schönen Dinge wieder neu entstehen, sie kommen aus einem Vorrat, der allen Völkern gemeinsam ist – C. G. Jung würde sagen, aus dem »kollektiven Unbewußten«. [...]

Ihre Gefühle bei dieser gewaltsamen Enteignung der Gläubiger in Ihrem Land begreife ich sehr wohl, ich kenne diese Art von Verlusten aus der Kriegs- und Inflationszeit her, und habe täglich mit neuen zu rechnen, denn auch ich bin gezwungen, in kapitalistischen Formen zu leben, d. h. ich muß den Überschuß, den zufällige Erfolge mir bringen, aufsparen und auf Zins legen, um davon die vielen mageren Jahre zu leben, und weder meine Arbeit noch meine Gaben erlauben mir, mit dem Gelde jeweils zu spekulieren, ich bin auf die übliche kapitalistische Methode angewiesen, und dabei vom Staat wie von Privaten mehrmals schwer betrogen worden.

Wir bereiten etwas Hübsches vor: eine kleine Auswahl aus meinen Gedichten, welche dann als eins der kleinen hübschen Bändchen[2] der Inselbücherei erscheinen soll. Im übrigen stecke ich seit einem halben Jahr in lauter Bibliotheksarbeiten, Vorbereitungen für eine künftige Erzählung.[3] [...]

Herzlich dankt Ihnen und grüßt Sie Ihr

Hermann Hesse

1 Bemalte Ostereier aus Rumänien.

2 H. Hesse, »Vom Baum des Lebens«, Ausgewählte Gedichte, Insel-Bücherei 454, Leipzig 1934.

3 H. Hesse, »Der vierte Lebenslauf Josef Knechts« bzw. »Schwäbischer Lebenslauf«.

115 An Adolf Baden

[erhalten am 11.4.1934]

Lieber Herr Baden

Danke für Ihren Brief und für die schönen Gedichte; sie sind mir so, in der Abschrift, lieber als sie mir in Rauchs schrecklichem Bücherwurm[1] gewesen waren. Übrigens hat Rauch, plötzlich ein großer Mann geworden (so groß wie die »großen« Leute und Sachen heute in Germanien eben sind), meinen stillschweigenden Austritt aus seinem immer übler gewordenen Blatt einfach dadurch quittiert, daß er mich um das Honorar für meine sämtlichen Beiträge im letzten Jahr betrogen hat. Es sind große Zeiten, und da sieht es immer so aus.

Mit Luther werden Sie schon recht haben. Nicht zwar, glaube ich, was seine Stellung zu den Fürsten und seinen philiströsen Verrat an den Bauern betrifft, wohl aber so im Ganzen, er ist eine schreckliche, große, aber gründlich häßliche Erscheinung, hat von jeder Art Größe und jeder Art Laster, soweit sie germanisch sind, etwas an sich. Ich glaube auch, daß er den armen, feinen Melanchthon[2] schwer geplagt, ausgenützt und geschunden hat. Und doch muß man heut froh sein, wenn noch ein kleiner dünner Rest von Luthertum da ist, um sich der Christenverfolgung zu stellen. Swedenborg[3] habe ich früher ein paarmal zu lesen versucht, kam aber nicht durch. Eine Ahnung von ihm habe ich durch Oetinger, dessen Leben und Meinungen mir ziemlich vertraut sind. Auch andre Biographie und Theologie des 18. Jahrhunderts las ich in letzter Zeit, als Studien zu einer Arbeit: Spangenbergs Zinzendorf etc. etc. etc.

Der offizielle Katholizismus hat sich gegen Hugo Ball gleich benommen wie gegen jeden intransigenten Outsider, er hat ihn bald benutzt, bald verleugnet. Ich erinnere mich, daß damals, als die »Kritik der deutschen Intelligenz«[4] vergriffen war und umgearbeitet werden sollte, sich ein mächtiger und berühmter Katholik bei Ball einfand, der sehr auf die Umarbeitung drückte (sie heißt »Folgen der Reformation«[5]) und Ball weiter trieb, als er hatte gehen wollen, dann aber als Ball es merkte und sich wehrte, abreiste und sich später wenig nett gegen Ball benahm. Dieser Katholikenführer[6] spielt, glaube ich, noch heut eine Rolle, er stand immer dort, wo die Macht war.

Was Sie über Ihre Gedichte und die Stockung der Produktion sagen, ist plausibel. Auf jeden Fall steht Ihr innerer Besitz zur Zeit unter starker Beleuchtung durchs Bewußtsein, und es entziehen sich die fruchtbarsten Provinzen diesem Licht, das ist wohl bei jeder Pause im Produzieren so.

Ich schreibe zwischen vielerlei Arbeit etwas unruhig und unbesonnen, möchte Sie aber nicht lange warten lassen. Seien Sie herzlich gegrüßt

Ihr H. Hesse

1 Die Monatsschrift »Der Bücherwurm«, Dachau bei München, von 1928 bis 1943, herausgegeben von Karl Rauch.

2 Philipp Melanchton (1497-1560), Philologe, Humanist und Theologe.

3 Emanuel Swedenborg (1688-1772), schwedischer Naturforscher und Theosoph.

4 Hugo Ball, »Zur Kritik der deutschen Intelligenz«, Der freie Verlag, Bern 1919.
5 Hugo Ball, »Die Folgen der Reformation«, Verlag Duncker & Humblot, München 1924.
6 Prof. Carl Schmitt (1888-1985), Staats- und Völkerrechtslehrer, der sich in kritikloser Hingabe an die reale politische Macht dem Nationalsozialismus zuwandte. Vgl. Hugo Ball, »Briefe«, Einsiedeln 1957, S. 202.

116 An seine Schwester Adele

[Montagnola, April 1934]

Liebe Adis

Noch eh mein Brief weg war, kam dein neuer an. Danke schön! Der Glaser[1] soll sich gut erholen! Und natürlich sind die zwei[2] auf ihrer Tour dann hier willkommen. Dagegen könnte ich das Manuskript unmöglich in nächster Zeit lesen, ich muß dich bitten es mir nicht schicken zu lassen. Ich bin so weit im Rückstand mit dringenden Lesepflichten, und in dieser Sache kann ich wirklich nichts leisten und helfen. Mich interessiert an Mutters Leben im Grunde bloß das Persönliche, das was eben uns Kinder angeht. Das andre sehe ich eher zweifelhaft an; die Art von Frömmigkeit und Christentum, die unsere Eltern hatten, war aufrichtig und es wurden ihr Opfer gebracht, aber ganz objektiv kann ich das nicht betrachten, ich spüre auch heute noch etwas Unzulängliches, Gedrücktes, sogar etwas hysterisch Übersteigertes darin, und verzichte darum auf jedes Urteil. Den Großvater Gundert sehe ich noch als Spätling jener Reihe, die bis Bengel zurückgeht; aber an Mutters Leben sehe ich das, was mich stört, allzu deutlich. Vermutlich ist das bloß ein Überbleibsel von Widerständen aus der Jugend, wo Mutter mir 1 oder 2mal häßliche und vernichtende Dinge über meine Dichtungen sagte, so daß ich einmal im Zorn ihre sämtlichen Briefe an mich, in Jahren treu gesammelt, verbrannt habe.

Leb wohl! Wir haben wundervolles Frühlingswetter, beständig brennt mein Feuerchen im Garten.

Herzlich D[ein]

Hermann

1 Die Adoptivtochter von Adele und Hermann Gundert, Gertrud, genannt Glaser.
2 Gertrud und Lene, die zweite Adoptivtochter der Gunderts.

117 An Anni Rebenwurzel

[Montagnola, Ende April 1934]

Liebe A. R.
Ihr Brief hat mich gefreut, an einem schwergrauen Regentag (dem dritten in der Reihe, seit das Wetter umgeschlagen hat) mit Augenschmerzen schon vom frühen Morgen an, hat man gern etwas Freundliches und Lebendiges zu begrüßen statt nur das Übliche.

Über das Steppenwolfzitat im Josef schrieb mir Mann[1], das Wort sei ihm unwillkürlich eingefallen, er sehe daraus, daß es schon in den »Sprachschatz der charakterisierenden Worte« eingegangen sei, und es habe ihm Spaß gemacht, mich bei dem Anlaß zu grüßen.

Seien Sie nicht zu enttäuscht von dem, was Sie im Maiheft der Rundschau finden.[2] Die Erzählung ist eine von mehreren, und diese mehreren zusammen samt Rahmen und vielem andern sollen ja erst das Ganze ergeben.

Die »Elegie« von Schoeck[3] kenne ich, Lied für Lied, seit ihrem Entstehen ziemlich genau, habe sie von Schoeck am Klavier in der Entstehungszeit und später etwa viermal in Aufführungen gehört, es gehen zwischen dieser Schoeck-Liederwelt und mir viele Fäden hin und her. Im Augenblick, wo ich das schreibe, ist in Bern eine Schoeckwoche, es wird im Theater mehrmals seine »Venus«[4] aufgeführt (in 20 Jahren wird auch Berlin sie entdecken), und dazwischen sind Symphonie-, Lieder- und Kammermusik-Aufführungen. Ich habe von Schoeck die Lieder am liebsten, einige Eichendorfflieder (von fern die Uhren schlagen – Du liebe treue Laute –) und andre sind so schön wie Schubert oder Wolf. Nächstdem liebe ich seine Opern (Don Ranudo, Venus, Penthesilea und »Der Fischer und syne Frau«)[5], dann die Kammermusik (besonders die 2 Streichquartette). Manches ist mir etwas zu heftig, zu modern, zu sinnlich, zu draufgängerisch in den Mitteln, aber alles in allem ist Sch[oeck] mir weitaus der liebste und größte deutsche Musiker von heut, und auch von den nichtdeutschen kommt mir eigentlich nur Strawinski[6] in Betracht. Hübsch, daß man in Berlin ihn langsam »entdeckt« – hübsch auch, daß das so langsam geht, es paßt zu Schoecks wohltemperierter Natur sehr. Übrigens war es in Berlin wohl nicht die Musikintelligenz etc., die ihn entdeckte, sondern es war der Basler Edwin Fischer[7], der auf ihn aufmerksam machte. Daß, wie Sie andeuten, ein Zwischenfall dabei sein mußte, paßt auch dazu – wie sollte so etwas vom heutigen Berlin einfach geschluckt werden können? Nun, das werden Sie mir erzählen. [...]

Meine guten Wünsche für den Wissenschaftsbetrieb, quod Deus bene vertat![8] Herzlich Ihr

H. Hesse

1 Hinweis in Thomas Mann, »Joseph und seine Brüder«, Band 2: »Der junge Joseph«, S. Fischer Verlag, Berlin 1934, S. 28. Am 9.4. hatte Thomas Mann an Hesse geschrieben: »Ja, der ›Steppenwolf‹ ist eine Huldigung, die Sie hoffentlich wirklich nicht als Übergriff empfunden haben. Ganz unversehens floß das Wort mir aus der Feder, zum Zeichen, daß diese ihre Prägung in den charakterisierenden Sprachschatz eingegangen; und ich denke, es wird manchem Spaß machen als ein Fingerzeig von meinem Werke hinüber zu Ihrem.«

2 H. Hesse, »Der Regenmacher«. Einer der fiktiven Lebensläufe Josef Knechts aus dem »Glasperlenspiel«.

3 Othmar Schoeck, »Elegie«. Liederfolge nach Gedichten von Nikolaus Lenau und Joseph von Eichendorff. Opus 36, uraufgeführt im März 1923.

4 Othmar Schoeck, »Venus«. Oper nach einer Novelle von Prosper Mérimée, Opus 32, uraufgeführt 1922.

5 Othmar Schoeck, »Don Ranudo«. Komische Oper, Opus 27, »Penthesilea«, Opus 39, »Der Fischer un syne Frau«. Dramatische Kantate, Opus 43.
6 Igor Strawinsky (1882-1971), russisch-amerikanischer Komponist.
7 Edwin Fischer (1886-1960), Schweizer Pianist, Dirigent und Musikpädagoge.
8 Lateinisch: Möge Gott es zum Guten wenden.

118 An Alfred Kubin

[Montagnola, April 1934]

Lieber Freund Kubin
Schön, daß aus Ihrem fernen Zauberwinkel[1], von dem ich nie recht weiß, ob er existiert oder nur so schwebt, von Ihnen erfunden und geträumt – schön, daß aus diesem fernen lieben Geheimniswinkel immer wieder ein Gruß und Zuruf kommt! Das ist mir jedesmal eine Freude. Ich wollte, ich könnte Ihre neuen Blätter sehen, die mit Tusche lavierten! Aber dafür habe ich das Blatt, das Sie mir sandten[2] und das ich besonders liebe, ich kannte es schon, weiß nicht woher, wahrscheinlich aus dem Simplicissimus, in diesem schönen Abzug ist es mir eine sehr geschätzte und geliebte Gabe! Haben Sie Dank dafür und für Ihren Brief, den meine Frau mir studieren half[3] und aus dem ich vor allem erfahre, daß Sie in einer Woge von Produktion und neuem Wagnis schwimmen. Das ist gut, und wenn auch das Produzieren ein Zeugen ist, aus Angst kommt und zu ihr zurückführt – ich bin doch mehr und mehr des abendländischen Glaubens, daß der Mensch nicht bloß sein »Schicksal«, sondern auch seine Triebe, Ängste und Nöte annehmen und bejahen darf. Wem es gelang, sie zu durchstrahlen wie Gotama[4], wohl ihm, er ist vollendet. Aber wer bloß den Trieb und die Gier entwertet, anklagt und sich selber lähmt, ohne doch davon los zu kommen, der ist wie einer, der mit einer Frau lebt, und sich jeden Tag an ihr rächt, indem er sie beschimpft.

Bei mir ist die Woge weniger stark, doch habe auch ich,

nach zwei beinah tatenlosen Jahren, ein paar Fäden zu spinnen angefangen, deren Plan und künftiges Gewebe mir seit mehreren Jahren wie ein Traum vorschwebt.[5] Diese geplante Dichtung sollte, wenn sie gelänge, gleichzeitig in verschiedenen Zeitaltern, gewesenen und künftigen, spielen, zugleich Utopie und Rückblick, und die Unzerstörbarkeit des Geistes lobpreisen. Fertig ist eine Einleitung, schon vor 2 Jahren geschrieben, die aber heute aus verschiedenen Gründen nicht mehr gedruckt werden könnte und ersetzt werden muß.[6] Ferner ist ein Stück Erzählung fertig, das in einer prähistorischen Epoche spielt und nächstens in der »Neuen Rundschau« erscheint. Und zur Zeit bereite ich ein andres Stück desselben Werkes vor, da ist der Held ein schwäbischer Theologe und lebt in der Zeit um 1720.[7] Ich habe die Bude voll von Literatur, meist theologischer, aus jener Zeit. So kann ich mich denn in Ihre Studie über die Zeit des 30jährigen Krieges hineindenken.

Grüßen Sie Carossa[8], wenn er Sie besucht! Ich war im Winter in Bayern, d. h. ich war 14 Tage in der Gegend von Tegernsee bei meinem alten Augenarzt[9] und wurde täglich behandelt, war unterwegs einen Tag in München bei Geheeb[10] und dachte auch an Sie und Carossa, aber die ganze Reise hatte für mich etwas Unwirkliches, ich bin seit so langen Jahren dort mit Land und Leuten nicht mehr verbunden, bin nur ein ausländischer Zuschauer. Schön war das weite bayrische Land im Schnee mit den langen Hügelrücken, dem großen Himmel und den winzigen Dörfern am Horizont, alles ganz und gar anders als das Land, in dem ich seit so vielen Jahren lebe, aber schön und entzückend war es doch wieder.

Wir haben jetzt die Frühlings-Regenzeit, man sieht die Berge vor Wolken kaum, dazwischen schweben im feuchten Grau und Weiß die kleinen rosigen Wolken der blühenden Pfirsichbäume.

Kommen Sie niemals? Sie wären willkommen. Von Herzen grüßt Sie Ihr

H. Hesse

1 Kubin bewohnte das Schlösschen Zwickledt am Inn in Oberösterreich, nahe der deutschen Grenze bei Passau.
2 Kubin hatte seinem Brief an Hesse vom 3.4.1934 die Zeichnung einer Dorfhexe beigelegt.
3 Ninon Hesse hatte den handschriftlichen Brief, wie fast alle Schreiben Kubins, mit Lücken entziffert und abgetippt.
4 Buddha.
5 Das 1931-1942 entstandene »Glasperlenspiel«.
6 Die erste der vier Fassungen der Einleitung in »Vom Wesen und der Herkunft des Glasperlenspiels« (siehe SW 5, S. 519-581). Hesse meint hier die zweite, politische Version.
7 »Der schwäbische Lebenslauf« Josef Knechts, der unvollendet blieb und posthum 1965 von Ninon Hesse u.d.T. »Der vierte Lebenslauf« im Band »Prosa aus dem Nachlaß« veröffentlicht wurde (siehe SW 5, S. 602-703).
8 Der Arzt und Dichter Hans Carossa wohnte damals im Zwickledt benachbarten Seestetten bei Passau.
9 Vom 1. bis ca. 14.2.1934 beim mit Hesse befreundeten Augenarzt Dr. Maximilian Graf von Wiser in Egern.
10 Reinhold Geheeb (1872-1939), Chefredakteur der Zeitschrift »Simplicissimus« und spätere Direktor des Verlags Albert Langen/Georg Müller.

119 An seinen Sohn Bruno

[Montagnola, Anfang Mai 1934]

Lieber Bruno
Das sind recht traurige Nachrichten, die da von Dir kommen. Ich schicke Dir hier etwas zum Lesen, und wünsche Dir die Geduld und Distanz, die es braucht um so was auszuhalten. Wie es dazu gekommen ist, verstehe ich noch nicht recht, aber davon zu reden hat jetzt keinen Sinn. Mutti hat gestern (Samstag Abend) während des Nachtessens aus Ascona angerufen, ob Du bei uns eingetroffen seiest oder nicht. Das Mädchen gab ihr Auskunft, daß Du nicht gekommen seist, bat sie aber zu warten und rief mich, aber bis ich oben am Telefon war, war Mutti nicht mehr da.

Nimm Du das Ganze nicht schwerer[1] als dies Leben genommen werden darf. Wir sollen alles das sehr ernst nehmen, was wir selber zu verantworten haben und was wir für unsre Pflicht und Aufgabe halten – aber das von außen kommende, das Schicksal das außerhalb unsrer Einflüsse und Entschlüsse liegt, das brauchen wir nicht ernster zu nehmen als nötig, und sollen ihm unser Ich ruhig entgegensetzen, es nicht in uns hinein lassen. Sonst wäre es keinem denkenden Menschen (es gibt freilich wenige) möglich das Leben zu ertragen.

Wenn Du allein bist, wird wahrscheinlich die Haft leichter zu ertragen sein. Dann kann man meditieren: sich dies und jenes Erlebte, Gesehene, Gelesene so deutlich wie möglich vorstellen, die Augen schließen und die innern Bilder beschwören, eine schöne und gute Übung ist es auch, sich an Verse zu erinnern und sie sich im Gedächtnis zusammenzusuchen.

Wir grüßen Dich herzlich, Lieber, und freuen uns trotz allem aufs Wiedersehen!

Dein Vater

1 Im Militärdienst hatte Bruno am 1.5.1934 gemeinsam mit anderen Rekruten eine rote Papierfahne gehisst und war deswegen zehn Tage arrestiert worden.

120 An Carlo Isenberg

[Montagnola, Mai 1934]

Lieber Carlo

Nur schnell Antwort auf Deine Karte! Du hast es jetzt sehr streng, da will ich an Vetter Fritz Gundert selber schreiben wegen seiner Besorgnisse, ich kann ihm zwar kein Vorwort schreiben[1], werde aber doch den Weg finden mich zu Eurem Buch zu bekennen. Was Ihr an Gedichten von mir aufnahmet, soll gelten. Meine neutrale und zurückhaltende Haltung diesem Buch gegenüber gilt nicht dem Buch, sondern dem Problem, das die Mutter für mich ist. Gerade daß sie sich so sehr viel und gern literarisch äußerte, ist für mich fatal. Ich habe einen Teil meines Sprachtalents von ihr (viel aber auch vom Vater), aber von ihr auch das Dilettantische, das Zuleichtnehmen des Schreibens, die Lust zu übertriebenem Ausdruck, lauter Dinge, mit denen ich lebenslang schwer kämpfen mußte, um das »Piano« zu lernen statt der heftigen Register.

Sehr freue ich mich auf Dein Kommen.[2] Aber das mit Deinem Magen tut mir scheußlich leid! Von Bircher[3] weiß ich nur, daß er für Diätkuren ausgezeichnet, aber auch sehr teuer und sehr eingebildet ist. Seine Speisen kriegst du sicher auch anderswo, es lernen viele junge Frauen etc. bei ihm das Diätkochen, und ob er Dir als Arzt, d. h. durch seine persönliche Untersuchung und Beratung viel nützen wird, ist mir nicht so sicher, ich bin da mißtrauisch, er hat ja Massenbetrieb, und wer nicht bei hohen Preisen monatelang sein Patient bleibt, von dem wird er sich kaum Namen und Gesicht merken. Verzeih, daß ich Dir vielleicht eine Illusion störe, ich bin auch gar nicht kompetent, aber ich traue Bircher als Arzt nicht so sehr, während ich sein Küchensystem schätze.

Addio, viele Grüße!

Hermann

1 Für das von Hesses Schwester Adele herausgegebene Buch mit Lebenszeugnissen über ihre Mutter, »Marie Hesse. Ein Lebensbild in Briefen und Tagebüchern«. Mit 16 Originallithographien von Gunter Böhmer, das im August 1934 im Verlag von David Gundert, Stuttgart, erschien, hatte dessen Sohn Fritz Gundert den Dichter gebeten, die Einleitung zu schreiben. Das Buch erschien stattdessen mit einem Vorwort der Herausgeberin.

2 Carlo besuchte H. H. im August in Montagnola.

3 Max Bircher-Benner (1867-1939), Arzt und Ernährungsreformer, der 1904 in Zürich sein »Sanatorium Lebendige Kraft« eröffnet hatte.

121 An Alfred Schlenker

[Montagnola] Anfang Mai 1934

Lieber Schlenker!

Danke für Deinen Brief, er freut mich als Zeichen der Freundschaft, und tut mir leid und weh mit seinem Inhalt. Auch bei mir geht das Materielle von Jahr zu Jahr stark zurück, seit zwei Jahren habe ich mehr verbraucht als eingenommen, und das geht rasch so weiter. Was die Gedanken und Gesinnungen betrifft, so glaube ich nicht, daß viel auf die unsern ankommt, wir werden bald wieder dort sein, wo wir anno 14 bis 18 waren, und niemand wird uns fragen, ob wir für die Größe dieser Ereignisse schwärmen oder nicht. Dennoch möchte ich nicht verhehlen, daß ich Deinen Glauben keineswegs teile. Ich sandte Dir diesen Winter mein Gedicht »Besinnung«, dort habe ich genau und mit peinlicher Prüfung jedes Wortes meinen Glauben zu formulieren versucht, soweit er dessen fähig ist. Du siehst daraus eindeutig, daß ich an die Herkunft des Menschen aus dem Geist, nicht aus dem Blut glaube, und so kann ich als höchste und letzte Bestimmung des Menschen auch nicht sein Rotieren um den »Stamm« erkennen, was eine natürlich-egoistische Angelegenheit des Materiellen und Tierischen ist, sondern sein »Rotieren« um Gott, das einzige, was mir am Menschenleben beachtenswert und liebenswert scheint, denn im Tierischen ist der Mensch, eben weil er auch noch den Geist dazu mißbrauchen kann, sehr viel wilder und böser als jedes Tier. Dem Wiederausbruch dieser Triebe, unter Vorantragung schöner (und wirklich geglaubter und verehrter) Ideale gehen wir wieder entgegen. Ich sehe diese zwangsläufigen Entwicklungen verhältnismäßig ruhig an, aber ich möchte keinen Zweifel darüber lassen, daß diese Ideale, so aufrichtig die Jungen ihnen glauben mögen, mir keineswegs genügen. Sie genügen zum Kriegführen, zu sonst nichts.

Nun, das stört meine alte Freundschaft für Dich nicht, ich war froh, endlich wieder etwas mehr von dir zu hören. Ich bin wieder sehr am Arbeiten und komme mit den Augen grade so knapp durch, das Physische am Leben ist mir ja nie recht leicht gefallen und hat mir nie viel Spaß gemacht, früher habe ich die andern um ihre Freuden oft beneidet: essen, verdauen, schlafen, gesunde Augen, keine Schmerzen – das alles schien mir sehr beneidenswert. Aber ich fand auf die Dauer, daß die Gesunden mit ihrem Rüstzeug auch nicht viel Besseres anfangen als wir andern, und wünsche nichts mehr anders. [...]

Addio, seid beide herzlich gegrüßt von Deinem

H. Hesse

122 An Karl Isenberg

[Montagnola, Anfang Mai 1934]

Lieber Karl

Dein Brief mit den literarischen Auskünften war mir sehr willkommen, ich danke dir recht sehr dafür! Der Bibliotheksdirektor schrieb mir ein freundliches Billet. Mit den erhaltenen Auskünften (auch Carlo verschaffte mir einige) kann ich vorerst weiter arbeiten, vielleicht genügen sie überhaupt. Man darf auch nicht zu weit gehen im Anhäufen von Material, und die ganze Menge von Schmökern, die ich durchgelesen habe, wird später in meiner Arbeit nur auf wenigen Seiten zu erkennen sein.

Inzwischen hast du den Regenmacher erhalten, und wirst dich freilich wundern, wie diese Geschichte mit jenen Studien aus dem 18. Jahrh[undert] zusammenhängen soll. Sie tut es aber doch. Bis in ein paar Jahren, wenn wir nicht vorher wieder Krieg haben, wird es sich zeigen.

Wir hatten so gut wie jeden Tag Besuch in letzter Zeit. Der kürzeste, kräftigste und schneidigste Besuch aber war vor 10 Tagen abends bei uns, bloß eine viertel Sekunde, es war ein Blitz der ganz nah beim Haus einschlug, wir glaubten die Welt stürze ein, einer unserer Bäume wurde getroffen und tödlich verletzt, Weg und Waldboden weit aufgerissen, und Steine flogen bis in die Scheiben im ersten Stock. [...]

Hab Dank und sei mit Lis vielmal gegrüßt von deinem

Hermann Hesse

123 An Arthur Stoll

[Montagnola, 6.5.1934]

Lieber Herr Professor Stoll

[...] Ihre so starke Beanspruchung durch die Arbeit im Beruf gehört ja mit zu den Symptomen unsrer Zeit und ihrer Todkrankheit. Gerade die Besten, soweit sie nicht zu einem unfruchtbaren Outsidertum getrieben werden, erschöpfen ihr Leben in dieser großen Mühle der Geschäfte, wobei niemand zu sagen weiß, wo die zivilisatorische Hochleistung aufhört und die mechanisierte tote Organisation anfängt, und niemand weiß auch zu sagen, wo und wie es begonnen hat und verursacht ist. Die Naivsten schieben die Schuld auf den Weltkrieg. Andre sehen einen Schritt weiter, überblicken die Geschichte der Industrie, der Naturausbeutung und des Hochkapitalismus seit dem letzten Viertel des 18. Jahrhunderts, und schaudern wenn sie feststellen, daß seit damals die Einwohnerzahl von Europa sich viermal vermehrt hat, während sie vorher durch etwa 2000 Jahre ziemlich stabil gewesen zu sein scheint. Für meine subjektive Betrachtung liegen die Wurzeln noch tiefer, reichen in der Zeit weiter zurück und sind am Ende geistige. Aber die Tatsache besteht, daß wir in einer sinnlosen Hölle leben, entweder unnütz und von Volk und Staat nur noch als entbehrliche Zierate empfunden wie die Künstler und abstrakten Denker, oder überanstrengt, ohne Muße, ohne Ruhe eingespannt in eine Riesenmaschine, wie es allen tüchtigen und erfolgreichen Geistigen geht, in der Wissenschaft, der Arztpraxis, der Industrie oder wo immer.

Aber wenigstens ist uns die Einsicht möglich, daß das Gefüge der Welt ein Ganzes ist, und wir können es erleben, daß die besten Vertreter der spezialisierten Arbeitskategorien nach einander und nach der verlorengegangenen Einheit des Lebens und Denkens Sehnsucht fühlen.

Ich habe zur Zeit stärker als je seit dem Jahr 1918 das Gefühl, daß wir einer Katastrophe näher rücken, d. h. daß bald wieder große kriegerische Erschütterungen unsre Ateliers und Laboratorien gefährden und uns die Fragwürdigkeit unsres Lebens demonstrieren werden.

Von jungen Menschen aus Deutschland bekomme ich oft phantastische Briefe. Die einen davon fühlen sich als Gipfel der Weltgeschichte und strahlen eine geistlose, aber gewaltige Vitalität aus. Die andern sind von einer Zerrissenheit und Verzweiflung, bei der einem der Atem stehen bleibt.

Wir haben hier nicht den schönen Frühling, den der Norden dies Jahr hat, unser Frühling ist naß und kühl, und ich habe nichts dagegen, es ist für unsre Gegend das Normale – nasser Frühling, und dann lange Perioden von trockner Wärme. In unsrer Wiese blühen die Narzissen, die Rosen sind voll großer Knospen.

Haben Sie Dank, verehrter Freund, und seien Sie mit Ihrer Frau herzlich gegrüßt von Ihrem

H. Hesse

124 An Friedrich Michael

[Montagnola] Mai [19]34

Hochgeschätzter Herr Dr. Michael

Haben Sie schönen Dank für Ihren wertvollen, eingehenden Brief, den Sie mir zum »Regenmacher« geschrieben haben. Ich habe inzwischen die »Flucht nach Madras«[1] gelesen, die der Verlag mir sandte, so daß das Gleichnis von der Pflanzenschrift mir etwas sagt. Ich habe zu allen Romanen, die ein Stück vom heutigen Leben zeichnen, ein verlegenes Verhältnis, da diese Zeit selber mich im Grunde gar nicht »interessiert«, was komisch klingen mag, aber es ist doch so: ich habe, seit im Jahr 1914 der ausbrechende Krieg mich zu wecken begann, einen Rückweg aus unserer Zeit angetreten, und eine Absage an sie begonnen, die noch nicht zu Ende sind. Natürlich fühle auch ich die Vorgänge und Zustände dieser Zeit, aber ich sehe dies alles als einen Ablauf ins Dunkle hinein, ich glaube an kein einziges der Ideale, die heut gelten, und glaube zwar durchaus an den Fortbestand des Menschen, des Geistes und damit der Kultur, sehe die äußere Weltgeschichte aber einem Abbau und Zusammenbruch entgegen gehen, deren Beginn der letzte Krieg erst war und die durchlaufen werden müssen, ehe an Neuordnung zu denken ist. Es wird uns Geistigen nahezu unmöglich, in dieser Zeit zu leben, aber Aufgaben haben wir doch, und damit ist auch in der Hölle Leben möglich.

So etwa sehe ich die Zeit, und darum bin ich für heutige Romane ein sehr schlechter Leser, jedes scholastisch-religiöse Buch des Mittelalters oder jede Seite der Philosophie zwischen Leibniz und Hegel ist mir interessanter. Nehmen Sie mir dies vielleicht törichte Bekenntnis nicht übel! Ich sehe wohl, wie vieles in Ihrem Roman fein und klug aufgebaut und schön dargestellt ist, und Elisabeths Leben mit den Pflanzen ist schön, aber so gut und wahr sie gezeichnet sind, die Menschen gehen mich doch nichts an, am wenigsten der kleine eitle B. Ohm.

Ich mache natürlich bei diesem geringen Glauben an unsere heutige Literatur mit mir selbst keine Ausnahme. Ich kann auch die Mehrzahl meiner eigenen Bücher nicht mehr lesen. Vielleicht ist das alles lediglich eine Alterserscheinung, weiter nichts. Ich sehe uns und unsere Welt untergehen, nichts ist mir sicherer als dieser Untergang, den ich bejahe, ja wünsche, denn ich sehe ihn nur als Sterben erkalteter Formen, ohne an die Mitvernichtung des Lebens zu glauben. Wir werden bald wieder Kriege haben, große Kriege, und den Todeskampf ein Stück weiterführen. Nicht ihn zu verhindern, zu verzögern oder zu beschleunigen, halte ich für meine und unsere Aufgabe, sondern ihn zu sehen, den Blick ins Chaos zu ertragen, dem Chaos den Geist entgegenzustellen und den Glauben an den Geist, als Creator wie als Logos, den Späteren weiterzugeben.

Ihr Brief hat mich sehr gefreut, weil wir ja sehr wenig gute Leser finden, und jedes Verstandenwerden wohltut. Ob das Verstehen eines Lesers sich mit dem deckt, was ich selbst als Absicht oder Sinn meiner Arbeit empfinde, halte ich für ganz belanglos. So ist mir z. B. im »Regenmacher« nur die Beziehung der Menschenwelt zur »Ordnung« wichtig gewesen und das Problem Lehrer–Schüler, aber daß dabei für Sie ein Eindruck von Landschaft als Nachhall blieb, ist mir ebenso willkommen, und wenn ich zurückdenke, so habe ich beim Schreiben zwar mich nie um das Darstellen von Landschaft bemüht, habe aber fast immer das Dorf Turus und die Umgebung als Ganzes, als Bild in mir gespürt.

Entschuldigen Sie, es wäre noch viel zu sagen, aber ich bin von der Arbeit (wozu die Post, die tägliche notwendige Gartenarbeit und fast tägliche Besuche kommen) zu sehr eingeengt, um zu etwas wie Plaudern kommen zu können, nehmen Sie vorlieb mit meinem Dank!

Mit den besten Grüßen Ihr

H. Hesse

1 Friedrich Michael, »Flucht nach Madras«. Roman, Rütten & Loening, Frankfurt/M. 1934.

125 An Tilly Wassmer
(Mit einer aquarellierten Federzeichnung am Kopf des Briefes)

[Montagnola, Mai 1934]

Liebe Frau Tilly

Danke schön, ich war froh über Ihren lieben Brief, und daß Sie den Regenmacher gelesen haben. [...]

Ich habe sehr viel Arbeit, und darf dabei das Gefühl nicht

aufkommen lassen, daß alle diese Arbeit heute vergeblich sei. In Deutschland habe ich noch eine einzige Zeitung, die mich druckt[1], und auch die geht wohl bald ein, kein Mensch kauft mehr ein Buch von mir, ich werde dort bald vergessen sein, ein paar nahe Freunde natürlich ausgenommen. Aber ich denke daran nicht, oder nur sehr selten für einen Augenblick, ich arbeite »ruhig« weiter, soweit von Ruhe mitten im Erdbeben die Rede sein kann.

Daß Sie von Schoecks Ehe nichts Gutes berichten, und auch von sich selber nicht, das tut mir leid, Vieles weiß ich, das andre ahne ich, aber ich weiß da auch keinen Rat. Wir haben aufgehört, die Ehe als ein Sakrament zu nehmen, und haben doch nicht aufgehört, ungeheure Ansprüche an sie zu stellen und sie sentimental zu betrachten. Da geht eben vieles schief. Aber wenn wir auch viel selber Schuld haben, sollte man es doch nicht bloß tragisch nehmen, sondern inmitten unsrer gebrechlichen Welt wenigstens das Beste tun, um unsrem Leben etwas Stille und Beständigkeit zu retten, das braucht viel Geduld, und davon haben wir alle zu wenig. [...]

Addio, Euch allen viele herzliche Grüße!

Ihr H. Hesse

1 Die Monatsschrift »Die neue Rundschau« im S. Fischer Verlag, Berlin.

126 An Max Machhausen

[Montagnola] Juni 1934

Sehr geehrter Herr Machhausen!

Danke für Ihren Brief, er machte mir Freude, und ich glaube seine Herkunft so ziemlich zu verstehen. [...]

Ihr Brief spricht von Scheler und von Ball. Scheler kenne ich beinahe nur vom Hörensagen[1], keine seiner späteren Schriften habe ich gelesen. Doch habe ich eine kleine persönliche Erinnerung an ihn. Während des Krieges, 1915 oder

1916, war er einmal in Bern und besuchte mich zweimal. Persönlich war er mir nicht unsympathisch, doch fiel mir in seinen Äußerungen ein hoher Grad von Nationalismus auf, er hatte auch nach Kriegsausbruch ein Buch zur Verherrlichung des Nationalismus geschrieben, das etwas Faszinierendes hatte und zu dem ich mich damals, etwa 1916, im schärfsten Gegensatz befand.

Auch Hugo Ball lebte während des Krieges eine Weile in meiner Nähe in Bern, aber ohne daß ich von ihm wußte und seinen Namen kannte. Er gehörte zu einem radikalen kleinen Kreis von Kriegsgegnern, und mein Name war ihm zwar bekannt, aber ich war damals für ihn nichts als ein etwas lächerlicher, sentimental-bürgerlicher Unterhaltungsschriftsteller. Erst später, von 1919 an, lernten wir uns kennen, beide als Flüchtlinge nach einer mehr oder weniger mißglückten Existenz ins Tessin gekommen. Er wurde mein Freund und war einige Jahre lang mein nächster Umgang, wir kamen einander immer näher bis zu seinem Tode, sein Grab ist in meiner Nähe, seine Witwe ist noch mit mir befreundet. – Ball trug viel zu meiner Kenntnis des katholischen Gedankens bei, und nahm dafür von mir manches aus der indischen und chinesischen Weisheit auf. Er war in seinen letzten Jahren strenger orthodoxer Katholik, und obwohl ich ihm oft widersprach, und aus meiner geringen Sympathie für den Klerus kein Hehl machte, gefiel mir dennoch gerade das an ihm besonders und gewann mein Herz, daß er bereit war, das Opfer des Intellekts zu bringen, daß er den heroischen Versuch machte, es zu verwirklichen, und daß die Realisierung des römischen Ideals im einzelnen Leben ihm wichtiger und heiliger war als alle Gedankengebäude. Er wurde von lauter Ketzern zu Grabe getragen, auch ich trug bei Sturm und Regen eine lange Kerze hinter seinem Sarge her zur Kirche St. Abbondio hinüber.

Das ist, was mir beim Lesen Ihres Briefes wieder einfiel.

Sie sind jung, und für Sie stellt sich das, was Sie suchen, durchaus als »neu« dar, eine neue Art zu leben, eine neue

Art von Geistigkeit und Menschlichkeit etc. Für mich, der ich alt bin, hat das »Neue« keinen Zauber mehr, und ich glaube dennoch, daß das, was Sie ersehnen und was ich ersehne, dasselbe ist. Denn das Ziel aller Menschenträume und Anläufe ist immer neu, der Aufschwung des Menschen steht immer und überall im Gegensatz zum Gewohnten, Profanen, Alltäglichen, und dem Jungen und Gläubigen erscheinen immer die Angehörigen geordneter und fertig formulierter Bekenntnisse und Ordnungen wie Pharisäer. Und so glaube ich auch, daß die Elite und beste Lebenskraft des Christentums immer bei denen liegt, denen das Formulierte schal zu werden droht und daß trotzdem die ersehnten »neuen« Ordnungen nur die alten sind, und daß die alten Formulierungen in dem Maß ihren lebendigen Zauber wiedergewinnen, als der Suchende bereit ist, die Formel als Symbol anzunehmen.

Sollten Sie je einmal in den Süden kommen und unsere Gegend berühren, dann sehen wir uns vielleicht. Ein Disput über die Grenzen hinweg ist zur Zeit kaum möglich. Ich wünsche Ihnen Gutes.

Ihr H. Hesse

1 Immerhin hatte Hesse im Mai 1915 das Buch des Philosophen und Soziologen Max Scheler (1874-1928), »Der Genius des Krieges und der deutsche Krieg«, positiv besprochen (siehe SW 17, S. 445 f.), wenngleich er diese Rezension später gerne widerrufen hätte. Noch im September 1917 hatte sich Hesse in Bern zu einem Gespräch mit ihm getroffen.

127 An einen Leser in Charlottenburg

[Montagnola] 23.6.1934

Hochgeschätzter Herr

Danke für Ihre Zeilen. Sie fragen, ob Sie mir nicht »die Laune verdorben« haben. Nun, es war keine da, die hätte verdorben werden können. Wer in der Hölle lebt, und bewußt in ihr lebt, hat keine Laune. Darum halte ich auch unsere Diskussionen über Ansichten für entbehrlich, das Leben ist zu kurz und ist zu schwer, wir haben andere Pflichten zu erfüllen.

Über jüdische Dinge pro oder contra nochmals irgend welche Äußerungen zu tun, werde ich unterlassen, ich erhoffe davon für Sie Beruhigung und für mich eine gewisse Entlastung, denn auch ich bin schließlich ein Mensch und hätte eigentlich das Recht eines jeden, mich durch harte und ungerechte Vorwürfe beleidigt zu fühlen. Ich bitte Sie darum, mir den geplanten Brief nicht zu schreiben. Ich gestehe den Juden im Ganzen sowie jedem einzelnen sein volles Recht auf nationale Leidenschaften zu und werde mir also künftig Mühe geben, sie nicht mehr zu verletzen. Aber was ich an den Juden und an andern Völkern verehre, liebe und ernst nehme, sind eben nicht die nationalen Leidenschaften und Empfindlichkeiten. Sie sind für mich etwas Natürliches, etwas Selbstverständliches, aber vollkommen uninteressant. Was mich am Menschen einzig interessiert, ist seine Fähigkeit, jene Leidenschaften unter Umständen abzulegen oder zu sublimieren.

Für Ihre freundlichen Worte schönen Dank! Ergebenst Ihr

H. Hesse

128 An den Vorstand des PEN-Club in London

[Montagnola] 23.6.1934

Sehr geehrte Herren
Erlauben Sie mir, Ihr Interesse einem deutschen Kollegen zuzuwenden, einem sehr beachtenswerten, zur Zeit schwer leidenden Schriftsteller, dessen Werke einen hohen menschlichen und literarischen Wert darstellen, und dessen Sie, wie mir gesagt wird, bisher bei Ihren Bemühungen um die Opfer der deutschen Krise nicht gedacht haben. Es ist der Dichter und Publizist Arthur Holitscher.[1] Seine Romane haben seit dem »Vergifteten Brunnen«[2], der bald nach 1900 zuerst er-

schien, dem Verfasser einen Platz in der deutschen Literatur verschafft und seit Holitscher sich mehr und mehr den sozialen Problemen der Zeit zugewandt und sich für ihre Lösung im kommunistischen Sinne eingesetzt hat, gehört er zu den Anwälten und Verteidigern der Armen und Rechtlosen. Ich bin nicht sein Parteigenosse, auch nicht sein Landsmann (Holitscher ist von Geburt Ungar, ich bin Schweizer), aber ich bin sein Kollege und einer seiner Leser seit dreißig Jahren, und jetzt, wo Holitscher selbst zu den Armen und Entrechteten gehört, wo seine Bücher verboten, sein Besitz und Arbeitswerkzeug in Berlin beschlagnahmt, seine Existenz schwer bedroht ist, wo er nicht einmal seine eigenen Bücher mehr besitzt, jetzt scheint er mir unbedingt zu jenen Kollegen zu gehören, welche Ihrer kollegialen Teilnahme bedürfen und dieser Teilnahme würdig sind. Seine Bücher gehören unbedingt in Ihre Bibliothek der Emigranten, und er selbst gehört zu jenen Opfern der politischen Zustände, welche zu kennen und nach Möglichkeit zu fördern gewiß Ihre Pflicht wäre.

Verzeihen Sie mir, einem Außenstehenden, der keiner Organisation angehört und auch nicht Mitglied Ihres Clubs ist, wenn ich mir diesen Hinweis erlaubt habe.

Mit Hochachtung Ihr ergebener

Hermann Hesse

1 Arthur Holitscher (1869-1941), Romancier, Essayist und Reiseschriftsteller. Hesse hat auf drei seiner Bücher hingewiesen (siehe SW 17, S. 532, und SW 19, S. 75).

2 Arthur Holitscher, »Der vergiftete Brunnen«. Roman in drei Büchern, Langen, München 1900.

129 An Hans Reinhart

[Montagnola, Juli 1934]

Lieber Herr Reinhart

[...] Über Olga D[iener]s neues Buch[1] sollten *Sie* in der Zürcher Zeitung etwas schreiben, Sie könnten das. Ich könnte es nicht, denn ich müßte mich dazu zwingen und würde an den Wert meines Tuns nicht glauben. Ich habe nämlich Olgas Träume sehr gern, ich liebe auch viele ihrer Bilder und ihrer Rhythmen, aber ich sehe sie in einem Glashaus eingeschlossen, das sie und ihre Gedichte stets von der Welt trennt. Im wirklichen Traum haben wir das ja alle, da spricht jeder von uns seine eigene Sprache, denkt keiner an Mitteilung und Verstandenwerden, sondern betrachtet in Symbolen ganz egoistisch sich selbst und seine Schwingungen. In der Dichtung aber muß jenes Wunder zustandekommen, daß einer zwar seine ganz eigene Sprache spricht und seine ganz eigenen Bilder sieht, daß aber seine Sprache und seine Bilder, sei es auch nur assoziativ, den Andern verständlich sind, – das unterscheidet ja eben den Traum von der Dichtung. Und Olgas Verse sind, für mich wenigstens, viel zu sehr Traum und viel zu wenig Dichtung. Sie hat, möchte ich sagen, jenes mystische Opfer nie gebracht, das zur Dichtung gehört: die Opferung des Ich. Sie hat ihre persönliche Geheimsprache der Allgemeinsprache nicht so annähern können, daß Sender und Empfänger einander entsprechen. So bin ich ganz privat ein aufrichtiger Freund Olgas und ihrer Bücher, bin als Literat aber nicht fähig, sie einzuordnen. Es wäre ja wunderbar, wenn man so dichten könnte, indem man einfach träumt und schweift, einfach das Unsagbare vor sich hin summt, und die Traumgebärden sprechen läßt. Aber diese Gebärden und dieses süße Summen sind noch nicht Dichtung, und nur in ganz seltenen Fällen, und auch dann nur als Zufall, entstehen auf diese Weise wirkliche Gedichte: z. B. gibt es einige Verse von Hölderlin aus der Zeit des Wahnsinns, in denen das Hingegebensein an die eigene Innenwelt und die Kunst dichterischer Sprache für Momente wunderbar zusammentreffen.

Wenn Sie dem Insel-Verlag schreiben und sich auf mich beziehen wollen, so bin ich damit ganz einverstanden. Persönlich kenne ich keinen Menschen dort. Die Vorgeschichte meines Inselbändchens[2] war wunderlich. Seit etwa 12 Jahren schrieb der Verlag mir des öfteren, mit der immer wiederholten Bitte, ich möge ihm ein Bändchen in die kleine Bücherei geben. Gleich beim ersten Mal dachte ich sofort: das wäre die geeignete Form für eine kleine strenge Auswahl meiner Gedichte! Ich schrieb es dem Verlag, aber der verzog den Mund und meinte, mit Gedichten sei ihm nicht gedient, er wolle eine Erzählung haben. Ich lehnte ab, zweimal, dreimal, vielleicht noch öfter, und so wiederholte sich das beinahe Jahr für Jahr, ohne daß der Verlag einmal in dieser Sache vorstellig wurde, und ich ihm schrieb, er kenne ja mein Anerbieten, ich sei zu einer Gedichtauswahl bereit, aber zu nichts anderem. Inzwischen hatte ich in all den Jahren die Auswahl so weit vorbereitet, daß ich schon daran dachte, sie anderswo herauszugeben; da schrieb der Insel-Verlag nochmals, und war jetzt plötzlich mit meinem Vorschlag einverstanden. Er bekam mein Manuskript. Aber jetzt ging ein neues Mißgeschick los: der damalige literarische Berater[3] des Verlags wollte meine in langen Jahren sorgfältig bedachte und hundertmal geprüfte Auswahl umwerfen und selber eine neue machen, bei der es ihm mehr auf Mannigfaltigkeit ankam, und nun stak die Sache wieder fest. Schließlich entzweite sich jener Berater mit dem Verlag, wegen ganz anderer Dinge[4], trat aus und nun war die Bahn endlich frei. [...] Seien Sie herzlich und mit guten Wünschen gegrüßt von Ihrem

Hermann Hesse

1 Olga Diener, »Die Liebesbahn«. Gedichte, Zürich und Leipzig 1934.

2 H. Hesse, »Vom Baum des Lebens«. Ausgewählte Gedichte, Leipzig 1934.

3 Fritz Adolf Hünich, bis Ende 1932 engster Mitarbeiter des Insel-Verlegers Anton Kippenberg.

4 F. A. Hünich sympathisierte Kippenberg zu sehr mit den Nationalsozialisten.

130 An Manuel Gasser
(Mit einer aquarellierten Federzeichnung am Kopf des Briefes)

[Montagnola, 2.7.1934]

Lieber Herr Gasser
Ihre Geburtstagsseite[1] habe ich jetzt mit Freude gelesen. Ich sehe, daß es doch zu irgend etwas gut ist, wenn man die Briefe und andern Annäherungen junger Menschen ernst nimmt. Es ist eine Last, gewiß, und bringt auch sehr viel, was keine Freude macht, nicht jeder junge Briefschreiber hat selber etwas zu geben wie Sie es hatten, und nicht jeder vollzieht dann nachher den Abschied von dem, was er eine Weile geliebt hat, ohne dem Verabschiedeten doch wenigstens noch einen Tritt zu geben. Und so tut mir Ihr Gedenken richtig wohl und freut mich, und das schluckt man immer gern. Haben Sie schönen Dank, ich denke Ihre Gabe war dies Jahr die beste, die ich bekam. […]

Seien Sie herzlich gegrüßt von

Ihrem H. Hesse

1 Manuel Gasser, »Hermann Hesse zu seinem 57. Geburtstag am 2.7.1934«, in: »Die Weltwoche«, Zürich, vom 29.6.1934.

131 An seinen Sohn Bruno

[Montagnola, Juli 1934]

Lieber Bruno
Ich danke Dir recht sehr! Du hast mich beschenkt und mir so lieb geschrieben, ich habe seither immer an Dich denken müssen, und mir vorstellen, Du machest den Ausflug mit und werdest Dir dabei doch noch Dein Mädchen erobern. Denn ich sehe es so an, daß sie in ihrer Unentschlossenheit einer kräftigen männlichen Werbung bedarf und ihr doch noch nachgeben würde. Freilich übernähmest Du damit auch die Pflicht, nachher sie festzuhalten und die eventuelle Rückkehr von sorgenvollen Gedanken und Träumen bei ihr zu er-

tragen, offenbar nimmt sie alles etwas schwer, und da kommt es drauf an, daß der andre aufrecht steht und nicht mithilft alles noch problematischer zu machen. Nun, Du weißt das selber, mein Lieber, und ich kann nichts tun als mit allen meinen guten Gedanken und Wünschen bei Dir zu sein.

Ganz besonders gefällt mir diesmal Dein Aquarell! Ich habe längere Zeit nichts Neues von Dir gesehen, und dies Blatt ist schön und hat eine Frische und Naturnähe, über die ich mich freue. Du bist vielleicht traurig gewesen, als Du das Blatt gemalt hast, aber ein Stück von Dir, das tiefer sitzt als unsre Gedanken reichen, hat dennoch der Traurigkeit den Rücken gewendet und sich ganz den Bäumen und Bergen, den Farben und Linien der Landschaft überlassen und hingegeben, und das ist etwas wunderbar Gutes. [...]

Addio, herzlich grüßt Dich Dein

Vater

132 An Hans Walter

[Montagnola, Juli 1934]

Lieber Herr Walter

[...] An Ihren farbigen Federzeichnungen habe ich immer eine reine Freude, und denke manchmal sogar, ob nicht am Ende statt des Schreibens das Malen einmal Ihr Beruf und Ihre Freude sein werde. Sie haben, so scheint es mir, zum Dichter manche von den Voraussetzungen, die anderen, viel »begabteren« und virtuoseren Dichtern fehlen, aber Sie haben auch eine Weichheit und Verschwommenheit, ein Ausweichen vor dem Charakteristischen, eine gewisse Unschärfe in der Sprache, die Ihnen sehr im Weg sein wird. Mehr kann ich nicht darüber sagen. Aber daß Sie sich als Schriftsteller durchsetzen können, daran glaube ich vorerst noch nicht, Ihre Stimme ist noch viel zu verloren und flüsternd und in sich selber versponnen, als daß die Leute sie hören könnten, und dann ist es immer noch weit vom Hören zum Verstehen.

Ich schicke Ihnen ein neues Gedicht[1], ich schrieb es neulich in einer schlaflosen Nacht, nachdem ich abends Musik gehört hatte. Schon oft hatte ich Lust, einmal etwas über den Zauber der Mehrstimmigkeit in der Musik zu sagen. Aber es geht mir da wie anderen, es ist alles schon früher von anderen besser gesagt worden, und z. B. über das Geheimnis der Mehrstimmigkeit hat vor ziemlich genau 400 Jahren der Dr. Martin Luther in seinem Büchlein über die Musik ganz wunderbare, magische Worte gesagt, die mein Gedicht weit hinter sich lassen.

Ich muß aufhören, der Geburtstag hat sehr viel Briefe etc. gebracht.

Seien Sie mit guten Wünschen gegrüßt von Ihrem

Hermann Hesse

1 Das am 19.6.1934 entstandene Gedicht »Dreistimmige Musik« (SW 10, S. 327).

133 An Manuel Gasser

[Montagnola, 30.7.1934]

Lieber Herr Gasser

[...] Daß Sie mir jenen Jüngling, der mich absolut kennenlernen wollte, nicht zugeschickt haben, war lieb von Ihnen. Es wäre aber auf den einen auch nicht mehr angekommen – es vergeht kein Tag ohne Besuche, oft sind es gleich mehrere, und neun Zehntel sind junge Menschen aus Deutschland und der deutschen Schweiz. Ein Primaner aus Hannover, der neulich kam, gab zu, daß im 3. Reich nicht alles ideal sei, aber als ich ihm sagte, es sei eine Schande für die ganze deutsche Jugend, daß sie die in den Konzentrationslagern zu Tod gequälten Leute so lächelnd mit auf ihre Gewissen nehme (eben war die Nachricht von Mühsams Tod[1] gekommen), da meinte er mit jenem besserwissenden germanischen Lächeln: unter den gefangen sitzenden Autoren sei doch wohl keiner, der dem deutschen Volk etwas zu sagen habe. Ich sagte ihm: wenn er das mit seinen 18 Jahren so genau wisse, und wenn er damit die Bestialität des ganzen dritten Reichs für entschuldigt halte, so möge er uns hier in der Schweiz lieber mit seinem Besuch verschonen, und er zog, immerhin betreten, ab. [...]

Es grüßt Sie Ihr

H. Hesse

1 Erich Mühsam (1878-1934), Lyriker, Dramatiker, zeitkritischer Essayist. 1919 beteiligte er sich als Mitglied des »Revolutionären Arbeiterrats« an der Proklamation der Bayerischen Räterepublik. Am 6.4.1934 war er im KZ Oranienburg zu Tode gequält worden.

134 An Helene Welti

[Montagnola, 30.7.1934]

Liebe Frau Dr. Welti

Da ist mir also wieder einmal eine Flüchtigkeit passiert! Zum Glück ist das noch immer eine Ausnahme, obwohl ich seit Jahren ohne Hilfe eine so große Korrespondenz besorge, und wenn einmal etwas passiert, dann ist der Grund meistens der, daß ich mit Ausnahme der Freundesbriefe nur selten einen empfangenen Brief ein zweitesmal lesen kann und sehr oft auch meine eigenen Antworten absenden muß, ohne sie nochmals durchgelesen zu haben, einfach weil ich es den Augen nicht mehr zumuten darf, sie sind Tag für Tag ohnehin überanstrengt, und seit längerer Zeit sind die Schmerzen wieder Tag und Tag meine treuen Kameraden.

Also das, was ich Ihrem Wohlwollen empfehlen wollte, ist der Schweizer Schriftsteller-Verein (Zürich, Witikonerstr. 250). Er sandte mir ein Rundschreiben mit der Bitte, einige Gönner zu werben, die dem Verein als »Freunde« beitreten und einen Jahresbeitrag von 20 Franken Minimum bezahlen. Das wollte ich Ihnen empfehlen, weil die Schweiz bekanntlich noch weniger als andre Länder für die Literatur tut, und die Bundesbeiträge etc. der Krise wegen teils gekürzt, teils ganz gestrichen wurden. Nun ist aber dieser Verein, als Berufsorganisation der sonst vollkommen schutzlosen »Intellektuellen«, heute für uns Autoren sehr wichtig, und wenn er einginge, wären wir übel dran. Daß ich z.B. heute noch in Deutschland Bücher drucken darf, ohne mich einem der scheußlichen Gebilde dort wie »Kulturkammer« etc. anzuschließen und zu unterwerfen, davor schützt mich nur die Zugehörigkeit zum Schweizer Verein. Kurz, die Sache ist zur Zeit nicht ohne Wichtigkeit. Falls Sie Ja dazu sagen, bitte ich Sie, eine Postkarte, mit Berufung auf mich, an den Verein zu richten, der Ihnen dann später das Weitere mitteilt. Im August ist sein Büro geschlossen [...].

Die Besprechung von Korrodi[1] sah ich nicht. Er hat mir oft das Leben reichlich schwer gemacht, ein launischer, nicht guter, kluger aber feiger Mensch, aber mit manchen schönen Fähigkeiten. Für mich interessiert er sich, ohne mich eigentlich leiden zu können, und wenn er einmal über mich allzu gut geschrieben hat, rächt er sich bestimmt beim nächsten Anlaß durch irgendeine kleine oder auch große Bosheit. Er hat seinerzeit den pseudonymen »Demian« sehr gelobt, ohne den Verfasser zu erraten, hat ihn sogar zum Teil auf meine Kosten gelobt, er ahnte ja nicht, daß ich der Autor sei, und hat sich für die kleine Blamage, statt drüber zu lachen, später hart an mir gerächt. Immerhin komme ich seit Jahren leidlich mit ihm aus. [...] Herzlich grüßt Ihr

H. Hesse

1 In der »Neuen Zürcher Zeitung« vom 27.7.1934 hatte Eduard Korrodi (von 1915 bis 1950 Feuilletonredakteur der NZZ) die Gedichtauswahl »Vom Baum des Lebens« rezensiert.

*135 An Horst Magel**

[Montagnola, Ende Juli 1934]

Ich kann Ihnen nur ganz kurz antworten, man kann solche Dinge einander nicht aus der Ferne und brieflich erklären, das ist unmöglich. Also in möglichster Kürze: Es fällt mir auf, daß Sie von meinem »Goldmund« offenbar nur die Hälfte gelesen haben, nämlich das, was Goldmund betrifft. Die andere Hälfte, der Narziß und seine Welt, ist an Ihnen vorbeigeglitten. Aber das Buch und seine Welt wird sinnlos, wenn man es so halbiert: Narziß ist genauso ernst zu nehmen wie Goldmund, er ist der Gegenpol.

Ihre Leiden kommen daher, daß Sie zu den Menschen gehören, welchen die Möglichkeit und der Trieb zur Persönlichkeit angeboren ist, diese haben es schwer, dafür steht ihnen allein die Welt des Schönen und des Geistes offen. Gehen Sie diesen Weg weiter, Sie werden vergebens versuchen, sich der Durchschnittswelt anzupassen. Werfen Sie auch einmal einen Blick in den »Demian« und in das letzte Gedicht[1] im »Baum des Lebens« (Insel-Bücherei). Aus diesen einander scheinbar zum Teil widersprechenden Bekenntnissen, zu denen allerdings auch noch der »Siddhartha« gehört, können Sie meine Lebensanschauung so ziemlich kombinieren. Sie in ein begriffliches System zu fassen und dem Leben einen objektiven, dogmatischen »Sinn« zu geben, wie Sie es von mir erwarten, daran hindert mich das Künstlertum. Unter den Bekenntnissen, die die Menschheit sich formuliert hat, verehre ich am höchsten das der alten Chinesen und das der katholischen Kirche. Auch in diesen Bekenntnissen findet der Einzelne, der zur Persönlichkeit Bestimmte nicht einfach Ruhe, denn sein »Sinn« ist eben nicht die Ruhe, zu seinem »Sinn« gehört, daß er sich viel Unruhe schaffen muß.

Mit Grüßen Ihr

H. Hesse

* Ohne Anrede.
1 »Besinnung« (SW 10, S. 324f.).

136 An Julie Hellmann

[Montagnola, Ende Juli 1934]

Liebe Lulu[1]
Daß es mir gelungen ist, Ihnen mit meinem Gruß eine Freude zu machen, ist mir sehr lieb. Haben Sie Dank für Ihren lieben Brief!

Auf den Zeichnungen in der »Weltwoche«, die ich Ihnen sandte, sehen Sie von verschiedenen Seiten ein schloßartiges schönes altes Haus mit Treppengiebeln[2]; in diesem Haus, mitten im Dorf Montagnola, habe ich über 12 Jahre gewohnt, d.h. ich hatte eine kleine Wohnung darin, vier Stübchen, denn ich lebte in allen den 12 Jahren allein. Meinen Studierzimmerbalkon (er ist auch in »Klingsor« beschrieben) und das Schlafzimmerfenster sieht man auf der Zeichnung in der zweiten Spalte. Seit 3 Jahren wohne ich, wieder verheiratet, in einem neuen Haus oberhalb des Dorfes. Die Lage ist schön, Wald, Wiesen und Reben umgeben das Haus, der Garten ist ziemlich groß. Aber man läßt uns nicht viel allein in unserem Haus, das ganze Jahr sind Gäste und Besuche da, viel zu viele. Oft vergehen Wochen, ohne daß ich einmal eine Stunde mit meiner Frau allein sitze, abgesehen von den Abenden, denn da wird fast immer vorgelesen, d.h. meine Frau liest mir die Bücher und Schriften vor, deren Lektüre für mich nötig ist und die ich selber meiner Augen wegen nicht lesen kann. [...]

In den Jahren meines Einsiedlertums habe ich sehr oft der Jugendjahre und der Heimat gedacht, und auch jener fernen schönen Sommertage in Kirchheim. Hingekommen (nach K.) bin ich aber nie mehr, und das trägt dazu bei, Kirchheim für mich einen Märchenort ohne Zeit und ohne Veränderung bleiben zu lassen.

Ihrer Schwester und Ihnen schickt viele gute Wünsche und herzliche Grüße Ihr

Hermann Hesse

1 Siehe das »Lulu«-Kapitel in Hesses »Hermann Lauscher«, SW 1, S. 253ff.
2 Die Casa Camuzzi.

137 An seine Cousine Fanny Schiler

[Montagnola, Juli 1934]

Liebe Fanny
[...] Von Lao Tse besitze ich 4 oder 5 Ausgaben, am meisten benütze ich die Übersetzung von R. Wilhelm[1], weil ich an dessen Ton von seinen andern Übersetzungen her gewohnt bin, und weil ich ihn und sein Deutsch gern habe.[2] Leider lebt er nicht mehr, er ist seit etwa 3 Jahren tot, das letzte Briefchen, das er schrieb, war an mich.

Den Lao Tse (in andern alten Chinesenbüchern heißt er auch oft »Lau Dan«) von Ular[3] las ich einst vor wohl 25 Jahren, in dieser Form lernte ich das Buch zuerst kennen, habe aber die Erinnerung dran so ziemlich verloren und besitze es nicht mehr. Unter meinen Übersetzungen ist auch eine von Grill[4], der war Mitte der 70er Jahre Stadtpfarrer in Calw und später Professor in Tübingen, ich kannte ihn noch im hohen Alter.

Von dem, was ich über Lao Tse einst gelesen habe, hat mir außer R. Wilhelm ein kleines Büchlein von O. Ewald gefallen, etwa 80 Seiten, der Titel heißt: Lao Tse, von Oskar Ewald, München 1928, bei Georg Müller.

Es ist jetzt Sommer und heiß geworden, der Rittersporn steht hoch und blau und weht im Wind, eine erste Dahlie fängt zu blühen an. Leb wohl, sei gegrüßt von Deinem

Hermann

1 Lao Tse, »Tao Te King«. Das Buch des Alten vom Sinn und Leben. Aus dem Chinesischen verdeutscht und erläutert von Richard Wilhelm, Diederichs, Jena 1921.
2 Richard Wilhelm (1873-1930), Sinologe und Übersetzer der klassischen chinesischen Literatur ins Deutsche. Begründer des China-Instituts der Universität Frankfurt am Main. In zahlreichen Buchbesprechungen hat sich Hesse für sein Werk eingesetzt, am ausführlichsten 1956 anlässlich des Erscheinens der Biographie »Richard Wilhelm. Der geistige Mittler zwischen China und Europa« (SW 20, S. 332ff.).
3 Alexander Ular, »Die Bahn und der rechte Weg des Lao Tse«, Insel Verlag, Leipzig 1903.
4 »Lao Tses Buch vom höchsten Wesen und vom höchsten Gut«. Aus dem Chinesischen übersetzt, eingeleitet und erläutert von Julius Grill, J.C.B. Mohr, Tübingen 1910.

138 An Otto Hartmann

[Montagnola, Anfang August 1934]

Lieber Hartmann

[...] Nächstens kommt Isenberg Junior, der Organist, einst mein Gehilfe bei der Herausgabe des Novalis, Schubart etc. Er half mir auch eine herrliche, auf drei Bändchen berechnete Auswahl »Geist der Romantik« zusammenzustellen, deren Manuskript seit 10 Jahren bei ihm liegt und nie einen Verleger fand. Man hat gute und ernsthafte Bücher im Volk der Dichter und Denker nicht immer so arg gern wie man oft tut.

Böhmer hat für 14 Tage seine Eltern aus Dresden hier, das tut ihm gut.

Viele Grüße, Lieber, von Deinem

Hesse

Etwas in Deinem Brief hat mich gewundert: Du glaubtest, die Wahl für die Titel meiner Bücher überlasse ich den Verlegern! Da hätte ich mir seit den Romantischen Liedern viel Nachdenken sparen können, und manchen Brief und manches Telegramm, in dem ich noch bei einem Aufsatz oder

Gedicht einen Buchstaben im Titel richtig stellte! Und Titel wie Nachbarn, Umwege, Musik des Einsamen, Unterwegs, Bilderbuch, Trost der Nacht – da traust Du den Verlegern doch zu viel Geschmack und Musik zu, und den Dichtern zu wenig Vaterliebe.

139 An seinen Neffen Carlo Isenberg

[Montagnola, Anfang August 1934]

Lieber Carlo

Danke für Deine Karte! Melde Dich dann bitte an[1], uns ist jede Zeit recht. Wir stellen, denke ich, ein gemietetes Klavierchen bei uns auf, und ich werde Dich bitten, gelegentlich mit mir etwas über Musik zu sprechen. Ich möchte nicht Bestimmtes hören, sondern womöglich ein Schrittchen weiterkommen in dem Problem, ob und wie Musik, oder doch Erinnerung an Musik, auf intellektuellem oder dichterischem Weg reproduzierbar ist. Also z. B.: wie weit die Analyse einer klassischen Musik in Worten heute möglich ist. Ich habe nicht im Sinn, gelehrt zu werden, aber ich komme vielleicht dem Verständnis der Wirkung näher, die einzelne Musiken auf mich tun, und werde die Grenze besser sehen, zwischen einem völlig freien dichterischen Phantasieren über Musik und einer Analyse mit den heutigen Mitteln. Wenn ich z. B. von Dir erfahren würde, daß das Strahlende, zugleich Süße und Männliche, was Händel immer für mich hat, auf der Bevorzugung ganz bestimmter Akkorde etc. beruhte, so wäre das ein Schrittchen. Viel werde ich Dich nicht damit plagen. Du triffst Ninons Schwester[2] hier, sie wohnt im obern Gastzimmer, Du im untern. Addio! Viele Grüße

Hermann

Bringe was von Bach mit, und von denen kurz vor Bach, Pachelbel, Schütz oder so, und womöglich etwas Händel.

1 Carlo Isenberg kam am 13.8.1934 nach Montagnola und blieb bis Ende des Monats.
2 Lilly Kehlmann.

*140 An einen jungen Leser in Wiesbaden**

[Montagnola] August 1934

Ihr Brief ist gekommen – aber das Leben ist zu kurz, um so viel zu schwatzen, ich halte es für unnütz. Sie können sich natürlich über das Gedicht »Besinnung«[1] nach Belieben lustig machen, aber wie Sie es als einen Versuch auffassen können, den Menschen seiner Verantwortung zu entziehen, ist mir unverständlich. Vermutlich verstehen Sie unter Geist irgend etwas wie Intelligenz oder was Ähnliches. Ich, das heißt mein Gedicht, nennt den Geist »göttlich« und »ewig«, das heißt das Gedicht versteht unter Geist genau das, was seit dreitausend Jahren alle spirituellen Weltanschauungen darunter verstanden haben: die göttliche Substanz. Sie ist göttlich, aber sie ist nicht Gott, obwohl es auch Religionen gibt, die es so nehmen. Daß unser Dasein tragisch, aber heilig ist, nimmt doch dem, der so glaubt, nichts von seiner Verantwortung. Ich kann auch nicht sehen, warum mein Glaube im Widerspruch stehen soll mit der »Krisis« oder andern meiner Schriften. Kein Mensch besitzt seinen Glauben zu allen Tagen und Stunden in gleicher Reinheit und Stärke, in der er ihn zu einer guten Stunde vielleicht einmal formuliert. Und der Glaube an den Geist und an die Geist-Bestimmung des Menschen schließt die Trauer und die Verzweiflung des körperlichen Lebens (von denen die »Krisis« handelt) keineswegs aus. Wären heute die Begriffe nicht so vollkommen verwirrt und zöge nicht jeden Tag die Praxis teuflische und tödliche Schlüsse aus dieser Verwirrung, so hätte ich vielleicht nie den Drang gespürt, meinen Glauben einmal so zu formulieren, wie jenes Gedicht es tut ...

Versuchen Sie doch lieber Ihren eigenen Glauben für sich zu formulieren – Sie werden sehen, wie schwer und verantwortungsvoll da jedes Wort wird! Und dann suchen Sie, Ihren Glauben zu leben; an schweren Proben wird es nicht fehlen für einen jungen Deutschen von heute.

* Der Brief ist nicht vollständig überliefert.
1 »Besinnung« (SW 10, S. 324f.).

141 An Reinhold Geheeb

[Montagnola, August 1934]

Lieber Geheeb
Dein Brief ist gekommen, endlich also ein Lebenszeichen von Dir, aber leider auch diesmal etwas krank von der Verbitterung und dem Mißtrauen, die heute die vorherrschenden germanischen Eigenschaften zu sein scheinen.

Daß Du meine Gedichtauswahl[1], die kleine Ernte meines Lebens, nur *so* aufnehmen würdest, hatte ich freilich nicht gedacht. Ich kann nicht sehen, wo da auf meiner Seite eine Schuld sein soll. Du hast mich um ein Bändchen für Eure Reihe[2] angefragt in einer kritischen Zeit, wo ich zwischen meinem alten, bewährten und für mich unentbehrlichen Verleger und Euch schon jene Spannungen vorhanden fühlte, die ebenfalls für das jetzige Deutschland charakteristisch sind. Daß mein kleines Buch, die Frucht vieler Jahre, vieler Geduld und auch vieler Sorge, bei Deinen Herren Kollegen »schallendes Gelächter« und bei Dir Ärger und Mißmut wecken würde – nun das ahnte ich wirklich nicht, und bedaure beinah, Dich mit der Zusendung und Widmung belästigt zu haben, da Du nicht mehr fähig scheinst, Menschen und Bücher zu sehen, nur noch Firmen und Etiketten. Aber ich kenne Dich, Geheeb, und weiß, daß Du zwar durch viele Jahre Verlegersein recht verdorben, aber stets wieder der Einsicht und Anständigkeit zugänglich bist.

Also: Euch die Gedichtauswahl anzubieten konnte mir

nicht einfallen, weil die Verhandlungen über dies Büchlein schon zwölf Jahre alt sind. Hätte der Inselverlag erst um jene Zeit, wo auch Ihr Eure billige Reihe begannet, um Mitarbeit gefragt, so hätte er genau dieselbe Antwort wie Ihr erhalten. Aber er war schon viele Jahre früher zu mir gekommen und hatte immer wieder um ein Inselbändchen geworben, und ich hatte ihm, längst eh Eure Reihe auch nur geplant war, schon seit Jahren dies Büchlein zugesagt, weil es für mich ein Abschluß und eine Art letzter Ernte bedeutet, aber die Auswahl mußte sich erst in Jahren sieben und bewähren, und dann kam zuletzt noch eine literarische Differenz mit dem damaligen Lektor des Inselverlags dazwischen, die eine weitere lange Verzögerung brachte.

Was meine damalige Versicherung an Dich betrifft, daß ich keinerlei Wert auf eine Propagierung meines Werks lege, so sehe ich ebenfalls nicht ein, warum Du heute über sie lachen und mich für einen Schwindler erklären mußt. Vielleicht hast Du hinten in das Inselbüchlein geblickt: Dort hätte ich wundervoll für meine Bücher Propaganda machen können, es standen mir bis zu 4 Seiten zur Verfügung. Ich habe aber darauf verzichtet, meine Bücher auch nur zu nennen. Ich habe lediglich, aus bibliographischer Gewissenhaftigkeit und weil es meine Pflicht gegen die Verleger war, die den Abdruck der Gedichte in der neuen Auswahl erlaubten – ich habe also lediglich die noch im Handel befindlichen 3 Gedichtbücher als Quellen angegeben, auf jegliche leiseste Propaganda und Ausnützung der gebotenen Gelegenheit zu meinen Gunsten aber verzichtet.

Man könnte schon irr werden an Euch allen, so dreckig wird in euren Fingern gleich alles. Und Du, der Du mich kennst und im Grunde eigentlich weißt wie es mit mir steht, Du brauchst nur den Holm[3] über mich meckern zu hören, so wird es Dir zur Ehrensache, Dein kindliches Vertrauen zum Freund wegzuwerfen und mit auf mich loszuschimpfen. Wie gesagt, ich habe Gründe, an das andre in Dir zu glauben, aber nett war dies nicht, nicht vom Freund und nicht vom

Literaten und Verleger. Ich werde es mit der Zeit vergessen, aber wehgetan hast Du mir reichlich, alter Haudegen. Wenn Du noch so rüstig und aggressiv bist, Alter, dann schreckt mich das nicht, was Dein Arzt Dir gesagt hat von arger Verbrauchtheit etc. Ich habe nie im Leben so kräftig und bedenkenlos zuhauen können, und kann es heut noch weniger. Das ist der Grund, warum ich Dir und Deiner Frau die herzlichsten Grüße sende, statt Deinen bösen Brief wegzuschmeißen.

Dein H. Hesse

1 »Vom Baum des Lebens«, a.a.O.
2 »Die kleine Bücherei« des Verlages Albert Langen, Georg Müller.
3 Korfiz Holm (1872-1942), Geschäftsführer und Mitbesitzer des Albert Langen Verlags, München.

142 An Otto Hartmann

[Montagnola, 12.8.1934]

Lieber Hartmann

Dieser Tage ist auf einem meiner Umwege, ein neues Gedicht zu Dir unterwegs, sonst hat der Sommer nicht viel Frucht gebracht. Um die Lektüre des Helfferich[1] beneide ich Dich fast, und würde es mir auch einmal erbitten, aber ich käme in langer Zeit doch nicht dazu, Kraft und Augen reichen für das Nötige nicht. Aber seit etwa 10 Jahren liegt ein Manuskript »Geist der Romantik« fertig, ein Lesebuch mit den markantesten Zeugnissen der deutschen R[omantik], auf 2 bis 3 kleine Bände berechnet, von mir und meinem Neffen Isenberg gemacht, dem selben den ich morgen hier erwarte, und für den ich auf 14 Tage ein Klavierchen miete, da ich mit ihm allerlei ältere Musik etwas analysieren möchte. Nur ist das begonnene Manuskript, an dem ich den ganzen Winter gearbeitet, und dem alle die Studien über Musik, über Theologie, Pietismus etc. etc. galten, leider nichts geworden, ich bin damit stecken geblieben, länger und tiefer als daß ich wieder anfangen und daran weitermachen könnte, es bleibt entweder ganz weg oder, wenn das Glück es will, wird es später einmal neu und etwas anders begonnen. Außer der Augen- und anderen Schwächen war der Fehler, daß ich allzu viel wußte, zu viel direkt für diesen Zweck gelesen und gesammelt hatte. Darin besteht die Hälfte und bestehen drei Viertel des geistigen Arbeitens, daß man Sachen lernt, die man dann nicht braucht, und die gelernt und dann lang wieder vergessen zu haben viel später vielleicht einmal sich als sehr notwendig erweist. Bei der heutigen Einschätzung geistiger Arbeit begreift man, daß niemand mehr sich das leisten kann, auch die Gelehrten nicht mehr, sie bringen denn auch merkwürdig schlechte und beschämende Sachen hervor, z. B. das Vorwort eines Professors zu der (sonst brauchbaren) Leibnizausgabe der Kröner'schen Taschenausgaben ist ganz und gar Kind und Spiegel dieser großen Zeit, von der ich nichts halte. Indessen habe ich anderes zu tun als Meinungen über die Zeit zu haben, und bleibe bei meinen Sachen. Euch viele Grüße! Dein

Hesse

1 Karl Theodor Helfferich (1872-1924), Wirtschaftswissenschaftler.

143 An Otto Basler

[Montagnola, 25.8.1934]

Lieber Herr Basler

Ja, das ist schade, daß Sie nicht dabei sind, wenn mein Neffe mit mir Musik durchnimmt, ich könnte auch von Ihnen lernen, und sehr schön ist an sich schon das Kennenlernen alter, für mich noch unbekannter Werke und Meister, zum Beispiel der Klaviermusik von Froberger[1] und anderes mehr.

Es freut mich immer, daß Sie meinen Gedichten ein so liebevoller und auch nachsichtiger Leser sind. Das Verhältnis meiner Gedichte zu denen Georges[2] sehe ich ähnlich wie Sie, doch würde ich die beiden verschiedenen Typen von Dichtung nicht so gegeneinander ausspielen, um einer den ausschließlichen Vorzug zu geben, sondern für mich sind sie Erscheinungsformen alter und ewiger Typen, Gegensätze, von denen beide Teile gleich lebendig sind. George und was zu ihm gehört (es gehört das halbe heutige Deutschland dazu) setzen eine willentliche Haltung, eine Zucht, eine vom Willen diktierte und kontrollierte Auswahl voraus, während ich zu der Art gehöre, die gegen den Willen und das Gewollte mißtrauisch ist und eine Harmonie zwischen Geist und Natur, zwischen Willen und Gnade sucht. Die Gefahr der ersteren ist Hochmut, Diktatur (Georges Diktatur in seinem »Kreis« und sein Anspruch auf Ausschließlichkeit, als einziger Dichter der Epoche, waren Vorläufer der andern deutschen Diktatur, und zum Teil sogar direkte Vorbilder) – die Gefahr der andern Art ist Sichgehenlassen, Unterschätzen des Formwillens, mangelnde Zucht. Nicht irgendwo zwischen beiden Arten, sondern über ihnen im lebendigen Hin und Her zwischen beiden Polen liegt das Gültige.

Mein theoretisches Interesse für Musik ist sehr beschränkt, hätte auch wenig Wert, da ich nicht ausübend bin. Es interessiert mich die Kontrapunktik, die Fuge, der Wechsel der Harmonik-Moden, aber hinter diesen bloß ästhetischen Fragen sind mir die andern lebendig, der eigentliche Geist der echten Musik, ihre Moral. Darüber wissen und sagen die alten Chinesen mehr als unsere Musiktheoretiker. Bei Lü Bu We (»Frühling und Herbst«, Kapitel 2) heißt es unter anderem: »Die vollkommene Musik hat ihre Ursache. Sie entsteht aus dem Gleichgewicht. Das Gleichgewicht entsteht aus dem Rechten, das Rechte entsteht aus dem Sinn der Welt. Darum vermag man nur mit einem, der den Weltsinn erkannt hat, über die Musik zu reden.« Auch über Wagner, den Rattenfänger und Leibmusikanten des zweiten und noch mehr des dritten deutschen Reiches weiß Lü Bu We schon genau Bescheid. Es heißt bei ihm: »Je rauschender die Musik, desto melancholischer werden die Menschen, desto gefährlicher wird das Land, desto tiefer sinkt der Fürst« etc. Oder: »Rauschend ist ja eine solche Musik, aber sie hat sich vom Wesen der eigentlichen Musik entfernt. Darum ist diese Musik nicht heiter. Ist die Musik nicht heiter, so murrt das Volk, und das Leben wird geschädigt« und »Die Musik eines wohlgeordneten Zeitalters ist ruhig und heiter und die Regierung gleichmäßig. Die Musik eines unruhigen Zeitalters ist aufgeregt und grimmig, und seine Regierung ist verkehrt. Die Musik eines verfallenden Staates ist sentimental und traurig, und seine Regierung ist gefährdet.«

Addio, vielleicht sehn wir uns im Spätherbst in Baden. Ich bin durch Gäste und Besuche allzusehr belastet, es ist seit langem keine Arbeit möglich gewesen außer eben dem täglich Notwendigen, nur die beiden Gedichte sind so, zwischenein, entstanden.

Herzlich grüßt Sie beide Ihr

H. Hesse

1 Johann Jakob Froberger (1616-1667), Komponist und Organist des Barock, bekannt durch seine zahlreichen Cembalo- und Orgelkompositionen.
2 Stefan George (1862-1933), Lyriker des Symbolismus.

144 An Anni Rebenwurzel

[Montagnola, August 1934]

Liebe A. R.
Nur schnell, da ich grade Post weg sende, einen Gruß und herzlichen Wunsch zur Genesung! Daß eine Krankheit oder ein körperlicher Unfall so wirken kann, wie Sie es schildern, kenne ich wohl, es ist immer wunderbar, und ist doch (Nietzsche's »Weisheit des Leibes«) eine fast gesetzmäßige biologische Funktion. Zu ihr gehört auch Ihre Geistmüdigkeit etc. etc., es ist wie Schlafenmüssen oder Essenmüssen. Da muß man nachgeben, es hilft, es heilt. Nur hat es mit dem Geist nichts zu tun. Es gibt auch unter den Menschen solche, die diesseits von Gut und Böse leben, in der Unschuld und den

Geist weder als Glück noch als Sündenfall kennen. Aber inmitten unsrer ganzen Menschenwelt ist die Geistmüdigkeit nur eben als jene biologische Reaktion erlaubt. Der Geist ist ja nicht, wie Ihr Brief es nennt, da, um uns zu »trösten«, er hat mit unsrem Befinden und Glück überhaupt nichts zu tun. Er hat aber zu tun mit dem Leben und Gewissen aller Menschen, und darf nicht fliehen und schlafengehen im Augenblick, wo Gut und Böse durcheinander geworfen werden und die Welt Besinnung nötiger braucht als die verlockendste Flucht. Aber jedes zu seiner Zeit, lassen Sie nur erst die Woge auslaufen! Ich habe die paar noch fehlenden Zeilen an der letzten, vierten Fassung des Vorworts zum »Glasperlenspiel« geschrieben, zum Teil sind es nur Zitate, ich brauchte viele Wochen, eh ich daran kam, sie zu suchen, auch die aus Lü Bu We über Musik sind dabei.[1] Ich hoffe nur noch, das Gerüst des Glasperlenspieles zu retten, das geträumte und einst gewollte Ganze übersteigt meine Kräfte, nicht geistig aber physisch, eine so vielfältige, komplizierte und kultur- und geschichtsbezogene Sache braucht beständiges Vergleichen, Wiederlesen etc. etc., und das verbieten mir die Augen für immer. Ein andrer kann da auch nicht helfen, sonst täte es Ninon. Schmerzen Tag und Nacht. Und jeden Tag Besuche. Heut eine Verwandte aus dem Schwarzwald, sehr viel Junge aus Deutschland. Addio!

H. Hesse

1 Siehe den Brief vom 25.8. an Otto Basler.

145 An Anni Rebenwurzel

[Montagnola, August 1934]

Liebe A.R.

In meinem Brief vergaß ich: neulich schickte man mir ein neues Buch von Ihrem Bertram, »Reden über deutsche Männer«[1], ich versuchte es mit der ersten, einer Rede über Bach, und dann mit einer anderen. Aber es ist nicht zu lesen, es ist ein eitles professorales und dabei ganz oberflächliches Geschwätz. Deutliches Beispiel, wenn man an Bertrams Nietzsche[2] denkt: wie auch begabte Autoren schnell schlecht werden, wenn die Moral fehlt, wenn der Geist in irgend einem außergeistigen Dienst steht. Auch alles Egoistisch-Üble gedeiht dann. Bei Bertram ist es die Eitelkeit, am liebsten würde er sich selber mit Excellenz anreden. Und bald darauf bekam ich in Kröners Taschenbuchausgaben einen gar nicht üblen Leibniz[3] zugesandt, in dem ein Herr Mahnke das ganze Buch durch ein Vorwort verdirbt – es geht wirklich nicht lieblich zu im Land der Dichter.

Bei uns brennt die Sonne, heut haben wir, von Löwe und Tiger begleitet, bei den Spargeln gejätet. Die Dahlien blühen schon seit 14 Tagen.

Addio saluti

Ihr H. Hesse

1 Ernst Bertram, »Deutsche Gestalten«. Fest- und Gedenkreden, Insel Verlag, Leipzig 1934.
2 Ernst Bertram, »Nietzsche«. Versuch einer Mythologie, 1919. Siehe Hesses Besprechung in SW 18, S. 87f.
3 Dietrich Mahnke, »Gottfried Wilhelm Leibniz«, Kröner, Leipzig 1933.

146 An Toshihiko Katayama

[Montagnola] August 1934

Lieber Kollege

Ihr lieber Brief hat mir Freude gemacht, ich sage Ihnen dafür meinen herzlichen Dank, und auch für die beiden Hefte, den »Lauscher«-Aufsatz und Ihr schönes Sonnengedicht an den Tod.

Was Sie über Ihren »Lauscher«-Aufsatz andeuten, ist mir verständlich. Die zwei Seelen sind mir im Lauf meines Lebens unter verschiedenen Namen und Bildern erschienen und bewußt geworden, auch die Bezeichnung »apollinisch – dionysisch« gehörte in der Jugend eine Weile zu meinem Vokabular. Später gewöhnte ich mich, die »zwei Seelen« mehr als zwei Pole zu sehen und zu deuten, zwischen welchen das Hin und Her der Ströme und Spannungen zwar Kampf und Leid bringen kann, stets aber Leben bedeutet.

Falls Sie in Tokio irgendwo die Berliner »Neue Rundschau« finden können, so finden Sie im Mai-Heft 1934 eine Erzählung von mir, aus der Sie sehen können, womit ich seit einigen Jahren beschäftigt bin, denn sie ist ein Stück aus einer größeren Dichtung, mit der meine Gedanken seit mehreren Jahren spielen.[1]

Das Interesse der Japaner für deutsche Dichtung hat mir schon oft Freude gemacht. Vor einigen Jahren besuchte mich ein japanischer Lehrer, der einige Zeit in Europa studierte. Er hatte in Deutschland die Geburtsorte und Lebensstätten von Goethe, Heine etc. besucht, war auch in meiner Vaterstadt gewesen, und kam nach Montagnola, um mir davon zu erzählen. In Deutschland gibt es nur noch sehr wenige, die das tun könnten. Oder Ihr Aufsatz über »Lauscher«! Als vor einem Jahr der vergessene »Lauscher« neu erschien, hat die Presse in Deutschland beinahe gar nicht davon Notiz genommen, man fand dies alte Buch »verstaubt und romantisch« – sich näher damit zu beschäftigen lehnte die ganze deutsche Kritik ab. – Nun weiß ich freilich, daß auch bei Ihnen in Japan die Menschen keineswegs ausschließlich damit beschäftigt sind, Goethe zu übersetzen und schöne Gedichte zu machen, aber da ich mein Leben lang eine Liebe für den Osten gehabt habe, macht es mir Freude, daß wenigstens eines von den östlichen Völkern etwas von mir weiß und eine Beziehung zu mir hat, und da aus der Ferne alles hübsch aussieht, erscheint mir Ihr Japan manchmal trotz aller aktuellen Gegengründe sehr friedlich und geistig.

An Geistigkeit fehlt es allerdings auch bei uns nicht. Was bei uns am meisten fehlt, ist die Vertiefung im Sinn der Kontemplation. Außer einer kleinen Elite bei den Katholiken ist die versunkene, kontemplative, ehrfürchtig an ein Thema hingegebene Haltung dem Europäer heute kaum noch bekannt, während bei Ihnen, schon vom Buddhismus her, in dieser Hinsicht mehr Tradition vorhanden sein mag.

Aber wie das nun auch sei, wir wollen uns freuen, daß trotz der Leidenschaften und Wildheiten der kindlichen politischen Welt überall in den Völkern Brüder unseres kleinen Ordens vorhanden sind, der nicht Geschichte machen und erobern, sondern denken, kontemplieren, musizieren will. Hier sind wir Brüder und Kollegen, und wollen unsre Flöten und Geigen so gut und sauber wie möglich spielen.

Mit herzlichen Grüßen, auch an W. Gundert[2] von Ihrem

H. Hesse

1 »Der Regenmacher« aus dem Roman »Das Glasperlenspiel«.

2 Hesses Vetter, Wilhelm Gundert (1880-1971), der damals gleichfalls in Tokio als Leiter des Japanisch-Deutschen Kulturinstituts tätig war.

147 An Hermann Hubacher

[Montagnola] Ende August 1934

Lieber Hubacher

Danke für Deinen lieben Brief. Ich wußte, daß das Gedichtbüchlein bei Dir und Anni in guten Händen sei. Ich denke, es werde ungefähr so bleiben können und erst in Jahren wieder einer Revision bedürfen. Die Auswahl ist in langen Jahren wieder und wieder geprüft und ausgewogen – natürlich kamen die Gedichte der letzten Jahre im Ganzen dabei noch nicht in Betracht, solche engste Auswahlen kann man erst treffen, wenn alles eine gute Weile gelegen hat. Dem Verlag gegenüber habe ich mit dem Büchlein ebenfalls eine vieljährige Geduldsprobe bestanden, er war bis vor etwa einem Jahr noch immer nicht recht einverstanden damit, daß er von mir ein Bändchen Gedichte bringen solle, er wollte unbedingt

Prosa haben, aber ich blieb fest. Übrigens hat er sich verrechnet: die Auflage des Büchleins war in 5 Wochen vergriffen. Materiell schaut dabei nichts heraus, ich bekomme 400 Mark für zehntausend Auflage, aber diese ersten Zehntausend sind also doch schon weg. Für heute ist das viel – vor zwanzig Jahren kam mein ebenfalls ganz billiges Taschenbändchen »Musik der Einsamen« in kurzer Zeit auf über 50 Tausend. Man ist ja jetzt mehr mit andrem beschäftigt. Dennoch vergeht kein Tag, an dem nicht Jünglinge oder Jungfern aus Deutschland mich aufsuchen, es ist oft scheußlich lästig, oft auch nett, aber die meisten schwärmen ganz harmlos für ihre große Zeit und ihren herrlichen Führer, und sind entsetzt, wenn sie sehen, daß auch der Dichter Hesse, für den sie ebenfalls schwärmten, die gehässige Meinung des »Auslandes« über diese gefährlichen Dinge teilt.

Der Sommer verblüht vollends, ich habe wenig von ihm gehabt und bin des jetzigen Zustandes mehr als satt. Etwas Hübsches hat er mir aber doch gebracht: ich habe für 14 Tage meinen Neffen da, Musikkenner und Organist, für den habe ich ein Klavier gemietet, und lasse mir von ihm jeden Tag eine Stunde alte Musik spielen, und habe je und je ein Gespräch mit ihm über Formgesetze und Charakter der diversen Epochen klassischer Musik, namentlich über Kontrapunktik etc. Lü Bu We, des alten Chinesen Buch »Frühling und Herbst« sagt darüber: »Vollkommene Musik beruht auf Gleichgewicht. Gleichgewicht beruht auf dem Rechten. Das Rechte beruht auf dem Sinn der Welt. Darum: wer nicht den Sinn der Welt erfaßt hat, mit dem kann man nicht über die Musik reden«.

Es freut mich, daß Du Dein Gruppenproblem wieder angepackt hast! Heil und Gelingen!

Und wie gern, wie sehr gern hätte ich die spanischen Blätter von Louis[1] auch gesehen!

Das Blumengedicht[2] wird Dich erreicht haben. Sei vielmal gegrüßt von Deinem

H. Hesse

1 Louis Moilliet.
2 »Leben einer Blume« (SW 10, S. 328).

148 An C. G. Jung

Montagnola [20.]9.1934

Hochgeschätzter Herr Dr. Jung
Sie haben mir mit Ihrem Brief[1] eine Freude gemacht, ich danke Ihnen dafür. Mit meinem »Späherblick«, von dem Sie sprechen, ist es nicht weit her. Ich neige im ganzen weniger zum Unterscheiden und Analysieren als zum Zusammensehen, zur Harmonik.

Was Sie über die Sublimierung sagen, trifft nun wirklich unser Problem ins Centrum, und legt für mich auch das Unterscheidende zwischen Ihrer und meiner Auffassung klar. Es beginnt mit der heute üblichen Sprachverwirrung, wobei jeder jede Bezeichnung anders verwendet. So halten Sie das Wort sublimatio der Chymie reserviert, während Freud etwas anderes, ich wieder etwas andres damit meine. Vielleicht ist sublimatio tatsächlich ein Sprachprodukt der Chymie, ich weiß es nicht, aber sublimis (und auch schon sublimare) gehören nicht einer esoterischen Sprache an, sondern dem klassischen Latein.

Aber darüber wäre man ja schnell verständigt. Diesmal steht hinter der Sprachfrage Reales. Ich teile und billige Ihre Auffassung der Freudschen Sublimierung, ich habe auch nicht Freuds Sublimierung gegen Sie verteidigt, sondern den Begriff an sich, er ist für mich ein wichtiger Begriff in der ganzen Kulturfrage. Und hier sind wir allerdings verschiedener Gesinnung. Für Sie, den Arzt, ist Sublimieren etwas Gewolltes, Überführung eines Triebs in ein uneigentliches Gebiet der Anwendung. Für mich ist Sublimierung zwar letzten Endes auch »Verdrängung«, aber ich wende das hohe Wort nur an, wo es mir erlaubt scheint von »geglückter« Verdrängung zu reden, also von Auswirkung eines Triebs auf einem zwar uneigentlichen, aber kulturell hochrangigen Gebiet, zum Beispiel dem der Kunst. Ich halte zum Beispiel die Geschichte der klassischen Musik für die Geschichte einer Ausdrucks- und Haltungstechnik, in welcher ganze Reihen und Generationen von Meistern, fast immer ohne es irgend zu ahnen, Triebe auf ein Gebiet überführt haben, das dadurch, auf Grund dieser echten »Opfer« zu einer Vollendung kam, zu einer Klassik. Eine solche Klassik ist mir jedes Opfer wert, und wenn zum Beispiel die klassische europäische Musik auf dem raschen Weg ihrer Vollendung von 1500 bis ins 18. Jahrhundert ihre Meister, viel mehr Diener als Opfer verschlungen hat, so strahlt sie dafür seither ununterbrochen Licht, Trost, Mut, Freude aus, ist für Tausende, ebenfalls ohne daß sie es richtig wußten, eine Schule der Weisheit, der Tapferkeit, der Lebenskunst gewesen und wird es noch lange sein.

Und wo ein begabter Mensch mit einem Teil seiner Triebkräfte solche Dinge fördert, finde ich seine Existenz und sein Tun von höchstem Wert, auch wenn er vielleicht als Individuum pathologisch ist. Was mir also während einer Psychoanalyse unerlaubt scheint: das Ausbiegen in ein Scheinsublimieren, das scheint mir erlaubt, ja höchst wertvoll und erwünscht, wo es gelingt, wo das Opfer Frucht trägt.

Eben darum ist ja die Psychoanalyse für Künstler so sehr schwierig und gefährlich, weil sie dem, der es ernst nimmt, leicht das ganze Künstlertum zeitlebens verbieten kann. Geschieht das bei einem Dilettanten, dann ist es gut – geschähe es bei einem Händel oder Bach, so wäre es mir lieber, es gäbe gar keine Analyse und wir behielten dafür den Bach.

Innerhalb unserer Kategorie, innerhalb der Kunst, treiben wir Künstler echte sublimatio, und nicht aus Willen und Ehrgeiz, sondern aus Gnade, – nur freilich ist damit nicht der »Künstler« gemeint, wie das Volk und der Dilettant ihn sich denkt, sondern der dienende und Don Quichote, der noch im Verrückten Ritter ist, ist Opfer.

Nun, ich will aufhören. Ich bin kein Analytiker und kein

Kritiker: wenn Sie zum Beispiel den Bücheraufsatz ansehen, den ich Ihnen schickte[2], so finden Sie, daß ich nur ganz selten und nebenher mich kritisch äußere, und nie aburteile, das heißt ein Buch, das ich nicht ernstnehmen und schätzen kann, lege ich weg, ohne mich je darüber zu äußern.

Bei Ihnen habe ich, instinktiv, immer das Gefühl gehabt, daß Ihr eigentlicher Glaube ein echter, ein Geheimnis ist. Ihr Brief bestätigt es mir, und das freut mich. Für Ihr Geheimnis haben Sie das Gleichnis der Chymie, so wie ich für meines das Gleichnis der Musik habe, und zwar nicht irgendeiner Musik, sondern eher das der klassischen. Im Lü Bu We, Kapitel 2, steht darüber alles Aussagbare merkwürdig scharf formuliert. Ich spinne seit Jahren, unter vielen Abhaltungen von außen und innen, an einem Traumfaden mich diesem Musikgleichnis näher, und hoffe es noch zu erleben, daß ich Ihnen etwas davon zeigen und vorlegen kann.

Herzlich grüßend

Ihr Herm. Hesse

1 Dieser Brief C. G. Jungs an Hesse ist nicht überliefert.

2 »Über einige Bücher« mit einer Empfehlung von C. G. Jungs »Wandlungen der Libido« (SW 19, S. 489ff.).

149 An Wilhelm Stämpfli

[Montagnola] 25.9.1934

Lieber Herr Dr. Stämpfli

Sie fragen: Wie ich mir mein Leben, falls ich Drucker geworden wäre, vorstelle. Nun, ich glaube nicht, daß ich dann in irgend einer Hinsicht anders wäre, als ich es jetzt bin. Ich würde auch keineswegs den Druckerei-Apparat bloß für meine eignen Schriften benutzen, sondern würde je und je von irgend welchen bedeutsamen Worten, auf die ich stoße, Abzüge machen und sie einigen Dutzend oder auch mehr Freunden und Bekannten schicken, als Samenkörner, von denen viele verloren gehen, einige aber Frucht bringen können. Zum Beispiel hätte ich längst auf einen schönen Bogen die Sätze über Musik und ihre Gesetze zusammengestellt, die man bei den alten Chinesen findet. Als Ersatz dafür habe ich die wichtigsten Sätze über Musik aus dem »Frühling« des Lü Bu We herausgeschrieben, und nehme sie in das Vorwort meines nächsten Buches auf, das ich kürzlich in vierter, sehr veränderter Fassung zu Ende konzipiert habe [...].

Es ist wieder heiß geworden, jetzt können doch die Trauben reif werden! Herzlich grüßt Sie Ihr

H. Hesse

150 An Max Peinkofer

Montagnola, 28.9.1934

Hochgeschätzter Herr Peinkofer!
Dieser Tage erhielt ich Ihr 9. Heft, in dem Sie Gedichte von mir gebracht haben.[1] Ich war zuerst etwas enttäuscht, da Sie mir davon bloß ein einziges Exemplar zusandten! Aber als ich dann die »Hostienschändung«[2] sah, bedauerte ich es nicht mehr. Es tut mir vielmehr leid, daß Sie ausgerechnet heute, wo Antisemitismus weniger als je eine Heldentat ist, dieses Dokument hervorzogen, ohne schlimme Absicht vermutlich, aber doch Wasser auf die Mühle der Judenfresser. Tut mir leid, daß meine Gedichte im gleichen Heft stehen. Im übrigen hat auch dieses Heft mir wieder gut gefallen.

Mit Grüßen Ihr

Hermann Hesse

1 Im Septemberheft der Zeitschrift »Heimatglocken«, Passau.

2 Abbildungen von zwölf Holzschnitten, die eine angebliche Hostienschändung darstellten, welche im Jahre 1337 in Deggendorf durch Juden verübt worden sein soll.

151 Postkarte an Hans Huber

[1934]

Inmitten einer um sich greifenden Eiszeit wirkt jeder sich wehrende Grashalm beglückend. So wehren auch wir uns, nicht kämpfend, aber leidend, nicht tötend, aber auch nicht an den Tod glaubend, und auf unserer Seite ist nicht nur das Leid sondern auch die Tapferkeit.

Es grüßt Sie Ihr

H. Hesse

152 An Emil Molt

[Montagnola, Oktober 1934]

Lieber Freund Molt

[...] Ich bin sehr überanstrengt, und dabei wird der Verkehr mit Deutschland, auch der rein geschäftliche, immer heikler und häßlicher, die meisten Redaktionen zahlen überhaupt nichts mehr, manche berufen sich auf den gesetzlichen Schutz, den die deutsche Regierung den Deutschen gegen ausländische Gläubiger gewährt, das Ganze ist ein Räuberunternehmen. Aber die Beträge, die ich noch je und je zu bekommen habe, sind so winzig[1], daß das nicht einmal so wichtig ist. Viel schlimmer ist das Geistige und Moralische. Man steckt seine Arbeit da in eine Welt hinein (ich meine die deutsche Literatur und öffentliche Meinung), in eine Welt, die lauter Fäulnis ist, und an der nichts zu bessern ist. Vielleicht glückt mir eines Tages der Rückzug aus dieser Welt und aus der Sorge und Mitverantwortlichkeit um sie. Wenn es dazu käme, dann würde ich mich auf das Werk zurückziehen, das mich seit mehr als drei Jahren beschäftigt (im Dezember wird die Rundschau wieder eine Probe bringen)[2] und mich um das Aktuelle und die Außenwelt überhaupt nicht mehr kümmern. Heute ist mir das nicht möglich, ich fühle mich (vielleicht sehr irrtümlich!) dazu verpflichtet, dieses versaute und brutalisierte Deutschland nicht zu verlassen, sondern in meiner Sphäre die Tradition der Anständigkeit und Gerechtigkeit zu wahren. Unter andrem bin ich heut der einzige deutsche Kritiker, der Bücher von Juden anzeigt. Wie gesagt, vorläufig liegt die Entscheidung, ob ich diesen Pflichten dienen oder mich auf eine fruchtbarere Arbeit zurückziehen soll, gar nicht bei mir. Es ist ganz wohl möglich, daß meine Gewissenhaftigkeit nur Schein ist, d.h. ein Ausweichen vor meinem Werk, zu dem die Kraft nicht reicht. Da hilft Klugheit gar nichts; es entscheidet sich, wie alles Vitale, nicht über, sondern unter der Schwelle.

Daß es von Monika Hunnius[3] ein Buch über ihren Vater gibt, wußte ich nicht. Sie ist übrigens seit bald einem Jahr aufgegeben, lebt aber jämmerlich gelähmt, noch immer.

Addio, lieber Molt, grüße Deine Frau und hoffentlich glückt Euch doch noch ein Besuch.

Herzlich Dein

H. Hesse

1 In einer Notiz für seine Frau Ninon vermerkt Hesse am 21.8.1934 »Ich beziehe jeden Monat 500.– Fr. als Vorschuß von Fischer« und am 7.9.1934: »Jetzt ist endlich auch die Halbjahresabrechnung von S. Fischer da. Was ich am Verkauf meiner Bücher verdient habe, beträgt 1.600.– Mark. Das ist durch Vorschuß und Bücherkäufe etc. aufgebraucht, und die Abrechnung schließt damit, daß ich an den Verlag noch 126 Mark schulde.«

2 »Das Glasperlenspiel, Versuch einer allgemein verständlichen Einführung in seine Geschichte von Hermann Hesse«, in: »Die neue Rundschau« vom Dezember 1934 (zusammen mit H.H.s »Erinnerung an S. Fischer«), war die vierte, endgültige Fassung.

3 Die baltische Schriftstellerin Monika Hunnius (*1858), eine Cousine von Hesses Vater, starb am 31.12.1934 in Riga.

153 An Anni Rebenwurzel

[Montagnola, 14.10.1934]

Liebe A. R.

Heut kam Ihr lieber Brief, der erste aus der neuen Wohnung, schönen Dank! Ich kann bloß kurz drauf eingehn, es liegt viel Post da, und mittags kommt Thomas Mann, und ich taumle vor Augenschmerzen.

Ich wollte bloß wegen Novalis andeuten: die beste Ausgabe in neuerer Zeit schien mir die bei Diederichs, 4 Bde., dazu die Ausgabe der »Fragmente« von Kamnitzer (Verlag W. Jeß, Dresden); im Jahr 1923 erschien ein Bändchen Auswahl »Religiöse Schriften von Novalis«, herausgegeben von Landsberg u. Lützeler (Köln, Marcan-Block-Verlag), im Vorwort einige gute Gedanken. Was die Fremdwörter bei Novalis betrifft, so hat zum Teil daran Friedrich Schlegel Schuld, der im Neubilden von Wörtern, auch im Gespräch üppig war, ferner hat Frau Baader daran teil, und ein Teil des Vokabulars stammt wohl von Jakob Boehme, ist also alchimistisch durchmischt. Es gibt viele deutsche Denksprachen, die des Boehme ist nicht die schlechteste, später hat auch mein Oetinger die seine gehabt, lauter Geheimsprachen im Grunde, von denen unsre Professoren meistens wenig Ahnung haben. Um die Upanishads zu kapieren, lernen sie Sanskrit, aber meistens gehen sie ganz ruhig an Boehme etc. heran, als sei sein Alphabeth ihnen vertraut, während die Sprachen etwa von Kant und Boehme mindestens so verschieden sind wie Sanskrit und Chinesisch. Und dann muß man alles das erst noch in eine neue Geheimsprache übersetzen, in die der heutigen deutschen Hochschulen! Aber lassen Sie sich dadurch nicht degoutieren, gehen Sie die schattigen Novaliswege mit Liebe!

Addio, ich habe sehr schwere Zeit. Ninon reist in einigen Tagen.[1]

H.

1 Für drei Wochen nach Süditalien und Sizilien.

154 An Hedwig Fischer

Montagnola, 15.10.1934

Liebe Frau Fischer

Heute sind, seit die Todesnachricht[1] kam, meine Gedanken bei Ihnen, und bei dem lieben Entschlafenen. Noch gestern sprachen wir von ihm, Thomas Manns waren bei mir, Ninon ist in Ferien in Italien. Freund Fischer wird bei mir immer in treuer und dankbarer Erinnerung stehen, seine Freundlichkeit, sein besonnenes Wesen, sein lebendiges Interesse, sein guter, besorgter, väterlicher Blick. Und er wird auch mir oft sehr fehlen, das fühle ich.

Aber heut sind Sie es vor allem, bei der meine Gedanken sind. Ihr Leben mit Ihrem Mann, Ihr Zusammenarbeiten, Ihre Kameradschaft, Ihre beständige Besorgtheit um ihn und sein Wohl – das hat für mich immer etwas Schönes, Mustergültiges und Vorbildliches gehabt. Wie grausam und unmöglich scheint es, daß diese Gemeinsamkeit ein Ende haben soll! Meine Teilnahme und Trauer auszusprechen, finde ich die Worte nicht. Von Herzen wünsche ich Ihnen, daß Sie diesen Schmerz und Verlust überstehen mögen, und daß aus der Trauer sich das Bild Ihres Verbundenseins mit dem Dahingegangenen erhebe und Sie immer als ein guter Geist begleite. In Trauer und alter Freundschaft Ihr

Hermann Hesse

1 Am 15.10.1934 war Hesses Verleger Samuel Fischer gestorben.

155 An Adolf Baden

[Montagnola, 16.10.1934]

Lieber Herr Baden

[...] Ihr Brief betrübt mich, und es scheint mir kein Zufall, daß er von einem Theologen eben nach seinem Examen geschrieben ist. Er ist so vollkommen von der ratio und von der Verzweiflung an der ratio beherrscht, daß sein Verfasser genau dort zu stehen scheint, wo nach allen großen Theologen, obenan Augustin, die Selbsterkenntnis und Selbsterfahrung an ihrem Ende steht und es entweder zu sterben gilt oder stillzuhalten, bis das Wunder geschieht und die Erlösung sich anbahnt.

Man könnte sagen: vielleicht war das nicht die beste Theologie, die Sie studiert haben, und die Sie bloß bis zur Verzweiflung am Ich und zum Blick in die Tragik der Welt geführt hat, während der eigentliche Inhalt der Religion dort erst beginnt. Aber auch das ist ein Ergebnis, wenn es mir auch scheinen will, als sei in Ihrer Verzweiflung und Vernichtung doch noch ein Hochmut der ratio da, die zwar an sich selber zweifelt, doch aber sich nicht aufgeben kann. Die Vernunft und Geistigkeit ist überspannt und läuft leer, hat scheinbar keine Inhalte mehr. So gehen Sie, wie der Autor der »Morgenlandfahrt« bis zum Wiederfinden Leos, durch eine entwertete Welt.

Über den Selbstmord weiß ich nicht viel, habe aber die nicht beweisbare Vermutung, er könne nur dann getan werden und gelingen, wenn in der Tat eine Seele sich dauernd und hoffnungslos von ihren Quellen abgetrennt findet. Ich glaube nicht, daß der Selbstmord durch die Erwägungen des Selbstmörders, oder gar durch Dreinreden anderer, beschleunigt oder verhindert werden kann. Sonst hätte schon etwa die Erwägung, daß heute ein junger deutscher Theologe vom Schicksal zum Größten aufgerufen ist, was er aus sich und seiner Theologie machen kann, auf Sie Einfluß.

Wir müssen das dem Leben überlassen und den guten Geistern, die Sie zur Zeit nicht sehen. Ich sehe die Welt und unser Leben, mit der Vernunft betrachtet, kaum weniger dunkel, als Sie es tun. Aber ich habe dennoch einen Glauben, oder eine Geduld, das heißt es lebt in mir etwas, das oft sehr klein und schwach ist, das aber, ohne mein Zutun, auch wieder groß werden kann, und dann es mir erlaubt, das Leben auch ohne rationale Rechtfertigung zu leben.

Der »Regenmacher« stand im Frühling in der »Neuen Rundschau«, und dort wird im Dezember ein weiteres kleines Stück des Ganzen erscheinen, von dem vorerst nur diese zwei kleinen Teile geschrieben sind. Es geht sehr langsam diesmal, mit halbjährigen und ganzjährigen Pausen. Studien habe ich manche getrieben, um meinen Plan zu nähren, der mich seit dem Fertigwerden der »Morgenlandfahrt« beschäftigt und plagt, es gehörte dazu viel Lektüre aus dem 18. Jahrhundert, wo mir namentlich der schwäbische Pietist Oetinger sehr gefiel, auch Studien über klassische Musik, bei denen mir ein Neffe half, der Organist und Kenner und Sammler alter Musik ist, ich hatte ihn ein paar Wochen hier und hatte für diese Zeit ein gemietetes Klavierchen im Haus stehen, das sonst ohne Sang und Klang ist.

Leben Sie wohl, schreiben Sie mir wieder. Herzlich Ihr

H. Hesse

156 An Olli Jacques

Montagnola [16.10.]1934

Liebe Frau Jacques

Sehr gerne erfülle ich Ihren Wunsch, in Kürze ein Urteil über Hardekopf[1] aufzuzeichnen, denn ich habe diesen hochbegabten Kollegen stets sehr hoch geschätzt. Ich halte Hardekopf für einen der feinfühligsten und gewissenhaftesten Stilisten in der jetzigen deutschen Literatur, welche an solchen Köpfen ja recht Mangel leidet.

Da seit manchen Jahren Hardekopf hauptsächlich als Übersetzer französischer Dichter tätig war, und zwar solcher Dichter, welche im Augenblick in Deutschland wenig geschätzt werden oder gar unter Verbot stehen, kann ich begreifen, daß die Einkünfte aus seiner Arbeit äußerst gering geworden sind. Er hat namentlich André Gide, diesen großartigen Franzosen, wahrhaft meisterlich übersetzt, nur ganz selten sind französische Dichtungen von Rang so ebenbürtig übersetzt worden. Ein zartes und elastisches Gefühl für Geist und Tonfall beider Sprachen, der deutschen wie der französischen, und eine ganz ungewöhnliche Gewissenhaftigkeit der Arbeit macht diese Übersetzungen unvergeßlich, sie werden noch auf lange Zeit Muster und Vorbilder sein. Und Hardekopf's Gedichte mit ihrer Mischung von Knappheit und träumerischem Spiel sind etwas völlig Einzigartiges in unserer Literatur.

Ich bitte Sie, von meinen Zeilen beliebig Gebrauch zu machen. Einem so fein organisierten und im Leben wehrlosen Künstler sollte unter allen Umständen geholfen werden. Er hat sein Leben lang so uneigennützig und nur um der Sache willen gearbeitet, daß er in der Stunde der Not nicht im Stich gelassen werden darf.

Mit Grüßen Ihr

Hermann Hesse

1 Ferdinand Hardekopf (1876-1954), während seiner Emigration in Frankreich von der Gestapo verhaftet und aller seiner Manuskripte beraubt, lebte kurze Zeit in Hesses ehemaliger Wohnung im Camuzzihaus.

157 An seinen Vetter Wilhelm Gundert

Montagnola [17.]10.1934

Lieber Wilhelm

[...] In Deinem Brief hat alles mich interessiert. Die Aussicht auf eine japanische Religionsgeschichte[1] von Dir ist mir wichtig. Lachen machte mich Deine Erinnerung an meinen Massagetenscherz.[2] Um auf diese Art von beflissen/nationalistischer »Kulturpropaganda« zu stoßen, braucht man freilich nicht nach Japan zu gehen, dieser Bazar blüht überall in der heutigen Welt, es ist nun eben die Hochflut des Nationalismus, und ihn habe ich nie sehr ernst nehmen können, einerlei welches Volk ihn ausübt, ausgenommen in seiner naiven und magischen Form, wovon Japan wohl noch etwas besitzt. Im übrigen halte ich von den verschiedenen Heiligtümern, auf die der Mensch seinen Egoismus verklärend abwälzen kann (sich einredend er sublimiere ihn damit), die nationalistisch-patriotischen Begriffe für die wenigst hohen; Nationalismus als Religion oder Religionsersatz scheint mir gut für religiös unbegabte Völker, für andere ein Abfall ins Niedrigere.

Etwas betroffen und verlegen machen mich Deine Vermutungen über die Dichtung von Knecht etc. Du erwartest, zum Teil durch meine Schuld, viel zu viel! An eine Art Gang durch die Weltgeschichte etc. habe ich nie gedacht, das hätte für mich auch keinen Sinn, da ich an Entwicklung und Fortschritt ja eigentlich nicht glaube. Woran ich stattdessen glaube, dies allerdings soll der »Knecht« noch etwas ausführlicher zeigen als es die »Morgenlandfahrt« tat. Mit dem Stück aus dem 18. Jahrhundert bin ich vorerst gescheitert, teils weil es mir nicht eben gut geht und ich dies Jahr noch mehr als je mit Besuchen etc. etc. belastet war, hauptsächlich aber weil ich diesmal mich überstudiert hatte. Ich hatte mich auf Pietismus, Zinzendorf, Bengel, Oetinger, sowie auf andere Stücke Kulturgeschichte des 18. Jahrhunderts zu umfänglich und detailliert eingelassen, großenteils einfach, weil die Lektüre mich als Revision unsres religiösen Erbes mit fortzog und ich von einem ins andre kam, bis auf das Durchstöbern damaliger Gesangbücher etc. etc. Darüber ging die Dichtung flöten (wird aber wohl doch noch einmal gemacht, sie soll Knecht als Menschen und Schwaben des 18. Jahrhunderts zeigen). Fertig ist außer dem Regenmacher bloß die Vorrede zum Ganzen, und die wirst Du wohl bald kennenlernen, ich lasse sie vorerst in der Neuen Rundschau erscheinen (deren Verleger, mein guter alter Verleger Fischer, vorgestern gestorben ist). Etwa zu Neujahr bekommst Du sie, und es wäre mir lieb, wenn Du sie ernsthaft lesen würdest, ich meine: wenn Du die paar Ironien darin nur als Rosinen, nicht als den Kuchen betrachten wolltest. Dies Vorwort hat bloß den Zweck, meine utopische Dichtung vom Heute zu distanzieren, ihr ihren Raum anzuweisen. [...]

Addio, grüße die Deinen!

Dein H. Hesse

1 Wilhelm Gundert, »Japanische Religionsgeschichte«. Die Religionen der Japaner und Koreaner in geschichtlichem Abriß dargestellt, Tokio/Stuttgart 1935. Hesse hat das Buch in »Bonniers Litterära Magasin«, Stockholm 1935, besprochen (SW 20, S. 112f.).

2 »Bei den Massageten«, 1927 entstandene Kurzgeschichte Hesses (siehe SW 8, S. 403ff.).

158 An seine Frau Ninon

Montagnola, 22.10.1934

Liebste

[...] Bei der Post ist dein lieber Brief aus Palermo, wo du so sehr über dein Sizilianer Pech[1] klagen mußt, und lauter so schöne, wundervolle Dinge erzählst! Aber diese fretta[2], nennt man das nicht jüdische Hast? Keuperchen[3], trabe dich doch nicht tot, das ist Raub an dir und an mir! Du glaubst noch immer, großes Kind, man könne vielleicht doch in einem Menschenleben zu Rande kommen mit der Welt, alles Schöne gesehen haben, alles Weise gelernt haben. Das kann man aber nicht, die Welt ist unerschöpflich, wir aber sehr erschöpflich, darum ist ein Mundvoll besser als ein in Hast halbgeleertes Faß, und so weiter, was du alles sehr gut weißt, aber in deiner betrübenden Torheit nicht wissen willst. Also höre, behandle mich etwas besser und ruiniere mir meinen Herzenskeuper nicht, sondern tu mehr adagio, und wenn Rom so wichtig ist, so setze doch deinen Ferien drei, vier Tage, oder mehr zu und nehme sie für Rom. [...]

Es küßt dich dein

Hermann

1 Da sich Ninon nicht während der Touristensaison in Palermo aufhielt, musste sie lange Wege zu Fuß zurücklegen, um bei Regenwetter antike Theater und die Capella Palatina zu erreichen.
2 Italienisch für Eile.
3 Keuper, Kosename für Ninon.

159 An Max Picard
(Mit einer aquarellierten Federzeichnung am Kopf des Briefes)

Montagnola [Ende Oktober 1934]

Lieber Herr Picard
Auch in mir hat das Gespräch über Haecker nachgeklungen.[1] Ich hatte, als wir es führten, eben etwas über Haecker geschrieben, in dem Sinn in dem ich auch in unsrem Gespräch ihn beurteilte. An sich wäre mir das fern gelegen, aber der Herausgeber des »Brenner«[2] hatte mir geschrieben, daß wahrscheinlich der Brenner künftig nicht mehr erscheinen könne, und es wäre willkommen, wenn ich irgendwo ein Wort über ihn sagen würde. Da ich längst keine Zeitungen mehr habe, bei denen ich willig Aufnahme finde, fragte ich vorher bei der Neuen Zürcher Zeitung an, sie luden mich darauf freundlich ein, über den Brenner zu schreiben, aber als sie mein Manuskript[3] gelesen hatten, schickten sie es mir wieder zurück. Ich habe es jetzt dem Herausgeber des Brenner zugesandt, damit er wenigstens davon weiß.

Als ich die zwei Bändchen von Regina Ullmann empfing, dachte ich etwas skeptisch: ob ich wohl durch die durchkommen werde? Und in der Tat machte die erste Geschichte, die ich las, mir Mühe. Ich fand da und dort kleine unnötige Niedlichkeiten, wie auch die »Stillen«[4] im Titel mir nicht gefallen, und auch das störte mich, daß manchmal ganz sublim geredet wird, dann aber plötzlich Ausdrücke aus dem Bauernsprachschatz kommen. Indessen löschte die zweite Geschichte, die ich las (die 2. im 2. Band[5] war es), diese Eindrücke wieder ganz aus, und jetzt habe ich vier Geschichten gelesen, und bedaure schon, daß die 2 Bändchen bald zu Ende gelesen sein werden, denn ich bin jetzt hinein gekommen und habe große Freude dran.

Auf Wiedersehen!

Herzlich grüßt Sie Ihr

H. Hesse

1 Am 25.10.1934 hatte Max Picard Hesse besucht und mit ihm über den Kulturphilosophen Theodor Haecker (1879-1945) gesprochen.
2 Ludwig von Ficker, Herausgeber der Kulturzeitung »Der Brenner«, Innsbruck.
3 Das Manuskript ist seither verschollen.
4 Regina Ullmann, »Vom Brot der Stillen«, Rentsch, Erlenbach/Leipzig 1932.
5 Regina Ullmann, »Der Apfel in der Kirche« und andere Geschichten, Herder, Freiburg 1934.

160 An seine Frau Ninon

[Montagnola, 3.11.1934]

Keuper!

[...] In einem deiner römischen Briefe aber, Keuper, scheint mir etwas widerspruchsvoll. Nämlich du behauptest da, ich hätte gesagt, man dürfe in der Kunst nicht alles »lieben«! Du sagst es so, als seiest du selbst ganz andrer Ansicht, und meinest, man müsse gerade alles lieben. Aber im gleichen Brief, wenn ich nicht irre, sagst du, wie unerträglich dir jetzt die römisch-hellenistischen Figuren mit den willkürlich nachgeahmten Stilen, verwechselten Attributen etc. seien. Also liebt Keuper keineswegs alles, sondern er liebt was ihm gefällt und was ihm »richtig« scheint, in diesem Fall also das Altgriechische. Wie reimt sich das, Bastrangone?[1]

Nie habe ich gesagt oder würde sagen, man solle nicht alles »lieben«, genau wie ich auch meine, man solle alle Menschen lieben, soweit man es eben vermag. Dagegen habe ich oft gesagt, es sei keineswegs alle Kunst gleich gut, sondern es gebe klassische und gebe Verfallskunst, und z. B. die Musik von Bach sei gut, die von Richard Strauss nicht. Genau dasselbe stellst du in Rom fest, du hast auf deinem Gebiet das Klassische reiner erkannt, und lehnst jetzt das Imitierte und Epigone ab.

Natürlich ist die Kunst jener Kopien etc. ein echtes und legitimes Ergebnis geschichtlicher Zustände, sie entspricht der Seele der späteren Römer ganz genau, ebenso wie die rauschende Musik von Strauss und Wagner der Seele eines heutigen deutschen Großstädters entspricht. Darum kann man sie »lieben«, nämlich als Ausdruck von einem Stück Menschentum und Geschichte. Zwischen lieben und »für richtig« (oder klassisch) halten ist aber zweierlei. Man kann auch das Entartete und Kranke lieben, man kann und soll es aber nicht für »richtig« halten, sondern für das was es ist. Denn wie sagt Lü Bu We?[2] Wenn die Musik rauschend wird, zerfallen die Sitten, und die Staaten sind bedroht.

Avis Montagnolensis

1 Einer der Kosenamen für Ninon, welche die ruhmreiche mythologische Stadt Bastranga überlebt habe, die inzwischen vom Erdboden verschwunden sei.
2 Aus »Frühling und Herbst des Lü Bu We«. Aus dem Chinesischen verdeutscht und erläutert von Richard Wilhelm, Jena 1928.

161 An Gustav Waldt

[Montagnola, Anfang November 1934]

Hochgeschätzter Herr Waldt

Ihr lieber Brief ist gekommen und machte mir Freude, bringt mich aber auch in Verlegenheit, denn Sie erwarten von den Zeilen, die die Zeitung mir für Ihren Laurin[1] zur Verfügung stellte, offenbar sehr viel mehr als ich geben kann. Ich bin kein Kritiker, es fehlt mir beinahe alles dazu, vor allem die

Courage – und wie soll man kritisieren inmitten einer Zeit ohne Tradition und Maßstäbe, inmitten einer verkommenen Literatur? Nein, dazu habe ich den Mut nie aufgebracht und auch nie den Beruf gefühlt. Dagegen halte ich es für erlaubt und für Pflicht, je und je ein neues Buch, das mir gefallen hat, in einer Zeitung anzuzeigen, nicht im Sinn der Kritik, sondern nur im Sinn des Hinweises, damit es von denen, für die es vielfach wertvoll werden kann, eher gefunden werden kann. Anders dürfen Sie meine Zeilen über Laurin nicht auffassen, und andres hätte nach meiner Meinung in einer Tageszeitung auch keinen Sinn.

Der Augenblick ist uns nicht günstig. Unsre Schweizer Zeitungen sind in Deutschland verboten. Es wird also mein Hinweis in Deutschland wenig wirken können, aber Ihr Verleger wird ihn dennoch benützen können.

Wenn ich noch ein persönliches Wort zum Laurin sage, so geschieht es leider, wie fast alles was ich tue, unter einem gewissen Druck, ich bin nicht nur von vieler und zerstreuender Arbeit beengt, namentlich von einer viel zu großen Korrespondenz, sondern noch empfindlicher vom schlechten Zustand meiner Augen. Also nehmen Sie mit Wenigem vorlieb, bitte.

Ich hatte große Freude an Ihrer Dichtung. Ich hoffe, etwas davon spürt man auch in den Zeilen, mit denen ich sie anzeigte. Ich habe beim Lesen nicht einzelne Teile bevorzugt, es hat mich alles angezogen und gefesselt, wohl aber glaube ich, daß das, was Ihnen vermutlich besonders am Herzen lag, auf die meisten Leser am wenigsten wirken wird: die Erziehung Turi's[2] auf dem Weg über Islam, Indien etc. Um Lehren und Weltanschauungen voneinander zu unterscheiden, bedarf es, wie ich glaube, der Abstraktion, der Analyse eben jener Bilder, in welchen die Lehren selbst sich darstellen. Hier fehlt mir etwas im Laurin, oder ich sehe etwas angestrebt, was mit diesen Mitteln nicht erreichbar ist: Indessen schadet das meiner Hochachtung für Ihr Werk nicht: ich halte das Versuchen des Unmöglichen aber dennoch immer wieder für notwendig und bin also auch mit diesem Versuch einverstanden.

Es grüßt Sie mit guten Wünschen Ihr

H. Hesse

1 Gustav Waldt, »Laurin«. Epische Dichtung, Gettenbach 1934. Hesse rezensierte das Buch in der »Neuen Zürcher Zeitung« vom 11.11. 1934 und im »Schweizer Journal« 2, 1935 (SW 19, S. 515, und SW 29, S. 60).

2 Der Dichter Turi, Hauptgestalt in Gustav Waldts Epos.

162 An Hans Popp

Montagnola, 9.11.[19]34

Lieber Herr Popp

[...] Also Sie haben jetzt das Alemannenbuch[1] und die »Lieder deutscher Dichter«[2]. Das freut mich, beides waren schöne Bücher. Das Alemannenbuch freilich hat einen großen Fehler: es fehlt darin der beste Alemanne, Emil Strauß. Ich hatte von ihm eine herrliche Novelle[3] für das Buch zugesagt bekommen, und als alles schon fertig war und ich auch nicht mehr zurück konnte, zog er aus Ärger und Eigensinn, weil er politisch mich im Verdacht hatte, nicht gleich wie er zu denken, seine Mitarbeit plötzlich schroff wieder zurück – es war der endgültige Bruch einer alten Freundschaft. Die »Lieder« waren eine schöne und gediegene Anthologie, zu der ich noch ganz stehe, Langen hat den ganzen Verlagsrest eines Tages an einen Aufkäufer ohne mein Wissen verramscht, für ein paar Pfennig das Stück, und als ich es erfuhr und sofort mir wenigstens für mich eine Anzahl Exemplare noch käuflich sichern wollte, war es schon zu spät. Es war in meinen Beziehungen zu Langen nahezu das Unangenehmste.

In der Sache meiner Zweitdrucke etc. für die deutsche Presse möchte ich vorerst nichts ändern. Das Wiener Büro[4] arbeitet gut, und ist das einzige in meinem Leben, das mich nicht betrogen hat, sämtliche reichsdeutschen Büros haben mich viele Jahre lang um alles betrogen, ich habe keinerlei Lust dahin zurückzukehren. Auch sind die Bedingungen des Wiener Büros, das nur eine beschränkte Zahl von Autoren mit guten Namen vertritt, sehr bequeme und gute. Ich habe nicht den Wunsch, heute in Deutschland noch mehr abgedruckt zu werden. Dagegen droht mehr und mehr das Ausbleiben der Honorare, sowohl für diese Zweitdrucke als auch für Erstdrucke, die ich selbst versende, denn die Geldausfuhrbestimmungen werden immer schärfer, und gegen uns farbige Ausländer immer härter und ungerechter, es wird im Ausland ganz gewiß kein deutscher Machthaber so gehaßt wie H. Schacht.[5] Also ich wüßte für Frau Tandler keinen Ersatz, und außerdem kann ich ihr ja die Rechte, die ich ihr überließ, nicht einfach wieder wegnehmen. Die Schwierigkeit, Honorare in die Schweiz zu zahlen, und die Neigung sehr vieler Redaktionen etc., ihre Zahlungsunlust hinter diesen amtlichen Schwierigkeiten zu verbergen, würde ganz die selbe bleiben, wenn ein reichsdeutsches Büro mich verträte.

Danke auch für Ihre Notiz über Haringer![6] Ich kenne ihn nicht persönlich, aber auch mir hat er es oft schwer gemacht die Geduld nicht zu verlieren; schade um ihn!

Sylva Renate[7] sei willkommen auf Erden! Herzliche Wünsche!

Ihr H. Hesse

1 »Alemannenbuch«, herausgegeben von Hermann Hesse, Seldwyla Verlag, Bern 1919.

2 »Lieder deutscher Dichter«. Eine Auswahl der klassischen deutschen Lyrik von Paul Gerhart bis Friedrich Hebbel von Hermann Hesse, Albert Langen Verlag, München 1914.

3 Emil Strauß, »Der Schleier«.

4 Die Feuilletonvertriebsagentur der 1946 in Wien verstorbenen Cäcilie Tandler.

5 Hjalmar Schacht (1877-1970), Bankier und Politiker, von 1933 bis 1939 Reichsbankpräsident und bis 1937 Reichswirtschaftsminister.

6 Jakob Haringer (1889-1948), österreichischer Lyriker, Dramatiker und Essayist.
7 Die damals geborene Tochter von Hans Popp.

163 An Max Picard

[Baden, 22.11.1934]

Lieber Herr Picard
Ihr lieber Brief samt der Karte mit der schönen Aufnahme unseres Hügels[1] hat mich gefreut, ich danke Ihnen dafür und auch das schöne, liebe Gesicht des Naturforschers Fabre[2] war mir ein willkommener Gruß. Ich antworte, wie immer, mit elender Schreibmaschine, und muß dafür wieder einmal um Nachsicht bitten. Zwischen dem, was jeden Tag an Korrespondenz etc. von mir gefordert wird, und dem, was meine Augen täglich leisten können, wird das Mißverhältnis immer größer – ich müßte ein Büro oder mindestens einen Sekretär haben, um fertig zu werden, aber das wäre mir ganz unmöglich.

Es freut mich also sehr, daß Sie meine Worte über Ihr Buch[3] anerkennen und Freude an ihnen haben. Das Positive und Spendende zu sehen und zu betonen, schien mir immer die Hauptaufgabe dessen, der zwischen Büchern und Lesern vermittelt. Darum habe ich auch nur ganz wenigemal in meinem Leben Bücher öffentlich getadelt. Ist nichts zu loben, so schweige ich.

Ihr Brief freut mich auch noch in anderer Hinsicht. Ich hatte Sie, ganz ungeprüft infolge einer Reihe von Eindrükken, für einen Katholiken gehalten, also für einen Konvertiten, denn daß Sie von Herkunft Jude sind, wußte ich ja. Nun könnten Sie zwar heute oder morgen Katholik werden, ohne daß dies meine Stellung zu Ihnen ändern würde. Aber im Grunde gefällt es mir doch viel besser, daß Sie nicht konvertiert haben. Erstens ist das Bleiben beim Ererbten und Sichbekennen zu den Herkünften ja doch das Schönere. Und zweitens glaube ich an eine Religion außerhalb, zwischen und über den Konfessionen, die unzerstörbar ist, während ich trotz der Hochachtung, ja Liebe zur römischen Form des Christentums diese Form doch keineswegs für unzerstörbar und ewig halte. Auch gibt das Gefühl, im Katholizismus geborgen zu sein, den unedlen Geistern leicht jenen Hochmut und jene lieblose Schulmeisterei, wie sie etwa dem Buch von Thieme[4] anhaftet – noch abgesehen davon, daß jenes Buch, das für Kant etc. bloß Witzworte hat, mit dem Faschismus aufs frechste liebäugelt. Da kann ich dann manchmal richtig Protestant sein und das Ungeistige und Ungöttliche an solchen Erscheinungen als Papismus empfinden, wenn auch nur für Augenblicke.

Übrigens verstehe ich nun auch Ihre Schriften besser, wo ich weiß, daß Sie nicht Katholik sind. Wir werden auf diese Sachen ja gewiß einmal zu sprechen kommen, das hat Zeit.

Seien Sie herzlich gegrüßt von Ihrem

H. Hesse

1 Die Anhöhe mit Hesses Haus in Montagnola. (Collina d'oro)
2 Der französische Entomologe Jean-Henri Fabre (1823-1915), Wegbereiter der Verhaltensforschung und Ökophysiologie.
3 Max Picard, »Die Flucht vor Gott« (siehe Hesses Besprechung in SW 19, S. 517ff.).
4 Karl Thieme, »Das Alte Wahre«, 1934 (siehe Hesses Besprechung in SW 19, S. 497ff.).

164 An Carl Brinkmann

Baden, Anfang Dezember 1934

Hochgeschätzter lieber Kollege von der andern Fakultät.[1]
Ich danke für Ihr Briefchen, das hat mich sehr gefreut. Ich bekam es noch in Baden, bin noch etwa fünf, sechs Tage hier, dann wieder ständig in Montagnola.

Ein Wort in Ihrem Brief zweifle ich an. Sie sagen, mein

Bekenntnis zum »Bedürfnis nach Maß« sei ganz und gar deutsch. Das kann ich nicht finden. Deutsch ist das Gegenteil. Deutsch ist Maßlosigkeit, Begeisterung fürs Dynamische, Jugendlichkeit, Unruhe, samt allen Tugenden und schweren Lastern solcher Konstitution. Das »Bedürfnis nach Maß«, uns von den Griechen und Franzosen her in schönen Beispielen bekannt, noch betonter vorhanden bei den klassischen Chinesen, scheint mir gerade das *ent*nationalisierte, übernationale Menschenbedürfnis zu sein, jenes Bedürfnis der Seele, dessen Stimme zugleich Mahnung zum Gedanken der Menschheit und schließlich alles Lebens als *Einheit* ist. Diese höchste Fähigkeit des Menschen, sich aus dem Ich, aus dem Ich der Nation, sich der göttlichen Einheit zu nähern – diese Fähigkeit als spezielle Gabe *einer* Nation in Anspruch zu nehmen, schiene mir gerade das Gegenteil jenes Bedürfnisses nach Maß. Nein, dieses Bedürfnis ist so deutsch, wie der Nichtpatriot Goethe deutsch war, und so griechisch, wie der verurteilte Sokrates griechisch war, es ist dem Bereich des Hochmuts und der Maschinengewehre entzogen. Ich wollte nur kein Mißverständnis aufkommen lassen. Wenn Sie können, sehen Sie einmal das Maiheft und das Dezemberheft der »Neuen Rundschau« an.[2]

Mit Grüßen Ihr

Hermann Hesse

1 Carl Brinkmann (1885-1954) war Professor für Nationalökonomie und Finanzwissenschaften in Berlin, Heidelberg, Erlangen und Tübingen.

2 Mit den vorabgedruckten Kapiteln aus Hesses »Glasperlenspiel«. (Einführung und »Der Regenmacher«)

165 Rundschreiben an mehrere Freunde

[Baden, Anfang Dezember 1934]

Frau Emmy Ball-Hennings, die Witwe von Hugo Ball, wird am 17. Januar 1935 fünfzig Jahre alt. Sie lebt, ganz allein und in Armut, in Cassina d'Agno bei Lugano.

Freunde, die ihr zu diesem Tag gern einen Gruß oder ein Geschenk senden, seien daran erinnert.

H. Hesse

166 An Helene Welti

[Baden, Anfang Dezember 1934]

Liebe Frau Dr. Welti

[...] Ich teile natürlich Ihre Stellung zum offiziellen Deutschland durchaus, doch weiß ich aus guten Quellen eine ganze Menge von guten und sympathischen Zügen aus dem heutigen deutschen Leben. Ich würde sonst nicht weiter arbeiten, sondern meine bisherige Arbeit für erledigt und unnütz ansehen. Es sind auch keineswegs bloß ein paar kleine Pfarrer, die sich wehren, sondern hinter ihnen steht ein ganz beträchtliches Stück des Volks und des Volksgewissens. Ich sehe alles womöglich noch trauriger als Sie, aber an die *Dauer* des Jetzigen habe ich nie geglaubt und tue es jeden Tag weniger. Wenn wir zurück denken an alles das, was seit unsrer Kindheit in der Welt groß und mächtig war und Weltgeltung hatte, so ist davon nichts mehr da, diese Dinge sind alle kurzlebig.

An das Adagio aus jener frühen Brun-Symphonie[1] erinnere ich mich noch teilweise, nach wohl etwa 20 Jahren, es muß also doch etwas sehr Lebendiges drin stecken.

Auf dem Rückweg muß ich noch etwa 2 Tage in Zürich bleiben. Dann werde ich wieder zuhaus sein. Es ist Illusion, aber dort komme ich mir doch um einen Schritt weiter entfernt vor von dem schnöden und brutalen Theater der Weltgeschichte. Die Geschichte des Geistes ist schon erfreulicher.

Die Weltgeschichte lehrt, daß alles ziemlich dreckig ist und alles bald wieder verfault. Die Geistesgeschichte lehrt, daß eigentlich alles einmal Erstandene ewig ist, und daß Harmonie herrscht zwischen allem, was geistgeboren ist. Addio, seien Sie recht herzlich gegrüßt von Ihrem

H. Hesse

1 Fritz Brun (1878-1959), Schweizer Komponist und Dirigent. Vermutlich seine 1911 entstandene Zweite Symphonie B-Dur.

*167 An den Verlag Philipp Reclam junior, Leipzig**

[Baden] 13.12.1934

Hochgeschätzte Herren

Ich habe Ihren Brief, die Neuausgabe meines Bändchens in Ihrer Universalbibliothek[1] betreffend, erhalten und überdacht, und kann Ihnen leider keine Erfüllung Ihrer Wünsche versprechen.

Und zwar aus zwei Gründen, einem äußeren und einem inneren.

Der äußere Grund, der eine ernstliche Neubearbeitung des Büchleins mir ohne weiteres unmöglich macht, ist mein Augenleiden und meine große Überlastung – ich werde jeden Tag nur mit Mühe und mit dem Notwendigsten fertig.

So wäre es mir zum Beispiel unmöglich, mich plötzlich mit der Edda[2] zu beschäftigen, etwas über sie zu schreiben, die Übersetzungen ein wenig zu vergleichen usw.

Nicht minder zwingend für mich sind die inneren Gründe. Sie wissen ja, daß mein Büchlein keineswegs ein objektiver und schulmäßiger Führer durch die Literaturen ist und sein will, sondern ein ganz persönliches Bekenntnis zu dem, was mir in meinen siebenundfünfzig Jahren an Lese-Erlebnis und Lese-Erfahrung zugewachsen ist. An diesen Erfahrungen und an diesem Bekenntnis nun möchte ich nicht das Geringste ändern. Ich halte nicht heute Bücher und Autoren für minderwertig, weil der Zeitgeschmack es tut, und streiche aus meinem Essay nicht Dinge weg, die mir lieb und wichtig sind – bloß weil die Konjunktur das nahelegt.

Ich sehe aus dieser Schwierigkeit nur zwei Auswege. Der einfachste, zu dem ich auch gern bereit bin, ist der: daß Sie mir nach Verkauf der jetzigen Auflage das Werkchen wieder freigeben, und es vorerst nicht wieder erscheint.

Der zweite wäre der: daß Sie meinen alten Text, abgesehen von einigen zu korrigierenden Druckfehlern, unverändert neu drucken. Ich wäre dann damit einverstanden, daß Sie diejenigen Ausgaben der Bibliographie, welche nicht mehr käuflich sind und welche durch ebenso gute Ausgaben Ihres Verlags ersetzt werden können, in der Bücherliste meines Büchleins ändern.

Ausdrücklich aber müßte ich mir in diesem Fall ausbedingen, daß weitere Änderungen an der Bücherliste, zum Beispiel Weglassung jüdischer Autoren etc., nicht vorgenommen werden dürfen. Sie deuten eine ganze Reihe solcher Weglassungen als wünschenswert an, und ich verstehe Ihren Standpunkt, er ist aber nicht der meinige. In diesem Punkte sind Konzessionen mir unmöglich.

Vielleicht überlegen Sie die ganze Frage nochmals. Wenn Sie mein Anerbieten annehmen, auf eine neue Auflage zu verzichten, und mir das Autorrecht zurückgeben, dann haben Sie ja die Möglichkeit, mit einem Literaturhistoriker, der objektiver und zugleich zeitgemäßer ist als ich, einen Führer durch die Literatur auszuarbeiten, der meinen subjektiven Versuch künftig ersetzt.

Hochachtungsvoll

Hermann Hesse

* Anmerkung Hesses: »der mir einige ›zeitgemäße‹ Änderungen an meiner ›Bibliothek der Weltliteratur‹ nahelegte«.

1 H. Hesse, »Eine Bibliothek der Weltliteratur«, Reclams Universalbibliothek, Bd. 7003, Leipzig 1929.

2 Skandinavische Götter- und Heldensagen.

168 An Alfred Kubin

[Montagnola, Dezember 1934]

Lieber A. Kubin!
Sie haben mir zur Weihnacht eine Freude gemacht mit Ihrer Lithographie, dafür danke ich Ihnen recht sehr! Diese Wildnis mit dem Roß spricht mir von Ihnen und scheint mir ein vollkommen wiedergegebener Traum zu sein, wenigstens erinnert die Wildnis mich an alle jene Blätter von Ihnen, die ich am meisten liebe und bewundere: an jene, die gleich manchen Träumen nicht ein Minus, sondern ein Plus an Realität haben, nur daß die Akzente anders liegen als in der Wachwelt.

Wir haben einen so milden Vorwinter, daß vor meinem Haus noch ein Beet mit unversehrten grünen Kapuzinerkressen steht, schwellend grün und sogar noch zwei, drei Blüten drin. Im Tal unten liegt am Morgen etwas Reif, die Gegend in der Winterkahlheit ist sehr licht und farbig, und rundum stehen über den farbigen Bergen die höheren Berge empor, glänzend im Schnee und abends feurig leuchtend. Ich kam eben erst von meiner Badener Kur zurück, und möchte gern, eh der Schnee kommt, noch im Garten möglichst aufräumen, da brennt im leeren Dahlienbeet mein Feuer und raucht und schickt in seinem langen dünnen Rauch eine kleine blaue Variation in die Melodie der Landschaft.

In Baden haben alle meine drei Söhne mich besucht, die ich sehr selten sehe. Nicht alle auf einmal, sondern es kam jeder für sich und ohne von den andern zu wissen. Der eine ist längst verheiratet[1], hat ein schweres Leben, er hat ein Kind, ein schönes Mädchen von fünf Jahren[2], es ist mit vier Jahren schon in Zürich in einem Stück von Pirandello aufgetreten. Der andre Sohn[3] brachte, um sie mir vorzustellen, seine Braut mit, ein angenehmes schüchternes Bauernmädchen aus dem Kanton Bern. Der Jüngste[4], eigentlich Architekt aber seit langem arbeitslos, erzählte mir von seinen Versuchen, sich als Photograph für Zeitungen etc. durchzubringen.

Falls Sie die Möglichkeit haben, das Dezemberheft der

Neuen Rundschau zu sehen, so bitte ich Sie, darin mein »Glasperlenspiel« zu lesen. Sie werden daraus sehen, an welchem Traum ich seit einigen Jahren spinne.

Addio, haben Sie Dank und seien Sie mit allen guten Wünschen gegrüßt von Ihrem

H. Hesse

1 Heiner Hesse, verheiratet mit Hellen Guggenbühl.
2 Hesses Enkelin Hellen, genannt »Bimba«.
3 Bruno Hesse mit Clara Friedli.
4 Martin Hesse.

169 An Arthur Stoll

[Montagnola] 28.12.1934

Lieber Herr Professor Stoll
Ich möchte Ihnen meine und meiner Frau Wünsche fürs neue Jahr senden, und freue mich, daß ich den Fretz'schen Privatdruck[1] beilegen kann, der soeben fertig wurde (er ist nicht käuflich).

Im Dezemberheft der Neuen Rundschau erschien mein »Glasperlenspiel«[2], und so hat die Idee, mit der ich seit drei Jahren lebe, ihre erste Begegnung mit der »Wirklichkeit« und Öffentlichkeit gehabt. Ich war natürlich darauf gefaßt, daß sich nur sehr wenige Verstehende finden würden, es fehlen heut die Voraussetzungen für eine breite Wirkung bei solchen Dingen, die besser in den Kreis des jungen Fr[iedrich] Schlegel und des Novalis gepaßt hätten. Indessen kam es mir gerade auf die paar Wenigen an, denn mein Ziel ist ja nicht eine allgemeine Weltverbesserung oder Hebung der Geistigkeit, sondern die Zucht und Verantwortung der wenigen wirklich Geistigen im Weitergeben der Traditionen. Und auch da war ich gar nicht sicher, ob ich verstanden werden würde. Aber nun sind also die ersten Stimmen gekommen, und zu meiner Freude sehe ich, daß die kleine Zahl ganz ernsthafter Leser genau so reagiert wie ich es gewünscht hatte. Briefe einiger Freunde, dann einer Berliner Studentin, eines Juristen in Berlin, Voßlers[3] in München, eines Nationalökonomen in Heidelberg etc. gehen auf das Wesentliche meiner Dichtung positiv ein.

Im Übrigen hatte ich eine sehr angestrengte Zeit, und immer mehr Sorgen, die über uns Ausländer verhängte Aussperrung ist für den, der seinen Markt und Wirkungskreis in Deutschland hat, nicht weniger schlimm und bitter als einst in der Inflationszeit.

Zwei Wünsche möchte ich heute auch aussprechen: Am 17. Januar wird Frau Emmy Ball-Hennings, die Witwe Hugo Balls, fünfzig Jahre alt, sie lebt ganz allein, viel krank, in großer Armut in dem Dorf Cassina d'Agno bei Lugano. Sie ist seit wohl 13 oder 14 Jahren mein Sorgenkind. Ihre zum Teil wunderbaren Dichtungen haben zwar einen kleinen Verehrerkreis, bringen aber nichts ein, oft hungert sie. Wenn Sie oder Ihre Frau dieser Frau Emmy Ball auf den 17. Januar, anonym oder mit Namen, als Gruß zum 50. Geburtstag ein paar Franken zuschicken würden, so wäre das eine Wohltat am rechten und nötigen Ort.

Und für mich bitte ich auch um etwas: ich hätte gern wieder zwei große Packungen Allisatin und einige Schachteln Calcium als Tabletten mit Kakao.

Nun nehmen Sie unsre Wünsche fürs neue Jahr, und seien Sie beide herzlich gegrüßt von Ihrem

Hermann Hesse

1 H. Hesse, »Fünf Gedichte«, Privatdruck, Fretz & Wasmuth, Zürich 1934.
2 Die Einleitung zum »Glasperlenspiel«.
3 Karl Vossler (1872-1949), bedeutender Romanist.

170 An Jakob Weber

[Montagnola, Ende 1934]

Lieber Herr Weber

Danke für Ihren Brief, er hat mich gefreut. Ich rechne bei meiner Arbeit (die ich ja ohnehin vor allem zu meinem eigenen Spaß tue) nicht auf breite Wirkung und große Leserzahlen, aber inmitten der vollkommenen Geist- und Seelenlosigkeit, in der die Welt sich heut wohlzufühlen scheint, ist man je und je doch neugierig und sogar etwas bang, ob wirklich außer dem Schreibenden selber noch ein paar Leute am Leben sind, die seinen Gedanken und Schwingungen folgen und sie verstehen. Darum hat Ihr Brief mir Freude gemacht.

Wenn Sie gelegentlich einmal sehen wollen, wo ich heute stehe und mit was ich heut etwa beschäftigt bin, dann sehen Sie sich das Maiheft und das Dezemberheft der »Neuen Rundschau« (Verlag S. Fischer) einmal an. Es ist der in der Morgenlandfahrt begonnene Weg, auf dem ich da weiter gehe.

Am Schluß Ihres Briefes schreiben Sie, daß am Ende auch Sie in dem Trott Ihres Milieus versinken und versanden werden. Nehmen Sie sich das aber nicht eigens vor, darum bitte ich Sie. Wenn es so kommt, dann war die sogenannte »Wirklichkeit«, diese Pappdeckelwelt, stärker als Sie, und niemand kann Sie darum tadeln. Aber es braucht keineswegs so zu kommen. Man kann sich in seinem persönlichen Leben auch dauernd schadlos halten für die übergroße Anpassung, die das offizielle Leben fordert.

Leben Sie wohl, ich bin kein Briefschreiber, und habe wenig Zeit und wenig Augenkraft mehr übrig, aber ich wollte Ihnen doch danken und Sie grüßen. Und Ihnen auch sagen, daß der Steppenwolf zwei Inhalte hat: den revolutionären und leidenden (der handelt von Harry) und den heitern und gläubigen (der handelt von Mozart und von den Unsterblichen). Herzlich Ihr

H. Hesse

1935

171 An Walter Lochmüller

[Montagnola, Anfang Januar 1935]

Lieber Herr Lochmüller

Ich habe mich in den letzten Wochen dauernd überarbeitet (leider nicht in einem edlen Dienst, sondern mit lauter Kram, bei dem die Buchkritiken noch das Beste sind), und bin dann gleich nach unsrem Christabend etwas zusammengefallen, sonst hätte ich schon etwas früher geschrieben, um Ihnen zu danken. Denn Sie haben mir mit der Emailplatte, die wohlbehalten und rechtzeitig ankam und am Christabend auf meinem Tisch lag, eine große Freude gemacht. Dieses Werk hat viel Reiz und Zauber für mich, es spricht eine magische Sprache und befreundet sich mit meinen Lieblingsvorstellungen und Gedanken. Ich sage Ihnen recht herzlichen Dank für dies kostbare und edle Stück, es soll in Ehren gehalten werden.

Im Dezember war ich zur Kur in Baden, da kamen (nicht zugleich, sondern jeder für sich) auch meine drei Söhne mich besuchen, und einer brachte seine Braut mit, um sie mir zu zeigen. Ich hörte mit Ninon ein paarmal gute Musik, auch die Zauberflöte einmal wieder, war aber die ganze Zeit mit Arbeit und Korrespondenz sehr in Anspruch genommen. Unter andrem entzückte mich der Verlag Reclam mit dem Vorschlag, für einen bald nötig werdenden Neudruck meiner »Welt-Literaturbibliothek« alles hübsch zeitgemäß abzuändern, es blieb keine Seite ohne Fragezeichen, eine Menge sollte einfach gestrichen, dafür einiges jetzt Propagierte aufgenommen oder mehr betont werden. Ich schrieb den Leuten, daß sich meine Auffassung von der Weltliteratur in den letzten fünf Minuten nicht geändert habe, und daß ich das Bändchen nun eben zurückziehen wolle, es dürfe nicht die kleinste Änderung im Sinn ihrer Vorschläge dran geschehen.[1] Damit glaube ich es abgetan, aber es kam dann zu meiner Verwunderung die Antwort, man lasse meinen Standpunkt gelten und werde also auf die Änderungen verzichten. Aber nicht alles verläuft so glimpflich. Haben Sie Dank lieber Herr Lochmüller, und seien Sie beide auch von mir herzlich gegrüßt! Ihr

H. Hesse

1 Siehe Hesses Brief vom 13.12.1934 an den Reclam Verlag.

172 An Tilly Wassmer

[Montagnola, Januar 1935]

Liebe Frau Tilly
[...] Die viele Mehrarbeit galt hauptsächlich der Vorbereitung zu einem regelmäßigen Bericht über neue Bücher, den ich für eine neue Schweizer Monatsschrift übernehmen will, falls es sich mit den Leuten arbeiten läßt. Das Blatt heißt »Schweizer Journal«[1] und soll in acht bis zehn Tagen erscheinen, sehen Sie sichs dann einmal an! Es wird ein ganz gewöhnliches Gesellschafts- und Modeblatt sein, aber grade darum habe ich mich drauf eingelassen, ich möchte versuchen, das naivere Publikum eines solchen Blattes ganz sachte über gute Bücher aufzuklären. Es ist ein Versuch, er kann auch mißglücken, wie mir schon viele mißglückt sind. Wenn es vorerst gelänge, wäre mir das auch aus dem Grund lieb, weil ich damit rechnen muß, in Deutschland bald nirgends mehr mitarbeiten zu können. [...] Euch alle grüßt herzlich Ihr

H. Hesse

1 Nach den ersten Nummern stellte die Zeitschrift ihr Erscheinen ein.

173 An das »Schweizer Journal«, Zürich

Montagnola, 9.1.[19]35

Vereinbarung mit der Redaktion des »Schweizer Journal« über meine monatlichen Literaturberichte.

1.) H. Hesse verpflichtet sich, monatlich unter dem Titel »Ein paar gute Bücher, besprochen von H.H.« einen Aufsatz über neue Bücher zu liefern. Der Umfang der Berichte bleibt dem Verfasser überlassen, er wird bald größer bald kleiner sein. Sollte einmal aus Mangel an Stoff oder andern Gründen die Ablieferung eines monatlichen Berichtes unterbleiben, so verzichtet für diesen Monat der Verfasser auch auf sein monatliches Honorar.
2.) Dieses Honorar beträgt pro Monat 150 Schw. Franken, zahlbar jeden Monat, erstmalig am 20. Dez. 1934.
3.) Die Auswahl der anzuzeigenden Bücher sowie die Art der Besprechung liegt ausschließlich in den Händen von H. Hesse. Seine Arbeit muß materiell und moralisch ganz unabhängig bleiben, namentlich auch unabhängig vom Inseratenteil.
4.) Die Redaktion verpflichtet sich für ein Jahr, die monatlichen Honorare regelmäßig zu bezahlen, und regelmäßig in jedem Heft den neusten Bücherbericht zu bringen.
5.) Sollten bei der Redaktion unverlangt Bücher von Verlegern mit der Bitte um Rezension einlaufen, so lehnt die Redaktion zwar prinzipiell jede Verantwortung für diese Bücher und jede Verpflichtung zu einer Besprechung ab, ist aber bereit, die Titel der eingelaufenen Bücher je und je in einer Rubrik »Bei der Redaktion eingelaufene Bücher« aufzuführen. Ich rate, dieser Rubrik (die etwa alle 3 Monate erscheinen könnte) eine Fußnote beizufügen, etwa des Inhalts: »Für unverlangt und eingesandte Bücher übernimmt die Redaktion keinerlei Verantwortung.«
6.) Der Verfasser H. Hesse erhält von der Zeitschrift regelmäßig 8 bis 10 Belegexemplare.

7.) Ferner verpflichtet sich die Redaktion, jedem Verleger, von dem ein Buch besprochen wird, stets ein Belegstück des betreffenden Heftes zu senden. Die Adressen dafür liefert, soweit nötig, H. Hesse.
8.) H. Hesse behält sich das Recht vor, je und je Bücher zur Besprechung durch die Redaktion erbitten zu lassen. Doch wird dies Ausnahme bleiben, da der Verfasser ohnehin mit der Mehrzahl der bedeutenderen deutschen und schweizer Verleger in direktem Austausch steht.

H. Hesse

174 An Arthur Stoll

[Montagnola] 12.1.1935

Lieber Herr Professor Stoll

[...] Sie haben Recht: im geistigen Leben von heute muß fast immer ein äußerer Erfolg durch Anpassung an das im Grund Unmögliche erkauft werden, und wir paar anständigeren Autoren haben den Luxus unsres Charakters mit materiellen Verzichten zu bezahlen. Es ist eins der vielen Symptome für die Unhaltbarkeit der jetzigen Ordnung, und das »Glasperlenspiel«, soweit es Beziehung zum Aktuellen hat, handelt ganz ausdrücklich von dieser Sache. Meine Forderung an die Zukunft ist nicht Gleichschaltung der Geistigen mit den erfolgreichen Verdienern: der Geistige soll keineswegs an den Tischen der Reichen sitzen und am Luxus teilhaben, er soll mehr oder weniger Asket sein – aber er soll dafür nicht auch noch verlacht, sondern geachtet sein, und das Minimum an Materiellem soll ihm von selber zustehen, so etwa wie in den Zeiten klösterlicher Kultur der Ordensbruder, ohne persönliche Habe besitzen zu dürfen, doch leben konnte, und im Maß seiner Leistung Anteil hatte am Ruhm und der Autorität seines Ordens. Eine eigentliche Aristokratie darf nicht die Ordnung des geistigen Lebens sein; Aristokratie beruht auf Erblichkeit, und der Geist ist nicht physisch vererbbar.

Statt dessen stellt jede gute Ordnung des geistigen Lebens eine Oligarchie der Geistigen dar, mit Offenhaltung aller Bildungsmittel für jeden Begabten.

Dieser Tage erwarte ich wieder einen deutschen Emigranten, begabten jüngern Literaten[1], in elendesten Umständen, aus der Schweiz jetzt ausgewiesen mit Erlaubnis, noch bis zum Mai zu bleiben – und grade dann erwartet seine Frau ein Kind! Und nirgends eine Unterkunft, höchstens erhält er vielleicht Einreiseerlaubnis für Frankreich. Alles das ist einfach scheußlich, ich habe immerzu mit solchen Fällen zu tun, und die schweizerische Angst vor begabten Fremden ohne Geld ist ebenso dreckig wie die der andern Völker. Na, genug davon! Und viele herzliche Grüße von Ihrem

H. Hesse

1 Den Lyriker David Luschnat (1895-1984).

175 An seine Schwester Marulla

[Montagnola, Mitte Januar 1935]

Liebe Marulla

Danke für deine Karte und für die Anweisung mit 10 Mark! Wenn du wieder ein Honorar für mich bekommst, dann sei so gut und melde es mir, und schicke es dann auch wieder so zehnmarkweise.[1] Und sage vielleicht auch Adis, die noch etwa 60 Mark für mich hat, sie möchte es so machen. Ich werde wieder ausgehungert, es ist ja nicht das erstemal.

Schade, daß du mit meiner Arbeit, dem Glasperlenspiel, nicht viel anfangen kannst.

In dem Stück, das du kennst, handelt es sich ja hauptsächlich um eine Kritik des geistigen Lebens von heute, und dazu kann man ja auch dann Stellung nehmen, wenn man sich in das imaginäre Glasperlenspiel nicht hinein denken kann. Aber unsereiner macht leicht den Fehler, daß er meint, das, was ihn selber jahrelang und intensiv beschäftigt hat, müsse auch andre interessieren. Wichtig ist es nicht, und gefreut und interessiert hat mich, was Karl[2] über die daran anklingenden Ideen Vaters sagte. Ich fühle mich Papa in allen diesen Sachen, auch bei meinen Bücherkritiken, oft ziemlich nahe, allerdings immer mit dem Einschlag von der Seite Großvater Gunderts her, hinter dessen Pietismus und Philologie eine ganze Menge Musikliebe und an Hegel geschulte Denkkraft und Freude am geistigen Spekulieren vorhanden war, wie ich glaube.

Neben meinen ziemlich reichlichen Sorgen habe ich immer auch noch einen Haufen Sorgen von andern und für andre mit zu verdauen. Bald ist es die Familie, Mia, die Söhne oder Ninons Sachen, bald sind es verhungernde Kollegen etc. In den nächsten Tagen wird die Witwe von Hugo Ball 50 Jahre alt, sitzt ganz allein, viel krank, in ewiger großer Armut, nun habe ich mich nach allen Seiten für sie bemüht, und da ich sah, daß nicht viel dabei herauskommt, haben wir sie jetzt für den Geburtstag zu uns eingeladen, lassen sie per Wagen holen, setzen ihr ein Essen und einen Wein vor und beschenken sie, und ich hoffe, daß wenigstens eine Anzahl freundlicher Grüße und auch ein paar kleine Geldgaben sonst noch kommen. [...]

Alles Gute wünscht dir dein

Hermann

1 Seine Honorare für Nachdrucke in deutschen Journalen ließ Hesse auf die Konten seiner in Deutschland lebenden Schwestern überweisen, da Geldüberweisungen ins Ausland auf einem Sperrkonto blockiert oder beim offiziellen Devisentransfer erheblich reduziert worden wären.

2 Ihr Halbbruder Karl Isenberg.

176 An Otto Blümel

[Montagnola, Mitte Januar 1935]

Lieber Freund

Dein Brief hat mich so gefreut, daß ich dir doch gleich einen Gruß schicken will, mit diesem Bildchen[1], auf dem du mich in meinem Atelier sitzen siehst.

Daß du den Geheeb[2] gut leiden magst, begreife ich, es geht mir genau gleich. Ich habe ihm seit 1905 ohne Wank die Freundschaft gehalten, und es war oft Anlaß da, an ihm oder doch daran zu zweifeln, daß es auch ihm so ernst damit sei. Auf drei Briefe und andre Lebenszeichen, die er von mir bekam, kommt höchstens einer von ihm. Wenn seine Wut auf mich, die mir vollkommen unbegreiflich ist und seit einem halben Jahr besteht, nur ein Temperamentsausbruch war, dann soll es mich freuen.

Dem Kampf Ugels[3] um seinen Berg sah auch ich manchmal mit Rührung zu. Ich würde zwar andres für nötig halten, und wenn z. B. der gute Finckh sein Amt und seine Pflicht als Schriftsteller halb so ernst nähme wie sein Amt als Stoffelnretter, so wäre nichts zu sagen. Aber Ugel hat für seine Literatur so wenig Zeit, daß er, wenn er sich einmal wieder als Literat an sein Volk wendet (er tat es vor einem Jahr in einem Aufruf an die deutsche Jugend, in dem er eine Menge guter Literatur für Schund erklärte und eine Menge Schund für gut), dann sollte er auch dort ein wenig Verantwortlichkeitsgefühl haben, und nicht in fetten Tönen von Sachen reden, die er nicht kennt und die zu kennen er sich auch keineswegs die Mühe gibt. In dieser Hinsicht hat er Teil an der Sauerei, in der wir stecken, und ist ein Kind seiner Zeit und wenn er am jüngsten Tag Glück hat, so verlangt man von ihm Auskunft über den Stoffeln und nicht über seine andre Tätigkeit. – Na, du weißt wie gern ich ihn habe, ich sage so was nicht zu Jedem, versteht sich.

Addio, seid mit vielen guten Wünschen gegrüßt von deinem

H. Hesse

1 Für Hesses Briefpapier hatte Gunter Böhmer ihm eine Lithographie angefertigt, die den Dichter an der Schreibmaschine in seinem Atelier zeigt.
2 Reinhold Geheeb vom Albert Langen Verlag, der Hesses in der Insel-Bibliothek erschienene Gedichtauswahl »Vom Baum des Lebens« (1934) lieber in seiner eigenen Taschenbuchreihe gesehen hätte.
3 Ludwig Finckh verhinderte (mit Hilfe von Heinrich Himmler) den Basaltabbau am Hohenstoffeln, dem dieser Vulkankegel im Hegau zum Opfer zu fallen drohte.

*177 An Georg Svensson, Redaktion von »Bonniers Litterära Magasin«, Stockholm**

[Montagnola] 16.1.1935

Ihr Brief GS/sb vom 11. hat mich erreicht, und ich bin im Prinzip bereit, auf Ihren Vorschlag einzugehen. Ehe ich definitiv zusage, möchte ich noch einige Fragen stellen, und kurz meinen Standpunkt kennzeichnen.

Ich würde zweimal im Jahr einen Überblick über Erscheinungen der neusten deutschen Literatur geben, die mir bedeutend und charakteristisch scheinen. Der Charakter meiner Kritik ist durchaus positiv, nicht polemisch. Im Ganzen gilt mir als Grundsatz: das Gute anerkennen und propagieren, das Geringe gar nicht diskutieren!

Die deutsche dichterische Literatur, vor allem der deutsche Roman, steht zur Zeit nicht auf einem sehr hohen Niveau, ich werde daher außer der Belletristik auch denkerische Bücher anzeigen: natürlich nicht fachwissenschaftliche, sondern solche, die für die aktuelle Deutung von Zeit und Geschichte wichtig scheinen.

Ich lege ein Blatt bei[1], auf dem ich die paar Punkte notiert habe, auf die es mir ankommt. Ferner bitte ich Sie, mir die Fragen[2] zu beantworten, die ich diesen Zeilen anfüge.

Das Honorar bitte ich Sie selbst vorzuschlagen und dabei

auch anzugeben, wie groß Sie sich etwa den Umfang der Berichte denken.

Ich würde mich dann vorerst für ein Jahr (also für zwei Berichte) verpflichten.

Hochachtungsvoll Ihr Kollege

H. Hesse

* Ohne Anrede.

1 Nicht erhalten.

2 Fragen [auf einem separaten Blatt]: »Wann wäre Ihnen der erste Bericht erwünscht? Sollen die Berichte in deutscher Sprache erscheinen, oder übersetzen Sie sie ins Schwedische? Falls sie übersetzt werden: Garantieren Sie mir unverfälschte und möglichst exakte Übersetzung?«

178 An Helene Welti

[Montagnola] Mittwoch, 16.1.[19]35

Liebe Frau Dr. Welti

O wie sehr hat mich heut früh Ihr lieber Brief gefreut, und vor allem Ihre Gabe für Frau Ball. [...]

Ich hatte in den Feiertagen einen kleinen Collaps, und konnte bisher noch nicht ausspannen, es war so viel los, und so viel Arbeit mit den Buchkritiken etc. Ich übernehme jetzt auch für ein gutes schwedisches Literaturblatt zweimal im Jahr den Bericht über Neues in der deutschen Lit[eratur]. Eigentlich gehen diese Arbeiten, so alle zusammen, über meine Kraft, und nehmen mich meiner eigenen Dichtung und Kontemplation fast ganz weg, aber man muß in der Welt eben an der Stelle mitarbeiten, wo man gewünscht und gebraucht wird, das Selberwählen führt nicht weit. Auch sind die Bücherberichte beinahe noch die einzigen meiner Arbeiten, für die ich das Honorar ausbezahlt bekomme, wenig zwar, aber es sollte doch für die Kohlen reichen, hoffe ich.

Da oben sehn Sie mich im Atelier sitzen und Ihnen schreiben.[1] Ich bin froh über das, was Sie mir schrieben, und da es

Ihnen vielleicht Spaß macht, will ich Ihnen 2 oder 3 Briefe über das Glas[perlen]spiel heraussuchen – nur muß ich sie mir bald zurück erbitten!

Also morgen bekommt Frau Emmy Ihr Geschenk. Ich will ihr doch lieber sagen, von wem es kommt. Aber für jeden Fall bitte ich Sie, Ihnen schon jetzt in Emmys Namen danken zu dürfen, denn es ist sehr wohl möglich, daß sie das in ihrer märchenhaften Versponnenheit nicht oder nicht richtig tut.

Herzlich Ihr

H. Hesse

1 Hesse verwandte von nun an das neue Briefpapier mit Gunter Böhmers Zeichnung am Kopf des Bogens.

*179 An Otto Kleiber, »National-Zeitung«, Basel**

[Montagnola] 17.1.1935

Hochgeschätzter Herr Dr. Kleiber

Dieser Tage stand in Ihrem Blatt leider eine Entgleisung: eine ungehörige Beleidigung des »jüdischen Verlags« S. Fischer in Berlin, wegen Weglassung einer Fußnote in dem Buch von Annette Kolb.[1]

Aus verschiedenen Gründen, hauptsächlich aber wegen der kollegialen Verständigung, muß ich dazu Stellung nehmen und den leichtfertigen Beleidiger des Verlags Fischer dementieren. Er hat sich gründlich getäuscht. Auch sollte und könnte er wissen, daß der Verlag Fischer, samt seiner »Neuen Rundschau«, in Deutschland heute einen der paar Orte bildet, an welchen Verstand und menschliche Gesittung mitten im Chaos noch eine Zuflucht haben. Unter andrem besteht ein Hauptteil meiner Arbeit seit zwei Jahren darin, in meinen Bücherberichten in der »Rundschau« gerade diejenigen Bücher anzuzeigen, die kein einziges Blatt des Reichs mit dem gleichen Freimut anzuzeigen wagt: Die Bücher von Juden, Katholiken, Protestanten, deren Gesinnung und Geist dem herrschenden System entgegen ist und die gute Tradition und intellektuelle Ehrlichkeit zu wahren bemüht ist.

Sie sollten, scheint mir, unsere ehrlichen Bemühungen, die oft nicht ohne Gefahr sind, nicht nur nicht durch so törichte Anwürfe sabotieren, sondern sich ihrer freuen. Die »Rundschau« ist zum Beispiel von sämtlichen deutschen Blättern, deren Mitarbeiter ich früher war, heut das einzige, das meine Aufsätze über Juden, Katholiken etc., soweit sie geistig dem Gewaltregime Widerstand leisten, noch zu drucken wagt. Alle andern haben versagt. Und der alte, nicht »jüdische« Verlag Reclam in Leipzig hat mir kürzlich zugemutet, in meinem Büchlein über Weltliteratur, das bei ihm erschienen ist, für die nächste Auflage alles umzuarbeiten, fast alle Juden zu streichen etc. Natürlich habe ich abgelehnt.

Ich wiederhole: Sie dürfen keine dieser Tatsachen veröffentlichen, Sie würden uns und unsere Arbeit damit vernichten. Das ist auch bei dem Vorwurf in Ihrem Blatt das Gemeine, daß ja der Bescholtene nicht die Möglichkeit der Richtigstellung hat, weil er gefährdet und beobachtet in einem Land des Terrors steht. Sie sollen nichts von dem, was ich mitteile, weitersagen: aber Sie, die Redaktion und jener voreilige Mitarbeiter sollen aus einer offenbaren Ahnungslosigkeit geweckt werden, damit nicht ähnliches wieder geschieht.

Nun die Tatsachen:

Der Verlag Fischer hat den nicht kleinen Mut gehabt, in Annette Kolbs Buch die erwähnte Fußnote (über Juden) abzudrucken[2] – neun Zehntel aller deutschen Verleger hätten das nicht getan.

Dann ist (nicht bei der zweiten, sondern erst bei der fünften Auflage) eine deutsche Staatsanwaltschaft, offenbar durch Denunziation, auf die Fußnote aufmerksam gemacht worden. Jetzt wurde der Verlag vor die Entscheidung gestellt, entweder das ganze Buch konfiszieren und verbieten zu lassen, oder die Note zu streichen. Er wäre vollkommen im Recht gewesen, wenn er sie jetzt ohne weiteres gestrichen hätte. Er tat das aber noch nicht, sondern der Leiter des Verlags reiste selber nach Paris zu Annette Kolb, legte ihr den Sachverhalt dar und erhielt ihre Einwilligung zur Streichung jener Note, da die Autorin selber den Verlust der Fußnote dem Verlust des ganzen Buches vorzog. Der Verlag hätte nicht korrekter und sauberer handeln können.

Meint Ihr Mitarbeiter, der Verleger hätte, bloß der Gebärde wegen, Buch und Autorin preisgeben, das Buch verbieten und eventuell sich selber ins Konzentrationslager bringen sollen? Vom Ausland her sind solche Don Quichoteschen Forderungen leicht und billig zu stellen.

Ich nehme an, es werde Ihnen lieb sein, diese Aufklärungen zu bekommen. Ich mache mir mitten in meiner großen Überlastung die Mühe dieser Mitteilungen wirklich nicht, weil Fischer auch mein Verleger ist, sondern weil offenbar bei Ihnen wenig Ahnung besteht von den Bedingungen der geistigen und kulturellen Arbeit im jetzigen Deutschland. Ich selber stehe mitten in dieser Arbeit, deren Ziel es ist, über das Schlimmste hinweg mitten im Terror bei einer Minderheit ein reinliches Denken zu unterstützen und womöglich in eine andere Epoche hinüber zu retten. Der von Ihrem Mann bewitzelte Judenverlag Fischer, der es sehr schwer hat, hat sich in dieser Arbeit mir als ein treuer und anständiger Genosse erwiesen. Darum schrieb ich Ihnen.

Ich richte das Schreiben an Sie, lieber Kollege, weil ich nicht weiß, wer für jene Entgleisung verantwortlich ist. Ich erwarte keine Antwort, ich erwarte nur, daß Sie meine Feststellungen zur Kenntnis nehmen.

Mit Grüßen Ihr

H. Hesse

* Über dem Schreiben vermerkte Hesse damals: »Dieser Brief ist *privat* und ausdrücklich *in seinem ganzen Inhalt diskret* zu behandeln!«

1 Glosse im ›Kulturspiegel‹ der Basler »National-Zeitung« vom 13.1. 1935, worin dem S. Fischer Verlag wegen einer eliminierten Fuß-

note in Annette Kolbs Roman »Die Schaukel« Opportunismus gegenüber den NS-Machthabern vorgeworfen wurde.

2 Die Fußnote Annette Kolbs lautete: »Vom Tage an, da die Juden im geistigen Leben zu Einfluß gelangten, machten sich in der gefährdeten Existenz des Künstlers gewisse Chancen fühlbar, daß er nicht mit einer Mühsal wie bisher, die subjektiv gesehen nur zu oft einen Auf-der-Strecke-Bleiben gleichkam, sich durchzuringen hatte: daß ein Hölderlin vielleicht davor bewahrt geblieben wäre, den armen Hauslehrer zu spielen, Franz Schubert vielleicht nicht so jung und als ein armer Teufel gestorben wäre. Wie dem auch sei: wir sind heute in Deutschland eine kleine Schar von Christen, die sich ihrer Dankesschuld dem Judentum gegenüber bewußt bleiben.«

180 An seinen Sohn Heiner

[Montagnola] 19.1.1935

Lieber Heiner

In deinem Brief standen zum Teil schlechte Neuigkeiten, aber er hat mich doch im Ganzen herzlich gefreut. Inzwischen ist hier bei mir der etwas anstrengende Betrieb Tag für Tag weiter gegangen, und unter all dem Deprimierenden und der vielen Arbeit war diesmal auch etwas Hübsches. Gegen Weihnachten nämlich hat mich Annemarie[1] wissen lassen, daß ihre Mutter (Frau Ball) am 17.1. fünfzig Jahre alt werde, und daß man daran denken müsse. Ich erfuhr es etwas zu spät, und war sehr mit Arbeit überladen, aber ich tat alles, was noch möglich war. Vor allem sorgte ich dafür, daß möglichst viele Leute das Datum erfuhren, ich schrieb eine Menge Briefe und Karten, teilte es einer Anzahl Zeitungen mit etc.; denn da Frau Emmy in so großer Armut lebt, hoffte ich, es würden einige ihr nicht bloß ein Briefchen mit Glückwünschen schicken, sondern auch ein paar Batzen. Aber das war auch wieder schwierig, denn sie verträgt es gar nicht, wenn man von ihrer Armut spricht, und wenn man ihr mit Wohltaten auf die Schulter klopft, und irgend etwas dergleichen muß auch schon im voraus passiert sein, denn grade, als ich mich tagelang für diesen Geburtstag angestrengt hatte, kam von Emmy ein Brief (sie wußte natürlich nichts von meiner Aktion), darin stand: sie müsse mir sagen, daß sie 50 Jahre alt werde, und daß die Leute sie damit anöden, ihr gratulieren, sie begönnern etc., und sie vertrage das nicht und verbitte es sich, und sage es auch uns, daß wir freundlichst uns nicht unterstehen sollten, etwa ihren Geburtstag zu feiern und ihr zu gratulieren etc. etc. Na, da waren also vielleicht meine dummen Sorgen für sie umsonst gewesen, und ich bereute beinah ein wenig, daß ich der Annemarie die Sorge für diese Sache so einfach abgenommen hatte. Aber ich sagte mir dann, und Ninon sagte es auch, daß Emmy morgen schon wieder anders denken könne, und reagierte nicht auf ihren Brief. Wir warteten ein paar Tage, dann schrieben wir Frau Ball, sie solle ihren 50. Geburtstag nicht allein und krank in ihrem Dorf am Kamin hocken und frieren, sondern den Tag bei uns zubringen, wir würden sie im Wagen holen lassen etc. Sie war gleich einverstanden, und am 17. war also der große Tag: Wir alle erinnerten uns stillschweigend an meinen eigenen 50. Geburtstag: genau an jenem Tag wurde Hugo Ball in der Klinik operiert und festgestellt, daß er nicht mehr heilbar sei. Es war der 2. Juli 1927. Er lebte dann noch bis in den September. – Emmy kam also im Wagen, an unsrer Haustür empfing sie ein von Böhmer gezeichnetes Glückwunsch-Plakat, dann gab es ein Mittagessen mit Wein und Kaffee, und dann wurde Emmy vor ihren Tisch gestellt; sie sagte nachher, sie habe noch nie einen so schönen Geburtstag gehabt. Sie kriegte von mir eine kleine Bilderhandschrift, einen Haufen Schreibpapier, Bücher und Cognac, von Ninon einen Anzug, von Alice Leuthold waren Blumen und ein Geldgeschenk gekommen, und von meinen Bekannten, die ich darum geplagt hatte, kamen mehrere Geldspenden, im ganzen etwa 200 Fr. oder etwas drüber. Abends fuhr sie dann wieder heim, und ich klappte ein wenig zusammen, mußte aber doch noch lang aufsitzen, um einen Teil der Arbeit einzuholen, die ich an dem Tag versäumt hatte.

Leider sind die Fälle sehr selten, wo man einem Freund so Spaß machen, ihn trösten und ihm ein wenig helfen kann. Da sind Dutzende, die vor dem Nichts stehen, und oft in teuflisch verzwickten Lagen. Der arme Luschnat, dem ich so gern helfen möchte und für den ich manches tat! Seine Lage ist jetzt so: erstens ist er bettelarm und aus der Schweiz ausgewiesen, hat nur durch unsre Anstrengungen eine kleine Galgenfrist. Zweitens ist, als er aus Berlin im März 33 floh, seine Frau mit Kind in Berlin geblieben, sie will nicht emigrieren, die Scheidung ist eingeleitet, aber längst noch nicht vollzogen, du kannst dir denken, was deutsche Behörden sich für Mühe um einen verdächtigen Emigranten geben. Nun hat er inzwischen wieder eine Frau gefunden, die er sehr liebt, sie ist politischer Flüchtling, ebenfalls arm, ebenfalls ohne die Möglichkeit, hier oder anderwärts etwas zu verdienen, oder in andre Länder zu gehen, ihr Paß gilt bloß in der Schweiz. Und nun wird sie gegen Ende Mai ein Kind bekommen, wird im Tessin von den Zimmervermietern immer wieder rausgeworfen, und grade um die Zeit, wo das Kind kommt, ist der Termin, wo L[uschnat] die Schweiz zu verlassen hat. Er wird es ohne sie und das Kind nicht tun, aber niemand sieht, wie das werden soll. Das ist einer von den vielen ähnlichen Fällen, bei denen ich auf irgendeine Art mitzusorgen habe, man geht fast kaputt dabei.

Dann wieder passiert es der Basler »National-Zeitung«, daß sie an auffallender Stelle eine hämische, gemeine Bemerkung über meinen Verleger S. Fischer bringt: dieser »jüdische Verlag« habe aus Feigheit eine judenfreundliche Fußnote in einem Buch von Annette Kolb in der neuen Auflage weggelassen. Ich kenne nun die Geschichte dieser Fußnote, kenne Annette Kolb und ihr Buch etc. sehr genau, das alles ist ja ein kleines Stückchen in dem stillen Kampf, den wir um das geistige Deutschland führen, wo ich z. B. in Fischer's Rundschau heut der einzige deutsche Kritiker bin, der jüdische Bücher bespricht und angelegentlich empfiehlt. Um dies noch weiter tun zu können, habe ich es soeben auch noch übernommen, dem Haupt-Literaturblatt von Schweden[2] zweimal jährlich einen Bericht über den Stand der deutschen Literatur zu machen. – Mit der Fußnote nun ist es so: sie blieb in der ersten Auflage vorerst unbeachtet – es war schon sehr mutig vom Verlag gewesen, daß er sie zuließ, er brachte sich damit in Gefahr. Dann entdeckte, wo[mög]l[ich] durch Denunz[iation], ein deutsches Gericht die Stelle im Buch, und unser Verlag wurde amtlich vor die Wahl gestellt, entweder müsse er die Fußnote in den künftigen Auflagen weglassen, oder das Buch werde verboten und die noch vorhandenen Vorräte davon sofort konfisziert. Auch dann noch sagte der Verlag nicht gleich Ja, was wohl jeder andre deutsche Verleger heut getan hätte, sondern nahm Bedenkzeit, reiste nach Paris und besprach es mit Annette Kolb, natürlich willigte sie ein, daß die Stelle gestrichen werde. Und nun wird der Verlag für sein nobles und tapferes Verhalten ausgerechnet von der »Nat[ional]-Zeit[un]g« als feiger, kriecherischer Judenverlag verhöhnt! Dagegen könnte man sich ja nun in einem normalen Fall wehren, man könnte die Tatsachen feststellen, und die Zeitungen zwingen, ihre Beleidigung zurückzunehmen. Aber grade das kann der Verlag nicht. Wenn die Öffentlichkeit erfährt, was da gegangen ist, bekommt er sofort und zwar auf seine eigenen Kosten, einen Nazi-Spion in seine Firma gesteckt und endet vielleicht im Konz[entrations]lager.

Alle diese Fälle, oder viele davon, landen auch bei mir und müssen von mir aufgeklärt werden, alles unter der Hand und ohne Öffentlichkeit, weil ich nun einmal jetzt diese Rolle habe, in und für Deutschland zu arbeiten, aber Schweizer und Europäer zu sein. Ich denke dabei an Wirkungen ins Große überhaupt nicht. Ich denke lediglich an die Erhaltung einer winzigen kleinen Schicht von Köpfen, denkenden und lesenden, die sich sauber halten und eine Erbschaft von geistiger Redlichkeit über das heutige Chaos hinaus retten sollen. Und auch hier noch braucht es Mühe, den Streit und Haß sogar unter den scheinbar Gleichgesinnten zu besänftigen. Der Mann z.B., der die gemeine Bemerkung in der National-Zeitung schrieb, ist, wie ich vermute, zwar ein glühender Demokrat und Nazifeind, aber im Herzen eben doch Judenhasser. Dreck überall! Und mitten drin steht man und möchte sauber bleiben. Es gibt Trostmittel in dieser Lage, aber zuweilen wünscht man doch sehr, es wäre vorüber.

Genug, ich darf mir eigentlich den Luxus so langer Briefe nicht erlauben. Aber ich wollte dir doch einmal eine kleine Ecke von dem Kram zeigen, der Tag für Tag meinen Schreibtisch und mich belastet. Addio, herzlich grüßt dich dein

Papi

1 Annemarie Schütt-Hennings (1906-1987).
2 »Bonniers Litterära Magasin«, Stockholm.

181 An Georg Svensson, Redaktion »Bonniers Litterära Magasin«

[Montagnola] 25.1.1935

Sehr geehrter Herr Kollege
Danke für Ihren Brief vom 22. Ich bin bereit, die fragliche Korrespondenz zu übernehmen[1] und Ihnen den ersten Aufsatz zum gewünschten Termin zu senden. Nur bitte ich Sie, vorher noch zwei Punkte in unsrem Übereinkommen etwas zu ändern.

Erstens das Honorar. Es ist in Anbetracht der großen und verantwortlichen Arbeit, und weil ich in einem Land mit hoher Valuta lebe, allzu klein. Ich kann mir denken, daß Ihr Budget seine Grenzen hat, aber ich bitte Sie doch, mein Honorar für jeden Literaturbrief zu erhöhen. Etwa 250 Schweizer Franken würde mir durchaus richtig scheinen, mindestens aber bitte ich etwa 225 anzusetzen.

Zweitens kann der Titel »Brief aus Deutschland« nicht bleiben. Wir können statt dessen »Deutscher Literaturbrief« sagen. Der von Ihnen vorgeschlagene Titel würde den Schein erwecken, als lebe ich in Deutschland, ich lebe aber in der Schweiz und bin auch politisch Schweizer. Und zur »deutschen Literatur« rechne ich natürlich nicht bloß die reichsdeutsche, sondern die Literatur aller Deutsch schreibenden Völker, dazu gehört außer der deutschen Schweiz auch Österreich, und je und je werde ich wohl auch Bücher der Emigrantenpresse anzeigen. Meine Stellung zur aktuellen deutschen Lage und Politik ist die jedes Schweizers und Europäers, ich bin aber deutscher Autor, und mein Wirkungsfeld ist Deutschland, darum suche ich dort, soweit das ohne jede Konzession an die Macht möglich ist, meine Arbeit fortzusetzen. Es gibt ein geistiges Deutschland, das zur Zeit beinahe ganz schweigen muß, das aber fortlebt, und an dessen Bestand ich mitarbeite.

Ich hoffe, meine beiden Vorschläge finden Ihre freundliche Billigung, und Sie teilen mir das durch eine Postkarte mit. Dann gehe ich an die Arbeit. Mit Grüßen Ihr ergebener

H. Hesse

1 Hesses Literaturberichte für »Bonniers Litterära Magasin« erschienen von März 1935 bis September 1936 ins Schwedische übersetzt (siehe auch SW 20, S. 19ff.).

182 An Franz Schall

[Montagnola, etwa Februar 1935]

Lieber Schall

Collofino[1] schreibt: »Amicum tuum, cuius emendationem peccati illius, quod et ipse et mihi in verbi ›appropinquare‹ coniugatione evenit, libenter probo, malae latinitatis auctorem appellare non audeo, verumtamen nonnunquam errare videtur – denn ich finde keinen Grund dafür, daß er am Schluß nun ›provehanter‹ sagt. Warum der Konjunktiv? Es kann nur provehunter heißen. Aber warum soll man nicht appropinqu beibehalten und einfach ›paululum appropinquant‹ sagen, das trifft den Sinn genau und scheint mir wohllautender als provehuntur.«

Ferner »Das ›enti et nascendi facultati‹« halte ich stilistisch für weit schöner als das neue »ad entis naturam nascendique statum«. Natura und nasci bedeutet eine Häufung der Begriffe und sollte vermieden werden.

Schließlich legt Collofino mir zwei Vorschläge vor, die ich dir hier beilege.[2]

Ich überlasse es dir, ob du nochmals drauf eingehen willst. Was mich betrifft, so bin ich am Ende meiner Kraft. Diese zwei Sätze Latein haben mich jetzt etwa zehn umfangreiche Briefe gekostet – für jemand, der überarbeitet und augenleidend ist, bedeutet das etwas, doch daran hat nie einer meiner Korrespondenten gedacht. Ich gäbe viel für einen Tag ohne Schmerzen, und für die kleinste Hoffnung auf so viel Muße und Freude als es brauchte, damit ich einmal wenigstens für Tage zu meiner Dichtung zurückkehren könnte. Statt dessen Briefe, Briefe, Briefe, Manuskripte, Anbetteleien, Bitten um Urteile und Empfehlungen, Anpöbelungen von rechts und links, aus dem Reich wie aus der Emigration, kurz Tag für Tag macht die Welt aus meiner Klause ein Büro wie das eines Fabrikanten oder Ministers, ich wundre mich oft, daß ich es bisher aushielt.

Also dies war das letztemal, daß ich mit geschwollenen und tränenden Augen über dem Abschreiben lateinischer Konzeptionen saß. Ich lasse, falls jetzt nicht die endgültige Fassung sich ergibt, einfach das Latein weg, schließlich hängt für meine Dichtung nichts davon ab, es war ein Spaß. Nun ist eine lange, mühsame Sache draus geworden, zwischen Schall und Collofino, und der Vermittler und Abschreiber etc. etc. soll dabei immer ich sein. Collofinos Adresse ist: – Jos. Feinhals in Köln-Marienburg, Lindenallee 3.

Addio, es grüßt dich dein

Hesse

1 Seinem Freund Josef Feinhals (genannt Collofino) hatte Hesse die von Franz Schall ins Lateinische übersetzte Version seines Mottos zum »Glasperlenspiel« zur Überprüfung gesandt.

2 »... non entia licet enim certo modo levibusque hominibus facilius atque incuriosius verbis reddere quam entia, verumtamen pio diligentique rerum scriptori plane aliter res se habet: nihil tantum repugnat quo minus verbis illustretur, at nihil tam necessarium est ante hominum oculos proponi, quam quaedam res, quas esse neque demontrari neque probari potest, quae contra eo ipso, quod pii diligentesque viri illas quodammodo sicut entia tractant, enti et nascendi facultati paululum appropinquant.« Vorschlag A vom 8.2.1935

»... non entia licet enim certo modo levibusque hominibus facilius atque incuriosius verbis reddere quam entia, verumtamen pio diligentique rerum scriptori plane aliter res se habet: nihil tantum repugnat quo minus verbis illustretur, at nihil tam necessarium est ante hominum oculos proponi, quam quaedam res, quas esse neque demonstrari neque probari potest, quae contra eo ipso, quod pii diligentesque viri illas quodammodo sicut entia tractant, enti et nascendi facultati paululum provehuntur.« Vorschlag B vom 8.2.1935

183 An Cuno Amiet

[Montagnola, Februar 1935]

Lieber Freund Amiet
Ich las in der Zeitung vom Tod Ihres Bruders[1] und habe an Sie gedacht, solch ein Abschied heißt viel.

Dieser Tage schickte ich Ihnen mein neues Buch.[2] Das hat eine sehr lange Vorgeschichte: zeigen Sie sie bitte auch dem Bruno.[3] Also: Als ich etwa um 1905, vor 30 Jahren, die ersten der »Legenden« geschrieben hatte, plante ich ein kleines »Legendenbuch«, und grade damals stellte in München Albert Welti sein Bild von den Eremiten aus; ich erbat und erhielt von ihm die Erlaubnis, meinem Buch eine Reproduktion dieses Bildes beizulegen. Aber es kam dann nie dazu. Ich gab bald den Legendenplan auf. Aber manche Jahre später, um 1913, war das Buch, schon beinah in der heutigen Gestalt, eigentlich druckfertig, und ich wollte bloß noch das Fertigwerden einer damals angefangenen Erzählung[4] abwarten. Aber auch dazu kam es nicht, statt dessen kam der Krieg und machte meinem Fabulieren ein Ende. So kommt heute das Buch um 20 Jahre zu spät. Für das Land, auf das ich angewiesen bin, für Deutschland, ist das aber einerlei, dort ist unsereiner sowieso jetzt untendurch und wird entweder vergessen oder angespuckt.

Wichtig ist das Buch nicht, es sind im Grunde Spielereien, so wie alle Kunst am Ende Spiel ist, aber einige von den Stükken sind ganz gute Arbeit, und einigen Freunden werden sie auch jetzt noch Spaß machen. [...]

Viele herzliche Grüße von Ihrem

H. Hesse

1 Caesar Amiet (1861-1935).
2 H. Hesse, »Fabulierbuch«. Erzählungen, S. Fischer Verlag, Berlin 1935.
3 Hesses ältester Sohn wohnte auch nach seiner Ausbildung bei seinem Lehrer, dem Maler Cuno Amiet.
4 H. Hesse, »Das Haus der Träume«, Erstdruck in »Der Schwäbische Bund«, Stuttgart, November 1920 (SW 8, S. 134ff.).

184 An Stefan Zweig

Montagnola [15.2.1935]

Lieber Stefan Zweig

Ihr lieber Brief von Bord der Manhattan war mir eine Freude. Es hat sich ja in jüngster Zeit so entwickelt, daß unsereiner schon zuvor sehr isoliert, nun auch noch von den eigentlichen Gesinnungsgenossen gehaßt oder bespuckt wird, nur weil man sich nicht zum bloßen politischen Kampfmittel hergibt. Irgendwo müssen ja doch ein paar Existenzen übrig bleiben, welche in dünnem Faden gewisse Traditionen weiterleiten, ich denke dabei weniger an hübsche idyllische Dinge als an solche alte und ehrwürdige Konventionen wie die der intellektuellen Redlichkeit usw. Vor allem rechne ich zu den Traditionen, deren Schutz uns obliegt, den Sinn für die Qualität und das Sichnichtbeugen vor der Quantität. Darum freut mich das Wissen um einige Kameraden und stützt meinen Glauben.

Sie stellen fest, daß es schon 35 Jahre her ist, daß wir voneinander wissen. Das ist allerdings hübsch lang, und im Nacherzählen spürt man alles Morsche in sich eine kleine Neigung nach dem Alter und Ende hin vollziehen. Indessen hat die Welt in neuerer Zeit es uns erleichtert, auch die tröstliche Seite unserer Vergänglichkeit zu sehen.

Ich lebe, seit mehreren Jahren nach langem Alleinleben wieder verheiratet, immer in Montagnola, eine Stunde von Lugano weg, und bin seit langem nicht mehr gereist, kaum daß ich einmal im Jahr nach Zürich komme. In Rüschlikon habe ich Freunde, und wenn ich den Hügel mit dem Belvoir dort wiedersehe, erinnere ich mich stets auch Ihrer.[1]

Albert Ehrenstein[2] schrieb mir in sichtlich gehobener Stimmung aus Rußland. Ich beneide beinah die, die an das kommunistische Ideal glauben können, – ginge es ohne Hekatomben von Menschen und stieße ich bei den aktuellen Vertretern der Idee häufiger auf vollwertige Menschen, oder auf so feine und gutgeschulte Denker wie etwa Ernst Bloch[3], so wäre das schön. Es ist aber vorerst nicht so.

Sähe ich Sie irgend einmal hier, so wäre es mir eine Freude.
Herzlich Ihr

H. Hesse

1 Das Hotel Belvoir in Rüschlikon am Zürichsee war Stefan Zweigs Zuflucht während des Ersten Weltkriegs (1917-1919). Im ehemaligen Haus von Johannes Brahms, direkt neben dem Hotel Belvoir, wohnten Hesses Freunde, der Maler Fritz Widmann und seine Frau, die Fotografin Gret Widmann.

2 Albert Ehrenstein (1886-1950), expressionistischer Lyriker und Erzähler, mit Hesse seit dem Ersten Weltkrieg in Korrespondenz.

3 Der Philosoph Ernst Bloch (1885-1977), dessen Buch »Erbschaft dieser Zeit« Hesse damals gelesen und besprochen hatte (SW 20, S. 7 und 94f.).

185 An Hermann Hubacher

[Montagnola, 16.2.1935]

Caro amico

Aus deinem Brief erfahre ich, was ich nicht wußte: daß du, gleich so vielen meiner Freunde, ein Feind des Briefschreibens bist. Das ist schade, und verschiebt mein Verhältnis zu den paar Freunden immer mehr zu meinen Ungunsten. Etwa Leute wie Schoeck, die zu vielstündigen Wirtshaussitzungen jede Woche mehrmals Zeit haben und erst noch gesunde Augen besitzen, lassen mich oft ein Jahr oder länger Briefe, Gedichte, Bücher etc. schreiben und ihnen schicken, ehe sie einmal sich den Ruck zu einer Postkarte geben, dabei können sie alle vorzüglich schreiben, wie die Nachwelt aus den seltenen Briefen dieser Schein-Analphabeten sehen wird. Für mich ist es schade, ich lebe weit weg und allein, und kann mir noch so viel Mühe geben, meine Freunde über meine Gedanken und neuen Arbeiten auf dem Laufenden zu halten – es kommt kaum je ein Echo zurück. Darin ist die Schweiz, auch die Schweizer Künstlerschaft, dem deutschen heroischen Dreschflegel-Barbarismus nahe und verwandt: Nur ja keine Feder und Tinte! Nur ja keine Federfuchser! Blaue Augen und eine derbe Faust, und eine gute Gurgel für den Neuenburger[1], und etwa noch etwas Kunst im Jassen[2], so etwa ist das Idealbild. Na, also ich halte es trotz allem noch für möglich, gelegentlich von Dir ein Wort über Deinen Eindruck vom Glasperlenspiel[3] zu bekommen. Es wird mich natürlich nicht beeinflussen, aber interessieren sehr, denn diese Dichtung wäre im Deutschland von etwa 1810, im Kreis von Schlegel und Novalis, weit besser und leichter kapiert worden als heute. Es ist auch merkwürdig, wie in den Urteilen, die ich höre, sich die beiden Pole so sehr scharf ausdrücken! Die einen, oft treue und alte Freunde von mir, lehnen das Glasperlenspiel (z. Teil auch schon die Morgenlandfahrt) mit einem gewissen Eifer ab, als eine Entgleisung ins Intellektuelle, so als dürfe in der Dichtung alles eine Rolle spielen, nur der Geist nicht! Andre wieder, obgleich ihre tatsächliche Bildung, Belesenheit etc. nicht ganz ausreicht, um ihnen die feineren Nuancen des Glasperlenspiels zu öffnen, sind von der Zentral-Idee so gepackt, daß sie alles fast unbesehen schlucken.

Es geht nicht gut, bin seit Monaten überarbeitet und herunter, und ein großer Teil der Arbeit war umsonst, eine Zeitschrift[4] hat mich betrogen, der ich wegen der materiellen Sorgen Mitarbeit geleistet hatte. Auch wenn sie zahlen würde, könnte ich kaum halb aus dem leben, was ich verdiene, und aus Deutschland tröpfelt es immer dünner, ich zehre aus Erspartem, vielleicht reicht es über die böseste Zeit hinweg; hie und da deprimiert es, wenn man sieht, wie man auch bei vollstem Fleiß außerstand ist, sein Brot zu verdienen. Aber dann macht es auch wieder Spaß zu sehen, wie sehr man der momentanen Welt entbehrlich ist, ich nehme das ganz und gar als eine Bestätigung und eine Ehre.

Heut Abend soll Carossa kommen[5], nur für einen Tag.

Mach gut vorwärts mit der Erholung, mein Lieber, und grüße die Deinen!

Herzlich

dein H.

1 Weißwein vom Neuenburger See.
2 Kartenspielen.
3 Die Einleitung zum Glasperlenspiel (im Dezember 1934 in »Die neue Rundschau«, Berlin, vorabgedruckt).
4 Das »Schweizer Journal« erklärte sich für zahlungsunfähig.
5 Hans Carossa, auf der Rückreise von Rom, besuchte Hesse am 16./17.2.1935 in Montagnola.

186 An Otto Hartmann

[Montagnola] 22.2.1935

Lieber Hartmann
Danke für Deinen lieben Brief, er freut mich. Ich erfahre von Dir, daß Du das Glasperlenspiel nicht bloß empfangen, son-

dern auch gelesen, daß Du es gern hast und etwas damit anfangen kannst – das ist viel und mehr habe ich nicht zu hören gehofft. Aber Du mußt Dir einen Augenblick, um mich zu verstehen, meine Lage vorstellen, die vollkommene, lautlose Einsamkeit einer Stube im Tessin, wo ich lebe und arbeite, während alle, die auf meine Arbeit reagieren könnten, weit weg sind, nicht nur durch Entfernung, auch durch Landes- und politische Grenzen getrennt. Ich finde mich leidlich damit ab, daß der heutige Deutsche von Dichtung, Buch, Geist, und solchen hübschen Dingen nichts mehr wissen will und ganz offiziell dazu erzogen wird, sie zu mißachten. Dagegen wenn ich ein neues Buch herausgebe, oder eine jahrelang im Stillen gehegte Arbeit wie das Glasperlenspiel extra in Separatabzügen meinen Freunden versende – dann erscheint mir, Schwächling, der ich bin, es als klägliches Ergebnis, wenn ein Teil der Empfänger überhaupt nicht, ein anderer nur mit der Postkartenzeile reagiert: er habe das Ding erhalten und werde es gelegentlich lesen. Von noch schlechteren Resultaten nicht zu reden, so hat z. B. mein einstiger lieber Freund Finckh, der noch besondere Gründe hätte, nett gegen mich zu sein, nicht bloß das Glasperlenspiel nicht gelesen sondern, als ich ihn bat, es mir wenigstens zurückzuschikken, da ich großen Mangel an Abzügen habe, ließ er mich wissen, daß er ein vielbeschäftigter Mann sei, (des Hohenstoffeln wegen[1]) und es ihm nicht möglich sei, unter den Briefstapeln mein Zeug herauszusuchen.

Ohrfeigen dieser Art bestätigen mir zwar den heroisch männlichen, unsentimentalen Geist dieser großen Zeit, da ich jedoch mich für diesen Geist nie interessiert habe, und Freundschaft und Artigkeit zwischen Menschen nicht bloß für erlaubt sondern für notwendig halte, zeigen solche Ohrfeigen (abgesehen vom Wehtun) mir, wo ich stehe und was meine Arbeit gilt, und für lange hinaus ist Untertemperatur. Darum, dilecte amice[2], um ein paar Kubikzoll Atemluft in der Ätherleere um mich zu erobern, darum schreibe ich Gedichte ab, male Bildchen, verschenke Bücher und Separatdrucke, was ich mir längst nicht mehr leisten dürfte. Und darum ist jedes Ausbleiben einer Antwort auf einen meiner Rufe ein kleiner Tod. Und darum danke ich Dir für Deinen Brief. Zu Deinen Fragen nur dies: Albertus II. und sein Zitat[3] sind fingiert, das deutsche Zitat ist durch Franz Schall ins Latein gebracht, die Fassung wird aber noch an mehreren Stellen korrigiert und umstilisiert, dabei tut der unter jenem Zitat genannte Collofino[4] in Köln mit, der auch in andern Schriften von mir[5] vorkommt. Thomas Mann hat den Albertus für historisch, die chinesischen Stellen über Musik aber für meine Erfindung gehalten, und es ist gerade umgekehrt. So spielt dies und das mit und für jeden befreundeten Leser sind wieder andere Teile und Bezirke des Werkchens beziehungsreich.

Anthroposophische, Steinersche Quellen habe ich nie benützt, sie sind für mich ungenießbar, die Welt und Literatur ist reich an echten, sauberen, guten und authentischen Quellen, es bedarf für den, der Mut und Geduld hat, selber zu suchen, der »okkulten« und dabei meist elend getrübten Quellen nicht. Ich kenne sehr liebe Leute, die Steinerverehrer sind, aber für mich hat dieser krampfhafte Magier und überanstrengte Willensmensch nie einen Moment etwas vom Begnadeten gehabt, im Gegenteil. Es hat immer Leute gegeben, die im Besitz des 6. und 7. Buches Mosis waren, aber die fünf ersten sind doch bewährter. Das, was heute bei Euch an Geschichtsfälschung betrieben wird, bedurfte, um möglich zu sein, einer langen Auflockerung und vorbereitenden Hypnotisierung, sie geschah von vielen Seiten, seit Jahrzehnten, und Steiner war tüchtig mittätig.

Verzeih, ich werde nur ungern aktuell, es war nur gerade hier kaum zu vermeiden. Das neue Knecht-Gedicht[6] konnte ich Hans Carossa zeigen, er mußte uns dafür auch drei Gedichte vorlesen, er war kürzlich einen Tag unser Gast. [...] Addio, Lieber, herzlich grüßt Dich Dein

H. Hesse

1 Berg im Hegau bei Singen, der zur Basaltgewinnung (für den Straßenbau) abgetragen werden sollte, wogegen L. Finckh mit zahlreichen Aktionen und Vortragsreisen ankämpfte.
2 Lateinisch: geschätzter Freund.
3 Das Motto zum »Glasperlenspiel«.
4 Josef Feinhals, Kunstmäzen und Freund Hesses. Die umfangreiche Korrespondenz mit ihm wurde im Zweiten Weltkrieg vernichtet.
5 In »Klingsors letzter Sommer« und »Die Morgenlandfahrt«.
6 Das Josef Knecht, dem Protagonisten des »Glasperlenspiels«, zugeschriebene Gedicht »Hieroglyphen« (entstanden am 8.2.1935).

187 An eine Leserin in Stuttgart

[Montagnola] 23.2.1935

Liebes Fräulein

Ich kann nur kurz antworten, will es aber doch versuchen. Ich habe zeitlebens die Religion gesucht, die mir zukäme, denn obwohl ich in einem Hause von echter Frömmigkeit aufgewachsen bin, konnte ich doch den Gott und den Glauben, der mir dort angeboten wurde, nicht annehmen. Das geht bei manchen Jungen leichter oder schwerer, je nach dem Grad von Persönlichkeit, zu dem sie fähig und bestimmt sind. Mein Weg war es, zuerst ganz individuell suchen zu müssen, das heißt vor allem mich selber suchen und mich, soweit mir das gegeben war, zur Persönlichkeit bilden zu müssen. Dazu gehört das im »Demian« Erzählte. Später habe ich manche Jahre die indischen Gottesvorstellungen besonders geliebt, dann allmählich die Klassiker der Chinesen kennen gelernt, und ich war schon lange nicht mehr jung, als ich allmählich begann, mich wieder mit dem Glauben vertrauter zu machen, in dem man mich erzogen hatte. Dabei hat das klassische katholische Christentum eine Rolle gespielt, aber ich fand mich getrieben, auch die protestantischen Formen des Christentums neu kennen zu lernen, und manches Gute und Fördernde ist mir dann auch aus der jüdischen Literatur zugekommen, namentlich aus den chassidischen Büchern und aus den neuen jüdischen Werken wie etwa Bubers »Königtum Gottes«.[1] Irgend einer Gemeinschaft, Kirche oder Sekte gehörte ich nie an, halte mich aber heute nahezu für einen Christen. Ein Bekenntnis, in dem ich möglichst genau die Grundlagen meines jetzigen Glaubens darzustellen versuchte, ist das Gedicht »Besinnung«, es ist Ende 1933 geschrieben und steht am Schluß des Gedichtbändchens in der Inselbücherei.

Zu Ihrer Frage wegen »Knulp« möchte ich sagen: ich halte es, im Gegensatz zu manchen Modeprogrammen nicht für die Aufgabe des Dichters, seinen Lesern Normen für Leben und Menschentum aufzustellen und allwissend und maßgebend zu sein. Der Dichter stellt dar, was ihn anzieht, und Gestalten wie Knulp sind für mich sehr anziehend. Sie sind nicht »nützlich«, aber sie tun sehr wenig Schaden, viel weniger als manche Nützliche, und sie zu richten ist nicht meine Sache.

Vielmehr glaube ich: wenn begabte und beseelte Menschen wie Knulp keinen Platz in ihrer Umwelt finden, so ist die Umwelt ebenso mitschuldig wie Knulp selbst, und wenn es irgend etwas gibt, was ich den Lesern raten möchte, so ist es dies: die Menschen zu lieben, auch die schwachen, auch die Nichtnützlichen, nicht aber sie zu richten.

Vielleicht können Sie damit etwas anfangen, ich habe nicht mehr zu sagen.

Herzlich Ihr

H. Hesse

1 Martin Buber, »Königtum Gottes«, Schocken, Berlin 1932.

*188 An Dieter Zimmermann (nicht abgesandt)**

[Montagnola, 3.3.1935]

Sehr geehrter Herr Vikar
Ihren Brief kann ich nicht so ausführlich beantworten, wie es nötig wäre; ich bin seit Jahren augenleidend und Tag für Tag durch eine übermäßig große Briefpost belastet.

Außerdem fällt mir, offen gesagt, das Beantworten Ihrer so inquisitorisch und autoritativ gestellten Fragen sehr schwer. Sie sehen einen Autor, den Sie bisher zwar für einen Nichtchristen gehalten, aber geschätzt haben, sich der christlichen Sphäre nähern, und sofort erheben Sie Bedenken als Kirchenbeamter und Theologe, und verweisen mich darauf, daß es ein privates Christentum nicht gebe, sondern daß es nur »im Raum der Kirche« existieren könne. Dies wäre mir ohne weiteres verständlich, wenn Sie Vertreter einer wirklich autoritativen, also der römischen Kirche wären. So aber, muß ich sagen, berührt Ihr Eindringen mich auf doppelte Art peinlich. Erstens scheint es mir wunderlich, daß ein Theologe, wenn er einen Weltmenschen vom Geist des Christentums berührt sieht, diesen sofort anherrscht, er möge seinen Glauben genau und scharf formulieren und der priesterlichen Kontrolle unterwerfen – mir scheint dies Eindringen in einen seelischen Vorgang von unberufener Seite nicht anders als das Tottreten einer jungen kleinen Pflanze mit dem Stiefelabsatz. Zweitens: Sie treten auf im Namen der »Kirche«, ohne die es kein Christentum gebe – und da frage ich nun entgegen: was ist das für eine Kirche? Die preußische? Die lutherische? Die Bekenntniskirche? Soviel ich weiß, existiert diese vorerst als ein unoffizielles Gebilde, dem Konstitution und Dogma noch vollkommen fehlen, das also zu allerletzt in Glaubensfragen autoritativ auftreten darf.

Kurz, Ihr Brief zeigt mir zwar, daß Sie es auf irgendeine Art ernst meinen, er dringt aber in Dinge ein, die ich lieber Gott anheimstelle, einem milderen und mir ehrwürdigeren Richter. Ich weiß auch nicht, was Sie unter meiner »geistigen

Herkunft« verstehen, von der Sie sprechen. Wahrscheinlich meinen Sie damit meine frühere große Hinneigung zum Indischen. Nun, dieser »Herkunft« ist eine andre vorausgegangen, nämlich eine Kindheit und Jugend in einer frommen Christenfamilie, und wenn das protestantisch-pietistische Christentum, das ich dort fand, mich in der Jugend zum Widerspruch reizte, so hat es mich eben doch bilden und formen helfen. Es kamen dann die Jahre, in denen Indien meine geistige Landschaft wurde. Diesem Indien, dessen Blüte für mich etwa der Geist der Upanishaden war, folgte anderes, namentlich die allmähliche Bekanntschaft mit China. Und in den letzten Jahren begann der Geist meiner Eltern und Großeltern mich wieder anzuziehen, es begann mir auch die Frage wieder wichtig zu werden, warum die so einleuchtende, herzgewinnende Frömmigkeit meiner Eltern mich doch damals nicht ganz hinüberziehen konnte. Tastend versuchte ich, Wort für Wort, die Umrisse meines jetzigen, gewandelten Glaubens aufzuzeichnen, eben in dem von Ihnen kritisierten Gedicht.[1] Ich habe dort ausdrücklich den Geist als väterlich bezeichnet, Sie aber finden, für mich müsse er mütterlich sein, ich aber kann Ihnen nichts andres erwidern, als daß ich bisher nicht weiter gekommen bin in einem formulierbaren Glauben, als eben jenes Gedicht es zeigt, und daß ich, trotz Ihrer im Namen der Theologie und Kirche erhobenen Ansprüche, mich Mächten anvertrauen muß, zu denen ich Vertrauen habe. Zu Ihrer »Kirche« habe ich keines, wenn ich es auch zu sehr vielen Vertretern habe: Gestalten, wie J. A. Bengel, Oetinger und andre sind mir sehr ehrwürdig.

Ich habe bisher erst ein einziges Mal, eben in jenem Gedicht, den Versuch gemacht, etwas von dem zu äußern, was man meine Rückkehr zum Glauben der Väter nennen könnte. Ich tat es, weil inmitten des heutigen Kampfes es mir Bedürfnis war, den »Brüdern« eine Hand hinzustrecken. Nun antworten Sie mir im Namen der Brüder mit der Aufforderung, meine Legitimation vorzuweisen und mein Dogma zu zeigen. Verehrter Herr: wenn das, was Sie »Kirche« nennen, wirklich da wäre, wenn der deutsche Protestantismus das vermocht hätte, eine »Kirche« zu bilden und ihr eine weltgültige Glaubenslehre zu geben, dann würde ich mich ihm gerne beugen. So aber kann ich es nicht, auch nicht heute, wo ich angesichts der Verfolgung gegen diese mir nicht heilige Kirche sehr viel wärmer fühle. Ich mußte Sie enttäuschen, und muß Sie auch bitten, auf eine nutzlose weitere Diskussion zu verzichten. Ob ich als das enden werde, was Sie kraft Ihrer Autorität als Christen gelten lassen würden, weiß ich nicht, vermutlich wird für mich die »Kirche« immer das bleiben, was sie etwa in des alten Arnold[2] Kirchen- und Ketzerhistorie ist: etwas Mögliches, vielleicht einmal Gewesenes, vielleicht einmal zu Erreichendes.

Es grüßt Sie Ihr

Hermann Hesse

* Erste Fassung des von Hesse 1951 in der ersten Auswahlpublikation seiner Briefe publizierten Schreibens. Vgl. H. Hesse, »Ausgewählte Briefe«, a.a.O., S. 138ff.

1 »Besinnung« (SW 10, S. 324f.).

2 Gottfried Arnold (1666-1714), ev. Theologe und Liederdichter. 1699/1700 erschien seine »Unpartheyische Kirchen- und Ketzerhistorie«.

*189 An Dieter Zimmermann**

[Montagnola] 3.3.1935

Sehr geehrter Herr Vikar

[...] Ich habe in jenem Gedicht (»Besinnung«) im Dezember 1933 versucht, zunächst für mich selber, möglichst genau die Fundamente meines Glaubens zu skizzieren. Sie haben offenbar das Gedicht weniger wörtlich genommen, als ich es meinte, wenigstens ist im Gedicht der Geist ausdrücklich als »väterlich« bezeichnet, während Sie »mütterlich« gelesen haben.

Sie vermuten richtig, daß dem Gedicht eine Wandlung zu

Grund liegt, nämlich eine beginnende »Besinnung« auf meine Herkunft, welche christlich ist. Das Bedürfnis zur Formulierung aber entstand aus dem aktuellen Streit um »biozentrische« oder »logozentrische« Anschauungsart, und ich wollte mich deutlich zu »logozentrisch« bekennen.

Sie sehen nun in meinem Versuch eine Gefahr, und einen Einbruch des Nichtchristen in ein Gebiet und eine Terminologie, die Sie als Reservat der Theologie und der »Kirche« betrachten, innerhalb deren, nach Ihrem Brief, allein Christlichkeit möglich sei. Nun, es gab Bekenntnisse zum Geist lange vor dem christlichen, und gab sie neben ihm. Und die »Kirche«, von der Sie sprechen, hat mir eben von Kind auf gefehlt, sie ist heute noch weniger vorhanden als damals. Daß es so etwas wie eine »Kirche« außerhalb der katholischen gebe, darin denken wir verschieden: ich kann diese Kirche nicht sehen und bin ihr nie begegnet, während ich sehr vielen Formen von Glauben und von Christlichkeit auf dem Boden der unzähligen Landeskirchen, Gemeinschaften etc. begegnet bin. Wenn ich dahin komme, ohne Kirche nicht leben zu können, so werde ich mich der einzigen anvertrauen, die ich als solche anerkennen und verehren kann, der römischen. Vorläufig scheint mir das allerdings, trotz meiner allmählichen Rückkehr zu der christlichen Atmosphäre meiner Jugend, sehr unwahrscheinlich: darin bin auch ich ganz Protestant, daß ich eine solche Konversion, trotz allen Verlockungen, die sie haben kann, im Grunde als Schwäche empfinde.

Daß es, wie Ihr Brief supponiert, eine protestantische Kirche und eine den protestantischen Bekenntnissen gemeinsame, autoritative Theologie gebe, wußte ich bisher nicht. Ich habe von Kind auf Reformierte, Calvinisten, Lutheraner gekannt, die württembergische Landeskirche, in der ich konfirmiert wurde, war eine Kreuzung zwischen Lutherisch und Reformiert, außerdem habe ich sowohl geistig wie persönlich Berührung mit den Kreisen der Pietisten und Herrnhuter gehabt – nirgends war im Ernst von einer Kirche die

Rede, die den Anspruch mache oder gar erfülle, dem gesamten Protestantismus ein Obdach und ein Dogma zu geben! Als Ideal und Wunschbild freilich bestand diese Kirche, so etwa wie sie in des alten Arnold Ketzergeschichte besteht. Autoritätsbegabt und verwirklicht aber habe ich diese Kirche und Theologie, von der Sie als einer Realität sprechen, nie angetroffen.

Ich muß mich hüten, das Bekenntnis meines Gedichts voreilig auszubauen, sondern auf meinem Wege bleiben, der mich vielleicht vollends zum Christen macht. Theologisches las ich nicht sehr viel, und mehr Katholisches als Protestantisches. Zu den ehrwürdigsten und anziehendsten Persönlichkeiten der protestantischen Frömmigkeit gehört für mich Oetinger. Auch seine Theologie aber ist nicht eine autoritative.

Genug, man ruft mich ab. Ich konnte Ihren Wunsch nur halb erfüllen, lassen Sie immerhin den guten Willen gelten.

* Abgesandte Version der Antwort auf das Schreiben vom 28.2.1935 von Dieter Zimmermann.

190 An Arthur Stoll
(Mit einer aquarellierten Federzeichnung am Kopf des Briefes)

Montagnola, 6.3.1935

Lieber Herr Professor Stoll
Daß Sie mein Buch so freundlich aufnehmen, und meine kleine Gabe mit Ihrem lieben Geschenk erwidern, dafür sage ich Ihnen herzlichen Dank! Es ist schade, daß man sich nicht je und je etwas aussprechen kann, doch wird sich ja wohl dazu doch wieder einmal die Gelegenheit finden. Es fehlt mir zwar selbstverständlich nicht an Menschen, mit denen ich über die jetzige Weltlage, ihre Symptome und meine persönliche Stellung darin sprechen könnte, es geht ja immerzu ein kleiner Strom von Besuchern aller Art durch

unser Haus. Aber die meisten dieser Leute sind Partei, und für den, der eine Parteidoktrin übernimmt, ist natürlich das Beurteilen der Dinge leicht gemacht. Schwerer und heikler ist es sie von einem neutralen Standpunkt zu sehen, ihnen gegenüber sich je und je etwas wie Objektivität zu erobern. Und auch darin darf man, nach meinem Glauben, nicht allzu weit gehen, denn sobald ich aufhöre, mich für Schäden und Nöte meiner Zeit persönlich mitschuldig zu fühlen, entziehe ich mich der Möglichkeit, wirklich das Lebendige und Wirkliche zu sehen. Am liebsten würde man natürlich die Augen zudrücken und das alles zu vergessen suchen. Aber das könnte man gar nicht, auch wenn man es wirklich im Ernst wollte.

Das Buch, das ich Ihnen sandte, hat freilich mit diesen Dingen und mit dieser Zeit nichts zu tun. Es wird darin fabuliert und ob ich das, auch wenn ich wollte, heute noch könnte, ist fraglich.

Seien Sie von Herzen gegrüßt, und möchten auch Sie je und je ein Auge voll vom Frühling nehmen! Ihr

Hermann Hesse

191 An Hans Sturzenegger

[Montagnola, 13.3.1935]

Lieber Sturz

Danke für Deine beiden lieben Briefe! Daß Du »Chagrin d'Amour«[1] in dem Buch nicht gleich entdecktest, ist ohne weiteres begreiflich und hätte keiner Entschuldigung bedurft. Wenn Du übrigens das Inhaltsverzeichnis ansiehst, so sind das für Näherstehende Interessante daran die Zahlen in den Klammern, sie nennen jeweils das Entstehungsjahr des betreffenden Stückes.

Es freut mich, an Dir einen so guten und wohlwollenden Leser zu haben. Und es betrübt mich, daß Du in letzter Zeit offenbar oft Gefühle der Schwäche und des Versagens hast. Das Altwerden an sich ist ja ein natürlicher Prozeß, und ein Mann von 65 oder 75 Jahren ist, wenn er nicht jünger sein will, durchaus ebenso gesund und normal wie einer von 30 oder 50. Aber man ist eben mit seinem eigenen Alter leider nicht immer auf einer Stufe, man eilt ihm innerlich oft voraus, und noch öfter bleibt man hinter ihm zurück – das Bewußtsein und Lebensgefühl ist dann weniger reif als der Körper, wehrt sich gegen dessen natürliche Erscheinungen, und verlangt etwas von sich selber, was es nicht leisten kann.

Ich bin überaus einverstanden mit dem Satz Deines Briefes, in dem Du dem langen, ewigen Porträtieren die Schuld gibst und davon sprichst, darin einmal eine Pause zu machen. Davon verspreche ich mir viel für Dich. Man kann nicht immer dasselbe tun, ohne dabei einzutrocknen und sich an gewisse eingefahrene Geleise zu gewöhnen. Mir geht es auch so, und wenn ich eine Zeitlang nur an einer Dichtung gearbeitet, oder nur Rezensionen geschrieben, oder nur Geschichtliches gelesen und gedacht habe, dann muß ich wechseln und mich an andren Objektiven wieder korrigieren, muß plötzlich für eine Weile Philosophie oder Musikgeschichte treiben, oder malen oder irgend was andres. Und ehe man sich diesen Ruck gibt und den Wechsel vornimmt, kommt gewöhnlich eine Zeit großer Unlust und Depression.

Heute kommt meine Schwester[2], die dies Jahr 60 wird, für eine Woche zu mir, ich freue mich drauf. Letztes Jahr konnte sie nicht kommen, so sehr war sie als Pfarrfrau von der deutschen Christenverfolgung in Atem gehalten.[3]

Den Frühling vertrag ich, wie schon seit Jahren, recht schlecht, manchmal bin ich 80 Jahre alt. Aber sehr schön ist er doch oft. Ich gehe jetzt in den Garten und zünde ein Feuer an, ich habe fast jeden Tag eins brennen.

Herzlich grüßt Dich Dein

H. Hesse

1 H. Hesse, »Chagrin d'Amour«, Legende, entstanden 1906 (SW 9, S. 258ff.), aufgenommen in das 1935 erschienene »Fabulierbuch«.

2 Adele Gundert (1875-1949), die ältere Schwester Hermann Hesses. Hesse schrieb in einem Gedenkblatt: »Mein Verhältnis zu ihr war eine lebenslange, seit der frühesten Dämmerung des Lebensmorgens bis in die Abendstunde währende Liebe, die dauerndste und die glücklichste, ungetrübteste meines Lebens.«

3 Ihr Mann, Hesses Cousin Hermann Gundert, war Pfarrer und Mitglied der »Bekennenden Kirche«.

192 An Joseph Englert

[Montagnola, Mitte März 1935]

Lieber Freund Englert

Danke für Ihren lieben Brief, Sie haben Recht, daß Sie beizeiten dem Schnee entronnen sind.

Die Welt sieht auch für mich nicht angenehm und freundlich aus, vielleicht laufe ich noch einmal wieder, wie einst anno 20, mit kaputten Stiefeln und ohne Socken herum. Aber Deutschland sieht für mich dennoch nicht so aus wie für Sie, sondern ganz anders, denn ich bin nicht mit den Mächtigen und Befehlshabern verbunden und fühle mich diesen gegenüber in jedem Land der Welt fremd. In Deutschland aber bin ich nicht nur darum stark engagiert, weil es mein Markt ist und mir Brot oder Hunger diktieren kann, sondern weil ich sehr viele Wurzeln dort habe, und weil ich, wie bei allen Prozessen für die ich mich je interessiert habe, auf der Seite der Verurteilten und nicht der Gendarmen stehe. So leide ich einen Teil des Schicksals mit, das die Unschuldigen dort erleiden, und steigere meine Liebe zu ihnen, je mehr die Machthaber wüten und die Teufel spielen. Soeben ist zwei Wochen meine Schwester bei mir zu Gast gewesen, nicht Emigrantin zwar wie so viele andre meiner Besucher und Gäste, aber Pfarrfrau in Deutschland, jeden Augenblick mit Vernichtung ihrer Existenz bedroht, außerdem jeden Tag allen möglichen Schikanen, Angebereien, Plagen etc. ausgesetzt, die man sich zum Teil gar nicht so ausdenken könnte. Dann wieder sucht mich ein deutscher Verleger[1] in üppigem

Auto auf, sucht mich für seinen Verlag zu gewinnen, und wenn ich ihm sage, daß ich an meinen alten Verleger durch Vertrag gebunden sei, lächelt er fein und sagt: solche Verträge seien heut nicht mehr gültig, kein deutsches Gericht würde es einem arischen Autor zumuten, einem Judenverlag gegenüber sein Wort zu halten. Sie haben schon Recht, das ist eine dreckige und böse Welt; nur erlebe ich sie von einer andern Seite, und da nun einmal auch das Leiden seine positive Seite hat, erlebe ich zwar nicht den Nazitaumel, wohl aber das Leiden unter seiner Verfolgung zwar oft als große Qual, aber auch oft als etwas Positives, eine Prüfung auf Herz und Nieren.

Addio, ich wünsche Ihnen den schönsten Frühling, und vielleicht auch glückt uns einmal ein Wiedersehen. [...]

H. Hesse

1 Adalbert Droemer (1877-1939), Inhaber des Theodor Knaur Nachf. Verlags, Leipzig.

193 An den Kölner Rundfunk

[Montagnola] 15.3.1935

Sehr geehrte Herren

Sie haben mir eine »Arier-Erklärung« zugesandt mit der Aufforderung, sie zu unterzeichnen. Vermutlich war das nur ein Irrtum, denn ich bin Schweizer, bin auch Mitglied des Schweizer Schriftstellervereins, und wir haben von Ihren Behörden die Zusicherung unbehelligter Mitarbeit erhalten, ebenso wie wir den reichsdeutschen Kollegen unsre Zeitungen, Bühnen etc. kollegial offen halten.

Ich habe zwar die Erfahrung gemacht, daß Ihre offiziellen Stellen viele ihrer Versprechungen und Verträge nicht halten. Zum Beispiel hat Ihre Regierung mit der Schweiz einen Vertrag über Doppelbesteuerung unterzeichnet, und nach diesem Vertrag würden unsre Honorare, da wir sie in der

Schweiz versteuern, in Deutschland keiner Besteuerung unterliegen. Trotzdem werden uns, allem Recht entgegen, bei den Rundfunkabrechnungen zehn Prozent Auslandssteuer automatisch abgezogen.

Wir haben das hingenommen, aber keineswegs gebilligt. Deutsche Kunst und Literatur ist bei uns in der Schweiz jeden Tag in vielerlei Formen ein freundlich aufgenommener Gast, und uns Schweizern hat Berlin ausdrücklich in einer Erklärung an den Schriftstellerverein Gegenrecht zugesichert. Wir verlangen von deutschen Kollegen, die wir schätzen, keine Arier- noch andere Ausweise und erwarten Gegenrecht. Ich unterzeichne daher die Erklärung nicht, nicht weil ich etwa nicht Arier wäre, sondern weil diese Zumutung unserem Schweizer Gefühl und Bewußtsein widerspricht.

Hochachtungsvoll

Hermann Hesse

194 An Ernst Morgenthaler

[Montagnola, ca. März 1935]

Caro amico
Danke für deinen lieben Brief. Es wäre schön, dich einmal wiederzusehen und mit dir zu reden, vielleicht kommst du einmal und bleibst zwei, drei Tage. Ich bin zwar immer scheußlich mit Arbeit überladen, oft komme ich in Monaten nie mehr zu meiner Dichtung, die ich dann verstaubt und von mir selber halbvergessen wiederfinde und von der ein mir wichtiges Stück mir darum im letzten Jahr mißglückt ist.[1] Einiges muß ich an meinem Leben ändern, das meiste freilich ist force majeur und nicht korrigibel. Wäre ich allein, Junggeselle, so wäre alles anders, aber ich will gar nicht sagen, daß es besser wäre. Zu den Dingen, die ich hier ändern muß, gehören die scheußlich vielen Besuche, Hunderte und Hunderte im Jahr, von denen kannst du mir dann einige hin-

ausschmeißen. Nicht ändern kann ich die Belastung durch moralische wie materielle Sorgen für andre, Kollegen, Emigranten etc., auch den Ärger und vergeblichen Kampf gegen die Stupidität und Unmenschlichkeit des Staates und der Beamten, wer weiß für wie viele unnötig und grausam Ausgewiesene ich schon (meist vergebens) eingetreten bin, das ist hier in der Schweiz genauso wie überall, eine Hölle der Dummheit und Kleinheit.

Genug davon. Ich wollte bloß andeuten, daß meine Zurückgezogenheit und allmähliche Entfernung aus dem »Leben« nicht bloß dichterische und kontemplative Ursachen hat. Außerdem sind die materiellen Sorgen natürlich auch wieder da: mein kleiner Markt ist ja Deutschland. Noch bin ich auf keiner schwarzen Liste, aber auch so harzt es mit jedem Pfennig, der zu mir ins Ausland herüber soll. Ich arbeite neun Zehntel meiner Zeit für Bücherkritiken von den Redaktionen oft schlecht behandelt und verdiene auch damit nur einen Zuschuß, längst nicht das Brot.

Na, auch davon genug! Es gibt Interessanteres. Also, wenn du es einmal machen kannst, dann besuche uns, aber nicht im Sommer und Herbst, da ist jedes Menschengesicht in unsrem Haus zuviel, es vergeht da kein Tag ohne Besuche, und außerdem sind immer auch Logiergäste da. Aber im Winter und frühen Frühling geht es ruhiger.

Den Regenmacher[2] schicke ich dir hier, muß ihn dann aber (ohne Eile) wieder zurückhaben. Bitte zerbrich dir nicht den Kopf darüber, wie der Regenmacher mit dem Stück Glasperlenspiel, das du kennst, zusammenhängen soll. Das ist ganz Nebensache, für mich ist sie technisch längst gelöst, es handelt sich nur darum, gegenüber den heute herrschenden Tendenzen nicht bloß eine Utopie nach vorn, in die Zukunft, zu bauen, sondern sie auch nach hinten, in die Jahrhunderte zurück, einigermaßen zu verankern. Es gibt zwei, drei Dutzend Menschen, denen meine Idee nicht bloß Spaß und Genuß, sondern eine Art Lebensluft, Trost und Religiönchen ist, und für die paar Leute ist es geschrieben, und vor allem für mich selber. Diesmal bin ich vor einer Annektierung durch die Vielen, vor einem Mißverständniserfolg wie etwa beim Steppenwolf und Goldmund, weit sicherer.

Wirf bitte die beiliegenden Briefe in Zürich ein, und laß gelegentlich wieder von dir hören. Mit Grüßen, auch von Ninon, dein

H. Hesse

1 Der »Schwäbische Lebenslauf Josef Knechts«, a. a. O.

2 »Der Regenmacher« (erster der fiktiven Lebensläufe Josef Knechts im »Glasperlenspiel«), erstmals abgedruckt in »Die Neue Rundschau«, Berlin vom Mai 1934 (SW 5, S. 602 ff.).

195 An Friedrich Michael

[Montagnola] Mitte März 1935

Hochgeschätzter Herr Dr. Michael

Danke für Ihren Gruß, und auch für Ihre Besprechung meines Buches.[1] Es paßt nicht in den heutigen Tag, das weiß ich; es kommt um eine Generation zu spät, so wie wahrscheinlich die »Morgenlandfahrt« um eine Generation zu früh kam. Ich komme mir aber, seit ich nicht mehr erfolgreicher Unterhaltungsautor, sondern unzeitgemäßer Outsider bin, weit richtiger situiert und eingeordnet vor als früher.

Danke auch für die beiden Drucke von Beauclair.[2] Das Gedicht »Land« gefällt mir am besten, das ist sehr schön. Leider fehlt mir die Gabe, über Lyrik mich kritisch auszudrücken, ich kann von einem Gedicht nur sagen, ob es mir gefalle, und etwa, an was es mich erinnere; die abstrakt-ästhetische Kritik, wie man sie über Lyrik oft liest, scheint mir ein Gesellschaftsspiel mit Spielmarken von Adjektiven zu sein, einerlei ob die jeweiligen Kritiker mehr dazu neigen, von »Ballungen« und »Impulsen« zu reden oder von »Diagonalen« und »Koeffizienten«. Ich würde, wenn ich irgendwo dafür den Raum hätte, ganz gern hie und da auf ein Gedichtbuch hinweisen, aber nur durch empfehlende Nennung des Titels und Abdruck einiger Verse als Probe. Aber das deutsche Volk ist auf seinem Weg in strahlende Jahrtausende nach Lyrik nicht so hungrig, wie einige Optimisten versichern; es fehlt mir der Raum, wo ich in der angedeuteten Art über neue Lyrik Leser unterrichten könnte.

Der Frühling will überstanden sein; er ist für Alternde die gefährlichste Jahreszeit. Die Augen freilich sind oft entzückt über das Blumenleben auf den Wiesen.

Leider sind wir beide Objekt vieler Besuche: der Strom hat mit dem Frühlingsbeginn schon wieder eingesetzt, und jeder durchwandernde Student meint, mich eine Stunde oder länger unterhalten und befragen zu müssen. Die Funktionen, in welchen uns die Umwelt verbraucht, sind ja nie die, die wir uns wünschen.

Es grüßt Sie Ihr

H. Hesse

1 Friedrich Michael, »Hermann Hesses Fabulierbuch«, in: »Beyers für Alle«, Wochenschrift, Heft 34, Leipzig 1935.

2 Gotthard de Beauclair (1907-1992), Lyriker, Buchgestalter und von 1952 bis 1961 künstlerischer Leiter des Insel Verlags.

196 An Thomas Mann

[Montagnola, 21.3.1935]

Lieber Herr Thomas Mann

Ich komme nach mehrstündiger Arbeit vom Garten herein, riechend wie ein Köhler, dreckig und die Finger voll von abgebrochenen Kastanienstachlen und gehe zwar nicht mit schlechtem Gewissen, aber doch mit Hemmungen daran, Sie zu belästigen, d.h. Sie um einen kollegialen Rat zu bitten. Es handelt sich um den Verlag Knaur, dessen Leiter Troemer [sic] bei mir war und mir über den Wert und die Ausnutzungsmöglichkeiten, die meine früheren Bücher für ihn hätten, allerlei Flöhe ins Ohr setzte. Ich habe seit 2 Jahren so geringe Einkünfte, daß ich die Sache immerhin ernstlich überlegen muß. Aber ehe ich daran denke, den Verlag Fischer davon wissen zu lassen (dem ich nicht untreu werden will, von dem ich aber eventuell einige frühere Bücher freizubekommen suchen würde) – vorher also möchte ich doch einige Urteile über Knaur hören, d.h. darüber, ob er fähig ist, seine Versprechungen auch zu halten.[1] Sollten Sie also, der Sie ihn ja kennen, mir ein Wort darüber mitteilen, in wieweit Sie ihn für vertrauenswürdig halten, so wäre ich Ihnen dankbar. Wie es scheint, hat Knaur in der Schweiz so viel Absatz, daß er, falls direkte Geldanweisungen unmöglich werden, mich aus diesem Guthaben honorieren könnte; dieser Punkt seiner Anerbietungen gefiel mir besonders.

Wir hatten einen leidlich ruhigen Winter, aber jetzt mit dem Frühling hat die Reihe der Besuche schon wieder begonnen, und der eine und andre von ihnen sieht wohl auch etwas nach Spitzel aus.

Möchte es Ihnen erträglich gehen! Ich las seinerzeit von Ihrer Prager und Wiener Reise und lese eben auch vom Auftreten der Pfeffermühle in Holland.[2] Wenn Sie mir schreiben, so sagen Sie mir bitte ein kurzes Wort über Ihr Ergehen. Hie und da, wenn die Atmosphäre mir allzu dick wird, und ich mich bedrückt und lebensunlustig fühle, denke ich an Sie und stets mit guten Wünschen.

Meine Frau läßt sie beide sehr grüßen, sie ist durch einen Gast in Anspruch genommen. Seien Sie beide auch von mir herzlich gegrüßt.

Ihr Hermann Hesse

1 Er hatte Hesse versprochen, anfallende Honorare von Droemers Schweizer Konto in Franken zu überweisen.

2 Das Kabarett von Thomas Manns Tochter Erika.

197 An Otto Basler

[Montagnola] 12.4.1935

Lieber Herr Basler

Ihre Besprechung in der Nationalzeitung[1] habe ich gefunden und mich sehr über sie gefreut; sie ist die einzige, die das Buch ernst nimmt und wirklich etwas darüber aussagt. Auch meine Frau freut sich darüber. Eine einzige Stelle muß ich etwas korrigieren: der Satz vom Außen und Innen[2] stammt keineswegs von mir, sondern aus der sogenannten Smaragdina des Hermes Trismegistos, und gehört zu der Art von okkulter Weisheit, die aus den antiken Mysterien stammt und auf dem Weg über die Gnosis und den Neu-Platonismus sich ins Mittelalter und bis in den Ideenkreis der Alchymisten erhalten hat; diese Leute haben, zum Teil unter schwer verständlichen Formen, überaus viel gewußt; die echte, eigentliche Alchymie ist die einzige wirkliche Weisheit Europas innerhalb der letzten Jahrhunderte gewesen.

Über Ostern gehe ich fort, am Karfreitag höre ich in Zürich die h-Moll-Messe (einst hörte ich sie mitten im Weltkrieg, wo das dona nobis pacem einem das Herz zerriß), am Samstag habe ich eine wichtige Zusammenkunft mit meinem Verleger[3], wir haben große Sorgen und müssen allerlei neu vereinbaren.

Gestern bekam ich aus Deutschland einen Brief (von einer Frau, die ich nicht kenne, sie schrieb mir schon früher einmal), der zeigt, daß eine solche Arbeit wie meine Berliner Buchberichte[4], wenn sie auch nur auf eine unendlich kleine Minorität rechnen kann, doch etwas Lebendiges und Wirkendes sein kann. [...]

Seien Sie und auch Ihre Frau herzlich gegrüßt von Ihrem

H. Hesse

1 Otto Basler, »Hermann Hesses ›Fabulierbuch‹«, in: »National-Zeitung«, Basel, vom 7.4.1935.

2 »Nichts ist außen, nichts ist innen, denn was außen ist, ist innen.«

3 Treffen mit Gottfried Bermann Fischer und seiner Frau Brigitte [Tutti] in Zürich.

4 Die regelmäßigen Sammelreferate Hesses über Neuerscheinungen deutscher Literatur und Geisteswissenschaft in der »Neuen Rundschau«.

198 An Ernst Morgenthaler

(Mit einer aquarellierten Federzeichnung am Kopf des Briefes)

[Montagnola, April 1935]

Lieber Freund

[...] Außer dem Frühling, den ich als älterer Herr nie gut vertrage, plagen mich zur Zeit allerlei Sorgen, zum Teil literarische und moralische, zum Teil auch ganz private und praktische. Ich habe meinen Markt als Autor in Deutschland, einen andern gibt es für mich nicht, und mit diesem Markt steht es sehr schlecht. Es wäre die Möglichkeit da, einem Fabrik- und Massenverleger, der hauptsächlich den Warenhäusern etc. liefert, einige meiner ältern Bücher zu überlassen, das würde mich (falls nicht Krieg oder Finanzkrieg mich darum bringt) für die nächsten Jahre wieder flott machen. Aber dafür wird mein Verleger schwer zu kriegen sein (es ginge dabei ja auch die hübsche kleine Gesamtausgabe futsch), denn meine Verträge mit ihm könnte ich zwar für nichtig erklären aber nur durch brutalen Hinweis auf die Tatsache, daß heute bei einem Prozeß kein deutsches Gericht einem jüdischen Verleger Recht geben würde! So sehen heute diese Dinge aus! Das bloße Atmen in dieser Epoche ist schon recht mühsam geworden. Hätte ich nicht einen trotz allem noch unzerstörten Glauben an andre, überzeitliche Ordnungen, mit denen ein Kontakt möglich ist, so wäre ich längst nicht mehr am Leben, und bräuchte mich mit der täglichen Post, der täglichen Gicht, den täglichen Augenschmerzen nicht mehr zu plagen.

Es stehen jetzt wieder die rosigen Pfirsichbäumchen im noch halb kahlen Land, am Grün fehlt es noch sehr, wir haben es seit vielen Wochen ununterbrochen sehr trocken, meist noch Föhn dazu.

Addio, sei herzlich gegrüßt – und sei so gut, von den Verlegersachen etc. etc. keinem Menschen etwas zu sagen!

Dein

H. Hesse

199 An Helene Welti
(Mit einer aquarellierten Federzeichnung am Kopf des Briefes)

[Montagnola, 17.4.1935]

Liebe Frau Dr. Welti
Ihr lieber Brief mit den schönen Photos, für die sich auch Ninon sehr bedankt, machte mir große Freude. [...] Morgen fahren wir beide nach Zürich, dort werde ich zweimal die h-Moll Messe hören, aber leider daran anschließend auch zwei Tage mit meinem Verleger verhandeln müssen, der dazu aus Berlin kommt. Die jetzigen Umstände haben alles so sehr geändert, daß auch alte, bewährte und treu gehaltene Verträge wacklig werden. Mein Wunsch in dieser Sache wäre: meinem alten Verlag zu den alten Bedingungen treu bleiben, aber mit der Ausnahme, daß er mir einige meiner älteren Bücher wieder freigäbe: diese würden dann von einem Verleger übernommen, der ganz billige Massenauflagen macht und zu Hunderttausenden in den Warenhäusern etc. verkauft – dies würde mir, soweit die deutschen Finanzgesetze nicht dazwischenkommen, für die paar nächsten Jahre das tägliche Brot wieder sichern. Je mehr meine neuen Bücher sich von allem entfernen, was populär und Mode ist (schon die Morgenlandfahrt hat nur in einer winzigen Minorität Verständnis gefunden und ist buchhändlerisch geradezu ein Mißerfolg) – desto angenehmer wäre es, wenn dafür meine alten Bücher, der Camenzind etc. durch neue Ausgaben mir etwas einbrächten. Angebote eines solchen Verlegers liegen vor, doch wird mein alter Verlag, schon aus Prestigegründen,

sich sehr zur Wehr setzen, und mein Stand wird nicht leicht sein, weil ich ja dem Verlag treu und gut Freund bleiben will, und mit dem Leiter persönlich befreundet bin. Wollte ich mit Gewalt meine alten Verträge aufheben, so könnte ich es ohne weiteres, da in Deutschland heute kein Vertrag mit Juden mehr von den Gerichten ernstlich geschützt wird.

Und während nun diese Sachen im Tun sind, hält sich seit drei Tagen in unsrem Montagnola ein merkwürdiger Gast auf: der alte Christoph Schrempf, der eben 75 Jahre alt wird, neulich seine Frau begraben hat und nach meiner Meinung einer der paar Weisen ist, die unsre Welt heute hat. Er war mit Freunden kurz in Italien und hat auf dem Rückweg hier Station gemacht, um mich kennen zu lernen und zu sprechen, wir waren schon dreimal stundenlang beisammen, und heut Abend ist er das letztemal bei uns. [...]

Herzlich grüßt Sie beide Ihr

H. Hesse

200 An Stefan Zweig

(Mit einer aquarellierten Federzeichnung am Kopf des Briefes)

[Montagnola] 18.4.1935

Lieber Herr Stefan Zweig

Gestern kam Ihr neues Buch[1] mit der lieben Widmung, ich danke Ihnen dafür und freue mich darüber, meine Frau wird mir das Buch bald vorlesen, das auch sie stark anzieht.

Falls Sie je und je die Neue Rundschau sehen, so finden Sie darin alle paar Monate Bücherberichte von mir, die zur Zeit beinah meine einzigen Publikationen sind. Und im kommenden Heft, vom Mai, würden Sie einen Hinweis auf C. Schrempf[2] finden, der mich seit etwa sechs Jahren oft beschäftigt hat. Dieser Mann, der dieser Tage 75 Jahre alt wird und soeben seine Frau begraben hat, ist auf einer Reise zu mir gekommen, war einige Tage in Montagnola und wir hatten, obwohl ich bei schlechtestem Befinden war, mehrere lange ergiebige Gespräche. Dieser wunderbare liebe alte Mann, von mir durch manche Verschiedenheit getrennt (er ist z.B. ganz und gar unkünstlerisch), ist mir durch diesen Besuch noch lieber geworden, ich hatte ihn vorher nicht persönlich gekannt. Er hat, so wie ich ihn sehe, zwei Herkünfte. Einerseits stammt er direkt und deutlich vom süddeutschen Pietismus ab, von einer nicht enthusiastischen, eher nüchternen und sehr sittenstrengen Art von Pietismus; und wenn er sich auch nicht nur vom Pietismus, sondern auch vom Christentum und jeder dogmatisierten Religion schon ziemlich früh freigemacht hat, so ist er in seiner nüchternen unbestechlich redlichen Art doch von dort her geprägt. Seine zweite Herkunft und geistige Heimat aber ist bei Sokrates, der ihm wie ein Vater und wie ein Bruder ist (er hat das originellste und anregendste aller Sokratesbücher geschrieben)[3]. Und auf der Linie von Sokrates zu Schrempf liegt auch Lessing, den er genau kennt und von dem er starke Anregungen nahm, namentlich durch »Ernst und Falk«[4] und die »Erziehung des Menschengeschlechts«[5].

Dieser bescheidene alte Weise kam gerade in einem Moment, wo ich körperlich recht elend und in der Seele sehr erschöpft war, und wenn ich mir auch neben diesem 75jährigen lächerlich verbraucht und müde vorkam, so hat der Kontakt mit ihm mir doch sehr wohl getan. Ich reise heut nach Zürich, teils um die h-Moll-Messe einmal wieder zu hören, teils um leider mit meinem Verleger eingehend seine und meine Lage zu besprechen, keine angenehme Aussicht.[6] Heut Nachmittag also werde ich einmal wieder durch Rüschlikon und an dem Hügel vorbei fahren, auf dem Sie eine Weile wohnten. Auch damals hörte ich einst eine Aufführung der h-Moll-Messe mitten im Krieg und das dona nobis pacem war damals kaum zu ertragen, so schnitt es ins Herz.[7]

Addio, ich habe mich etwas verplaudert, nehmen Sie es freundlich auf!

Herzlich Ihr

H. Hesse

1 Vermutlich Zweigs »Maria Stuart«, Herbert Reichner Verlag, Wien 1935.
2 Christoph Schrempf (1860-1944), Theologe, Philosoph und Kierkegaard-Übersetzer. Das Maiheft der Zeitschrift »Die Neue Rundschau«, Berlin, publizierte Hesses Laudatio »Christoph Schrempf. Zu seinem 75. Geburtstag am 28. April 1935«.
3 Christoph Schrempf, »Sokrates. Seine Persönlichkeit und sein Glaube«, Fr. Frommann, Stuttgart 1927.
4 Gotthold Ephraim Lessing, »Ernst und Falk«. Gespräche für Freymäurer, Wolfenbüttel 1778-1780.
5 Gotthold Ephraim Lessing, »Die Erziehung des Menschengeschlechts«, Chr. Fr. Voß, Berlin 1870.
6 Treffen mit Gottfried Bermann Fischer, der im Zuge der »Arisierung« der deutschen Verlage 1936 nach Wien emigrieren musste.
7 Eine Aufführung von J.S. Bachs h-Moll-Messe mit Illona Durigo am 7.5.1916 im Berner Münster. Die Zürcher Aufführung der Messe hörte Hesse am 18.4.1935 gemeinsam mit Thomas Mann.

201 An Peter Suhrkamp[1]

[Montagnola] 27.4.[1935]

Hochgeschätzter Herr Suhrkamp
Danke für Ihren Brief vom 25. und die beiden Bücher.

Den kleinen Aufsatz meiner Frau[2] sähe ich am liebsten, ohne Geleitwort, nur mit den Buchstaben N.H. (Ninon Hesse) gekennzeichnet.

Was nun meine Buchanzeigen betrifft, so ist ein nächster Aufsatz wahrscheinlich in zwei bis drei Wochen fertig.

Es spielt darin auch Kafka eine Rolle, und ich kann auf ihn nicht gut verzichten, wenn ich auch das Rezensionsexemplar des »Prozeß« gern preisgebe, da es schon vergeben ist. Es scheint mir auch möglich, daß Ihr Mitarbeiter diesen Band eigens anzeigt, und daneben meine Zeilen über die Gesamtausgabe im nächsten Aufsatz stehenbleiben.[3]

Wie ich sehe, haben Sie auch den Evola[4] vergeben. Mir ist das ganz recht, weil das Besprechen von Evola sehr heikel ist. Ich möchte, damit wir womöglich im großen auch hierin einig bleiben, eine Bemerkung zu Evola mir erlauben:

Dieser blendende und interessante, aber recht gefährliche Autor ist ein klassisches Beispiel für eine gewisse Art, esoterisches Wissen anscheinend in exoterisches umzusetzen. Nur sollte dabei die Reinheit der Kategorien einigermaßen gewahrt bleiben, welche Evola ganz wild und dilettantisch, dabei sehr herrschsüchtig, durcheinander wirft. Ich teile weitgehend seine exoterische Grundauffassung: seit bald 20 Jahren schon sehe ich die Weltgeschichte nicht mehr im Bilde irgendeines »Fortschritts«, sondern eher wie die alten Chinesen als allmählichen Verfall einer Ordnung, die göttlich war. Die Art aber, wie Evola bald mit »wirklicher« Historie, bald mit wichtigtuerischem Okkultismus seine Halbwissenschaft treibt, ist lediglich gefährlich. Es wird in Italien beinahe niemand auf ihn hereinfallen, in Deutschland ist das anders (siehe G. Benn[5] etc.). Bei der Beurteilung von Evola rate ich sehr, auch die Betrachtungen über ihn einzusehen, die das »Hochland« in den Heften vom Januar und März brachte.[6] Sie sind parteilich, aber sie zeigen doch Wichtiges auf.

Wenn Sie mir von meinen Beiträgen im Dezemberheft, namentlich vom Glasperlenspiel, noch vier bis fünf Exemplare in Bogen verschaffen können, bin ich dankbar. Die Wirkung des Glasperlenspiels auf eine kleine aber hochstehende Minorität ist deutlich. Eine Äußerung und Bestätigung aus dem Kreise der Musikwissenschaft fehlte mir noch, auch sie fand sich neulich ein, im persönlichen Besuch eines von mir geschätzten Fachmanns, bei dem ich an eine solche Wirkung kaum gedacht hätte.

Mit den besten Grüßen Ihr

H. Hesse

1 Damals Redakteur der »Neuen Rundschau«.

2 Ninon Hesses Aufsatz »Hermann Hesses Fabulierbuch« erschien im Juliheft der »Neuen Rundschau« und u. d. T. »Der Zauber des Erzählens« in der Frühjahrsausgabe der »S. Fischer-Korrespondenz«.

3 Die Besprechung erschien in der »Neuen Rundschau« vom Juni 1935 innerhalb der Sammelrezension »Bemerkungen zu neuen Büchern« (SW 20, S. 65ff.).

4 Giulio Evola, »Erhebung wider die moderne Welt«, Deutsche Verlags-Anstalt, Stuttgart 1935.

5 Vgl. Gottfried Benn, »Der neue Staat und die Intellektuellen«, Stuttgart 1933, und »Kunst und Macht«, Deutsche Verlags-Anstalt, Stuttgart 1934.

6 Anton Hilckman, »Mittelmeerisches und nordisches Neuheidentum. Die Bücher des italienischen Baron Evola«. Darin heißt es u.a., Evolas heidnische Philosophie trete als weltanschauliches Bekenntnis des italienischen Faschismus auf, seine Schriften lieferten die religiös-philosophischen Grundlagen für den politischen Faschismus in Italien.

202 An Hans Sturzenegger

[Montagnola, Anfang Mai 1935]

Caro amico

Durch die Zeitung erfahre ich von Deinem Geburtstag.[1] So geht es uns alten Leuten. Ich schicke Dir meine herzlichen Glückwünsche, Du weißt wie sie gemeint sind. Das Beste, was wir im Leben haben können, ist der Glaube an einen Sinn unseres Lebens und Tuns. Der will uns oft verlassen und braucht heut manche Stärkung, das wünsche ich Dir vor allem.

Bei mir sieht es auch nicht so recht maienhaft aus. Mit der Gicht und Ischias werde ich zur Not fertig, wenn sie auch oft recht lästig sind. Aber die Sorgen, die materiellen und die moralischen, werden wieder, wie damals während des Kriegs, mit fast jedem Tag häßlicher. An Ostern war ich schnell in Zürich, hörte die h-Moll-Messe, mußte dann aber einen ganzen Tag den Besprechungen mit meinem aus Berlin hergerufenen Verleger widmen. Und was nützen die Besprechungen und sein guter Wille, mir durchzuhelfen, wenn ihm jeden Tag die Bude geschlossen werden kann? Alles hängt von Stunde zu Stunde an einem Faden. Reißt der Faden, so verliere ich nicht bloß mein Einkommen, das freilich klein geworden ist, sondern ich verliere meine Tätigkeit, verliere die mir unersetzliche Minorität von Lesern, auf die es mir ankam.

Die Natur läßt sich zum Glück durch uns nicht stören, der Frühling ist trotz allem schön, und als ich neulich am gleichen Morgen den ersten Segelfalter und den ersten Trauermantel des Jahres sah, war ich einen halben Augenblick lang zehn Jahre alt.

Sei herzlich gegrüßt, lieber Sturz, von Deinem

H. Hesse

1 Der Maler Hans Sturzenegger beging am 2.5.1935 seinen 60. Geburtstag.

203 An Otto Hartmann

[Montagnola] 3.5.1935

Lieber Hartmann

Ich war froh über Deinen Brief. Ich weiß, daß Du kein freier Mann mehr bist[1], und schätze es doppelt, wenn du schreibst.

Ich wollte Dir die beiliegende Drucksache schicken, schon wegen Böhmers kl[einer] Zeichnung, Du siehst mich da auf meinem Balkon stehen. Nun möchte ich, obwohl ich eigentlich im Augenblick keine Briefe schreiben kann, doch ein paar Zeilen beilegen.

Der alte Schrempf in St[utt]g[ar]t hat vor einigen Wochen, 75 Jahre alt, seine Frau verloren, und Freunde haben es ihm ermöglicht, eine italienische Reise zu machen, der alte Mann ist körperlich sehr stramm, viel leistungsfähiger als ich, und so zog er mit mehreren Freunden los, war bis Capri, und auf dem Rückweg kam er hierher, weil er mich einmal sehen und hören wollte, war vier Tage in Montagnola und kam jeden Tag kurz oder lang zu mir, je nachdem. Es war sehr lebendig und schön, einiges anders als ich erwartet, einiges genau so, der Einschlag von Rationalismus und das Unkünstlerische, ja Antikünstlerische an ihm noch stärker als ich gedacht, der ganze Mann sehr lieb, klar, sich offen hingebend.

Gleich am Tag seiner Abreise fuhren auch wir, nach Zürich. Dort hörte ich zweimal die h-Moll Messe, und tags drauf, Ostersamstag, waren lange Verhandlungen mit meinem aus Berlin herbestellten Verleger. Er existiert noch, ich weiß nicht wie lang, vermutlich wird er eurem Idealismus zum Opfer fallen samt mir und vielen anderen, aber vorläufig muß man so tun, als sei die Luft noch Luft und die Erde noch Erde. Ich verhandelte also mit ihm, vielmehr Ninon tat das Meiste, und falls der Verlag noch eine Weile existiert, wird er mir nun, um mir durchzuhelfen, einige kleine Extrabedingungen einräumen, eine billige Demianausgabe machen etc. Meine Einkünfte waren fast zu nichts geworden. Ich sah auch Thomas Mann in Zürich eine Stunde. Bei den Aufführungen der h-Moll Messe dachte ich früherer Male, da ich sie gehört: z.B. das erstemal war in Basel und es sang im Chor meine mir noch nicht bekannte spätere Frau mit, etwa 1900. Einmal hörte ich das Werk mitten während des Krieges in Zürich, die Solisten kamen für den einen Tag durch ihre verschiedenen Grenzsperren aus Deutschland, aus Frankreich, aus Österreich, und das Dona pacem ging mir damals wie ein Schwert durch die Seele – ich war damals gläubiger und ungläubiger als heut. Ich hatte damals noch Reste eines Glaubens an so etwas wie Evolution, wie Erfahrung und Lernen aus Erfahrung, und meine Philosophie neigte dazu, Erscheinungen, die ich an sich nichts wert fand (z.B. den gesamten Nationalismus unsrer Epoche), innerhalb der Geschichte doch als sinnvoll und vielleicht fruchtbringend anzuerkennen. Davon ist nichts übrig geblieben, und jeder Tag seit damals hat mich mehr belehrt. Dagegen ist mein Glaube an das Reich, das nicht von »dieser Welt« ist, langsam nur stärker geworden, ein paradoxer und manchmal fast humoristischer Glaube an den Sinn im Unsinn, und ich glaube, den behalte ich vollends, bis ich diese schwer atmende Atmosphäre verlassen darf.

Viel Frühlingsplagen: Rheuma, Ischias, Kopfweh, Schlaflosigkeit, dennoch ein Stückchen gearbeitet. Bald wird auch wieder ein Bücheraufsatz fertig. Genug, nächstesmal mehr.

Herzlich grüßt Euch

Dein H. H.

1 1933 wurde Hartmann, seiner demokratischen Gesinnung wegen, von den NS-Behörden seines Amtes als Oberbürgermeister von Göppingen enthoben.

204 *An Ernst Kappeler*

[Montagnola, 7.5.1935]

Lieber Herr Kappeler

Mit meinen Bücherbesprechungen ist es so: ich berichte das Jahr hindurch über das, was ich lese, aber nur über Bücher, die in irgend einem Sinn etwas Vorbildliches und Gültiges haben, die ich als Ergebnisse und Früchte unsrer Zeit ansehe und denen ich zutraue, daß sie vielleicht noch bis morgen oder übermorgen bestehen werden. Ich lege Ihnen einen solchen Bücheraufsatz bei. Sie sehen daraus auch, daß es nicht Dichtungen, und namentlich nicht junge Dichtungen, in erster Linie sind, die ich gern lese. Ich bin ein alter Mann und habe die Jugend gern, aber ich müßte lügen, wenn ich sagen wollte, daß sie mich stark interessiert. Für alte Leute, zumal in Zeiten so schwerer Prüfung wie jetzt, gibt es nur *eine* interessante Frage: die Frage nach dem Geist, dem Glauben, der Art von Sinn und Frömmigkeit, die sich bewährt, die den Leiden und dem Tod gewachsen ist. Den Leiden und dem Tod gewachsen sein, ist die Aufgabe des Alters. Begeistertsein, Mitschwingen, Angeregtsein ist die Stimmung der Jugend. Die können miteinander befreundet sein, aber sie sprechen zweierlei Sprache.

Ich möchte also Ihr Buch[1] nicht besprechen. Ich habe zwar auch schon, seltene Male, Ausnahmen gemacht und je und je ein Buch bloß aus Artigkeit oder Kollegialität besprochen, aber ich habe nachher nie den Eindruck gehabt, daß es etwas genützt habe und richtig gewesen sei. In Deutschland bespreche ich zur Zeit, das heißt so lange, bis ich verboten werde, solche Bücher, welche niemand sonst zu besprechen wagt, Bücher von Juden, Bücher von Katholiken, Bücher von Bekennern irgend eines Glaubens, der dem dort herrschenden entgegensteht. Aber sprechen Sie davon nicht mit Ihren Kameraden, diese Dinge müssen ganz im Stillen geschehen.

Ich werde mir Ihre Gedichte noch besser ansehen, ich bin augenleidend, und muß jeden Tag viel mehr lesen und schreiben, als ich eigentlich kann und dürfte. Aber vorerst habe ich einige Sachen in Ihrem Buch gelesen, und was mir daran gefällt, ist nicht bloß der Klang der Jugend (der hat für die Alten immer etwas, was zur Sentimentalität spricht), sondern noch mehr eine Art von Frömmigkeit. Ich halte die Frömmigkeit oder Pietät für die beste Tugend, die wir haben können, mehr wert als alle Talente, und ich verstehe unter Frömmigkeit nicht das Pflegen von feierlichen Gefühlen in einer einzelnen Seele, sondern vor allem die Pietät, die Achtung des Einzelnen vor dem Ganzen der Welt, vor der Natur, vor den Mitmenschen, das Gefühl des Einbezogenseins und Mitverantwortlichseins.

Genug, ich habe schon zu viel geplaudert. Haben Sie Dank und seien Sie gegrüßt von Ihrem

H. Hesse

1 Ernst Kappeler, »Vorsicht Stufe«. Gedichte, Rascher Verlag, Zürich 1935.

205 An Martha Wegmann

[Montagnola, Mai 1935]

Liebes Fräulein Wegmann

Hier ist das Manuskript*, ich hoffe es entspreche ungefähr Ihren Wünschen. Ich konnte ein besonders schönes Papier dazu verwenden, von dem mir gerade dieser Rest geblieben war.

Die kleine Blume auf dem Gedicht-Druck, die Ihnen neulich Spaß machte, stammt von einem Meister: sie ist von dem kürzlich gestorbenen R[udolf] Koch[1], der unter andrem das »Blumenbuch« des Inselverlags gemacht hat.

Ob meine Existenz in Deutschland noch lange dauern kann, ist sehr fraglich. Der Verlag wird höchst wahrscheinlich in nicht allzu langer Zeit enteignet und gleichgeschaltet werden, es verschwindet dann die einzige Tätigkeit, die ich dort noch habe, seit 2 Jahren meine wichtigste, die an der Neuen Rundschau. Aber vorläufig muß man weiter arbeiten und so tun als sei alles beim alten. Außer meiner Arbeit als Kritiker an der N[euen] Rundschau, die mir zwar nichts einbringt, aber zur Zeit nicht ohne Wert ist, habe ich nur noch die an der literarischen Monatsschrift Schwedens, dreimal im Jahr ein Überblick über die deutsche Literatur, aber der erscheint in schwedischer Sprache und wird von denen, für die ich eigentlich schreibe, nicht gelesen. Es ist auch jeden Tag möglich, daß gerade diese Bücherberichte mich plötzlich auf die schwarze Liste bringen, vorläufig sind sie noch durchgeschlüpft.

Erzählen Sie von diesen Sachen lieber nichts weiter. Sie sollen privat bleiben.

Mit Grüßen Ihr H. H.

* Illustrierte Handschrift seiner »Zwölf Gedichte«.

1 Rudolf Koch (1876-1934), Typograph und Graphiker. Sein »Blumenbuch« erschien 1933 als Band 281 der Insel-Bücherei.

206 An Thomas Mann

[Poststempel 10.5.1935]

Lieber Herr Mann

Diesmal ist meine Frau daran schuld, daß ein Briefchen Sie belästigt. Ich berichte für ein schwedisches Blatt zweimal im Jahr kurz über wichtigere neue Bücher, und da habe ich meinen neusten Bericht mit Ihrem neuen Buch begonnen[1], und als meine Frau das Manuskript las, sagte sie, es sei doch schade, daß Sie das nie zu Gesicht bekommen werden, oder höchstens in schwedischer Übersetzung. So habe ich die Zeilen für Sie kopiert und sende sie Ihnen hier.

Diese Buchberichte für Schweden sind, von mir aus gesehen, der Ast auf den ich meine Tätigkeit retten werde, wenn die Rundschau uns früher oder später weggenommen wird. Allerdings sind sie vielleicht auch das Pulver, das mich einmal in die Luft sprengen wird; da ich dort je und je auch antideutsche Bücher, oder Bücher verbotener und exilierter Autoren anzeige und lobe, ist es wohl möglich, daß das dazu führt, mich auf die schwarze Liste zu bringen. Ich habe dabei den Grundsatz, mich weder zu exponieren noch zu schonen, d.h. den Standpunkt einer neutralen Gerechtigkeit, so fiktiv er sein mag, einzuhalten, und weder vor dem Teutonischen Kotao zu machen noch dem Vergnügen eines gelegentlichen Wutausbruches nachzugeben.

Möchte es Ihnen erträglich gehen!

Mit herzlichen Grüßen Ihnen Beiden Ihr

H. Hesse

1 »Leiden und Größe der Meister«. Der 2. Bericht »Neue deutsche Bücher« von H.H. für »Bonniers Litterära Magasin« erschien im September 1935 (SW 20, S. 87ff.).

207 An Arthur Stoll

[Montagnola, 15.5.1935]

Lieber Herr Professor Stoll

Hier schicke ich Ihnen zwei Kleinigkeiten als Lebenszeichen. Ich arbeite einstweilen noch weiter, obwohl es immer unwahrscheinlicher wird, daß meine Tätigkeit noch lang in Deutschland fortbestehen kann – und wenn sie dort unmöglich wird, wo sie einem ganz bestimmten Bedürfnis dient und eine ganz bestimmte Schicht des korrumpierten Volkes stützen und festmachen hilft, dann verliert sie ihren Sinn überhaupt. Es hängt vorerst davon ab, wie lange man in Berlin meinen Verleger und unsre Zeitschrift[1] noch bestehen läßt, vermutlich nicht mehr lange. An Ostern bestellte ich meinen Verleger nach Zürich, da meine ganze Lage so nicht bleiben kann; er war eher hoffnungsvoll oder tat doch so, aber seither sind schon wieder eine Reihe neuer Sturmzeichen erschienen, obenan die Berufung Streichers[2] nach Berlin, die Rede Görings in Freiburg etc.

Kurz vor Ostern hatte ich einen ungewöhnlichen Besuch. Es kam für vier Tage der alte, 75jährige Sokrates Chr(istoph] Schrempf[3] nach Montagnola, er hatte den Wunsch, mich einmal kennenzulernen und zu sprechen, wohnte im Dorf und kam jeden Tag zu langen Gesprächen herauf. Ich hatte ihn persönlich nie gesehen, dem Namen nach kannte ich ihn schon als Knabe, und seit etwa sechs Jahren haben einige seiner Schriften Bedeutung für mich gewonnen.

Heut regnet es wieder einmal und ist kühl, ja kalt, und seit einigen Tagen haben wir die gute, arme Frau Emmy Ball bei uns, die damals im Januar bei uns ihren 50. Geburtstag feierte, und die seither die ganze Zeit krank war, teils im Spital, teils bei ihrer Tochter lag. Wir haben sie für etwa 10 Tage wieder aufgenommen, um sie etwas zu pflegen.

Das neue Gedicht[4] gehört zum Sagenkreis des Glasperlenspiels, diese Dichtung begleitet mich jetzt seit dreieinhalb Jahren, nur selten wird ein Strich daran getan, oft ruht sie Monate, weil jeder Tag schon genug Last und Pflichten hat, aber in ihrer Atmosphäre lebe ich dennoch in jeder innerlich freien Stunde. Und falls die »große Zeit« in Germanien mich und meine literarische Tagesarbeit vollends wegfegt, dann werde ich trotzdem an dieser Dichtung so lang weiterspinnen, als meine Augen noch offen sind.

Herzlich grüßt Sie Ihr

H. Hesse

1 Gottfried Bermann Fischer und »Die neue Rundschau«.
2 Julius Streicher, Nationalsozialist, einer der Hauptinitiatoren der Judenverfolgung seit 1933. Begründer des antisemitischen Wochenblattes »Der Stürmer«.
3 Christoph Schrempf (1860-1944), evangelischer Theologe, Philosoph, Herausgeber und Übersetzer der seit 1909 erscheinenden 12-bändigen »Gesammelten Werke« Kierkegaards. Seiner eigenwilligen Haltung wegen war er frist- und pensionslos aus dem Kirchendienst entlassen worden. Im Maiheft der »Neuen Rundschau« hatte Hesse eine Würdigung zu seinem 75. Geburtstag publiziert. Vom 21. bis 24.4.1935 besuchte Schrempf Hesse in Montagnola.
4 »Zu einer Toccata von Bach«, entstanden am 10.5.1935 (SW 10, S. 331).

208 An Jakob Wilhelm Hauer

[Montagnola] 16.5.1935

Lieber Herr Hauer

Ihr Gruß und Ihre Sendung haben mich gefreut, ich werde mich gern allmählich damit bekannter machen, wenn es auch langsam gehen wird, da ich immer überlastet bin. Heut möchte ich bloß ein Wort im allgemeinen darüber sagen, wie die Schweiz, und das Ausland überhaupt, zu Ihren Problemen steht. Sie sind ja kein Durchschnittsprofessor, der der Meinung ist, die Welt müsse seinen Standpunkt teilen, und sich wundert, wenn das »Ausland« anders denkt als der für gewisse Gedankenrichtungen besoldete Gelehrte.[1] Nun wird im Ausland zur Zeit, und gewiß noch für lange, ganz ohne weiteres *alles* Weltanschauliche, was irgend parallel mit den herrschenden Mächten zu gehen scheint, unter einen Hut gebracht. Es macht zum Beispiel der Zeitungsleser keinen Unterschied zwischen Ihnen und den deutschen Christen; er sieht in Euch beiden Vertreter einer zur Macht gelangten Weltanschauung, deren Äußerungen unter anderem in Christen- und Judenverfolgungen bestehen. Und da der Ausländer nicht nur platonischer Zuschauer der deutschen Zustände ist, sondern auch mit Deutschland in täglichem praktischen Verkehr und Austausch steht, da zum Beispiel in der Schweiz eine Menge von Leuten seit dem Ende der Inflation ihren Glauben an den deutschen Wiederaufstieg durch Zeichnung der deutschen Anleihen bestätigt hat, und diese Anleihen sich heute als eine Art von Betrug erweisen – kurz, aus diesen und andern Gründen neigt der Ausländer dazu, in jeder neu auftretenden deutschen Weltanschauung einen Versuch zur Verherrlichung dieser neuen Methoden und der brutalen Gewalt überhaupt zu erblikken.

Ich selber habe nur wenige Male in Schweizer Blättern Berichte über Sie gelesen. Einmal war ein angeblich von Ihnen formulierter Ersatz für die Zehn Gebote der Bibel mitgeteilt. Die meisten Gebote waren ähnlich, aber schwächer formuliert als in der Bibel, und das »Du sollst nicht töten« war weggelassen. Ich weiß nicht, wie weit das verdorben und entstellt war; auf die Mehrzahl der Zeitungsleser wirkte es jedenfalls als Bekräftigung aller Ideologien, deren Ziel die Rechtfertigung der Gewalt ist.

Solange diese Spannungen zwischen dem Reich und der Welt sind, dürfen Sie natürlich nicht erwarten, daß in der Öffentlichkeit Ihre Bewegung anders betrachtet wird als daraufhin, ob Sie mit jenen Gewaltverherrlichungen parallel geht oder doch ihr ähnliche Klänge hat. Wir im Ausland haben bei all diesen Dingen ganz andre Interessen und andre Voraussetzungen als Ihr. Und im ganzen beruht die Sympathie des Auslands mit dem Christentum, das bis vor kurzem fast vergessen war, bloß darauf, daß man meistens mit Verfolgten mehr Sympathie hat als mit Verfolgern, und daß man in Bibel und Christentum eine Moral wittert, die vielleicht geeignet wäre, die unbegrenzten Appetite der Macht einzudämmen. Dieser Standpunkt ist heute und noch für lang der des Auslandes diesen Sachen gegenüber, daher das neu erwachte Interesse für Christentum und Kirche und die vielen Sympathien für Rom.

Ob Ihre Bewegung dem heutigen Deutschland entspricht und von Wert sein kann, danach fragt das Ausland nicht; es fragt: Kann diese Bewegung dazu dienen, die Staatsallmacht zu glorifizieren und zu stützen oder nicht? –

Genug für heut. Ich wollte nur versuchen, ein paar Linien anzudeuten. Es ist wie in der Reformation: Man glaubt zu philosophieren und bereitet bloß dreißigjährige Kriege vor.

Hermann Hesse

1 1933 hatte der Indologe J.W. Hauer (1881-1962) die der NS-Ideologie nahestehende »Deutsche Glaubensbewegung« gegründet und die Monatsschrift »Deutscher Glaube« herausgegeben, die ab 1936 u.d.T. »Zeitschrift für arteigene Lebensgestaltung« weitergeführt wurde.

209 An Gottfried Bermann Fischer

Montagnola, 16.5.[19]35

Lieber Freund

Danke für den Vertragsentwurf, den du mir geschickt hast.[1] Er gefällt mir aber in einigen Punkten nicht.

Da ist erstens die Frage wegen der Rechtsnachfolge, d.h. wegen meines Schutzes gegen einen Verkauf an mir nicht passende Nachfolger. Du sagst zwar, daß du mich darüber noch telefonisch sprechen willst, aber vorerst möchte ich auf dies Anliegen nicht einfach verzichten.

Ferner beginnt dein Vertrag gleich mit den Worten, daß

der Verlag »nach eigenem Ermessen« Volksausgaben meiner älteren Bücher machen könne. Ich finde das durchaus einseitig. Darüber, welcher Teil meines Werkes sich zu Volksausgaben eigne, steht nach meiner Meinung ein jeweiliger Entscheid nur dem Verlag und mir gemeinsam zu, nicht dem Verlag ohne mich. Dann könntet ihr mich ja, ohne daß ich davon wüßte, mit Volksausgaben meiner Bücher überraschen! Ich finde die Worte »nach eigenem Ermessen« auffallend – gegen was soll euch dieser Wortlaut schützen? Etwa gegen ein Beratenmüssen der Bücherpläne mit dem Autor? Ich glaube nicht, daß Vater Fischer sich ein solches Recht zur Ausschaltung des Autors in wichtigen Verlagsfragen ausbedungen hätte. Ich lehne diese Worte unbedingt ab, nicht weil ich davon besonderen Schaden für mich fürchte, sondern weil sie nach meinem Gefühl absolut nicht loyal sind.

Im übrigen vermisse ich in deiner Vertragsfassung noch Eins: die Feststellung, daß der Verlag mir von der geplanten Volksausgabe einen Absatz von 100000 garantiert. Angenommen, ich erhalte die angebotene Summe richtig ausbezahlt, der Absatz bleibt aber unter 100000, so wäre ich nach diesem Vertrag mit einem empfangenen Vorschuß belastet. Nach unsrer Zürcher Besprechung sollte aber die Honorierung von 100000 Stück auf jeden Fall erfolgen. Oder habe ich da etwas nicht richtig verstanden?

Daß wir für eine Volksausgabe statt des Demian den Knulp wählen, scheint mir durchaus möglich und der Erwägung wert. Was für Erzählungen würdest du außer Knulp in das Buch aufzunehmen vorschlagen?

Daß fürs Publikum meistens ein »Roman«, der den ganzen Band füllt, erwünschter ist als mehrere Erzählungen kleinern Umfangs, das ist dir ja ebenso bekannt wie mir.

Alles in allem habe ich zur Zeit in allen diesen Verlagssachen ein Gefühl der Unsicherheit, und hätte darum auch gar nichts dagegen, mit dem ganzen Plan noch zu warten. Wenn der Verlag umsiedeln müßte, wäre die ganze Situation eine neue. Vielleicht wäre es besser jetzt gar keine Verträge zu machen. Zumindest müßte ich mich erst darüber erkundigen, was die Folgen einer Verlagsverlegung für mich wären.

Das ist was ich für jetzt dazu sagen kann.

Wir haben häßliche Tage, unser Gast (Frau Ball) krank, die Magd krank, bitter kaltes Sturmwetter, elende Gichtschmerzen. Hoffentlich wird das rasch anders.

Addio, in Eile grüßt dich dein

H. Hesse

1 Vertrag über »Volksausgaben« vom 14.5.1935.

*210 An Joseph Feinhals**

[Montagnola] 22.5.1935

Lieber Freund

[...] Ich sehe aus Ihrem Brief, wie der Freund Hein in der letzten Zeit seinen Schatten auf Ihren Weg hat fallen lassen, und wie Sie von außen und innen her erschüttert wurden. Da denke ich Ihrer in guter Freundschaft. Ich bin im ganzen gegen das Heroische, und so auch gegen die Stoa, eher mißtrauisch, und so habe ich es in meinem eigenen Leben mit seltenen Ausnahmen (eine war der Tod meiner Mutter, den ich damals eine Zeitlang gar nicht an mich heran ließ) gehalten, daß ich für den kürzesten Weg durch die Welt der Schmerzen den ansah, der mitten durch den Schmerz hindurch führt, das heißt ich übergab mich ihm und den höheren Gewalten, und überließ es ihnen, was daraus werden würde.

Auf eine menschenwürdige Art alt zu werden und jeweils die unserem Alter zukommende Haltung oder Weisheit zu haben, ist eine schwere Kunst; meistens sind wir mit der Seele dem Körper gegenüber entweder voraus oder zurück, und zu den Korrekturen dieser Differenzen gehören jene Erschütterungen des inneren Lebensgefühls, jenes Zittern und Bangen an den Wurzeln, die uns je und je bei Lebenseinschnitten und Krankheiten befallen. Mir scheint, man darf ihnen gegenüber wohl klein sein und sich klein fühlen, wie Kinder durch Weinen und Schwäche hindurch am besten das Gleichgewicht nach einer Störung des Lebens wiederfinden [...].

... Ich wünsche Ihnen alles Heilende und Gute, was der Mensch in dunkler Stunde erfahren kann.

* Der Brief ist nicht vollständig überliefert.

211 An seinen Sohn Bruno

Montagnola, 23.5.[19]35

Lieber Bruno

Dein Brief hat mich an meine Jugend, und noch mehr an meine Kindheit erinnert; von damals her sind die Juratäler in der Basler Gegend mir sehr lieb. Einmal, im Jahr 1883, waren wir, die ganze Familie, im Sommer einige Wochen im »Rechtenhof« bei Reigoldswil, in der Nähe des Paßwang, man fuhr damals umständlich und lang in einer Droschke von Basel über Grellingen dorthin, es war sehr schön dort, ich war 6 Jahre alt und war Zuschauer, wie mein um 5 Jahre jüngerer Bruder Hans das Gehen lernte und eines Tages den ersten Schritt allein tun konnte. In einem anderen Sommer war ich einmal etwa eine Woche oder zwei oben am Hauenstein als Gast von Freunden meiner Eltern – wir kleinen Buben genossen es damals sehr, auf einem kleinen Wagen, dessen Deichsel man mit den Füßen lenkte, große Strecken die Paßstraße hinunter zu fahren. Die Juratäler kommen öfter auch bei Spitteler vor, besonders schön in den »Mädchenfeinden«.[1] [...]

Tante Adele schreibt zuweilen, sie haben viel Sorgen und haben auch viel Plage und Ärger, aber im übrigen steht es mit ihnen wie mit mir auch: ihre Existenz hängt von den Launen der Machthaber ab, die können morgen oder übermorgen dem Schwager seine Kirche und mir meinen Verlag schließen und verbieten, und jeder Tag, an dem das noch nicht geschehen ist, ist eine Galgenfrist.

Hoffentlich hast du Martin in Bern getroffen. Hier tauchte am Montag Heiner auf, bloß für ein paar Stunden, und besprach seine Lage mit mir, ich will ihm womöglich helfen, seine Werkstatt zu halten und allmählich wieder zu entschulden.

Addio, Lieber, dir und Kläri schöne Grüße, und ebenso den Amiets!

Papi

1 Carl Spitteler, »Die Mädchenfeinde«. Eine Kindergeschichte, Diederichs, Jena 1920.

*212 An Anita Daniel**

[ca. 1935]

Auf Ihre Sendung kann ich nicht viel antworten; ich bin seit vielen Monaten krank und nicht mehr arbeitsfähig.

Aber ein Ja zu Ihren Gedichten kann ich doch sagen. Sie haben unmittelbar zu mir gesprochen, sind musikalisch und ungezwungen und muten mich auch der Gesinnung nach sympathisch an. Also haben sie ihre Daseinsberechtigung erwiesen.

Übrigens bin ich nicht der Meinung, daß nur solche Gedichte geschrieben werden sollten, die eine Bereicherung für den Leser sind. Dann müßte man auch alle Zeichnungen und Kritzeleien von Kindern für wertlos halten, soweit sie nicht zufällig durch eine besondre Genialität überzeugen. Nein, es muß auch gespielt, dilettiert und gestümpert werden, und wenn ein Mensch im Schreiben schlechter Verse seine Wonne oder seinen Trost findet, so soll er das Recht dazu haben wie ein andrer zum Radfahren oder Markensammeln.

Dennoch freut es mich, daß Ihre Verse nicht nur jene naive, sondern auch die höhere Daseinsberechtigung haben.

Es grüßt Sie Ihr

H. Hesse

* Ohne Anrede.

213 An Josef Bernhard Lang

[Montagnola] 1.6.1935

Lieber Freund

Danke für deinen Brief; ich kann mitfühlen wie diese Geschichte dich beunruhigt und wie satt du deiner jetzigen Existenz bist.[1] Aber wenn deinem Wunsch gemäß eine Luftflotte Zürich mit Gas vernichten würde, so würden nicht nur eine Anzahl Banken und unnütze Amtsgebäude vernichtet, sondern auch der vorzügliche Musiker Schoeck samt anderen lieben Freunden, darum kann ich deinen Wunsch nicht teilen.

Das Leben, im Ungewissen einer großen Maschinerie von Staat etc. ausgeliefert, ist auch mir nicht bekömmlich und macht mir viel Sorgen und Enge, z. B. schwebt bei der jetzigen Konstellation meine ganze literarische und ökonomische Existenz in der Luft und kann jeden Tag ihr Ende finden.[2] Aber ich weiß für dich und mich doch keine andere Hilfe in der Misère als daß wir uns mehr als je in unsern geistigen Arbeiten oder Spielen festbeißen und möglichst zäh dem Traum in unserer Seele nachgehen, auch wenn morgen alles mit uns untergeht.

Der Gedanke an den Tod hat dabei sein Tröstliches. Ich glaube, je kleiner unsere Vitalität wird, desto kleiner wird im Grunde auch die Bangigkeit vor dem Leben. Je näher und gewisser man den Tod weiß, desto weniger braucht man ihn selber zu rufen. Er wartet ja auf uns, samt denen, die uns vorausgegangen sind.

Mit dem Glasperlenspiel geht es sehr langsam, tropfenweise. Aber wenn ich auch nur selten einen Strich daran tue, so lebe ich doch sehr viel in Gedanken darin, und oft, während ich im Garten knie und Unkraut zupfe, bin ich bei seinen Figuren und spiele mit ihnen.

Lieber Freund, laß diese Sache mit dem Bezirksanwalt sich entwickeln und sieh ihr zu wie einem Gewitter, man wird naß dabei, aber vielleicht geht es auch gut, und auch im andern Fall erlebt man vielleicht etwas, was nicht umsonst ist. Ich weiß selber nicht, was ich in deinem Fall täte und ich glaube auch daß man so etwas gar nicht im Voraus zu wissen oder zu beschließen braucht; wenn der Moment da ist, ergibt sich Handeln oder Leiden wohl von selber.

Es grüßt dich herzlich dein

H. Hesse

1 J.B. Lang war 1934 wegen seiner psychiatrischen Gutachten zu Schwangerschaftsunterbrechungen in Zürich in Untersuchungshaft gewesen. Erst 1940 wurde er vom Gericht freigesprochen.

2 Am 8.7.1935 schrieb Hesse an Otto Feilke: »Wenn man wie ich ganz und gar auf seine Einnahmen in Deutschland angewiesen ist, und keinen Pfennig von dort bekommen kann ohne amtliche Erlaubnisse, ohne gewaltige Einbußen, Abzüge etc., dann fühlt man sich so deutsch wie nur möglich, und in den Händen eines Systems, das der Teufel holen mag. Dazu habe ich, durch falsche Anlage der Ersparnisse aus dem ›Goldmund‹, diese Ersparnisse zu 60 Prozent wieder verloren, in amtlich hoch empfohlenen, mündelsicheren deutschen Papieren.«

214 An Thomas Mann

[Montagnola] 3.6.1935

Lieber Herr Thomas Mann

Zu Ihrem Geburtstag[1] bekommen Sie Briefe mehr als genug; ich will Ihnen nur zuwinken und sagen, daß ich an Sie denke.

Meines Vaters Vater[2] ist 95 Jahre alt geworden, und es wäre schade gewesen um jedes Jahr, das gefehlt hätte. Auch für Sie scheint mir ein Patriarchenalter ganz angemessen, wenn auch unter freundlicheren Sternen als sie uns im Augenblick scheinen.

Immerhin – noch haben wir Friede, und wenn man sich vorstellt wie die Welt und unser Leben aussähe, wenn morgen Krieg käme, dann schätzt man selbst einen so geduckten und verkümmerten Frieden, wie wir ihn heute haben.

Wir beide wünschen Ihnen und uns, daß Sie über die Nöte dieser Jahre hinaus Ihr Leben und Ihre köstlichen Gewebe weiter spinnen, und uns freundlich gesinnt bleiben.

Mit herzlichen Grüßen, auch für Ihre Frau

Ihre H. Hesse und Ninon Hesse

1 Thomas Manns 60. Geburtstag am 6.6.1935.
2 Der baltische Kreisarzt Dr. Carl Hermann Hesse (1802-1896).

215 An Arthur Stoll

[Montagnola, 8.6.1935]

Lieber Herr Professor

Unter den zahllosen Bitten, die immerzu einlaufen, macht die umstehende eine Ausnahme.[1] Ich erlaube mir ausnahmsweise, sie an Sie weiterzuleiten und Ihnen sehr zu empfehlen, als Gönner mit irgendeinem Jahresbeitrag sich einzuzeichnen.

Zur Zeit ist der Schweizerische Schriftstellerverein z.B. die einzige Organisation, die es mir ermöglicht, noch in Deutschland mitzuarbeiten. Einzig durch die sehr brauchbaren Abmachungen, die der Verein mit den Berliner »Kulturkammern« etc. getroffen hat, sind wir Schweizer im deutschen Buchverlag etc. zugelassen, ohne Arier-Erklärungen, Ergebenheitsschwüre an Hitler etc. vorzuweisen. Darum würde ein evtl. Aufhören des Vereins für uns ein ganz unersetzlicher und schwerer Verlust sein!

Ein paar neue gute Bücher, die ich empfehle: Geschichtlich: Burckhard, »Richelieu«, Roman: Lichnowsky, »Delaide«; Memoiren: Graf Kessler, »Gesichter«.

Herzlich grüßend Ihr

Hermann Hesse

1 Bittbrief des Schweizerischen Schriftstellervereins, siehe Anhang S. 673f.

216 An Alfred Kubin

[Montagnola, Juli 1935]

Lieber Freund Kubin

Ihr lieber Brief und das liebe, schöne, kleine Blatt[1], das Sie mir beilegten, ist mir eine Freude, wir haben ja schwierige und sorgenvolle Tage, ich denke es mir für Sie ganz ähnlich wie für mich, und da schätzt man alles Positive und Tröstliche desto mehr.

Das neue Buch von Heinrich Zimmer[2] bekam ich auch in die Hände, und finde das meiste darin ganz ausgezeichnet, die Formulierungen zum Teil glänzend, da und dort fast zu virtuos. Die ästhetische Seite des Indischen, die morallose, rein spielende Hingegebenheit an das Schauspiel, an den ewigen Fluß der Bilder, ist auf deutsch wohl noch nirgends so ausgedrückt worden.

Von jenen Gedichten, die zum »Glasperlenspiel« gehören und von denen Sie schon mehrere haben, sende ich Ihnen hier ein neues, an Pfingsten entstanden.[3] Das »Glasperlenspiel« und der Sagenkreis rings darum ist die Welt, in der ich geistig lebe, schon seit drei Jahren und länger, es hat sich im Anschluß an die Sage von der Morgenlandfahrt allmählich dieser Vorstellungskreis in mir gebildet, und ich lebe oft in ihm, als sei er eine echte Sage oder gar Religion, und nicht meine eigene Erfindung. Aber wenn ich auch drin lebe, so geschieht es doch äußerst selten, daß ich ein paar Worte dran schreibe, die Lust am Spinnen und vor mich hin Träumen ist nicht kleiner geworden, wohl aber der Trieb zum Produzieren. Oft schreibe ich in Monaten nichts als ein oder zwei Gedichte. Allerdings geht daneben ja noch eine andre literarische Arbeit her, meine Bücherberichte, aber das rechne ich nicht mit, das ist eine rein intellektuelle Arbeit, keine dichterische.

Daß Sie an Bilder zum Faust gehen werden, höre ich mit Freude, und bin mehr als einverstanden, wenn Sie dabei mehr an die Volkssage als an Goethe denken.

Es ist tüchtig heiß bei uns, jetzt endlich, und die tägliche Arbeit im Garten ist an den meisten Tagen alles, was ich leisten kann; vor kurzem hat uns ein Gewitter mit schwerem Hagel fast alles kaputtgeschlagen, da gibt es genug zu tun. Und wenn man Tomatenstöcke begießt oder um eine schöne Blume her den Boden auflockert, dann hat man nicht jenes verfluchte Gefühl, das man als Künstler oft hat: hat es Sinn? Ist es überhaupt heut noch erlaubt? Nein, sondern man ist mit seinem Tun einverstanden, und das braucht man je und je.

Nächstens wird mein jüngster Sohn[4] mich kurz besuchen, ich hoffe, er bleibt wenigstens zwei oder drei Tage. Er ist eigentlich Architekt, hat aber schon seit zwei Jahren gar keine Arbeit mehr gefunden, und hat sich inzwischen für Photographie eingerichtet, photographiert für Zeitungen etc. und bringt sich damit im großen ganzen grade so knapp durch, ein tapferer und braver Kerl. – Na, genug für diesmal, und schönsten Dank für die Zeichnung! Von Herzen grüßt Sie Ihr

Hermann Hesse

1 Eine Federzeichnung.
2 Heinrich Zimmer, »Indische Sphären«, München 1935 (siehe Hesses Rezension in SW 20, S. 125f. und 156f.).
3 »Nach dem Lesen der Summa contra gentiles« (SW 5, S. 406f.).
4 Martin Hesse, der seinen Vater vom 31.7. bis 4.8. besuchte.

217 An Jacob Wackernagel

[Montagnola, 2.7.1935]

Verehrter, lieber Herr Professor!
Ihr lieber Brief hat mich so sehr überrascht und gefreut, daß ich ihn noch am selben Tag beantworten, vielmehr für ihn danken muß.

Vor Jahren, bei meinem ersten Zusammensein mit Thomas Mann[1], als ich ihm von meiner Liebe zu gewissen seiner Dichtungen sprach, sagte er ein Wort, das mir haften blieb. Er sagte »Das ist schön, daß es im Geistigen anders ist als im Physischen: im Geistigen gibt es eigentlich keine unglückliche Liebe«. Und so ist es mir nun mit Ihnen gegangen. Ich habe, ohne daß ich das genau analysieren könnte und wollte, von Ihnen stets den Eindruck eines Mannes gehabt, den hochzuachten und zu verehren mir gemäß und natürlich war[2] – und nun kommt ein freundliches Echo von Ihnen so spät zu mir zurück! An der Verehrung, die ich für Sie immer hegte, hatte unter vielem andern das Gefühl teil, daß Sie einem Typus von Mensch und Gelehrten angehören, der heut selten und beinah schon historisch ist, natürlich klang dabei auch der Name Ihres Vaters[3] mit an. Ferner waren Sie mir verehrens- und beneidenswert als Sanskritist, als Kenner und Lehrer einer Sprache, die für mich immer etwas Ehrwürdiges und Heiliges hatte. So sind mir die Begegnungen mit Ihnen, die ich in Basel, und einmal auch in Göttingen[4] hatte, immer in guter Erinnerung geblieben. Und daß heute dieser liebe Brief von Ihnen kommt, ist mir eine Freude. Daß ich ihn mehr der Erinnerung an meine Eltern (übrigens war der Vater meiner Mutter ein gewiegter Sanskritist, der Malayalam-Gundert), daß ich ihn also mehr meinen Eltern als mir selbst verdanke, macht das Erlebnis noch lieber. [...] Sollte je Ihr Weg Sie einmal nach Lugano führen, so wäre es mir eine große Freude, Sie bei uns zu sehen. Aber vermutlich sind Sie, der um etwa 15 Jahre Ältere, noch weniger ein Freund des Reisens als ich es bin.

Ich muß Ihnen noch ein Bekenntnis machen: vor etwa

13 Jahren lebte ich einmal einen ganzen Winter in Basel, allein, sah Sie ein- oder zweimal auf der Straße, dachte oft daran, Sie einmal zu besuchen, aber ich war in gestörten und bedrückten Lebensumständen und hatte am Ende nicht die Courage, sondern unterließ den Besuch.

Haben Sie Dank und seien Sie herzlich gegrüßt von Ihrem

H. Hesse

1 Das Treffen fand Anfang April 1904 in München statt, wo Samuel Fischer, der gemeinsame Verleger, beide Autoren zusammenbrachte.
2 Jacob Wackernagel (1853-1938) war Sprachforscher und Professor in Göttingen und Basel. Er war der Bruder des Staatsarchivars Rudolf Wackernagel, in dessen gastlichem Hause Hesse in seinen Basler Jahren häufig verkehrte.
3 Wilhelm Wackernagel (1806-1869) war neben Jacob Grimm der namhafteste Germanist seiner Zeit, gleichermaßen verdienstvoll als Philologe wie als Literaturhistoriker. Er verfasste die 1851 erschienene zweibändige »Geschichte der deutschen Litteratur« (Benno Schwabe, Basel).
4 Hesse hatte Jacob Wackernagel am 8.10.1909 auf seiner Reise zu Wilhelm Raabe nach Braunschweig in Göttingen besucht.

218 An seinen Sohn Bruno

[Montagnola, Anfang Juli 1935]

Lieber Bruno
Du hast mich sehr beschenkt, und hast mir eine große Freude gemacht mit deiner schönen grünen Landschaft, ich habe sie gern als Aquarell und gern als Motiv, und das, was du in deinem Brief sagst von den nicht-malerischen und nicht-artistischen Gründen, aus denen man eine Landschaft lieben kann, das empfinde ich grade bei diesem lieben Blatt sehr mit.

Dein Bericht über die Langnauer Tour hat mich stark angeregt. Ich selber bin so elend eingerostet, alt geworden und steif geworden, daß die Erinnerung an Wanderlust und Wanderfreuden mich, wenn sie plötzlich erregt wird, wie ein heftiges Jugendheimweh ergreifen kann. Und dann kam die Erinnerung an Langnau hinzu, denn jene Zeit, in der ich dich und Heiner dort unterbringen mußte[1], gehört zu den schwersten und hoffnungslosesten in meinem Leben. Ich war nach mehr als drei Jahren Krieg ganz verbraucht und verzweifelt, Mutti krank in der Anstalt, ihr Kinder unversorgt, die finanzielle Lage täglich schlechter, der Haushalt in Bern in halber Auflösung, es war der Beginn der größten Prüfung und Belastung, die ich in meinem Leben durchzumachen hatte, und wenn ich die paar Male nach Langnau kam, um nach euch zu sehen, dann tat ich es mit jedesmal noch bedrückterem Herzen. Aber auch diese Zeit ist überstanden, und was mir dabei das Liebste ist, das ist, daß auch Mutti sich nachher wieder zu einem eigenen, tüchtigen und wertvollen Leben zurückgefunden hat. Sie hat mir zum Geburtstag Alpenrosen von der Arcegnoalp[2] geschickt und sehr lieb geschrieben. Auch sonst kamen viele Briefe, Telegramme etc., immerhin weniger als früher, die Zeiten des Überflusses sind vorbei. Aber ich war diesmal nicht heiter am Geburtstag, wir waren von der großen Hitze der letzten Zeit, vielen fast schlaflosen Nächten, mehreren Todesnachrichten aus meinem Freundeskreis und unsern eigenen Sorgen bedrückt. Aber gefeiert haben wir doch, zum Tee und zum Nachtessen waren Frau Geroe[3] und Böhmer da, wir spielten auch anderthalb Partien Boccia, dann jagte uns das ausbrechende Gewitter ins Haus, es war der erste trübe Tag mit etwas Regen seit langer Zeit.

Du hast von meiner Nachdenklichkeit und Neigung zur Melancholie einiges geerbt, aber ich hoffe, du habest auch andres geerbt und es werde sich dir mehr und mehr fühlbar machen. Ich bin auch jetzt noch oft genug traurig, mit dem Leben und mir unzufrieden, aber im Ganzen sehe ich doch das Leben für gut an und bin mit ihm einverstanden. In deinem Brief schreibst du von dem Gefühl, daß man doch nie das erreicht, was man sich dachte und vornahm, und grade davon handelt ein neues Gedicht, das ich dir beilege.[4] Die paar gelehrten Worte brauchen dich nicht zu stören (das Gedicht gehört eben mit zum Glasperlenspiel-Cyclus), der »Aquinate« ist Thomas von Aquino, und »Summen« heißen zwei seiner Hauptwerke. Im übrigen handelt das Gedicht von dem Glauben, daß auch ein beschwertes und an sich selber nicht recht glaubendes Leben gute Früchte tragen und den Außenstehenden oder Nachkommen als schön und vollkommen erscheinen kann. [...] Addio, Lieber, ich danke dir nochmals. Sei herzlich gegrüßt und grüße auch Amiets und Kläri

dein Vater H.

1 Vom Dezember 1918 bis Januar 1919, nach der Einlieferung seiner Frau Mia in die Nervenheilanstalt Küsnacht, hatte Hesse seine Söhne Heiner und Bruno zu einem befreundeten Pfarrer nach Langnau im Emmental in Pflege gegeben.

2 Bei Ascona, wo Mia Hesse seit 1920 lebte.

3 Die mit Hesses befreundete Teppichweberin Maria Geroe.

4 Das Gedicht »Nach dem Lesen in der Summa contra gentiles« (SW 5, S. 406f.).

219 An Ernst Morgenthaler

[Montagnola, Juli 1935]

Lieber Morgenthaler

[...] Wieder einmal sitze ich allein, ein stiller Träumer, zwischen den Parteien und Organisationen, und da ich keiner dienen mag, werde ich von allen angespuckt, heut von den Patrioten, morgen von den Internationalen, bald von den Heldenjünglingen, bald von den Emigranten, jeder haut mir gern eins auf den Kopf, und zum Glück tut es mir in den meisten Fällen nicht weh. Außerdem zeigt mir so ein Geburtstag sehr deutlich, wie alt ich bin, und wie meine Stellung im Weltall längst fixiert und angenagelt ist. Da kommen Gratulationsbriefe von einigen Lesern, die mir seit 15, seit 20, seit 25 Jahren jedes Jahr zum 2. Juli schreiben, und mir immer die gleichen Sachen wünschen, die ich nie gehabt habe: daß ich auch fernerhin in voller Rüstigkeit und Lebensfreude meinen edlen Beruf ausüben und recht viel Freude dran haben möge etc.

Dagegen entdecke ich hie und da, daß man beim Altwerden doch etwas lernt, oder wenigstens daß einem manches anwächst, was man brauchen kann. Z. B. lebe ich seit drei bis vier Jahren immer stiller und immer fester eingebaut in jener Dichtung oder jenem Bilder- und Sagenkreis, der zum Glasperlenspiel gehört, an manchen Tagen hocke ich ganze Stunden an einem Grasfeuer im Garten, verbrenne Gras, mache Asche, gebe sie den Blumen, und bin dabei nicht hier und nicht Hesse, sondern bin bei Josef Knecht oder bin er (die Schweizer sagen: ihn), spreche mit ihm, atme mit seiner Lunge, und phantasiere auf eine Art vor mich hin, die Weisheit oder Vertrottelung sein kann, und habe nicht das mindeste Bedürfnis, aus diesen Träumen Gedichte und Bücher zu machen [...].

Mit einem klugen Mann, von dem ich viel halte und der eben nach langem Aufenthalt aus Rußland zurückkam, sprach ich dieser Tage ein paar Stunden über die Weltgeschichte, d. h. ich hörte mehr zu, und es schien uns beiden, als werde früher oder später das deutsche Volk seine Tüchtigkeit, seinen Drill und seinen Idealismus anwenden und verbluten, und werde gar nicht merken, daß es nicht für Hitler und die *gloire* in die Weltgeschichte, sondern für England und den Kapitalismus in den Untergang marschiere.

Addio, Lieber, zeig dich einmal hier!

dein H. H.

220 *An Cecilie Clarus**

[Montagnola, 22.7.1935]

Ob ich wisse, wie gut ich es habe? fragen Sie. So kommt es uns immer vor, immer hat der andre es gut, er hat ja unsre Leiden nicht. Ich kann nur flüchtig grüßen. Schlechtes Befinden, selten ein Tag ohne Schmerzen, große Inanspruchnahme, so daß ich in Monaten nicht dazu komme die eigene Arbeit auch nur wieder anzusehen, dazu beständig die Sorge um meine ganze Existenz, die materielle wie moralische, die ja wieder ganz in der Luft hängt. Ich fürchte, Sie stellen sich das zu hübsch vor.

Zur Toccata wäre etwa zu sagen: Das Gedicht gehört zu Jos. Knecht und dem Glasperlenspiel, ist also nur halb von mir. An sich ist es mir zu pathetisch, ich habe die großen Töne nicht so gern, aber es glückte diesmal eben nicht anders. Natürlich kann man Musik nicht in Versen wiedergeben. Sondern was in den Versen steht, ist nicht die Toccata, sondern mein subjektives Erlebnis, meine Assoziation beim Hören dieser speziellen Musik, die sich seit Jahren bei jedem Wiederhören wiederholt hat. Ich sehe oder fühle bei dieser Musik den Vorgang der Schöpfung, und zwar den Moment der Lichtwerdung. Das ist wiederzugeben versucht, nicht mehr.

Addio, es reicht nicht zu mehr. Ihr

H. Hesse

* Ohne Anrede.

221 *An Erhard Bruder*

(Mit einer aquarellierten Federzeichnung am Kopf des Briefes)

[Montagnola, August 1935]

Lieber Herr Bruder

[...] Wenn Sie an den unterirdischen Wasserzauber glauben (was ja nicht abergläubischer ist als etwa an die Medizin zu glauben), dann rücken Sie versuchsweise Ihr Bett da und dorthin etwas um. Soll mich freuen, wenn es etwas nützt. Ich glaube, was mich betrifft, an ganz andere unterirdische Wasser, die uns leiden machen.

Die deutschen Zustände werden auch mir reichlich spürbar. Nicht nur werden wenig Bücher verkauft, und ich habe dies Jahr noch nicht die Hälfte dessen verdient was ich verbrauche. Sondern ich bin auch auf das Land Germanien angewiesen, wo sich politische Schwindler leichter ernähren können als Dichter. Ich nehme ja keinen Pfennig ein, der nicht durch die Hände der deutschen Behörden etc. geht, und obwohl ich Schweizer bin, seit 20 Jahren ununterbrochen in der Schweiz lebe und die Schweizer Steuern zahlen muß, zieht Germania mir von jedem Pfennig, falls es dessen Ausfuhr überhaupt bewilligt, phantastische Teile ab. Warum machet Ihr denn keine Revolution? Es ist wunderlich mit der deutschen Geduld und Untertanenbravheit: heut ärgert sie einen, und morgen rührt sie einen wieder so!

Es steht bei mir nicht besser als bei Ihnen. Vom Verlag fast nur schlechte Nachrichten, drei unversorgte erwachsene Söhne, seit April ununterbrochen mit Gicht und Ischias beladen, die Augen mehr und mehr kaputt gehend, muß ich noch fast jeden Tag Besuche aus Germanien anhören, die mich augenzwinkernd dazu beglückwünschen, daß ich in der schönen und freien Schweiz lebe und mich um die traurigen, von Wilson[1] und Poicaré[2] allein verschuldeten deutschen Zustände nicht zu kümmern brauche. Ich sage meistens nichts dazu.

Alles Gute wünscht Ihnen Ihr

H. H.

1 Th.W. Wilson (1856-1924), amerikanischer Politiker und von 1913 bis 1921 Präsident der USA.

2 R. Poincaré (1860-1934), französischer Staatspräsident, der 1923 die Besetzung des Ruhrgebietes veranlasste.

222 *An Gottfried Bermann Fischer*

Montagnola, 25.8.1935

Lieber Freund

[...] Die Hexameter[1] sind eine heut aus der Mode gekommene Form, aber sie sind keine zufällig probierte, sondern haben ihre uralte ehrwürdige Tradition. Und so sollte, meine ich, eine Dichtung in Hexametern auch vom Setzer als solche ernst genommen werden, d.h. es sollten die langen Verszeilen nicht als Hemmung und Störung empfunden werden, welche man durch umgebrochene Zeilen etc. mühsam zu überwinden sucht, sondern es muß von den langen Hexametern als von dem Gegebenen ausgegangen werden, also ein Format gewählt werden, bei dem diese langen Zeilen keine Störung bedeuten. Mir scheint, das ließe sich sehr gut dadurch erreichen, daß man ein kleines Oktav, etwa wie das von Cube[2], verwendet, aber als Querformat (siehe Skizze!). Das Papierformat, das auf diese Weise ein angenehmes Format für das Büchlein ergäbe, wird sich sicher finden lassen.

Wir hätten dann also ein Büchlein in Quer-Format. Man könnte daran tadeln, daß das unmodern und ungewohnt und altmodisch ist, aber unmodern, ungewohnt und altmodisch sind auch die Hexameter, und wenn das kleine Heft oder Buch schon von außen an Publikationen aus der Zeit von Goethe und Voß etc. erinnerte, so wäre das unter Umständen eher ein Reiz und Witz mehr als ein Schaden.

Es erschien kürzlich im Inselverlag ein Büchlein »Goethe's Reisebüchlein«[3], das hat ungefähr genau das Querformat, das ich mir vorstelle. Sieh es dir bitte einmal in einer Buchhandlung an, nur als Anhalt für weitere Erwägungen. Im übrigen gedenke ich weder jetzt noch künftig mich so viel in deine Verlegerarbeit zu mischen, das brauchst du nicht zu fürchten, ich habe nicht den Ehrgeiz überall Mitwirkender zu sein. Aber hier, bei den Hexametern, scheint mir eine ganz prinzipielle Frage gestellt: Warum soll man Hexameter, statt sie als gegeben zu nehmen und sich nach ihnen als der Hauptsache zu richten, widerwillig und mühsam in ein Format pressen, das ihnen nicht gemäß ist?

Damit habe ich alles gesagt, was ich zu der Frage zu sagen habe. Schau, was Ihr damit anfangen könnet!

Da irgend eine andre Buchpublikation von mir auf lange Zeit hinaus nicht geplant ist, und auch eine kleine Einnahme sehr erwünscht wäre (meine paar Ersparnisse aus dem Goldmund sind in deutschen Oblig[ationen] angelegt und tragen keinen Pfennig mehr, sind auch keinen Pf. mehr wert) – begrüße ich den Vorschlag, so ein apartes kleines hübsches Buch zu machen, gern.

Herzlich

dein H. Hesse

1 Im August 1935 hatte Hesse die Druckvorlage seiner Hexameter-Idylle »Stunden im Garten« an den Verlag in Berlin geschickt.
2 Hellmut von Cube, »Tierskizzenbüchlein«, S. Fischer, Berlin 1935.
3 »Goethes Reise-, Zerstreuungs- und Trostbüchlein«, Insel Verlag, Leipzig 1934.

223 An Georg Alter

[Montagnola, September 1935]

Lieber Herr Alter
Danke für Ihren Brief, das war eine gute Neuigkeit, daß Sie Arbeit haben!

Es ist richtig: im neusten Heft der Corona und der N[euen] Rundschau steht etwas von mir. Das in der Rundschau ist etwas Neues, ein Gedicht in Hexametern; es wird aber wohl schon im nächsten Jahr auch als Buch oder Separatheft erscheinen. Und was in der Corona steht, sind die sieben Gedichte, die zum Glasperlenspiel gehören, z.B. »Hieroglyphen«, »Glasperlenspiel«, »Toccata von Bach« etc., die Sie einzeln schon kennen, sie sind hier nur alle sieben zusammengestellt.

Daß auch in Schweizer Zeitungen je und je etwas von mir steht, ist richtig, aber es ist damit ganz gleich wie auch mit den deutschen Zeitungen: es handelt sich weder um neue Arbeiten noch um meine direkte Mitarbeit, sondern um alte Feuilletons, Gedichte etc., welche die Redaktionen für winzige Abdruckshonorare von einem Zweitdruckbüro beziehen, von allen diesen Abdrucken weiß ich nichts und bekomme nur selten einen davon zu Gesicht. Dagegen erhalte ich alle 1 bis 2 Monate von dem Zweitdruckbüro einen Anteil am Erlös – viele Jahre lang bin ich von 2 Büros um alle diese Honorare betrogen worden, erst seit einigen Jahren habe ich zufällig ein Büro in Wien gefunden, das nicht betrügt, und da ich zur Zeit so gut wie gar keine anderen Einnahmen mehr habe, bin ich über die paar Mark im Monat froh. [...]

Von Herrn Popp habe auch ich lang nichts mehr gehört. Aber er besorgt mir immer einen Teil meiner deutschen Post[1].

Herzlich und mit allen guten Wünschen grüßt Sie Ihr

H. Hesse

1 Hans Popp versandte Hesses Antworten auf Briefe aus Norddeutschland mit Inlandsporto.

224 An Anni Rebenwurzel

[Montagnola, 25.9.1935]

Liebe A. R.

Mein Verleger ist gerade hier, bloß einen halben Tag, dem kann ich einen Gruß für Sie mitgeben. Gut, daß die Fotos von Martin Ihnen Freude machten! In Ihrem Brief steht dies und das, was mir gefällt, auch das über Th. Mann. Für die meisten Leute, auch unter denen, die mich lesen, auch unter meinen Freunden, ist meine ganze Vorstellungs- und Denkwelt terra incognita, Ihnen ist sie vertraut.

Am Böhme[1] habe ich seinerzeit auch nur ein wenig gerochen – seine Gestalt hat mich immer am stärksten berührt in der Schlußzeile des Novalisgedichts »An Tieck«[2]. Aber auch auf wieder anderen Umwegen hat er (ähnlich dem Paracelsius)[3] durch die Jahrhunderte sehr stark und tief gewirkt, namentlich im Pietismus des 18. Jahrhunderts und von da bis z.B. in die Geisteswelt meines Großvaters und meiner Mutter hinein, obwohl er ihnen schon als ein zwar frommer, aber auch eigentlich verbotener Ketzer galt. Einer der originellsten und großartigsten Väter des schwäbischen Pietismus, der immer sehr viel Anziehendes für mich hatte, übrigens gleich meinem Großvater ein Sprachgenie war, mit Juden Bibel und Talmud studierte, eine Weile auch »Chymie« trieb, ist der Theologe Oetinger (von Schubart gibt es 2 Gedichte auf ihn)[4], auch er war ein großer Verehrer und Anhänger von Böhme.

Addio! Ihr H. H.

1 Jakob Böhme (1575-1624), Philosoph, christlicher Theosoph und Mystiker.

2 Die letzte Strophe des Gedichtes lautet: »Du hilfst das Reich des Lebens gründen / Wenn du voll Demut dich bemühst / Wo du wirst ewige Liebe finden / und Jakob Böhme wiedersiehst.«

3 Paracelsus (ca. 1493-1541), Mediziner, Alchimist, Philosoph und Mystiker.

4 Anlässlich des Todes von F.Ch. Oetinger 1782 bezeichnete ihn C.F.D. Schubart in einem Gedicht zur Einweihung der Tübinger Carls-Universität als den »wahren Jesusjünger« und »Lehrer einer Welt«.

225 An Friedrich Emil Welti

[Montagnola, 25.9.1935]

Lieber, verehrter Herr Dr. Welti

Sie haben mir mit Ihrem Brief und Ihrer lieben, guten, willkommenen Gabe so sehr Freude gemacht, ich weiß nicht wie ich sie erwidern soll. Ich schreibe Ihnen meinen Dank auf diesem Blatt; das Bildchen ist ein Holzschnitt, ein Wiener

Künstler[1] hat ihn nach einer Zeichnung von mir gemacht und mir dieser Tage einige Abzüge geschickt.

Und dann sende ich Ihnen ein paar lateinische Worte über die Kunst. Die stammen aus einem langen lat[einischen] Brief eines Schulkameraden von mir, der mir öfters schreibt[2], bald deutsch bald Latein. Er ist ein pensionierter Lehrer, ein vereinsamter, wunderlich gewordener, in großer Armut und oft Hunger lebender Mann, denn seine winzig kleine Pension ist von seiner geschiedenen Frau für sie und zwei Söhne beschlagnahmt. Dieser Mann, der auch am lateinischen Motto zum Glasperlenspiel nicht ohne Anteil ist, ist inmitten seiner Umgebung ein armer alter und etwas mürrisch gewordener Mann, aber ein tapferer, ohne Klage untergehender Held in einem ruhmlosen aber edlen Leben, ich besitze auch einige Gedichte von ihm, die sind schöner und tiefer als fast alle heutigen deutschen Gedichte, nur sind sie in Sprache und Versform nicht von heut, sondern wie aus dem Barock, etwa wie von A. Gryphius.[3] Ich schreibe Ihnen namentlich den Satz über die Kunst heraus, welche »una« und »e lacrimis nata«[4] sei.

Und nun grüße ich Sie mit allen guten Wünschen! Herzlich Ihr

H. Hesse

PS. Soeben war mein Verleger[5] hier, nur einen halben Tag. Der Verlag wird vorerst weiter bestehen, aber erstens wird er, der Leiter und Besitzer, ohne Zweifel in Bälde ausscheiden, als Jude.[6] Zweitens ist es nahezu sicher, daß in nicht langer Zeit dem Verlag die Zahlungen an Autoren im Ausland nicht mehr erlaubt sein werden. Dann denkt er im Ausland, wahrscheinlich der Schweiz, einen neuen Verlag mit mir, Thomas Mann, der Annette[7], Lichnowski[8] etc. zu gründen – aber bitte sagen Sie davon niemand ein Wort!

1 Axl Leskoschek (1889-1976), expressionistischer Maler, Illustrator und Holzschneider, der auch das 1926 von Hesse herausgegebene

Insel-Bücherei-Bändchen »Märchen und Legenden aus den Gesta Romanorum« illustriert hatte.

2 Franz Schall, a. a. O.

3 Andreas Gryphius (1616-1664), schlesischer Dichter und Dramatiker.

4 Lateinisch: welche einmalig und aus Tränen geboren sei.

5 Gottfried Bermann Fischer.

6 Es zeichnete sich folgende Lösung ab: Der Verlag musste nach dem Tod des Firmengründers Samuel Fischer (1859-1934) unter dem Druck des NS-Regimes 1936 geteilt werden. Der Stammverlag blieb (zunächst unter dem alten Namen) und der Leitung von Peter Suhrkamp (1891-1959) in Berlin; Gottfried Bermann Fischer (1897-1995), der Schwiegersohn Samuel Fischers, führte den anderen Teil im Exil ab 1936 in Wien und später in Stockholm und New York unter seinem Namen weiter. Bei ihm konnten die in Deutschland verfemten Autoren erscheinen.

7 Annette Kolb.

8 Mechthilde Lichnowsky.

226 An Hermann Hubacher

[Montagnola, Ende September 1935]

Lieber Freund Hubacher

Danke für deinen Brief; du hast also die Idylle[1] gelesen, und sie hat dir Spaß gemacht, das ist mir lieb. Die vier Tage, an denen ich sie schrieb, waren die einzigen produktiven in diesem Jahr, die paar Hexameter sind einer Zeit von größter Niedergeschlagenheit und beständigen, oft sehr störenden körperlichen Schmerzen abgetrotzt. Meine Existenz, die wirtschaftliche und die moralische, ist wieder einmal ganz in Frage gestellt, mein Verlag ebenso, und die Ersparnisse, aus denen ich im Alter leben wollte, mußte ich jetzt (es waren deutsche Papiere) mit solchem Verlust liquidieren, daß mir knapp ein Fünftel des Betrags geblieben ist. Es ist das zweite Mal, daß mein Kram zusammenstürzt, und diesmal muß ich schon fast lachen, so komisch und zugleich so folgerichtig ist alles.

Mit der Traubenernte, die schon im voraus verkauft ist, sind wir gerade beschäftigt, ich helfe nach Kräften mit, kann aber der Gicht wegen kaum ein Drittel oder Viertel leisten, Ninon ist mit Natalina[2], Ida und einer Taglöhnerin von früh bis zum Dunkelwerden draußen.

Deinen Auftrag, vom neuen Nostrano[3] auf dein Wohl zu trinken, kann ich nicht ausführen, ich vertrage seit Jahren keinen Nostrano mehr.

In deinem Brief freute mich besonders die Nachricht von dem Morgenthalerbild, das du bekommen hast. Und ebenso freut mich, daß du den Wilhelm Meister[4] geschlürft hast. Es gibt in der deutschen Dichtung noch eine Menge edler und erlesener Sachen, von welchen das deutsche Volk nicht den mindesten Gebrauch macht. Dreißig Jahre nach Goethes Tod war beim Verleger noch die Hälfte der ersten Auflage des »Westöstlichen Diwan« unverkauft auf Lager! So sieht es hinter den Kulissen aus. Heut ist es natürlich noch schlechter. Die Ausnahmen sind vorhanden, sind aber meist keine Ausnahmen, sondern sind eben Mode-Erfolge von rasch vergessenen Büchern und Autoren. Auch ich gehöre zu ihnen. Indessen arbeite ich – zwar nicht mit der Feder, aber doch in den Gedanken und Träumen – an meinem Alterswerk weiter, der Geschichte des Glasperlenspielmeisters, und noch lieber bringe ich die Tage bei der Gartenarbeit zu. Aber es ist schon kühl, und bald wird man den Ofen anzünden müssen. [...] Ciao! Es grüßt dich dein

H. H.

1 H. Hesse, »Stunden im Garten«, entstanden vom 19. bis 23.7.1935.

2 Natalina Cavadini (1868-1942), Hesses Zugehfrau und Haushälterin seit 1919.

3 Der einheimische Wein.

4 Goethes zweiteiliger Bildungsroman (1749-1832).

227 An Alfred Kubin

[Montagnola, Anfang Oktober 1935]

Lieber Freund Kubin

Das da oben ist ein Holzschnitt, den ein Bekannter von mir[1] nach einer meiner Zeichnungen gemacht hat, ich schicke ihn Ihnen Spaßes halber.

Dank für Ihren lieben Brief! Wenn Sie von Ihren Sommeraufenthalten erzählen, denke ich immer an Stifters Oberplan[2] und die Lakerhäuser etc.[3] Übrigens haben wir neuestens wieder einige Erzählungen von Stifter gelesen, von denen ich mir den »Hagestolz«[4] wunderbar von Ihnen illustriert vorstellen könnte. Es ist kein gutes Jahr, ein Jahr zwar mit viel Schönem und Eigenartigem, in der Natur und in meinem Leben, aber alles hat einen Aspekt von Gefahr, Krisis und Unruhe. Der eigentliche Sommer, der bei uns mit einem Sturm und Hagelwetter ersten Ranges begonnen hatte, hat vorgestern, nach einer Reihe ganz verzauberter Spätsommertage, plötzlich mit einem Gewitter geendet, es ist jetzt durchaus herbstlich. Ich war und bin dies ganze Jahr von Gicht belagert, besonders in den Fingern, und von außen durch die verdrießlichen Anzeichen der großen Zeit, in der wir leben. So habe ich zwei Drittel meiner Ersparnisse aus den paar guten Jahren (Steppenwolf und Goldmund)[5] dadurch wieder verloren, daß sie leider in deutschen Obligationen angelegt waren. Es hat Ärger und Sorgen gebracht, jetzt hoffe ich, sie bald vollends los zu sein, das Geld ist verloren und ich werde auch nicht mehr viel dran denken, obwohl ich das nie mehr werde ersetzen können. Aber die Entdeckung, wie dumm und unter Suggestion und auch sentimental ich war, als ich, nachdem ich schon einmal allen Besitz durch den Krieg verloren, nochmals meine Groschen der deutschen Republik anvertraute, an die ich doch schon damals nicht glaubte, diese Entdeckung stellte mich wieder einmal vor einen Spiegel, in dem ich nicht edel aussah.

Dicht neben uns in Italien klirrt es vor Waffen[6], das Land ist gestopft voll Soldaten, die Bevölkerung der größern Städte tut sehr kriegsbegeistert. So sind weder die Völker noch wir Einzelnen anscheinend dazu begabt und dazu gewillt, aus der Weltgeschichte etwas zu lernen.

Ich habe diesen Sommer eine kleine Idylle in Hexametern geschrieben, eine sehr angenehme aber gefährliche und verführerische Form, sie steht im Septemberheft der N[euen] Rundschau, leider habe ich kein Exemplar mehr, aber sie kommt übers Jahr vielleicht als Heftchen heraus, dann sende ich sie Ihnen. Meine Frau geht nächstens in ihre Ferien, wollte nach Griechenland, was nun der Kriegszustand verhindert, geht aber jedenfalls ihre 3 bis 4 Wochen fort[7], das wird ihr gut tun. Sie läßt Sie sehr grüßen! Herzlich Ihr

H. Hesse

1 Siehe S. 328.
2 Der österreichische Erzähler Adalbert Stifter (1805-1868) ist im südböhmischen Oberplan zur Welt gekommen.
3 Adalbert Stifter, »Briefe an Lakerhäuser«.
4 Adalbert Stifter, »Der Hagestolz«, Leipzig 1850.
5 Hesses Roman »Der Steppenwolf« (1927) hatte bis dahin eine Auflage von 40 Tsd. Exemplaren erreicht, »Narziß und Goldmund« (1930) eine Auflage von 58 Tsd. Exemplaren.
6 Im Oktober 1935 überfiel Italien unter Mussolini Abessinien, das 1936 von Italien annektiert wurde.
7 Ninon reiste am 4.10.1935 nach London und Paris.

228 An Otto Kleiber, »National-Zeitung«, Basel

[Montagnola, ca. Oktober 1935]

Hochgeschätzter Herr Dr. Kleiber

Danke für Ihre Zeilen. Das Buch über Goya[1] hatte ich schon in Probebogen gelesen, die Rezension sende ich Ihnen gleich hier mit.

Nun aber mit dem Mühlestein[2] ist es mir recht peinlich. Daß er mit mir vereinbart habe, daß ich bei Ihnen sein Buch bespreche, ist nämlich nicht richtig – vermutlich hat er im

Sinn gehabt, mich darum zu bitten, es aber dann vergessen, er ist ein Mann der heftigen momentanen Impulse, leicht entflammt, aber nicht zuverlässig.

Bei der Entstehung seines Buches habe ich übrigens, weil ich Mühlestein gern habe und weil er mir leid tat, kräftig mitgeholfen. Ich trug dazu bei, daß der Verlag sein Buch annahm und schon im voraus Vorschüsse drauf gab. Daraus vermutlich schließt Mühlestein, daß er auf mich zählen könne.

Aber ich kann nun über die »Aurora« doch nicht schreiben Es ist ein interessantes und lebendiges Buch von schöner Gesinnung, aber es ist keine Dichtung, sondern ein Pamphlet, und ist stellenweise von einer so strömenden Rhetorik, daß es mir graut. Ich gönne dem Buch und dem Autor jeden Erfolg, aber ich kann wohl seine Tendenzen billigen, das Ganze aber nicht goutieren. An manchen Stellen wirkt es direkt komisch, z. B. Seite 33, Mitte, der Satz »Dieser Dunst des Hochmuts etc.«. Da will Mühlestein das Professorentum geißeln, womit er sehr recht hat, und tut es in einem Ungetüm von hohlpathetischem Professorensatz, daß man nur lachen kann.

Kurz, ich bitte Sie, das Buch zurückzunehmen, so gern ich Ihnen den Gefallen getan hätte. Dem Buch schaden will ich nicht, noch weniger will und darf ich es contre cœur loben. [...]

Mit Grüßen Ihr

H. Hesse

[P. S.] Einen Brief an Mühlestein lege ich bei und bitte, ihn ihm zuzustellen.

1 Manfred Schneider, »Don Francisco de Goya«, List Verlag, Leipzig 1935. Hesses Besprechung des Buches erschien am 20.10.1935 in der »National-Zeitung«, Basel (SW 20, S. 107f. und 162).

2 Hans Mühlestein, »Aurora«. Das Antlitz der kommenden Dinge. Roman aus dem Westen, Christophe Verlag, Zürich und Prag 1935.

229 An Carl Seelig

[Montagnola, Oktober 1935]

Lieber Herr Seelig

Danke für Ihren Gruß. Die Antwort macht mir diesmal Mühe, zunächst weil das Schreiben weh tut (ich habe Gicht in fast allen Fingern, seit Monaten) aber auch weil ich leider Ihren Wunsch nicht erfüllen kann.[1] Denn sosehr ich die geschliffene, liebenswürdige und menschenfreundliche Art Polgars anerkenne, sehe ich doch in seiner Form des Feuilletons eine Schablone, die ihn verhindert hat sich zu entwikkeln. Diese Feuilletons sind oft beinah ernsthafte Betrachtungen, oft beinah ernsthafte Anklagen, dringen aber niemals bis in eine reine Kategorie vor, sie sind und bleiben eben Plauderei, die den Autor und den Leser letzten Endes zu nichts verpflichtet. Es fehlt nicht an Witz, nicht an Kunst, auch nicht an Herz und Wärme, es fehlt aber an Bekenntnis, an einem wirklichen, ernsthaften Glauben. So bleibt alles im Bereich des Feuilletons, des Witzig-Sentimentalen.

Ich würde dies öffentlich nicht sagen, aber es ist meine Meinung und es hindert mich, Ihren Wunsch zu erfüllen. Das tut mir leid. [...]

Zum Malen brauche ich nichts, aber ich danke für Ihr liebes Darandenken!

Herzlich Ihr

H. Hesse

1 Vermutlich hatte Seelig darum gebeten, dass Hesse in seinen Buchbesprechungen auf die Publikationen des Schriftstellers Alfred Polgar (1873-1955) und dessen gerade erschienene Feuilletonsammlung »In der Zwischenzeit« hinweisen möge.

230 An Wolfram Kimmig

[erhalten am 18.10.1935]

Lieber Herr Dr. Kimmig
Danke für Ihren lieben Brief! Ich habe mit dem deutschen Reich kein Glück: solang ich das Geld hätte verzehren können, haben meine Schuldner nicht gezahlt, und jetzt, wo sie zum Teil zahlen, ist mir die Verfügung über das Geld genommen. Ich habe in den letzten drei Wochen nahezu meine gesamten fürs Alter gemachten Ersparnisse (aus den guten Jahren des Steppenwolf und Goldmund) wieder verloren: es waren deutsche Goldpfandbriefe, und die sind heute außerhalb des Reichs nichts mehr wert, für einige habe ich – das war das höchste – ein Fünftel des Wertes bekommen, für andre noch weniger. Da ich auch sonst fast keine Einnahmen mehr habe, ist es das zweite Mal, daß ich als Leidtragender an einer »großen Zeit« teilnehme.

Wie Sie es nun mit den Einzahlungen auf mein Konto[1] halten wollen, möchte ich Ihnen überlassen. Wenn ich auch für alles dieses Geld mir kein Stückchen Brot kaufen kann, so kann ich aus diesem »freien« Konto doch wenigstens je und je ein Buch kaufen und meinen Geschwistern schenken. [...]

Abzüge der Garten-Idylle[2] sind leider nicht mehr vorhanden. Der Luxus in diesen Dingen hat längst aufgehört, sonst hätte ich Sie gewiß nicht damit vergessen. Ich habe dies Jahr, für die Gartenidylle und einige Gedichte im letzten Heft der »Corona«, 300 Mark Honorar eingenommen, dazu kommt etwa ebensoviel als Honorar für meine Bücherberichte (die mich dreiviertel meiner Zeit kosten). Der Bücherabsatz ist gleich Null. Die Ersparnisse sind verloren, die ich sentimentalerweise in heimatlichen Werten (Württemberg, Stadt Stuttgart etc.) angelegt hatte. Da hört mancher hübsche Luxus auf, bald vielleicht auch der des Essens. Zum Glück sitze ich wenigstens in meinem schönen Haus vorläufig unantastbar, da es nicht mir gehört und ich Gast darin bin.

Was nun die Idylle betrifft, so wird sie höchst wahrscheinlich schon in einem Jahr als Broschüre erscheinen können –

falls bis dahin überhaupt noch die Möglichkeit besteht, etwas Poetisches zu drucken.

Addio lieber Herr Dr. Kimmig, haben Sie schönen Dank für Ihre treue Fürsorge und seien Sie gegrüßt von Ihrem

H. Hesse

1 Der Rechtsanwalt Dr. Wolfram Kimmig hatte die Vollmacht, Hesses deutsches Konto bei einer Konstanzer Bank zu führen.

2 H. Hesse, »Stunden im Garten«, a. a. O.

231 An Joseph Englert

[Montagnola, 28.10.1935]

Caro amico

Danke für Ihren lieben Brief und seinen Vorläufer, die Karte aus Salzburg. Um Salzburg und die Zauberflöte hätte ich euch beide fast beneidet. Denn da ich so schwer reise, und jetzt das Winterquartier in Zürich nicht mehr habe, kann es lange dauern, bis ich wieder einmal solche Musik höre. Im Übrigen allerdings bin ich z. Z. der Zauberflöte gegenüber sehr duldsam. Werke dieser höchsten Art höre ich beinahe abstrakt, die Vollkommenheit und sinnliche Schönheit der Aufführung ist mir grade bei solchen Werken unwichtig, und ich habe z. B. im Zürcher Stadttheater die Zauberflöte wohl 12 oder 15 mal im Lauf von Jahren gehört, lauter mäßige und zum Teil direkt schwache Aufführungen, aber es war für mich jedesmal eine Heimkehr zu allem Schönen und Geliebten was ich kenne.

Ihre Gedanken über die Ursachen von Produktions-Stokkungen beim Künstler haben mich sehr interessiert. Ich sehe zwar noch andre Ursachen, aber nach Ihrem Schema wäre es (und ist es auch) vor allem die zweite von Ihnen genannte Ursache, die bei mir in Betracht kommt, Behinderung durch die äußeren Umstände. Diese Umstände heißen zum Teil Gicht, Ischias und schlechte Gesundheit, zum Teil Haus und Ehe, zum größten Teil aber Zeitgeschichte und Zeitstimmung. Sie wissen, lieber Freund Englert, ich schreibe, denke und lebe jetzt seit 1914 dauernd mit Bewußtsein für die Pflege eines Etwas im deutschen Volk und Geist, das zu Grunde zu gehen droht. Je mehr ich nun sehe, wie unsre Versuche erfolglos sind, wie das Volk weiter herabsinkt, die Politik immer roher und dümmer, die Moral immer geringer, der Geist immer dünner wird, desto kleiner wird eben der Glaube an den Wert dessen, wofür ich lebe und arbeite. Natürlich kenne ich die Vernunftgründe sehr wohl, die uns sagen: »es kommt auf eine Minorität an, nicht auf die Masse, und grade in so elenden Zeiten ist das Beispiel tapferer Weiterarbeit am nötigsten etc. etc.«, aber Vernunftgründe sind ja nicht das, womit man mangelnde Vitalität beleben kann. Auch Don Quichote ahnt ja zuweilen, daß er mit seinem Rittertum für die andern ein Narr ist.

Wir haben noch für 8 Tage meine Schwägerin da[1], meine Schwester, die 3 Wochen da war, ist vorgestern gereist. Bald will mich mein Sohn Heiner mit Frau und Kind kurz besuchen, auch er ein Beispiel dafür, daß ich nichts erreicht habe, und daß wir Alten für die Jungen Don Quichotes sind: Heiner z. B. anerkennt den »Idealismus« meiner Arbeit ganz, er findet das rührend hübsch, aber für seine Generation gebe es das nicht mehr. Er lebt in Ascona, in der Hauptsache vom ohnehin mageren Tisch seiner Mutter.

Ich habe allerlei aktuelle Sorgen, die fast alle mit der Gesundheit oder der Finanz zusammenhängen. Wahrscheinlich muß meine Frau im Herbst eine Kur machen. Aber es ist noch nicht entschieden, und vorerst sitzen wir ruhig hier fest, tüchtig mit dem Garten beschäftigt, ich fange eben an die Kartoffeln auszugraben.

Seien Sie alle recht herzlich gegrüßt, ich wünsche euch schöne klare Tage und einen guten Nachsommer. Ihr

H. Hesse

1 Lilly Kehlmann.

232 An seinen Sohn Bruno

[Montagnola, 30.10.1935]

Lieber Bruno

[...] Ich muß dir nun noch etwas melden, was für dich vielleicht Interesse hat. Ich habe auf einer Bank in Konstanz (Baden) noch auf »Sonderkonto« Geld stehen, mehr als tausend Mark, beinah 2000, dieses Geld kann ich weder herausbekommen noch kann ich in Deutschland damit etwas kaufen. Das einzige, was ich damit machen kann, ist: es auf Reisen in Deutschland verbrauchen. Nun werde ich wahrscheinlich nie nach Deutschland reisen, und sogar wenn ich es täte und noch einmal meinen Augenarzt besuchen würde, würde ich längst nicht all das Geld dafür brauchen. Es bleibt auf jeden Fall ein großer Posten übrig. Wird er bis Anfang Oktober 1936 nicht abgehoben, so verfällt das Geld und ist verloren.

Also nun würde für dich die Möglichkeit bestehen (denn die Reiseerlaubnis gilt auch für meine nächsten Angehörigen) eine größere Reise oder einen längern Aufenthalt in Deutschland zu machen, der dich nichts kosten würde als die Reise bis zur deutschen Grenze. Du könntest reisen, oder könntest einige Wochen nach München oder Berlin oder sonst wohin.

Wenn du davon Gebrauch machen willst, mußt du es beizeiten mich wissen lassen, gültig ist die Sache bis Anfang Oktober 1936. Ich muß dann ein Gesuch einreichen, daß du an meiner Statt reisen darfst, mit allerlei Angaben, von Paßnummer etc. etc. etc., es braucht eine Weile Zeit, evtl. lasse ich das Gesuch durch einen Anwalt stellen. In Deutschland hättest du dann das Recht, dir jede Woche ein oder zweimal das nötige Geld, reichlich für alle Bedürfnisse berechnet, auf irgend einer Bank abzuholen.

Überlege dir's, und laß mich dann gelegentlich wissen ob du davon Gebrauch machen möchtest.

Mit Grüßen für dich und Amiets dein

Papi

233 An Gunter Böhmer

[Montagnola, 9.11.1935]

Lieber Herr Böhmer

Gestern kam Ninon zurück, tags zuvor reiste meine Schwester ab, es war schön mit ihr, aber sie war auch einige Tage ernstlich krank, und ich war sehr in Sorge. Ich selber komme über den Tiefstand nicht hinweg, kann fast nichts arbeiten, fast nichts essen, und sehe noch nicht wo es hinaus will. Dieser Tage telefonierte auch Bermann aus Zürich, er bereitet jetzt die Emigration, samt einem Teil des Verlags, ernstlich vor, sagen Sie das aber niemandem, auch nicht Mardersteigs.[1] Wahrscheinlich fahre ich in einigen Tagen nach Baden. [...]

Mit der Frau Hoppe-Moser[2] hatte ich es auch nicht eben leicht. Sie schickte mir damals ihr riesiges Werk über die Telepathie etc.[3], und aus Rücksicht auf sie, auf ihre Beziehung zu Wetzel[4] und Ihnen lehnte ich es nicht ab, etwas darüber zu schreiben, auch aus Respekt vor den Jahren von Arbeit, die in dem Buch stecken. Schließlich schrieb ich, nach langem Überdenken, ein vorsichtiges und höfliches Gutachten über das Werk, die sachliche Arbeit anerkennend, die Einstellung und Fragestellung des Buches aber höflich kritisierend. Da das Erscheinen meines Bücherberichtes in der Rundschau sich endlos hinzog, war ich auch noch so artig, der Dame eine Copie meiner Kritik direkt zu senden. Daraufhin wandte sie sich direkt an die Redaktion der Rundschau mit einem Brief des Inhalts, daß meine Besprechung nicht geeignet scheine dem Buch zu nützen, sondern eher zu schaden, und daß sie die Redaktion ersuche, meine Besprechung nicht zu bringen. Eine nicht qualifizierbare Bitte, der Redakteur wollte sie auch mit Entrüstung ablehnen, fragte aber, da er meinte ich kenne die Dame persönlich, doch noch bei mir an. Ich habe nun also, um Frau Hoppe zu befriedigen, meine Betrachtung über ihr Buch, immerhin das Resultat einer Reihe von Arbeitstagen, kassiert und in den Papierkorb gesteckt. Aber dreckig ist diese Sache schon, das muß ich sagen, und wozu ich bei solchen Erfahrungen, und beim ganzen Stand der Dinge in der Welt, mich meiner Arbeit noch unterziehe, weiß ich wirklich nicht.

Genug davon, ich wollte nur daß Sie Bescheid wissen. Addio. Es grüßt Sie Ihr

H.

1 Der mit Böhmer befreundete Buchdrucker, Typograph und Verleger Hans Mardersteig (1892-1977), damals in Verona.
2 Fanny Hoppe Moser (1872-1953), Zoologin und Parapsychologin.
3 Sie hatte Hesse ihr 1935 erschienenes zweibändiges Werk »Der Okkultismus – Täuschungen und Tatsachen« zugeschickt.
4 Der mit Gunter Böhmer befreundete Komponist und Musikpädagoge Justus Hermann Wetzel (1879-1973).

234 An Hans Popp

[Montagnola, 10.11.1935]

Lieber Herr Popp
Wissen Sie noch, wie Sie nach Baden kamen und mich überraschten? Heute reise ich wieder hin, bei schlechterem Befinden als damals, unterwegs in Zürich höre ich heut abend den Don Juan[1] einmal wieder. Mit meinem Verlag scheint sich allerlei vorzubereiten, ich sehe selbst noch nicht ganz klar. In der Rundschau bringt der November und Dezember je einen Bücherbericht von mir. [...]

Herr Kroker[2] hat nach langer Zeit einmal wieder geschrieben. Sie kennen ihn ja und so nehme ich an, er sei im Besitz Ihrer Gedichtdrucke.[3] Sollte das aber nicht der Fall sein, so bitte ich sie ihm zu senden. Vor Jahrzehnten begann seine Bekanntschaft mit mir auf eine Art, die ich nicht vergessen habe: er hatte ein Gedicht von mir irgendwo in einer Zeitschrift gelesen und auswendig behalten, wollte es dann aufschreiben, und zwar um einen Vers davon auf den Grabstein seines Vaters zu setzen – aber nun zeigte sich, daß er eine Verszeile vergessen hatte! Er fragte mich nach ihr – und siehe, die vergessene Zeile war genau die schwache Zeile des Gedichts, mit der ich immer unzufrieden war, und derentwegen ich das Gedicht damals auch nicht in ein Buch aufnahm! So genau sieht man manchmal die Gesetze der Kunst am Werk.

Leben Sie wohl, seien Sie herzlich gegrüßt!

Ihr H. Hesse

1 W. A. Mozart, »Don Giovanni«, KV 527, 1787.
2 Erich Kroker, Rechtsanwalt in Dresden.
3 Hans Popp leitete in Berlin eine große Druckerei und besorgte manche Sonderdrucke für Hermann Hesse, so im Juni 1935 den Erasmusdruck des Gedichtes »Zu einer Toccata von Bach« (SW 5, S. 401).

235 Postkarte an Gunter Böhmer

Baden, 16.11.1935

Lieber Herr Böhmer!
Ihr Brief fand mich schon in Baden, haben Sie Dank! Ja, mit der Kunst geht es schwer, und ich habe selber seit mehr als einem halben Jahr an meiner künstlerischen Arbeit (Glasperlenspiel etc.) nicht den kleinsten Strich tun können und muß Tag für Tag durch die Niederungen des Aktuellen waten. Aber die Rückkehr zur Kunst scheint mir dennoch möglich und notwendig. Wir dürfen uns den Nöten und Problemen des Tages nur dann hingeben, wenn wir gewillt sind, in ihnen Partei zu ergreifen und uns ganz einzusetzen. Da ich die Partei nicht kenne, deren Ziel ich ganz bejahen könnte, gibt es für mich diesen Weg nicht.

Dank für Ihre guten Wünsche, wie sehr habe ich sie nötig.
Herzlich Ihr

H.

*236 An einen Leser in Koblenz**

Baden, 19.11.1935

[...] Es geht Ihnen wie allen: Sie lesen aus meinen Büchern und aus allen Büchern heraus, was Ihrer Stimmung und Ihrer Erlebnisstufe entspricht, so wie eine Pflanze aus der Erde das saugt, was sie zum Aufbau braucht. Und da Sie jung und werdend, oft in Zweifeln und vermutlich auch zart organisiert und leidensfähig sind, lesen Sie aus den Büchern vor allem Bestätigung Ihrer Nöte und Zweifel.

Dazu geben meine Bücher Gelegenheit genug. Ich bin den fragwürdigen Weg des Bekennens gegangen, ich habe, bis zur »Morgenlandfahrt«, in den meisten meiner Bücher beinahe mehr von meinen Schwächen und Schwierigkeiten gezeugt als von dem Glauben, der mir trotz der Schwächen das Leben ermöglicht und gestärkt hat.

Wenn Sie sich für eine Stunde von sich selbst emanzipieren könnten, so würden Sie aber plötzlich sehen, daß zum Beispiel der »Steppenwolf« keineswegs bloß von Haller handelt, sondern ebensosehr von Mozart und den Unsterblichen. Und Sie würden in meinen früheren Erzählungen im »Knulp«, im »Siddhartha« etc. einen zwar nicht dogmatisch durchformulierten, aber doch eben einen Glauben entdecken. Zu formulieren versucht habe ich ihn auf dichterische Weise erst in der »Morgenlandfahrt« und auf direkte Weise in dem Gedicht das am Schluß meines Gedichtbüchleins im Insel-Verlag steht.[1] Seit bald vier Jahren meditiere ich an einem Plan, der noch weiter führen und deutlicher bekennen soll.

Im Grunde freilich halte ich es für unnötig, den Kern jeden echten Glaubens immer wieder neu und subjektiv zu formulieren. Was der Mensch ist und sein könnte, auf welche Weise er sich und sein Leben mit Sinn erfüllen und heiligen kann, das haben alle Religionen verkündigt, das steht bei Konfuzius ebenso wie bei seinem scheinbaren Antipoden Lao Tse, steht in der Bibel ebenso wie in den Upanishaden. Dort steht alles, woran der Mensch glauben und sich halten kann.

Daß wir trotzdem auch jene Art von Literatur und Lebenszeugnis brauchen, welche das Schwache, Fragwürdige, Traurige etc. im Menschenleben betont, das rechtfertigt die Existenz solcher Bücher wie des »Steppenwolf« etc. Vielleicht wird von der »Morgenlandfahrt« an mein Zeugnis allmählich positiver. Aber auch wenn es dazu nie kommen sollte, würde ich mich und mein Leben zwar als gefährdet, als krank, als unvorbildlich, aber durchaus als positiv und gläubig empfinden.

* Der Brief ist nicht vollständig überliefert.
1 »Besinnung« (SW 10, S. 324f.).

237 An seine Schwester Adele

Baden, 28.11.1935

Liebe Adis
Gestern war Marulls Geburtstag, und gestern hast du mir geschrieben, und hast mir auch ein Brieflein für Hanno[1] mitgegeben, das habe ich noch bei mir, ich habe nicht die Courage gehabt, es Frida[2] zu geben. Denn es ist leider etwas Schlimmes dort los. Unser guter Hans hat schon seit langer Zeit jeden Tag große Angst gehabt, seine Stelle[3] und sein Brot zu verlieren, und in den letzten Wochen wurde das zu einer Zwangsvorstellung, er fing an, in seinem Büro alles als schlimm und feindlich anzusehen und allem dort zu mißtrauen, namentlich bildete er sich ein, die jungen Büromädchen, die sich gelegentlich etwas über ihn lustig machten, seien gegen ihn verschworen, täten ihn denunzieren und seien drauf aus, ihn um seine Stelle zu bringen. Jedes Wort, das er aufschnappte, deutete er so. Er hat die gleichen Sachen auch mir neulich erzählt, und ich hatte schon den Eindruck, daß er ein wenig übertreibe, und redete ihm zu, er nahm es auch gern an und war dann ganz nett. Aber sein ganzer Zustand war doch viel schlechter als man merkte, auch sein Chef im

Büro bemerkte manches, was ihn stutzig machte, während er gegen Frida sich sehr zusammennahm, so daß sie weniger merkte. Immerhin fiel auch ihr einiges auf, einmal wachte er nachts mit Schreien aus einem Angsttraum auf, ein andermal behauptete er, die Frau unten im Haus weinen gehört zu haben, und zwar habe sie geweint, weil sie wisse, daß er und seine Familie bald brotlos würden.

Kurz, gestern morgen ist Hanno weggegangen, ein klein wenig früher als sonst, und kam nicht ins Büro. Jetzt, wo ich Dir schreibe, ist es etwa 30 Stunden her, seit er wegging, und man weiß noch nichts von ihm, hat keine Spur, die Polizei, der man es gestern abend mitteilte, ist auf der Suche. Ich war mehrmals bei Frida, sie ist ein sehr braver und tapferer Kerl, aber seit gestern ist sie arg zusammengefallen, sie hatten die ganze Nacht Licht brennen, und immer war jemand auf, falls H[ans] heimkäme. Heut vormittag war ich zuletzt dort, leider ist es weit, und dann habe ich mit einem Bekannten telefoniert, seine Frau besucht heut nachmittag Frida und sieht nach ihr, auch ist seit ein paar Stunden ihre Schwester aus Freienwil bei ihr.

28. abends

Ich komme von Frida, es sind jetzt ihre beiden Schwestern dort. Also den armen Hans hat man gefunden, er hat es hinter sich. Ich war den ganzen Tag so gejagt und in Anspruch genommen (ich hatte außerdem heut einen literarischen Besuch, und habe seit gestern Emmy Ball als Gast hier)[4], daß ich das Ganze noch gar nicht in mich aufgenommen habe.

Gott sei mit dir, liebe Adis, sei tapfer, und sei geküßt von deinem

Hermann

1 Hesses Bruder Hans, der in Baden (bei Zürich) lebte.

2 Frau von Hans Hesse.

3 Hans Hesse war seit 24 Jahren als Buchhalter in der Firma Brown & Boveri beschäftigt.

4 Siehe deren Bericht im Anhang S. 677f.

238 An seine Schwestern

[Baden, 30.11.1935]

Ihr Lieben: Adele und Marulla

Sosehr ich darüber froh war, daß keins von Euch diese Tage in Baden hat miterleben müssen, so tut mir's doch leid, daß Ihr heut nicht beim Begräbnis sein konntet. Denn so schlimm und düster vorher alles war, dieses Begräbnis hat unsern lieben Hans noch einmal von seinen besten Seiten gezeigt.[1] Es waren sehr viele Leute da, obgleich es vom Trauerhaus zum Grab eine gute halbe Stunde im Regen zu gehen war. Es waren alle Schwestern Friedas da, und zwei Schwäger, auch Bürki, dann Lina Kurz mit zwei Söhnen, auch Päuli war samt seinem Pflegevater aus Tramelan gekommen, und sehr viele Freunde aus Baden und der Gegend. Man konnte sehen, daß Hanno mit seiner Kindlichkeit und seiner Phantasie, seinem Humor von Vielen geliebt worden ist, und man konnte auch sehen, daß er mit seiner Gemeinde und ihrem Pfarrer (Preiswerk) innig verbunden gewesen ist. Der Pfarrer hat wirklich schön und tröstlich gesprochen, und so, daß kein Ängstlicher mehr es dem Hans nachtragen konnte, daß er in seiner Not selber den Tod gesucht hat. Die halbe Stunde auf diesem wenig schönen, verregneten Friedhof ist recht gut gewesen, feierlich und auch tröstlich, sie hat auf alle Eindruck gemacht.

Ich habe Hans nicht mehr gesehen, ich wollte nicht, weil ich von meinem letzten Besuch bei ihm ein ganz bestimmtes Bild bewahrt hatte. Aber Frida sagte mir, daß er gelächelt habe.

Ninon konnte nicht dabei sein, die lag schon den zweiten Tag hier im Hotel zu Bett mit einem großen Geschwür, von den Zähnen her, und heut, während ich auf dem Friedhof war, hat man ihr zwei Zähne ausziehen müssen. Sie grüßt Euch auch.

Meine beiden letzten Begegnungen mit Hans waren so: einmal hatte ich ihn, etwa zehn Tage vor seinem Tod, einen Abend bei mir im Hotel, von halb sechs an, da klagte er mir ein wenig seine Sorgen, und sprach auch einiges von dem Gefühl aus, daß er verfolgt und von Intrigen umgeben sei und seine Stelle gewiß nicht lange mehr behalten könne, aber er schien dann nach der Aussprache und nach meinem Zuspruch eher erleichtert, wir besprachen auch die Möglichkeit eine andere Stelle für ihn zu suchen und ich versprach ihm, bei meinen paar Schweizer Freunden, die Geschäftsleute sind, ihn zu empfehlen. Dann aßen wir zu nacht, und nachher saßen wir und schwatzten und machten auch ein paar Spiele, Mühleziehen und Wolf und Schaf, er war ein wenig stiller als sonst, vielleicht, aber unverändert, bloß bei der Aussprache über sein Büro merkte ich, daß er dabei manches sich einbilde, was nicht so sein konnte, aber schlimm sah es nicht aus.

Dann, einige Tage später, hatte ich Bruno und Martin bei mir und am Samstagnachmittag gingen wir zu Hans und Frida. Hans war damals eher müde und sah etwas schlaff aus, es war etwas kühl im Zimmer und er ging öfter ans Ofenrohr und legte die Hände dran, so habe ich ihn zuletzt im Gedächtnis.

Aber irgend etwas Aufgeregtes oder Krankhaftes konnte ich nicht an ihm bemerken. Am Sonntag abend dann, als Bruno abgereist und Martin noch eine Stunde bei mir war, kamen wir unter anderem aufs Heiraten zu sprechen (Brunos wegen) und ich erzählte dem Martin, daß Bruder Hans in seiner Jugend ein oft schweres und angstvolles Leben gehabt habe, so daß er ein ruhiges, glückliches Leben erst dann kennen lernte. Martin war betroffen und erstaunt, er habe Onkel Hans immer für einen stillen, ruhigen, in sicherem Gleichgewicht stehenden Mann angesehen.

Am Mittwoch dann, gegen Mittag, wurde mir gesagt, es sei ein Pfarrer Preiswerk unten im Hotel, der mich sprechen wolle. Ich ahnte nichts, ließ ihn sogar ein paar Minuten warten, um eine Postkarte zu Ende zu schreiben. Dann fand ich ihn unten und er sagte mir, Hans sei morgens um die gewohnte Zeit weg, aber nicht ins Geschäft gegangen. Da wurde mir sehr bange. Aber ich glaubte doch eher daran, daß er wiederkommen werde, wenigstens am ersten Tag glaubte ich's fest. Von jenem Tag und der Nacht habe ich Adele schon geschrieben. Am Donnerstag Mittag fand man Hans, der Pfarrer ging selbst zu Frida, und kam später auch selber zu mir, um es zu melden. Es war schlimm, aber das Warten vorher war doch wohl das Schlimmste gewesen.

Und jetzt haben wir ihn also beerdigt, und die Feier war würdig und schön, ich dachte dabei auch an Hansens Hochzeit damals, wo ich auch als einziger von uns dabei war. Wir dürfen Frida dankbar sein, daß Hans mit ihr alle die Jahre ein gutes Leben gehabt hat. An seinem letzten Abend zuhaus bat er sie, das Abendgebet zu sagen und sprach das Amen mit.

Nach der Beerdigung für meine Schwestern geschrieben.

1 Siehe auch Hesses »Erinnerung an Hans« (SW 12, S. 331 ff.).

*239 An seinen Vetter Fritz Gundert**

[Baden, Anfang Dezember 1935]

Hans schien seit seiner Verheiratung (1918) ein ruhiges, äußerlich sehr bescheidenes, aber glückliches Leben zu haben, die Anfälle von Mutlosigkeit und Angst, die er früher öfter hatte, blieben aus oder waren doch andern nicht sichtbar. Offenbar hat er auch tatsächlich glücklich gelebt, und seine Freunde, auch alle Verwandte seiner Frau, haben an ihm besonders seinen Humor, seine Freude an Wortspielen, Rätseln, Gelegenheitsversen etc. gern gehabt. Die Anlage zur Schwermut, und der Zweifel an sich selber war natürlich damit nur überbrückt, und als vor zwölf oder mehr Jahren eines Tags sein Bürochef ihm nahelegte, eine etwas andre Stelle und Tätigkeit in der Firma anzunehmen, wo er avancieren und zu selbständigeren Posten vorrücken könne, lehnte er es ab, er hatte schon auf seinem kleinen Posten als Korrespondent Mühe, mit der Verantwortung fertig zu werden und den Ansprüchen an sich selber zu genügen.

Die neue und letzte Krise in seinem Leben begann mit dem geschäftlichen Rückgang und dem Abbau des Personals in der Firma: er hat seit längerer Zeit immer in der Furcht gelebt, seine Stelle und damit das Brot für Frau und Kinder zu verlieren. In den letzten zwei bis drei Monaten nahm diese Furcht allmählich auch krankhafte Formen an, namentlich grübelte er sich allmählich in den Wahn hinein, seine jüngeren Mitangestellten wollten ihn weghaben, er glaubte an Denunziationen etc. und seit es ihm einmal passiert war (etwa sechs Wochen vor seinem Tod), daß er in einem Anfall von Wut und Ärger sich gehen ließ und im Büro anrief, das Ganze sei ihm entleidet, glaubte er, jetzt werde man ihm mit dem nächsten Termin sicher kündigen, und machte sich schwere Vorwürfe, daß er nun alles aufs Spiel gesetzt habe. Er sprach sich darüber auch aus, aber nur sehr selten und nur halb, erst aus der Zusammenstellung vieler Aussagen konnte man nachträglich sehen, daß er seelisch gestört war. In letzter Zeit wurde auch seine Arbeit im Büro zuweilen ungenau und unzulänglich. Aber noch am Tag vor seinem Weggang, als er nach einer Aussprache mit seiner Frau seine Chefs aufsuchte, wurde ihm ausdrücklich versichert, man denke nicht daran, ihn zu entlassen. Der Trost kam zu spät, er glaubte nicht mehr daran. Und so ist er am 27. November morgens weggegangen, erschien aber nicht im Büro, man vermißte und suchte ihn gleich, kam auch gleich zu mir ins Hotel, und so haben wir ihn anderthalb Tage gesucht und vermißt, in seiner Wohnung brannte die ganze Nacht Licht und war immer jemand auf, falls er heimkäme. Am zweiten Tag fand man ihn, offenbar schon seit Stunden tot, er hatte sich mit seinem Taschenmesser die Pulsader geöffnet. Begraben haben wir ihn am Samstag, und wenn die Tage vorher schrecklich waren, so war das Begräbnis schön und versöhnlich, die Stunde auf dem verregneten Friedhof von Wettingen war eher tröstlich.[1] Es kamen trotz Jahreszeit und Regen sehr viele Freunde, Hansens kleiner Chor[2] sang, Pfarrer Preiswerk sprach schön und versöhnend, und man sah, daß Viele unsern Hans lieb gehabt hatten.

* Nach einer Kopie des Briefes, ohne Anrede und Schluss.
1 Vgl. Hesses Gedicht »Nach einem Begräbnis« (SW 10, S. 338ff.).
2 Der Chor des Gesangsvereins, dessen Mitglied Hans Hesse war.

240 An Els Bucherer-Feustel

[Baden, Anfang Dezember 1935]

Liebe Frau Els
Danke für Ihr Briefchen. Nein, vom Aufenthalt in Baden kann ich diesmal nicht verlangen, daß er mir gut getan habe, es waren die schrecklichsten und zugleich überfülltesten und anstrengendsten Tage, die ich seit Jahren gehabt habe.

Mein Bruder hat uns sehr in Angst und Sorge und Trauer versetzt, und es ist gewiß sehr schwer und bang für ihn gewesen, bis er so weit war, ein kindlicher und frommer Mensch, sich mit seinem Taschenmesser umzubringen. Ich hatte in den ersten Tagen großes Bedauern mit ihm, aber von der Stunde an, wo er begraben war, war ich manchmal so töricht ihn ein wenig zu beneiden.

Wir werden durch Ninons Zahngeschichte etwas länger hier festgehalten, und nächste Woche wird wahrscheinlich mein Verleger zu einer Besprechung in Zürich auftauchen. Es sieht da alles verworren und eher böse aus[1], auch ist neulich wieder ein ziemlich heftiger Artikel gegen mich erschienen[2], worin ich als Volksverräter und Kulturbolschewist denunziert werde. So wiederholt sich alles – während des Krieges wurde ich wegen einiger Äußerungen der Vernunft und Menschlichkeit ebenfalls als Verräter und vaterlandsloser Gesell bezeichnet. Die gleichen Leute, die mich so behandelt hatten, machten dann, als der Krieg und ihr Patriotismus aus war, wieder große Bücklinge vor mir. Diesmal werde ich wohl die Bücklinge nicht mehr erleben, aber es ist nicht schade darum.

Ich hoffe, es glücke noch, daß wir uns sehen. Vorläufig muß ich mich vorsichtig etwas erholen und mit dem Verdauen dessen beginnen, was die letzte Zeit mir zu schlucken gab.

Herzlich grüßend Ihr

H. Hesse

1 Bereits Mitte November hatte Hesse an Anni Rebenwurzel geschrieben: »Dieser Tage las ich so nebenher eine Notiz in der Zeitung, der Verlag Fischer sei verkauft, ich selber habe bis heut keine Zeile erfahren. Eines Tages werde ich lesen, Herr Hesse sei gestern da und dort begraben worden.«

2 In der von Will Vesper herausgegebenen Leipziger Zeitschrift »Die neue Literatur« vom November 1935 (siehe SW 15, S. 456ff.).

*241 An die Schriftleitung der Zeitschrift »Die Neue Literatur«.**

Zur Zeit Baden (sonst Montagnola), 3.12.1935

Auf Umwegen, durch den Brief eines Bekannten erfahre ich, daß ich jüngst in Ihrer Zeitschrift angepöbelt worden bin, und man zitiert mir aus dem fraglichen Artikel einige Sätze, z.B.: ›der deutsche Dichter H. Hesse übernimmt die volksverräterische Rolle‹ und ›den Juden usw. zuliebe hilft er im Auslande falsche, sein Vaterland schädigende Vorstellungen verbreiten‹.

Ich möchte diese schändlichen Worte, unterstützt vom Schweizerischen Schriftstellerverein, dessen Mitglied ich bin, mir energisch verbitten und möchte die Schriftleitung ersuchen, bei künftigen Einsendungen, in welchen ein bisher angesehener Kollege in den Dreck gezogen wird, sich wenigstens die Mühe zu geben, offenkundige Lügen und Verleumdungen auszumerzen.

Sie mögen meine Urteile und Meinungen nicht teilen, Sie mögen auch beliebig gegen mich polemisieren, das ist Ihr Recht. Aber Sie dürfen nicht Lügen über mich verbreiten. Sie schädigen damit den ohnehin jetzt im Auslande tief stehenden Ruf Deutschlands und seiner Literatur – für die ich, der Ausländer, sowohl in meinen Berichten für die Neue Rundschau wie in denen für Bonniers Lit[terära] Magasin alle meine Kräfte einsetze, weil ich, trotz ihres jetzigen Zustandes, die deutsche Literatur ernst genug nehme, um auch im eher feindlich gesinnten Ausland für sie einzutreten und zu werben.

Das Schlimmste an Ihrem Artikel gegen mich ist aber nicht die vollständige Verkennung meines Wollens sowie des tatsächlichen Dienstes, den ich durch meine Berichte der deutschen Literatur leiste. Sondern das Schlimme ist, daß Ihr Referent die Sache so hinstellt, als sei ich Reichsdeutscher und ›Volksverräter‹. Diesen Behauptungen gegenüber stelle ich fest, daß ich nicht Reichsdeutscher, sondern Schweizer bin, und seit vollen 23 Jahren ununterbrochen in der Schweiz lebe.

Wenn Sie etwas auf Ihre Ehre halten, so korrigieren Sie wenigstens das, was in jenem Referat tatsächlich der Wahrheit widerspricht. Wenn der Schweizer Hesse Don Quichotte genug ist, in einem angesehenen schwedischen Blatt (von dessen Judentum[1] mir übrigens nichts bekannt war) die in Schweden schwer in Verruf gekommene deutsche Literatur zu verteidigen, so begeht er damit keinen ›Volksverrat‹, sondern er tut etwas, wozu er das volle Recht hat.

Hochachtungsvoll

Hermann Hesse

* Dieses Schreiben wurde von der Redaktion »Die Neue Literatur« an deutsche Tageszeitungen weitergeleitet, wo es u. d. T. »Hermann Hesse will kein Deutscher sein« verbreitet wurde.

1 Der Artikel beanstandete, dass Hesse »in jüdischem Sold« Bücherberichte für die Zeitschrift »Bonniers Litterära Magasin« schreibe. Vesper selbst war Hesses Vorgänger gewesen, jedoch wegen nationalsozialistischer Propaganda gekündigt worden. Er glossierte fer-

ner, dass Hesse zwar die Bücher von Juden, Protestanten, Katholiken und anderen dem Dritten Reich missliebigen Autoren »anpreisend« bespreche, sich dagegen kritisch über die »neue deutsche Literatur« des Dritten Reichs äußere.

242 An Georg Rutishauser

[Baden, 10.12.1935]

Durch meinen Freund Leuthold bekam ich die Drucksachen über die Stiftung L[ucerna][1] zu Gesicht und die Einladung, im Sommer durch einen Vortrag dabei mitzuwirken.

Zu meinem Bedauern muß ich Ihnen mitteilen, daß ich schon in früheren Jahren nur ausnahmsweise als Vorleser oder Vortragender aufgetreten bin und nun schon seit mehreren Jahren diese Tätigkeit ganz eingestellt habe. Der Grund dazu war der dauernd schlechte Zustand meiner Gesundheit. Aber nicht weniger trug dazu die Einsicht [bei], daß meine Funktion in der Welt nur die des Dichters ist, und ihre Ausübung ist mir nur möglich bei größter Zurückgezogenheit.

Sie verlieren dabei nichts. Mir selbst tut es leid, denn ich habe mit Lehrern, namentlich jungen Lehrern, auch Seminaristen, sehr häufig Kontakt gehabt, bin von vielen mündlich und schriftlich aufgesucht und befragt worden, und stehe mit mehreren in Briefwechsel.

Dennoch verlieren Sie nichts, wenn Sie auf meine Mitwirkung verzichten müssen. Denn ich habe im Laufe der letzten Jahre eingesehen, daß es mir nie möglich sein wird, meinen Glauben und mein Bekenntnis anders auszusprechen als in den Gleichnissen der Dichtung, die direkte Lehre ist nicht mein Gebiet.

Dies hängt damit zusammen, daß ich zu dem wichtigsten Problem des geistigen Lebens von heute eigentlich nichts beizutragen habe, zum Problem des Gemeinschafts- und Kollektiv-Lebens. Die Welt und Jugend strebt heute unbeirrbar und unaufhaltsam zum Kollektiven, ist ja oft auch, auf faschistischer wie kommunistischer Seite, mit einer sehr rohen und geistfeindlichen Art von Gemeinschaft zufrieden.

Umgekehrt war ich lebenslänglich ein Einzelner, und habe meine Einordnung ins Ganze des geistigen Lebens mehr in der Vergangenheit und Geschichte suchen müssen als im aktuellen Leben, ich war vollkommen unfähig, mich irgendeiner der primitiven Formen von Gemeinschaft auch nur versuchsweise anzuschließen, und desto mehr auf die Auseinandersetzung mit den Religionen und Philosophien der Vergangenheit angewiesen, um schließlich doch den Glauben zu gewinnen, daß auch ich trotz meines Einzelgängertums mit dem Ganzen der Menschheit innig zusammenhänge.

Darum kommen zu mir seit vielen Jahren als Frager und Ratsucher jene jungen Menschen, denen es beschieden ist, sich über das alltägliche Maß hinaus individualisieren und differenzieren zu müssen, und die dann unter dem Zwiespalt mit den Forderungen der Gemeinschaft leiden. Dem einzelnen konnte ich zuweilen helfen, Prinzipielles aber habe ich nicht zu sagen.

Die Bekanntschaft mit der Persönlichkeit und dem Gedanken des Stifters E[mil] Sidler war mir wertvoll.

Ergebenst

H. Hesse

1 Laut ihrer eigenen Definition bezweckte diese Stiftung »die Wekkung und Klärung des Bewußtseins von der Bestimmung des Menschen [...] durch philosophische und psychologische Bildungsarbeit unter Berücksichtigung des schweizerischen Volkscharakters«. Sie finanzierte Stipendien für Studenten der Philosophie, Pädagogik, Psychologie und Psychiatrie und förderte das Anthropologische Institut der Universität Basel.

243 An Helene Welti

Baden, 10.12.[1935]

Liebe Frau Dr. Welti
Ich bin vier Wochen in Baden gewesen, ich kam diesmal besonders kaputt und erholungsbedürftig hier an, aber obwohl ich mit kleinen Unterbrechungen die Kur durchgeführt habe, habe ich diesmal hier nichts Gutes erlebt, und nicht bloß schweres Leid erfahren, sondern auch Anstrengungen ganz ungewöhnlicher Art. Es begann schon damit, daß wir ungewöhnlich viel Arbeit mitbrachten. Außer Stößen von neuen Büchern etc. hatten wir ein großes Paket mit, die Einsendungen zum Lyrik-Wettbewerb, und die mußten bis zu einem genau bestimmten Termin durchgearbeitet werden. Wir wurden grade fertig, aber es brachte mir eine Enttäuschung, um nicht zu sagen eine Demütigung. Die beiden andern Preisrichter überstimmten mich in allen Fragen, die mir wichtig waren, es wurde weder der erste noch der zweite Preis so verteilt wie ich dringend vorschlug, und der Mann, dem ich unter allen Umständen den ersten Preis zuerkannt hatte, bekam trotzdem nicht einmal einen dritten Preis. Ich verstand nicht mehr, warum man mich mit der Sache bemüht habe. Aber was versteht unsereiner heute noch?

Dann waren meine Söhne Bruno und Martin einen Tag bei mir in Baden. Wir besuchten auch meinen Bruder Hans, der seit 24 Jahren in Baden lebte und ein kleiner Büro-Angestellter war. Mein Bruder war auch einen Abend bei mir im Hotel, und klagte mir u. a. ein wenig über seine Lage, er fürchtet schon seit Beginn der Krise beständig, seine kleine Stelle und das Brot für Frau und Kinder zu verlieren.

Vier Tage nach unsrem Besuch meldete man mir, mein Bruder sei morgens, ohne Mantel, zuhause fort, aber nicht ins Büro gekommen. Ich wußte im Grunde gleich Bescheid, harmlos konnte die Sache nicht sein, denn er konnte wegen einer bloßen Laune weder seine Frau so in Angst versetzen noch seine Stelle riskieren. Immerhin hoffte ich noch. Die arme Frau, und wir mit, mußte einen Tag, eine schreckliche Nacht, und noch einen halben Tag warten, er wurde nun auch von der Polizei gesucht, und am 2. Tag fand man ihn, längst tot. Er hat sich mit seinem Taschenmesser umgebracht. Er war ein kindlich lieber, vollkommen reiner und argloser Mensch, fromm, aber ohne Selbstvertrauen, und er hat 24 Jahre lang Tag für Tag, zuletzt mit stark abnehmenden Augen in großer Sorge, inmitten der höllischen Fabrik eine ewige, sinnlose, ungeliebte, im Grund unverstandene Arbeit getan, eine ewige, scheußliche Fronarbeit, oft unter ungeduldigen, ja bösen Vorgesetzten. Er hat noch viel schlechter in die Welt gepaßt als ich. Es sind sehr schlechte Tage gewesen, außerdem lag Ninon krank mit Fieber und großen Schmerzen, nahm an der Sache ohnehin kaum teil, und ich war bis vor wenigen Tagen mit der Sorge um die Hinterbliebenen etc. etc. so in Anspruch genommen, daß ich einigemal bis 12 nachts an der Schreibmaschine saß. Das Beste an der Sache war das Begräbnis, da stand man im Novemberregen auf dem Friedhof, der Pfarrer (mit dem ich in all den Tagen viel zu tun hatte) war verständig und lieb, und es zeigte sich, daß das Brüderchen Freunde gehabt hatte und von vielen Leuten geliebt worden war. Von mir hatte er nie viel wissen wollen, ich war ihm zu intellektuell und zu berühmt, es genierte ihn, ich hatte manches abzubüßen. Jetzt hat er seine Ruhe, man möchte ihn drum beneiden.

Ich denke morgen nach Zürich zu fahren, wahrscheinlich kommt dieser Tage mein Verleger hin, dessen Sache und Existenz nun seit einem Jahr immer am gleichen Faden hängt.

In wenigen Tagen denke ich wieder zu haus zu sein.

Es grüßt Sie Ihr

H. Hesse

244 *An Ida Frohnmeyer*

[Baden, 10.12.1935]

Liebe Idy
Eh ich Baden verlasse, will ich dir noch für deinen Gruß danken.

Vorwürfe braucht sich wegen Hans niemand zu machen, sonst hätte am ehesten ich dazu Ursache, denn wir waren uns seit Jahren etwas fremd geworden; es war Hans unbequem und genierlich einen Bruder zu haben, der ihm viel zu intellektuell und zu berühmt etc. war, er hat es, wie ich nachträglich erfuhr, auch immer sorgfältig verschwiegen, daß er mein Bruder sei. Immerhin haben wir uns auch dies Jahr noch ein paar mal besucht und gesehen, ich war noch mit zweien meiner Söhne vier Tage vor seinem Verschwinden einen Nachmittag bei ihm.

Der Tod, den er gefunden hat, ist von früher Jugend an mit ihm gegangen, und in den langen Jahren, in denen er Tag für Tag in sein scheußliches Büro ging, vor dem ihm grauste, und dort eine endlose Arbeit tat, die ihn nie auch nur einen Augenblick interessiert oder gefreut hat, – in diesen Jahren hat ihn zwar sein starkes Pflichtgefühl gegen Frau und Kinder immer wieder gehalten, aber ganz gewiß ist er auch ohne Krise und ohne die Angst vor dem Brotloswerden schon vielemal morgens weggegangen mit dem Wunsch, womöglich nie mehr zurückzukommen. Das kann niemand besser wissen und nachfühlen als ich, der ich ihm viel ähnlicher bin, als er wußte. Er war, grade wie ich auch, zum Leben inmitten einer so fleißigen, technisierten und heroischen Welt im Grunde unfähig, und wenn er vor mir das voraus hatte, daß er frommer sein konnte und in seiner Familie ein gewisses Glück fand, so hatte er dafür den großen Nachteil, daß er keine Arbeit und keinen Beruf fand, an denen er Freude haben und an die er glauben konnte.

Die Beerdigung war schön und versöhnlich. Die Frau hat sich sehr brav gehalten. In den letzten Tagen, als das Dringendste getan war, galt es hauptsächlich, ihr in der Berufswahl für den zweiten Sohn zu helfen und womöglich eine gute Lehrstelle für ihn auf den Frühling zu finden. Jetzt ist mir, mit Hilfe eines Zürcher Freundes[1], auch das gelungen, ich hoffe es wenigstens. Genug, ich muß ans Packen denken. Ich brauche noch einige Tage für Zürich.

Herzlich grüßend dein

Hermann

1 Hesse wandte sich in dieser Sache u. a. an den Züricher Antiquar Adolf Bürdeke und an seinen Freund Volkmar Andreae.

245 An Rudolf Jakob Humm

Baden, 10.12.1935

Lieber Herr Humm

An meinem letzten Badener Tag kommt Ihr Brief und macht mir Freude, denn daran bin ich gar nicht gewöhnt, daß auf die Arbeit, mit der ich meine Tage hinbringe, irgend ein Echo kommt. Nun hat also mein Versuch, etwas über Ihr Inselbuch[1] zu sagen, Sie erreicht und hat Sie gefreut und mir ein Echo gebracht, das ist mir lieb, es bringt mir ein wenig Licht, ich schlucke es gern.

Ich zweifle nicht daran, daß Sie auch zu mancher Stelle den Kopf geschüttelt haben. Aber jedenfalls haben Sie die Hauptsache gespürt und akzeptiert: daß ich nicht klüger sein, richten oder Zensur erteilen, sondern das äußern wollte, was Ihr Buch an Liebe in mir geweckt hat. Das genügt.

Es ist in Ihrem Buch und auch in Ihrem Brief etwas, worauf ich zur Zeit keine Antwort habe. Ich sah der »privaten« Auseinandersetzung in Ihren »Inseln« nicht bloß mit Teilnahme und gelegentlich mit Sorge zu, sondern auch mit einem gewissen Neide. Ich selber nämlich bin mit den letzten Jahren der Möglichkeit einer privaten Auseinandersetzung so weit entwichen, daß ich sie zur Zeit überhaupt nicht ertrüge. Von innen und von außen her, in meinem privaten Leben wie in meinem Verhältnis zu den Weltumständen, bin ich langsam in eine Krise gekommen, die sich in diesem Jahr nun zugespitzt hat, so daß ich glaube, es werde bald das Urteil gefällt und die Probe auf Leben oder Sterben reif sein. Inzwischen habe ich in diesen Jahren obwohl meines privaten Lebens und Standes immer ungewisser, mir eine Haut wachsen lassen, die mich wie Glas umgibt und eigentlich aus nichts besteht, als aus einem Glauben, daß auch Krisen und Leiden positive Funktionen seien und daß der Ort, an den ich mich gestellt sehe, als Amt und Schicksal aufzufassen sei.

Aber ich habe das Gefühl, mich da in einer privaten Mythologie auszudrücken. Kurz, ich bin seit längerer Zeit an den Wurzeln angesägt und der Lebenswille ist sehr klein geworden, und ich balanciere das indem ich meine Funktion, das bißchen literarische Arbeit, mit vermehrter Sorgfalt, wie ein Amt, zelebriere. Vielleicht bin ich damit ein Hanswurst, doch ist auch das mir eigentlich einerlei.

[...] Genug, eigentlich wollte ich Ihnen nichts sagen, als daß Ihr Brief mich freut. Bald wird meine Frau kommen um mir packen zu helfen.

Herzlich Ihr

H. Hesse

Einen Gruß an Zollinger[2]

1 R.J. Humm, »Die Inseln«. Roman, den Hesse am 8.12.1935 in der Basler »National-Zeitung« empfohlen hatte (SW 20, S. 139ff.).

2 Albin Zollinger (1895-1941), Schweizer Lyriker, Romancier und Essayist.

246 An Waldemar Fischer

[Montagnola, vor Weihnachten 1935]

Lieber Herr Fischer
Danke für Ihren Brief und die schöne Bücherbetrachtung!

Ich bin im Festefeiern nie stark gewesen und diesmal feiere ich die Weihnacht mit schwerem Herzen, ich habe ein sehr schweres Jahr gehabt und es hat mir manchen Ast abgerissen und manche Wurzel beschädigt. [...]

Mit dem Eintreten für Bücher und Dichter hat man nicht immer Glück. Wegen meiner Berichte über deutsche Bücher, die in einer schwedischen Zeitschrift je und je erscheinen, bin ich von W[ill] Vesper[1] mit einer Gehässigkeit und Unbeherrschtheit und mit so dreckigen Ausdrücken angepöbelt worden, daß ich wirklich etwas erschrak. Unter andrem stellte er fest, daß das schwedische Blatt für das ich schreibe, Juden gehöre (was ich nicht wußte und was mir auch gleichgültig ist), daß ich also »in jüdischem Sold« stehe etc. etc. Nun habe ich zwar, von der Redaktion selber, erfahren, daß derselbe Vesper, der mich als von Juden bezahlt, denunziert, bis vor einem Jahr mein Vorgänger, nämlich ständiger Berichterstatter im gleichen schwedischen Blatt war, das er heut als jüdisch etc. verunglimpft. – Man kann bei deutschen Literaten wirklich Überraschungen erleben – es sieht meistens noch verlogener und schmutziger aus als man sich träumen ließ. Genug davon, es ist der Worte nicht wert.

Gute Wünsche und Grüße von Ihrem

H. Hesse

1 Will Vesper (1882-1962), Lyriker, Erzähler und Herausgeber der Zeitschrift »Die Schöne Literatur«, ab 1931 u. d. T. »Die Neue Literatur«, Leipzig, dem Instrument seiner agilen Denunziationen vor allem jüdischer Autoren und Verleger.

247 An Ernst Rheinwald

[Montagnola, ca. Dezember 1935]

Lieber Freund Rheinwald
Ich danke dir schön für deine Karte und für deinen Freundesdienst mit den Kopien!

[...] Falls du in Calw auf dem Rathaus Freunde hast, würde ich bitten, einmal nachzusehen, ob sich noch Eintragungen über meine Eltern etc. finden. Mein Vater hat 1874 in Calw geheiratet, war Balte, also politisch Russe, zog dann 1880 nach Basel und erwarb dort für sich und die Familie das Basler und Schweizer Bürgerrecht.

Es läuft zur Zeit wieder einmal, von einem neidischen Kollegen aufgebracht, ein Angriff gegen mich in sehr vielen deutschen Blättern, worin über meine und meines Vaters Staatsangehörigkeit eine Reihe frei erfundener »Tatsachen« gegen mich angeführt werden. Ich kenne diese besonders giftige Art der Kriegsführung von früher her – es ist nicht das erstemal, seit 1914 habe ich schon manches Kriegsjahr gehabt. Z.B. bin ich seinerzeit im Jahr 1912 für immer wieder in die Schweiz zurückgekehrt. Mein Gegner (der üble Literat Will Vesper), obwohl er die Daten durch mich selber kennt, fälscht einfach die Zahlen und sagt: »im Jahr 1914, als sein Vaterland im schwersten Ringen lag, machte er sich nach der Schweiz davon« etc.

Diese Sachen sind nicht wichtig. Immerhin gibt es Momente, wo man etwa durch eine einfache Korrektur Schlimmes verhüten kann. Darum frage ich. Falls du zum Rathaus oder Gemeinde-Archiv nicht Beziehungen hast, dann mache dir keine Mühe! Nur wenn's leicht geht. Gedient wäre mir mit der Feststellung, daß mein Vater Johannes H. aus Weißenstein i. Rußland damals noch Russe war. Ferner fände sich vielleicht nach seiner Rückkehr nach Calw, Sommer 1886, eine Notiz darüber, daß er jetzt Basler Bürger war.

Grüße meine Base Fanny, und sei selbst herzlich gegrüßt von deinem

H. Hesse

248 An Helene Welti

[Montagnola, 23.12.1935]

Liebe Frau Dr. Welti
Hier habe ich Ihnen zur Weihnacht etwas für die Augen zu schicken, zum Anschauen. [...]

Sie fragten nach jener Jury für den Lyrikerpreis![1] Es waren außer mir M. Geilinger[2] und H. Hiltbrunner[3] Preisrichter, und da ich meine Urteile für mich allein ausarbeitete, während die beiden andern gemeinsam drüber saßen, wurde ich an die Wand gedrückt. [...]

Schlimmer als diese Kleinigkeit waren die Anpöbelungen, die in Deutschland wieder gegen mich begannen, und das Schlimmste war, daß mein Verleger (den ich in Zürich traf)[4] berichtete: die deutsche Behörde habe ihm erklärt, man werde ihm erlauben, bei seinem Weggang einige Autoren seines Verlags und deren Bücher und Rechte mitzunehmen, aber nicht H. Hesse, der müsse unbedingt dableiben. Teils zum Renommieren, teils weil er auch im Ausland verkäuflich ist, wo die meisten deutschen Bücher heut boykottiert werden.

Nun, man wird sehen was draus wird.

Wir haben schöne helle Tage, nur tut das Licht überm Schnee den Augen weh, ich traue mich kaum hinaus.

Seien Sie beide herzlich gegrüßt von Ihrem

H. Hesse

1 Siehe Brief 243 vom 10.12.1935, S. 354.
2 Max Geilinger (1884-1948), Schweizer Jurist und Schriftsteller.
3 Hermann Hiltbrunner (1893-1961), Schweizer Lyriker, Natur- und Reiseschriftsteller.
4 Das Treffen mit Gottfried Bermann Fischer hatte am 12.12.1935 stattgefunden.

249 An seinen Sohn Bruno

[Montagnola, Ende Dezember 1935]

Lieber Bruno

Danke schön für deinen Brief und für das liebe Aquarell, ich erkannte die alte Hütte sofort, wo wir einst miteinander saßen und malten – mir kommt vor es sei sehr lange her, da seither durch die Augen mir das Malen vor der Natur fast ganz unmöglich geworden ist.

Es kamen noch mehrere hübsche Sachen zur Weihnacht, z.B. eine wunderbare Radierung von Kubin, ein großes Blatt, dem Dichter Adalbert Stifter gewidmet.

An der Weihnacht wird Frl. A. Rebenwurzel aus Berlin bei uns sein, wie schon im vergangenen Jahr, und vielleicht kommt auch Böhmer für 2 Tage.

Lieber Bruno, du bist oft unglücklich, weil du innerlich dich nicht zu deiner Arbeit gestimmt fühlst, und wenn du dann in der Arbeit drin bist, leidest du darunter, daß es pressiert und eins dem andern im Weg steht. Das geht auch mir so, und auch ich habe die rechte Zufriedenheit nie gelernt, aber im Altwerden habe ich doch dies und jenes erfahren und gelernt. Man kann einander nichts davon schenken und mitteilen, und du mit deinen 30 Jahren mußt ein andres Leben leben als ich mit meinen fast 60 – die vielen schweren Erlebnisse dieses Jahres haben mir wieder gezeigt, wie wenig fest ich bin. Aber eins haben wir beide doch vor allen wirklich armen Teufeln voraus: einen schönen, selbstgewählten Beruf, und ein großes Maß von persönlicher Freiheit!

Wenn ich denke, wie mein lieber armer Bruder Hans Tag um Tag und Jahr um Jahr jeden Morgen in sein scheußliches Büro gegangen ist, um dort viele endlose Stunden lang blöde Briefe zu stenographieren und eine Arbeit zu tun, an der nichts, nichts ihn je interessierte und freute, dann muß ich sagen: wir haben es himmlisch gut und müssen zufrieden sein.

Danke für dein Geschenk, Bruno, und ich wünsche euch eine rechte Freude am Skikurs!

Herzlich dein

Vater

250 *An Franz Xaver Münzel*

[Montagnola, Ende 1935]

Lieber Herr Münzel

Hier sende ich Ihnen mein Neujahrsblättchen, und zugleich meinen herzlichen Dank für Ihre liebe, schöne Weihnachtssendung, die uns beiden viel Freude macht, und speziell danke ich auch für Ihren lieben Brief, dessen Sorgen und stille Seufzer ich wohl verstehe und mitfühle. Bei mir hat dieses Jahr einen Fortschritt im Altern gebracht, ein großes Plus an Müdigkeit und Gleichgültigkeit und ein großes Minus an Reaktionsfähigkeit und Frische, was an sich ja nicht eben schön ist, doch aber in einer bedrängten und schwer erträglichen Zeit auch einen Vorzug hat: je seniler man wird, desto weniger läßt man den täglichen Strom von Unsinn, Leid, Unrecht, Gewalttat in sich ein, der die Welt erfüllt. Die Zeitungen werden einem gleichgültig, und der Gedanke an das Ende und das Verlassen dieser Welt wird eher tröstlich, zumindest verliert er seine Schrecken.

Nun, es hält mich dennoch dies und jenes zurück. Vor allem der Wunsch, noch meine Arbeit, den Josef Knecht, zu Ende zu bringen. Die physischen Kräfte würden dafür noch reichlich reichen, aber ob es auch die seelischen tun werden?

Sie fragen mich, ob in der Corona noch mehr Stücke von der Geschichte J. Knechts erscheinen werden.[1] Leider kann ich das nicht mit Bestimmtheit sagen. Es ist fraglich, ob die Corona noch weiter dafür Raum haben wird; wenigstens hatte sie nichts dagegen, daß auch in der Neuen Rundschau, also direkt bei der Konkurrenz, ein Kapitel erschien (Sie haben es auch). Und darüber hinaus ist heute die Existenz dieser Blätter, Corona wie Rundschau, etwas so Labiles und Gefährdetes, daß es jeden Tag damit sein Ende haben kann. Jedenfalls würde ich Ihnen zum Einbinden der bisher gedruckten Stücke nicht raten, ein Fragment werden sie auf jeden Fall bleiben. Dagegen besteht ja noch immer die Möglichkeit, daß das Ganze, wenn wirs erleben, noch als Buch herauskommt. Lieber Herr Münzel, ich wünsche Ihnen und

Ihrer Familie alles Gute und Freundliche für das kommende Jahr und bin mit herzlichen Grüßen Ihr

Hermann Hesse

1 Im Maiheft der Zeitschrift »Corona« waren 1935 »Die Gedichte des jungen Josef Knecht« erschienen.

1936

251 An Alfred Kubin

[Montagnola, Anfang Januar 1936]

Lieber Freund Kubin

Längst hätte ich Ihren lieben Brief beantwortet und Ihnen für dessen mir teure Beilage, die Zeichnung des Bärtigen, der am Schnurrbart dreht[1], herzlich gedankt; aber wir sind immer stark beladen mit notwendiger Arbeit, die leider mit Kunst und Dichtung nichts zu tun hat, die uns aber von der Zeit und den Ereignissen aufgedrängt wird. Dazu schlechtes Befinden, nie pausierende Augenschmerzen. Aber dem Briefschreiben gefährlicher als all das ist das Abgesperrtsein durch die Grenzen, das Fremdwerden des eben noch nah Verwandten, die babylonische Sprachverwirrung zwischen den Lagern. Es wird mehr und mehr wie in Pestzeiten, wo keiner dem anderen mehr traut, oder wenn er ihm auch traut und ihn liebt, doch ihm die Hand zu geben sich nicht getraut, weil er sich oder weil er dem andern schaden könnte. Ich kam Mitte Dezember aus Baden zurück (das Gedicht von dort[2] haben Sie, hoffe ich, bekommen), und fand ums Haus noch alles blühen, sogar die üppigen Ranken mit hundert Blumen noch, die Kapuzinerkresse; einige Tage später kam hoher Schnee, der heute noch trotz vieler Tautage liegt, die Gegend ist noch ganz weiß. Die funkelnden Tage mit Schnee und intensiver Sonne sind mir seit Jahren nicht mehr recht genießbar, da ich auch mit dunkelster Brille die Blendung kaum ertrage. Schön ist in dieser Jahreszeit und mit dem Schnee immer die Stunde vor Sonnenuntergang, mit heftigem Alpenglühen und einem oft zauberhaft zarten Verglühen der rot und violetten Berge vor grünlichen Himmeln.

Haben Sie Dank für Ihr treues Gedenken! Ich bin froh darüber. Möge das neue Jahr uns schonen und etwas Arbeit erlauben! Herzlich grüßend Ihr

H. Hesse

1 Nicht überliefert.
2 »Nach einem Begräbnis« (SW 10, S. 338-341).

252 *An Horst Günther Schnell*

[Montagnola, Anfang 1936]

Lieber Herr Schnell
Danke für Ihren Brief! Es freut mich, daß drüben im deutschen Reich jemand das Gedicht von der Summa contra gentiles[1] liest. Ich habe selber eine schwierige und sehr mühsame Zeit zu bestehen; Tröstliches kann ich Ihnen eigentlich nicht sagen. Nur Eins: Sie blicken auf Ihre früheren Arbeiten mit einer radikalen Kritik, finden sie zu »persönlich« etc. So ging es mir auch oft, und bei vielen meiner Arbeiten traf das Urteil zu, sie taugten eben nichts. Bei den andern aber, bei den Arbeiten, die irgend etwas taugten, machte ich dann später, im Älterwerden, eine umgekehrte Erfahrung: Wenn ich je einmal etwas wieder las, was ich vor Jahren oder Jahrzehnten geschrieben hatte, dann endete es beinahe jedesmal mit dem Gefühl: es sei gut so, und heute könnte ich das, was ich einst gekonnt, nicht mehr. Das ist nicht nur die Läßlichkeit des Alters, im Gegensatz zur Radikalität der Jugend.

Mit guten Wünschen grüßend Ihr

H. Hesse

1 H. Hesse, »Nach dem Lesen in der Summa contra Gentiles«, entstanden am 10.6.1935 (SW 5, S. 406f.).

253 An Max Thomann

[Montagnola, Mitte Januar 1936]

Lieber Freund Thomann

[...] Ich möchte Erinnerungen an meinen Bruder aufschreiben[1], ich bin mit diesem Totenopfer noch nicht fertig. Aber die jetzige Welt macht uns älteren Leuten, und gar den Dichtern, das Sterben viel leichter als das Leben. In Deutschland ist seit November ein anfangs nur literarischer, jetzt aber weit in die Tagespresse gedrungener Angriff gegen mich im Rollen, vielmehr eine glatte Denunziation, mit gefälschten Angaben und Daten aus meinem Leben etc. Gleichzeitig läuft von der Gegenseite der nicht weniger bös gemeinte Angriff der Emigrantenpresse.[2] Die schaden sich freilich damit selber, aber wo so viel Dreck spritzt, sitzt man nicht gut, und so komme ich mit dem Anwachsen der Kriegsstimmung in der Welt immer weiter weg von meiner Welt und Arbeit. Den halben Tag muß ich mich für arme Emigranten bemühen, um Geld, um Aufenthaltserlaubnis, um Versorgung halbverhungerter Kinder (das Elend ist oft grauenhaft), und die andre Hälfte des Tages kann ich mich dann mit dem beschäftigen, was dieselben Emigranten mir als giftige Antwort zurückschicken. Oft hat man mehr als genug, es ist kein Leben mehr. Sollte der deutsche Angriff gegen mich gelingen, so wäre ich nicht bloß vollends ruiniert, sondern auch mundtot, ich hätte dann keine einzige Zeitschrift mehr zur Verfügung.

Genug davon. Es geht ja vorüber. Und ist immer noch erträglicher als der Krieg mit Kanonen. Herzlich grüßt Sie beide Ihr

H. Hesse

1 Später erschienen u. d. T. »Erinnerung an Hans« (SW 12, S. 331 ff.).

2 Am 11.1.1936 hatte Leopold Schwarzschild (1891-1950) in der Zeitschrift für die deutschen Emigranten in Frankreich »Das neue Tage-Buch« den Verleger Gottfried Bermann Fischer als »Schutzjuden des nationalsozialistischen Verlagsbuchhandels« bezeichnet und seine Bemühungen, mit dem Verlag in die Schweiz zu emigrieren, »der stillen Teilhaberschaft des Berliner Propagandaministeriums

dringend verdächtigt«. Daraufhin publizierten Thomas Mann, Hesse und Annette Kolb in der NZZ vom 18.1.1936 eine Protesterklärung: »[Gottfried Bermann Fischer] ist im Begriffe dem S. Fischer Verlag im deutschsprachigen Ausland eine neue Wirkungsstätte zu schaffen. In diese Bemühungen bricht der erwähnte Artikel ein, indem er sie [...] als bereits gescheitert hinstellt [...]. Die Unterzeichneten erklären hiermit, daß nach ihrem besseren Wissen die im Tage-Buch-Artikel ausgesprochenen und angedeuteten Vorwürfe und Unterstellungen ungerechtfertigt sind und dem Betroffenen schweres Unrecht zufügen.« Den vollen Wortlaut dieser Protesterklärung setzte Georg Bernhard (1875-1944) seinem Leitartikel »Der Fall S. Fischer« im »Pariser Tageblatt« vom 19.1.1936 voran, worin er behauptete, Th. Mann, Hesse und A. Kolb dienten dem Dritten Reich als Aushängeschilder. Und »zum Zweck der Auslandtäuschung« würden Hesse und Annette Kolb als Mitarbeiter der »Frankfurter Zeitung«, dem »Feigenblatt des Dritten Reiches«, Dr. Goebbels unterstützen: »Sie beweisen, durch diese Haltung, daß ihnen die strikte moralische Trennung vom Propaganda-Apparat des Dritten Reiches nicht als Pflicht gilt.« Auch dieser Artikel wurde von Hesse in der NZZ vom 26.1.1936 umgehend dementiert. Siehe Anhang, S. 679.

254 An Hermann Hubacher

[Montagnola im Januar 1936]

Lieber Freund

Ich muß es kurz machen: ich habe es sehr streng – seit Wochen möchte ich einige Erinnerungen an meinen Bruder aufzeichnen, der sich neulich das Leben nahm, und komme nicht dazu, weil jeden Tag die Post und die Arbeit für die Literaturberichte alles wegnimmt, was ich an Augen und Kopf noch habe. Und die Dichtung, mit [der] ich den Rest meiner Tage hinzubringen dachte, das Glasperlenspiel, liegt seit anderthalb Jahren, ohne daß mehr ein Strich dran getan worden ist.

Im Moment hält mich eine doppelte Hetze in Atem, die wieder einmal gegen mich im Gang ist. Ich werde von 2 Seiten beschossen: von meinen Kollegen in Deutschland, die mich immer heftiger denunzieren und den Behörden empfehlen, mich endlich zu verbieten – weil ich Juden und Emigranten auch für Menschen halte und zuweilen ihre Bücher empfehle. Und zugleich schießen, vielmehr spucken, von der andern Seite diese selben Emigranten, die zum Teil ein Saupack sind, und suchen mir den Hals abzudrehen. Alte gerissene Konjunktur-Journalisten wie z. B. G. Bernhard, die während des Kriegs preußischer taten als der Kaiser, wollen mich jetzt als einen heimlichen Schrittmacher des Dr. Goebbels denunzieren – desselben Goebbels, den meine deutschen Kollegen anflehen, er möge meine Bücher verbieten. Es wäre zum Lachen, und geht vermutlich vorüber, aber es kann auch meinem Verleger und mir den Hals kosten. [...]

So, ich muß an die Arbeit zurück. Komische Briefe sind da oft: heut z. B., neben vielen andern, eine serbische Studentin, die in Leipzig studiert, eine wissenschaftliche Arbeit über mich machen will und dabei sich von mir helfen lassen möchte, aber sie kann nicht recht Deutsch, der Brief ist voll Fehler, wie mögen meine Gedichte für sie aussehen? Nämlich ausgerechnet über meine Lyrik will sie arbeiten. [...]

Dich und Anny grüßt sehr Dein

H. Hesse

255 An Otto Basler

[Montagnola, 24.1.1936]

Lieber Herr Basler

Meine Situation ist jetzt genau die, die ich vorausgewußt und oft vorausgesagt habe: ich werde jetzt von der reichsdeutschen Presse als Volksverräter etc. etc. bezeichnet (das bedeutet einen Wink an die Behörden, meine Bücher doch endlich zu verbieten), und gleichzeitig schreiben die deutschen jüdischen Emigranten, für die ich mir so oft und hart die Finger verbrannt und denen ich persönlich beträchtliche Opfer gebracht habe, so über mich, wie Sie es im beiliegenden Artikel[1] sehen. Der Mann, der ihn schrieb, weiß wahrscheinlich so gut wie ich, daß ich kein Emigrant bin, sondern Schweizer, und seit 24 Jahren nicht mehr in Deutschland gelebt habe, er weiß wahrscheinlich auch, daß ich viel für die Emigranten und speziell für ihre Literatur getan habe. Aber Tatsachen und Wahrheit spielen bekanntlich beim Kämpfen keine Rolle, und die Emigrantenpresse, welche unbedingt meinem Verleger den Garaus machen will, hat schon längst alle Methoden der Nazis übernommen: brutalstes Verfolgen des Feindes, auch des eingebildeten Feindes, mit allem, auch den unerlaubtesten Mitteln.

So ist mir nun meine Tätigkeit zugunsten der so sehr in Not geratenen deutschen Literatur, in die ich mich geflüchtet hatte, auch zerschlagen worden, sie wird kaum mehr lang dauern können. Interessant sind diese Dinge nicht, sie überraschen mich auch nicht im mindesten. Ich teile sie nur mit, damit Sie Bescheid wissen. Auch die Behauptung Bernhards, ich sei Mitarbeiter der Frankfurter Zeitung, ist einfach von ihm erfunden.

Addio, es grüßt Sie Ihr

H. Hesse

1 Georg Bernhard, »Der Fall S. Fischer«, in: »Pariser Tageblatt« vom 19.1.1936.

256 An Georg Bernhard, Redakteur des »Pariser Tageblatt«

Montagnola bei Lugano, 24.1.1936

Sehr geehrter Herr!
Sie haben bei Anlaß Ihres Artikels gegen den Verlag Fischer auch über meine Person und Tätigkeit sich geäußert und zwar nicht nur wegwerfend, sondern gehässig und leider mit Entstellung der Tatsachen.

Ich will mich hier nicht auf meine Tätigkeit als Kritiker berufen, die von den deutschen Emigrantenverlagen allerseits anerkannt wird. In der Neuen Rundschau, dem einzigen deutschen Blatt, dessen Mitarbeiter ich noch bin, habe ich, als einziger Kritiker in der ganzen deutschen Presse, stets die Bücher von Juden etc. auf das freundlichste mitbesprochen.

Ich möchte Sie nur, für den Fall, daß Sie über dem Kämpfen den Dienst an der Wahrheit nicht sollten vergessen haben, darauf aufmerksam machen, daß Ihre Äußerungen über mich den Tatsachen recht sehr widersprechen.

Erstens bin ich nicht Emigrant, sondern bin Schweizer und lebe seit vollen 24 Jahren ununterbrochen in der Schweiz.

Zweitens bin ich, entgegen Ihrer Behauptung, nicht Mitarbeiter der Frankfurter Zeitung. Ich weiß nicht, woher Sie diese Lüge bezogen haben.

Es erscheinen allerdings je und je in deutschen Blättern, meist kleineren, alte Feuilletons oder Gedichte von mir. Das sind Zweitdrucke, und die Redaktionen bekommen sie nicht von mir, sondern von einem Zweitdruckbüro, das seit Jahren die Rechte an diesen alten kleinen Arbeiten erworben hat. Sollte, allen ihren Traditionen entgegen, auch die Frankfurter Zeitung einmal einen Zweitdruck von mir gedruckt haben, was ich aber nicht glaube, so geschah dies durchaus ohne mein Wissen.

Das Kämpfen ist eine hübsche Sache, aber es verdirbt leicht den Charakter. Wir wissen es vom Weltkrieg her, daß die Heeresberichte aller Mächte immer gleich sehr gelogen sind. Es wäre der deutschen Emigration unwürdig, wenn sie sich dieser Kampfmethoden auch bedienen würde. Wofür kämpft sie denn dann noch?

Ihre Äußerungen über mich in jenem Artikel enthalten Angaben, die den Tatsachen nicht entsprechen. Darauf wollte ich Sie aufmerksam machen. Ergebenst

H. Hesse

257 An Kurt Kläber

[Montagnola, ca. Januar 1936]

Lieber Herr Kläber
Danke für Ihren lieben Brief, der freute mich sehr. Daß auch unter deutschen Literaten je und je Anständigkeit, Kameraderie, Kollegialität vorkommt, ist ein schönes Erlebnis.

Die dreckige Hetze der Emigrantenpresse galt ja nicht mir sondern Bermann, aber sie verletzte mich schon darum, weil kein andrer Literat seit 1933 so für die Emigranten und Juden eingetreten ist wie ich. Ich habe, in Deutschland als einziger Kritiker, der jüdischen Bücher zu empfehlen wagte, und in meinen schwedischen Literaturberichten, wo ich ohne jede Zensur war, noch kräftiger den Emigranten die Stange gehalten, einfach, weil sie mir leid taten. Ich habe meine Existenz in Deutschland dadurch exponiert und fraglich gemacht – um am Ende von Affen wie Bernhard und Revolverleuten wie Schwarzschild mit Dreck beworfen zu werden. Noch am selben Tag, an dem Bernhards Artikel erschien, hatte ich hier im Haus eine lange Sitzung zur Aufrechterhaltung eines Heims für Emigrantenkinder – die Details von Elend und Not waren so grausig, daß ich, etwas leichtsinnig, alles Geld, das ich im Haus hatte, für den Zweck hergab. Gleichzeitig erschien in Paris das Blatt, in dem die Emigranten mir mitteilten, was sie von mir halten.

So habe ich mich denn gefreut zu sehen, daß es auch andre Meinungen gibt.

Das Geschrei der Emigrantenpresse wird mir vermutlich nicht sehr viel schaden. Zugleich ist aber in Deutschland eine Hetze gegen mich in Gang wegen meiner schwedischen Literaturberichte (in Bonniers Magazin). Sie wird geleitet von W[ill] Vesper, der vor 30 Jahren durch seine Gedichtsammlung berühmt wurde, in der er ungewöhnlich viele Gedichte des Emigranten Heine aufnahm. Er versucht, mich den Behörden als einen Mann zu denunzieren, den man nun endlich ausradieren und verbieten sollte. Ob er Erfolg hat, wird sich zeigen. Vorläufig beruht die halbe Duldung der Berliner Behörde gegen den Verlag, gegen Th[omas] Mann und mich, auf der einfachen Erwägung, daß unsre Bücher Devisen bringen, da sie zu den wenigen deutschen Büchern gehören, die auch im Ausland noch gekauft werden.

Sehr leid täte es mir, wenn Bermann wirklich geschädigt oder gar zu Fall gebracht würde. Ich halte zu ihm, auch wenn er da oder dort vielleicht ungeschickt war. Aber vorläufig bin ich, wenn der Verlag Fischer verkauft wird, dennoch noch weiter an ihn gebunden, juristisch, da der neue Besitzer die Verträge mit übernimmt.

Addio, es grüßt Sie Ihr

H. Hesse

258 An Klaus Mann

Montagnola, Ende Januar [1936]

Lieber Herr Mann

In meinem letzten Bücherbericht für Stockholm konnte ich noch einige Bücher Ihres Verlages besprechen, auch Ihr Tschaikowski[1] ist dabei.

Die beiden vorhergehenden Berichte erschienen im November- und im Januarheft von Bonniers Magasin, beide enthalten auch Bücher Ihres Verlags.

Inzwischen hat es sich gezeigt, daß mein Versuch, die deutsche Literatur als Ganzes zu sehen und zu zeigen, von niemand geschätzt wird. Daß ich in Deutschland wegen meines beständigen Eintretens für jüdische und emigrierte Autoren würde angepöbelt und denunziert werden, war zu erwarten. Nicht erwartet hatte ich, auch von seiten der Emigranten als Dank für meine Bemühungen Fußtritte und Verdächtigungen zu bekommen.

Da ich nun, vor allem aus dem schlechten und zum Teil verleumderischen Artikel im Pariser Tageblatt, erfahren habe, daß die emigrierte deutsche Literatur, für die ich bisher, beinah als Einziger, mich eingesetzt hatte, sich meiner schämt und mir mit Beschimpfungen antwortet, kann ich natürlich meine Besprechungen nicht fortsetzen.

Ich bitte Sie daher Ihrem Verlag mitzuteilen, daß ich ihn bitte, mir keine Bücher mehr zu senden.

Ihr ergebener

H. Hesse

1 Klaus Mann, »Symphonie pathétique«, Querido Verlag, Amsterdam 1935. Hesses Besprechung des Buches erschien 1936 in der April-Ausgabe von »Bonniers Litterära Magasin« (SW 20, S. 186).

259 An Hans Conrad Bodmer

[Montagnola, Ende Januar 1936]

Infolge der heftigsten Angriffe, welche die Emigrantenpresse in Prag und Paris gegen mich richtete, schrieb ich an den Sohn von Thomas Mann in Amsterdam, daß ich jetzt meine Berichte über die Bücher von Emigranten einstelle und bitte, mir keine Bücher mehr zu schicken. Darauf bat er, ohne aber von jenen Angriffen gegen mich und seinen Vater abzurükken, ich möchte auch weiter als Kritiker wie bisher tätig bleiben. Beiliegende Kopie war meine Antwort an ihn.

H.

260 An Klaus Mann

Montagnola, Ende Januar 1936

Sehr geehrter Herr Klaus Mann

Sie haben meinen Brief etwas mißverstanden. Ich wollte Ihnen mitteilen, daß ich, beleidigt durch mehrere Wortführer der Emigration und von der Schmutzigkeit ihrer Kriegsführung angewidert, mich als Kritiker aus einer so üblen Atmosphäre zurückziehe.

Keineswegs war es aber meine Absicht, Sie um Rat für

mein ferneres Verhalten oder um Ihre Korrektur für meine Urteile über die heutige deutsche Literatur zu bitten.

In Ihrer Antwort an mich[1] haben Sie das Unglück, lauter Töne anzuschlagen, die mir weh tun.

Sie werfen mir vor, ich reagiere auf die scheußlichen Angriffe Ihrer Partei zu »persönlich«. Gewiß, ich habe stets »persönlich« und nie kollektiv und organisiert gelebt, und werde das weiter so halten.

Zugleich identifizieren sie mich einfach mit der Zürcher Zeitung, deren gelegentlicher Mitarbeiter ich bin. Sie wissen so gut wie ich, daß ich auch an andern Blättern mitarbeite, z.B. der Basler National-Zeitung etc.

Dann schreiben Sie von der »Gastfreundschaft« der Länder, in welchen Emigranten leben. Diese »Gastfreundschaft« in Anführungszeichen mag unter Emigranten ein beliebter und keineswegs unberechtigter Ausdruck sein. Mir gegenüber, einem Schweizer, der sich in hundert Fällen und mit großen Opfern vieler Emigranten und ihrer Not angenommen hat, ist dies Sichlustigmachen über unser ehrliches Mitleiden und unsre nicht ausreichende, aber herzliche Hilfsbereitschaft einfach eine Ohrfeige.

Sie geben zu, daß die Emigranten häufig allzu empfindlich seien, fordern aber Verständnis dafür, daß sie wahrlich gute Gründe dazu haben. Nun, und warum sollen meine Gründe weniger gut sein, wenn ich mich geohrfeigt und niederträchtig verdächtigt finde von Leuten, denen ich nie mit einem Wort weh getan, für die ich viele Opfer gebracht habe? Wenn die Emigranten Menschen sind und das Recht zu Menschlichkeiten haben, so bin auch ich ein Mensch und habe das Recht, an Beleidigung und Gemeinheit so viel einzustecken, als ich eben vertragen kann. Wenn meine Verletztheit mich dazu triebe, nun gegen die Emigration Partei zu ergreifen, so hätten Sie recht. Aber ich tue ja nichts, als daß ich mich aus einer Tätigkeit zurückziehe, in der ich glaubte, unter Kollegen zu sein, und wo man mir absichtlich und aus häßlichen Motiven weh getan hat.

Sie schreiben weiter von einer »Bermannerklärung«, die Ihr Vater und ich signiert hätten.[2] Es ist eine Erklärung in Sachen Bermann, die Ihr Vater verfaßt hat, und die ich, nach telefonischem Durchsprechen des Wortlautes, gebilligt und mitunterzeichnet habe.

Ich stehe nach wie vor zu dieser Erklärung. Der Kampf der Herren Bernhard und Schwarzschild gegen Bermann ist der Kampf von erbitterten Gegnern gegen eine gefürchtete Konkurrenz, ein Kampf um Geld und Existenz, und er wird von diesen Herren mit Mitteln geführt, gegen die ein anständiger Mensch keine Gegenmittel hat.

Ich muß Ihnen auch sagen, daß die Wirkung dieser Mittel eine zweifelhafte ist. Ich bekomme jetzt viele Briefe von Lesern, z.B. von Schweizern, die ihre Abonnements auf die Emigrantenblätter sofort abbestellen wollen, und bei einigen werde ich Mühe haben, sie auch ferner zur Hilfsbereitschaft in Emigrantenfragen zu bewegen.

Jedenfalls: hier in der Schweiz hat in meinen Kreisen, die sich freundlich und hilfsbereit zu den Emigranten verhielten, das Manöver gegen Bermann, Ihren Vater und mich den Emigranten sehr geschadet.

Ihren Ratschlägen werde ich nicht folgen, sondern meinem Herzen, und wenn ich im Gefühl des Verletztseins einen Fehler begehen sollte, so wird es, wenn das Blut sich beruhigt hat, wieder gutgemacht werden.

Meine Erfahrung in diesen Sachen ist nicht mehr jung. Ich habe im Krieg, während Herr Bernhard glühende Konjunkturartikel schrieb, einige wenige Literaten nicht bloß schwatzen hören, sondern sich bewähren sehen, dazu gehörte die jetzt von Bernhard verdächtigte Annette Kolb und Romain Rolland, die Freundschaft mit den beiden war das einzige Gute, was die schauerlichen Kriegsjahre mir gebracht haben. Später, nach dem Krieg, kam Ihr Vater hinzu, das sind drei Kollegen, auf die ich stolz bin, die ich liebe und hochschätze, und die mir sehr viel mehr bedeuten als ganze Parteien und Cliquen. Es wird uns stets die Rolle zufallen, als Don

Quichotes belächelt oder von Gegnern im Kampf der Meinungen mit der Waffe der Lüge und Brutalität zum Schweigen gebracht zu werden. Aber diese gelegentlichen Begegnungen mit der Welt und den Kampfmitteln unsrer Gegner bedeuten in unsrem Leben nicht so viel wie die Gegner meinen.

Was den Verlag Fischer betrifft, so möchte ich hinzufügen: mein Eintreten für Bermann war das Eintreten für einen Freund, der von Räubern überfallen wird. Ob Bermann als Verleger einzelne Fehler mag begangen haben, weiß ich nicht, ich kenne ihn anders als seine Konkurrenten ihn kennen. Persönlich werde ich durch das Gelingen oder Mißlingen von Bermanns Plänen übrigens nicht berührt. Wenn er den Verlag Fischer verkauft, so gehen meine Bücher und Verträge mit an den Käufer über. Irgendwelche geschäftlichen Vorteile oder Nachteile habe ich also vom Endergebnis dieses häßlichen Kampfes der Konkurrenz gegen B[ermann] nicht zu erwarten.

Es ist nun genug. Ich wollte Ihren Brief nicht ohne Antwort lassen. Wenn die jetzigen Streitereien vorüber sind, begegnen wir uns vielleicht irgend einmal wieder.

Mit Grüßen Ihr

H. Hesse

1 Siehe Anhang, S. 680ff.
2 Siehe Fußnote 2 zu Brief 253 an Max Thomann, S. 367f.

261 An die Redaktion »Deutsches Volkstum«, Hamburg

Montagnola, 3.2.1936

Sehr geehrte Herren
Sie haben mir Ihr letztes Heft geschickt, das eine Spalte über mich und die Angriffe Will Vespers gegen mich enthält.

Die »Neue Literatur« selbst hat zwar, wie ich jetzt durch Sie erfahre, meinen etwa Ende November an Vesper gerichteten Brief mit den Richtigstellungen über meine Nationalität erhalten, er hat mir aber nicht geantwortet, und hat das, was sie daraufhin über mich geschrieben hat, mir wohlweislich nicht zugesandt. So war es ihm möglich, von neuem Lügen über mich zu verbreiten. Diese Art der Kampfführung diskreditiert in meinen und meiner Schweizer Kollegen Augen die »Neue Literatur« noch mehr, und wir können nicht glauben, daß diese Kampfmittel in der Tat heute in Deutschland für erlaubt gelten.

Zu Ihrem Bericht über mich möchte ich kurz das Folgende feststellen:

1. Herr Vesper warf mir mit besonderem Nachdruck vor, daß ich »in jüdischem Solde« stehe. Ich habe davon, daß die Verleger jener Stockholmer Zeitschrift[1] Juden sind, nicht gewußt, und sehe, da ich nicht Antisemit bin, darin auch nichts Schlimmes. Aber offenbar hält Herr Vesper es für besonders volksverräterisch, in jüdischen Zeitschriften zu schreiben. Nun muß ich erstaunt fragen: Warum hat dann Herr Vesper selbst, der mein direkter Vorgänger als Berichterstatter jener Stockholmer Zeitschrift war, bis vor etwa anderthalb Jahren in derselben jüdischen Zeitschrift regelmäßig geschrieben, als deren Mitarbeiter er mich jetzt anprangert?

2. Leider bleibt auch bei ihrem neuen Angriff auf mich die »Neue Literatur« nicht bei der Wahrheit. Mag man über die Meinungen und Gesinnungen denken wie man will, so sollte man, wenn man über einen Gegner bestimmte Angaben mit Zahlen und Daten macht, wenigstens nicht direkt die Unwahrheit behaupten.

3. Die »Neue Literatur« behauptet, ich sei als Reichsdeutscher geboren. Das ist nicht wahr. Mein Vater war Balte und war, als ich geboren wurde, russischer Staatsangehöriger. Im Jahr 1880 wurde er nach Basel versetzt, und da es den Anschein hatte, als würde er für lange, vielleicht für immer dort bleiben, erwarb er für sich und seine Familie das Schweizer und Basler Bürgerrecht. Ich wurde (nur ich allein, nicht

etwa mein Vater und die Familie) erst im Alter von nicht ganz 14 Jahren auf Rat aller Verwandter in Württemberg eingebürgert, und bin Reichsdeutscher geworden (weil ich in Württemberg studieren und die dortigen Staatsprüfungen machen sollte).

Die »Neue Literatur« behauptet ferner, ich sei erst im Kriegsjahr 1914 in die Schweiz übersiedelt. Auch das ist unwahr, und zwar ist die Zahl offenbar in der Absicht gefälscht, meine Übersiedlung in die Schweiz als ein Ausweichen vor dem Krieg erscheinen zu lassen. In Wirklichkeit bin ich schon zwei Jahre vor dem Krieg nach Bern übersiedelt, und habe seither, seit 1912 ununterbrochen in der Schweiz gelebt. Im Sommer 1914 stellte ich mich beim deutschen Konsulat in Bern als Freiwilliger zur Verfügung, bis zum Frühjahr 1919 leitete ich einen Teil der deutschen Kriegsgefangenenfürsorge und war als Beamtenstellvertreter der deutschen Gesandtschaft unterstellt. Im Jahr 1923, als meine geschiedene Frau mit unseren Söhnen (sie war geborene Schweizerin) in die schweizerische Staatsangehörigkeit zurückkehrte, tat ich dasselbe. Ich lebe seit 24 Jahren in der Schweiz, in der ich schon als Kind heimisch war, und denke auch den Rest meiner Tage hier zu leben, meine Söhne sind Schweizer und haben alle drei in der Schweizer Armee gedient.

Nachdem ich die Erfindungen der »Neuen Literatur« richtiggestellt habe, möchte ich mich aus diesem mit unwürdigen Mitteln geführten Kampf zurückziehen. Über meine Befugnis, über deutsche Literatur mitzureden, streite ich mit niemand, das ist meine Sache, und wenn Sie meine schwedischen Berichte wirklich gelesen hätten, so müßten Sie zugeben, daß ich eine ganze Anzahl der besten lebenden reichsdeutschen Dichter und Wissenschaftler mit der höchsten Anerkennung besprochen habe. Ich werde übrigens diese schwedischen Berichte abbauen; und von ihnen zurücktreten, sobald ich noch einigen Verpflichtungen gerecht geworden bin. Die gehässige Art, in der meine Tätigkeit beurteilt wird, und die Art, wie man mich mit den Mitteln der Verleumdung wegzuekeln bemüht war, hat ihre Wirkung getan. Ich lasse mich wegekeln, und werde auf Angriffe dieser Art nicht mehr antworten.

Hermann Hesse

1 »Bonniers Litterära Magasin«, das Hesses Literaturberichte veröffentlichte.

262 An Herbert Steiner

[Montagnola, Februar 1936]

Hochgeschätzter Herr Dr. Steiner

Danke für Ihren Brief und für Ihren Aufsatz zum Geburtstag von Emil Strauß.[1] [...]

Es ist heut keine Ehre, zur deutschen Literatur zu gehören. Selten trifft man einen Kollegen, sei es Freund oder Feind, dem man die Hand geben könnte ohne Ekel. Das Geschrei, mit dem man sich jetzt dort drüben des alten Emil Strauß[2] rühmt, ist so blechern, wie es vor einigen Jahren der plötzliche Ruhm von Paul Ernst[3] war, diesem wunderlichen aber sympathischen Idealisten und Träumer, den man 70 Jahre lang entweder gar nicht kannte oder auslachte, um dann plötzlich einen Paladin aus ihm zu machen. Ach, es riecht so schlecht in der Welt, es riecht, als wäre bald wieder Krieg. Aber der Urkrieg, der der Bewaffneten gegen die Wehrlosen, der Gemeinen gegen die Anständigen, ist ja immer und ewig. Genug, mehr als genug, entschuldigen Sie!

Ich lege Ihnen eine nachträgliche Korrektur zum »lahmen Knaben«[4] bei. Übrigens bin ich zufällig soeben auch bei einem verehrten und als Fanatiker der Form berühmten Dichter auf lauter Unsicherheiten in der Metrik gestoßen, ich lese abends im Bett in kleinen Dosen Platens »Abassiden«[5], und da hapert es, zu meinem Bedauern und doch auch Aufatmen, von überzähligen, mit keiner Sprechtechnik zu verschlukkenden Silben etc.

Wegen R[obert] Walser wage ich meine Bitte zu wiederholen.[6]

Mit Grüßen Ihr

H. Hesse

1 Anlässlich des 70. Geburtstags des Erzählers und Romanciers Emil Strauß (1866-1960) am 31.1.1936.

2 Emil Strauß gehörte u.a. neben Will Vesper zu den Dichtern, die sich im Mai 1933 in die von den Nationalsozialisten »gesäuberte« Dichterakademie, der Preußischen Akademie für Künste, hatten wählen lassen.

3 Paul Ernst (1866-1933), Romancier und Dramatiker. Im März 1933 hatte Kultusminister Rust verkündet: »Das neue Deutschland wird Paul Ernst, einem der tiefsten und reinsten Führer zu sich selbst, geben, was ihm die Vergangenheit versagte.« Daraufhin erschien erstmals eine 19-bändige Gesamtausgabe seiner Schriften.

4 H. Hesse, »Der lahme Knabe«. Hexameterdichtung, entstanden im November 1935 und von Herbert Steiner in seiner Zeitschrift »Corona« im ersten Heft 1936 vorabgedruckt.

5 August Graf Platen, »Die Abassiden«. Gedicht in neun Gesängen, Stuttgart/Tübingen 1835.

6 Vermutlich die Bitte, Texte von Robert Walser in der »Corona« abzudrucken.

263 An Thomas Mann

[Montagnola] 5.2.1936

Lieber Herr Thomas Mann

Die Schwarzschild- und Korrodikampagne[1] war eigentlich kein würdiger Anlaß, indessen begreife ich, daß Sie einmal den Schnitt durchs Tafeltuch haben tun müssen. Nun es getan ist und in so würdiger Form, sollte man Ihnen eigentlich nur gratulieren. Ich kann es dennoch nicht tun. Ohne mir, auch nur in Gedanken, die geringste abfällige Kritik an Ihrem Schritt zu erlauben, bedaure ich im Grunde doch, daß Sie ihn taten. Es war ein Bekenntnis – aber wo Sie stehen, war längst jedermann bekannt. Für die Herren in Prag[2] und

Paris, die Sie auf so banditenhafte Art bedrängten, ist es Genugtuung zu sehen, daß der Druck gewirkt hat.

Wenn ein Lager da wäre, dem man sich zuwenden und anschließen könnte, wäre ja alles gut. Aber daran fehlt es ja. Wir haben aus der Giftgasatmosphäre zwischen den Fronten keine andere Zuflucht als zu unserer Arbeit. Und die, gewissermaßen illegale Wirkung des Trostes und der Stärkung, die Sie auf die reichsdeutschen Leser hatten, wird Ihnen nun wohl verlorengehen – das ist ein Verlust für beide Teile. Auch ich bin mitbetroffen, ich verliere einen Kameraden, und ich beklage das ganz egoistisch. So wie ich während des Weltkriegs einen Kollegen in R. Rolland hatte, so hatte ich ihn seit 1933 in Ihnen. Ich denke Sie zwar keineswegs zu verlieren, ich werde nicht leicht untreu, aber drüben in Deutschland stehe ich, als Autor, nun sehr allein. Ich möchte aber den Posten halten, solang es von mir abhängt.[3]

Nun wünsche ich sehr, Sie möchten, ganz persönlich und privat, die Entspannung wohltätig spüren, die Ihr Schritt bringen sollte. Wenn Sie sich befreit fühlen und erleichtert zu Ihrer Arbeit zurückkehren, dann ist alles gut.

Herzlich grüßt Sie und Frau Mann

Ihr H. Hesse

1 In seiner Entgegnung auf den am 26.1.1936 in der »Neuen Zürcher Zeitung« publizierten Artikel »Deutsche Literatur im Emigrantenspiegel« von Eduard Korrodi hatte sich Th. M. in einem offenen Brief »An Eduard Korrodi« (NZZ vom 3.2.1936) gewandt. Darin verteidigte er die von Korrodi kritisierten Exilschriftsteller und nahm erstmals öffentlich gegen das nationalsozialistische Deutschland Stellung.

2 Die von Wieland Herzfelde (1896-1988) in Prag herausgegebene kommunistische Monatsschrift »Neue Deutsche Hefte« beteiligte sich an der von Leopold Schwarzschild angezettelten Kampagne gegen Th. M. und G. Bermann Fischer.

3 Siehe Thomas Manns Antwort im Anhang, S. 683f.

264 An den S. Fischer Verlag, Berlin

[Montagnola] 9. 2. 1936

Hochgeschätzte Herren!

Ich glaube, ich habe Ihnen schon im November einmal von den Angriffen Will Vespers gegen mich gesagt. Vielleicht haben wir unrecht dran getan, sie zu ignorieren, wenn auch Vesper ein trüber Literat ist, den man nicht ernst nehmen sollte.

Sie sehen aus der Beilage, wie weit die in seinem Blatt »Neue Literatur« begonnene Campagne schon reicht.

Da Vesper von Anfang an unlauter und mit verbotenen Mitteln gegen mich arbeitete, gebe ich Ihnen hier die paar Daten, die zur Enthüllung seiner Praktiken nötig sind und für die ich bürge. Wenn es Ihnen angezeigt scheint, so verwenden Sie sie nach Ihrem Belieben zur Aufklärung der Presse!

1. Anlaß zu Vespers Angriffen bieten meine Berichte über deutsche Bücher in Bonniers Magasin. Er wirft mir vor, daß ich dort »in jüdischem Sold« nur Bücher von Emigranten etc. anzeige. Wie sich dann herausstellte war W. Vesper selbst in diesem jüdischen Sold mein Vorgänger, er hat bis vor etwas mehr als einem Jahr für Bonnier gearbeitet, und wurde dort wegen zu einseitiger nationalsozialistischer Propaganda abgebaut. Daß in meinen Buchberichten mit der denkbar höchsten Anerkennung von Stefan George, Rilke, Hofmannsthal, Carossa, Emil Strauß[1] etc. die Rede ist, verschweigt Vesper. Er hält sich nur daran, daß ich auch Bücher von Juden besprach.

2. Auf seinen ersten Angriff (November 1935) antwortete ich Herrn Vesper brieflich, ich sei Schweizer und sowohl die Schweiz wie Schweden hätten wohl das Recht, sich ihre eigene, neutrale Meinung über die deutsche Literatur zu bilden. Seither arbeitet Vesper ohne es mich natürlich wissen zu lassen, fieberhaft daran, die Presse über den Fall Hesse zu informieren. Er macht seine falschen Angaben über mich wider besseres Wissen.

3. Vesper behauptet, ich sei Reichsdeutscher und als Sohn eines Reichsdeutschen geboren. Ich bin aber der Sohn eines

Balten, der bei meiner Geburt noch russischer Untertan war, der aber für sich und seine Familie vor 50 Jahren (kurz nach 1880) das Schweizer und Basler Bürgerrecht erwarb. Die Mutter meiner Mutter war Schweizerin und meine Eltern lebten damals in Basel.

4. Reichsdeutscher bin ich dann allerdings geworden, im Alter von nicht ganz 14 Jahren. Meine Eltern ließen mich (nur mich allein, nicht etwa sich und die ganze Familie) in Württemberg einbürgern, weil ich dort studieren und die Staatsprüfungen machen sollte. In der protestantischen Mission, der meine Eltern angehörten, gab es damals eine Menge ähnlich internationaler Familien; z.B. war von meinen älteren Stiefbrüdern der eine Württemberger, der andre (weil in Indien geboren) Engländer.

5. Vesper erzählt, ich habe mein Vaterland anno 1914, als es im schwersten Ringen war, feige verlassen. Auch dies lügt dieser arme Kerl, und zwar bewußt, er kennt die Daten. Er weiß, daß ich nicht, wie er sagt, »im Kriegsjahr 14« sondern in vollem Frieden, schon 1912, in die Schweiz zurückgekehrt bin.

6. Meine reichsdeutsche Staatsangehörigkeit habe ich im Kriege dadurch bezahlt, daß ich mich im Sommer 1914 als Freiwilliger stellte, und dann von 1915 bis zum Frühling 1919 eine von mir und Professor Woltereck gegründete Abteilung der Fürsorge für die deutschen Kriegsgefangenen leitete. Ich war als Beamtenstellvertreter der deutschen Gesandtschaft in Bern zugeteilt.

7. Als gewesener Schweizerbürger hatte ich das Recht, mich nach der Rückkehr in die Schweiz innerhalb von 10 Jahren unentgeltlich wieder einbürgern zu lassen. Um nicht während des Krieges und der ersten Nachkriegszeit gewissermaßen zu desertieren, habe ich darauf verzichtet, und bin erst im Jahr 1923 wieder Schweizer geworden. Inzwischen nämlich war meine Ehe geschieden worden und meine Frau hatte für sich und unsere drei Söhne wieder ihr ursprüngliches Heimatrecht (sie ist aus alter Basler Familie) in An-

spruch genommen. Meine drei Söhne waren also Schweizer, ich selbst nur dem Papier nach Deutscher, mein Wohnort war die Schweiz, meine Söhne sprechen gleich mir und ihrer Mutter Schweizer Mundart und gehören alle der Schweizer Armee an – es war nur selbstverständlich, daß ich nun auch für meine Person das Schweizer Bürgerrecht erwarb.

Dies sind die Daten, die Vesper verfälscht hat.

Bitte geben Sie dem »Westdeutschen Beobachter«, den ich beilege, eine Berichtigung! Aber vermutlich standen diese Ausstreuungen über mich noch in sehr vielen anderen Blättern.[2]

Ich schäme mich, der deutschen Literatur anzugehören und solche Kollegen zu haben. Bei Vesper kenne ich zufällig auch die persönlichen, egoistischen Motive. Pfui Teufel! Meine Bücherbesprechungen, in Schweden wie bei Ihnen, baue ich ab, ich will nichts mehr damit zu tun haben.

Mit Grüßen Ihr

Hermann Hesse

1 Damals vom NS-Regime noch protegierte Autoren.

2 Am 21.2. schrieb Hesse an Franz Vetter: »Gegen die Verleumdungen in der Presse hat sich im ganzen Reich, auch unter den Kollegen, die genau Bescheid wissen, nicht einer gefunden, der für mich eingetreten wäre. Ich nenne das nicht ›deutsche Seele‹, sondern anders.«

265 An die Schweizerische Schillerstiftung

[1936]

Meine staatsbürgerliche und biographische Zugehörigkeit zur Schweiz ist, da meine Familie stark international gemischt war, etwas kompliziert. Ich gebe nachstehend alle Daten darüber die von Belang sind.

Von meinen Großeltern war nur *ein* Teil schweizerisch, nämlich die Mutter meiner Mutter, eine Dubois, aus einer Weinbauernfamilie im Kanton Neuchâtel.

Mein Vater stammte aus dem Baltikum und war von Geburt Deutschrusse, das heißt russischer Staatsangehöriger aber von deutscher Sprache und Kultur. Sein Vater, Staatsrat Dr. Hesse, war als Arzt und Philanthrop im ganzen Baltikum wohlbekannt.

Er [mein Vater] heiratete in Calw die Tochter des Missionars Dr. Gundert, dessen Gehilfe er war. Er heiratete 1874 und ich bin 1877 in Calw (Württemberg) geboren. Im Jahr 1880 wurde mein Vater nach Basel berufen, er war dort Lehrer am Missionshaus, und war noch immer russischer Staatsangehöriger. Da es aber so schien, als sei die Stellung in Basel eine lebenslängliche, und viele verwandtschaftliche und freundschaftliche Beziehungen zu Basel und der Schweiz bestanden, erwarb er anfangs der achtziger Jahre das Schweizer und Basler Bürgerrecht. Das hat er und die Familie auch immer behalten. Z. B. mein jüngerer Bruder, 1882 geboren und 1935 gestorben, ist zeitlebens Basler gewesen.

Nun wurde aber mein Vater im Jahr 1886 wieder nach Calw berufen, wieder als Mitarbeiter und späterer Nachfolger meines Großvaters. Und nun blieb zwar die ganze übrige Familie Schweizer und Basler Bürger, aber ich als einziger wurde, weil ich in Württemberg studieren und die Staatsprüfung machen sollte, im Jahr 1899 von meinen Eltern zur Einbürgerung in Württemberg angemeldet, und dem Gesuch wurde Folge geleistet, ich wurde Württemberger. Ich habe das später mit vier Jahren Dienst im Krieg und anderen Opfern schwer bezahlt.

Meine Beziehungen zur Schweiz wurden aber bald wieder belebt. Ich verzichtete auf das Theologiestudium, zu dem ich bestimmt war, wurde Buchhändler, und die erste Stellung, die ich nach abgelegter Lehrzeit etc. suchte, war wieder in Basel. Dort lebte ich von 1899 an wieder mehrere Jahre, und habe mich mit einer Baslerin (Bernoulli) verlobt und verheiratet.

Inzwischen hatte ich mich als junger Schriftsteller bekannt gemacht, gab den Buchhandel auf und beschloß, als Schriftsteller abseits auf dem Land zu leben. Wir suchten in der Nähe von Basel, fanden aber nichts Geeignetes, und ließen uns nach unsrer Heirat (1904) in Gaienhofen, einem badischen Grenzdorf am Bodensee, nieder. Dort lebten wir bis zum Jahr 1912.

Wegen der Schule für unsre Kinder beschlossen wir nun, in die Nähe einer größeren Stadt zu ziehen, und zwar in die Schweiz, wohin es meine Frau und mich wieder zog. Wir zogen 1912 nach Bern und haben dort bis 1919 gewohnt. Damals, in der Zeit vor dem Kriege, spielte die Staatsangehörigkeit keine große Rolle, niemand besaß einen Paß und so versäumte ich es, mein als Kind aufgegebenes Basler Bürgerrecht wieder in Anspruch zu nehmen – ich hätte nach meiner Rückkehr in die Schweiz das Recht darauf gehabt, mich unentgeltlich wieder einbürgern zu lassen. Bei Ausbruch des Krieges war ich also noch Deutscher. Ich nahm die Konsequenzen auf mich und habe, während des Krieges als Mit-Leiter einer großen Abteilung der Kriegsgefangenenfürsorge, der deutschen Gesandtschaft in Bern angegliedert, Dienst getan. Sowohl während des Krieges wie in den ersten, unruhigen Jahren nach dem Krieg kam eine Wieder-Einbürgerung in der Schweiz für mich nicht in Frage. Da ich als Schriftsteller der Öffentlichkeit ausgesetzt bin, konnte und wollte ich es nicht auf mich nehmen, meine zufällige deutsche Staatsangehörigkeit während der Zeit, in der sie Opfer von mir forderte, zu verleugnen und abzulegen. *Ich habe mich erst im Jahr 1923 wieder zum Schweizer gemacht.* Inzwischen haben meine drei Söhne alle ihre Militärdienste etc. in der Schweiz gemacht; ich selbst lebe seit 24 Jahren in der Schweiz.

H. Hesse

266 An Lisa Tetzner

[Montagnola, Februar 1936]

Liebe Frau Lisa Tetzner

Danke für Ihren lieben Brief! Ich hätte Ihnen wohl wünschen mögen, daß diese Ausstoßung aus der germanischen Kultur[1] Sie erst um Jahrzehnte später getroffen hätte: für alte Leute nämlich bedeutet diese jetzige Atmosphäre eine gewaltige Erleichterung des Sterbens, und das ist ja auch etwas. Nur kommt das für Sie viel zu früh, und so tut es mir recht herzlich leid! Vielleicht werden wir schon bald Kollegen sein. Vorläufig steht nur in Dutzenden von deutschen Zeitungen zu lesen, ich sei ein während des Weltkriegs feige desertierter Deutscher, der sich jetzt als Schweizer ausgebe, und es sei Zeit mit solchen Leuten aufzuräumen.

Mein lieber alter Verlag Fischer, Jahrzehnte lang der beste in Deutschland, sollte jetzt sein 50. Jubiläum feiern. Statt dessen wird er verkauft, an Unbekannte, und ich weiß nicht was aus allen meinen Büchern werden wird.

Ihr Buch liegt zum Lesen reserviert. Aber das geht langsam. Meine Augen reichen jeden Tag grade knapp aus, um mit der Post fertig zu werden, die Abende liest meine Frau mir vor, trotz allem Fleiß reicht es kaum zu einem Drittel von dem, was ich lesen sollte, und zu meiner eigenen Arbeit bin ich seit langer Zeit überhaupt nie mehr gekommen. Aber wir wollen froh sein, wenn die Welt uns wenigstens den Rest von Luft zum Atmen läßt, den wir jetzt noch haben. Vielleicht ist übermorgen schon der Gedanke an Heute der Rückblick in ein Paradies.

Scheußlich ist das, was man Ihnen angetan hat. Wir werden Ihr Buch bald lesen, so bald wie nur möglich.

Herzlich grüßt Sie beide Ihr

H. Hesse

1 Nach einem Angriff der SS-Wochenzeitung »Das schwarze Korps« vom Dezember 1935 war Lisa Tetzners neues Jugendbuch, »Was am See geschah«, verboten worden.

267 An Ernst Rheinwald

[Montagnola, Februar 1936]

Lieber Freund
Danke für Deine rasche Antwort! Es ist also alles in Ordnung. Da der Verleumder Will Vesper unter andrem behauptet, ich sei als Reichsdeutscher und als Sohn eines Reichsdeutschen geboren, wollte ich wissen, ob in Calw die Tatsachen eingetragen sind. Über meine eigene Staatsangehörigkeit war ich nie im unklaren. Ich wurde 1890 zum Württemberger gemacht, um das Landexamen machen zu dürfen, und habe diese Staatsangehörigkeit mit vier Jahren Dienst im Krieg und sehr vielen andern Opfern getreulich bezahlt. Ich war, wofür Herr Vesper keinen Sinn hat, so anständig, mich nicht nur 1914 als Freiwilliger zu stellen und dann vier Jahre Arbeit bei der Gesandtschaft in Bern zu tun, sondern war auch als der Krieg zu Ende war, der Meinung, es mache sich schlecht, ein sinkendes Schiff in Eile zu verlassen. Darum habe ich so lang mit der Wiedereinbürgerung in der Schweiz gewartet.[1]

Also herzlichen Dank! Ich glaube nicht, daß Vesper viel erreicht. Er möchte mich zwar kaputtmachen, aber noch viel mehr möchte er sich emporbringen und nach oben empfehlen. Unter Schriftstellern wird er nirgends ernst genommen, so wenig wie die Frau Ludendorff[2], die in ihrem Blättchen behauptet hat, ich sei Jude. Ihr lebt in keiner guten Gesellschaft. Dagegen merke ich an hundert Zeichen, daß unsre Zeit vorbei ist, wir werden rasch vergessen, und sich damit abfinden müssen, erschwert das Altern, erleichtert dafür das Sterben.

Ich habe einige Erinnerungen an meinen Bruder aufgeschrieben, weiß aber nicht, ob es möglich sein wird, sie irgendwo zu publizieren.[3] Die Absichten meines Verlegers, in Zürich neu anzufangen, scheinen infolge jener Hetze gegen uns wirklich gescheitert. Leb wohl, sei herzlich gegrüßt von Deinem alten

H. Hesse

1 H. H. wurde erst 1924 Bürger der Stadt Bern.
2 In ihrer Münchner Halbmonatsschrift »Am heiligen Quell deutscher Kraft« hatte Mathilde Ludendorff (1877-1966) am 20.9. 1934 u.d.T. »Auswirkungen der Mischrassigkeit« einen Artikel von Hermann Hiller veröffentlicht, in welchem Hesse als Halbjude bezeichnet wurde (siehe SW 15, S. 435 f.).
3 Die »Erinnerung an Hans« wurde von der Zeitschrift »Corona« im Märzheft 1936 veröffentlicht.

268 An Otto Basler

Montagnola [12.2.1936]

Lieber Herr Basler
Mit der Bitte um alle Diskretion lasse ich Ihnen meinen Brief an Korrodi offen. Er hat mir einen langen leidenschaftlichen Brief geschrieben[1]. Der Krach mit dem von ihm lang und treu verehrten Th. Mann scheint ihn arg erregt zu haben. Die Atmosphäre blitzt und knistert nur so um uns her, der ruhigste von uns ist Th. Mann, auch von ihm kam gestern ein Brief. Über mich sind Vespers Denunziationen jetzt bis in die Nazi-Presse (die Tagespresse) gedrungen, und Goebbels wird sich vermutlich nun entscheiden müssen. Schlimm scheint es für meinen Freund und Verleger zu stehen. Für mich ist nicht so viel zu verlieren, ich bin alt und nicht ehrgeizig, nicht mehr, aber wenn ich die beiden einzigen mir gebliebenen Möglichkeiten zum Publizieren verlöre: die Rundschau und die Corona[2], wäre es mir doch sehr hart.

Herzlich Ihr

H. H.

1 Siehe Anhang, S. 685 ff.
2 Die im Berliner S. Fischer Verlag erscheinende Monatsschrift »Die neue Rundschau« und die von den Schweizern Dr. Herbert Steiner und Martin Bodmer von 1930 bis 1943 publizierte Zweimonatsschrift »Corona«, München/Zürich.

269 An Eduard Korrodi, Redaktion der »Neuen Zürcher Zeitung«

Montagnola, 12.2.1936

Lieber Herr Doktor Korrodi

Danke für Ihren Brief, der sichtlich unter hohem Druck geschrieben ist.[1] Da Sie schon so lange im Zeitungsleben stehen, war ich erstaunt darüber, daß Ihr momentanes Exponiertstehen Sie so erregt. Mir ist diese Reaktion sympathisch, ich selbst bin sehr empfindlich gegen Anrempelungen etc., d. h. ich bin mit dem Herzen und den Nerven sehr viel empfindlicher als mit dem Verstande.

Eben darum habe ich mich in den Tageszeitungen, zu deren Atmosphäre der Kampf und das rasche Sichwehren gehört, stets nur als Gast bewegt, und in die politischen Kämpfe seit dem Weltkrieg niemals mehr, in die kulturpolitischen nur sehr selten ein Wort hineingeredet.

Als Reaktion auf eine augenblickliche Situation nun verstehe ich Ihren Brief sehr gut, und ich glaube auch nicht ganz fehl zu raten, wenn ich annehme, daß Ihr jetziger Bruch mit Thomas Mann, den Sie einst sehr verehrten, stark mit daran schuld ist. Ich kenne diese Art von Abschieden – mit Emil Strauß[2] ging es mir ähnlich, ich habe ihm zwar die Treue gehalten, wie Sie wissen, aber persönlich hat er in seiner Verbitterung der ersten Nachkriegszeit mit mir gebrochen, und so habe ich noch manchen einstigen Freund in Deutschland, dem ich die Stange halte, wenn es nötig scheint, und zu dem ich stehe, von dem ich aber nie einen gleichen Gegendienst erwarten darf, denn sie sind politisiert, und bekanntlich hat im Zeichen der Politik und Partei der Mensch keine Verpflichtung mehr zu menschlichen, sondern nur noch zu parteilichen und kriegerischen Gefühlen und Methoden. [...] Was mir aus Ihrem Brief klar wird, ist Ihre momentane Stimmung. Was mir nicht ganz klar wird, das ist: was Sie nun eigentlich von mir erwarten und in welcher Hinsicht Sie mit mir unzufrieden sind. Ich kann darüber sine ira reden, denn hier habe ich nicht nur ein reines Gewissen sondern auch keine Leidenschaften.

Wenn ich richtig verstehe, so haben Sie an mir zu tadeln, daß ich meinen alten Verleger, dem ich seit dem Peter Camenzind (1904) bis heut treu geblieben bin, auch morgen und weiter treu bleiben möchte. Ferner nehmen Sie offenbar an, ich habe Dr. Bermann irgendwelche besonderen Dienste getan bei seinem Versuch, sich hier niederzulassen. Ich habe aber nichts getan als jene Erklärung gegen die lächerlichen Behauptungen Schwarzschilds mit unterzeichnet, was ich heute sofort wieder täte; außerdem habe ich meinem Freunde Bermann in Zürich Empfehlungen an zwei oder drei Privatpersonen ohne politische Bedeutung gegeben, wie ich das jedem Freunde, dem ich wohlwill, sonst auch täte. Daß Bermann in der Schweiz einen Verlag auftäte, würde mir nicht wie Ihnen als ein Unglück erscheinen. Ich teile die Auffassung nicht, daß ein Verlag ein Handel wie ein andrer sei. Auch wenn der Schweizer Buchverlag wirklich auf internationaler Höhe stünde, und auch wenn Bermann vom alten Fischer gar keine überdurchschnittlichen Verleger-Fähigkeiten mitbrächte, so wäre es für die Schweiz kein Verlust, sondern ein Gewinn, wenn der Verlag von Thomas Mann, Schickele und andren guten Autoren sich hier im Lande, statt in Böhmen oder Wien oder Holland befände. Es würde in der Schweiz ein Plus an Arbeit und Umsatz geben. Reüssierte der neue Verlag nicht, so ginge er eben kaputt, die Schweiz verlöre nichts dabei. Reüssierte er aber, so wäre dadurch nur ein Gewinn erzielt, auch an Renommee.

Was nun mich selber als Autor des Fischer Verlags betrifft, so steht die Wahl, ob ich bei der alten Firma in Berlin bleiben oder mit zu Bermanns neuem Verlag übergehen will, gar nicht bei mir.[3] Ebenso hat Bermann keineswegs selbst darüber zu befinden, welche Autoren er in einen neuen Verlag mit hinübernehmen will.[4] Sondern der alte Verlag Fischer wird und muß (dafür gibt es keine andre Lösung) in Berlin weiterexistieren, nachdem Bermann ihn verkauft hat. Nach deutschem Recht erwirbt der Käufer des Verlags auch die Autorenverträge. Ich z. B. würde mit meinen Autorenrechten für die Jahre, die mein Vertrag mit Fischer noch läuft, an den neuen Besitzer mit übergehen, ohne irgend etwas dagegen tun zu können. Dagegen war ich allerdings gesonnen, meinem Freund Bermann wenigstens das zuzuwenden, was ich dem alten Verlag gegenüber als erlaubte Eskapade verantworten kann.[5]

Ohne weiteres also hätte Bermann bloß die Autoren für einen neuen Verlag freibekommen, die in Deutschland zur Zeit verboten oder unten durch sind. Über jede solche Erlaubnis entscheidet einzig das Handelsamt oder Gericht in Berlin [...]. Sie erwarten von mir, ich als Dichter möge nun endlich auch einmal ein Minimum an Heroismus zeigen und Farbe bekennen. Aber lieber Kollege: dies habe ich seit dem Jahre 1914, wo mein erster Aufsatz zur Kriegspsychologie mir die Freundschaft Romain Rollands eingebracht hat, ununterbrochen getan. Ich habe nun seit 1914 fast ununterbrochen die Mächte gegen mich gehabt, die ein religiöses und ethisches (statt politisches) Verhalten zu den Zeitfragen nicht erlauben wollen, ich habe hunderte von Zeitungsangriffen und tausende von erbitterten Haßbriefen seit meinem Erwachen in der Kriegszeit zu schlucken bekommen, und ich habe sie geschluckt, habe mein Leben davon verbittern, meine Arbeit erschweren und komplizieren, mein Privatleben flötengehen lassen, und immer war ich nicht etwa, wie es üblich ist, von einer Front her bekämpft, um dafür von den andern beschützt zu werden, sondern immer haben beide Fronten mich, den zu keiner Partei Gehörenden, gern zum Objekt ihrer Entladungen gewählt, es war ja nichts dabei zu riskieren. Und ich bin der Meinung, das Stehen auf diesem Posten des Outsiders und Parteilosen, wo man von beiden Fronten, von rechts und links beschossen und bespöttelt wird, sei mein Platz, wo ich mein bißchen Menschentum und Christentum zu zeigen habe.

Sie erwarten, so scheint es beinah, von mir, daß ich mich zu Ihrem Standpunkt, zu einem schweizerischen Antisemitismus und Antisozialismus bekenne. Nun, Sozialist bin ich nie gewesen, ich bin ja auch gleich Ihnen nicht zum erstenmal Zielscheibe von Dreckwürfen aus jenem Lager. Dagegen bin ich ebensowenig Anhänger des Kapitalismus und Befürworter der besitzenden Klasse – auch dies ist ein Stück Politik, und meine Stellung ist bis zum Fanatismus a-politisch. Und was die Juden betrifft, so bin ich nie Antisemit gewesen, obwohl auch ich gegen manches »Jüdische« gelegentlich Ariergefühle habe. Ich halte es nicht für die Aufgabe des Geistes, dem Blut den Vorrang zu lassen, und wenn Juden wie Schwarzschild oder G. Bernhard widerliche Kerle sind, so sind es Arier und Germanen wie Julius Streicher[6] oder Herr Will Vesper und hundert andre genauso. Ich bin hier nicht zu belehren; dem Antisemitismus bin ich seit frühen Tagen begegnet, und den rassebegründeten Imperiumsansprüchen auch. Ich wollte, ich wäre in allen Lebensfragen so absolut sicher wie in dieser, wo ich zu stehen habe. Geht es den Juden gut, so kann ich recht wohl einen Witz über sie ertragen. Geht es ihnen schlecht – und den jüdischen Emigranten geht es, ebenso wie den Juden im 3. Reich, zum Teil höllisch schlecht –, dann ist für mich die Frage, wer meiner eher bedürfe, die Opfer oder die Verfolger, sofort entschieden. Dies ist der Grund, warum ich meine schwedischen Berichte über deutsche Literatur schrieb, die ich jetzt so teuer bezahle.

Nein, ich bin weder für Antisemitismus noch für eine politische Partei zu gewinnen, ich wäre auch keine wertvolle Akquisition. Das hindert nicht, daß ich Schweizer und Republikaner bin mit all meinen Sympathien. Wenn ich unsre Demokratie recht verstehe, so verlangt sie nicht, daß die Parteien sich totschlagen, sondern daß sie sich zur Beratung und Verständigung treffen. Das tun weder die Sozis noch tun es die Besitzenden. Ich lasse sie streiten, aber das sind Fronten, in denen ich nichts zu suchen habe. Wenn ich in den 24 Jahren, die ich in der Schweiz lebe, fast nie von meinem Schweizertum gesprochen habe, so braucht Sie das nicht zu wundern. Von meinen Vorfahren war nur eine Seite schweizerisch, und mein eigenes Bürgerrecht ist gekauft. Nun, Sie wissen, wie gern man im Lande die Eingekauften hat, die jeden Satz mit »Wir Schweizer« beginnen. Ich selber finde das widerlich, und in manchen Fällen, z.B. bei dem Seiltänzer Weingartner, war es mir zum Kotzen.

Wir haben aneinander vorbeigeredet, vielleicht. Mündlich wären wir weitergekommen, und das wird sich ja auch einmal nachholen lassen. Aber zu einer Frage möchte ich doch noch ein Wort sagen:

Sie deuten an, daß Sie recht wohl ein internationales, ein europäisches oder Weltfeuilleton machen könnten. Das ist richtig. Doch wäre dies Feuilleton dann ja auch kein schweizerisches. Aber es hätte einen noch viel größeren Fehler. Ein Feuilleton, das zu neun Zehnteln aus Übersetzungen bestünde, würde sprachlich ganz ungeheuer verarmen. Haben Sie nie, nachdem Sie etwa einen Roman in deutscher Übersetzung lasen, dann die Rückkehr zu einem Buch, das deutsches Original ist, wie einen Mund voll frischer Luft empfunden? Nein, auch mit den besten Übersetzern (wieviel gute gibt es denn schon?) würde da eine Esperantowelt entstehen, und man würde sich nach dem früheren Zustand zurücksehnen.

Ich gehe auf Ihre Worte über Thomas Mann, namentlich über seinen Joseph, nicht ein.[7] Sie sind in der Erregung gesagt. Daß Sie sich mit diesem Brief an mich gewandt haben, das freut mich, es war nicht vergeblich. Sie sehen schon aus der Ausführlichkeit meiner Antwort, daß ich ihn genügend ernst nehme.

Aus einer Zeile Ihres Briefes sehe ich, daß Sie einen ernstlichen Unfall erlitten haben müssen. Das tut mir leid und wünsche Ihnen aufs Herzlichste, daß Sie bald und gut vollends damit fertig werden.

Mit herzlichen Grüßen

Ihr Hermann Hesse

1 Siehe Anhang, S. 688f.

2 Emil Strauß hatte 1919 seine Erzählung »Der Schleier«, dessen Erstdruck Hesses Anthologie »Alemannenbuch« (Seldwyla Verlag, Bern) eröffnen sollte, zurückgezogen, als er hörte, dass Prinz Max von Baden zu den Stiftern dieses Buches zählte. Außerdem waren ihm der Seldwyla Verlag und seine Mitarbeiter zu wenig deutschnational gesinnt.

3 Bis zum Oktober 1939 war Hesse vertraglich an den S. Fischer Verlag, Berlin, gebunden.

4 Im Zuge der »Arisierung des deutschen Verlagswesens« war Dr. Gottfried Bermann Fischer 1935 vom Propagandaministerium aufgefordert worden, aus dem Besitz und der Leitung des S. Fischer Verlages auszuscheiden. Regimefreundliche Konkurrenzverleger oder Aufkäufer der Partei sollten die Aktien der jüdischen Firma übernehmen. Dass es ganz anders kommen sollte, war einzig den guten Beziehungen Peter Suhrkamps zu Dr. Heinz Wismann, dem stellvertretenden Leiter der Reichsschrifttumskammer, zu verdanken, der dann auch 1937 prompt entlassen wurde. Ein Neffe Wismanns, Zögling der freien Schulgemeinde Wickersdorf, war ein anhänglicher Schüler Suhrkamps gewesen, als dieser noch in den Jahren 1925 bis 1929 das Landerziehungsheim geleitet hatte. In seinen Verhandlungen mit Wismann erreichte Suhrkamp – ein Wunder für die damaligen Verhältnisse – neben einer finanziellen Entschädigung von 400 Tsd. RM für die Familie Fischer eine Transfergenehmigung der Rechte an den Werken der den Nationalsozialisten unerwünschten Verlagsautoren in die Schweiz, samt deren kompletten Buchbeständen von 780 Tsd. Bänden, was Bermann Fischer den Aufbau seines Exilverlages ermöglichte. Dies freilich war nur unter der Bedingung zu erreichen, dass das Werk Hermann Hesses in Deutschland bleiben musste. Offenbar hatten die Machthaber zu diesem Zeitpunkt noch die Hoffnung, Hesse, dessen erzählerisches und lyrisches Frühwerk heimatverbunden die Lebensweise des alemannischen Kulturraumes überliefert, doch noch für ihre völkische Ideologie zu gewinnen.

5 Für dessen im Mai 1936 in Wien eröffneten ersten Exilverlag übergab Hesse Gottfried Bermann Fischer das Manuskript seiner im Juli 1935 geschriebenen Hexameteridylle »Stunden im Garten« (SW 9, S. 601ff.).

6 Julius Streicher (1885-1946), Teilnehmer am Hitler-Putsch von 1923. Herausgeber des antisemitischen Hetzblattes »Der Stürmer« und Gauleiter von Franken.

7 In seinem Brief vom 9.2.1936 hatte Korrodi an Hesse über Thomas Manns Joseph-Roman (der dritte Teil »Joseph in Ägypten« erschien

1936 im Bermann Fischer Verlag, Wien) geschrieben: »Thomas Mann [...] schreibt einen Wälzer über Joseph und seine Brüder – nicht aus gläubigem Gemüt, sondern als Parvenü der liberalen Religionswissenschaft, erschrocken und beglückt, wie man aus ›Wissenschaft‹ Romane destillieren kann.«

270 An Thomas Mann

Montagnola, 13.2.1936

Lieber Herr Thomas Mann
Haben Sie schönen Dank für Ihren Brief! Es wird schon gut so sein, wie es nun ist. Mir konnten vorläufig die Schwarzschild und Bernhard nicht viel schaden. Dagegen läuft seit November im Reich drüben eine Attacke gegen mich, deren Eröffner der Literat W. Vesper war, und die ich anfangs kaum ernst nahm, die er jetzt aber unermüdlich fortgesetzt und glücklich bis in viele Tageszeitungen gebracht hat. Er prangert mich als Deutschen an, der sich Schweizer nenne, anno 1914 davongelaufen sei[1] und jetzt für Juden und Emigranten Propaganda mache, und will mich absolut unschädlich machen. So spritzt der Dreck, und es ist ja immerhin besser, als wenn es schon Granaten und Gase wären.

Wenn ich es beklagte, Sie als »Kameraden« verloren zu haben, so dachte ich natürlich nur an meine Position in Deutschland, wo ich für die unpolitischen Leser, wenn auch nicht genau für die gleiche Schicht wie Sie, ein Stück noch erhaltenes Deutschtum war. Ich bin nach wie vor nicht der Meinung, daß das ganze Leben und die ganze Menschheit politisiert werden müsse, und werde mich bis zum Tod dagegen wehren, mich selber politisieren zu lassen. Es müssen doch auch Leute da sein, die unbewaffnet sind, und die man totschlagen kann. Diesem Bestand der Menschheit gehöre ich an und gebe darum den Schwarzschilden niemals zu, daß die Poesie weniger wichtig und nötig sein könnte, als das Parteiwesen und Kriegführen.

Korrodi schrieb mir gestern, es scheint als wisse er, daß

Bermanns Zürcher Pläne gescheitert wären.[2] Da ich davon nichts weiß, glaube ich es vorläufig nicht. Korrodi wendet sich an mein Schweizer Gewissen und begreift nicht, daß ich dem Fremden und Juden Bermann in Zürich die Stange halte. Ob meine Antwort ihn wirklich aufgeklärt hat, weiß ich nicht. Übrigens glaube ich, daß seine jetzige Gereiztheit gegen Sie ihre Kraft aus seiner früheren großen Bewunderung für Sie bezieht, also ein Stiefkind der Liebe ist. Genug, ich will Ihre Augen nicht länger in Anspruch nehmen. Mit herzlichen Grüßen für Sie und die Ihren

Ihr H. Hesse

1 Hermann Hesse war im September 1912 in die Schweiz übergesiedelt.

2 Bezüglich einer Niederlassung des S. Fischer Verlags in der Schweiz schrieb Hesse etwa gleichzeitig an Helene Welti: »[W]eil die dortigen alten Verleger nicht viel können und die Konkurrenz fürchten, und weil auch in Zürich der Antisemitismus blüht, weist man in der Schweiz einen Mann ab, der die denkbar beste Tradition seines Berufes, und der außerdem der Schweiz solche wirtschaftliche und moralische Werte eingebracht hätte wie es die Verlagsrechte an Thomas Mann etc. etc. sind.«

271 An Victor Wittkowski

[Montagnola, 15.2.1936]

Hochgeschätzter Herr

Danke für Ihre Karte. Es war mir lieb, etwas über das Rolland-Buch zu hören.[1] Welchen meiner vorgeschlagenen Beiträge Sie hineinnehmen wollen, weiß ich nun allerdings doch nicht.

Ich habe die Angriffe und Verleumdungen, mit denen in jüngster Zeit mich sowohl die Emigrantenpresse wie ein Teil der reichsdeutschen Presse bedacht hat, nicht gut ertragen, wenn ich auch nicht, wie Thomas Mann, nachgegeben habe. Er hat damit Eseln wie Georg Bernhard und Intriganten wie Schwarzschild einen Dienst getan, und hat sich und seine ganze Leserschaft in Deutschland um etwas Unwiederbringliches beraubt. Ich begreife ihn sehr gut, man will nicht ewig im Zwielicht stehen und von beiden Fronten her beschossen werden. Aber das Beschossenwerden von beiden Fronten ist heut genau die Situation, durch die jeder Geistige gehen und in der er, wenn es sein soll, umkommen muß. Das »Bekennen« hätte einen Sinn, wenn ein Lager, eine Front, eine Gemeinschaft da wäre, an die man glauben könnte. Die mittelländisch-demokratisch-liberale Kultur, an die Th. Mann appelliert, ist ihm heilig, aber das hindert nicht, daß ihre offiziellen Vertreter, vom Schweizer Bundesrat bis zum Pariser Deputierten, teils feig, teils käuflich sind und keines Opfers fähig. Das Fundament eines zukünftigen Glaubens und einer kommenden Ordnung wird aber genau so groß sein wie die Opfer, die wir heut bringen.

»Fertig« bin ich auch, schon lang. Meine Dichtung, mit der ich den Schritt über die »Morgenlandfahrt« hinaus tun wollte, liegt seit anderthalb Jahren, ohne daß mehr ein Wort hinzukam. Die Tage vergehen mit Kranksein, die paar übrigbleibenden Arbeitsstunden sind ausgefüllt mit Briefen, Hilfeleistung an Emigranten (eben ist Ehrenstein in Zürich von Ausweisung bedroht etc. etc.) und mit dem Inempfangnehmen von wütenden Beleidigungen von seiten eben dieser Emigranten, etc. etc.

Addio, es grüßt Sie

H. Hesse

1 Vermutlich eine von Wittkowski geplante Auswahledition der gegen den Krieg gerichteten Aufsätze Romain Rollands aus dem Ersten Weltkrieg, wie sie dann aber erst 1946 bzw. 1954 auf Anregung Hesses u.d.T. »Der freie Geist« bzw. »Zwischen den Völkern« in der Büchergilde Gutenberg, Zürich, erscheinen konnte.

272 An Gunter Böhmer

[Montagnola, 19.2.1936]

Caro amico!

Ich bin zur Zeit dran gewöhnt, daß die Post mir Briefe und Zeitungen bringt, in denen ich entweder als Volksverräter und feiger Emigrant, oder aber von der Gegenpartei als Lockspitzel des Dr. Goebbels angeprangert werde (dem guten Thomas Mann hat diese Hetze schon den Gnadenstoß gegeben) – da ist es ein großer Trost und Sonntagsgenuß, daß es auch so schöne und gute Sachen auf Erden gibt wie Ihren Brief und Ihre liebe, schöne Gabe! Ich wollte ich hätte 100 Abzüge davon, der treulose Dr. Hönn hat mir bisher das Buch[1] überhaupt noch nicht geschickt, obwohl ich seit etwa 100 Jahren in jedem Jahrgang Mitarbeiter war. Aber dafür ist Ihnen die Überraschung vollkommen gelungen! Ich weiß nicht, wie darauf antworten, ich bin seit einem Jahr bloß noch an Todesfälle, Verluste, Sorgen und Verunglimpfungen gewöhnt, und wenn auch mein Glaube an den Geist und an den Sinn des Menschentums nicht zu besiegen ist, so war doch mein Glaube, daß mein eigenes, persönliches Tun und Streben nicht nutzlos gewesen sei, fast ganz erloschen. Desto mehr freuten mich die paar Kundgebungen von Treue und Freundschaft, die in diesen Tagen kamen, aus Deutschland freilich nur drei, vier, man hat dort andre Sorgen. Und nun kommt Ihr liebes Geschenk! Dafür bin ich Ihnen dankbar. Und daß Sie Lust haben, wieder einmal mit mir zu malen! Wenn es erst wieder schön warm ist, wollen wir es einmal versuchen.

Ich versuche, Erinnerungen an meinen Bruder aufzuschreiben, aber es fällt mir das Schreiben immer schwerer, jeder Satz schaut mich so dumm an, ich bin auch ganz aus der Übung. Da ich jetzt meine Literaturberichte abbaue und bald einstelle, hoffe ich, vielleicht doch noch einmal zum wirklichen Dichten zurückzukehren. Oder wenn nicht, dann wenigstens zur Gartenarbeit und dem Bocciaspiel. Mir scheint, das alles gebe es seit langem nicht mehr.

Dank, lieber Böhmer, und gute Wünsche in Ihr Atelier! Kämpfen Sie mit dem Drachen!

Ihr H. Hesse

1 Das »Bodenseebuch«, herausgegeben von Karl Hönn, bei Reuß & Itta, Konstanz 1935, mit Gunter Böhmers Aufsatz »Malausflug mit Hermann Hesse«.

273 An Ernst Morgenthaler

[Montagnola, Ende Februar 1936]

Lieber Freund

Wenn du es machen kannst, so setze dich gleich hin und schreibe mir eine Postkarte des Inhaltes: »Fünf Minuten nach Empfang dieser Karte wirst du mich selbst in Montagnola erscheinen sehen«. Komm sobald du kannst, am liebsten gleich, richte dich nicht auf südliche Hitze sondern mehr auf Sauwetter ein (zwischenein kann es aber auch wunderschön sein), und bleibe so lang du magst, mindestens aber einige Tage, so daß wir mindestens zwei, drei Abende miteinander haben können.

Die Leute, die das Buch über dich planen[1], wollen nichts über deine Malerei geschrieben haben, sondern bloß über dich, und es wird sich ja schnell zeigen, ob ich das kann.

Über deine Malerei würde ich, auch von mir aus, nichts sagen, oder nur das was mir an ihr deinem persönlichen Wesen ganz zu entsprechen scheint. Übrigens kenne ich sie ja leider nicht, deine Malerei, sondern nur eine Anzahl Bilder aus einer bestimmten, kurzen Periode, und so kann ich gar nicht in Versuchung kommen, den Kenner spielen zu wollen.

Also komm bitte, es würde mir und Ninon grade jetzt sehr gut passen, und mir täte es gut, ich habe in letzter Zeit so viel Giftgas geschluckt, daß ich des öftern Lust hatte, das Köpfchen auf die Seite zu legen und zu sterben. Doch ist das nochmalige Erleben dieser Sachen für mich nicht bloß häßlich, sondern auch lehrreich, und wenn ich so klug wäre wie ich gern wäre, dann könnte ich daraus als ein äußerst gewitzter Bursche hervorgehen.

Lektüre findest du hier genug, und wenn du noch ein Skizzenbüchlein mitnimmst, brauchst du weiter nichts. Ich bin am Vormittag unbrauchbar (weshalb ich um diese Zeit jeden Tag meine Post erledige), und falls du da herumstreunen und skizzieren magst, so tu es. Aber ich hoffe sehr, du kommest, und zwar bald.

In Eile grüßt dich dein

H. Hesse

1 Der Züricher Niehaus Verlag hatte Hesse gebeten, für eine Monographie über den Maler Ernst Morgenthaler das Vorwort zu schreiben (siehe SW 12, S. 373 ff.).

274 An Otto Basler

[Montagnola, 28.2.1936]

Lieber Herr Basler

Als Kuriosum sende ich Ihnen den beiliegenden Schmähbrief[1], offenbar eine Folge der Tätigkeit W. Vespers. Anno 15 und 16 bekam ich solche Briefe in Menge. Ich erbitte ihn mir zurück.

Wenn ich mir's überlege, so kann der Mann, der diesen heftigen Brief schrieb, kein Gleichgültiger sein. Er hat offenbar eine Beziehung zu mir, hat Sachen von mir gelesen, wahrscheinlich geliebt. Und nun genügt die erste dumme Verleumdung, die er über mich hört, um ihn so zu stimmen. Warum? Weil er mit Recht seine frühere Liebe zu mir als störend empfindet, als Widerspruch zu seinen kollektiven Idealen, seinem Patriotismus etc. Er spürt in mir den Verführer, nämlich zum Menschentum, zur Beseelung, zum Geist. Und jetzt, wo der Verführer von den Patrioten etc. als Feind empfunden und denunziert wird, beeilt er sich, mit ihm zu brechen, und hat sogar das Bedürfnis, es ihm zu sagen und ins Gesicht zu werfen. Er verleugnet und bespeit den Teil von ihm selbst, der vielleicht beim Lesen des »Demian« oder »Steppenwolf« zugestimmt und mitgeschwungen hat.

Es waren in letzter Zeit zwei jüngere Dichter in Lugano, der Hamburger Maass (Autor der wunderschönen »Unwiederbringl[ichen] Zeit«)[2] und Walter v. Schroeder.[3] Sie wußten nicht einmal voneinander. Beide kamen des öftern zu uns, es war hübsch, einmal wieder ein wenig mit Kollegen zu sprechen.

Die Erinnerungen an meinen Bruder werden wahrscheinlich im Herbst in der Corona[4] erscheinen.

Es grüßt sie herzlich Ihr

H. Hesse

1 In diesem Schreiben heißt es: »Ein Schamgefühl haben Sie wohl nie besessen. Die Verachtung der ganzen Welt brenne auf Ihre Seele. Sie sind der Auswurf eines schwer leidenden Volkes. Sie sind ein Hund, ein verfluchter! E. Helmer«

2 Joachim Maass, »Die unwiederbringliche Zeit«. Roman, Berlin 1935. Hesse hatte das Buch in der »Neuen Zürcher Zeitung« vom 26.11. 1935 und im Dezemberheft 1935 der »Neuen Rundschau« angezeigt (SW 20, S. 134f.).

3 Walter v. Schroeder, »Unterschlagene Liebe«. Zwei Novellen, Straßburg 1935.

4 Das Gedenkblatt »Erinnerung an Hans« erschien bereits im März 1936 in der Zeitschrift »Corona«.

275 An Helene Welti
(Mit einer aquarellierten Federzeichnung am Kopf des Briefes)

[Montagnola, 6.3.1936]

Liebe Frau Dr. Welti
Danke für Ihren Brief. Es freut mich, daß der »lahme Knabe« von Ihnen gelesen wurde, daß ein paar Menschen für dergleichen noch zu haben sind.

Durch Th. Manns Erklärung[1] damals hat sich natürlich für mich nichts geändert. Wohl aber ist Manns Verhältnis zum Verlag Fischer ein ganz andres als meines: Thomas Manns Werke darf Bermann, wenn er im Ausland neu beginnt, mitnehmen, die meinen aber nicht. So werde ich in Bälde, wenn der Verkauf zustande kommt (er ist natürlich eigentlich eine Enteignung), einem beliebigen deutschen Verleger in die Hände fallen, es gibt keine Einsprache dagegen.

Dieser Tage waren es 20 Jahre seit dem Tod meines Vaters. Damals, 1916, hatte ich ungeheure Schwierigkeiten, noch zur Zeit zum Begräbnis zu kommen, und auf dem Rückweg schnitt mich eine Grenzsperre mehrere Tage ab, ich kam krank und kaputt zurück und schwor, die deutsche Grenze nie mehr zu übertreten, solange noch Krieg sei. Den Schwur hielt ich dann auch. Und jetzt ist alles wieder wie damals, wieder ist alles zusammengekracht, worauf man sich verließ, wieder steht man allein und wird von den Patrioten, den Nationalisten, und ebenso von deren Gegnern, den Emigranten etc., einmütig mit Dreck beworfen. Ich lege Ihnen einen der vielen Briefe, die die Folge der Verleumdungen sind, bei, nur damit Sie den Ton kennenlernen, seinerzeit im Krieg bekam ich viele solche Briefe; diesmal kommen auch andre Briefe, zum Teil rührende, von Gesinnungsgenossen, aber sie sind sehr selten. Den Brief aus Kapstadt erbitte ich wieder zurück.

Sie haben den Brief von Rolland[2] richtig gelesen. So ist unser Leben.

Kennen Sie die Romane von Joachim Maass, namentlich die »Unwiederbringliche Zeit«? Ich liebe sie sehr, schrieb öfter über ihn und jetzt ist er in Lugano für kurze Zeit, und kommt viel zu uns, ein feiner Kollege. [...]

Seien Sie herzlich gegrüßt von Ihrem

H. Hesse

1 Dessen offener Brief »An Eduard Korrodi« in der »Neuen Zürcher Zeitung« vom 3.2.1936, der zur Folge hatte, dass Thomas Manns neue Bücher nicht mehr in Deutschland verlegt und die früheren auch nicht mehr angeboten werden konnten.
2 Brief Romain Rollands an Hesse vom 31.1.1936. Siehe Anhang S. 690.

276 An Thomas Mann

[Montagnola] 13.3.1936

Lieber Herr Thomas Mann
Danke für Ihren Brief, der hat mich gefreut und mir wohlgetan. Sie haben richtig geahnt, daß ich so etwas brauchen könne; vermutlich hat Ihnen auch J. Maass, mit dem wir gut Freund geworden sind, etwas davon erzählt, daß es mir wenig gut geht.

Die große Enttäuschung, die mir meine dreijährige Tätigkeit als Rezensent gebracht hat, indem ich von beiden Seiten, der deutschen und der Seite der Emigranten, als Antwort auf eine gutgemeinte und schließlich unheimlich anstrengende Arbeit Ohrfeigen geerntet habe, diese Enttäuschung hat mir gezeigt, wie sehr diese Tätigkeit als wohlwollender Referent über deutsche Literatur nebenher auch eine Flucht gewesen war. Flucht vor dem tatenlosen Zusehenmüssen dem Aktuellen gegenüber, und Flucht vor meiner Dichtung, von der mich seit zwei Jahren ein immer zunehmendes Vacuum trennte.

Vorerst werde ich die kritische Tätigkeit abbauen und auf ein Minimum einschränken, werde die Übermüdung und Überstopfung durch das zu viele Lesen abklingen lassen und hoffe, daß schon das mich wieder etwas fester auf die Beine stellen wird. Schwerer wird es gehen, den Rückweg zu meiner Dichtung zu finden, die seit Langem völlig liegen blieb. Die Idee dieser Dichtung ist zwar lebendig geblieben, ich bin mit den Gedanken viel bei ihr, aber es fehlte die Lust am Produzieren, an der Arbeit im Detail, am Sinnlich- und Sichtbarmachen des Spirituellen.

Daß man Sie drüben im Reich in Ruhe läßt, freut mich. Sollten Sie verboten werden, so wäre es mir ein sehr unlieber Gedanke, dort allein meinen kleinen Markt weiter zu haben. Aber das muß sich entwickeln, es ist noch immer möglich, daß wir eines Tages beide zusammen verboten werden, und das würde mich freuen, obwohl ich es nicht provozieren darf. Unsre Arbeit ist heut eine illegale, sie dient Tendenzen, die allen Fronten und Parteien lästig sind.

Ich denke nicht selten an Sie und freue mich, Sie jeden Tag eine Weile in Ägypten[1] zu wissen. Auch ich hoffe wieder auf Morgenlandfahrt. Es wäre ja sonst wirklich in dieser geistlosen Welt schwer auszuhalten.

Herzlich grüßt Sie und die Ihren Ihr

H. Hesse

1 Thomas Mann schrieb damals den dritten Band seiner Josephs-Romane, »Joseph in Ägypten«, der 1936 bei Bermann Fischer, Wien, erschien.

277 An Lene Gundert

Montagnola, 26. 3. [1936]

Liebe Lene

Danke für deinen Brief, der hat sich grade mit einer Karte von mir gekreuzt. [...]

Ja, du fragst mich nach Graf Keyserling. Ich habe seine neueren Bücher nicht mehr gelesen, auch nicht die beiden die du nennst; er ist nach meinem Eindruck ein geistvoller und namentlich auch als Weltkenner, Aristokrat und großer Reisender eine Ausnahme unter den Literaten ähnlicher Art. Das erste was ich von ihm las, war noch nicht sehr persönlich, es war so etwa um 1905 oder 6 herum und war ein Buch »Unsterblichkeit«[1], über das Problem des Fortlebens. Es stand noch ziemlich nah bei der Art der wissenschaftlichen Bücher, hatte neben dem Akademischen aber auch schon etwas Freies und Eigenes. Ich las es damals sehr genau, da ich es für die N[eue] Zürcher Zeitung in einem Aufsatz besprach.[2]

Dann vergaß ich Keyserling wieder, bis nach dem Ende des Weltkriegs die zwei Bände seiner Weltreise[3] kamen. Die gefielen mir anfangs, d.h. bis über die erste Hälfte des ersten Bands hinaus, recht gut, im Weiteren aber ermüdeten sie mich und ließen mich kühl, das Ganze war doch allzu feuilletonistisch und stellenweise auch sehr eitel; ich hatte den Eindruck, daß der Graf zuweilen wie geblendet vor sich selber, d.h. vor dem Spiegel stehe.

Persönlich lernte ich ihn kennen anno 20 oder 21, da hielt er einen indischen Vortrag in Basel, ich ging hin, und war nachher im Haus von Bekannten mit ihm zusammen. Als ich ihm vorgestellt wurde, lachte er und sagte, er kenne mich schon. Und als ich verwundert fragte, sagte er, er habe mich an einem regnerischen Tag im November im Jahr 1911 in einem kleinen Hotel bei Kandy auf Ceylon mit mißvergnügtem Gesicht bei Tische sitzen sehen. Das stimmte genau, ich war damals auf der Rückreise von Singapore, war krank, und einer der wenigen Mitgäste in jenem Hotel war also Keyserling gewesen.

Etwa zwei Jahre nach jener ersten Basler Begegnung sah ich ihn noch einmal. Ich hatte eine Vorlesung in Darmstadt[4], wo er wohnte, und wohin er mich mehrmals, namentlich beim Besuch von Tagore[5], zu Tagungen eingeladen hatte. Er lud mich zum Essen, ein, und so saß ich in Darmstadt nochmals zwei Stunden mit ihm, seine schöne stattliche Frau war auch dabei, eine Enkelin von Bismarck.[6] Damals war er sehr nett, richtig charmant. Ich lernte dann mit der Zeit manche der Leute kennen, die an seinen Tagungen Vorträge hielten oder sonst seine Mitarbeiter waren, und hörte sehr verschiedene Urteile über ihn, alle aber stimmten darin überein, daß er als Veranstalter von solchen Tagungen, wo er einer ganzen Anzahl von Rednern präsidierte, die Themen angab, die Einführungen sprach etc., ein unübertrefflicher Dirigent und

Arrangeur sei, dazu von einer gewaltigen persönlichen Energie und Vitalität. Das stimmt: ich habe kaum jemals einen Menschen so elementar, so explosiv und laut lachen hören wie Keyserling.

Na, genug davon. Ich glaube, daß K. im Lauf der Jahre trotz einer gewissen Oberflächlichkeit recht viel Gutes geleistet und manchen Menschen als Wegweiser wohl getan hat.

Grüße deine Freundin von mir, und sei von Ninon und mir herzlich gegrüßt!

dein H. Hesse

1 Hermann Graf Keyserling, »Unsterblichkeit«, Lehmann, München 1907.
2 Siehe SW 16, S. 274.
3 Hermann Keyserling, »Reisetagebuch eines Philosophen«, Reichl, Darmstadt 1919 (siehe Hesses Besprechung SW 18, S. 183).
4 Am 29.11.1926 auf der Mathildenhöhe in Darmstadt.
5 Rabindranath Tagore (1861-1941), Indischer Dichter aus Bengalen, Philosoph, Maler und Musiker, der im November 1920 in Keyserlings »Schule der Weisheit« einen Vortrag hielt.
6 Goedela v. Keyserling (1896-1982).

278 An das Kuratorium der Martin-Bodmer-Stiftung

Montagnola, 29.3.1936

Hochgeschätzte Herren

Durch einen liebenswürdigen Brief von Herrn Martin Bodmer bekam ich heute, am Morgen eines schönen Frühlingssonntags, die überraschende Nachricht, daß Sie mir den Gottfried-Keller-Preis zuerkannt haben.[1]

Diese so unerwartete Auszeichnung trifft mich zu einer Zeit, in der ich die gewaltige Krise der deutschen Literatur am eigenen Leibe schwer zu spüren bekomme, und ist für mich darum eine doppelte Freude.

Wenn ich auch von meiner literarischen Leistung eher skeptisch denke (ich bin im Grunde mehr ein moralisch-religiöser als ein künstlerischer Charakter), so glaube ich doch wenigstens in einer Hinsicht den Absichten und dem Sinn Ihrer Stiftung zu entsprechen: dadurch, daß sich in mir Schweizertum und sprachlich-kulturelles Deutschtum wirklich von Jugend an eng verbanden. Enkel einer Welsch-Schweizerin, Sohn eines um 1880 in Basel eingebürgerten Balten, habe ich neben dem baltischen Deutsch meines Vaters schon in der Kindheit sowohl die Basler als die schwäbische Mundart gehört, gelernt und gesprochen.

Ich spreche Ihnen, verehrte Herren, meinen herzlichen Dank aus für die Hilfe, die Freude und Ehrung, welche die Verleihung Ihres Preises mir bedeutet.

Ihr in alter Hochachtung ergebener

Hermann Hesse

1 Der mit 6000 Schweizer Franken dotierte Gottfried-Keller-Preis der Zürcher Martin-Bodmer-Stiftung wurde Hesse am 28.3.1936 zuerkannt. Seit dem Wiener Bauernfeldpreis, mit dem 1904 sein »Peter Camenzind« ausgezeichnet wurde, und dem Fontane-Preis für den »Demian« des pseudonymen Emil Sinclair war es die erste öffentliche Würdigung seines Schaffens.

279 An Alfred Kubin

[Montagnola, Ende März 1936]

Lieber Freund Kubin

Danke für Ihren lieben Brief, der war mir höchst willkommen und hat mir Freude gemacht. Und auch für das Exlibris mit dem eleganten Freund Hein – wie Sie so etwas geben und beherrschen, so gekonnt und doch so gar nicht routiniert, das ist immer ein hoher Genuß!

Die »Angriffe« gegen mich in Germanien wären mir gleichgültig; es wäre ja eine Schande, wenn man dort nicht angegriffen und abgelehnt würde. Aber daß diese Angriffe von alten einstigen Kollegen hinterrücks und mit den Mitteln der Lüge und Verleumdung erfolgen, und daß in der deutschen Literatur, in der Akademie etc. nicht ein einziger Kollege ist, der auf Ordnung hält und gegen diese Methode des Abschießens unbequemer Feinde protestiert, daß überhaupt dort in G[ermanien] das Verbotene, Gemeine, Scheußliche immerzu und in allen Kreisen und Schichten getan und erduldet wird ohne ein Wort, ohne einen Strahl von Licht und Geist, einfach in dumpfer, öder Geistlosigkeit und Ergebung, das ist unerträglich.

Etwas Komisches passierte mir dieser Tage. Ich hatte vor bald 30 Jahren für einen Freund am Bodensee einen kleinen Operntext geschrieben[1], eine Dichtung, die ich seither ganz und gar vergessen habe, so daß ich nicht einmal mehr die Namen der Personen wußte. Und nun kommt ein Brief von jenem Freunde: er hat alle die vielen Jahre und Jahrzehnte an der Sache gearbeitet, die Oper ist nahezu fertig komponiert, aber jetzt will er von mir einige Teile umgearbeitet haben! Als jener Text geschrieben wurde, war Kaiser Wilhelm ein blühender Theatermonarch[2], es gab noch keinen Krieg, keinen Hindenburg noch Ludendorff (dessen Frau, eine Irrsinnige, mich drolligerweise für einen Juden hält und heftig befehdet!), keine Inflation – aber mein Freund hat ruhig und langsam weiter gearbeitet, und jetzt ist er bald fertig, und wenn das Ding auch nie aufgeführt wird, so hat er damit doch fast 30 Jahre lang schöne Abende und Sonntage gehabt und war vielleicht klüger als ich in all dem Betrieb und der Produktivität dieser vielen Jahre.

Ich hoffe, daß Sie meine Dichtung »Der lahme Knabe«[3] bekommen haben. Es ist möglich, daß ich diese kleine Dichtung, die mir lieb ist, nächstens ja privatim als kleine Gabe für die Gratulanten zu m[einem] 60. Geburtstag drucken lasse (nicht im Handel). Sollten Sie je eine dazu passende Zeichnung haben (Wasser und Fisch sind ja Teile Ihrer Welt) und sie mir zur Reproduktion zu jenem Zweck lassen können (bezahlen kann ich nichts, leider), so wäre das hübsch, doch soll das keine Plage für Sie sein, Sie brauchen drauf gar nicht zu antworten. [...] Herzlich grüßt Sie Ihr

H. Hesse

1 »Die Flüchtlinge«. Lyrische Oper in drei Akten. Dichtung von Hermann Hesse, Musik von Alfred Schlenker (SW 9, S. 497-523).

2 Wilhelm II. (1859-1941), von 1888 bis 1918 deutscher Kaiser und König von Preußen.

3 Das Typoskript der Hexameterdichtung »Der lahme Knabe«. Eine Erinnerung aus der Kindheit, die Hesse zu seinem 60. Geburtstag 1937 in einem mit einer Lithographie von Alfred Kubin ausgestatteten Privatdruck herstellen ließ.

280 An Berta und Emil Molt

[Montagnola, April 1936]

Liebe Freunde

Herzlichen Dank für Frau Bertas lieben Brief und Glückwunsch! Ihre Sorgen um die Schule[1] kann ich verstehen, es sind auch die meinen. Ich glaube nicht an das »deutsche Wesen«, an dem die Welt genesen soll, sondern an den Geist und das Menschentum als einer Möglichkeit zu höhern Daseinsformen, und dieser Geist und dies Menschentum ist nun eben zur Zeit einer großen Barbaren-Verfolgung ausgesetzt, jeder von uns soll zur Strecke gebracht werden, unser Lebenswerk wird vernichtet oder verboten, mein Verlag wird zerstört etc. etc. Zum Glück trifft mich diese neue Kriegs- und Verfolgungszeit diesmal ohne Ehrgeiz und ohne den Wunsch, mich am Leben zu erhalten. Ich glaube zwar unbeirrt an den Fortbestand alles dessen, was mir heilig ist, aber für meine Person habe ich genug und bin des Treibens müde, und im Altwerden kann man ja den Herrschern der Welt dafür dankbar sein, daß sie einem das Leben und die Erde so entleiden und einem das Weggehen so leicht machen.

Meine Frau ist seit Monaten krank, und wird wohl in Bälde operiert werden müssen[2], aber erzählen Sie es nicht weiter, sie hat es nicht gern, und ich schreibe es nur, um die Lage zu erklären, die es mir unmöglich macht, an ein Rendezvouz mit Euch zu denken. Die jungen Leute lassen sich, was ja ebenfalls ein Glück ist, durch die üblen Welt-Aspekte nicht vom Leben abschrecken. Mein Sohn Bruno heiratet nächstens.[3]

Dem lieben Freund Molt und Ihnen hätte ich so sehr etwas Wärme und Heiterkeit in diesen Tessiner Tagen wünschen mögen! Ich finde es zwar im Grunde nett vom Tessiner Himmel, daß er sich die Weltzustände so zu Herzen nimmt und ihnen keine frohe Miene zeigen kann – aber Euch hätte ich doch wahrlich anderes Wetter gegönnt. Ich hoffe und wünsche sehr, daß Sie beide trotzdem etwas von hier mitnehmen! Von Herzen grüßt Euch Euer

H. Hesse

1 Die von Emil Molt 1919 gegründete erste Waldorfschule in Stuttgart.
2 Anfang Mai unterzog sich Ninon Hesse einer gynäkologischen Operation in Wien.
3 Hesses ältester Sohn heiratete am 1.5.1936 seine erste Frau Klara Friedli.

*281 An einen unbekannten Adressaten**

Montagnola [5.5.1936]

Danke für Ihren Brief. Ich bin sehr überarbeitet, und morgen reist meine Frau für längere Zeit fort, weil sie sich operieren lassen muß, so kann ich nur etwas flüchtig antworten. Denn ganz ohne Antwort möchte ich Ihren Brief nicht lassen.

Ich bin nämlich mit dem, was Sie dort sagen, gar nicht einverstanden. Wenn Paulus recht hat und die ganze kreatürliche Welt samt Geschlecht, Liebe und Poesie wirklich nur eine Sauerei ist, dann haben Sie Unrecht daran getan, mein Buch[1] zu lesen. Sie wußten ja, daß es ein weltliches, zumindest nicht ein ausgesprochen christliches Buch sei. Sie sind für diesen Fehltritt ins Reich des Verbotenen dadurch bestraft worden, daß Sie an den zwei winzigen Stellen des Buches, die vom Sinnlichen sprechen, hängen bleiben und schweres Ärgernis daran nehmen mußten. So sehe ich die Sache.

Ich habe wahrhaftig keine übertriebene Meinung von der Literatur und von meiner Stellung in ihr, und ich habe oft genug schwer am Sinn und Wert meiner ganzen Lebensarbeit gezweifelt. Aber gerade das, was Sie mir da vorwerfen, die paar Worte, in denen die Geschlechtsliebe besungen wird, gerade die habe ich nie im geringsten bereut. Vermutlich hätte ich sie auch nie zu schreiben gebraucht, wenn nicht unsre Eltern uns in dieser Hinsicht mit einer feigen und verlogenen Ängstlichkeit erzogen hätten, sie haben das Geschlechtliche als nicht vorhanden betrachtet, haben es weggelogen, und haben uns Junge in den Kämpfen mit dieser Macht elend allein und im Stich gelassen. Ich habe große Ehrfurcht vor unsern Eltern, aber daß ich grade ihre schwerste Schwäche verherrlichen soll, dafür bin ich nicht zu haben. Ich glaube, lieber Freund, Sie haben da auf einem Gebiet, das Sie nicht übersehen, etwas vorschnell richtende Worte gesprochen. Im übrigen hat Ihr lieber Brief mich sehr gefreut und mir wohl getan.

* Der Brief ist nicht vollständig überliefert.
1 »Narziß und Goldmund«.

282 An Peter Suhrkamp

[Montagnola, Anfang Mai 1936]

Hochgeschätzter Herr Suhrkamp
Die Ungewißheit über das Schicksal meiner Bücher bedrückt mich zunehmend. Gestern erfuhr ich durch einen Brief meines Vetters Hunnius, daß er als Käufer des Verlags mit in Be-

tracht komme. Ich halte ihn für einen tüchtigen Geschäftsmann, glaube auch, daß er Geld und Kredit hat, aber ich zweifle sehr daran, daß er sich zum Verleger eignet, und andererseits ist er viel zu aktiv und temperamentvoll, um alles durch andere machen zu lassen. Streng vertraulich: Mir wäre diese Lösung nicht lieb. Das soll nur eine Mitteilung sein, mehr nicht. Ich werde, wenn der Verlag so oder so verkauft wird, mich loyal verhalten.

Aber ich möchte nochmal anfragen, wie hoch würde der Verlag den Wert meiner Rechte und der vorhandenen Bücher von mir einschätzen bei einem Verkauf? Und würde er mir nicht die Möglichkeit bieten, meine Werke und Rechte zurückzukaufen? Wenn es auch vorerst sehr fraglich ist, ob ich den Kapitalisten dafür finden werde, so ist es doch nicht unmöglich.

Ich teile dies nur Ihnen mit, aber sonst niemandem.

In Eile grüßend Ihr

H. Hesse

283 An Volkmar Andreae

[Montagnola, 5.5.1936]

Lieber Andreae!

Seit du mir damals Anfang Dezember nach dem Tod meines Bruders behilflich warst, einen seiner Söhne[1] in einer Lehrstelle unterzubringen, habe ich oft an dich gedacht, und es dir je und je auch durch ein Zeichen angedeutet. Jetzt kommt dein lieber Brief und Glückwunsch, für den danke ich dir schön, lieber alter Freund, er hat mich gefreut und mir wohlgetan, und solche Sachen bringt die Post einem ja nur selten.

[...] Der Keller-Preis übrigens kam für mich ebenso überraschend wie rechtzeitig, er traf mich grade auf einem Tiefpunkt von Schlechtergehen und Sorge, und so war er eine wirkliche Freude und Ermunterung. Von den vielen Arten, auf welche die Welt uns merken läßt, daß wir am Vertrotteln sind, sind solche Preise ja noch weitaus die angenehmsten. In zehn Jahren, wenn ich noch lebe, werden sie mich noch zum Ehrendoktor machen, und beim ersten Schlaganfall zum Ehrenbürger.

Die Sorgen freilich bestehen fort. Mein Verlag in Deutschland gehört zu den Opfern Hitlers, und ich mit, was draus wird, ist noch nicht abzusehen. Wohl dem alten S. Fischer, der Ende 1933 sterben durfte.[2] Seine Tochter und deren Mann, mein Verleger, haben die Leitung des Verlags aufgeben müssen, ihr Haus verkaufen, den Verlag einem vorläufigen Leiter anvertrauen mit dem Auftrag, den Verlag baldmöglichst zu verkaufen. [...]

Wie gern möchte ich dich im Juni brucknern hören! Wahrscheinlich ist's nicht, daß ich reisefähig sein werde. Musiziere, Freund, solang du den Stab in den Fingern und ein Orchester unter dir hast! So will auch ich noch ein paar Schnörkel mit der Feder ziehen, eh' die Augen mich ganz im Stich lassen. Wenn jeder seine Musik machen wollte und nichts andres, wie heiter und friedlich könnte die Erde sein. Grüß auch deine Frau und Hans!

Herzlich dein

H. Hesse

1 Ulrich Hesse (1919-2009).
2 Der Verleger Samuel Fischer war am 15.10.1934 gestorben.

284 An Walter Lochmüller

[Montagnola, 6.5.1936]

Lieber Herr Lochmüller
Danke für Ihren Brief! Schade, daß Suhrkamp[1] offenbar immer ein wenig den Schulmeister macht; im übrigen hat er ein schreckliches Jahr hinter sich und nichts Schönes vor sich, der Austritt meines Verlegers aus seinem eigenen Verlag und sein Wegzug von Berlin ist zwar jetzt vollzogen, der Ver-

kauf des Verlags aber noch lange nicht, es scheint absolut nicht gehen zu wollen, und in allen den zum Teil heiklen und schwierigen Verhandlungen hat sich Suhrkamp sehr treu, tapfer und anständig bewiesen; er leitet wahrscheinlich Verlag und Rundschau auch weiter, wenn sie verkauft werden. [...]

Wir hatten ein schlechtes, böses Jahr, bei mir hat das rasche Fortschritte gemacht

Addio, viele Grüße Ihnen beiden von Ihrem

H. Hesse

1 Peter Suhrkamp (1891-1959), vordem Lehrer und pädagogischer Leiter der Freien Schulgemeinde Wickersdorf, Redakteur der im Berliner S. Fischer Verlag erscheinenden Zeitschrift »Die neue Rundschau«. Ab Herbst 1933 wurde er Vorstandsmitglied des Verlages.

285 An Peter Suhrkamp

[Montagnola] 11.5.1936

Hochgeschätzter Herr Suhrkamp

Für den Brief, den Sie mir zu Hause am Abend des 6. Mai geschrieben haben[1], bin ich Ihnen sehr dankbar. Da ich selber zur Zeit sehr an die Wand gedrückt bin (meine Frau ist vorgestern in Wien operiert worden und für Wochen fort etc.), kann ich Ihnen nur in Kürze danken. Seien Sie meiner Loyalität gegen den Verlag für jeden Fall versichert![2] Ich habe auch nicht Pläne, meine Bücher in eigene Regie zu nehmen oder ähnliches, nichts liegt mir ferner und wäre mir unmöglicher, aber ich möchte ungefähr wissen, mit welcher Summe etwa die Bücher und Rechte zu erwerben wären, nur um im äußersten Notfall dann an Pläne denken zu können.[3] Selbstverständlich unternehme ich nichts, ohne vorher mich mit Ihnen darüber zu verständigen, und bin froh, wenn meinerseits gar keine Aktion nötig wird.

An das Fertigwerden des »Glasperlenspiels« hatte ich seit einem Jahr nicht mehr recht geglaubt. Die Arbeit hat zwei Jahre vollkommen geruht, ich kam nicht einmal mehr dazu, das Begonnene wieder zu lesen – Sie selbst wissen ja, daß ich die letzten 2 Jahre meine Zeit, meine Augenkraft usw. in den Dienst der Literaturberichte gestellt hatte, die mir Pfennige an Honorar und Mengen an Verdruß etc. gebracht haben.

Neuerdings glaube ich wieder an die Weiterarbeit an meiner Dichtung. Wenn sie wird, was ich plante, so wird sie meine letzte größere Dichtung sein, und wird die letzte Phase meiner innern Existenz, die mit der »Morgenlandfahrt« begann, vollends zum Ausdruck bringen. Aber ob und wann ich Teile davon werde zeigen und publizieren können, daran zu denken, ist mir gar nicht erlaubt, das Werk gehört nicht mir, sondern ich ihm, und wenn es noch zehn Jahre braucht, so muß ich auch gehorchen.

Die »Neue Literatur« von Vesper nehme auch ich nicht ernst. Dagegen sind seine Verleumdungen weit in die Tagespresse gedrungen. Ich stoße fast jeden Tag in den Briefen, die ich erhalte, auf Sätze wie »Wenn Sie auch heute in der öffentlichen Meinung Deutschlands unten durch sind ...« oder auf Ausrufe des Erstaunens darüber, daß ein paar Zeitungen es »gewagt« hätten, eine Notiz über die Verleihung des Kellerpreises zu bringen etc.

Es wäre schon sehr gut, wenn wir uns einmal sehen könnten. Aber ich sehe dazu keine Aussichten. Nun, vielleicht kommen Sie, wenn die jetzige Situation überstanden und unsre Sache gerettet ist, doch einmal in die Schweiz.[4]

Was die Bücherberichte in der Rundschau betrifft, so denke ich mir es so, daß ich später ganz gelegentlich wieder einmal einige Bücher bespreche, aber ohne Regelmäßigkeit. Inzwischen haben die literarischen Sitten der Germanen sich merkwürdig verändert; es kommt nicht nur vor, daß Bücher, die ich gestern empfahl, heute verboten werden, sondern auch, daß deutsche Verlage mich boykottieren und mir kein Buch zur Verfügung stellen, auch nicht, wenn ich die

Garantie für Besprechung oder Bezahlung leiste. Ich bin an diese Verkehrsformen nach 30 Jahren kollegialer Mitarbeit nicht gewöhnt, und ziehe mich zurück.

Haben Sie Dank und seien Sie gegrüßt von Ihrem

H. Hesse

1 Siehe Anhang S. 691 ff.

2 In diesem Brief schrieb Peter Suhrkamp, der seit Gottfried Bermann Fischers Emigration den in Deutschland verbliebenen Teil des S. Fischer Verlags leitete, an Hesse: »Wenn Sie jetzt daran denken sollten, Ihr Werk noch aus dem Verlag herauszuziehen, würde das den Verlag in die äußerste Gefahr bringen. Sollten Sie Pläne dieser Art beschäftigen, geben Sie mir doch bitte vor einem Schritt eine Möglichkeit zu einer Begegnung und einer Besprechung.«

3 Eine Antwort Suhrkamps auf diese Frage konnte bis Redaktionsschluss dieses Bandes nicht gefunden werden.

4 Die erste Begegnung zwischen Hesse und Peter Suhrkamp kam erst am 1.9.1936 anlässlich einer Reise zu seinem Augenarzt in Bad Eilsen zustande. Danach ist Hesse nie mehr in Deutschland gewesen.

286 An seinen Sohn Bruno

[Montagnola] Mai 1936

Lieber Bruno

Dank für deinen Brief, inzwischen bekamst du wohl auch das Gedichtmanuskript.

Die Hochzeitsreise solltest du jedenfalls in Konstanz beginnen, ich halte es für nötig, daß du bei der Bank und beim Anwalt selber vorsprichst, wahrscheinlich kriegst du dann einen Kreditbrief oder dergleichen mit.

Sprich in Deutschland nirgends Politisches, und sprich nirgends von mir, außer wenn du wirklich unter Freunden bist, wie bei Adele oder Carlo etc.

Es ist mir heut kein rechter Brief möglich, ich will dir nur die Adressen schicken. Ich darf nichts liegen lassen, sonst wird der Stoß zu groß. Zur Zeit geht es drunter und drüber. Die Sorge um meinen Verlag ist groß, auf jeden Fall wird er nur als Krüppel weiter leben. Ich bin zur Zeit, wie ich es erwartet hatte, genau wie einst im Krieg, Zielscheibe dreckiger Angriffe und Verleumdungen von beiden Seiten: in Deutschland schimpft man mich Hund und Volksverräter, weil ich jüdische und Emigrantenbücher bespreche, und in den Emigrantenblättern von Prag und Paris werde ich als eine Art heimlicher Schrittmacher für Goebbels (!) hingestellt – statt daß diese edlen Leute mir dankbar dafür wären, daß ich mich für sie tausendfach bemüht und exponiert habe. Aber sie meinen gar nicht mich, sondern wollen meinen Verleger tot machen, wollen ihm sowohl in Berlin wie im Ausland möglichst viel in den Weg legen, der Konkurrenz wegen. Das wird dann hinter Politik und edlem Emigranten-Pathos maskiert. Es ist sehr dreckig, das alles, und ich habe jetzt genug davon. Ich werde im Lauf dieses Jahres noch ein paar Pflichten abverdienen und dann meine ganzen Literaturberichte aufgeben. Ich habe dann keine Arbeit und keinen Lebenszweck mehr, aber ich komme dann vielleicht doch noch einmal wieder an meine eigene Dichtung, auf die ich ganz verzichtet hatte.

Was du über dein Verhältnis zu meinen Büchern sagst, hat mich gefreut. Aber vielleicht werden sie alle bald nicht mehr dasein, diese Bücher.

Herzlich grüßt dich

dein Vater

287 An Gustav Kilpper

Montagnola [Mai 1936]

Hochgeschätzter Herr Dr. Kilpper

Im Februar schickten Sie mir freundlicherweise das Buch von Lin Yutang über China.[1] [...]

Da ich meine früheren öffentlichen Berichte über Bücher aufgeben mußte, möchte ich Ihnen in Kürze brieflich sagen, wie sehr dieses Buch mich überrascht und mir gefallen hat.

Ich bin, wie Sie vermutlich wissen, ein alter Freund, Verehrer und vielleicht Kenner des chinesischen Wesens, d. h. der chinesischen Geistigkeit, soweit sie aus der chinesischen Literatur erkennbar ist. Nachdem in der ersten Hälfte meines Lebens das alte Indien meine große Liebe gewesen war, wurde es in der zweiten Hälfte das alte China. Und nun finde ich bei Lin Yutang eine wahrhaft überlegene, umfassende und in der Formulierung sichere Selbsterkenntnis des chinesischen Wesens wie in keinem anderen Chinesenbuch unsrer Zeit. Ein ganz ausgezeichnetes Buch! Ich wünsche ihm jeden Erfolg.

Seien Sie gegrüßt, und denken Sie bei einer wichtigeren Neuerscheinung gelegentlich wieder an Ihren

Hermann Hesse

1 Lin Yutang, »Mein Land und mein Volk«, Deutsche Verlags-Anstalt, Stuttgart 1936.

288 An Andreas Thom

Montagnola [Mai 1936]

Hochgeschätzter Herr Thom

Ihr Brief hat mich betrübt. Ich kann nur kurz antworten, ich bin seit Jahren augenleidend, und Tag für Tag mit Briefen, Büchern und Anliegen wie dem Ihren so in Anspruch genommen, daß ich oft Monate lang nicht an meine eigene Arbeit komme.

Sie sind der irrigen Meinung, ich sei eine Art Kritiker und Referent über die moderne Romanliteratur, und habe also die Verpflichtung, mich auch über Ihre Bücher zu äußern.[1] In Wirklichkeit bespreche ich zwar je und je Bücher, aber wenn Sie diese Besprechungen gelesen hätten, wüßten Sie, daß der moderne Roman mich seit langen Jahren beinahe gar nicht mehr interessiert, und meine Studien vorwiegend philosophischer Lektüre gelten.

Ich glaubte Ihre Sendungen freundlich und kollegial erwidert zu haben. Mehr ist mir nicht möglich. Ich habe das, worauf Sie sich berufen, die Hingabe und Sorgfalt der Arbeit in Ihren Büchern, wohl bemerkt, und wünsche diesen Büchern von Herzen viele und gute Leser. Aber diese Bücher gehören nun einmal nicht zu denen, denen mein eigentliches Interesse gilt, das kann ich nicht ändern. Ich kann mich sinnvoll nur über solche Bücher äußern, die mir innerlich verwandt sind und deren Probleme ich zu den meinen machen kann. Die »Literatur« an sich interessiert mich wenig. Ich widme ihr so viel kollegiale Achtung wie ich kann, und freue mich, wenn je und je ein Kollege mich kameradschaftlich begrüßt; aber über mich als Kritiker zu verfügen, dies Recht kann ich keinem zugestehen.

Vielleicht vergessen Sie mit der Zeit die Enttäuschung, die ich Ihnen offenbar bereitete. Sie werden es noch oft erleben, daß auch Sie von jüngeren Kollegen in ähnlicher Weise in Anspruch genommen werden, und dann an mich denken.

Ihr ergebener

H. Hesse

1 Andreas Thom hatte Hesse seinen Roman »Sylvesterkind« zur Besprechung geschickt.

289 An Otto Basler

[Montagnola, 29.6.1936]

Lieber Herr Basler

[...] Wir sind in keine hübsche Zeit hinein geboren, und man braucht, um sie zu ertragen, je und je einen Atemzug indischer Luft und indischen Götterhumors: nähme man die Einzelheiten im heutigen Leben, die privaten wie die politischen, ganz und gar ernst, so wäre es die vollkommene Hölle. Manchmal scheint es fast, als sei auch die uralte Gleichgewichtslehre, nach der eine ganz üble Welt voll Gier und Dummheit durch die Existenz von wenigen Gerechten entgiftet wird, nicht mehr in Geltung, es hat alles das Gesicht einer Endzeit, eines späten und zum Untergang bereiten Zeitalters.

Addio, ich lege ein paar Kleinigkeiten bei.

Herzlich grüßend Ihr

H. Hesse

290 An Max Silber

[Montagnola, Juli 1936]

Lieber Dr. Silber, nein, auch ich »bewältige« meine Wirklichkeit nicht, sondern werde von ihr bewältigt, jeden Tag, bis ich die Augen schließen darf. Was der Künstler voraus hat, ist nur: daß seine Verrücktheit nicht eingesperrt wird, sondern ihrer Produkte wegen etwas gilt. Als Rilke den Malte[1] schrieb, ging er ebenso hart am Rand der Abgründe wie irgend einer von uns.

Seit einigen Wochen habe ich täglich etwa 50 Briefe zu mir genommen – mit dem Ergebnis, daß zur Zeit noch über 300 ungelesene daliegen.

Herzlich grüßt Sie und drückt Ihnen die Hand

Ihr H. Hesse

1 Rainer Maria Rilke, »Die Aufzeichnungen des Malte Laurids Brigge Insel Verlag«, Leipzig, 1910.

291 An Helmut Paulus

[Montagnola, Juli 1936]

Hochgeschätzter Herr Paulus

Danke für Ihren Gruß und für Ihr Buch.[1] Ich habe es mir angesehen, nur bin ich leider kein guter Leser mehr, wenigstens für Romane, da meine Lese-Verpflichtungen allzu groß sind.

Ich muß das ganze Jahr Bücher lesen, oft komme ich in Monaten nicht an die eigene Arbeit, darum gehe ich an eine solche Lektüre nicht neugierig und frisch, sondern eher ungern.

Ich glaube, Sie stehen mit dem Gamelin[2] ungefähr an einem ähnlichen Ort, wie ich vor Jahrzehnten mit meinen ersten Büchern. Wenigstens hat vieles darin mich an die eigene Jugend erinnert. Gefallen hat mir das Gefühl der Landschaft und Wetter, überhaupt das Verhältnis zur Natur. Nicht einverstanden bin ich im Grunde mit dem Moralischen. Zwar ist Gamelin ein lieber und guter Mensch und tut nichts Böses. Aber wenn für seinen ganzen Weg, für das Verlassen des Normalen etc. etc., diese nicht legitimierte innere Stimme genügt, dann kann jeder, der mit Kraft und Schwung das Böse und Scheußliche tut, sich ebenso auf die triebhafte Macht jener innern Stimme berufen. Es gibt heute keine Unsinnigkeit und Unmenschlichkeit, für welche nicht eine Ideologie da wäre. Ich suche darum in den Büchern eher nach einem Glaubens- und Moral-Grund als nach dieser »inneren Stimme«, die so leicht zu täuschen ist.

So bin ich nicht der rechte Beurteiler für Ihr Buch, dessen Schönes ich trotzdem nicht übersehen habe. Ich fühle wohl, wohin Sie zielen und streben, und wünsche Ihrem Buch, das über dem Gewöhnlichen steht, alles Gute; aber ich habe nicht den Ehrgeiz, das Junge von heute restlos zu verstehen und zu billigen, sondern eher, die meinem Alter gemäße Art von Lebensbetrachtung zu treiben, und die ist ganz anders als Ihre.

So kann ich nicht, wie ich wohl möchte, Ihrem Buch ein Wort mitgeben, das ihm nützen könnte. Nehmen Sie mir das nicht übel, und seien Sie gegrüßt von Ihrem

H. Hesse

1 Helmut Paulus, »Der Auserwählte«. Novelle, Heyne Verlag, Dresden 1936.

2 Der Protagonist der Novelle.

292 *An seine Schwester Marulla*

[Montagnola, Juli 1936]

Liebe Marulla

Danke für deine Karte. Es freut mich, daß du mit meiner Erzählung[1] etwas anfangen kannst; es ist jetzt lange her, seit ich, in meinen Gaienhofner Jahren, jene ersten Legenden aus der thebaischen Wüste geschrieben habe, die jetzt im Fabulierbuch[2] stehen, und hoffe, ich habe seither etwas dazu gelernt – aber vielleicht ist das auch bloß Einbildung. Ich kam damals auf verschiedenen Wegen zu diesen Legenden. Literarisch war das Vorbild der »Legenden« von Gottfried Keller sehr stark wirksam, ferner jene Fresken, die ich in Pisa im Camposanto gesehen hatte, der Triumph des Todes und das Leben der seligen Einsiedler. Und außerdem besaß ich ein Buch etwa aus dem Jahr 1700, sein Verfasser ist Arnold[3], der Autor der berühmten »Kirchen- und Ketzergeschichte«, ich besitze das Buch auch heut noch, es heißt »Leben der seligen Väter etc.«, es sind Lebensläufe frommer Menschen, beginnend mit dem heiligen Antonius und Paul. Der »Beichtvater« gehört übrigens auch zum Glasperlenspiel, zu den »Lebensläufen Knechts« ebenso wie einst der Regenmacher. [...]

Sei nochmal gegrüßt von deinem

Hermann

1 »Der Beichtvater«, einer der Lebensläufe Josef Knechts aus dem »Glasperlenspiel«, der im Juli 1936 in der »Neuen Rundschau« vorabgedruckt worden war.

2 H. Hesse, »Fabulierbuch«, Berlin 1935.

3 Gottfried Arnold (1666-1771), evangelischer Theologe und Verfasser von Liedertexten.

293 An Arthur Stoll

[Montagnola, 13.8.1936]

Lieber Herr Professor Stoll

[...] Ihre jüngsten Erfahrungen in der Industrie kann ich mir vorstellen, soweit eben die Analogien zwischen Ihrem und meinem Gebiet reichen. Ich bin innerhalb weniger Jahre zu einem abgebauten alten Herrn geworden, dessen man sich kaum mehr erinnert. Allerdings vollzieht dies sich nur in der Öffentlichkeit und bezieht sich nur aufs Quantitative – früher war ein Arbeitstag von mir, wenn auch nicht so viel wie der eines Boxers oder einer Star-Tänzerin, doch immerhin so viel wert wie der eines Advokaten oder Arztes; heut ist er weniger an Geld wert als der eines Trambahnschaffners.

Indessen teile ich dies Los mit vielen, und bei mir ist es noch immer ganz erträglich, das Nötige habe ich noch immer gehabt. Und dafür entspricht dem Abbau auf der einen Seite ein Plus auf der andern: nicht nur ist meine persönliche Entwicklung als Autor durch jene Misere eher gefördert als gehemmt worden, sondern es hat sich auch in dem Kreis von Menschen, auf die ich als Autor wirke, die Quantität verringert und dafür die Intensität gesteigert.

Möchten wir beide diese kritische Zeit überstehen! Wir werden zwar die erwartete neue Zeit nicht mehr erleben, ich glaube, daß die Liquidierung unsrer Kultur längst noch nicht bereinigt ist, aber vermutlich werden wir immerhin noch diesen und jenen von den großen Pilzen, die vorgestern noch nicht da waren und heut die Welt mit ihrer Größe und Wichtigkeit erfüllen, noch wieder klein werden und verschwinden sehen.

Nach der indischen Vorstellung, die ich immer geliebt habe, ist das ganze Reich der Zeit und der Zahl, das Reich der Materie und der Quantität, nur »Maya«, Oberfläche und Scheinbild. Das wirklich Seiende steht dahinter. Dorthin ziele ich.

Seien Sie mit Ihrer Frau herzlich gegrüßt von Ihrem

H. Hesse

Bad Eilsen, [31.8.1936]
Montagmorgen 9 ¼ Uhr

Liebste Ninon, ich habe soeben im Bett Kaffee getrunken und deinen lieben Brief bekommen, ich habe ½ Stunde Zeit, dann erwarte ich Suhrkamp[1], der heut nacht ankam, ich will ihm ein paar Stunden widmen, möchte abends aber wieder frei sein, denn heute kommt auch Freund Wieman[2] aus Osnabrück mit seiner Frau, sie übernachten hier und bleiben bis morgen (Dienstag) nachmittag. Am Mittwoch kommt ein Besuch von Hannover, und am Donnerstag bin ich vielleicht hier schon fertig, es kann aber ebenso gut auch noch einige Tage länger dauern. Gestern (Sonntag) war ich um 11, wie jeden Tag, beim Grafen[3], die Fernbrille blieb diesmal gleich, die zwei andern wurden zum 4. Mal geändert. Heute seh ich den Grafen nicht, muß erst die neuen Gläser noch mehr ausprobieren, sie machen mir etwas Beschwerden. Auf jeden Fall ist der Graf dem, was ihm für meine Augen das Richtige scheint, wieder ein gutes Stück näher gerückt. Ich werde also heut nur von Franziska[4] behandelt, Umschläge und Tropfen.

Gestern war ich zum Tee bei Wisers, das einzige Mal, daß ich ihn privatim sah. In der Praxis merkt man kaum, daß er sehr gealtert ist, zu Hause merkt man es, er sitzt so still und müde, sagt kaum ein Wort, ist aber überaus lieb mit mir. Die Gräfin ist wie immer, teils durch ihre Lebhaftigkeit und Eigenwilligkeit anregend, oft charmant, dann wieder aggressiv und schwer erträglich, doch kam ich, die Rolle eines milden alten Weisen spielend, bisher gut durch. Gestern las sie mir eine Menge von ihren Gedichten vor, und das wird ohne Zweifel fortgesetzt, sobald ich wieder hinkomme.

Das Hotel ist nicht nur wirklich fürstlich und prächtig[5], sondern auch gut, die Küche vorzüglich. Ich bekam auf Franziskas Empfehlung einen so mäßigen Preis, daß der Luxus des Fliegens[6] dadurch kompensiert wird, ich denke, es bleibt mir noch etwas für die Geschwister in Schwaben übrig.[7] Ich habe auch sehr daran gedacht, von hier noch nach Köln zu fahren (3 bis 4 Stunden Bahn), einen Tag bei Collofino[8] zu sein und dann von dort zu fliegen. Aber ich bin doch zu wenig elastisch dazu, ich bin immer ein wenig schwindlig und »angesägt«, wie man in der Schweiz sagt.

Abends 5 Uhr

So, jetzt bin ich von 10 Uhr früh bis nach 4 Uhr, ohne Pause, mit Suhrkamp zusammen gewesen, der jetzt abreist. Es war anstrengend, ich bin sehr erschöpft, aber ich mußte die Gelegenheit benutzen. S[uhrkamp] hat mir recht gut gefallen, ich ließ ihn auch viel von seinem Leben und seiner Herkunft erzählen. Den Abend bin ich mit Wiemans, und jetzt »ruhe« ich noch eine Stunde. [...]

Addio, Ninon, es küßt dich dein

H.

P.S. Die Gartenidylle erscheint soeben als kleines Büchlein im Verlag Bermann, Wien.

1 Zur ersten persönlichen Begegnung mit seinem neuen Verleger.
2 Dr. Bernard Wieman (1872-1946), Landgerichtsrat und Schriftsteller, mit Hesse seit 1909 befreundet.
3 Vom 26.8. bis 4.9.1936 unterzog sich Hesse einer neuen Behandlung seiner Augen bei Dr. Graf Wiser in dessen Klinik in Bad Eilsen. Es war sein letzter Aufenthalt in Deutschland.
4 Franziska Reich, Krankenschwester bei Dr. Wiser.
5 Hesse war in das Hotel Fürstenhof einquartiert worden.
6 Hesse war am 25.8. von Zürich aus bis Hannover geflogen (siehe Hesses Bericht »Luftreise«, SW 14, S. 72ff.).
7 Den Rückflug am 4.9.1936 beendete er in Stuttgart, um von dort aus seine Geschwister zu besuchen.
8 Josef Feinhals (1867-1947), Kölner Zigarrenfabrikant, mit Hesse seit 1909 befreundet; als Collofino kommt er in »Klingsors letzter Sommer«, in der »Morgenlandfahrt« und im »Glasperlenspiel« vor.

295 An Josef Bernhard Lang

[Montagnola, Mitte September 1936]

Lieber Longus

Als ich vor einer Woche nachhaus zurückkam, lag in dem großen Berg Post auch ein lieber Brief von dir, geschrieben am 24. August [1936].

An eben jenem Tag bin ich nach Zürich gefahren, um in Bad Eilsen (Gegend von Hannover) den alten Grafen Wiser aufzusuchen und meine Augen wieder untersuchen und behandeln zu lassen. Am 25. flog ich dreieinhalb Stunden von Zürich bis Hannover, war dort 11 Tage täglich in Behandlung, flog dann zurück bis Stuttgart, und war noch einige Tage bei meiner Schwester [Adele Gundert] in ihrem schwäbischen Pfarrhaus. Sehr erschöpft kam ich zurück, ich habe in den ganzen 3 Wochen nie schlafen können; jetzt habe ich es schon etwas eingeholt.

In Eilsen hatte ich auch den jetzigen Leiter des Verlags Fischer für einen Tag bei mir. Da erfuhr ich nicht viel Gutes. Aber wenigstens besteht der Verlag, der sehr klein und arm geworden ist, weiter, und zwar unabhängig. Verloren gegangen sind teils durch amtliche Bücherverbote teils durch andre Ursachen vor allem die gesamten Werke von Th. Mann, Wassermann, Hofmannsthal, A. Kolb, Lichnowsky etc. Der Verlag ist nur noch eine Ruine. Und nun erfuhr ich endlich auch Einzelheiten über die Art, wie meine eigenen Bücher zur Zeit dort unterdrückt werden. Es war schon dreimal ein Verbot ausgesprochen, das nur durch lange und geschickte Verhandlungen rückgängig gemacht werden konnte. Ein andrer bezeichnender Fall ist der: vor etwa 1 Jahr fand eine große offizielle und groß aufgezogene Feier zu Ehren der schwäbischen Dichtung und Dichter statt. Die Hauptrede hielt ein Tübinger Professor. Kurz zuvor bekam er vom Kultusministerium den kurzen Befehl: in seiner Rede dürfe der Name Hesse nicht genannt werden. So und ähnlich wird das gemacht.

Daß dein paulinischer Vortrag[1] einen schlechten Stil habe, kann ich keineswegs finden. Ich finde diese Arbeit durchaus vollwertig, und meine Frau, die eine recht kritische Leserin ist, teilt diese Meinung.

Dieser Tage war der Todestag von Hugo Ball[2]; wir hatten im Sinn Blumen aufs Grab zu bringen, aber es regnete ohne Pause, wir blieben zuhaus. Ninon ist von der Operation her noch sehr depressibel und ermüdet, schläft sehr wenig.

Dir und deiner Frau herzliche Grüße von deinem

H. Hesse

1 Lang hatte Hesse das Skript eines Vortrags über den Apostel Paulus gesandt.

2 Hugo Ball war am 14.9.1927 gestorben.

296 An Franziska Reich

Montagnola, 14.9.[1936]

Liebe Schwester Franziska

Am Freitag bin ich heimgekehrt, und heute Nacht habe ich zum erstenmal seit 3 Wochen wieder normal (das heißt: ohne Schlafmittel mehrere Stunden) geschlafen. Nun erst fühle ich mich imstande, Ihnen für alles nochmals zu danken, auch für Ihren lieben Brief nach Eckenweiler, der mir mehr bedeutet als Sie wohl glauben.

Am Flugplatz holten mich meine beiden Schwestern ab. Wir fuhren im Wagen durch das schwäbische »Gäu«, d.h. die Gegenden zwischen Schwarzwald und schwäbischer Alb, die ich viele Jahre nicht mehr gesehen hatte, dann in das stille kleine Dorf und ins Pfarrhaus meiner Schwester, wo fast immer irgend eine sanfte Musik erklingt: Bach, Corelli, Telemann, Schubert, entweder mehrstimmiger Gesang oder Klavier mit Gesang, oder Klavier mit Flöte, oder mit Geige. Auch in Tübingen bei meinem Stiefbruder, den wir besuchten[1], wurde musiziert, er hat noch immer seine schöne Stimme, meine Schwester begleitete, und es wurde Schubert und Wolf gesungen. Bei der Wegfahrt von Tübingen fuhr ich auch an dem Häuschen vorbei, in dem ich einst vor beinah vierzig Jahren die ersten Teile des »Lauscher«[2] geschrieben habe. Die Vergangenheit, die Heimat und die Familie näherten sich mir, der ich vereinsamt und weit weg von dem allem lebe, nach langer Zeit wieder einmal wunderbar rührend und verführerisch, es tat wohl und weh, ich sah wieviel ich verloren und auf wieviel ich verzichtet hatte, es war ein wunderliches Gefühl. An einem dieser Tage besuchte mich einer meiner ältesten Freunde, der schon 1899 mein Schulkamerad[3] war, einer der besten Lateiner die Deutschland heut noch hat. An einem andern Tag fuhren wir wieder über Land, zu meinem ältesten Bruder, um seinen 70. Geburtstag zu feiern. Auch dort empfing uns Musik und ein Haus voll rührender, zärtlicher Liebe und Eintracht, ich kam mir vor wie aus dem Mond herab gefallen. Alle diese lieben Menschen in ihrer Armut und ihren schweren Sorgen sind glücklich, sie besitzen die paar primitiven Güter, auf denen das Glück beruht, und die mir nie zugefallen sind. Natürlich wurde ich da und dort auch in Anspruch genommen, um Rat gefragt, mußte zureden, schlichten etc. Schließlich fuhr ich, da ich den Schlaf wieder ganz verloren hatte und das Herz mir zu weh tat, einen Tag früher als geplant wieder fort, ließ das liebe Pfarrhaus in seinem schönen Garten stehen und fuhr nach Zürich, zu den Siamesen[4], die mich abholten, deren Haus aber grade für diesen Abend nicht frei war, dafür hatte ich abends den zweiten meiner Söhne, Heiner, einige Stunden bei mir. Andern Tags fuhr ich heim. Es war eine inhaltsreiche Reise für mich, ich habe sehr viel Liebe und Freundlichkeit empfangen, aber auch an meiner Unzulänglichkeit sehr gelitten. Jetzt umgibt mich die alte Gewohnheit, mein Leben hier ist sehr viel ärmer, aber es fällt mir leichter.

Wir wollen Freunde bleiben, und immer bessere werden, darum bitte ich Sie. Für den Grafen lege ich auch ein Blatt bei, bitte geben Sie es ihm.

Herzlich und dankbar Ihr

Hermann Hesse

1 Anlässlich des 70. Geburtstags von Theo Isenberg (1866-1941).
2 »Hinterlassene Schriften und Gedichte von Hermann Lauscher«, Basel 1901, entstanden u.a. in Tübingen, Herrenbergerstr. 28, wo Hesse von 1895 bis 1899 lebte.
3 Franz Schall.
4 Alice und Fritz Leuthold.

297 An Werner Reinhart

[Montagnola, 1936]

Lieber, verehrter Herr Reinhart
Sie haben schon eine Menge von Dankbriefen bekommen, so nehmen Sie auch noch diesen kleinen freundlich auf, er erwartet keine Antwort.

Ich lese eben das Buch von Professor v. Salis »Rilke in der Schweiz«[1], und dabei bewegt mich der Gedanke, den ich schon des öftern gehabt, und den ich doch nie zur Tat werden ließ, der Gedanke, wie sehr jeder Freund der Rilke'schen Dichtung auch Ihnen verpflichtet ist und der Gastfreundschaft, die Sie dem Dichter auf Muzot gewährt haben. Man wird alt, Arbeit und Sorgen spinnen ihre Netze um einen, und die lärmig und schreierisch gewordene Weltgeschichte dieser Zeit hämmert einen nicht hart, sondern müde, und man versäumt darüber dies und jenes, was man nicht versäumen sollte. So möchte ich Ihnen den Dank dafür, daß Sie Rilke nach Muzot geholfen[2] und ihm und so Vielen Unvergleichliches gegeben haben, einmal nicht bloß in Gedanken, sondern auch in Worten aussprechen.

Mit herzlichen Grüßen Ihr

H. Hesse

1 Jean Rudolf von Salis, »Rainer Maria Rilkes Schweizer Jahre«, Huber, Frauenfeld 1936.
2 Schlossturm bei Sierre im Schweizer Kanton Wallis, den Reinhart dem Dichter R.M. Rilke 1921 gemietet hatte.

298 Postkarte an Theodor Heuss

[Montagnola, September 1936]

Lieber Dr. Heuss!
Mit Verwunderung und dann mit Freude sah ich in dem Heft[1], das Sie mir schickten, daß es im Reich noch ein Blatt gibt, in dem ich nicht beschimpft oder totgeschwiegen werde. Das ist hübsch, und daß es uns einmal wieder zusammenführt, ist auch hübsch. Ich lasse Ihnen dieser Tage, als Zeichen meiner Freude, ein Büchlein schicken.

Vor wenigen Monaten war einmal Jäckh[2] bei mir, den ich 25 Jahre nicht mehr gesehen hatte. Herzlich grüßt Sie Ihr

Hermann Hesse

1 In der von Friedrich Naumann gegründeten und von Heuss weitergeführten sozialliberalen Zeitschrift »Die Hilfe«, Berlin.
2 Ernst Jäckh (1875-1959), Publizist, Hochschullehrer und Geschäftsführer des Deutschen Werkbundes, dem auch Heuss angehörte.

299 An Herbert Roch

[Montagnola, September 1936]

Lieber Herr Roch!
Haben Sie Dank für Ihren Brief und Ihren schönen Aufsatz![1] Das in der Morgenlandfahrt Begonnene beschäftigt mich seither dauernd; wieviel davon ich noch werde aussprechen können, weiß ich nicht, die Arbeitsfähigkeit ist nicht mehr groß.

Ein Satz in Ihrer Studie hat mir etwas weh getan: Sie werfen mir Hochmut vor, weil gelegentlich ein Proletarier in meinen Schriften die Rolle des Bösen spielt. Ich weiß nicht, wie alt Sie sind und ob Sie die Möglichkeit hatten, Fabrikarbeiter in jener Epoche zu beobachten, wo sie sich zwar langsam als Klasse, und zwar als ausgebeutete, zu erkennen begannen, aber von irgendeiner Organisation und Klassenzucht noch nichts wußten. Während meiner Kinder- und Jünglingsjahre war die jüngere Arbeiterschaft in Calw das Übelste, was sich ein Bürger unter Proletariern vorstellen kann, ein richtiges Pack. Während der Stunden, in denen die Fabriken geschlossen waren, konnte man kaum durch eine Straße gehen, ohne von jugendlichen Arbeitern beleidigt, ja manchmal gepufft und tätlich provoziert zu werden – dabei war ich der Sohn ganz armer Leute, die jeden entbehrlichen Pfennig den Armen gaben. Den Frauen und Mädchen wurden Unanständigkeiten nachgerufen. Ich habe seit damals gefährlichere Formen des Menschentums gesehen, aber nie wieder so häßliche.

Daß ein Blatt in Deutschland über mich einen Aufsatz bringt, in dem ich nicht beschimpft werde, ist mir eine wunderliche Erfahrung, ich bin dafür Ihnen und Heuss dankbar.

Ich wäre gern noch auf manches eingegangen, aber der Augenblick erlaubt es nicht. Ich kam soeben von einer anstrengenden großen Reise zurück, ich war wieder einmal bei meinem Augenarzt in Behandlung, und habe nun nach der Heimkehr die Post von beinah drei Wochen daliegen.

Daß die Neue Rundschau Ihren Aufsatz nicht bringen wollte, tut mir leid. Ich habe ihren Herausgeber, meinen jetzigen Verleger, auf dieser Reise einen Tag bei mir gehabt und kennen gelernt, alles in allem hat er mir einen guten Eindruck gemacht.

Haben Sie schönen Dank, und seien Sie herzlich gegrüßt von Ihrem

H. Hesse

1 Herbert Roch, »Studie über Hermann Hesse«, in: »Die Hilfe«, Berlin 1936.

300 An Max Thomann

[Montagnola, September 1936]

Lieber Herr Thomann

[…] Ich war auch einen Tag mit dem jetzigen Leiter meines Verlags Fischer zusammen, da erfuhr ich nicht viel Tröstliches; wir Autoren von der unerwünschten Richtung werden konsequent ausradiert. Einige Notizen, die ich für drei, vier Freunde machte, lege ich bei.

Die Zustände sind wirklich komisch geworden: Hesse darf in Schwaben nicht mehr genannt werden, aber Huggenberger[1] reist treulich jedes Jahr zu den »Gau-Tagungen« der Nazis hinüber. Es ist alles widersinnig geworden, auch unsre Existenz, und man ist froh, daß es einen Tod gibt, der auf uns wartet. Meine Gartenidylle[2] ist soeben in Wien im neuen Verlag Bermann als Büchlein erschienen, hoffentlich nützt ihm das ein wenig, ich tat es einzig zu diesem Zweck.

Seien Sie Beide herzlich gegrüßt von Ihrem

H. Hesse

Streng vertraulich [*dem Brief an Max Thomann beigefügt*]

Der Verlag S. Fischer ist im Lauf der letzten drei Jahre sehr klein geworden. Ausgeschieden sind, teils durch Bücherverbot und Beschlagnahmung, teils »freiwillig« unter andrem die Autoren und Werke: Thomas Mann – H. v. Hofmannsthal – Wassermann – Schickele – A. Kolb – [Mechthild] Lichnowski und viele andre.

Nachdem aus der Leitung des Verlags alle Juden, auch alle Angehörigen der Familie Fischer ausgeschieden sind, wird nun auch das jüdische Kapital, bisher in Händen der Familie Fischer, ausscheiden. Die Aktiengesellschaft wird in eine Kommanditgesellschaft verwandelt, es sind drei neue Kapitalisten[3] da, die sich beteiligen, die Leitung wird Herr Peter Suhrkamp haben, der schon in der schwierigen Übergangszeit den Verlag geleitet hat.

Meine Befürchtungen, einen unerwünschten Besitzerwechsel des Verlags betreffend, sind nicht eingetroffen; es läßt sich hoffen, daß der verkleinerte Verlag einigermaßen lebensfähig sein werde.

Dagegen haben sich meine Vermutungen, betreffend die Tendenz zur Unterdrückung meines Werkes und Namens, alle bestätigt. Es ist schon dreimal ein Verbot meiner Schriften beschlossen gewesen, das Verbot wurde nur durch den Einsatz und die Vermittlung von Suhrkamp bisher verhindert.

Ferner erfuhr ich von vielen Maßnahmen zur Unterdrükkung meiner Schriften und ihrer Wirkung. Ein besonders deutlicher Fall war vor einem Jahr die offizielle, groß aufgezogene Feier zu Ehren der schwäbischen Dichtung. Ein bekannter Tübinger Professor hatte die einleitende Festrede, einen Vortrag über schwäbische Dichtung, übernommen. Dieser Redner bekam vom Kultusminister in Stuttgart den Befehl zugestellt; es dürfe in seiner Rede mein Name nicht genannt werden. Der Redner war so anständig, daraufhin auch die Namen aller andern noch lebenden schwäbischen Dichter nicht zu nennen und sich auf eine historische Betrachtung über die ältere schwäbische Dichtung zu beschränken.

1 Alfred Huggenberger (1867-1960), Schweizer Lyriker und Erzähler.
2 H. Hesse, »Stunden im Garten«, Wien 1936.
3 Clemens Abs, Christoph Ratjen, Philipp Reemtsma. Näheres siehe Anhang, S. 695 f.

*301 An eine Leserin in Wolfratshausen**

[Montagnola] 5.10.1936

Liebes Fräulein

Ihr Brief hat mich ein wenig betrübt. Daß Sie mit dem »Demian« so gar nichts anzufangen wissen, daß Sie sich fragen, warum ein Mensch überhaupt so etwas schreiben könne, zeigt mir, daß mein Tun und Denken sehr einsiedlerisch ist und wenig verstanden wird. Aber dies wußte ich schon seit Jahrzehnten, und habe mich damit abgefunden.

Ich kann Ihre Fragen nicht beantworten. Aber ich möchte Ihnen ein Wort über das Lesen von Büchern im allgemeinen sagen. Man sollte Bücher nicht mit solchen Gedanken und Fragen lesen, wie Sie es tun. Wenn Sie eine Blume betrachten oder an ihr riechen, so werden Sie ja auch nicht gleich darauf die Blume zerpflücken und zerrupfen, sie untersuchen und mikroskopieren, um herauszukriegen, warum sie so aussehen und so duften muß. Sondern Sie werden eben die Blume, ihre Farben und Formen, ihren Duft, ihr ganzes Dasein in seiner Stille und Rätselhaftigkeit auf sich wirken lassen und in sich aufnehmen. Und Sie werden von dem Blumenerlebnis genau in dem Maß bereichert sein, in dem Sie der stillen Hingabe fähig sind.

So wie mit der Blume sollten Sie es mit den Büchern der Dichter auch machen.

Eben jetzt, wo ich schließen will, fällt mir der Grund ein, warum Ihr Brief mir etwas weh getan hat. Nämlich darum: weil Sie nach dem Lesen des »Demian« es für möglich halten, daß ich Sie Ihrer jüdischen Abstammung wegen geringschätzen und ablehnen könnte [...]

* Der Brief an H. B. ist nicht vollständig überliefert.

302 An Alfred Kubin

Montagnola [Oktober 1936]

Lieber Freund Kubin

Danke für Ihren Brief! Ich war gerade von einer für meine Verhältnisse sehr großen Reise zurück gekommen, ich war hoch oben in Norddeutschland, um wieder meinen Augenarzt zu konsultieren und mich 14 Tage behandeln zu lassen, es gibt keinen andern, der diese Kuren macht, und er ist 75

Jahre alt und kann mir nicht mehr, wie früher, ein Stück weit entgegen reisen.

Die Zustände sind, was Anfeindung und offizielle Belästigung und Verdrängung betrifft, für mich die gleichen wie für Sie. Meine Bücher sollten schon mehrmals verboten werden, es wurde vorläufig durch den Leiter meines Verlags noch verhindert. Der Verlag selbst ist winzig klein und arm geworden, der vor wenigen Jahren noch einer der ersten im Reich war.

Über Green habe ich Ihnen einen kl[einen] Aufsatz geschickt; ich sandte Ihnen denselben Aufsatz früher schon einmal, doch scheint er nicht angekommen zu sein. Bitte senden Sie ihn mir (ohne Eile) zurück.[1]

Meine Frau hat Greens neues Buch »Minuit«[2] gelesen und ist begeistert davon, ich selber lese keine fremden Sprachen mehr und warte, bis eine Übersetzung kommt.

Meine kleine Gartendichtung haben Sie bekommen, sie ist im Sommer 1935 geschrieben, für meine Schwester, ich überließ sie Dr. Bermann, dem Schwiegersohn Fischers, um ihm beim Beginn seines neuen Wiener Verlags etwas zu helfen, im übrigen bin ich noch vertraglich an den alten Verlag in Berlin gebunden. Nächstes Jahr will ich dort ein neues Bändchen Gedichte herausgeben. Sonst habe ich nichts Neues. Die Dichtung, an der ich schon seit dem Fertigwerden der Morgenl[and]fahrt spinne, zieht sich Jahr um Jahr hin, nur sehr selten schreibe ich irgendein ganz kleines Stückchen daran.

Ihren Freund Stößl[3] habe ich nur ganz wenig gekannt, einmal begrüßte er mich in Wien[4] vor wohl mehr als 30 Jahren, und vor etwa 5 Jahren besuchte er mich einmal hier in Montagnola und war ein Stündchen bei mir.

Caro amico, die Reise in Deutschland war nicht heiter, es wird immer mehr Ernst mit der Ausrottung von allem, was unsereiner liebt und zum Leben braucht. Indessen wird einiges von dem, was wir gearbeitet und gelebt und gemeint haben, diesen ganzen Kram überleben, und wird als schmale

Brücke das Menschentum der Zukunft mit dem, was vor uns war, verbinden. Eine andre Aufgabe haben wir nicht, und sie genügt auch.

Seien Sie herzlich gegrüßt von Ihrem

H. Hesse

1 Vermutlich Hesses Rezension über Julien Greens »Der Geisterseher« (SW 20, S. 17ff., S. 44ff.).
2 Julien Green, »Mitternacht«, Deutsche Ausgabe 1936 bei Bermann Fischer, Wien.
3 Der Erzähler und Dramatiker Otto Stößl (1875-1936).
4 Vom 15. bis 25.10.1908 war Hesse auf einer Lesereise in Wien.

303 An Els Bucherer-Feustel

Montagnola [Oktober 1936]

Der bedeutende philosophische Schriftsteller Fiedler[1], von mir sehr geschätzt, hatte sich aus Gewissensgründen geweigert, seinen Schülern das amtlich vorgeschriebene Memorandum gegen den Versailler Vertrag einzupauken. Er stand darum vor Gericht, und die Richter, darunter zwei Nationalsozialisten, hatten anerkannt, daß seine Gehorsamsverweigerung begreifliche und edle Gewissensgründe habe, und ihn darum »nur« zu Strafversetzung und Abzug von ein[em] Fünftel seines Gehalts für ein Jahr verurteilt, was allgemein, auch von der Presse, gebilligt wurde. Kaum war das Urteil bekanntgeworden (auch mir teilte Fiedler es mit), so verfügte der dortige Innenminister, daß den betreffenden Richtern, die das zu milde Urteil gefällt hatten, bis auf weiteres die Ausübung ihres Richteramtes untersagt wurde, »da zu befürchten war, daß das Gericht noch weitere Urteile, die mit dem Geiste des neuen Staates nicht vereinbar sind, fälle«. Für den Bestraften bedeutet das natürlich außerdem, daß er sein Amt verliert und brotlos wird.

Aber wenigstens gibt es unter den 60 Millionen Deutschen

immerhin je und je einen einzelnen mutigen und heldenhaften Mann.[2]

1 Kuno Fiedler (1895-1973), Pastor, Lehrer, Philosoph und Publizist, der sich durch seine Publikationen bei der evangelischen Landeskirche so unbeliebt machte, dass er 1921 vom Kirchendienst suspendiert wurde. Seine Hauptwerke, »Der Anbruch des Nihilismus«, aphoristische Gedanken über das Verhältnis von Religion und Bürgerlichkeit, sowie »Die Stufen der Erkenntnis«, eine Ranglehre, München 1929, wurden von Hesse empfehlend rezensiert (SW 14, S. 124). Da Fiedler als Studienrat dem Volksbildungsminister den Gehorsam verweigerte, wurde er von der Gestapo verhaftet. Nach seiner Flucht aus dem Gefängnis fand er Ende September 1936 bei Thomas Mann eine erste Zuflucht.

2 Gleichzeitig schrieb Hesse an Georg Reinhart: »In Deutschland sah ich nicht viel, der Gesamteindruck war der einer ungeheuren Betriebsamkeit, eines gewaltigen Umsatzes, nur ist eben die Hälfte oder mehr davon militärisch. Wenn diese Maschine losgeht, wird das Blut wieder in Strömen fließen, und die Heldendichter werden Arbeit haben. Ich hoffe es nicht mehr zu erleben, ich komme mir längst vor wie ein Mammuth, das nur aus Versehen noch auf Erden lebt.«

304 An Peter Suhrkamp

[Montagnola] 12.10.1936

Lieber Herr Suhrkamp

Ich bekam Ihren Brief vom 8. Oktober. Das Gedicht[1] können Sie gern im Almanach drucken, ich erbitte aber einige Exemplare des Buches. Das Honorar, das die Rundschau für eben dieses Gedicht bezahlte, war übrigens das schäbigste, das ich je von ihr erhielt.

Und nun müssen wir auch einmal wegen der Buchaufsätze reden, schade, daß wir in Eilsen nicht daran kamen. Ich habe im letzten Bericht, Septemberheft, ausdrücklich gesagt, daß ich künftig auf fortlaufende Referate verzichten muß, aber je und je, ganz gelegentlich, über einzelne Bücher berichten würde, welche ich rein zu meinem Vergnügen las.

Diesen Entschluß – der Ihnen als Verleger willkommen sein müßte, da ich dann endlich, nach Jahren, vielleicht ein wenig für meine eigene Arbeit als Autor frei werde – sabotieren nun leider Sie selbst beständig. Sie fragen an, wann der nächste Bericht fertig werde, Sie schlagen mir neuestens sogar selber die Bücher vor, die ich lesen und besprechen soll! Ich soll beständig Briefe schreiben, soll Bücher lesen, die mich gar nichts angehen, soll mich im voraus auf Termine festlegen etc. etc. Kurz, das Gegenteil von allem wonach ich strebe. Da Sie die Einleitungssätze meines Septemberberichts[2] kannten, hätten Sie damals reklamieren sollen. Jetzt, nachträglich, kommt das zu spät. Daß ich ehrenamtlich (denn Honorare von 30 und 40 Mark für die Arbeit von Monaten sind keine!) drei Viertel meiner Zeit und Arbeit in diesen Dienst stellen soll, und dabei noch beständig von Ihnen kontrolliert und beraten werde, das hätten Sie mir nicht zumuten dürfen. Ich war schon über Ihre Andeutung in dieser Sache in den letzten Briefen enttäuscht und beunruhigt und sehe jetzt, daß Sie von meiner Auffassung dieser Tätigkeit und von meinen Gewohnheiten und Absichten dabei keine Ahnung haben.

Ich sehe nun aus dieser für mich vollkommen unwürdigen Stellung als zwar unbezahlter, aber beständig beaufsichtigter Referent für Bücher keinen andern Ausweg, als daß ich diese ganze Tätigkeit niederlege. Schade, wenn ich das einige Monate früher gewußt hätte, dann hätte ich das früher getan und hätte dafür meine Referate für Stockholm (die ich zu Gunsten der Rundschau niederlegte) weiter geführt. Dort ließ man mich vollkommen frei arbeiten, und die Honorare betrugen das Vielfache der Ihren.

Nehmen Sie mir das, bitte, nicht übel, es muß einmal in Ordnung kommen. Die für mich bestellten Bücher beim Insel-Verlag etc. bitte sofort wieder abbestellen.

Noch ein Wort: meine Ablehnung hat nicht die mindeste persönliche Spitze. Ich gehöre einer andern Generation an und tue meine Arbeit mit einem ganz andern Aufwand an

Zeit, Sorgfalt etc., als das heute üblich ist. Aber ich kann diese Arbeit nicht abhängig machen von einer Redaktion, die nur noch das Nebenamt eines ohnehin überbeschäftigten Mannes ist.[3] Ehe ich die Einleitung zu jenem September-Aufsatz schrieb, habe ich es mir tagelang überlegt, und jetzt, nach Monaten, sehe ich, daß die Redaktion sie überhaupt nicht zur Kenntnis genommen hat. Sie werden ohnehin nichts an meinen Berichten verlieren, und Ersatz dafür finden Sie leicht.

Sonst heute nichts. Nehmen Sie mir nichts übel, es hat mit Ihrer Person nichts zu tun. Im Gegenteil, ich möchte diesen Gelegenheiten zu Verstimmungen in unser beider Interesse ein Ende machen.

Mit besten Grüßen Ihr

H. Hesse

1 Das Gedicht »In einem Kloster im Gebirg zu Gast« ist im »Almanach des S. Fischer Verlags ›Das 50. Jahr‹« im November 1936 und zugleich in der Schweizer Literaturzeitschrift »Die Zeit«, Bern, erschienen.

2 H. Hesse, »Anmerkungen zu Büchern«, in: »Die neue Rundschau«, September 1936 (SW 20, S. 201 ff.).

3 Als Chefredakteur der »Neuen Rundschau« hatte Suhrkamp im April 1936 die Leitung des in Berlin verbliebenen S. Fischer Verlags übernommen.

305 An Otto Basler

[Montagnola] 13.10.1936

Lieber Herr Basler

Es freut mich, daß das Büchlein[1] Ihnen gefällt. Sie haben nicht Unrecht, wenn Sie mich auch einen Bibliophilen oder Bücher-Verständigen nennen. Wie sollte man das in einem fünfzigjährigen Umgang mit Büchern nicht werden? Ich wuchs auf in einem Haus, wo die vieltausendbändige Bücherei des Großvaters alle Räume füllte, ich war früh Leser, früh schon Dichter, ich war einige Jahre Buchhändler und Antiquar, damals war ich auch einmal in Verhandlung wegen einer Stelle am Buchgewerbemuseum in Leipzig (so um 1900).[2]

Was nun die Ausstattung der Idylle betrifft, so ging es damit so: Bermann klagte mir, er habe zwar wundervolle Ideen für die Ausstattung, und habe schon ein herrliches Papier, aber er scheiterte immer wieder an den langen Verszeilen, die er in diesem Format gar nicht unterbringen könne, ohne immer wieder Zeilen umzubrechen. Darauf sagte ich ihm: wenn ich Verleger wäre, so würde ich die Verse des Dichters nicht als lästiges Hindernis betrachten, sondern als das, wovon man ausgehen und wonach das ganze Buch sich richten müsse. Er solle doch einmal das von ihm geplante Format quer stellen statt aufrecht, so sei plötzlich der schönste Raum für die Hexameter gewonnen. Das weitere hat Bermann selber fertiggebracht, und hat es gut gemacht.

Was Korrodis Kritik[3] betrifft, so wollen wir sie nicht zu ernst nehmen, er kann nicht geben was er nicht hat, und jenes Wort von Thomas Mann war gewiß nicht ohne Ironie gesagt.[4] Unrecht hat er mit seiner Verspottung der Verse, er hätte diese Art von nicht feierlichem, leicht humoristischem Hexameter bei Voss, bei Goethe und vielen als Vorbild feststellen können. Aber das wollte er nicht, und vielleicht kannte er auch diese Vorbilder gar nicht. Genug davon. [...] Herzlich Ihr

H. Hesse

1 H. Hesse, »Stunden im Garten«. Eine Idylle, Wien 1936.

2 Im Februar 1902 hatte sich Hesse auf Anraten seines damaligen Verlegers Eugen Diederichs erfolglos an das Buchgewerbemuseum des Deutschen Buchgewerbevereins in Leipzig gewandt, um dort als Assistent angestellt zu werden.

3 Eduard Korrodi hatte die Hexameterdichtung in der »Neuen Zürcher Zeitung« vom 29.9.1936 rezensiert.

4 Vermutlich Thomas Manns Bemerkung »Korrodi ist eine ganz tückische kleine Madame« in einem Brief an Hesse vom 16.2.1936.

*306 An einen unbekannten Leser**

[Baden, 13.11.1936]

Danke für Ihren Brief, ich bekam ihn am ersten Morgen meiner Kur in Baden (im Aargau), das Sie aus dem »Kurgast« kennen.

Daß der Traum Knechts[1] Ihnen seinen »Sinn« nicht sofort gezeigt hat, ist nicht verwunderlich. Wir nehmen von außen nur das auf, wozu wir zur Zeit gestimmt oder präpariert oder prädestiniert sind, darum wirkt oft eine Dichtung heute auf uns sehr stark, die wir vorgestern als etwas uns ganz Fremdes ablehnten. Ich habe da mit Lesern oft wunderliche Sachen erlebt. Es gibt viele, die eine Zeitlang einen bestimmten Dichter lieben und brauchen, und einzelne davon schreiben ihm dann auch gelegentlich. Und so haben manche junge Leute, nachdem sie eine Zeitlang mir oft und herzlich geschrieben hatten, beim Eintritt in eine andere Stufe ihres Lebens mich plötzlich nicht mehr brauchen können, sie entdeckten plötzlich ganz andre Weisheiten und sahen nicht nur mit einem gewissen Mitleid auf den Dichter herab, der bis vor kurzem ihnen noch als Begleiter oder Ratgeber oder Spiegel gedient hatte, und manche von ihnen hatten auch das Bedürfnis, mir das zu sagen und durch eine Absage an mich sich selber zu rechtfertigen. Doch ist, freilich sehr selten, einige Mal auch noch das Weitere passiert: daß ein solcher Leser, viele Jahre nachdem er sich energisch und unwirsch von mir abgewandt hatte, mich plötzlich wieder entdeckte und mir nochmals schrieb und nochmals neu in ein Verhältnis zu mir trat. Ähnlich geht es wohl vielen, und jedem von uns geht es selber ja auch so.

Übrigens darf man ja Gedichte nicht in derselben Weise nach ihrem Sinn fragen wie Verstandesaussagen. Ihre Sphäre ist die magische, kindliche, musikalische, und jenes Gedicht von mir ist ja ohnehin ein Traum, also der nicht intellektuellen, rein seelischen Quelle entsprungen.

Aber wenn man dennoch versucht, den »Sinn« jenes Traums

zu fixieren, findet man doch etwas ganz Bestimmtes, nämlich die Erkenntnis: alles Wissen und alle Vermehrung unseres Wissens endet nicht mit einem Schlußpunkt, sondern mit Fragezeichen. Ein Plus an Wissen bedeutet ein Plus an Fragestellungen, und jede von ihnen wird immer wieder von neuen Fragestellungen abgelöst. Das ist in dem Gedicht deutlich ausgesagt, und es bleibt jedem Leser überlassen, über diese Erkenntnis betrübt oder froh oder beides zu sein: die meisten Wahrheiten sind ja beides. Und es gibt, außer vielen andern Zeugnissen, z.B. ein berühmtes Wort von Lessing. Es sagt etwa: wenn ich zu wählen hätte zwischen dem einmaligen und endgültigen Besitz der Wahrheit und dem ewigen leidenschaftlichen Suchen und Streben nach ihr, dann würde ich das Suchen und Streben wählen. – Dieser Meinung ist auch Josef Knecht. [...]

* Der Brief ist nicht vollständig überliefert.

1 Das im Oktoberheft 1936 der »Neuen Rundschau« abgedruckte Gedicht »Ein Traum Josef Knechts« (SW 5, S. 401 f.).

307 An Kuno Müller

[Baden, November 1936]

Hochgeschätzter Herr

Danke für Ihren lieben Brief samt der Besprechung.[1] Die beiden Artikel von Ihnen, die ich nun im Lauf dieses Jahres über mich zu lesen bekam, sind die herzlichsten, aufrichtigsten und verständlichsten gewesen, die mir in dieser Zeit zu Gesicht kamen.

Ich bin zur Kur in Baden bis mindestens Anfang Dezember. Sollten Sie in diesen Tagen etwa einmal in die Gegend kommen und Lust haben mich zu begrüßen oder mir beim Tee oder Abendessen Gesellschaft zu leisten, so sind Sie freundlich eingeladen.

Sie fragen, ob ich Ihnen ein von mir gemaltes Blatt für etwa

200 Fr. anbieten könne. Bilder habe ich schon, d. h. Tessiner Landschaftsstudien, und für den genannten Preis würde ich Ihnen zwei der besten Blätter geben. Wenn Sie einverstanden sind, könnte ich Ihnen etwas später, aber doch noch vor Weihnachten, eine Anzahl Aquarelle schicken, von denen Sie sich zwei auswählen?

Jene Bilder-Handschriften, die Sie irgendwo angezeigt lasen, habe ich während des Krieges begonnen und damals viele verkauft zu Gunsten der Kriegsgefangenen, dann war plötzlich der Krieg zu Ende und ich recht schlechter Lage, und ich verkaufte die Bildmanuskripte für mich selber, nach dem Ende der Inflation hatte ich wieder genug zu leben und von da an diente zehn Jahre lang der Ertrag dieser Neben-Arbeit zur Unterstützung notleidender Kollegen. Und jetzt wieder, wo freilich noch höchstens jedes Jahr einmal ein solcher Auftrag kommt, bin ich selber der Nutznießer. Also von diesen Zwecken abgesehen, waren die Bildhandschriften mir viele Jahre lang eine willkommene und tröstliche Beschäftigung an Tagen, an denen ich zu anderer Arbeit unfähig war.

Herzlich grüßt Sie Ihr

H. Hesse

1 Kuno Müller, »Hermann Hesse der Träger des Gottfried Keller-Preises 1936«, »Luzerner Tageblatt« vom 2. 5. 1936.

308 An Werner Häberlin

[Baden, Anfang Dezember 1936]

Lieber Herr Häberlin

Ich kann Ihnen nicht so ausführlich antworten wie ich möchte. Ich bin ein kranker alter Mann, und bin zur Zeit nicht zuhause, aber in einigen Tagen werde ich wieder in Montagnola sein.

Die Preise meiner Bücher sind nicht höher als es normal

und üblich ist. Mein Verleger Fischer ist 40 Jahre lang der beste Verleger in Deutschland gewesen, vorbildlich für die andern, und hat seine Bücher keineswegs teurer gemacht als nötig war. Es gibt zwar auch billigere Bücher, das sind solche bei welchen riesige Auflagen von Hunderttausenden möglich sind. Meine Bücher kommen dafür nicht in Betracht. Trotzdem haben wir es auch mit den meinen versucht, und wenn Ihnen jene Buchhändlerin z. B. den »Weg nach Innen« gezeigt hätte, hätten auch Sie ihn sicher nicht teuer gefunden.[1] Bei dem Experiment (es wurden dabei zwei Bücher von mir in Eines mit billigstem Preis verwandelt) hat weder der Verlag noch ich etwas gewonnen.

Der Weg vom Schreibtisch des Schriftstellers bis zu den weit verstreuten Leuten, die sein Buch in Berlin, Zürich, Hamburg oder Wien kaufen, ist weit und kompliziert, und es braucht viele Mitarbeiter dabei. Wenn ein Buchhändler ein Buch von mir in seinem Laden verkauft, dann verdient dabei der Buchhändler selbst, der Verleger und ich selber. Der Verkäufer verdient dabei etwa das Doppelte wie ich. Das Buch besteht nicht bloß aus Papier und Druck oder, wie Sie sagen, »Materialwert«, sondern es muß auch der Verfasser, der Verleger, und der ganze Zwischenhandel davon leben.

Mit Ihnen einen Tausch zu machen, bin ich mit Vergnügen bereit. Schicken Sie mir nach Montagnola eine Holzschale, ich werde dann im Tausch das gewünschte Buch schicken.

Für Ihre Bedenken wegen der zu hohen Bücherpreise bin ich ja eigentlich nicht der richtige Mann, ich habe darauf nicht den mindesten Einfluß. Sie müßten Ihre Vorwürfe eher an den Verleger richten. Aber ich glaube, dafür wäre die Zeit jetzt schlecht gewählt. Mein schöner Verlag in Berlin, mit dem ich mein Leben lang gearbeitet habe und befreundet war, ist nur noch eine Ruine. Die Hälfte der Bücher ist verboten, der Verleger selbst mußte auswandern, einige der besten Autoren mit ihm. Übrig geblieben ist ein kleiner, schwacher Verlag, dem ich jetzt, solang es nur geht, doppelt Treue halten muß.

Ich freue mich auf unsern Tausch, den wir auch später gelegentlich wiederholen können. Mit freundlichen Grüßen Ihr

H. Hesse

1 Die 1931 erschienene Sonderausgabe des leinengebundenen Sammelbandes »Weg nach Innen«, der die Klingsor-Novellen und »Siddhartha« enthielt, kostete 2 Mark 85.

309 An Kuno Fiedler

[Montagnola, 10.12.1936]

Hochgeschätzter Herr Dr. Fiedler

Danke für Ihren lieben Brief. Ich hatte zufällig neulich schon von Ihnen gehört, durch einen Bekannten, der Sie bei Th. Mann kennen lernte, wußte aber nichts Näheres und bin nun dankbar für Ihren Bericht. Jetzt sind Sie wenigstens, Gott sei Dank, dem Übelsten entzogen und sind aus der Hölle heraus, wenn auch freilich nur in der Vorhölle[1] – aber wer wäre heut nicht in dieser?

St. Antönien habe ich einmal gesehen, vor etwa 27 oder 28 Jahren, ich war seit kurzem Besitzer von einem Paar norwegischer Skier und war, um sie zu probieren, für einige Tage nach Pany gegangen, dabei kam ich auf dem Rückweg von einem Ausflug auch einmal durch Ihr Dorf. Später bin ich nie mehr dorthin gekommen, und werde es auch nicht mehr, da ich seit einigen Jahren auf das Reisen sowohl wie auf den Skilauf verzichtet habe. Ich bin, zum Teil unter Mitwirkung der politischen und moralischen Atmosphäre, etwas vorzeitig ein altes Männchen geworden, und habe mit dem Skilaufen vor 4 Jahren Schluß gemacht. Auch wenn ich mich nochmals durch Übung soweit auf die Beine bringen würde, um eine kleine Skitour auszuhalten, würden die Augen es mir nicht erlauben, sie sind zu schlecht und unzuverlässig.

Die Menschen von unserer Art leben heut alle in der Emigration, wir sind ohne Heimat inmitten dieser Welt der bewaffneten Macht und der Sprechchöre. Wenn wir den Tod in Freiheit sterben dürfen statt hinter Gittern, ist es schon viel.

Möchten Sie, nachdem Ihre Flucht Ihnen gezeigt hat wie viel Kräfte Sie trotz allem noch haben, vollends mit den Nöten fertig werden, die Sie jetzt umgeben, und die ich mir groß genug denke.

Herzlich grüßt Sie Ihr

H. Hesse

1 Der Theologe Kuno Fiedler (1895-1973) hatte sich geweigert im Schuldienst die von der NSDAP verordnete Propaganda durchzuführen. Daraufhin wurde er suspendiert und von der Gestapo verhaftet. Es gelang ihm, aus dem Gefängnis zu fliehen und sich in Graubünden als Pfarrer niederzulassen.

310 An Theodor Schnittkin

[ca. 1936]

Lieber Dr. Schnittkin
Es reicht mir nicht zu richtigen Briefen, meine geringe Augenkraft wird fast jeden Tag durch die Post absorbiert, oft bleibt in Wochen nichts für die eigene Arbeit übrig. [...]

Mit dem Verhältnis zwischen Autor und Leser geht es oft wunderlich. Bei mir war bis vor einigen Jahren hauptsächlich die Jugend es, die mich las, und da kamen oft eigentümliche Bindungen und Lösungen vor. Es kam vor, daß ein Leser mir einige Zeit, oft einige Jahre, bis zum Lästigwerden viel schrieb und zu mir infolge einer Buchlektüre direkt in einem Abhängigkeitsverhältnis stand. Dann kam meistens die Periode, wo der Mann mich nicht mehr brauchte, und es endete mit Schweigen. Es kam aber auch vor, daß einer plötzlich sich für die frühere Abhängigkeit oder Verehrung rächen mußte, daß er mir plötzlich wieder schrieb, aber jetzt von oben herab, gönnerhaft oder ironisch, zuweilen auch böse, indem er sich in seiner abgelaufenen, überwundenen Epoche mit mir identifizierte. Aber ein paarmal kam auch noch dies vor: daß ein solcher Renegat nach Jahr und Tag nochmals schrieb und jetzt verlegen um Entschuldigung für damalige Unartigkeiten bat, und das war eigentlich das hübscheste.

Aber genug davon! Ich bewundere die Tapferkeit, mit der Sie zu jeder Arbeit und Umstellung sich bereit wissen.[1] Möchte sich doch der rechte Weg für Sie finden! Bei mir ist nur noch die passive Tapferkeit da, wie das nun im Alter eben so ist; ertragen und aushalten werde ich noch manches, aber umstellen und neu anfangen könnte ich nicht, ich würde dann einfach ausscheiden und eingehen.

Addio, lassen Sie mich wieder einmal von Ihnen wissen! Herzlich Ihr

H. Hesse

1 Der Arzt Th. Schnittkin war zunächst in die USA, dann nach Schanghai und 1939 nach Palästina emigriert.

1937

311 An Otto Kleiber, »National-Zeitung«, Basel

[Montagnola, Januar 1937]

Hochgeschätzter Herr Dr. Kleiber

Schönen Dank! Sie glauben nicht, wie froh ich über Ihre Zeilen bin. [...]

Daß die deutsche Presse die »Gleichschaltung« des Verlags Fischer so betont, zeigt ja, wie sehr dieser Verlag als Punkt des Widerstands betrachtet wird! Ich hatte während der letzten anderthalb Jahre Sorge genug durch die Befürchtung, der Verlag werde für 5 Rappen von irgend einem Hintermann der Führenden aufgekauft werden. Einzig Suhrkamp hat das vereitelt und hat den Verlag, unter furchtbaren Verlusten freilich, gerettet. Ich werde, solang nicht höhere Gewalt es hindert, meinem mit Fischer noch laufenden Vertrag und den Verpflichtungen, die mich mit den deutschen Lesern verbinden, treu bleiben. Schwer genug wird es mir gemacht, nicht bloß durch die beständigen und oft unausdenklich schmutzigen Angriffe der Nazi, die immer wiederholten Verbotsanträge gegen mich etc., sondern nicht minder durch die Haltung, die ein Teil der oft so üblen Emigrantenpresse gegen mich einnahm. Konjunkturhelden und käufliche Leute wie etwa der Pariser Bernhard denunzieren mich, weil ich Deutschland zehn Jahre früher als sie den Rücken wandte, und weil ich zwischen 1914 und 18 gegen den Krieg sprach, während Bernhard wilde deutsche Kriegs- und Annexionsartikel schrieb – sie denunzieren mich, mit den selben Mitteln skrupelloser Lügen und Verleumdungen als eine Art von Protegé des Dr. Goebbels. Dabei vergeht keine Woche, ohne daß die Nazipresse mich neu aufs Korn nimmt, ohne daß wieder ein Lesebuch meinen Namen und meine Gedichte ausstreicht etc. etc. Es macht Mühe, inmitten dieser Zustände eine überparteiliche Neutralität und Ruhe zu bewahren, es ist aber notwendig, daß einige von uns das tun, im Interesse der Wahrheit.

Danke für Ihren lieben Brief, und herzliche Grüße von Ihrem

H. Hesse

312 An Generalkonsul Fritz Naschitz

[ca. 1937]

Sehr geehrter Herr Naschitz
Danke für Ihre Zeilen. [...] Von meinen Büchern ist nur »Narziß und Goldmund« in hebräischer Sprache erschienen[1] (in drei Taschenbändchen, vor einigen Jahren in Tel Aviv).

Meine freundschaftlichen Beziehungen zu Juden und Judentum gehen durch mein ganzes Leben, auch Martin Buber gehört zu meinen Freunden, meine jetzige Frau (seit 1930) ist Jüdin, und ich bin stets ein Feind jedes Antisemitismus gewesen. Dagegen verhalte ich mich gegenüber dem inzwischen neu erstandenen jüdischen Nationalismus durchaus ebenso neutral wie gegen jeden andern Nationalismus, und sosehr ich die Verwirklichung des zionistischen Ideals begrüße, lehne ich jede fanatische Aufpeitschung des Nationalgefühls ab.

Mit freundlichen Grüßen Ihr

H. H.

1 Die ersten sieben Kapitel von »Narziß und Goldmund« erschienen, übersetzt von Jakob Fichman, 1932 im Verlag Ommanoot, Tel Aviv.

313 An Georg Reinhart

[Montagnola] Zum 10.1.1937

Lieber Herr Reinhart
Zu Ihrem 60. Geburtstag bekommen Sie ohne Zweifel so viele Briefe, daß man Ihnen einen Gefallen tut, wenn man seinen Glückwunsch kurz faßt.

Aber sagen möchte ich Ihnen bei diesem Anlaß doch, daß

ich in meinem Leben Ihr Dasein und die Freundschaft mit Ihnen für ein Glück und einen hohen Wert halte, und zwar nicht bloß darum, weil Sie mir in der gefährdetsten Zeit meines Lebens so freundlich durchgeholfen haben[1] Natürlich gehört dies mit dazu, und wenn ein reicher Mann mit einem ärmeren befreundet ist, so wird und muß das irgendwie auch in der Form des Geldes zum Ausdruck kommen. Aber das ist ja bloß ein Teil meiner Beziehung zu Ihnen und meiner Freundschaft und Dankbarkeit für Sie. Ich bin Ihnen dankbar und habe Freude daran, daß es Sie gibt und daß ich Sie kenne, einfach weil Sie so sind wie Sie sind, weil Sie ein Mann der Welt und der großen Geschäfte[2] sind, der dennoch von diesen Geschäften nicht aufgefressen und von der Welt nicht nivelliert worden ist, sondern sein Gesicht und seinen Charakter, seine Liebhabereien und seine Talente behalten und gepflegt und sich in seinem Hause eine so schön ausstrahlende Zuflucht geschaffen hat.

Sie werden das alles und noch viel mehr, in diesen Tagen in vielen Formen und von vielen Seiten zu hören bekommen. Es wird ohne Zweifel von Ihnen mit einem etwas sarkastischen Lächeln beantwortet werden. Trotzdem glaube ich nicht, daß es Sie nicht dennoch auch freut, es einmal von Ihren Freunden gesagt zu bekommen, wie gern sie Sie haben.

Ich denke Ihrer an Ihrem Geburtstag und wünsche Ihnen und Ihrem ganzen Haus von Herzen noch manche Jahre eines Nachsommers im Sinne Adalbert Stifters. Das Altwerden ist ja nicht bloß ein Abbauen und Hinwelken, es hat wie jede Lebensstufe, seine eigenen Werte, seinen eigenen Zauber, seine eigene Weisheit, seine eigene Trauer, und in Zeiten einer einigermaßen blühenden Kultur hat man mit Recht dem Alter eine gewisse Ehrfurcht erwiesen, welche heut von der Jugend in Anspruch genommen wird. Wir wollen das der Jugend nicht weiter übelnehmen. Aber wir wollen uns doch nicht aufschwatzen lassen, das Alter sei nichts wert.

Meine Frau schließt sich meinen Glückwünschen und Grüßen an.

Von Herzen alles Freundliche und Schöne wünscht Ihnen Ihr

H. Hesse

1 Von 1916 bis in die Inflationsjahre hatte Reinhart den Dichter mit monatlichen Zuwendungen (bis zu 400 sFr) unterstützt.
2 Georg Reinhart (1877-1955) war Teilhaber und Seniorchef der Winterthurer Welthandelsfirma Volkart & Co.

314 An Victor Wittkowski

[Montagnola, 16.1.1937]

Hochgeschätzter Herr Wittkowski
Danke für Ihren Brief! Ich habe Freude an manchen Ihrer Gedichte[1] (nur die »Widmungen« hätte ich eher wegzulassen geraten), und es tut mir leid, daß ich nicht mehr die Gelegenheit habe, das Buch mit einer empfehlenden Zeile irgendwo zu nennen. Ich habe diese »summierenden Besprechungen«, wie Sie sie nennen, jahrelang gemacht, umschmeichelt von den jungen Autoren und angepfiffen von ihnen, sobald ich ihre Bücher nicht entzückend fand; ich habe mir in den mühsamen Jahren seit 1933 mit dieser Tätigkeit vollends die Augen ruiniert und ihr meine eigene dichterische Arbeit fast ganz geopfert, ich habe dabei, durchschnittlich gerechnet, für den vollen Lese- und Arbeitstag etwa einen Franken verdient, und das Endergebnis war, daß ich nicht nur, wie erwartet, in Deutschland als »Volksverräter«, der »in jüdischem Sold« steht etc., gebrandmarkt wurde, sondern daß zugleich die Emigranten und Juden, für deren Autoren und Verlage ich meinen Kopf riskiert hatte, beim ersten Anlaß ebenfalls mit Verleumdungen über mich herfielen, an der Spitze Leute wie Bernhard in Paris und Schwarzschild in Prag. Ich habe viel dabei gelernt und bereue nichts. Aber die Tätigkeit weiterzuführen wäre in jeder Hinsicht Selbstmord gewesen.

Ja, mit den Besprechungen in Deutschland mache ich ähnliche Erfahrungen wie Sie. Wenn früher ein Buch von mir erschien, wurde es von 100 und mehr deutschen Blättern besprochen, heute von 3 oder 4.

Ich werde versuchen, den Rest meiner Arbeitsfähigkeit vollends dem »Glasperlenspiel« zu widmen. Es kommt wenigstens jedes Jahr ein kleiner Strich hinzu.

In Ihren Gedichten finde ich mich am meisten angezogen von denen, in denen Sie Ihre Heimat beschwören, Dom, Pfaffenteich, etc.

Genug, ich bin von Weihnacht und Neujahr her noch hundertfacher Briefschuldner.

Mit vielen guten Wünschen Ihr

H. Hesse

1 Victor Wittkowski, »Genfer Gedichte«, Jeanneret, Genf 1937.

315 An Peter Weiss

[Montagnola] 21.1.1937

Lieber Herr Weiss
Ich bin zwischen einem Augenleiden, das meine Arbeitsfähigkeit sehr beschränkt, und einer großen täglichen Inanspruchnahme durch Briefe, Bücher, Manuskripte etc. eingeklemmt, nehmen Sie darum mit dem vorlieb, was ich Ihnen heut schreibe. Es ist gut gemeint.

Begabung haben Sie ohne Zweifel, sowohl als Dichter wie als Zeichner. Ihre Zeichnungen scheinen mir schon reifer und selbständiger zu sein als das Geschriebene. Ich könnte mir denken, daß Sie als Zeichner rascher fertig werden, und auch Anerkennung finden, denn als Dichter.

Vielleicht schicken Sie einmal, mit Berufung auf mich, einem Verleger eine Auswahl von Ihren Federzeichnungen mit der Anfrage, ob er nicht gelegentlich etwas für Sie zu zeichnen hätte, etwa einen Buch-Umschlag oder Illustrationen. Der Verleger, zu dem ich rate, wäre Dr. G. Bermann, der

Schwiegersohn meines alten Verlegers S. Fischer. Er war Leiter des Verlags F[ischer], mußte aber emigrieren und ist jetzt in Wien III, Esteplatz 5.

Daß sich Ihre Dichtungen schon zur Veröffentlichung eignen, glaube ich kaum. Es ist viel Schönes und Versprechendes darin, aber hier fehlt es noch an Selbständigkeit, man fühlt die literarisch-romantische Atmosphäre stark, aber man fühlt auch die Vorbilder und Anregungen. Es ist beim Malen und Zeichnen leichter, sich des Handwerks zu erinnern und einfach Studien und Übungen zu machen – beim Schreiben geht das schwerer, es ist aber dennoch notwendig. Ich würde raten: versuchen Sie immer wieder, neben Ihren andern Arbeiten her, literarische Übungen, das Aufzeichnen von Erlebnissen, von Gesehenem, von Kunstwerken, das möglichst genaue, präzise, nüchterne Nachzeichnen durch Worte, und nehmen Sie jede solche Übung immer wieder nochmals durch, bis jedes Wort feststeht und Sie für jedes Wort einstehen können. Mehr Rat kann ich Ihnen nicht geben, ich eigne mich zum Lehrer gar nicht. Es soll nur eine Anregung sein.

Die »Romantik«, die Sie meinen, ist auch mir bekannt und lieb, doch kann ich aus Ihren Versuchen nicht recht erkennen, was Ihnen einmal möglich sein wird. Denn es kommt nicht darauf an, aus Gelesenem eine allgemein romantische Atmosphäre zu zaubern, das ist nicht schwer, auch ich bin diesem Zauber oft genug erlegen. Sondern es kommt darauf an, aus der romantischen Haltung ein verantwortliches Dichtertum zu erziehen, mit großer Strenge im Wort und großer Vorsicht im Anlehnen an Vorbilder. Die alte Romantik ist da und braucht nicht nochmals geschaffen zu werden. Es sind viele Ansätze bei Ihnen, aber die Freude an der allgemeinen Stimmung am Sichergehen in einer romantischen Szenerie wiegt noch vor; auch sie ist etwas Schönes, aber sie genügt nicht, und wem sie genügt, der bleibt Dilettant. Gerade da Sie das Malen und Musizieren ohnehin üben, sollten Sie versuchen, im Dichten nicht mit dem Andeuten der Stimmung zufrieden zu sein, sondern ein richtiges Zeichnen und Bauen mit den

Worten probieren, so bewußt und nüchtern wie möglich, man lernt da nie aus, die Aufgabe ist mit jedem Satz wieder neu.

Das ist alles, was ich zu sagen weiß. Ihre Gefahr ist, glaube ich, die Einsamkeit, in der Sie leben. In Ihrem Alter[1] erträgt man sie ohne Schaden nicht sehr lang. Holen Sie sich irgendeinen Menschen zum Freund, zeigen Sie ihm sich und Ihre Versuche, achten Sie auf die Wirkung, er braucht durchaus kein Genie zu sein.

Ich wünsche, Sie möchten Ihren Weg finden. Geht es mit dem Zeichnen nicht, so müßten Sie einen andern, gewöhnlichen Broterwerb suchen – nicht aus Ihrer Dichtung Brot zu machen suchen! Nur dies nicht! Mit Grüßen Ihr

H. Hesse

1 Peter Weiss war damals 21 Jahre alt.

*316 An Arthur Stoll**

[Montagnola] 27.1.1937

Lieber Herr Professor

Haben Sie schönen Dank für Ihren Gruß und für die Drucksache, die ich mit besonderem Interesse studiert habe.

Daß Sie Ihren fünfzigsten Geburtstag begangen haben, ahnte ich nicht, nun kommen meine Glückwünsche verspätet. Die Inanspruchnahme, die solche Jubiläen bringen, ist mir aus eigener Erfahrung bekannt und im Sommer dieses Jahres werde ich sie nochmals über mich ergehen lassen – ich bin gerade zehn Jahre älter als Sie und werde sechzig. Wenn ich auf einer andern Seite der Welt und Kultur arbeite und lebe als Sie, und meine Verhältnisse kleine sind, so sind doch die Situationen und Schicksale jeder ernstlichen geistigen Arbeit ähnliche; und so wird auch bei Ihnen das Gefeiertwerden und die Berühmtheit unter anderen Reflexen auch den der Ironie in Ihnen auslösen. Das Berühmtsein samt den Jubiläen ist ein Versuch, rein geistige Funktionen ins Soziologische zu übersetzen, oder geistige Leistung (die immer bloß vom Einzelnen geleistet werden kann) mit den Formeln der Masse, der Quantität, auf einen gemeinsamen Nenner zu bringen. Die Folge sind Mißverständnisse, und wir müssen froh sein, wenn sie drollig und harmlos bleiben, sie können auch tragisch werden [...]

Und nun wünsche ich Ihnen, was ja jeder von uns sich selber vor allem wünscht: Sie möchten immer wieder aus dem Gedränge der Welt und Geschäfte in die erfrischende Einsamkeit der eigentlich geistigen und schöpferischen Arbeit hinüber finden, und dort jener Jugend teilhaftig sein, der die Jahrzehnte nichts anhaben können.

* Der Brief ist nicht vollständig überliefert.

317 An einen Leser

[Montagnola, Januar/Februar 1937]

Lieber Herr W. M.

Danke für Ihren Brief. Es freut mich, daß Sie auf meine Bücher nicht mit allgemeiner Anerkennung, sondern mit Kritik antworten. Ich halte die Diskussion jedoch nicht für fruchtbar. Ich bin zufrieden, wenn Sie mich achten und mir anständige Motive zubilligen, darüber hinaus ist Dichtungen gegenüber nach beiden Seiten nur eine affektive Haltung möglich. Ich könnte auf Ihre Zeilen erwidern: den Grundsatz, daß die Dichtung dazu da sei, dem Volk einfache, gesunde, erheiternde, über Konflikte weghelfende Kost zu bieten – diesen Grundsatz wird ohne Zweifel Herr Goebbels oder General Franco wörtlich mit Ihnen teilen. Welche Art von Kunst man machen soll, darüber kann man verschieden denken, aber die ganze Frage geht leider nur die Fabrikanten von Kunst etwas an, nicht die eigentlichen Künstler, denn diese sind keineswegs vor die Wahl gestellt, was sie machen sollen.

So habe ich während gewisser Jahre meines Lebens, gegenüber einer Welt voll Gewalt und Verlogenheit, meinen Dichter-Appell an die Menschenseele nicht anders zu äußern vermocht, als dadurch, daß ich mich als Beispiel nahm und mein eigenes Sein und Leiden darstellte, in der Hoffnung, von ähnlich Gestimmten verstanden, und mit der Erwartung, von den andern dafür verachtet zu werden. Es haben mir Hunderte gesagt, privat und öffentlich, daß die Werke meiner Krisenzeit geschmacklos, eitel, unerlaubt subjektiv seien, und daß das Backen von Brot oder Nähen von Hemden vielmal verdienstvoller sei als das Schreiben von solchem Zeug. Es haben mich auch die Freunde zum Teil damals verlassen. Ich mußte es schlucken. Auf der andern Seite der Rechnung steht eine Minorität von Lesern, die mir, wenn auch zuweilen zögernd und mit Hemmungen, gefolgt sind, und denen das Wissen um mich etwas Stärkendes, Brüderliches bedeutete und ihnen leben half, es gehören Menschen der verschiedensten Art und Berufe dazu. Ich muß beides hinnehmen, die Ablehnung derer, welche über die Aufgaben der Dichtung besser Bescheid wissen als die Dichter, und die (oft lästigere) Gefolgschaft der Mitschwingenden.

Vielleicht könnte man am Ende meines Lebens etwa so fragen: »Da du jetzt, am Ende, wieder ungefähr bei den gleichen einfachen Wahrheiten hältst, mit denen du vor Jahrzehnten angefangen hast, war dann nicht dieser ganze weite Umweg, dieses viele Leiden und Sichdifferenzieren etc. lächerlich und vergeblich?« Aber ich fürchte, die Menschenleben sind selten, an die man am Ende nicht diese Frage stellen kann. [...]

Im Herzen habe ich Ihren Brief durchaus ernst genommen und gewürdigt. Aber da mir das Fragliche: die Rechtfertigung meiner Dichtung, in 20 Büchern und 60 Lebensjahren nicht gelungen ist, wie sollte sie mir da in einem Brief gelingen, sei er auch noch so lang!

Herzlich grüßt Sie

H. Hesse

318 An seinen Sohn Heiner

[Montagnola] 1.2.1937

Lieber Heiner

[...] Was du über die Kunst im Anschluß an Balzac sagst, verstehe ich leider ebensowenig, wie ich frühere Äußerungen dieser Art von dir verstanden habe. Daß Kunst so notwendig sei wie Brot, ist auch mein Standpunkt, eben darum habe ich mein Leben, und oft unter Opfern, darauf verwendet, Künstler zu sein. Daß der Künstler eine abgestempelte Gesinnung haben müsse (hast denn du selbst eine?), daß er sich für eine Partei oder Gruppe entscheiden müsse (gehörst du selber einer an?) und daß er über das, was Gut und Böse, Schwarz und Weiß sei, sich bei dir oder sonstwo Bescheid holen müsse, glaube ich nicht, und nie hat das ein echter Künstler geglaubt. Die Kunst gehört zu den Funktionen der Menschheit, die dafür sorgen, daß Menschlichkeit und Wahrheit fortbestehen, daß nicht die ganze Welt und das ganze Menschenleben in Haß und Partei, in lauter Hitlers und Stalins zerfällt, der Künstler liebt die Menschen, er leidet mit ihnen, er kennt sie oft sehr viel tiefer, als je ein Politiker oder Wirtschaftler sie gekannt hat, aber er steht nicht als ein Herrgott oder Redakteur über ihnen, der genau weiß, wie alles sein sollte. Was heißt denn dein Lieblingswort »Gesinnung«? Der Heiland zum Beispiel hat ohne Zweifel die Armen geliebt und die Habgier verurteilt, er hat aber niemals ein Programm aufgestellt, wie durch normierte Gesinnungen, Parteien, Revolutionen etc. künftig die Armut abgeschafft werden könne, sondern hat aufs deutlichste erkannt und ausgesprochen, daß es allezeit Arme geben werde. Er war also nach deiner mir nicht recht klaren Theorie, ein Außenseiter, der in einer »dritten Dimension« lebte, so wie wir Künstler, die du so sehr verachtest. Auch das ist mir völlig unverständlich, was in deinem Brief steht: die Künstler hätten sich im Lauf der Jahrtausende einen Privatstandpunkt erobert. Wo standen sie denn vorher? Und hat es nicht Künstler genug gegeben, die eifrigst Partei ergriffen haben, die Wortführer politischer

Bestrebungen, Sozialisten etc. waren? Sie und ihre Werke sind dadurch nicht um einen Faden besser oder schlechter geworden. Daß ein Künstler oder Intellektueller ein Lump ist, wenn er seine echten Gefühle und Meinungen aus Opportunismus verleugnet und andere vortäuscht, darin sind wir ja einig. Daß aber zum Beispiel heutzutage ein Künstler durchaus besser wird, daß er sich einer Partei verschreibt oder verkauft, kannst du nicht im Ernst glauben.

Leid tut mir nur, daß ich in deinen Augen auch so ein Mann bin, der die Kunst für etwas Privates hält und weder Gut noch Böse, nur »Genial« oder »Ungenial« etc. kennt! Hast du wirklich nie etwas von mir gelesen? Hast du wirklich nie gefühlt, daß es mir damit ernst ist, daß ich die Programme und fertig formulierten »Gesinnungen« nur darum ablehne, weil sie die Menschen unendlich verarmen und verdummen, und daß ich für Gut und Böse ein ziemlich zartes Gewissen habe? Lieber Heiner, ich könnte heute, statt von allen extremen Parteien angespuckt zu werden, Erfolg und Einfluß in Menge haben, wenn ich mich einer Partei anschlösse. Die paar erfolgreichen Dichter des heutigen Rußland sind Kommunisten, bücken sich vor Stalin und dem Regime und haben die Einnahmen von Fabrikanten. Ehrenburg (Ilja) wird im Jahr auf etwa 100 000 Rubel geschätzt. Ich gönne ihm das gern, aber ich möchte mir durch den Verlust meines eigenen Gewissens und meiner eigenen Freiheit auch nicht das Zehnfache seiner Erfolge und Gelder erwerben. Der einzige heutige Dichter von hohem Rang, der sich am Ende seines Lebens zum Kommunismus bekannte, ist André Gide – ich meine: der einzige, den ich selber sehr hochschätze und ernstnehme. Er hat, resigniert und tief enttäuscht, seine Stimme und seinen Namen den Kommunisten gegeben, und ist als Dichter erloschen, vielmehr er hat sich zurückgezogen und schweigt.

Es hat im Laufe der Jahrhunderte tausend »Gesinnungen« und Parteien und Programme gegeben, tausend Revolutionen, sie haben die Welt verändert und (vielleicht) vorwärts gebracht. Aber keines ihrer Programme und Bekenntnisse hat seine Zeit überdauert. Die Bilder und Worte einiger echter Künstler und auch die Worte einiger echter Weiser und Liebender und Sichopfernder haben die Zeiten überdauert, und tausendmal hat ein Wort Jesu, oder ein Wort eines griechischen oder andern Dichters, nach Jahrhunderten noch Menschen getroffen und aufgeweckt, und ihnen den Blick für das Leid und das Wunder des Menschentums geöffnet. In der Reihe dieser Liebenden und Zeugen ein kleiner, einer von Tausenden zu sein, wäre mein Wunsch und Ehrgeiz, nicht aber für »genial« und dergleichen zu gelten.

Schade, daß es so ist. Schade, daß du einstweilen noch nicht die Reife und nicht die Liebe hast, um ohne Aburteilen etwas glauben und lieben zu können. Aber das Leben geht weiter über uns und unsre Wünsche und Meinungen weg, und ich glaube daran, daß wir alle unfehlbar geprüft und gerichtet werden.

Du sprichst vom »Brotbacken«, mit dem du die Kunst vergleichst. Aber ein Bäcker, der sich noch so glühend für eine Meinung oder Gesinnung einsetzt, und in jedes Brot einen Wahlzettel seiner Partei mit einbackt, wird unfehlbar von denen, die sein Brot essen, eben doch bloß daraufhin geprüft werden, ob sein Brot gut ist, sich verdauen läßt und Kraft gibt. Wenn Homer und Goethe und alle die andern Dichter, die du mit ihren »privaten« Standpunkten so verachtest, nicht sehr gutes Brot gebacken hätten, so würde ihr Brot nicht heute noch für Menschen eine Speise sein können.

Genug, man kommt da brieflich nicht weiter, und unsere Diskussion hat noch den Nachteil, daß sie von Balzac ausging, der mir ganz gleichgültig ist. Von Dostojewski würdest du kaum so verächtlich reden. Und doch ist er ein glühender Nationalist gewesen. Ganz so einfach wie du sie siehst, sind die Dinge doch nicht. Wir wollen wieder einmal darüber reden, aber lieber reden als schreiben, man kommt da weiter.

Für heut nur viele Grüße und Wünsche von

deinem Papi

*319 An Carl Stern**

[Montagnola] Anfang Februar 1937

[...] Ich sehe, daß Sie sich gefährdet fühlen. Viel kann ich dazu nicht sagen, ich bin weder Arzt noch Erzieher. Sie sollten einen Freund oder Berater haben, dem Sie dies alles sagen, nicht in Briefen, sondern direkt, mündlich, und ganz aufrichtig. Aus der Ferne kann ich nur dies sagen: Furcht vor Wahnsinn ist meistens nichts anderes als Furcht vor dem Leben, vor den Forderungen unserer Entwicklung und unserer Triebe. Zwischen dem naiven Triebleben und dem, was wir bewußt sein möchten und zu sein streben, ist immer eine Kluft, man kann sie nicht überbrücken, wohl aber immer wieder überspringen, hundertmal, und jedesmal gehört Mut dazu und befällt uns vor dem Sprung einige Angst. Unterdrücken Sie die Regungen in sich nicht im voraus, nennen Sie sie nicht im voraus schon »Wahnsinn« etc., sondern hören Sie sie an, machen Sie sie sich deutlich! Jede Entwicklung ist mit solchen Zuständen verbunden, ohne Bedrängnis und Schmerzen geht es nicht. Wenn »Wahnbilder« Sie bedrängen, so schließen Sie nicht die Augen, sondern suchen Sie einmal, diese Bilder deutlich in sich werden zu lassen, sonst verfeinden Sie sich mit dem Chaos, das in Ihnen ist wie in jedem, nur immer mehr; Sie sollen sich aber mit ihm befreunden, es annehmen, mit ihm rechnen lernen. Und wenn es sogar Wahnsinn wäre, was in Ihnen steckt – Wahnsinn ist längst noch nicht das Ärgste, was einem Menschen begegnen kann; auch der Wahnsinn hat seine heilige Seite.

* Der Brief ist nicht vollständig überliefert. Ninons Abschrift wurde von Hesse mit der Anmerkung versehen: »Der Empfänger dieses Briefes hat sich 11 Jahre später wieder gemeldet; es ist einer der ziemlich seltenen Fälle, in denen ein gegebener Rat auch angenommen wurde und Frucht getragen hat.« Siehe den Brief des inzwischen emigrierten Carl Stern vom März 1948 im Anhang S. 699.

320 An Thomas Mann

[Montagnola] 25.2.1937

Lieber Herr Thomas Mann
Ihr Brief hat mich sehr gefreut; daß eine Zeitschrift dieser Art entsteht[1], ist ganz gewiß ein Bedürfnis, und daß sie gewillt sei, nicht dem momentanen Entladungsbedürfnis sondern der Zukunft zu dienen und der Wiedervereinigung der deutschen Literatur und Geistigkeit, die jetzt in zwei Lager gespalten ist, das ist wohl nicht nur mein Wunsch, sondern der vieler.

Was meine etwaige Mitarbeit betrifft, so gebe ich Ihnen in aller Offenheit darüber gerne Auskunft. Prinzipiell Nein zu sagen, fällt mir nicht ein. Andererseits ist mein Ja ein eingeschränktes durch verschiedene Umstände. Zunächst dadurch, daß ich sehr wenig mehr produziere und grundsätzlich nicht auf Anregung schreibe. Und dann durch die Rücksicht auf meine Stellung im Reich. Damit steht es so: ich bin fest gewillt, meinem Verlagsvertrag und meinen deutschen Lesern treu zu bleiben, solang nicht eine force majeur es verunmöglicht, keineswegs werde ich einen Bruch provozieren. Ich halte es, wenn nicht politische Änderungen kommen, für wahrscheinlich, daß materiell mein Weiterarbeiten im Reich ziemlich bald ein Ende finden wird: entweder durch Verbot meiner Bücher oder sonstige Verfemung, für die schon viele Zeichen da sind, oder aber ganz mechanisch dadurch, daß ich die Tantiemen nicht mehr erhalte. Schon jetzt erfolgen die Auszahlungen im Clearingverkehr immer langsamer, wahrscheinlich wird bald das Guthaben, das ein Schweizer im Reich stehen hat, ebenso entwertet sein, wie es deutsche Obligationen etc. sind.

Aber auch noch im Fall, daß ich materiell gezwungen würde, im Ausland zu verlegen usw., würden manche Rücksichten fortbestehen, die ich zu nehmen habe. Ich habe meine beiden Schwestern in Deutschland leben, die eine als Frau eines Pfarrers der Bekenntniskirche, der es ohnehin sehr schwer hat, und ähnliche Bindungen sind noch viele da. Z. B. sitzt einer meiner ältesten und treusten Freunde[2] seit einigen Wochen in Würzburg in derselben politischen Abteilung des Gefängnisses, in der Ihr Bekannter Fiedler[3] saß, und es ist so gut wie sicher, daß mein Briefwechsel mit ihm seit Jahren in Händen der Gestapo ist. Im Augenblick, wo mein Name drüben Wut erregt, kann es dem Freund Mißhandlungen und andre Bußen einbringen. Das ist ein höchst zarter Apparat, dessen Drähte man kaum berühren darf. Sie wissen ja.

Nun halte ich es trotzdem für möglich, daß ich gelegentlich zu Ihrer Zeitschrift beitrage, der ich von Herzen Gutes wünsche und im voraus wohl will, doch möchte ich immerhin erst sehen, wie weit Ihre Absicht, auf aktuelle Polemik zu verzichten, sich wird realisieren lassen. Das wird ja das erste und zweite Heft zeigen, denke ich, oder schon durch Herrn Lion mir beruhigend erklärt werden können.

Erlauben Sie mir eine Bitte anzufügen: ich bitte um die jetzige Adresse von Fiedler, oder falls er in Zürich ist, bitte ich ihm zu sagen, mein Freund Schall (einst Altenburg) ist Gefangener in Würzburg, und wüßte gern, ob für mich eine Möglichkeit besteht, irgend etwas für ihn zu tun.

Wir haben hier seit Oktober fast ohne jede Unterbrechung eine Mischung aus Herbst und Frühling, die Wiesen stehen voll Blumen.

Mit herzlichen Grüßen, auch für Ihre Frau und auch von der meinen Ihr

H. Hesse

P.S. Die Nachricht über meinen verhafteten Freund bitte nicht weiterzugeben.

1 In einem Brief vom 23.2.1937 hatte Thomas Mann Hesse um Mitarbeit in der von ihm und Ferdinand Lion herausgegebenen neuen Zweimonatsschrift »Mass und Wert« gebeten.

2 Franz Schall (1877-1943), Altphilologe und Lehrer, Schulfreund Hesses seit Maulbronn (1891). Er übersetzte das Motto zum »Glasperlenspiel« ins Lateinische.

3 Kuno Fiedler, siehe S. 447f.

321 An Horst Lange

[1937]

Hochgeschätzter Herr Lange,
[...] inzwischen habe ich Ihr Buch[1] gelesen. Der dritte Teil, nach der Rückkehr aufs Land, hat mir trotz wundervoller Einzelheiten (der Vorfrühling im Wald, die Überschwemmung!) weniger gefallen als die anderen Teile. Das Ganze hat mir einen starken, schönen Eindruck gemacht, sprachlich und menschlich. Nicht völlig klar geworden ist mir Ihr Glaube, Ihre Weltanschauung, obwohl ich vieles davon glaube erkannt zu haben. Es bleibt mir, vielleicht ist das Irrtum, ein unbehaglicher Rest: das Tor nach der Seite der Verneinung des Geistes scheint mir zu weit offen. Es ist heute von vielen Seiten her der Geist und damit die Gesittung verneint und ins Unrecht gesetzt; ich glaube aber, daß wir beide nötiger haben als je, und ich glaube durchaus, daß der Mensch den Geist nicht hat, um ihn zu verneinen und dem Blut zu opfern, sondern daß er, ohne darum Intellektualität sein zu müssen, dem Geist überall die Stange halten sollte. In Ihrem Buch atmet etwas wie Fatalismus, den Toten gegenüber, und dort widerstrebt es mir. Aber es überwiegt die Freude an Ihrer Leistung.

Herzlich grüßend Ihr

H. Hesse

1 Horst Lange, »Die schwarze Weide«. Roman, Goverts, Hamburg 1937.

322 An Otto Michael Knab

[Montagnola] 26.2.1937

Hochgeschätzter Herr Knab
Ich habe keine Kopie Ihres Briefes, den ich Ihnen schrieb, aber es scheint mir ein wenig so, als sähen Sie von dem, was ich über Ihr Buch sagte[1], allzusehr nur den Zweifel an der

eigentlichen dichterischen Potenz, und zu wenig das, was trotzdem bejahend und anerkennend war. Ich weiß durchaus nicht, ob mein Urteil recht hat, ich bin kein Kritiker, hätte mich zu Ihrem Buch ja auch nicht geäußert wenn das nicht Ihr Wunsch gewesen wäre. Wenn ich in der Erinnerung Ihr Buch mit wirklichen Meisterwerken ähnlicher, nämlich katholisch-christlicher Herkunft vergleiche, etwa dem Priestertagebuch von Bernanos[2], so scheint mein Urteil mir richtig und erlaubt. Daß trotzdem Ihr Buch hoch über dem literarischen Durchschnitt steht, ist eine ganz andre Sache. Der literarische Durchschnitt ist für mich kein Maßstab. Ich weiß auch, daß meine eigenen literarischen Versuche einem durchaus strengen und nur am Höchsten orientierten Urteil nicht standhalten werden, und versuche trotzdem, weiter zu gehen und weiter zu lernen. Darum freut es mich, daß auch Sie, obwohl Sie vorerst in meinen Worten nur das Verneinende empfinden, doch den Antrieb daraus schöpften, weiter zu machen und es immer besser zu machen. Mehr kann niemand, und was am Ende von unserer Arbeit übrig bleibt, wird anderswo entschieden.

Daß ich Ihrem Buch nicht als Rezensent dienen kann, tut mir leid, aber ich habe nun einmal meine früheren Bücherberichte aufgeben müssen, und habe keinen publizistischen Ort mehr, der mir zur Verfügung stünde.

Mit guten Wünschen grüßend Ihr

H. Hesse

1 Offenbar hatte O. M. Knab Hesse seinen 1936 erschienenen Roman »Ärgernis« gesandt.

2 Georges Bernanos, »Tagebuch eines Landpfarrers«, Hegner, Wien 1936.

323 An Alfred Kubin

[Montagnola, Anfang März 1937]

Lieber Freund Kubin
Nun haben Sie mich wieder mit einem lieben Brief, und mit der köstlichen kleinen Zeichnung beschenkt! Ich bin Ihnen mehr dankbar als Sie vielleicht wissen, und möchte das heut einmal wieder aussprechen, denn ich möchte Ihnen heut zu Ihrem 60. Geburtstag im Voraus gratulieren[1], später werden Sie ja im Haufen der Briefe ersticken. Ich möchte Ihnen einmal wieder sagen, wie sehr ich mich Ihnen verbunden fühle, wie sehr ich Sie zu den Morgenlandfahrern[2], zu meinen Kameraden und Freunden zähle. Wir gehören zu einer Generation, welcher noch sehr viele hübsche und nachdenkliche Dinge vertraut sind, von denen die Heutigen und Morgigen keine Ahnung mehr haben. Sie sind für mich ein Kollege, ein Dichter, und gar nicht nur wegen der »anderen Seite«[3], so sehr ich sie liebe, sondern weil Sie im Raum unserer Dichtung leben wie in Ihrer natürlichen Heimat, und weil Ihre Art des Erzählens oder Fabulierens in Bildern mir brüderlich mit zu der deutschen Dichtung zu gehören scheint, die von der Romantik her kommt und heute sich in einigen wenigen Erscheinungen fortsetzt und – vielleicht – sublimiert.

Es freut mich, daß trotz allen Schwierigkeiten mein Gedichtbüchlein erscheinen konnte[4] – wer weiß, ob es nicht das letzte Buch von mir ist, das in Deutschland erscheinen kann. Sollte meine Dichtung von Josef Knecht und dem Glasperlenspiel, wie es wohl möglich ist, ihre Vollendung nicht erleben, so wäre dies kleine Gedichtbuch, mit den Gedichten Knechts als Mittelpunkt, doch ein Vermächtnis für die paar Verstehenden.

Den Musiker Vrieslander[5], von dem Sie schreiben, kenne ich persönlich nicht, wußte aber, daß Alex Moilliet[6], der Schwager von Cardinaux[7], mit ihm befreundet war. Zwar ist Locarno sehr nah von Lugano, aber ich lebe so zurückgezogen, daß schon ein Besuch in Lugano, etwa zum Haarschneiden oder Zahnarzt, eine sehr seltene Unternehmung ist, und nur etwa alle zwei Monate vorkommt. An Ostern aber will ich nach Zürich fahren und die beiden Aufführungen der Johannespassion[8] hören; das ist für mich eine Wallfahrt, und beinahe das einzige Kunst-Ereignis, das noch starke Anziehungskraft für mich hat. Ich meine damit: das einzige, was mich etwa noch zu einer kleinen Reise ermuntern kann, denn das Leben mit Büchern und Bildern, die ich zuhause habe, rechne ich da nicht mit.

Lieber Herr Kubin, Sie gehen mir den Schritt ins neue Jahrzehnt voran. Ich wünsche von Herzen, Sie möchten ihn trotz allem in Freude und Glauben tun können! Auch ich, so schwer mich Sorgen und Enttäuschungen zur Zeit drükken, denke im Glauben nicht irr zu werden, im Glauben an das, was ich vom Menschen, seinen Zielen, seinen Möglichkeiten zu wissen glaube.

Mit den herzlichsten Grüßen Ihr

H. Hesse

1 Kubins 60. Geburtstag am 10.4.1937.

2 Hesses Metapher für alle Menschen (insbesondere Künstler, Forscher und Wissenschaftler), denen ein selbstloser Dienst am kulturellen Erbe und dessen Erneuerung für die Zukunft wichtiger ist als einträgliche Anpassung an den jeweiligen Zeitgeist.

3 Anspielung auf Kubins in einem Traumland spielenden Roman aus dem Jahr 1909.

4 H. Hesse, »Neue Gedichte«, S. Fischer, Berlin 1937.

5 Otto Vrieslander (1880-1950), deutscher Komponist, Musikwissenschaftler und -pädagoge, der ab 1929 in der Schweiz lebte.

6 Alex Moilliet, im Sept. 1936 gestorbener Bruder des mit Hesse befreundeten Malers Louis Moilliet.

7 Emil Cardinaux (1877-1936), Schweizer Maler und Plakatkünstler.

8 Johann Sebastian Bachs »Matthäuspassion« und die »Johannespassion«, 1729, BWV 245, gehörten zu Hesses Lieblingskompositionen.

324 An Wilhelm Stämpfli

[um 1937]

Lieber Herr Dr. Stämpfli
Man macht mich auf etwas aufmerksam, was mir leid tut: nämlich, daß in meinem Aufsatz über »Zinnien«[1] das Wort »Artillerieoberst« vorkommt, und daß Sie Oberst d[er] A[rtillerie] sind. Dazu möchte ich, obwohl Sie mir vermutlich das Wort nicht im Ernst übelnehmen, doch ein Wort der Erklärung sagen.

Zuerst: daß ich natürlich an die Schweiz oder gar an Sie niemals dabei dachte. Von Ihnen wußte ich zwar, daß Sie Oberst sind, aber nicht bei welcher Waffe.

Zweitens: der Aufsatz ist etwa vor 9 oder 10 Jahren geschrieben, zu einer Zeit, in der das heftigste äußere Erlebnis meines Lebens, der Krieg, von mir noch nicht völlig verdaut war. Es bestand in mir damals zwar nicht irgendein Glaube an einen organisierten Pazifismus und Antimilitarismus, wohl aber hallte in mir noch eine heftige Erbitterung gegen den Krieg nach, der Protest gegen ihn geht in meinem Werk bis in den »Steppenwolf« hinein, und ganz wird er nie abklingen. Bei dem »Oberst der Artillerie« dachte ich natürlich nicht an einen Schweizer Offizier, sondern an Berufsoffiziere, denn wir Zivilisten haben ja immerhin den Bedürfnissen des Krieges recht viel geopfert. Ich habe durch den damaligen Krieg mein gesamtes damaliges Erspartes verloren, durch die Inflation außerdem für Jahre meine laufenden Einkünfte, ich habe damals, während meine Bücher in 25 Sprachen übersetzt wurden, jahrelang wie ein Bettler gelebt.

Und das Drollige ist: ebenso wie die Völker praktisch aus der Geschichte nichts lernen, so habe auch ich nichts aus ihr gelernt. Als ich, durch die Erfolge von »Steppenwolf« und »Goldmund«, endlich wieder nicht bloß anständig leben, sondern etwas für das Alter zurücklegen konnte, habe ich dies Ersparte in Papieren der damaligen deutschen Republik angelegt, dabei sprach der sentimentale Gedanke mit, daß auf diese Weise mein Sparpfennig wahrscheinlich nicht zu Rüstungszwecken verbraucht würde. Heute nun, wo die Einkünfte wieder ausbleiben, muß ich dies Ersparte wieder zu nichts zerrinnen sehen; ich bin wieder, wo ich anno 1919 war.

Dennoch würde ich heute nicht mehr in diesem spöttischen Sinn ein Wort gebrauchen, wie ichs in jenem Aufsatz tat. Wenn Sie lesen, was ich in den letzten Jahren, namentlich seit der »Morgenlandfahrt«, geschrieben habe, werden Sie mir darin recht geben.

Immerhin, das dumme Wort steht da, und hat Sie vielleicht geärgert, und das ist das Gegenteil von dem, was ein Dichter seinen Lesern antun soll. Also lassen Sie Gras drüber wachsen, lieber Freund. Mit Grüßen Ihr

H. Hesse

1 Vgl. »Spätsommerblumen« (SW 14, S. 105 ff.). Der Erstdruck dieses Aufsatzes war im »Berliner Tageblatt« vom 23.8.1928 erschienen.

325 An Otto Kleiber, Redaktion der »National-Zeitung«, Basel

[Montagnola, März 1937]

Hochgeschätzter Herr Dr. Kleiber

Zweimal im Lauf der letzten Wochen habe ich Sie schüchtern an zwei Rezensionen erinnert, die ich Ihnen Ende November aus Baden sandte, und die nie erschienen sind. Ich fürchte nun, sie seien verloren, und da auch meine Besprechung des Almanachs S. Fischer, Anfang Januar eingesandt, nicht erschienen ist, fürchte ich, auch sie sei verschwunden, und ich habe so ziemlich alles, was ich in diesen Monaten für Sie schrieb, umsonst getan.

Erlauben Sie mir noch eine Zeile: am 5. März brachten Sie eine Notiz über den Verlag S. Fischer[1], in der Sie die Vermutung aussprechen, der Verlag sei nun »völlig gleichgeschaltet«. Ich habe schon einmal, vor drei Jahren[2], Ihre Redaktion gebeten, mit solchen, im Grunde ja diffamierenden Notizen doch etwas vorsichtig zu sein. Wie es scheint, hat bei Ihrer Redaktion niemand eine Ahnung von den unendlichen Schwierigkeiten, Kämpfen und Opfern, unter denen wir paar übriggebliebenen Autoren und Verleger in Deutschland arbeiten, die sich schweigend der Gleichschaltung entziehen, und eine kulturelle Tradition über diese Zeit hinweg anstreben. Der Verlag Fischer, und sein Leiter Suhrkamp, gehören in dieser Arbeit zu den wertvollsten Kräften.

Selbstverständlich dürfen Sie davon in Ihrem Blatt nichts sagen, selbstverständlich muß unsre Arbeit in aller Stille geschehen – sie geschieht, weiß Gott, nicht um der Anerkennung willen. Aber daß Blätter wie das Ihre bei solchen Gelegenheiten nicht nur ahnungslos sind, sondern sogar die wertvollsten Kräfte mit Bemerkungen wie »gleichgeschaltet« bemängeln, ist ganz einfach Versündigung.

Meine (offenbar auch verlorengegangene) Besprechung des Fischer-Almanachs[3] deutete über diese Dinge so viel an, als heute öffentlich gesagt werden darf, und sie hätte Ihre Leser sehr viel wahrhaftiger orientiert als die jüngste Notiz!

Schade, daß wir so weit auseinander sind! Einmal eine halbe Stunde mündlicher Aussprache würde das alles ordnen, und sachlich nicht ohne Nutzen sein. Lassen Sie mich bitte wissen, ob wirklich alle meine Rezensionen seit Monaten bei Ihnen weggeworfen werden. Es ist für mich entmutigender als Sie wohl denken.

Mit Grüßen Ihr

H. Hesse

1 Am 4.3.1937 erschien in der »National-Zeitung« folgende Notiz: »Die Neuordnung im S. Fischer-Verlag: Nachdem das letzte Mitglied der Familie Fischer schon im letzten Juli aus der Leitung des S. Fischer Verlags ausgeschieden ist, sind nunmehr auch die Besitzrechte an dem Verlag an eine Kommandit-Gesellschaft übergegangen, deren Führung in den Händen des 1933 in den Vorstand des Verlags eingetretenen Peter Suhrkamp liegt. Das dürfte die völlige Gleichschaltung auch dieses großen deutschen Verlages bedeuten, der an den großen literarischen Bewegungen der neueren deutschen

Literatur seit 1886 teilweise entscheidenden Anteil besaß und noch durch die Veröffentlichung der beiden ersten Bände von Thomas Manns Joseph-Werk seine Sonderstellung betont hatte.«

2 Vgl. Hesses Brief vom 17.1.1935, S. 257ff.

3 Dieser Text ist nicht erschienen. Auch das Manuskript ist verschollen.

326 Postkarte an Hans Erich Blaich

[Poststempel 11.3.1937]

Lieber Herr Dr. Blaich! Ich mußte eine betrübende Feststellung machen. Ende November schrieb ich (ohne Abschrift zu behalten, ich war zur Kur in Baden) für meine Basler Zeitung über Ihr Buch[1], seit Januar habe ich 3 mal erfolglos reklamiert, und jetzt gibt man zu, daß mein Manuskript verloren, verbummelt ist.[2] Es ist also auch hierzuland die Literatur kein hübsches und kein geachtetes Gewerbe, wenn es auch im Ganzen relativ anständiger zugeht als anderwärts.

Es grüßt Sie Ihr

H. Hesse

1 Dr. Owlglass, »Kleine Nachtmusik«, Langen/Müller Verlag, München 1936.

2 Damals sind mehrere Rezensionen, die Hesse für die Basler »National-Zeitung« geschrieben hatte, verloren gegangen.

327 An Rudolf Hunziker[1]

Montagnola, 15.4.[19]37

Lieber, hochgeschätzter Herr Professor!

Dieser Tage war mein Verleger aus Berlin bei mir, d.h. der Mann, der den wieder klein und arm gewordenen Verlag Fischer jetzt weiterführt. Er fragte mich, ob ich jemand wisse, der ihm Gotthelfbriefe (womöglich auch ungedruckte oder doch solche, die an wenig mehr bekannten Orten gedruckt waren, nachweisen könne. Er möchte gern in der Neuen Rundschau einmal eine Auswahl aus Gotthelfbriefen bringen.

Da es sich bei dem Verlag Fischer und der Neuen Rundschau um einen der wenigen ernsthaften und aufrichtigen Versuche handelt, in Deutschland gewisse gute Traditionen gegen den Strom durchzuführen, möchte ich diesem Mann, Herrn Suhrkamp, gern dabei helfen.

Darum erlaube ich mir die Frage: würden Sie Herrn Suhrkamp, der dem Mann, der für die Rundschau über Gotthelf schreiben wird, gestatten, daß er sich mit einigen Fragen betreffend das Vorhandensein von Briefen Gotthelfs an Sie wendet? Wenn ja, so leite ich Ihr Ja nach Berlin weiter.

Ich hoffe, wir werden uns einmal wieder in Baden begegnen.

Mit herzlichen Grüßen Ihr

Hermann Hesse

1 Rudolf Hunziker (1870-1946) gab gemeinsam mit Hans Bloesch die »Sämtlichen Werke« von Jeremias Gotthelf heraus.

328 An Kurt Eckner

[Montagnola, Mai 1937]

Lieber Herr Eckner

Danke für Ihren Brief und die Schrift über Herrnhut! Hoffentlich überstehen Sie die lästige Übergangszeit gut. – Was die Verlagsfrage betrifft, so sehe ich sie mit ganz andern Augen als Sie. Ich bin weder Stehr noch Strauß[1], welche den »jüdischen« Verlag (er ist es übrigens längst nicht mehr) verließen, als ihnen das opportun schien. Für mich war im Gegenteil die Art, wie mein alter, schöner, bewährter Verlag in den letzten Jahren behandelt, geplagt, verfolgt, und mit Gewalt klein gemacht wurde, ein triftiger Grund mehr, ihm die Treue zu halten. Dagegen, daß ich in Ihrem Lande als

Autor allmählich vergessen und ausradiert werde, denke ich mich nicht zu wehren. Und daran, daß ich zur Zeit nicht einmal mehr die kleingewordenen Einkünfte aus meinen Büchern bekomme, sondern ausgehungert werde, ist nicht mein Verleger schuld, sondern Ihre dortigen Behörden. – Das Blättchen, das Sie mir beilegten, stammt aus dem 50. Jahresalmanach meines Verlages und spricht Bände.[2]

Der Kuckuck ruft nebenan im Wald, und die Rosen blühen, die Welt wäre schön ohne die Bosheit und Narrheit der Menschen. Die Erfolge des Buches von Mitchell[3] sind mir kein Problem und beunruhigen mich nicht im mindesten. Herzlich grüßend Ihr

H. Hesse

1 Hermann Stehr (1864-1940) und Emil Strauß (1866-1960), beide ehemals Autoren des S. Fischer Verlags.
2 Einleitung zum Almanach des reduzierten S. Fischer Verlags vom November 1936. Vgl. Anhang S. 701.
3 Margaret Mitchell, »Gone with the Wind« (»Vom Winde verweht«, übersetzt von Martin Beheim-Schwarzbach), Goverts, Hamburg 1936.

329 An Lu de Giacomi

Montagnola, 26.5.1937

Ihr lieber Brief hat mich gefunden und ist mir lieb, aber Ihnen bringt der meine leider eine kleine Enttäuschung: ich kann Ihnen nichts über die Fragen sagen, die Sie stellen, über Seele, Tod und Fortleben. Wäre es mir gegeben gewesen, eine der religiösen Formulierungen übernehmen zu können, so wäre ich Priester geworden, nicht Schriftsteller. Ich habe meinen Glauben, einen ganz bestimmten, aber es ist ein persönlicher, einmaliger und läßt sich nicht lehren. Er sah früher sehr indisch aus, heut hat er sich dem christlichen wieder mehr genähert. Einiges davon steht im »Siddhartha«.

Daß ich, ein kranker alter Mann, Ihre Bitte nicht erfüllen kann und darf, tut mir leid, und täte mir noch viel mehr leid, wenn Ihr Brief mir nicht einen sehr guten Eindruck gemacht hätte. Er gibt mir das Gefühl und das Vertrauen, daß Sie auf gutem Wege sind und Ihr Ziel erreichen werden. Wahrscheinlich haben Sie schon jetzt einen viel besseren und bestimmteren Glauben als Sie selbst wissen und sich zugeben.

Dieser Glaube ist nicht dogmatisch sondern persönlich, kaum formulierbar, mehr Erlebnis als Wissen, mehr Vertrauen als Gehorsam. Sie werden zu diesem Glauben, dem Besten, was Sie haben, immer mehr stehen, und wenn Sie ihn auch nie werden in Worten ausdrücken können, so wird er doch aus Ihrem Tun und Ihrem Wesen zu spüren sein und seine Bestimmung erfüllen.

Es grüßt Sie Ihr

H. Hesse

330 An Berthold Heymann

[Montagnola] 12.6.1937

Hochgeschätzter Herr

Ihr schöner Essay[1], und nicht minder Ihr Brief sind mir eine Freude gewesen und haben mich in mancher Hinsicht bewegt und beschäftigt; leider fehlt mir zu einer eigentlichen Antwort (in der ich auch auf die Frage nach meinem »Schwabentum« eingehen müßte) der Atem; zwischen einer eben überstandenen Krankheit[2], die mich sehr schwächte und noch halb bettlägerig zurückließ, und meinem bevorstehenden 60. Geburtstag, der schon jetzt meine Post verdoppelt, bleibt für nichts als das tägliche Notwendigste Kraft übrig. Aber mit meinem Dank und Gegengruß wenigstens möchte ich nicht warten; Sie haben mir mit Ihrem Verständnis für mich und meine Versuche wohlgetan, und haben auch mit einigen Worten Ihres Briefes, die Ihr jetziges Schicksal betreffen, Verwandtes in mir angerufen. Ich bin zwar nicht Emigrant, auch nicht einfach ein zum Schweizer umgetaufter Schwabe, sondern bin außerhalb der Nationalschranken aufgewachsen, und für Leute dieser Art ist die blödsinnig vereinfachte Nationalitäten-Einteilung der heutigen Welt dasselbe wie ein winziger Käfig für einen großen Vogel.

Für diesmal reicht es mir nur zu diesem Gruß. Er kommt von Herzen.

Ihr Hermann Hesse

1 Der unter dem Pseudonym Heinz Berthold erschienene Aufsatz »Hermann Hesse« in »Rote Revue«, Sozialistische Monatsschrift, Zürich 1937.

2 Angina.

331 An seine Schwester Adele

[Montagnola, 11.7.1937]

Liebe Adis

Ich nehme mir zwischenein, ehe ich alles vergesse, eine halbe Stunde für dich zum Berichten, es wird wohl ziemlich konfus werden, wir haben es streng, es liegen auch heut noch (am 11.) wohl gut 400 ungelesene Briefe da, obwohl wir fleißig waren. [...]

Also war[en] wir in Brestenberg vom Donnerstag Abend bis Sonntag Nachmittag.[1] Während dieser Tage waren Leutholds[2] in Bad Schinznach, wo Alice Kur machte, und kamen von da täglich per Auto zu Mittag herüber und blieben bis Abends. Andre Leute waren bloß am 2. Juli dabei. Martin[3] wohnt jetzt in Basel, Mittlere Straße 68. Am Samstag, obwohl ich sehr kaputt war vom Fasten und vor allem vom Nichtschlafen, fuhr ich mit den andern in das Dorf Burg, dort ist der O. Basler Lehrer, der am Radio schön über mich sprach; wir kannten uns schon ein wenig. Er fiel aus den Wolken als er mich zur Tür herein kommen sah. Auf der Fahrt, und

Sonntags auf der Autofahrt nach Olten zum Zug sahen wir manche schöne Dörfer, in der Ferne auch Schloß Wildegg (wo Mutter einst war), Lenzburg sahen wir uns an, die Heimat von Martha Ringier[4], und aus mehreren der Orte, die wir da sahen, fanden wir nachher daheim Briefe von Gratulanten liegen. Eine Frau aus Schwyz schickte ein paar Kilo Kirschen. Sonntag Nacht gegen 11 kamen wir in Lugano an, alle Bahnhöfe u[nd] Züge arg überfüllt, mitten im Gedränge in Lugano an der Bahn fragte mich ein junger Mann, ob ich H. sei, er kam aus Tuttlingen, brachte einen Brief von Eberhard Goes, war schon vergeblich in Montagnola gewesen. Daheim empfingen uns die Mädchen, und die Haustüren waren mit riesigen Plakaten von Böhmer geschmückt; womöglich heben wir sie für euch auf. Am Montag hatte Ninon viel mit Auspacken etc. zu tun, und am Dienstag war Bescheren, ein häuslicher Geburtstag ohne Besuche, ohne Telegramme etc. etc., zu Tisch und für den Nachmittag waren Böhmer und Mareili[5] da; Böhmer ist drei Tage drauf heimgereist nach Dresden. Ich wurde arg beschenkt. Vielleicht das Schönste und Wertvollste hatte ich schon in Brestenberg bekommen, ein wunderbares Aquarell von Louis Moilliet, zugleich brachte er mir einen lieben Brief von seiner 82-jährigen Mutter.

Ein paar Geschenke besonderer Art muß ich dir nennen: Von der Tochter Emmy Balls[6] ein großes Bild, darauf ist märchenhaft und wunderschön in zahllosen Szenen viel aus meinem Leben und meinen Büchern dargestellt, man sieht mich mit Hugo Ball, Emmy und Annemie im Grotto, sieht Klingsor auf s[einem] Balkon, sieht Siddhartha etc. etc., man kann eine Stunde lang dran studieren. Etwas Schönes kam aus Amerika (Philadelphia) von einer Ausgewanderten, ein Couvert mit nur vier Blättchen drin, drei kl[eine] Fotos aus Maulbronn und eins aus Calw mit Mutters Grab, dazu zwei am Grab gepflückte Blätter und nur eine Zeile: dies habe die Ausgewanderte vor ihrer Abreise noch in Calw und Maulbronn aufgenommen und schicke es mir jetzt. Ferner von

Hella Fuchs in Prag, die seit Jahren an einer philol[ogischen] Arbeit über mich schafft, kam eine frühe Originalausgabe von Stifters Studien und ein Originalbrief des von mir verehrten Dichters Kafka. Von Karl Hofer eine schöne Zeichnung, und so noch viel. 2 Blätter zum 2.VII. schickte ich dir, außer den Illustrierten, nimmt mich wunder ob du sie bekamst. In der Frankfurter Zeitung war ein schöner Aufsatz vom jungen Goes.[7] In der Schweiz war des Feierns eher zu viel, aber nun ists ja vorbei.

Addio, ich muß an die Arbeit. Heut haben wir zu Tisch Frau Wiegand[8], die Witwe des verstorbenen Freundes, sie ist bei Mareili Gast.

Viele, viele Grüße, und Hermann Dank für seine liebe Karte, und alle guten Wünsche für sein Ergehen!

Hermann

1 Zur Feier seines 60. Geburtstags am 2.7.1937 im Schlösschen Brestenberg am Hallwiler See (Aargau).
2 Alice und Fritz Leuthold.
3 Sein jüngster Sohn Martin.
4 Martha Ringier (1874-1967), Schriftstellerin und Redakteurin der schweizerischen Zeitschrift »Die Garbe« und des Basler Verlags »Gute Schriften«, in deren Haus in der Basler Lothringerstr. 7 Hesse 1924 eine Mansarde gemietet hatte und mit der Niederschrift des »Steppenwolf« begann.
5 Maria Geroe-Tobler.
6 Annemarie Ball-Hennings.
7 Albrecht Goes, »Gruß und Dank an Hermann Hesse«, »Frankfurter Zeitung« vom 1.7.1937.
8 Eleonore Wiegand.

332 An Hermann Hubacher

[Montagnola, Juli 1937]

Lieber Freund Hubacher
Es wird einige Wochen brauchen, bis ich durch die Geburtstagspost durch bin, und bis dahin kann und darf ich nicht

warten um Dir für Deinen Glückwunsch und Dein wunderbares Geschenk zu danken.

Diese Figur[1] ist mir so lieb, ich werde sie immer in meiner Nähe haben.

Daß Freund Waßmer[2], ohne daß ich es ahnte, hier eine große Festivität plante[3], und daß Ihr, wie ein paar Worte Deines Briefes andeuten, eher etwas verschnupft über mein Versagen seid, das tut mir sehr leid. Ich kann zwar eigentlich nichts dafür, daß neulich eine kleine Angina, nicht einmal mit hohem Fieber, mich so lächerlich mitgenommen und geschwächt hat, daß dieser Geburtstag mir eher der 80. zu sein scheint. Aber es gibt nun einmal für mich nichts, was ich mehr scheue und fürchte und was mich mehr anstrengt, vielmehr im Innern angreift und bis zur Lust am Selbstmord peinigt, als Feste. Ich habe auf meine Art an der Welt und Natur meine Freude, auch heut noch, aber ich gehöre nun eben nicht zu den Fröhlichen und Gesunden, und darum bin ich auch über das Altwerden keineswegs betrübt, sondern begrüße es; so wie die Welt für den Menschen in meiner Situation geworden ist, muß der Abschied von ihr eine große Wonne sein.

Aber genug geschwatzt, amico, Du hast mir mit Deiner Gabe ein viel größeres Fest bereitet als Du vielleicht weißt, und ich möchte nichts als Dir dafür von Herzen danken.

Grüße Anny und Hasi, und nimm den beiliegenden Druck, der eben auf den Geburtstag fertig wurde[4], freundlich an von Deinem

H. Hesse

1 Hubachers Bronzeplastik »Aphrodite«.
2 Max Wassmer.
3 Die Geburtstagsfeier in Schloss Brestenberg.
4 H. Hesse, »Orgelspiel«, Privatdruck.

333 An Friedrich Glauser

[Juli 1937]

Lieber Herr Glauser

Es war hübsch von Martha Ringier[1], Ihnen diesen Gedanken einzugeben, und es war freundlich von Ihnen, ihn so auszuführen. Ich habe an Ihrem Brief Freude gehabt und nicht weniger an dem Büchlein[2], das ich aufmerksam las und dem ich viele Leser wünsche. Sie sind ein guter Beobachter und Erzähler, und wie Sie in diesen Erzählungen vom Äußerlichen und nur Interessanten weg so mitten in die Grundprobleme unseres Lebens finden, das ist schön und kann vielen Lesern wohltun. Ich kann mir zur Zeit keine ausführlichen Briefe leisten, ich bin stark belastet, aber ich wollte Sie nicht länger auf meinen Dank warten lassen. Mit herzlichen Grüßen Ihr

H. Hesse

1 Martha Ringier, a.a.O. Glauser, der Hesse bereits als Schüler bei dessen Besuch im Internat Glarisegg (am Schweizer Bodenseeufer gegenüber von Gaienhofen) kennengelernt und Hesses Erzählungen »Umwege« gegen die Kritik seines Deutschlehrers verteidigt hatte, gratulierte dem Dichter zu seinem 60. Geburtstag.

2 Vermutlich das im Herbst 1937 im Verlag »Gute Schriften«, Basel, erschienene Bändchen »Im Dunkel«, mit autobiographischen Erzählungen Glausers.

*334 Postkarte an Hans Erich Blaich**

[Juli 1937]

Schönen Dank! Daß der Simplic[issimus] eines Mitarbeiters (seit 1905) nach mehr als 30 Jahren nur ohne Nennung seines Namens gedenkt, paßt zu allem andern. Ihnen aber danke ich fürs Gedenken. Mitten in einer Welt ohne Gedächtnis, ohne Treue, ohne Aufrichtigkeit erblickt man einen solchen Einzelnen mit Freude.

Herzlich Ihr H. Hesse

* Der unter dem Pseudonym Dr. Owlglass publizierende Mitarbeiter des Münchner Satiremagazins »Simplicissimus« hatte Hesse mit dem privaten Vierzeiler »Die ganze deutsche Presse / notiert für Hesse Baisse, / Ja, gäb es noch den Mosse / dann hätte Hesse Hausse!« zum 60. Geburtstag gratuliert.

335 *An Paula und Martin Buber*

[Montagnola, Juli 1937]

Liebe Freunde
Wie sehr hat Ihr lieber Geburtstagsbrief mich gefreut, der genau am 2. Juli hier war, aber freilich erst später gelesen wurde! Wir haben den Tag auswärts gefeiert, um einer drohenden Invasion von Besuchen zu entgehen, wir trafen uns an einem hübschen Ort im Aargau mit drei Freunden und meinen drei Söhnen.

Ich bin sehr froh über Ihren Brief, und ich hoffe, daß meine beiden Sendungen, ein Gedicht und ein neues Buch[1], Sie in Heppenheim erreichen. Von Ihren Schicksalen und Plänen hörte ich je und je durch Besuche, meine Gedanken sind oft bei Ihnen, oft mit Teilnahme und Besorgnis, oft beinah mit etwas wie Neid, da Sie, wenn auch gewiß oft mit Schmerzen, einer Gemeinschaft angehören und dienen können.

Meine Frau grüßt mit mir. Und gelegentlich erführe ich gern, ob die Bücher von G. Munk[2] noch existieren, oder einen neuen Verlag haben. Ich liebe sie und empfehle sie je und je solchen, die mir dessen würdig scheinen.

Ich habe große Mühe mit den Augen, sonst schriebe ich Ihnen einen langen Brief. Herzlich der Ihre

H. Hesse

1 Das Gedicht »Orgelspiel« und die im Juni erschienene Sammlung »Gedenkblätter«, Berlin 1937.

2 Georg Munk, das Pseudonym, unter welchem Martin Bubers Frau Paula im Insel Verlag ihre Romane und Erzählungen publizierte.

336 An Karl Erb

[Montagnola, Juli 1937]

Lieber Kollege
Ihr Glückwunsch ist mir, zwischen 1000 gleichgültigen, eine Freude; ich danke schön und wünsche Ihnen, Sie möchten bei Ihrem Geburtstag manches Ähnliche erleben.

Ich hörte Sie zuletzt in der Johannes-Passion in Zürich[1]; ich war auch im Solistenraum, um Andreae und Ilona D[urigo] zu grüßen, wollte Sie aber nicht in der Pause durch Anreden stören.

Ich schicke Ihnen, direkt vom Drucker, ein Gedicht[2] zu und hoffe, es erreicht Sie.

Und da fällt mir eine prosaische Frage ein: ich besaß jahrelang eine alte Grammophonplatte mit dem Duett: »Laß es, o laß es« aus Don Pasquale, von Ihnen und Ivogün[3], und war betrübt, als die ganz abgespielte Platte nicht mehr zu brauchen war. Ist die noch irgendwo erhältlich?

Seien Sie, zugleich mit meinem Dank für viele, sehr viele Musikgenüsse, die ich Ihnen verdanke, herzlich gegrüßt von Ihrem

Hermann Hesse

1 Am 25.3.1935 hatte Hesse die von seinem Freund Volkmar Andreae dirigierte »Johannespassion« besucht, in der Karl Erb (1877-1958) als Tenorsolist und die mit Hesse befreundete Sängerin Ilona Durigo als Altsolistin mitwirkten.

2 H. Hesse, »Orgelspiel«, Erasmusdruck, Berlin 1937.

3 Karl Erbs Frau, die Koloratursopranistin Maria Ivogün (1891-1987).

337 Telegramm an Olaf Gulbransson

[Montagnola, Juli 1937]

Du bist ein sehr Lieber Olaf, dass du mir zu meinem 60. Geburtstag Diese liebe, wundervolle Zeichnung gemacht hast.[1] Und noch dazu als Halbkranker Hast du das gemacht. Ich bin bös erschrocken, als ich von diesem schauderhaften Kopfsprung las, und gratuliere dir, dass noch immer dein lieber Schädel stärker ist als der Beste Beton.

Und an deiner Zeichnung, lieber Freund, habe ich eine gewaltige Freude; ich finde den ganzen alten Olaf drin und bin stolz auf sie und auf dich.

Danke tausendmal, und sei in alter Treue gegrüßt von deinem

Hermann Hesse

1 Dieses Schreiben und die Zeichnung des »Simplicissimus«-Illustrators waren bis Redaktionsschluss nicht auffindbar.

338 An seine Schwester Marulla

[Montagnola, 20.7.1937]

Liebe Marulla
Als wir am 1. Juli vormittags das Haus verließen, um für 3 Tage fortzugehen, hatte ich im Koffer auch ein Päckchen ausgewählter Briefe mit, um sie unterwegs zu lesen, und da war der deine drunter, der an jenem Morgen angekommen war. Ich las ihn in Brestenberg, wo ich in einem riesigen Fürstenzimmer wohnte, in dem anno 57 Richard Wagner gehaust hat; ich las ihn, samt Mutters altem Briefle, in einer der drei schlaflosen Nächte dort. Ich freue mich, daß du mir so lieb geschrieben und daß du statt meiner Adis[1] beschenkt hast, so ists recht, ich dank dir schön!

Jetzt, schon beinah 3 Wochen später, sind wir mit dem Lesen der Gratulationen noch immer nicht ganz fertig, es waren im Ganzen weit über tausend. Es sind halt sehr viele große, lange Briefe dabei, und viele mit beigelegten Gedichten, Aufsätzen etc., fast alle von Unbekannten.

Also im alten Schloß Brestenberg im Aargau waren wir zum Feiern, meine Freunde Leutholds (die»Siamesen«) haben es arrangiert. Wir waren 3 Tage dort und täglich mit Leutholds zusammen, die Fête am Geburtstag aber, ein Mittagessen und nachher Beisammensein im Freien, dauerte bloß ein paar Stunden. Dabei waren meine Söhne, Ninon, die Siamesen, Frau Bodmer aus Zürich, ferner der Schloßherr Max (aus der Morgenlandfahrt) und der Maler Louis, der mir ein herrliches Aquarell schenkte.

Gefeiert wurde ich sehr, besonders in der Schweiz, wo alle Blätter Bilder und Aufsätze etc. und viele eine Extranummer oder Extra-Seite brachten, auch die Landesbehörde gratulierte. Das Hübscheste war die Feier am Zürcher Radio, die war wirklich gut ausgedacht und mit Liebe in festlicher Stimmung ausgeführt, wir hörten sie mit gutem Apparat, in einem kleinen Saal für uns allein, in Brestenberg; es wurde die Jupitersymphonie von Mozart gespielt, und Schoecklieder gesungen.

Unter den Geschenken und Briefen war viel Schönes und Merkwürdiges, einiges nenne ich dir: ich bekam einige seltene alte Bücher, die ich mir gewünscht, von meinem Verleger, die meisten sind von dem Romantiker Daumer, dem Übersetzer des Hafis. Aus Amerika kam ein Couvert mit zwei kleinen Fotos aus Maulbronn und einer Aufnahme von unsrem Calwer Grab, mit 2 dort gepflückten Blättern dabei; eine Jüdin schickte sie, ohne Brief, sie war vor ihrer Auswanderung noch dort hingefahren, hatte die Aufnahmen gemacht und die Blätter gepflückt. Etwas sehr Liebes hat Fanny Schiler mir geschenkt, sie ließ von einem Maler unsern alten Calwer Garten mit Vaters Veranda zeichnen, ein schönes Blatt, ich habs im Schlafzimmer aufgehängt. Und aus Rom kam von der Stieftochter Hugo Balls[2] ein großes farbiges Blatt, mit einer Unzahl von kleinen Szenen drauf, teils aus meinem Leben teils aus meiner Dichtung: man sieht Ball und Emmy mit mir beim Wein sitzen, sieht Klingsor's Balkon, sieht Siddhartha und Goldmund etc. etc. es nimmt kein Ende, ein ganz märchenhaftes Blatt, wie sonst niemand es machen könnte.

Unter den Gratulanten (brieflich) war Martin Knapp[3] in München, Geheeb, Gulbransson, die Lulu aus dem Lauscher[4] mit ihrer Schwester, Perrots in Calw[5], und eine Frau in Cannstatt, deren Vater Bäcker war, in seiner kleinen Wirtschaft tranken wir Gymnasiasten hie und da ein verbotenes Bier, und sie erinnert sich, daß ich Gedichte vorgelesen habe. Und so noch mancherlei.

Jetzt muß ich aufhören, die Post kommt, sie wartet halt nicht bis meine Stube wieder leer ist, sondern bringt jeden Tag Neues, sogar noch immer verspätete Glückwünsche.

Hübsch ist mir der Spaß mit dem Druck des Orgelspiels gelungen: die meisten Empfänger bekamen ihn genau am 2. Juli morgens. Freilich, bedanken tun sich wenige, lesen und verstehen tun es wenige. Aber man muß da fünfe grad sein lassen und so tun, als lebe man, ein Mensch unter Menschen und nicht eine Maschine, in einer leidlich normalen und beseelten Welt, und als sei das Machen und das Lesen und Verstehen von solchen Gedichten so selbstverständlich wie Essen und Trinken, vielleicht ist dies die einizge Aufgabe, die unsereiner heute hat.

Leb wohl, hab Dank und sei, mit guten Wünschen für deine Sommerpläne, geküßt von deinem

Hermann

1 Ihre Schwester Adele.
2 Annemarie Hennings.
3 Martin Knapp, Lektor im Piper Verlag, München.
4 Julie und Sophie Hellmann aus Kirchheim unter Teck.
5 Der Calwer Turmuhrenfabrikant Heinrich Perrot.

339 An Maximilian Graf von Wiser

[Montagnola] Zum 24.7.1937[1]

Wenn ein Chinese den andern auf eine Art anreden will, welche zugleich Zuneigung und Hochachtung, Zärtlichkeit und Respekt ausdrückt, dann nennt er ihn »Mein älterer Bruder«.

Dies etwa wäre die Anrede, die ich Ihnen, wenn es nicht zudringlich ist, an diesem Tag geben möchte: ein leidliches Befinden mit wenig Beschwerden, immer wieder Kraft zur Arbeit und Freude an der Arbeit, und im Herzen die Gelassenheit, mit der ein Mensch, der immer strebend bemüht war, im Alter den Lauf der Welt betrachten darf. Ich glaube, er darf nicht nur den Lauf der Welt mit dieser Gelassenheit betrachten, sondern auch das Jenseits und die verschiedenen Vorstellungen und Meinungen darüber. Ich bin des Glaubens, daß wir nicht ins Nichts gehen, ebenso wie ich des Glaubens bin, daß unsere Arbeit und Sorge um das, was uns das Gute und Rechte schien, nicht vergebens war. Aber in welchen Formen das Ganze uns Teile belebt und immer wieder festhält, darüber kann ich wohl zuweilen phantasieren, aber nicht eine dogmatisch festgelegte Meinung annehmen. Glauben ist Vertrauen, nicht Wissenwollen.

Von Herzen grüßt Sie und wünscht Ihnen Gutes
Ihr dankbarer Freund

H. H.

Bitte grüßen Sie auch Ihre liebe Frau von mir!

1 Zum 76. Geburtstag seines Augenarztes.

340 An Annemarie von Kulinowski

Montagnola, 7. 8. 1937

Ihr lieber Gruß war mir eine Freude. Halten Sie die Treue, die Sie mir versprochen. Halten Sie sie nicht mir, sondern sich selbst und jenem Geist, den Sie in sich haben und durch meine Bücher bestätigt finden.

Herzlich Ihr

H. Hesse

341 An Eberhard Goes

[Montagnola, Anfang August 1937]

Lieber Freund Goes

Danke für deine Karte von Seelisberg! Daß der Zug Mailand–Berlin auch an Tuttlingen[1] vorbei kommt, falls er nicht wie die meisten über Basel fährt, wußte ich schon, aber ich bin in Mailand seit 1914 nie mehr, und in Berlin überhaupt bloß einmal in m[einem] Leben gewesen. Wäre deine Karte anderthalb Jahre früher gekommen, so hätte ich dich eingeladen, das nächstemal für zwei Tage zu mir über den Gotthard zu fahren, und hätte dir das Reisegeld geschickt, aber ich gehöre zu den vielen Schweizern, die aus alter guter Freundschaft mit Deutschland diesem Land ihr Geld anvertraut haben, d.h. meine Ersparnisse waren in reichsdeutschen »Goldpfandbriefen« angelegt, und als der Tag kam, an dem ich sie brauchen konnte, und ein paar von den Papieren verkaufen wollte, da waren sie ebenso wertlos geworden wie einst meine Papiere von 1918. Ich bekam ein Fünftel dessen, was ich eingezahlt hatte, wieder heraus. Und so bin ich also in der großen Zeit, in der ihr lebt, auch diesmal als kräftig Mitzahlender beteiligt. Man lernt über Politik und Weltgeschichte durch solche Beteiligungen und Erfahrungen mehr als aus allen Zeitungen und allen Lehrbüchern. [...]

Addio, lieber Goes, und wenn du wieder in die Schweiz kommst, so melde dich wieder, vielleicht glückt uns dann doch ein Wiedersehen.

Dein Hesse

1 Dem damaligen Wohnort von Eberhard Goes.

342 Postkarte an Klaus Mann

[Montagnola, 7.8.1937]

Lieber Herr Klaus Mann! Ihr Briefchen war mir willkommen. Meine Dedikation war so gemeint, wie Sie sie nahmen, der Zuruf eines Kollegen und Kameraden, der inmitten einer Welt, die in lauter irrsinnige und bewaffnete Fronten eingeteilt scheint, das Menschliche und Dauernde sieht und mit seinen Sympathien immer dort ist, wo er Leiden sieht.

Es grüßt Sie herzlich Ihr

H. Hesse

343 An Rudolf Jakob Humm

[Montagnola] 17.8.1937

Lieber Herr Humm, dieser Tage bekam ich das erste Heft von »Maß und Wert« und fand Ihre Anzeige meines Buches drin.[1] Über die habe ich mich herzlich gefreut und halte es für erlaubt, Ihnen das zu sagen, im Sinn eines Dankes, eines Gegengrußes im Gefühl von Verstandensein.

Es war freilich in den letzten Wochen eher zuviel von diesem Honig auf mein Brot gestrichen. Zum 60. Geburtstag (vorher nicht, bekommt man plötzlich von aller Welt Freundliches gesagt und auf die Schulter geklopft, man rutscht da in einen kleinen See von Harmonie und Versöhnlichkeit, tauscht Freundesgrüße mit Leuten, die man in Jahrzehnten vergessen hatte und die jetzt strahlend wieder dastehen – und am Ende kehrt man etwas beschämt und dumm wieder zum gewohnten Anblick der Welt zurück, und sieht, daß sie nach wie vor nicht Harmonie und Wohlwollen ist, sondern ganz anders, und daß die Gefühle des gefeierten Sechzigjährigen vielleicht bloß eine erste Welle der Senilität waren.

Aber trotzdem also – ich habe mich gefreut. Seien Sie, auch von meiner Frau herzlich gegrüßt Ihr

H. Hesse

1 R.J. Humm, »Hermann Hesses ›Gedenkblätter‹«, in »Mass und Wert«, Zürich, vom August/September 1937.

344 An Gunter Böhmer

[Montagnola, 22.8.1937]

Sie sind also dem Ruf des Todes gefolgt[1], als Sie neulich nach Hause reisten. Ihre Zeilen kommen mit derselben Post, mit der ich den Tod eines alten Berner Freundes[2] erfahre, jenes Organisten, den Emil Sinclair im Münster die Musik von Buxtehude spielen hört!

Sie wissen, Todesruf ist auch Liebesruf. Der Tod wird süß, wenn wir ihn bejahen, wenn wir ihn als eine der großen, ewigen Formen des Lebens und der Verwandlung annehmen.

Ich trauere mit Ihnen heute und denke Ihrer Mutter mit herzlicher Teilnahme. Wenn man jung ist, dann ist der Tod des Vaters wirklich wie das Einreißen einer Wand, die zwischen uns und unserem eigenen Tode stand.

Teilnehmend denke ich Ihrer. Meine Frau grüßt herzlich mit.

Ihr H. Hesse

1 Am 18.8.1937 war Gunter Böhmers Vater Hans Böhmer gestorben.
2 Ernst Graf (1886-18.8.1937), Organist und Musikpädagoge am Konservatorium, Professor der Berner Universität (Pistorius in Hesses »Demian«). Er hatte sich in einem Anfall von Schwermut an der Berner Münsterorgel erhängt.

345 An Franz Nabl

[Montagnola, August 1937]

Lieber, hochgeschätzter Herr Nabl!

Danke für Ihren lieben Brief! Sie haben richtig geraten, ich erfuhr die traurige Nachricht durch eine Karte von Ackerknecht[1] und damit Ihre Adresse, und schickte daraufhin meinen Gruß, dem ich dieser Tage noch einen folgen lasse.

Schreiben und kondolieren wollte ich Ihnen eigentlich nicht, was soll ein Fremder in solchem Falle sagen?[2] Aber nun drücke ich Ihnen doch die Hand, in alter Hochschätzung und Liebe, und denke Ihrer in der herzlichsten Teilnahme.

Ich habe diese vollkommene Art von Liebe, Ehe und Kameradschaft, wie Sie sie gelebt haben, nicht gekannt, bei mir ist immer die Hälfte meiner Existenz unterirdisch und einsam gewesen, ohne Mitwisser.

Ihr Verlust muß sehr, sehr schwer sein, doch kann ich nicht glauben, daß als Frucht eines solchen Zusammenlebens nicht etwas geblieben sein sollte, was auch im schwersten Leid schützt und überlegen macht. Möge das mehr und mehr in Ihr Leben und Bewußtsein treten!

Es grüßt Sie herzlich

Ihr Hermann Hesse

1 Dem sowohl mit Hesse als auch mit dem österreichischen Romancier, Erzähler und Lyriker Franz Nabl (1883-1974) befreundeten Erwin Ackerknecht (1880-1945), dem damaligen Direktor der Stettiner Stadtbibliothek und Verfasser der 1939 im Insel Verlag erschienenen Gottfried-Keller-Biographie.

2 Im Juli war Franz Nabls erste Frau, Hermenegild, geb. Lampe, gestorben.

346 An Carl Seelig

[Montagnola, August 1937]

Lieber Herr Seelig

In Burg im Aargau lebt ein Herr Max Burger, Zigarrenfabrikant, der hie und da in einem Anfall von Großmut und guter Laune irgend etwas Gutes tut. So hat er neulich den Radiovortrag über mich zum 60. Geburtstag, den sein Nachbar, der Lehrer von Burg[1], damals gehalten hat, auf seine Kosten hübsch drucken lassen, stellt mir beliebig Exemplare davon zur Verfügung etc.

Mit jenem Lehrer in Burg, Herrn Basler, habe ich je und je einen Brief zu wechseln, und schrieb ihm neulich von der Lage Rob[ert] Walsers und fragte, ob er nicht Herrn Max Burger davon sprechen wolle. Er hat es getan, und Burger hat ihm gesagt, man möge ihm die Sammelliste für R. Walser nur senden, er wolle schon einen Beitrag zeichnen.

Also falls Sie nicht allzu krank sind, teilen Sie bitte gleich Herrn Max Burger in Burg (Aargau) das Nötige mit, berufen Sie sich auf mich und auf Herrn Basler, und bitten Sie ihn um einen Beitrag für Walser. Ich glaube schon, daß er 500 bis 1000 Fr. zeichnen wird, wenn man ihm einen netten Brief schreibt.

Sollten Sie es nicht wollen oder können, so übernähme es vielleicht der Schriftstellerverein, sich mit der Bitte um einen Beitrag zur Walsergabe an Herrn Burger zu wenden.

Dies in Eile, ich bin immer scheußlich überbürdet, jeden Tag ist der Schreibtisch voll Briefe, die Hälfte davon Emigrantensorgen etc. und sehr selten bleibt von meinem Tag ein kleiner Rest von Arbeits- und Augenkraft für mich selber und meine Arbeit übrig.

Viele gute Wünsche von Ihrem

H. Hesse

1 Otto Basler.

347 An Gunter Böhmer

[Montagnola, Anfang September 1937]

Lieber Böhmer

Es geht bei uns wieder unruhig zu, stets Wohngäste, dazu fast täglich noch Besuche, oft mehrere zugleich, da kommt man zu einem richtigen Briefschreiben nicht. An Arbeit ist schon gar nicht zu denken, ich weiß kaum mehr, was das ist. [...]

Hier lebt im Camuzzihaus schon wieder ein junger Maler, und wieder einer, der vorher seit 1 Jahr oder 2 mir öfter geschrieben hatte, doch ist er nur in Ferien, er kehrt an die Akademie nach Prag zurück; er heißt Ulrich Weiss[1], ist erst 20jährig, ein netter Mensch, allgemein begabt und sympathisch, im Künstlerischen noch ohne Bestimmung, nur so allgemein dem Poetischen zugetan und dem Romantischen.

Auch Carlo Isenberg war eine Woche da mit seiner jungen Frau, jetzt sind sie nach Italien weiter und wurden abgelöst von Ninons Schwester, dazu kommt morgen noch mein Freund Wilhelm aus der Nürnberger Reise.[2] Und heute macht der Maler und Emailkünstler Lochmüller[3] einen Besuch, der für die Ferien in die Nähe kommen will.

Mit der Post vom Geburtstag sind wir fertig, nur liegen noch viele Zeitungen etc. da, die wir damals zugeschickt bekamen und noch nicht lesen konnten. [...]

Gestern war ich in Lugano (Haarschneiden) und sah wieder die Zerstörungen durch die neue Straße: das schöne Kapellchen an der Straßenecke in Certenago ist nun auch abgerissen, es sieht alles scheußlich aus. So ist es, wenn der Mensch heute etwas machen und »aufbauen« will. Und da der Geist fehlt, aus welchem solche Sachen wie die alten je wieder könnten neu entstehen, ist es vielleicht um die Dinge selbst gar nicht so sehr schade. Wir lieben ja nicht »das Alte«, sondern den lebendigen Strang, der uns mit seinem Geist verbindet. Und einige von uns müssen diese Zeit überleben oder das Unsre unsren Nachkommen mitgeben, damit es da sei, wenn einmal die Zerstörung vollendet und für die Abbruch-Künstler nichts mehr zu tun ist.

Martin[4] hat dem Basler Fotografen, bei dem er ein Jahr lernen wollte, schon wieder Adieu gesagt, und zwar derb, er hat die Tür zugehauen, der Mann scheint eher übel zu sein. Martin bleibt vorerst in Basel, da er nun doch sich dort eingerichtet hat, will aber dann in einigen Monaten doch lieber wieder nach Bern zurück. Addio, es reicht nicht weiter.

Grüßen Sie Ihre Eltern, an die ich mit Teilnahme denke! Herzlich

Ihr H. Hesse

1 Der Schriftsteller und Maler Peter (Ulrich) Weiss (1916-1982).
2 Hesses ehemaliger Maulbronner Schulkamerad Wilhelm Haecker (1877-1959).
3 Der Maler Walter Lochmüller (1905-1992).
4 Hesses jüngster Sohn.

*348 An Robert Mächler**

[Montagnola] 14.9.1937

Hochgeschätzter Herr
Dank für Ihre Zusendung, ich habe den Aufsatz mit Interesse gelesen [...].[1] Ich verdanke Ihrem Aufsatz einige Bestätigungen und auch einige neue Gedanken. Seine Überschrift würde ich, wenn ich über das Thema schriebe, vielleicht ändern, und würde sagen: das Gewissen der Dichter. Denn »schlechtes Gewissen« ist, christlich wie psychologisch genommen stets das Anzeichen für die Existenz eines lebendigen, gesunden, wenn schon beunruhigten Gewissens. Daß dies Gewissen bei den Dichtern spürbar wird, unterscheidet sie von anderen Funktionären des Völkerlebens, von den Staatsmännern und Generälen zum Beispiel. Und da, vom christlichen Standpunkt, »schlechtes Gewissen« stets das Merkmal intensiver und wertvollster Seelenvorgänge ist, scheint mir die Funk-

tion des Dichters allein schon durch den Hinweis auf dies schlechte Gewissen gerechtfertigt: der Dichter erscheint als Zeiger, als Seismograph, von dem der Gewissenszustand seiner Umwelt abgelesen werden kann.

Was natürlich nicht ausschließt, daß auch Dichter aus wenig edlen Veranlassungen ein schlechtes Gewissen haben können. Mir ist aber auch das schlechteste Gewissen lieber als das unerschütterliche gute Gewissen der Staatsmänner, der Generäle und Rüstungsfabrikanten.

* Der Brief ist nicht vollständig überliefert.

1 Robert Mächler, »Das schlechte Gewissen des Dichters im 20. Jahrhundert«, in: »Der Bund«, Bern, vom 25.7.1937.

349 An Anni Rebenwurzel

[Montagnola, Mitte September 1937]

Liebe Frl. Anni

Danke für Ihren Brief! Der »Zauberer«[1] (aus dem dann schließlich damals der »Kurzgefaßte Lebenslauf« wurde) ist vor etwa 16 Jahren hier in Montagnola geschrieben.

Es freut mich, daß Sie den Mozart von Annette K[olb][2] gelesen haben. Sie haben schon ganz recht mit Ihren Einwänden – indessen, Geschichte zu schreiben ist ein Versuchen des Unmöglichen, und das merkt man am deutlichsten bei der Biographie. Hätte Annette Kolb durch die Unmöglichkeiten, angesichts der Lebensgeschichte und Briefwechsel objektiv und kühl zu bleiben, sich davon abhalten lassen, ihr wunderschönes Buch zu schreiben, so hätten Sie es eben auch nicht lesen können. Von den frühern Mozartbüchern gilt das (schon recht alte) von O. Jahn[3] noch immer für gut. Ein andres, von Schurig[4], las ich vor wohl etwa 20 Jahren, dort war die Animosität des Autors (denn jeden Autor regt diese Biographie auf) weniger gegen Konstanze als gegen Mozarts Vater gerichtet.

Übrigens gibt es ein sehr schönes Mozartbuch, das Sie sich einmal zur Weihnacht sollten schenken lassen, es heißt etwa »Mozart, Dokumente s[eines] Lebens« oder »Mozart i[m] Urteil s[einer] Zeitgenossen«[5], ist im Inselverlag erschienen und kostet ein paar Mark, ein höchst liebenswertes und aufschlußreiches Buch.

Bei Annette Kolb muß ich freilich zugestehen, daß ihr Buch noch etwas über den unvermeidlichen Grad hinaus subjektiv ist. Aber dafür hat diese Autorin für mich das Schöne, daß ich ihre ganze Art und Kunst, ihre Person und ihre Schreibart ganz bejahe, und liebe, so daß sie grade auch da, wo sie subjektiv ist, mir noch Freude macht.

Dieser Tage erlebte ich, nach sehr vielen Jahren, einmal wieder etwas für mich Erstaunliches und für Sie Selbstverständliches: die Großstadt. Ich war mit Ninon und Leutholds, in deren Auto, einen halben Tag in Mailand, das ich seit dem Frühling 1914 nicht mehr gesehen hatte. Außer einem Blick in den Dom und in San Maria delle Grazie und einem Gang durch die Brera gab es da ein Mittagessen in einem Lokal mit, wie mir schien, etwa zehntausend Gästen, einen Tee in einem ganz modernen Café, wo der Betrieb noch toller war, es saßen dort auf jedem Quadratmeter etwa 4 bis 5 Menschen; auch in einem Restaurant waren wir noch, und unter den Galerien strömten die Leute zu Tausenden. Es war ein Bienenstaat von freundlichen, gesprächigen, gutartigen, modischen Kindermenschen, gegen die nichts zu sagen wäre, wenn nicht sie es wären mit denen man die Kriege führt. Für mich war es wie ein halber Tag auf einem andern Gestirn, ebenso nett wie scheußlich. Und hier geht der Strom der Besuche weiter, auch heute erwarten wir 4 Gäste, 2 zu Mittag und 2 zum Tee.

Addio, herzlich grüßt Sie Ihr

H. Hesse

1 Siehe »Kindheit des Zauberers« (SW 9, S. 171ff.) und »Kurzgefaßter Lebenslauf« (SW 12, S. 46ff.).

2 Annette Kolb, »Mozart«. Biographie, Bermann Fischer, Wien 1937 (siehe Hesses Besprechung in SW 20, S. 237f.).
3 Otto Jahn, »W. A. Mozart«, Breitkopf & Härtel, Leipzig 1856-1859.
4 Arthur Schurig, »Wolfgang Amadeus Mozart«, Insel Verlag, Leipzig 1912.
5 W. A. Mozart, Berichte seiner Zeitgenossen und Briefe«, Insel Verlag, Leipzig 1926.

350 An Edmund Natter

[Montagnola, 22.9.1937]

Lieber Natter
Es ist Abend, meine Frau ist beschäftigt und hat mich für eine Stunde oder zwei allein lassen müssen, und das sind bei schlechtem Wetter für mich unerfreuliche Stunden, da ich am Abend meistens nicht mehr zu lesen fähig bin; so lasse ich mir Zeit zu einem Dank für deinen lieben Brief. Die Schreibmaschine würde, wenn sie dazu fähig wäre, mit den Tasten klappern, so kalt ist es, draußen hängt eine nasse, kalte, vernebelte Nacht, der Sommer, der sehr schön war, hat ein plötzliches Ende genommen.

Den Eugen Borst[1] habe ich in Erinnerung als einen hübschen, etwas spitz-zierlichen, klugen und streberischen Knaben, und die Streberei ist ihm also treu geblieben bis zum Ende. Es war mir merkwürdig, aufschlußreich und zum Teil überraschend (und doch wieder nicht, irgendwo hatte ich doch eine Ahnung davon) was du mir über diesen Knaben erzählt hast. Ich hatte von ihm, als ich anno 14 oder 15 seinen Tod erfuhr, seit langen Jahren gar nichts mehr gewußt, auch in Tübingen hatte ich ihn nur ein oder zweimal ganz flüchtig begrüßt. Nun weiß ich über ihn so viel, und das ist mir willkommen, denn mit dem Altwerden, und wenn man das ganze Leben ohne Heimat, ohne Symbiose mit einer Umgebung, war, hängt man an den Gestalten und Bildern der harmlosen, hübschen und, wie man oft meint, so merkwürdig »richtigen«, d.h. unproblematischen Kinderzeit mit einer gewissen Sentimentalität; und wenn man an sie erinnert wird, hat man eine Freude. So spreche ich, wenn meine Schwester bei mir ist (jedes Jahr kommt sie einmal) das alte Calw und unsre Verwandtschaft durch, und neulich mit Freund Häcker, den ich auch sieben Jahre nicht gesehen hatte, ließ ich mir auch von mehreren unsrer Maulbronner Kameraden erzählen.

Es ist jetzt still im Haus, der überfüllte und anstrengende Sommer mit allzu vielen Gästen und Besuchen ist plötzlich zu Ende, wir haben wieder unsre Abende mit Vorlesen und etwas Grammophonmusik, zur Zeit hören wir öfter die »Kunst der Fuge« und einige Quartette und Quintette von Mozart, und wenn auch der Herbst dann nahezu vorbei ist, wenn die Tage kurz und die Hotels in Baden ganz leer sind, so daß man ein ganzes Stockwerk für sich allein haben kann, dann fahre ich nach Baden und mache meine Kur dort.

Aber ich verplaudere mich. Schade, daß du nicht bei mir sitzest, ich würde einen guten Wein heraufholen. Aber vielleicht glückt uns das doch noch einmal. Herzlich grüßt dich dein

H. Hesse

1 Eugen Borst (1877-1914), Schulkamerad von Natter und Hesse 1890/91 in der Lateinschule von Göppingen. 1914 in Belgien gefallen, über den Hesse 1914 u.d.T. »Eugen Siegel« ein Gedenkblatt schrieb (SW 12, S. 292ff.).

351 An Peter Weiss

[Montagnola, Anfang Oktober 1937]

Lieber Herr Weiss

Danke für Ihren lieben Brief und das beigelegte Blumenblättchen, dessen Handschrift mich ein wenig an die mancher Blätter von Lochmüller erinnert. Lochmüllers[1] waren 6 Tage in Florenz, bis das Geld zu Ende ging, und sind jetzt wieder fort. Unser schöner Sommer, der ja schon vor Ihrer Abreise krank geworden war, ist inzwischen durch eine ganze Reihe von schweren Stürmen, Gewittern und Wolkenbrüchen vollends umgebracht worden, es sind da und dort in der Gegend Überschwemmungen etc., und bei uns ist Wald und Garten arg gezaust und geknickt, ich trage endlose Lasten von gebrochenen Ästen etc. zusammen für künftige Feuer, an die aber vorläufig noch nicht zu denken ist.

Es freut mich sehr, daß Sie von Montagnola und auch von unsrem Haus nicht enttäuscht sind. Ich bin im Laufe dieses Jahres, das für mich besonders überfüllt und anstrengend war, vollends recht alt geworden, älter als ich sein dürfte, aber bei meinen 60 Jahren waren auch diverse Kriegsjahre dabei; aber wenn junge Leute ins Haus kommen, finde ich mich sehr überständig und entbehrlich. Freilich, in den seltenen Zeiten, wo ich dann wieder arbeiten kann, hört das alles wieder auf.

Sie fragen mich, »ob man leben dürfe, ohne die Dinge draußen zu beachten« – und meinen damit den Egoismus des Künstlers, der auf Wirtschaft und Politik pfeift und nichts will, als seine Spiele spielen. Ach, dieser Egoismus ist der harmloseste auf der Welt, und sie wäre friedlich und schön, wenn es keinen andern gäbe! Bleiben Sie bei ihm! Und wenn unsereiner sich auch bemühen wollte, die »Welt« ernst zu nehmen und an ihre Wertungen zu glauben, er brächte es ja doch nicht fertig.

Addio, ich darf mir eigentlich keine so langen Briefe erlauben. Herzlich wünscht Ihnen Gutes Ihr

H. Hesse

P.S. Wenn Sie doch einmal Lust haben sollten, sich mit den tatsächlichen politischen und menschlichen Zuständen näher vertraut zu machen, dann suchen Sie einmal den deutschen Emigranten Max Barth[2] in Prag auf (Prag XIII. Smetanova 728). Er ist ein Bekannter von mir, ein sympathischer und gescheiter Mann, noch ziemlich jung, lebt stets an der Grenze des Hungers. Aber das soll Sie nicht belasten, ich erwähne es nur.

1 Sie hatten Hesse am 20./21.9. in Montagnola besucht und dabei auch Peter Weiss kennengelernt.
2 Max Barth (1896-1970), künftiger Freund von Peter Weiss, emigrierte von Prag aus nach Moskau und New York. Vgl. Peter Weiss, »Abschied von den Eltern«, Frankfurt/M. 1961. Barth vermittelte Peter Weiss zu Professor Willi Nowak an die Prager Kunstakademie.

352 An Anni Rebenwurzel

Montagnola [ca. 12.]10.[19]37

Liebe Anni Rebenwurzel
Danke für Ihren Brief, [...]. Was den Dostojewskiplan betrifft, so scheint er mir durchaus möglich. Von einem modernen Standpunkt aus ist in der Tat viel Verwandtschaft zwischen Hamsun und D[ostojewski] zu entdecken. Ähnlich sind die neurotischen Temperaturen, ähnlich vielleicht auch die Temperamente. Geistig dagegen finde ich keine Ähnlichkeit. Hamsun ist ohne Herkunft, hat nicht viel gelernt, glaubt an nichts als an sich, ist Naturbursch, während D[ostojewski] große Traditionen hinter sich hat, vor allem die christliche in der russisch- (und speziell staretzhaften) Form. Hamsun fängt als Outsider und Rebell an und endet, vom »Segen der Erde« an, als Lobpreiser eines bäuerlich-nordischen Ideals, ein blauäugiger Verehrer der Erde und Feind des Geistes, was dadurch nicht anders wird, daß er, als Person, nach wie vor ein äußerst schrullenhafter Neurastheniker geblieben ist. Bei D[ostojewski] dagegen geht die Entwicklung ohne Ende weiter. Na, das ist was mir beim ersten Betrachten Ihres Gedankens eben so einfällt. Sobald man einen Menschen als Typus betrachtet, tut man ihm natürlich Unrecht, und so wird meine Betrachtung Hamsuns seiner Genialität natürlich nicht gerecht.

Der Sommer ist zu Ende und unser Hotel ist zuweilen 1 oder 2 Tage leer, meistens aber nach wie vor besetzt, neulich war Binding[1] da, nächstens kommt Wiechert[2], es waren hunderte von Besuchen da im Lauf dieser paar Monate, und ich habe allmählich mich daran gewöhnt, auf den Gedanken an Konzentration und Arbeit zu verzichten. Jetzt denken wir schon an Baden etc., doch werden wir erst wieder etwa am 10. Nov. reisen. Viele Grüße, viele gute Wünsche! Ihr

H. Hesse

1 Der Schriftsteller Rudolf Georg Bindung (1867-1938) war am 9.9. 1937 zu Besuch.
2 Der Romancier Ernst Wiechert besuchte Hesse am 23.10.1937.

353 An eine Gruppe junger Menschen in Berlin

Mitte Oktober 1937

Haben Sie Dank für Ihren Brief, er ist mir teuer als ein Zeichen der Treue und als ein Versprechen, nicht mir gegeben, aber dem Geist, dem auch ich zugehöre und diene. Sie haben es schwerer, als ich es in meiner Jugend hatte, damals umgab uns eine zwar bedrohte und in sich unsichere, aber harmlosere, kindlichere Welt. Indessen wird das Gesicht der Welt und Zeit sich immer neu verwandeln, versteifen, verfratzen und wieder entspannen, und auch die häßlichen und rohen Bewegungen des Zeitgeistes sind Zuckungen des suchenden Menschengeistes. Im Zurückblicken sieht man es deutlich: im Geistigen und Dauernden, in den Werken des Geistes, den Bibeln und Philosophien, sind in Jahrtausenden die »Entwicklungen« sehr gering, vom alten Indien bis zu Thomas von Aquin oder Eckhart haben, unter wechselnden Bildern, stets die gleichen Wahrheiten gegolten. Freilich, sie gelten nur für die Wissenden, nicht für die Welt und Masse. Und die Wissenden sind immer nur wenige. Aber vielleicht bedürfen sie der Masse, die sie umhüllt und verbirgt, ebensosehr wie die Masse ihrer bedarf.

Genug, liebe Freunde, Ihr wißt das ja selbst

Herzlich Ihr

H. Hesse

354 An seinen Neffen Ulrich Hesse

[um 1937]

Lieber Uli

[...] Das was du die »Grenzen deines Niveaus« nennst, und was dich oft leiden macht, ist mir auch wohl bekannt. Aber daß man nicht mit sich und dem, was man von selber ist und kann, zufrieden ist, sondern sich dem Vollkommenen nähern möchte, wenigstens die Sehnsucht danach nie verliert, das ist doch grade der beste Teil im Menschen, ein Nachklang der Ebenbildschaft Gottes. Wie weit der Mensch es im Bestialischen bringen kann, sieht man jeden Tag: gut, daß auch manche das andre nicht vergessen und verleugnen.

Sei herzlich gegrüßt von deinem

H. Hesse

*355 An Luise Rinser**

[Montagnola, November 1937]

Danke für Ihren lieben Brief, meine Frau hat ihn mir vorgelesen. Nehmen Sie das kleine Bildchen als meinen Gegengruß, und eine Frage muß ich ja auch beantworten: Sie stellen sich die Geschichte von J. Knecht systematischer, größer und wohl auch etwas pathetischer vor als ich, aber im Grunde denken Sie sicher doch das Richtige. Diese Dichtung, in der ich die Morgenlandfahrt fortsetzen wollte, und die nun zu meinem Alterswerk geworden ist, das ich vielleicht nicht mehr zu Ende bringe, hat bisher folgende Stücke, die schon gedruckt sind: das »Glasperlenspiel« (N[eue] Rundschau etwa Ende [19]33), Regenmacher, Beichtvater (Rundschau Sommer [19]36), Indischer L[ebens]lauf (Rundschau Juli [19]37 und die »Gedichte« Knechts, in meinem Buch »Neue Gedichte«. Außerdem existiert irgendwo noch ein Stück Manuskript, doch habe ich es seit vielen Monaten nicht mehr gesehen. Denn die Welt verbraucht uns nicht so, wie wir es wünschen, sondern auf ihre Art. Ich bin seit langen Jahren augenleidend und von beständigen, kaum je pausierenden Augenschmerzen bedrängt. Nun muß ich fast das ganze Jahr hindurch am Vormittag Briefe lesen und beantworten, meist bis zur Erschöpfung der Augenkraft für den Tag, und nachmittags kommen dann Besuche, dies Jahr waren hundert da, sitzen bei uns, trinken Tee, schwatzen, bringen Empfehlungen und Grüße von Freunden, bringen ihre Sorgen und Ängste, schwatzen oder beichten, sind verzweifelt oder sind junge Gymnasiasten und soeben mit gestohlenem Geld den Eltern durchgebrannt, oder auch sind es ruhige alte Leute, die mir von anno damals erzählen und eine Tante von mir gekannt haben oder sind es Emigranten und Leute mit Fransen an den Hosen und keinem Pfennig im Sack, die man trösten und füttern muß, und so gehe ich beinahe jeden Tag ins Bett, überfüllt von Fremdem, beladen mit Fremdem, und mit dem Altwerden verliert sich die Lust, auszubrechen und zu meiner eigenen Arbeit zu fliehen. So weiß ich nicht, wann ich einmal wieder mein Manuskript heraussuchen werde, das Wiederlesen allein ist, wie jedes Lesen, eine Arbeit und Qual, die ich fürchte.

Darum bitte ich auch nicht um Ihre Novelle, freue mich aber wenn Sie einmal wieder schreiben. Es grüßt Sie Ihr

H. H.

* Ohne Anrede.

356 An Carl Seelig

[Montagnola, November 1937]

Lieber Herr Seelig

Das glaube ich Ihnen schon, daß bei einer Zeitung viel Dummes muß getan werden. Da das Kluge, Menschliche und Richtige dort nicht getan wird, muß eben anderes getan werden, das ist zwangsläufig. Neulich wurde das neue Buch von Max Picard[1] in der NZZ auf das Dümmste heruntergemacht. Wenn aber ich der Redaktion einen artigen Brief schreibe und mir ein Buch zur Rezension ausbitte, und wenn ich, da dies natürlich ohne Antwort bleibt, artig und demütig meine Bitte nach 14 Tagen nochmals wiederhole, so bekomme ich keine Antwort. Der höchst geringe Einblick in die Struktur einer Zeitung und die Psychologie derer, die sie machen, den ich in vier Jahrzehnten gewinnen konnte, genügt nicht zu einem Urteil, aber es hat sich mir persönlich auf diesem Gebiet niemals etwas Überraschendes oder Neues ereignet, sondern eines paßte immer vortrefflich zum andern, der Redakteur sabotierte den Mitarbeiter, um ihn dann morgen wieder telegrafisch einzuladen, der Leitartikel sabotierte das Feuilleton usw. So ist das nun eben.

Wegen der Sprüche[2] ist mir nun doch etwas bang geworden. Nämlich Zusagen ist leicht, aber Halten schwer, und ich möchte nicht, daß Sie im Vertrauen auf mich sich auf etwas einlassen, was dann vielleicht durch mein Versagen nichts wird. Denn wenn ich das mit den Sprüchen auch gern probieren will, sobald das Befinden ordentlich und der Druck von außen geringer wird, so weiß ich doch im voraus nicht, ob dabei etwas herauskommen wird.

Ach, das mit Walser ist traurig! Dennoch hat er natürlich nicht recht. Er hat, zeitlebens, seine Freiheit behalten, auch noch im Irrenhaus, während ich, einer andern Sendung folgend, mich fast bis zur Auslöschung hergeben mußte. Addio, herzlich grüßt Sie Ihr

H. Hesse

1 Max Picard, »Die Grenzen der Physiognomik«. Hesse besprach das Buch empfehlend in der »National-Zeitung«, Basel, vom 28.11.1937 und im »Prager Tageblatt« vom 11.12.1937 (SW 20, S. 246).

2 Der Brief Carl Seeligs ist nicht erhalten. So lässt sich nicht mehr feststellen, auf welches Projekt mit Sprüchen und auf welche Äußerung Robert Walsers Hesse hier reagiert.

357 An Otto Basler

[Baden, bei Zürich, 1.12.1937]

Lieber Herr Basler!
Danke für Ihren Brief. Ich glaube, um jenes Lächeln zu lernen, braucht es außer dem guten Willen und der nötigen Portion von Leid nur eben noch einen Schimmer, einen Tropfen von Gnade, und die kann man sich freilich nicht selber geben, ich so wenig wie Sie. Sie kommt und geht, manchmal hat man sie und lebt in ihr, manchmal ist sie wieder fern und wie nie gewesen, aber man weiß doch von ihr. Ich glaube, mit der Gnade ist es nicht so, wie manche Theologen gelehrt haben, etwa Calvin[1]: daß sie allein eine Sache Gottes und vom Menschen ganz und gar nicht erlangbar ist. Wenn man das Bildnis Calvins ansieht, glaubt man nicht, daß er viel über das Geheimnis der Gnade wissen konnte. Ich glaube, die Gnade, oder das Tao oder wie man es nennen will, umgibt uns immerzu, sie ist das Licht und ist Gott selbst, und wo wir einen Augenblick offenstehen, geht sie in uns ein, in jedes Kind wie in jeden Weisen. Ich halte viel vom Heiligsein, aber ich bin kein Heiliger, ich bin von einer ganz andern Art, und was ich an Wissen um das Geheimnis habe, ist mir nicht offenbart worden sondern gelernt und zusammengesucht, es ging bei mir den Weg über das Lesen und Denken und Suchen, und das ist nicht der göttlichste und unmittelbarste Weg, aber ein Weg ist es auch. Einmal bei Buddha, einmal in der Bibel, einmal bei Lao Tse oder Dschuang Dsi[2], einmal auch bei Goethe oder andern Dichtern spürte ich mich vom Geheimnis

berührt, und mit der Zeit merkte ich, daß es stets dasselbe Geheimnis war, stets aus derselben Quelle kam, über alle Sprachen, Zeiten und Denkformen hinweg.

Ich war ein Stündchen bei Thomas Mann und fand ihn heiter und gesund, das war schön.

Herzlich grüßt Sie beide Ihr

H. H.

1 Johannes Calvin (1509-1564), Theologe und Reformator.
2 Dschuang Dsi (um 365 v. Chr. bis 290 v. Chr.), chinesischer Philosoph und Dichter.

358 An Joseph Englert

Montagnola, 17.12.[19]37

Lieber Freund Englert
Sie konnten mich mit nichts mehr erfreuen als mit Ihrem lieben Brief und Gedicht; haben Sie herzlichen Dank dafür! Ob ich in einer *geistigen* Krise stehe, weiß ich selbst nicht recht, glaube es aber nicht, ich habe wenigstens seit langen Jahren niemals an dem Satz gezweifelt den Ihr Brief enthält: »Ich habe erfahren, daß die geistige Welt viel, viel realer ist, als das was uns sichtbar umgibt.« Dies könnte, ohne jede Änderung, auch mein Bekenntnis sein. Dagegen kann ich freilich nicht leugnen, daß ich, im Zusammenhang mit dem Altern und den Zeitumständen, eine seelische Krise durchlebe, seit Jahren, und daß ich aus ihr keinen andern Ausweg sehe als den, den der Tod einst bringen wird. Man kann heute nicht Künstler, Denker und Frommer sein, ohne auf unheilvolle Weise zu vereinsamen und notzuleiden, Gesundung gibt es nur für Jene, denen es möglich ist, in einer Gemeinschaft, einer Kollektivbewegung aufzugehen, sei es im Faschismus, im Kommunismus oder, besser freilich, im Katholizismus. Wobei ich die beiden ersten Bewegungen natürlich keineswegs dem Katholizismus gleichstellen will, im Gegenteil, nur

in Bezug auf Seelen von meiner Art, als Zufluchts- und Heilmittel für geistig Ermüdete oder seelisch Vereinsamte, setze ich sie gleich. Denn sie haben alle Eins gemeinsam: ein Dogma erstens, und dann die gemeinsame Führung durch Kultformen und durch Führer. Und dieser Weg ist mir verschlossen. Im übrigen ist mein Zustand nicht unleidlich, auch habe ich jeden Augenblick Gelegenheit, irgend jemandem irgendwie zu helfen, insofern stehe ich nicht allein. Na, schriftlich läßt sich das schwer sagen. Dem Tod, der die jetzige Strecke Weges beenden wird, sehe ich nicht ohne Verlangen entgegen, wenn auch ohne die Versuchung, ihn selber zu rufen. Auch in dem Gedicht Josef Knechts vom letzten Glasperlenspieler[1] ist ja kein Wort der Klage oder gar Anklage, nur die Einsicht, daß alles Gestaltete, auch das Schönste, seine Zeit und sein Ende hat.

Wenn Sie mir etwas schenken wollen, Freund, dann wäre Whisky oder Cognac erwünscht. Zum Glück bin ich, bei recht mäßigem Genuß, diesen sinnlichen Tröstern noch meistens erreichbar, und unter den vielen Menschen, die zu mir kommen, sind manche es auch. Wir haben nicht den gleichen Weg, lieber Freund, es hat ja jeder von uns eine andre Herkunft, hat andre Sünden zu büßen, andre Aufgaben zu repetieren. Dennoch bin ich immer wieder erfreut und richtig beglückt, wenn ich sehe, wie nahe wir beide trotzdem einander sind, wie gut wir uns verstehen. Das ist so selten. [...]

Von Herzen grüßt Sie und dankt Ihnen Ihr

H. Hesse

1 »Der letzte Glasperlenspieler« (SW 5, S. 400f.).

359 An Hermann Hubacher

[Montagnola, 23.12.1937]

Caro amico

Nein, von der Aktion zu Gunsten des Ambrosi[1] wußte ich nichts. Dagegen kenne ich ihn, wie du schon aus meinem heutigen Briefpapier siehst[2], erstens schickt er mir jeden Augenblick reich illustrierte Kataloge seiner Werke, sowie gedruckte und ungedruckte Gedichte, denn er dichtet auch, und zweitens war er einmal, vor 1 oder 2 Jahren, eine Stunde bei mir, mit einer Begleiterin, denn er ist taubstumm[3], und ich glaube, mit der Taubstummheit hat er seine Erfolge begründet, es fing damit an, daß man ihn bedauerte. Über den Wert seiner Werke denke ich wie du. Inzwischen ist er ein erfolgreicher Arrivé geworden, und scheint mir in der Schweiz vollkommen entbehrlich. Immerhin verdanke ich ihm das Vergnügen, einen Brief von dir zu bekommen. Er hat übrigens jene beneidenswerte und verblüffende Überzeugtheit vom eigenen Wert und der Heiligkeit seiner Mission, die man zuweilen bei erfolgreichen Kitschkünstlern, sonst aber nur bei Politikern und Regenten findet. Als er damals bei mir war, empfing ich ihn höflich, schon seines Leidens wegen, und weil im Altwerden die Höflichkeit mehr und mehr zur Waffe wird, mit der man die Welt von sich abwehrt.

Daß mein Gedicht dich via Wien erreichte, war ein Mißgriff von mir, das Blatt ist also versehentlich in eine Sammelpost nach Wien geraten. Denn ich sende sowohl nach Wien wie nach Deutschland und der Cechoslovakei einen Teil meiner Post stets an Vertrauensleute, die sie dort weiter spedieren, teils, weil ich außerstande wäre, für die Tausende und Tausende von Briefen etc. das Porto aufzubringen, es genügt ja, daß sie neun Zehntel meiner Zeit und Kraft kosten, teils auch, weil es sich manchmal um politisch gefährdete Korrespondenz handelt. Also in ein solches Couvert mit Briefen, die für Österreich bestimmt waren, ist versehentlich jenes Gedicht geraten.

Dank für eure Grüße und Wünsche, die ich von Herzen erwidere! Herzlich dein

H. Hesse

1 Gustinus Ambrosi (1893-1975), österreichischer Bildhauer und Lyriker.
2 Hesse schrieb den Brief auf die Rückseiten zweier aus einem Katalog herausgetrennter Blätter mit Abbildungen der Skulpturen »Promethidenlos«, gehauen aus einem 31-Tonnen-Block pentelischen Marmors, und »Die Blüte«, die zu Ambrosis bekanntesten Werken zählen.
3 Ambrosi, schon als Kind ein begabter Geiger, verlor das Gehör mit sieben Jahren als Folge einer Hirnhautentzündung.

360 An Otto Korradi

[Montagnola, 23.12.1937]

Hochgeschätzter Herr Korradi
Über die Bücher bin ich froh[1] und sage nochmals schönen Dank. Buchwalds Schiller wird unsre erste Lektüre im neuen Jahr sein – zur Zeit lesen wir das schöne Buch von Strowski über den »französischen Geist«.[2]

In Ihrem Brief neulich fragten Sie auch nach meiner Beschäftigung mit dem Chinesischen. Die ist schon sehr alt, doch hat bis zum Erscheinen der ersten Wilhelmschen Chinesen-Ausgaben[3] mein Interesse für Indien das für China weit überwogen. Aber seit damals, etwa seit 1911 oder 1912, war ich mit den alten Chinesen (natürlich nur in Übersetzungen) viel beschäftigt, Sie finden Spuren davon in manchen früheren Aufsätzen und Büchern von mir, z.B. im »Weg zur Kunst«[4], in den »Märchen« und an vielen andern Orten. Zur Zeit denke ich auch daran, vielleicht dem indischen Lebenslauf (es handelt sich um die Lebensläufe Josef Knechts) noch einen chinesischen folgen zu lassen.[5] Auch im »Glasperlenspiel« (Neue Rundschau, Dezember 1933)[6] spielt China, mit dem langen Zitat aus Lü Bu We[7], eine Rolle. Übrigens gibt es von einem modernen, heutigen Chinesen ein merkwürdig gutes, einsichtiges Buch über Wesen und Eigenart der chinesischen Kultur und Art, es ist von Lin Yutang[8] und bei der Deutschen Verlagsanstalt, Stuttgart, erschienen.

Kennen Sie Ernst Wiecherts rührenden Aufsatz »Eine Mauer um uns baue«? Der ist soeben in der »Werkstatt für Buchdruck« in Mainz in kleiner Auflage als kostbarer Druck erschienen. Wiechert war auch im Herbst einmal ein paar Stunden bei mir, zusammen mit Picard, dem Physiognomiker, mit dem ich befreundet bin.

Wir haben schöne Sonnentage, Gott sei Dank, Schnee liegt nur etwa von 1400 Meter an aufwärts, und an einigen Schattenhalden der Berge. Wir werden heut abend Weihnacht feiern, unser Gast dabei ist eine Freundin aus Berlin[9], ganz jung, sie hat dies Jahr eine gute Doktorarbeit über Novalis gemacht und schrieb seinerzeit die Ergänzungsseiten zur zweiten Auflage von Balls Buch über mich. Morgen wird Gunter Böhmer, der Zeichner, mit seiner Mutter bei uns sein, und übermorgen Emmy, die Witwe Hugo Balls. Alle guten Wünsche fürs neue Jahr! Herzlich Ihr

H. Hesse

1 Als Gegengabe (vermutlich für eine eigenhändig illustrierte Handschrift seiner »Zwölf Gedichte«) hatte Hesse von Korradi drei soeben in Deutschland erschienene Bücher erbeten: Reinhard Buchwald, »Schiller«, Leipzig 1937; Daniel Chodowiecki, »Von Berlin nach Danzig«, Leipzig 1937, und Ernst Hello, »Abglanz«, Salzburg 1937.

2 Fortunat Strowski, »La sagesse française«, deutsch: »Vom Wesen des französischen Geistes«, München, Berlin 1937.

3 Richard Wilhelms Übersetzungen der altchinesischen Klassiker, die bei Eugen Diederichs in der Reihe »Religion und Philosophie Chinas« erschienen.

4 Das 1913 entstandene, auch u.d.T. »Weg zur Kunst« publizierte Märchen »Der Dichter« (SW 9, S. 42ff.).

5 Der Plan wurde nicht ausgeführt. In den Vorarbeiten zum »Glasperlenspiel« ist freilich die Rede von einer gelehrten Schrift Josef Knechts »Mutmaßliches über die Vor-konfuzianischen Kommentare zum I Ging«, die im Druck erschienen sein soll.

6 Gemeint ist der »Versuch einer allgemeinverständlichen Einführung in seine Geschichte«, der im Dezember 1934 vorabgedruckt wurde.
7 »Frühling und Herbst des Lü Bu We«, übersetzt von Richard Wilhelm, Jena 1929.
8 Lin Yutang, »Mein Land und mein Volk«, Deutsche Verlags-Anstalt, Stuttgart/Berlin 1936.
9 Anni Rebenwurzel.

361 An Arthur Stoll

[Montagnola, 31.12.1937]

Lieber Herr Professor Stoll

[...] Die heutige Weltlage hat Jakob Burckhardt, namentlich in seinen Briefen an Preen[1], schon von etwa 1866, noch stärker von 1871 an aufs deutlichste vorausgeahnt. Ihm bedeutete Bismarck und die deutsche Machtanhäufung den ersten Schritt zu einem Zustand, der heute erreicht ist, und den Burckhardt namentlich als Gelehrter und Kunstfreund beklagenswert fand, denn wenn die Welt ohnehin dem Geist und den Künsten nicht viel nachfragt, tut sie es in heroischen und »großen« Zeiten noch weniger. Tatsächlich leben wir ja mitten im Krieg, und es ist falsch, das noch »Frieden« zu nennen, wenn sämtliche Völker sich an Rüstungen verbluten, Überfälle ohne Kriegserklärung hier und dort erfolgen, und in einigen Völkern nicht nur zwei Drittel aller Kräfte auf Krieg hinarbeiten, sondern auch systematisch dem Volk von frühester Jugend an der Krieg als die natürliche und wünschenswerte Lebensform verkündigt wird. Da ist man gern ein alter Mann, denn die Fortsetzung dieser Weltgeschichte wird grauenhaft sein, wohl dem, der nicht viel mehr davon mitansehen muß.

Aber vorerst atmen wir noch den Scheinfrieden und können ja ohnehin den Gang der Dinge nicht aufhalten. Da wollen wir uns des Guten freuen, das es trotz allem gibt, und wozu vor allem Freundschaft und Liebe zwischen den Menschen gehören.

Ich wünsche Ihnen und den Ihren fürs neue Jahr alles Freundliche und Schöne, und bin mit herzlichen Grüßen Ihr

H. Hesse

1 »Jakob Burckhardts Briefe an Friedrich Preen«, Deutsche Verlags-Anstalt, Stuttgart/Berlin 1922.

*362 An Peter Suhrkamp**

[Montagnola, Ende Dezember 1937]

Lieber Herr Suhrkamp

Übrigens kenne ich den Prinzen Genji schon ein wenig, und besitze die einzige frühere (etwas gekürzte) deutsche Ausgabe, die vor etwa 25 Jahren bei Langen erschien[1] – daß der Insel Verlag[2] die Existenz dieser früheren Übersetzung einfach wegleugnet, hat mir recht mißfallen. [...] An der Propagierung meiner Schriften, was die Quantität betrifft, bin ich ohnehin nicht mehr interessiert. Dies Jahr 1937 mit dem Geburtstag und den zwei neuen Büchern[3], die beide kaum einen schwachen Achtungserfolg (der Quantität nach) hatten, mit deren geistig-moralischer Wirkung auf eine ganz kleine Minorität aber, ich ganz zufrieden bin, hat mir gezeigt, wie die Dinge stehen, und ich bin damit einverstanden. Auch das Glasperlenspiel, falls ich es je vollende, wird nicht für einen größeren Kreis in Betracht kommen, wird aber für jene Minorität wirklich Nahrung und Substanz bedeuten [...].

Sie haben Recht, wenn Sie in Ihrem Kampener Brief sagen, wir müßten dran denken, ein Menschenbild aufzurichten. Ich tue seit ich lebe nichts anderes, nur empfinde ich es als Rettung, Erhaltung und Weitergabe eines Ideals nicht als Neu-Errichtung. Gegen die neuen Menschenbilder bin ich mißtrauisch; der Mensch, den mir die Weltgeschichte zeigt, hat sich sehr selten wirklich geändert und erneuert. Ist der Mensch geistig orientiert, so ist sein Leben ein Sublimierungsversuch. Ist er anders orientiert, dann sind die jeweiligen Ideologien zur Rechtfertigung seiner wohlbekannten Bestieninstinkte belanglos –. Ich wüßte da nichts Neues zu sagen.

* Der Brief ist nicht vollständig überliefert.

1 »Die Abenteuer des Prinzen Genji«, Albert Langen, München 1911.

2 Neuübersetzung u. d. T. »Die Geschichte vom Prinzen Genji«, Insel Verlag, Leipzig 1937.

3 Zu Hesses 60. Geburtstag sind im S. Fischer Verlag das Bändchen »Neue Gedichte« und die Sammlung seiner »Gedenkblätter« erschienen.

*363 An Hilla Rodrian**

[Montagnola] 11.1.1938

[…] Die Unterhaltung über »Form«, die Sie anregen, ist auf brieflichem Weg nicht möglich. Ich kann in Kürze nur dies sagen: das Schreiben von Versen »ganz aus dem Gefühl« ist eine Einbildung, es gibt das nicht. Sondern man bedarf der Form, der Sprache, der Verse, der Wortwahl, und dies alles vollzieht sich nicht »im Gefühl«, sondern im Verstand. Zwar wählen viele kleinere Dichter ihre Formen nur unbewußt, das heißt sie ahmen aus der Erinnerung Versformen nach, aber daß sie nicht wissen, was sie tun, ändert am Vorgang nichts. Von der Lyrik der Meister, von Pindar bis Rilke ist nichts »ganz aus dem Gefühl« geschrieben, wie Sie es nennen, sondern alles mit größter Wahl und Arbeit, in strengster Konzentration, und oft mit peinlichster Nachprüfung der überkommenen Gesetze und Formen. »Aus dem Gefühl« schreibt man zur Not Briefe oder Feuilletons, nicht aber Verse. Nur: je weniger der Dichter über seine Ausdrucksmittel nachdenkt, je mehr er unbewußt alte Mittel nachahmt, desto mehr glaubt er, neu und nur Gefühlsdichter zu sein. Es ist aber eben eine Täuschung.

* Dieser Brief an eine Leserin in Norrköpping/Schweden ist nicht vollständig überliefert.

*364 An einen Leser in Basel**

[Montagnola] Anfang Februar 1938

Lieber Herr A.
Leider kann ich Ihnen nicht helfen. Weder kann ich Ihr Manuskript lesen [...], noch kann ich Ihnen den Verleger nennen, der dafür in Betracht käme [...].

Einen Blick habe ich immerhin in Ihre Arbeit getan, nur eine Viertelstunde und aus Stichproben ungefähr gesehen, wohin Sie zielen. Ich billige im ganzen Ihre Auffassungen sehr, bin jedoch wegen der Wirkung sehr skeptisch. Da schon alte Institutionen wie die konfessionellen Kirchen mit ihrem ganzen Apparat sich heute zu schwach zeigen, dem politischen Immoralismus Widerstand zu leisten, da das protestantische Deutschland das Großwerden des Hakenkreuzes nicht hindern konnte, der Papst mit dem Duce paktiert hat, und italienische Kriegsschiffe von Erzbischöfen geweiht werden – wie soll da der gute Wille und Idealismus von uns Einzelnen, einer unorganisierten und zum großen Teil aus Unorganisierbaren bestehenden Schar Gutgesinnter, Einfluß auf die Welt gewinnen? Ich glaube, daß der Mechanismus des modernen Staates und der modernen, gott- und geistfernen Menschheit sich in sich selbst auflösen, in Kriegen etc. austoben und zertrümmern muß, ehe Neubildungen möglich sind.

So spreche ich als alter Mann. Aber ich weiß und glaube auch das Gegenteil, nämlich daß jeder von uns trotz aller offensichtlichen Unmöglichkeiten das Seine tun und das Unmögliche mit seinen Mitteln anstreben soll, auch wenn es nirgends hinführt als in ein Martyrium – dies kann ja unter Umständen die wirksamste Art von Opfer sein. So strebe ich, als Dichter, danach, einer kleinen Anzahl von Menschen, die gerade mich verstehen und meinem Einfluß erreichbar sind, inmitten der Geld- und Kriegsmaschinerie, zu der die Welt geworden ist, ein beseeltes Leben, oder doch die Sehnsucht nach ihm, zu erhalten. Inmitten der Kanonen und Lautsprecher unsre kleinen Flöten spielen, die Aussichtslosigkeit unsres Tuns und auch seine Lächerlichkeit auf uns nehmen, das muß unsere Form von Tapferkeit sein.

So müssen auch Sie Ihren Weg verfolgen – ganz umsonst sind solche Anstrengungen nie.

Lassen Sie sich nicht entmutigen!

* Der Brief ist nicht vollständig überliefert.

365 An Martin Buber

[Montagnola, Anfang Februar 1938]

Lieber Herr Buber

Man hat mir erzählt, Sie seien wahrscheinlich schon in Jerusalem, dorthin will ich also meinen Glückwunsch zu Ihrem 60. Geburtstag richten. Mein erster Wunsch ist, Sie möchten, wie auch Ihre Frau, sich Ihre Elastizität und Energie, die ich oft bewundert habe, bewahrt haben. Mein zweiter Wunsch ist, es möge Ihnen in der dortigen Arbeit wohl werden und ein neuer Quell der Lebens- und Arbeitslust sich öffnen. Ich denke mir, es müsse trotz allem Erlittenen Sie stärken und halten, daß Sie doch eine Gemeinschaft und eine direkte, aufbauende Arbeit[1] haben. Mir fehlt es oft, daß ich, im Gegensatz dazu, keine Gemeinschaft und kein Objekt meiner Bemühungen, Sorgen und Liebe habe als eine unbestimmte, verschüttete Diaspora von Menschen, die gleich mir selber in den heutigen Umbildungen keinen festen Ort und nur das etwas undeutliche Gefühl haben, für eine noch nicht sichtbare Zukunft dazusein, für sie einiges vom Überkommenen weiterzugeben.

Wenn ich mir Ihre jetzige Umgebung und Ihre jetzige Arbeit auch nur sehr unvollkommen vorstellen kann, so sind doch meine herzlichen Gedanken und Wünsche bei Ihnen, auch mit meiner Frau gedenke ich Ihrer nicht selten. [...]

Herzlich grüßt Sie beide mit allen guten Wünschen Ihr

H. Hesse

1 Buber wurde 1938 als Professor für Sozialphilosophie an die Hebräische Universität in Jerusalem berufen und verließ Deutschland im März 1938.

366 An Richard Benz

Montagnola im Februar 1938

Hochgeschätzter Herr Dr. Benz

Sie haben die Freundlichkeit gehabt, mir vom Verlag Ihr Romantikbuch[1] senden zu lassen; Sie haben mir dadurch eine wirkliche Freude gemacht, für die ich Ihnen danke, nur fürchte ich freilich, das Buch sei auch als Besprechungsexemplar gemeint gewesen, und da muß ich Sie enttäuschen, denn die Bücherberichte, die ich bis vor 1 und 2 Jahren in der Neuen Rundschau und in Bonniers Magasin in Stockholm publizierte, haben infolge der nicht mehr atembaren Atmosphäre in der augenblicklichen deutschen Literatur aufgehört. Ich hatte noch an die Möglichkeit gedacht, das Buch vielleicht in der Basler National-Zeitung anzuzeigen, aber da ist mir schon einer zuvorgekommen.

Desto weniger möchte ich es versäumen, Ihnen zu danken, sowohl für das Zeichen freundlichen Gedenkens wie für das schöne, lebendige Buch selbst, das ich mit großem Interesse und Beifall gelesen habe. Ich teile längst nicht alle Ihre Auffassungen, aber ich liebe und bewundere den Geist Ihres Buches, dessen Herkunft und Werdegang ich zum Teil kenne, und ich habe im einzelnen eine Menge von Darstellungen und Urteilen, Einordnungen etc. mit hohem Genuß und tiefer Billigung gelesen, so die Charakterisierung Tiecks und beider Schlegel, Brentanos und Arnims, Ihre Anmerkungen zu Herder und Jean Paul und noch vieles. Ihr Buch hat mich auch bewogen, nach Jahrzehnten den Godwi[2] wieder zu lesen.

Als Erwiderung Ihrer Gabe habe ich Ihnen durch den Verleger mein letztes Buch senden lassen.[3] Ich hoffe, es habe Sie erreicht, und bitte Sie: Falls Sie sonst eines meiner neuern Bücher gern haben möchten, schreiben Sie mir eine Zeile, so lasse ich es Ihnen senden.

Es ist lange her seit den Volksbüchern und der Legenda aurea[4], ich meine seit Ihren mir immer lieb gebliebenen Ausgaben. So ist es denn eine schon alte Hochschätzung und Sympathie, die ich Ihnen heut ausspreche.

Möchten Sie an Ihrem so schönen Buch viel Freude erleben! Mit freundlichen Grüßen Ihr

Hermann Hesse

1 Richard Benz, »Die deutsche Romantik«. Geschichte einer geistigen Bewegung, Reclam, Leipzig 1937. Siehe Hesses Besprechung, SW 20, S. 307.

2 Clemens Brentano, »Godwi oder das steinerne Bild der Mutter«. Ein verwilderter Roman, Bremen 1801/2.

3 H. Hesse, »Gedenkblätter«, Berlin 1937.

4 Von Richard Benz herausgegebene Sammelbände. »Die deutschen Volksbücher« (1911) und die »Legenda aurea« des Jacobus de Voragine erschien erstmals 1917-1921, von Richard Benz ins Deutsche übertragen.

*367 An Ferdinand Lion**

[Montagnola] 16.2.1938

Hochgeschätzter Herr Lion

[...] Ihr Brief, dessen schöne Absicht ich wohl sehe, bringt mich in Verlegenheit. Ich habe, von vielen Jugendsünden abgesehen, nicht das Gefühl, mich meinen Pflichten entzogen zu haben, und bin nun etwas bestürzt, als alter Mann von Ihnen an meine »Pflicht« erinnert zu werden. Und gerade im Verhältnis zu Deutschland, das heißt zum politischen und aktuellen Deutschland, habe ich seit 1914 nach meinem Gefühl durchaus richtiger und klarer gehandelt als die Mehrzahl der Emigranten, die seit einigen Jahren plötzlich gemerkt haben, daß dort nicht alles stimmt, und uns andern nun mit ihrem Besserwissen auf die Schulter klopfen. Allerdings war mir die Haltung zum Teil erleichtert: ich konnte, statt nur zu konvertieren, in das Schweizer Bürgerrecht zurückkehren, das ich schon als Kind besessen hatte. Immerhin war auch damit genug Schwieriges verbunden.

Was das »heimliche« Deutschland, das der Sprache, Dichtung, Kultur betrifft, so habe ich mich stets dazu gerechnet und tue es weiter, auch wenn Sie diese Zugehörigkeit davon abhängig machen wollen, wie weit ich für Ihre Unternehmung als Mitarbeiter in Betracht komme.[1] Ich gehöre auch darin zum heimlichen Deutschland, daß ich sehr viel auf meine Unabhängigkeit und mein eigenes Gewissen halte und mich sehr ungern auf die Schultern klopfen und von anderen über meine Pflichten belehren lasse. Alles, was ich in Jahrzehnten getan habe, war ein Mitarbeiten am heimlichen Deutschland, und mit den Jahren wurde aus dem unbewußten Mitarbeiten mehr und mehr ein bewußtes. Sie haben mir zum Beispiel nahegelegt, ein Buch von Huxley[2] ausführlich zu würdigen, und ich glaube durchaus im Sinn des guten »heimlichen Deutschland« gehandelt zu haben, als ich mich weigerte.

Ich möchte Sie heute nun darum bitten: Überlassen Sie den Grad, die Art und die Inhalte meiner eventuellen Mitarbeit mir selbst [...] Daß ich nun, noch ehe mein Beitrag gedruckt ist, in so energischer Weise von Ihnen an meine Pflicht gemahnt und darüber belehrt werde, was ich zu tun und zu schreiben habe, kann mich nicht zur Mitarbeit geneigter machen, es kann mich nur verstimmen.

[...] Sie legen mir nahe, à la Sinclair[3] mir eine neue Jugend zuzulegen und diese Ihrem Unternehmen dienstbar zu machen. Ich bin aber heute ein alter Mann und kann eine dritte Jugend nicht kommandieren, sondern habe alle Mühe, durch langsame Weiterarbeit an dem, was mich seit mehr als fünf Jahren beschäftigt, meiner Pflicht treu zu bleiben. Wenn ich darüber hinaus seltene Male etwas produziere, was für eine Zeitschrift in Betracht kommt, so können das nur Ausnahmen sein.

Nehmen Sie mir meine Worte nicht übel, sie sind gut gemeint.

* Der Brief ist nicht vollständig überliefert.
1 Als Redakteur der in Zürich erscheinenden Zeitschrift »Mass und Wert« hatte er Hesse um Mitarbeit gebeten.
2 Aldous Huxley (1894-1963), britischer Romancier und Essayist.
3 Hesses Pseudonym zum 1917 entstandenen »Demian«.

368 An Alfred Kubin

[Montagnola, Februar 1938]

Lieber Freund Kubin

[...] Seit die Kälte vorbei ist (gestern sah ich sogar schon eine Viertelstunde einem fliegenden Zitronenfalter zu), bin ich fast jeden Tag wieder ein wenig im Garten, räume auf, habe ein Feuer brennen und habe in der Nähe unsern Lorenzo[1] arbeiten, der die Reben schneidet. Meine Frau steckt, soweit sie irgend Zeit findet, ganz im Griechischen, teils im Lesen der Dichter, teils im Archäologischen. Sie läßt grüßen und freut sich darüber, daß Sie Carossa[2] in der Nähe haben und zuweilen sehen. Ein kleines Buch empfehle ich Ihnen, eine Erzählung »Jugend ohne Gott« von Horváth.[3] Vielleicht erwischen Sie sie irgendwo; sie hat Fehler, ist dennoch großartig, und schneidet quer durch den moralischen Weltzustand von heute. Ich bin froh, Sie produktiv zu wissen, und freue mich dessen, was Sie über die Fratzen der Zeit sagen, und wie manches davon Ihnen zur Zeichnung wird. Produktiv, aber im Aktuellen untätig und unerschüttert, müssen wir durch diese Phantastik hindurch. Von Herzen grüßt Sie Ihr

H. Hesse

1 Hesses Tagelöhner bei Gartenarbeiten.
2 Der Schriftsteller und Arzt Hans Carossa (1878-1956).
3 Ödön von Horváth, »Jugend ohne Gott«. Roman, Allert de Lange, Amsterdam 1938.

369 *An die Schweizerische Nationalbank (Verrechnungsstelle)*

[Entwurf vom 25.2.1938]

Der unterzeichnete Schriftsteller Hermann Hesse, Montagnola bei Lugano/Schweiz hat mit der Fa. S. Fischer Verlag Berlin W 35, Lützowstr. 89/90 am 31.10.1924 einen Verlagsvertrag geschlossen, auf Grund dessen die genannte Firma berechtigt ist, seine gesamte literarische Produktion zu verlegen. Der Vertrag ist am 1.12.1933 bis zum 31.12.1939 verlängert worden.

Gemäß § 3 des Vertrages ist der Verlag verpflichtet, sämtliche Tantiemezahlungen, die ich zu verlangen habe, in Schweizer Franken umgerechnet zu leisten und à conto der Abrechnung 500,– sfr. monatlich vorauszuzahlen.

Der Transfer der Tantiemen von Deutschland nach der Schweiz hat bis in die letzte Zeit keinerlei Schwierigkeiten bereitet, so daß mir der volle Tantiemebetrag transferiert wurde. Mit der abschriftlich anliegenden Verfügung der Devisenstelle Berlin vom 11. März 1938 ist jedoch hinsichtlich dieser Sachlage eine durchgreifende Änderung eingetreten. Unter Bezug auf den Runderlaß der Reichsstelle für Devisenbewirtschaftung Nr. 101 vom 5.7.1937 verlangt die Devisenstelle Berlin, daß 30% der mir geschuldeten RM-Tantiemebeträge auf ein gesperrtes, für mich zu errichtendes Inlandsreichsmark-Konto gezahlt werden müssen und lediglich 70% transferiert werden können. Eine Nachprüfung der Rechtslage in Berlin hat ergeben, daß ein Rechtsweg gegen den Abzug von 30% unter Anwendung des oben bezeichneten Erlasses in Deutschland kaum Erfolg verspricht.

Die Devisenstelle Berlin verlangt darüber hinaus, wie aus der Anlage ersichtlich, *rückwirkend*, daß sämtliche nach dem 27.9.1936 verabsäumten Valutakürzungen bei künftigen Tantiemezahlungen an mich in Abzug gebracht werden müssen. Ich habe laut anliegender Aufstellung seit dem 27.9.1936 insgesamt 11 546,95 RM an Tantieme erhalten. 30% dieses Betrages sind 3463,95 RM. Ich erhalte also nach der Verfügung der Devisenstelle Berlin jetzt zunächst so lange nichts mehr nach der Schweiz transferiert, bis das für mich zu errichtende gesperrte Reichsmarkkonto mit einem Betrage von 3463,95 RM aufgefüllt worden ist. Dabei stehen für diese Auffüllung nicht einmal 500 sfr. monatlich zur Verfügung, sondern naturgemäß lediglich 500,– sfr. minus 30%, das sind 350,– sfr., da auch laufend 150,– sfr. nämlich die 30%, auf das gesperrte RM-Konto fließen müssen. Da für die Auffüllung des gesperrten RM-Kontos somit lediglich 200,– RM monatlich zur Verfügung stehen, würde ich zunächst jetzt siebenzehn Monate lang nichts nach der Schweiz transferiert erhalten, da erst dann das gesperrte RM-Konto mit den verabsäumten Valutakürzungen aufgefüllt ist.

Diese Lage ist für mich untragbar. Ich bin auf die Zahlungen aus Deutschland für meine Existenz völlig angewiesen.

Über die hier geschilderte Schwierigkeit hinaus muß ich aber auch in der Anwendung des Runderlasses der deutschen Reichsstelle für Devisenbewirtschaftung Nr. 101 vom 5.7. 1937 auf mich eine besonders ungerechte Maßnahme sehen. Die Vorteile, die mir durch das Einkommen in Reichsmark infolge der Abwertung des Schweizer Franken hätten entstehen können, sind durch anderweitige Nachteile nicht nur längst wettgemacht, sondern weit übertroffen. Die politische Entwicklung in Deutschland hat dazu geführt, daß mein Einkommen aus meinen schriftstellerischen Arbeiten auf einen Bruchteil zusammengeschrumpft ist.

Unter Bezugnahme auf den Runderlaß der Reichsstelle für Devisenbewirtschaftung in Berlin vom 5.7.1937 (Nr. 101/37 D. St.) erlaube ich mir daher an die Schweizerische Verrechnungsstelle die Bitte zu richten, mir meine Guthaben auf dem gesperrten RM-Konto abzukaufen. Der oben bezeichnete Erlaß der Reichsstelle für Devisenbewirtschaftung sieht unter II Ziff. 1 vor, daß mein Guthaben auf dem gesperrten RM-Konto der Schweizerischen Verrechnungsstelle bei der

Deutschen Gelddiskontbank überwiesen werden kann. Von diesem Konto können Bezieher deutscher Waren Beträge zur Bezahlung der gekauften Waren von der Schweizerischen Verrechnungsstelle abgetreten erhalten.

Ich sehe hier den einzigen Weg, auf dem mir geholfen werden kann. Würde sich die Schweizerische Verrechnungsstelle bereit erklären, mein Berliner RM-Konto auf ihr Konto bei der Deutschen Gelddiskontbank zu übernehmen, so könnte mir der Gegenwert in Schweizer Franken jeweils in der Höhe von der Schweizerischen Verrechnungsstelle ausgezahlt werden, als RM-Beträge auf mein gesperrtes Berliner RM-Konto fließen. Da ich auf diese Beträge für meinen Lebensunterhalt angewiesen bin, wäre ich für wohlwollende Prüfung meines Antrages dankbar.

Hermann Hesse

370 An seine Cousine Fanny Schiler

[Montagnola, Februar 1938]

Liebe Fanny

Danke für deinen Brief! [...] So wie man in der Jugend zu Zeiten vom Schönen und Angenehmen, von den Freuden des Auges, der Sinne etc. gar nicht genug kriegen kann, so hat man es im Altwerden mit dem Wissen; man meint, man müsse von dem Unendlichen, was auf Erden wißbar ist, soviel wie möglich in sich hinein kriegen, und das ist ein schöner Trieb. Darum freuen mich deine historischen Interessen. Ich habe für meine Person mit historischer Lektüre die Erfahrung gemacht, daß sie mir eigentlich nur auf die Dauer von Nutzen war, wenn ich ein hervorragendes Werk eines einzelnen wirklichen Historikers las, und wirklich geniale Geschichtsschreiber haben wir nicht viele. Außer Ranke[1], den ich nur teilweise genießen kann, ist für mich weitaus der größte Historiker in deutscher Sprache Jakob Burckhardt. Seine 3 Hauptwerke, der Constantin, die Kultur der Renaissance und die griechische Kulturgeschichte sind für mich Mittelpunkt und Ausgang fast aller meiner historischen Lektüre geworden. Darüber hinaus lese ich zwar immer wieder neue monographische Arbeiten (eine sehr schöne war vor 2 Jahren der »Richelieu«[2] von C. Burckhardt, einem Großneffen des Alten), aber mit dem Lesen von Darstellungen großer Geschichtsabschnitte, oder gar dem Lesen ganzer »Weltgeschichten«, habe ich keine guten Erfahrungen gemacht. Wenn du wieder Geschichte lesen magst, rate ich zu Burckhardt. Seine Hauptwerke sind nicht nur in den Bibliotheken, sie sind neuerdings auch (im Verlag A. Kröner) nicht sehr teuer in Hausausgaben zu haben.

Ich bin stark überlastet und in einer lang dauernden Zahnschlosserei drin.

Viele Grüße auch von Ninon dein

Hermann

1 Leopold von Ranke (1795-1886), Historiker des preußischen Staates.
2 Carl Jacob Burckhardt, »Richelieu«, Callwey, München 1937.

371 An den Schweizerischen Schriftstellerverein

[Montagnola, Anfang] März 1938

Hochgeschätzte Kollegen

Wie ich eben erfahre, wird eine Ehrengabe für Robert Walser beantragt. Diesen Antrag möchte ich auf das Nachdrücklichste unterstützen. Die Schweiz hat allen Grund, auf diesen Dichter stolz zu sein, und was er bis zu seiner Erkrankung veröffentlicht hat, genügt vollkommen, um ihm in der Geschichte der Literatur und der deutschen Sprache seinen festen Platz zu sichern. Und gerade daß er den Begriff des Schweizer Schrifttums erweitert und um bisher hierzulande nahezu ganz unbekannte Nuancen bereichert hat, müssen wir ihm um so mehr zum Verdienst anrechnen, als gerade diese Differenzierung ihn zum populären Autor, oder auch nur zum Lieblingsautor eines höher gebildeten Kreises in der Schweiz ungeeignet macht. An uns ist es, hier zwischen Quantität und Qualität zu unterscheiden. An uns ist es auch zu erkennen, daß die scheinbar unschweizerischen Nuancen in Walsers Dichtung, das anmutig Verspielte, melodiös Zierliche, bei ihm mit höchst bodenständigen Nationaleigenschaften zusammentreffen, vor allem mit einer ganz unbändigen Liebe zur Freiheit und Unabhängigkeit, und einem hartnäckigen, durch keine Macht und keine Not zu beeinflussenden Festhalten an seiner Eigenart.

So selten ich mir erlaube, in den Angelegenheiten unsres Vereins mitzureden, so herzlich möchte ich diesmal befürworten, daß das irgend Mögliche für Robert Walser geschieht.

Hermann Hesse

372 An Lisa Walser

[10.3.1938]

Hochgeschätzte[s] Fräulein Walser
Danke für Ihren Brief! Sie müssen entschuldigen, wenn ich nicht so ausführlich antworten kann, wie ich möchte und wie Ihr Brief[1] es verdiente, aber ich bin augenleidend und werde nur schwer mit meiner täglichen Briefpost fertig. Doch habe ich Ihr Anliegen sofort in Angriff genommen, habe mich mit C[arl] Seelig in Verbindung gesetzt und vor allem ein Schreiben an den Schriftstellerverein aufgesetzt, in dem ich den Vorschlag einer Gabe für Ihren Bruder energisch empfohlen und begründet habe. Mein Schreiben geht dem Verein durch C[arl] Seelig zu, da ich selbst seit vielen Jahren nebendraußen lebe und alle die Leute dort nicht kenne. Außerdem schrieb mir C[arl] Seelig soeben, was er privatim zu Gunsten Ihres Bruders zusammengebracht habe, werde für einige Jahre weiteren Verbleibens in der Anstalt etwa reichen.[2] Ich hoffe nun sehr, es geschehe vom Verein aus etwas, und die dringendste Sorge sei verscheucht.

Ihren Bruder aufzusuchen, habe ich leider nicht die Möglichkeit, ich bin beinahe gar nicht mehr reisefähig.

Haben Sie Dank für Ihre Nachrichten, es war mir lieb und ergreifend, all diese Berichte über den lieben Dichter zu erhalten. Sehr bedaure ich jetzt, daß ich meinen Brief an den Schriftstellerverein nicht kopiert habe, sonst würde ich Ihnen den Durchschlag beilegen; Sie würden sehen, daß ich mir Mühe gegeben habe, die geplante Gabe an R[obert] W[alser] auch durch sachliche Urteile zu rechtfertigen.

Noch eine kleine Bitte: Da nächstens Ihres Bruders 60. Geburtstag ist, bitte ich Sie, die beiliegende Kleinigkeit für irgendeine kleine Gabe zu verwenden, die ihm Freude machen könnte.

Mit Grüßen Ihr

H. Hesse

1 Lisa Walsers Brief über ihren Bruder Robert Walser. Siehe Anhang S. 708ff.

2 Robert Walser war 1933 von Bern in die Heilanstalt von Herisau überführt worden.

373 An Otto Basler

[Montagnola] 11.3.1938

Lieber Herr Basler

Danke für Ihren Brief. Von dem neuen Überfall auf Thomas Mann (Krieck)[1] hörte ich durch die Zeitung, den Aufsatz zu lesen kann ich mir nicht leisten, dazu ist das Leben zu kurz. Ich bin überzeugt, daß er scheußlich ist. Viel schlimmer fand ich, daß in einem an sich sehr schönen Vortrag, den er neulich hielt, der 70jährige Wilhelm Schäfer[2] es nicht lassen konnte, hämische Bemerkungen über Mann und den Nobelpreis anzubringen. Daß ein anständiger Autor, ein anständiger und verantwortlichkeitsbewußter Mensch von 70 Jahren wie Schäfer so entgleisen kann, zeigt, wohin in kurzer Zeit die Moral eines ganzen Volkes kommen kann, wenn die Führung teuflisch ist.

Gestern schrieb mir die Schwester von Robert Walser. Man sollte ihm helfen, er ist davon bedroht, ins Armenhaus zu müssen. Sollten Sie jemand wissen, der einen Beitrag gäbe, so erzählen Sie ihm davon. Wir wollen jetzt beim Schriftsteller-Verein eine Ehrengabe für ihn beantragen. Da hat nun die Schweiz, ausnahmsweise, einmal einen Dichter gehabt, der wirklich deutsch konnte, und man muß mit dem Teller einsammeln gehen, damit er seine sehr dürftige Existenz, meist in der 3. Klasse von Anstalten, fortführen kann! Was ein Flugzeug in Spanien in einem einzigen Wurf an Bomben abwirft, kostet vermutlich mehr als was hier nötig wäre. [...]

Mit dem Kassner[3] haben Sie recht. Er ist nicht leicht zu lesen (wie übrigens Picard selber auch nicht), aber er ist das Gegenteil eines Professors. Er gehört zu den paar Wissenden, die zur Zeit leben und Deutsch schreiben. Nur ist er ein Esoteriker, er spricht platonisch.

Addio, nehmen Sie die Beilage[4] als einen verfrühten Ostergruß von Ihrem

H. Hesse

1 Der rassistische Anthropologe Ernst Krieck (1882-1947), Professor an den Universitäten Frankfurt am Main und Heidelberg, hatte im März 1937 in seiner Zeitschrift »Volk im Werden« u. d. T. »Agonie. Schlußwort zu Thomas Mann« diesen als senilen, destruktiven Lügner bezeichnet, der aus Deutschland »entrümpelt« werden müsse.

2 Wilhelm Schäfer (1868-1952), Schriftsteller, seit 1907 mit Hesse befreundet.

3 Rudolf Kassner (1873-1959), Kulturphilosoph und Essayist, für dessen Schriften sich Hesse in mehreren Rezensionen (die erste erschien bereits 1900) eingesetzt hatte. Max Picard und Kassner, »der in vielem sein Gegenpol, in ebenso vielem aber sein Bestätiger ist, sind heute die beiden echten Physiognomiker, wenigstens im deutschen Sprachgebiet«, schrieb Hesse am 28.11.1937 in der Basler »National-Zeitung«.

4 Ein kleines Aquarell Hesses.

374 An eine deutsche Professorin (nicht abgesandt)

[ca. März 1938]

Verehrte Frau W.!
In den Gedichten des jungen Josef Knecht, mit dem ich nun seit fünf Jahren lebe, kommt eine Vision vom »letzten Glasperlenspieler« vor. Sie haben mir gesagt, was Sie von Knecht und seinen Gedichten halten, daß ich mich fünf Jahre mit abgestandenem Zeug befaßt habe und freundlichst nun damit aufhören möge. Es tut mir leid, daß ich Ihren Wunsch nicht erfüllen kann. Ich bin in Ihrer Heimat viel geschulmeistert worden, auf so kategorische und dynamische Art aber selten. Daß Sie, nachdem Sie einige Tage in der Schweiz mit einigen alten Jungfern zusammen waren, auch schon mit Ihrem vernichtenden Urteil über uns verkalkte Schweizer und Demokraten fertig sind, hat mich weniger gewundert. Es läßt sich darauf nicht antworten.

Bei uns gilt es nicht für fair, wenn einer mit dem Revolver in der Hand einen Unbewaffneten anfällt. Wenn sie, liebe Frau W., uns in der Schweiz auch die härtesten, die gehässigsten und verächtlichsten Urteile über uns und unser Volk schreiben, so erlaubt Ihnen das unsre verkalkte »Freiheit« geduldig, wir öffnen Ihre Briefe nicht, setzen Sie auf keine schwarze Liste, verfolgen nicht etwaige Angehörige, die Sie in der Schweiz haben. Wenn ein Schweizer umgekehrt dasselbe Ihnen gegenüber täte, gehässige und anklagende Urteile über Ihr Land und Volk an Sie schriebe, so begäbe er sich in schwere Gefahr. Und so ist es mit jeder Auseinandersetzung zwischen Ihrem und unsrem Lande: der Unbewaffnete kann mit dem, der in jeder Hand eine Handgranate hat, nicht sprechen. Ich war darüber am meisten betrübt, daß auch Sie in so wenigen Jahren so, sagen wir »unritterlich« haben werden können. Ich gönne Ihnen das Recht, über mich und Knecht und die Schweiz zu urteilen, wie Sie mögen, aber diese Urteile uns Wehrlosen um die Ohren zu schlagen, das war nicht nett. Addio!

H. H.

375 An Cuno Amiet

[Montagnola, März 1938]

Lieber Freund Amiet

Zusammen mit meinem Sohn, der Sie beim Bocciaspielen fotografiert hat[1], möchte auch ich Ihnen gratulieren und einen frohen Festtag wünschen.[2] Ich wäre gern dabei gewesen, und man war in Bern auch so freundlich, mich dazu einzuladen; aber Sie wissen ja, wie es mit mir steht und daß ich für die dekorative und festliche Seite des Lebens nun einmal nicht begabt und brauchbar bin. Dafür habe ich in diesen Tagen Ihre Erinnerungen an Frank Buchser[3] gelesen, da war der Raum zwischen Montagnola und der Oschwand weggeblasen, und ich saß Ihnen richtig gegenüber, am runden Tisch im Atelier, wo wir einst manche gute Stunde miteinander gehabt haben. Und wenn ich an dies Atelier denke, dann sehe ich Sie nicht nur disputierend und plaudernd mir gegenüber sitzen, ich sehe Sie auch an die Arbeit gehen, elastisch und mit etwas tänzerischem Schritt, und schon am frühen Morgen eine heitre Melodie vor sich hin pfeifend, den Blick schon auf der Leinwand mit dem begonnenen Bild, sehe ich Sie Ihre Arbeit und Ihren Tag beginnen, und ich möchte wünschen, daß es einmal einem Ihrer Freunde und Kollegen gelänge, Sie so zu porträtieren, wie Sie auf ihr Bild losgehen, lostanzen, in dem morgendlichen Atelier, mit gespitzten Lippen, erstaunlich jung und doch auf eine Art gesammelt und fest, wie es nur die Meister sind. Ich denke mir dies Bild ebenso ernst wie heiter, nicht anekdotisch, aber doch mit einer suggestiven Atmosphäre, in der Ihre ganze schöne, sonnige Umgebung zu spüren ist, die Sie geschaffen, und die Sie so oft als Maler gepriesen und besungen haben. Und ob nun dies liebe Bild des morgendlich malenden Amiet einmal gemalt werde oder nicht, ich besitze es doch in mir innen, und es gehört unter dem vielen Guten, was ich Ihnen verdanke, nicht zum Schlechtesten. – Wir sind zu alt, Freund Amiet, um einander feierlich anzureden oder gar einander Komplimente zu machen. Einander einen Gruß zunicken und dabei im Herzen einen Segenswunsch für den andern hegen, und dann jeder wieder an seine Arbeit gehen – das ist etwa die Gebärde, die uns beiden am natürlichsten ist. – Von Herzen grüßt Sie und Ihre Frau zu Ihrem Festtag Ihr alter

Hermann Hesse

1 Bruno Hesse.
2 Cuno Amiet beging am 28.3.1938 seinen 70. Geburtstag.
3 Frank Buchser (1828-1890), Schweizer Maler und Lehrer Amiets.

376 An Carl Seelig

[Montagnola, März 1938]

Lieber Herr Seelig
Wir haben inzwischen die Grippe im Haus gehabt, alles lag krank, meine Frau besonders schwer mit hohen Fiebern, sie ist jetzt fieberfrei, aber noch schwach und hat viel Schmerzen, liegt noch den größern Teil des Tages zu Bett.

Mit Österreichern haben auch wir stets zu tun. Ich selber habe eine Reihe lieber alter Freunde dort, die zum Teil gefährdet sind, und meine Frau hat dort alle ihre Angehörigen und Freunde, sie ist Österreicherin gewesen. Über die Möglichkeiten für Emigranten habe ich mich, nachdem ich schon früher viel damit zu tun gehabt, neuerdings beim Völkerbund und den Comités informiert, es ist sehr schwach damit bestellt, am tätigsten ist die Fürsorge der jüd[ischen] Kultusgemeinde Zürich.

Im dritten Reich bin ich vollkommen unten durch, mit Recht, wenn ich auch noch nicht verboten bin, worauf ich aber warte. Eine Empfehlung oder ein Eintreten von mir im dritten Reich zu Gunsten von Internierten etc. würde im besten Fall ein Gelächter zur Folge haben, wahrscheinlich aber den von mir Empfohlenen geradezu schaden. Freunde von mir sind in Gefängnissen der Gestapo gesessen, sitzen zum Teil noch dort.

Ich bin schon wieder von Besuchen überlaufen, wie soll das erst im Sommer werden! Ich freue mich auf den Tag, wo ich zur Ruhe eingehen darf. Daß ich vorher noch einmal leidlich frisch und ausgeruht an meine eigene Arbeit werde gehen dürfen, glaube ich nicht. Den Morgen nimmt die Post, dann bin ich mit den Augen fertig, und den größern Teil des Jahrs sind Gäste und Besuche da, oft mehrere an einem Tag, im Sommer bis zu 8 und 10, und hängt man einen Zettel an die Tür und bittet um Schonung, dann bleiben die Feinern weg und die Üblen kommen doch, die Mehrzahl davon ist ja auch in Not, Emigranten, arme Kollegen etc. oder Reichsdeutsche, die zuhause in der Hölle leben und ein Trostwort suchen.

Auf Burger[1] hoffe ich doch noch. Er ist sehr beschäftigt, ist jede Woche einige Tage in Deutschland, wo er auch fabriziert.

Addio, werden Sie gesund! Herzlich Ihr

H.

1 Max Burger, Zigarrenfabrikant, der noch zugunsten des notleidenden Robert Walser angegangen werden sollte.

377 Postkarte an Gottfried Bermann Fischer

[Montagnola] 23.3.1938

Lieber Freund

Wenn du dann siehst, wie es etwa weitergeht[1], würde ich gern etwas hören. Ich habe oft an dich gedacht, denn meine Pläne für später hatten dich immer mit einbezogen.[2] Sollte man sich einmal sehen können, wäre es gut. Wir haben jetzt auch manche neue Sorgen, wir denken Eurer in Freundschaft

dein H. H.

1 Am 12.3.1938 waren die Nationalsozialisten in Wien einmarschiert. Zwei Tage darauf gelang es Gottfried Bermann Fischer mit seiner

Familie nach Italien zu fliehen. Der Wiener G. Bermann Fischer Verlag wurde zwei Tage später von der Gestapo geschlossen.

2 Wenige Tage darauf hatte Hesse seinem Sohn Bruno mitgeteilt: »Der Verlag zu dem ich nach Ablauf meines Fischervertrags [1939] überzugehen im Sinn hatte, in Wien, ist jetzt auch wieder kaputt gemacht und für mich ausgeschaltet. Der Leiter, mein Freund Dr. Bermann, ist mit Familie wenigstens schon in Sicherheit, in der Schweiz.

378 An Alfred Kubin

[Montagnola, Ende März 1938]

Lieber Freund Kubin

Die Stimmung Ihres letzten Briefes ist der meinen ganz ähnlich: wir haben, zum Teil im Widerspruch mit den offiziellen Tendenzen unsrer Zeit, ein Leben lang uns um Werte bemüht und an ihnen Freude gehabt, die nun für eine Weile mißachtet werden, von denen wir aber wissen, daß sie immer wieder aufleben werden. Wären wir antike Menschen, so wäre die Stoa[1] das uns Gemäße; in unsern schwächeren aber auch differenzierteren Seelen gedeiht statt des Pathos eher der Humor, der echte, nicht der goldene, sondern eben der Galgen- und Narrenhumor. – Wir haben einen so frühen und schönen Frühling, daß es schade um ihn ist, er kommt gleich andern Künstlern vor der Weltgeschichte nicht zu Wort. Sie ist ja immer eine etwas laute, aufdringliche und sich sehr wichtig nehmende Person, ihr Humor zuzuschreiben wäre falsch, sooft sie zu grinsen scheint.

Ich lege Ihnen Verse bei, die hat ein Schulkamerad von mir mir dieser Tage aus Deutschland geschickt[2], ein Mann dem es sehr viel schlechter geht als Ihnen und mir, der aber in einer edlen Narrheit weiter den Kopf hoch trägt.

Ich sinne je und je an meinem »Alterswerk« herum, dem Josef Knecht; es vergeht Jahr um Jahr, ohne daß er sehr vorwärts käme; immerhin ist so viel fertig, daß man das Ganze ahnen und deuten könnte, auch wenn nichts mehr hinzukäme. Als es mir diesen Winter eine Weile miserabel ging, infolge einer Erkältung, wurde ich plötzlich ängstlich, setzte mich hin und schrieb in 4 Wochen ein Kapitel daran[3], nachdem ich vorher etwa 7 Monate keinen Strich getan hatte.

Ich denke Ihrer, lieber A. Kubin, und wünsche Ihnen trotz allem Frühlingsfreude und Seelenkraft. Herzlich Ihr

Hesse

1 Griechische Philosophenschule. Ihr oberstes Prinzip ist die Forderung, in unerschütterlicher Gelassenheit und Übereinstimmung mit sich selbst und der Natur zu leben.

2 Franz Schall (1877-1943), Altphilologe, der mit Hesse die Lateinschule in Göppingen und das Maulbronner Seminar besucht hatte. Das Gedicht ist nicht überliefert.

3 Das Glasperlenspiel-Kapitel »Die Berufung«.

*379 An Ernst Wiechert**

[Montagnola, April 1938]

Hochgeschätzter Herr Wiechert

Es war hübsch und freundlich, daß Sie mir das neue Buch[1] haben zusenden lassen. Ich danke nun, da ich es gelesen habe, nochmals dafür. Mir war es willkommen und ein schönes Erlebnis, noch einmal die stille Welt Ihrer Wälder und Seen zu betreten. Lieb war mir auch der Umgang mit den paar Menschen dort, von denen es fraglich ist, ob sie nicht mehr in die Welt passen, oder ob gerade ihrer die Welt zu ihrer Erholung und Verjüngung bedarf. Da ich ähnliche Wege gehe und noch ein Stück älter bin als Sie, muß ich diese Frage, ob wir Alten Wegweiser oder bloß Käuze und Träumer seien, durchaus offenlassen. Auch ich bin schon über die Mischung [?] von Alt und Jung hinaus, die dem Fischerkapitän so wohl ansteht. Bei mir hat das Verantwortungsgefühl der Umwelt und Welt gegenüber sich bis ums 50. Jahr herum gesteigert, während es später eher an Spannung verlor, und mit dem Altwerden und Altsein nähere ich mich wieder der Vorliebe für indische

Gedanken, wie ich sie in den frühen Mannesjahren hatte, nur steht mir jetzt nicht mehr die strengschöne Gedanken- und Willenswelt der Philosophien und des Buddha im Vordergrund, diese ganz ethische Welt, sondern mehr die verantwortungslose der Mythen, des immer zeugenden Vishnu, des immer wieder zerstörenden Shiwa.

Wir haben keine guten Zeiten gehabt, seit wir uns sahen, und dieses letzte Jahr war für mich in Bezug auf Gesundheit und alles ein Tiefstand. Ich sage »war«, weil ich doch noch auf die Rückkehr einer besseren Zeit hoffe, namentlich für meine Arbeit, die beinahe ganz geschlafen hat. Möge Ihnen ein freundlicher Sommer erscheinen, und womöglich auch einmal ein Wiedersehen[2] sich ergeben!

* Nach einer Abschrift.

1 Vermutlich Ernst Wiechert, »Wälder und Menschen«. Eine Jugend, Langen/Müller, München 1936.

2 Der gemeinsame Freund Max Picard hatte im Oktober 1937 die erste und einzige persönliche Begegnung zwischen Hesse und Wiechert in Montagnola vermittelt.

380 An Georg Reinhart

[Montagnola, April 1938]

Lieber Herr Reinhart

[...] Mir hat die Eroberung Österreichs auch wieder eine Hoffnung verschüttet. Ich war längst entschlossen, nach dem Ablauf meines noch geltenden Vertrags mit Fischer bei Bermann in Wien zu verlegen, und nun ist das auch dahin. Dr. Bermann, dem ja anno 34 in Berlin sein schöner Verlag genommen wurde, hat in den wenigen Jahren in Wien wieder einen recht schönen Verlag aufgebaut, nicht nur mit Hilfe der alten, in Deutschland verbotenen Autoren, sondern auch sonst. Nun ist sein Wiener Verlag auch beschlagnahmt, die Nazi nehmen ihn ihm weg, sie nehmen ja alles weg, was gut und teuer ist. Für mich eine große Enttäuschung. Zum Glück ist Bermann mit seiner Familie, von früher her gewitzigt, sofort weggefahren, ist außerhalb Österreichs und wenigstens persönlich in Sicherheit.

Der Föhn bläst wie toll und reißt an den blühenden Bäumen. Es kommen schon wieder manche Besuche. Und aus Wien regnet es flehentliche Briefe von Kollegen, Freunden etc., auch von Angehörigen und Freunden meiner Frau, die teils gefährdet sind, teils sonst um jeden Preis fort wollen.

Bei Aktuaryus[1] in Zürich sind einige Bilder, auch solche aus Montagnola, von meinem jungen Freund Böhmer ausgestellt. Sollten Sie einmal hinkommen, so lassen Sie sie sich bitte zeigen.

Sie beide grüßt herzlich Ihr

H. Hesse

1 Zürcher Galerie.

381 An die Direktion der Schweizer Fremdenpolizei

Montagnola, 28.4.1938

Sehr geehrte Herren,

Erlauben Sie mir, ein Wort für meinen verehrten Kollegen A[lbert] Ehrenstein[1] einzulegen; er ist aus dem Kanton Tessin ausgewiesen worden, ohne ein andres Verbrechen begangen zu haben, als daß er Besitzer eines österreichischen Passes ist.

Sosehr ich begreife, daß es zu den Funktionen der Fremdenpolizei gehört, die Schweiz vor Überfremdung zu schützen, so unbegreiflich ist mir die oft brutale Härte, mit der von den niederen Instanzen gegen Persönlichkeiten vorgegangen wird, die in Kunst und Wissenschaft einen Namen haben, die still ihrer Arbeit leben und niemand zur Last fallen.

Es ist für die Schweiz nicht eine Schande und Gefahr, sondern eine Ehre, wenn sie von hochbegabten Künstlern, wie

A[lbert] Ehrenstein einer ist, als Asyl inmitten einer irrsinnig gewordenen politischen Welt aufgesucht wird. Es ist nicht wahr, daß das Verbleiben eines Mannes wie Ehrenstein in der Schweiz dem Lande den geringsten Schaden bringen könnte. Wir Schweizer Künstler und Intellektuelle beginnen uns mehr und mehr der rohen Gewalt zu schämen, mit welcher unsre Kanzleien und Gendarmerien wahllos gegen verdiente und von uns hochgeschätzte Kollegen vorgehen.

Herrn Ehrenstein, der bis zur Eroberung Österreichs Österreicher war, betreibt zur Zeit seine Aufnahme in die tschechoslowakische Staatsangehörigkeit, die Formalitäten werden jedoch noch einige Monate Zeit erfordern. Ich möchte die Bitte, ihn mindestens so lange in der Schweiz verweilen zu lassen, auf das Herzlichste unterstützen.

Hochachtungsvoll

Hermann Hesse

1 Albert Ehrenstein (1886-1950), expressionistischer Lyriker und Erzähler.

382 An Carl Seelig

[Ende April 1938]

Lieber Herr Seelig
Danke für Ihren lieben Gruß! Daß Sie solche Schnellreportagen schreiben müssen und für ein so fragwürdiges Blatt wie die NZZ, ist traurig. Immerhin ist es eine Arbeit, und Leerlaufen wäre noch schlimmer.

Auf 20. Mai ist A[lbert] Ehrenstein aus dem Tessin ausgewiesen. Sein Verbrechen: er hat einen österr[eichischen] Paß. Wie unsre Behörden sich zu Schnüfflern und Bluthunden im Dienst der Diktatoren hergeben, ist bald nicht mehr erträglich.

Mit Bermann hatte ich lange Gespräche, ich glaube nicht, daß er privatisieren wird. Freilich wird ihm die Lust vergangen sein, in der Schweiz sich nochmals der Behandlung auszusetzen, die er vor einigen Jahren hier erfahren hat, wo mehrere Kollegen, namentlich Oprecht und Rascher, ihn denunziert und, während sie persönlich hübsch mit ihm taten, gegen ihn gewühlt haben. Diese Affen könnten von ihm lernen, wie man Bücher verlegt, und daß die Schweiz nicht nur um einen guten Verlag, sondern auch um den Besitz der Autorrechte von Thomas Mann, Hofmannsthal etc. etc. gekommen ist, verdanken wir diesen gehässigen Dilettanten von Verlegern.

Sie stellen sich vor, ich sitze da und male Frühlingsbilder. Ach wie wenig ahnen Sie von meinem Leben! Ich sitze jeden Morgen 2 bis 3 Stunden über einer Post, die teils aus den Anliegen von Emigranten, gefährdeten Freunden etc., teils aus Schikanen der deutschen Behörden gegen mich besteht, und dann sind meine Augen für den Tag verbraucht und schmerzen irrsinnig bis in die Nacht hinein. Außerdem fast jeden Tag Besuche. Ich sehne mich nach nichts als nach einem Ende.

Aber so geht es heut vielen, fast allen. Es heißt auf dem Platz bleiben, solang man noch auf den Füßen stehen kann.
Herzlich Ihr

H.

383 An Georg Reinhart

Montagnola, 28.5.[1938]

Lieber Herr Reinhart
Danke für Ihren Brief, den Brief von Dr. Schäffer[1] lege ich Ihnen hier wieder bei, ich las ihn mit großem Bedauern.

Ihre Annahme, daß vermutlich Institutionen zur fürsorglichen Behandlung ähnlicher Fälle existieren, stimmt leider nicht. Die Fälle häufen sich zu Tausenden, manche mir bekannte sind ähnlich kompliziert wie der Ihres Schützlings, aber Organisationen, welche da eingreifen könnten, gibt es nicht. Es gibt je und je in verzweifelten Fällen, etwa durch Vermittlung des Völkerbunds, für einen ganz armen Teufel einen Nansenpaß[2], das ist alles.

Die Befürchtung Dr. Schäffers, er könnte beim Besuch Wiens von der Gestapo verhaftet werden, ist vermutlich übertrieben; ganz sicher freilich ist niemand, aber ich kenne immerhin eine ganze Anzahl in Österreich lebender Autoren, die sehr viel mehr Grund zu solchen Befürchtungen hätten und dennoch bis heute dort frei herumlaufen.

Dagegen sind die übrigen Klagen des armen Kollegen leider ja alle mehr als berechtigt. Ich kenne zwar manche Existenzen, die unter ähnlichen Bedingungen leben, wie er es heute tut, und noch unter viel härteren, da sie niemand haben, der sie unterstützt, Leute, die ohne Papiere monatelang in einem Land leben und hungern, bis sie abgeschoben werden und über der Grenze dasselbe von vorn anfangen müssen, Emigranten, die seit 1933 zwischen Prag und Barcelona dauernd unterwegs waren, mit langen Zwischenzeiten in Gefängnissen, – aber das sind lauter jüngere Leute, welche das Leben des Abenteuers und der Gefahr zur Not noch ertragen können. Für ältere Leute wie Sch[äffer] ist es nahezu hoffnungslos. Ich wüßte ihm, wenn er mein Freund wäre, nichts zu sagen als etwa das: »Ergib dich in das Hoffnungslose deiner Lage, wie es so viele tun müssen, warte mit Stoizismus ab, was nach dem Verfall deines Passes aus dir wird, lasse dich von der Polizei an die Grenze stellen und von der benachbarten wieder zurückschicken, überlaß es den irrsinnig gewordenen staatlichen Mächten, über dich zu verfügen, und sei froh, daß du vorläufig durch einen guten Geist und Mäzen wenigstens vor dem Hunger geschützt bist. Und mit dem Selbstmord warte, bis es wirklich ganz und gar unerträglich wird, dann ist es immer noch Zeit.«

Es ist scheußlich, das auszusprechen, und doch ist es so. Jemand, der zur Schweizer oder sonst einer Gesandtschaft in Ungarn gute Beziehungen hätte, könnte versuchen, Herrn Sch[äffer] dort zu empfehlen, daß man ihm etwas rät und ihm im Notfall etwas beisteht – aber einen normalen und legalen Weg zur Hilfe gibt es nicht.

Es leben zur Zeit allein bei uns in der Schweiz viele Dutzend Menschen, darunter viele Kollegen von mir, auch solche von Ruf, die in den letzten Wochen einen kurzfristigen Ausweisungsbefehl aus der Schweiz bekommen haben; ihr Verbrechen besteht darin, daß sie Österreicher waren und aus guten Gründen ihren Paß nicht in einen reichsdeutschen verwandeln lassen wollen oder können. Wäre unsre Fremdenpolizei auf Hitler vereidigt, so könnte sie nicht prompter in seinem Sinn reagieren. Hier habe ich vielen Erleichterungen verschaffen können, durch Empfehlung an die Fremdenpolizei und persönliches Bürgen für die politische und moralische Integrität der Bedrohten. Ich habe in den letzten Wochen kaum einen Tag ohne Anliegen dieser Art gehabt. Leider habe ich zu den Orten und Ländern, deren Beamten und Gesetzen Ihr Schützling untersteht, keinerlei Beziehungen. In Wien z. B., wo ich einen Verleger hatte, liegt eins meiner neueren Bücher in dem von den Nazis gestohlenen Verlag und gehört nun einfach nicht mehr mir, so wie auch meine sämtlichen deutschen (Berliner) Einkünfte aus allen frühern Büchern plötzlich nicht mehr mir gehören, sondern dem dritten Reich oder sonst einer Räuberbande. So ist die staatliche und politische Welt heute.

Was für die Nazis und Faschisten gilt, gilt ganz ebenso für das Reich Stalins. Ich mußte vor kurzem Romain Rolland bitten, sich bei Stalin für einige seit Jahresfrist von der russ[ischen] Geheimpolizei weggeholte Leute, darunter Leute von Namen, zu verwenden. Er schrieb mir resigniert zurück, daß er selber nahe Freunde habe, die in Rußland lebten und ebenso verschwanden, und daß er auf alle Briefe und Telegramme an Stalin überhaupt keine Antwort bekomme. Die Verbindung zwischen Staat und Geist hat aufgehört, in allen Lagern. Wie gern hätte ich Ihrem Bekannten einen Gefallen getan! Aber ich weiß keinen Weg.

Zur Zeit arbeite ich, soweit die eigenen Sorgen mir Raum

lassen, am Herausbringen einiger uns sehr nahestehender und zum Teil gefährdeter Personen aus Österreich, es geht alles zäh und langsam, man watet wie in Leim, schon weil man ja sich über alles nur auf komplizierten Umwegen und in weithergeholten Andeutungen verständigen kann. Immerhin hoffen wir, eine dieser Personen bald hier zu sehen und ihr dann weiterzuhelfen. Und eine sehr liebe junge Freundin von mir[3] sitzt in Schweden und sucht, ehe ihr Paß abläuft, krampfhaft nach einem Mann, der für eine Scheinheirat zu kaufen ist, um sie zur Schwedin zu machen, und natürlich melden sich da nur Gauner. Es ist eine verrückte Welt, zu der unser christliches Abendland geworden ist!

Seien Sie herzlich gegrüßt von Ihrem

H. Hesse

1 Dr. Emil Schaeffer (1874-1944), Kunsthistoriker, Verfasser u. a. einer Monographie über den Bildhauer Hermann Hubacher.
2 Der 1922 von Fridtjof Nansen entworfene Pass für staatenlose Flüchtlinge.
3 Anni Rebenwurzel.

384 An Gottfried Bermann Fischer

Montagnola, Ende Mai 1938

Dilecte amice
Seit du die Schweiz verlassen hast, habe [ich] oft an dich gedacht, mit freundschaftlicher wie auch mit egoistischer Betonung, da ja auch bei mir allerlei aktuelle Sorgen da sind. Zur Zeit bemüht sich Suhrkamp um eine Erleichterung für mich, denn ich bin zur Zeit infolge devisenamtlicher Schikanen vollkommen von meinen Einkünften abgeschnitten, sie werden alle auf ein Sperrkonto im Reich geschrieben. Wenn in Lugano jemand ein Buch von mir kauft, so kann ich meine Tantieme davon nicht bekommen, sondern sie wird mir in Berlin auf Nimmerwiedersehen »gutgeschrieben«. Vielleicht geht das vorüber, aber auch dann bleibt stets ein volles Drit-

tel meiner Bezüge so beschlagnahmt. Mein Vertrag mit Berlin läuft Ende 39 ab, vielleicht ist bis dahin auch der »Glasperlenspielmeister« fertig. Auf jeden Fall bin ich sehr froh darüber, dich wieder mit dem Bau eines Daches über unsern Köpfen beschäftigt, und für mich und Josef Knecht für den wahrscheinlichen Fall des Bruches mit Berlin eine Tür offen zu wissen. Hausieren gehen möchte ich mit meiner Arbeit auf die alten Tage nicht mehr, lieber würde ich auf eine Publikation zu meinen Lebzeiten verzichten.

Also deine Nachricht ist mir deinet- wie meinetwegen höchst willkommen, ich danke dir dafür.

Frl. A. Rebenwurzel, unsere Freundin seit manchen Jahren und zur Zeit wohl die beste Kennerin meines Werks, auch des Glasperlenspiels, ist zur Zeit in Schweden u[nd] hat es recht schwierig, ich gebe ihr deine Adresse, und falls sie dich aufsucht bitte ich nett mit ihr zu sein, du wirst das auch als Verleger vielleicht einmal nicht bereuen, ich halte A. Reb. für eine große Begabung, nicht dichterisch, aber denkerisch.

Bei mir nichts Neues. Das Augenübel drückt sehr.

Überstehe diese Zeit des Übergangs gut, ich will dir und Tutti den Daumen halten! Daß man bei Bonniers meinen Namen noch kennt, hat mich gefreut, grüße dort von mir!

Herzliche Grüße, auch von Ninon!

dein H. Hesse

Eben bekam ich einige Zeilen von Suhrkamp; er fährt für 8 Tage nach Wien zu einer »Reichstheaterwoche«; leider gab er keine dortige Adresse; ich hätte gern etwas über den Verlag dort erfahren. Im übrigen hat S[uhrkamp] in Berlin für mich, zunächst bis Ende des Jahres, einige Punkte bei der Behörde durchgesetzt, vor allem werde ich die seit Monaten sistierten Monatsraten zunächst wieder bekommen. Daß ich aber schwerlich mehr weitere Bücher in D[eutschland] werde erscheinen lassen können, habe ich ihm mitgeteilt.

385 An Carl Gemperle

[Poststempel 4.6.1938]

Lieber Herr Gemperle
Danke für Ihren Brief. Die fragliche Erzählung kann ich Ihnen hier senden.

Den heitern Lebensabend, den Sie mir gönnen würden, gönnen andre mir nicht. Mit Bermann in Wien habe ich den einzigen für die Zukunft für mich in Betracht kommenden Verleger verloren. Aus Deutschland, wo meine ganze Lebensarbeit verlocht liegt, bekomme ich zur Zeit trotz aller Gesuche und Bemühungen des dortigen Verlegers seit Monaten nicht einen Pfennig mehr heraus.

Ihre Betrachtung über den momentanen Weltzustand ist richtig. Zur Zeit kommt die Fragwürdigkeit und gefährdete Existenz alles Menschlichen ganz offen und politisch zum Ausdruck, während zu andern, angenehmeren Zeiten es dem Einzelnen leichter gemacht wird, über diese stets vorhandene Problematik und Tragik des Menschentums blind zu bleiben. Mir hat, als ich schon lang nicht mehr jung war, der Weltkrieg die Augen für immer geöffnet, seither hört das Erwachen nicht auf, und diesem Erwachen, dieser hoffnungslosen Ernüchterung und Bewußtwerdung dennoch einen Glauben und eine geistige Aktivität gegenüberzustellen, ist die fast unmögliche, dennoch immer wieder versuchte Aufgabe.

Zur Zeit freilich, seit 1933 und gar seit dem Fall Österreichs, verschlingt die ganz aktuelle, materielle und alltägliche Not fast alles andre bei mir. Ich bekomme keine Post, bei der nicht Hilferufe sind, neuestens namentlich von deutschen und österreichischen Kollegen, die aus der Schweiz ausgewiesen werden. Dazu habe ich u[nd] meine Frau in Wien und ganz Österreich viele unsrer nächsten Angehörigen und Freunde, die alle in fast hoffnungsloser Lage, manche unmittelbar gefährdet, einige auch verschwunden sind.

Erzählen Sie das alles lieber nicht weiter. Noch habe ich

das Erwachen nicht zu Ende gelernt, aber mir scheint, der größere Teil des Wegs sei zurückgelegt.

Mit Grüßen Ihr

H.

386 An Leonie Stämpfli

[Montagnola, Sommer 1938]

Liebe Frau Dr. Stämpfli

Danke für Ihren lieben Brief; es freut mich zu erfahren, daß Sie das kleine Büchlein[1] damals fanden und es freundlich aufgenommen haben. Ich habe das Büchlein erscheinen lassen, teils um wieder einmal meinen Freunden eine Kleinigkeit schenken zu können, teils um den jungen Drucker in Mainz zu unterstützen, der etwas kann und will, so daß ich auf seine Anfrage nach Text für einen schönen Druck nicht nein sagen mochte. Im übrigen wird wohl kaum mehr ein Buch von mir in Deutschland erscheinen können.

Die Stimmung und Lebensstufe, aus der Ihr Brief entstanden ist, kann ich, obwohl sie hinter mir liegt, noch wohl genug verstehen, um Ihren Brief ernst zu nehmen und das in ihm ausgedrückte Vertrauen zu schätzen. Wir haben alle den Trieb zum Glücklichsein in uns und damit die Abwehr gegen das Leid, den Tod, das Alter etc., und ich bin nicht der Meinung, daß es gut sei und etwas nütze, wenn wir diesen Trieb und diese Abwehr in uns willentlich unterdrücken. Und trotzdem ist jeder Schritt vorwärts im Leben und in der Einsicht, ein Jasagen zur dunklen Seite des Lebens, ein Erwachen in die tragische Wirklichkeit des Menschendaseins hinein. Heute ist das ja jedem leicht gemacht und nahegelegt, wo um uns herum die Erde stöhnt vom Jammer der Vergewaltigten, Verjagten, Beraubten. Ich habe seit Monaten wohl kaum einen Tag gehabt, an dem meine Briefpost, von meinen eigenen Sorgen ganz abgesehen, nicht einige Bitten, Fragen, Hilferufe von Freunden, Kollegen oder auch Fremden enthielt, deren Lage eine sofortige Hilfe forderte. Die einen müssen aus der Hölle, zu der Wien geworden ist, befreit werden, die andern, denen schon die Flucht in die Schweiz gelang, sehen sich hier von einem Tag zum andern von der Polizei ausgewiesen, viele werden seit Monaten, manche seit Jahren von Land zu Land, von Grenze zu Grenze geschoben, heimatlos, ohne Möglichkeit zu irgendwelcher Arbeit oder Besinnung, von Uniformierten angeschnauzt, überall überwacht und verfolgt, überall wie Verbrecher behandelt und wie Diebe gefürchtet, obwohl sie niemandem was tun. Mit solchen Sachen habe ich es, im Grunde, seit meinem Erwachen zur Einsicht in die Wirklichkeit des Lebens (seit dem Weltkrieg) immerfort zu tun gehabt, und jetzt ist die Welle wieder so hoch gestiegen, daß ich oft das Gefühl habe, den ganzen Tag in Blut und Dreck gewatet zu sein und das Menschenleben nicht mehr ertragen, oder nicht mehr ernst nehmen zu können. Dennoch ist im Grunde, und unbeeinflußt von diesen Stimmungen und Müdigkeiten, mein Glaube ganz unberührt, ich werde mein Wissen und Ahnen um den Sinn des Lebens auch dann noch für richtig halten, wenn Hitler und Stalin oder Mussolini persönlich mich in einem seiner Kerker durch die Folter zu belehren suchen sollte. Ein Kollege und Freund von mir, Ernst Wiechert, nebst Niemöller[2] einer von den wenigen Deutschen mit etwas Courage, sitzt zur Zeit gefangen, so wie manche andre meiner Freunde, soweit sie nicht schon getötet wurden oder sich selber getötet haben.

So schwimmt man durch seinen Tag und durch seine Zeit, jeder auf seine Art, jeder bemüht, das Leid von sich abzuwehren, das fremde wie das eigene, und doch von diesem Leid umgeben und heimlich beherrscht, und unterwegs zu Zuständen, in denen das Leid nicht mehr weh tut, und das Glück nicht mehr begehrenswert scheint. Ich schwatze das so vor mich hin, etwas betäubt von der großen Hitze und langer Schlaflosigkeit, nehmen Sie damit vorlieb, ich wollte doch Ihren lieben Brief nicht ohne Antwort lassen.

Herzlich grüßt Sie Ihr

H. Hesse

1 H. Hesse, »Aus der Kindheit des Heiligen Franz von Assisi«, Eggebrecht-Presse, Mainz 1938. Bibliophiler Sonderdruck in 2000 Exemplaren.
2 Martin Niemöller (1892-1984), evangelischer Theologe, kam 1937 in das KZ Sachsenhausen, 1941 nach Dachau.

387 An Otto Basler

[Montagnola, 9.6.1938]

Lieber Herr Basler
Danke für Ihren Brief! Der kleinen Enkelin[1] scheint es gut zu gehen, und jetzt erholt sich auch die Mutter, Brunos Frau, die sehr mitgenommen war. Inzwischen war ein Schreck andrer Art los. Meine erste Frau, die Mutter meiner Söhne, die ich damals durch ihre schwere Psychose verlor, und der es dann später doch jahrelang wieder ganz ordentlich ging, ist wieder erkrankt, hat böse Zustände, der jüngste Sohn war eben eine Woche bei ihr, hat sie vorerst in einer Privatklinik untergebracht, und wir hoffen, sie bleibe eine Weile und erhole sich dort, ohne daß es wieder ganz schlimm wird. Daneben gehen die andern Geschichten, besonders mit Österreich, von wo wir bald wieder einen Flüchtling erwarten um ihm dann weiter zu helfen; im Sommer soll auch die einzige Schwester meiner Frau[2] kommen, aus Rumänien, wo es kaum besser steht, auch sie wird irgendwohin emigrieren müssen. Die Verlagsgeschichten lasse ich vorerst liegen, ich bekomme seit Monaten keinen Rappen aus Deutschland, werde also jedenfalls nächstes Jahr den Vertrag mit dort nicht erneuern können. Bermann aus Wien, den ich an Ostern in Zürich sprach, fängt vielleicht in Stockholm später wieder an. Die »Stunden im Garten« sind, wie der ganze Verlag Bermann, in Wien von den Nazi gestohlen. Hätte Bermann vor einigen Jahren die Erlaubnis bekommen, seinen Verlag in der Schweiz aufzutun (seine Kollegen haben es hintertrieben), so wäre mit ihm auch ich, auch Annette Kolb etc. gerettet.

Da ich grade Annette Kolb nenne – von ihr hat Kolbe[3] eine

herrliche Büste gemacht, sie ist im Besitz von Freunden von mir, und ich bat meinen Sohn Martin sie für mich und einige Freunde zu fotografieren, ich lege Ihnen das Bild bei. Martin war, nach dem Besuch bei seiner Mutter, einen halben Tag bei mir, das war das Beste in letzter Zeit, sonst fast nur Beschwerden, endlose Korrespondenzen für Flüchtlinge etc., wenigstens konnte ich 2 oder 3 Kollegen retten, die schon Ausweisungsbefehle aus der Schweiz bekommen hatten.

Der Sommer ist endlich gekommen, heiß und schön. Ich hoffe, Sie erholen sich vom Dienst und vom Kranksein!

Mit herzlichen Grüßen für Sie beide Ihr

H.

1 Die am 14.5.1938 geborene Christine Hesse, Tochter seines Sohnes Bruno und dessen Frau Kläri.
2 Lilly Kehlmann.
3 Georg Kolbe (1877-1947), Bildhauer.

388 An Peter Suhrkamp

[Montagnola] 12.6.1938

Lieber Herr Suhrkamp

Ich höre in meiner Sache nichts mehr, die Wochen und Monate gehen hin und ich möchte Ihnen heute in Kürze sagen, wie die Lage für mich moralisch eigentlich aussieht. Wir haben einen Vertrag miteinander, dessen Bedingungen ohne Ihre Schuld seit langem nur noch sehr unpünktlich, seit Monaten überhaupt nicht mehr eingehalten werden. Der Vertrag ist, durch Staatsgewalt gebrochen. Ich bekomme weder die ausdrücklich zur Sicherung meiner Existenz ausbedungenen monatlichen Vorauszahlungen noch überhaupt etwas von meinen Tantiemen. Ich weiß nicht einmal, was aus den Erträgen Ihrer letzten Abrechnungen etc. geworden ist, ob und wo sie mir auf ein Sperrkonto geschrieben wurden etc. etc. Zugleich habe ich im Verlag Bermann, Wien, mein gutgehendes und früher stets pünktlich honoriertes Buch liegen und kann nicht erfahren, was aus dem Buch und dem Verlag geworden ist. Der Streit darüber, ob man solche Zustände noch legal nennen will oder nicht, scheint mir unnütz. Ich möchte nochmals erklären, daß mein Vertrag mit Ihnen gebrochen ist, ohne Ihre Schuld zwar, aber eben doch gebrochen, und daß ich, wenn ich nicht bald direkt mit Ihnen eine Einigung über die nächste Zukunft finde, mir natürlich die Verfügung über das, worüber wir den Vertrag geschlossen hatten, vorbehalte. Ich würde dann in Zukunft etwaige neue Bücher im Ausland verlegen und würde baldmöglichst von einigen der frühern Bücher im Ausland neue Ausgaben veranstalten.

Das Verhandeln ist schwierig, denn ich weiß ja sehr wohl, daß ich nicht Sie gegen mich habe, sondern Ihre Behörde. Aber wenn Ihren Behörden die Existenz eines Autors gleichgültig ist, an den sie jahrzehntelang Devisen etc. verdient haben, dann habe auch ich keinen Grund, in dem alten Verhältnis zu bleiben. Ich verlange, rechtlich und menschlich behandelt zu werden, andernfalls nehme ich an, Ihre Behörde wünsche mir durch diese unmenschliche Art von Aushungerung anzudeuten, daß ich ihr unerwünscht bin. Daraus die Konsequenzen zu ziehn, wird dann meine Sache sein. Mich jahrelang als Autor gutgehender Bücher um alle meine Einkünfte bringen zu lassen, während gleichzeitig jede Post aus Ihrem Lande mir die Briefe zahlloser Leser bringt, das ist ein Zustand, dem ich recht bald ein Ende wünsche. Wenn Ihre Behörden sich nicht für und nicht gegen mich entscheiden können, meine Bücher dulden, mir aber meine vertraglich geschützten Rechte vorenthalten, dann muß ich meinerseits Schritte tun, meine Rechte wieder an mich zu nehmen.

Schreiben Sie mir einmal, ich weiß, daß Sie viel zu tun haben, tun Sie es dennoch. Mit herzlichen Grüßen Ihr

H. Hesse

389 An Gottfried Bermann Fischer

Montagnola, Juni 1938

Lieber Freund

Danke für deinen Brief, ich freue mich über seine Nachrichten. Doch stehen auch einige Sätze darin, die ich korrigierend beantworten muß. Wenn du z. B. sagst: »Was kann dich noch (in Deutschland) halten?« so muß ich antworten: mich hält mein Vertrag mit der Firma, mit der ich zeitlebens verbunden war, und die sich bis heute die größte Mühe gibt mir gegenüber. Es gefällt mir nicht, daß du das bagatellisierst. Es hält mich außer dem Vertrag, der ja bis Ende 38 noch läuft, aber auch meine Leserschaft. Außerhalb Deutschlands habe ich wenig Leser, und ein Buch wie der »Josef Knecht« wird in Deutschland, gerade im heutigen geknebelten Deutschland, von einigen Zehntausenden fast restlos verstanden werden, während z. B. in ganz Amerika keine drei Personen sind, denen es etwas bedeuten wird. Das sind keine Bagatellen.

Nun ist allerdings wahrscheinlich, daß der »Josef Knecht« in Deutschland sehr rasch wird verboten werden, wenn er denn einmal fertig ist und erscheint. Auf jeden Fall halte ich meinen Vertrag gegen Suhrkamp solange, bis er von der andern Seite gebrochen wird oder ich mich mit ihm richtig auseinandergesetzt habe, was schwierig ist, da man ja dorthin nicht schreiben kann ohne den Adressaten zu gefährden. Wenn aber einmal diese Fäden entwirrt sind und ich die Handlungsfreiheit habe, sehen wir weiter; ich bin sehr froh, am Ende dieser Wirrnis deinen neuen Verlag inzwischen bereit zu wissen. [...]

Addio, lieber Freund, ich wünsche deiner neuen Arbeit alles Gelingen, und grüße Dich und Tutti herzlich

Dein H. Hesse

390 An Joseph Englert

[Montagnola, 1.7.1938]

Lieber Freund

Haben Sie Dank für Ihren lieben Brief! Unser Wiener Flüchtling[1], der erste den wir bis jetzt mit unendlicher Mühe dort loszueisen helfen konnten, trifft morgen bei uns ein für ein paar Wochen, eine Ärztin, mit uns beiden gut befreundet, wir hoffen ihr später nach England weiter zu helfen.

Ihr Urteil über das politische Österreich ist so ziemlich auch das meine. Nur habe ich es leider Tag für Tag nicht mit diesen großmäuligen Affen von österr[eichischen] Nazis etc. zu tun, sondern wie überall mit der andern Seite, mit den Opfern. Ich gehöre mit zu ihnen. Und Freund Wiechert, neben Niemöller einer der paar tapferen Leuten im geistigen Deutschland sitzt nun auch gefangen.

Genug, ich habe einen strengen Tag, morgen ist Geburtstag, und vor Hitze und langem Nichtgeschlafenhaben bin ich recht blöde. Ich wollte nur sagen: die Aussicht auf Ihren Besuch ist mir eine große Freude, und ich bin in nächster Zeit immer zuhaus.

Von Herzen grüßt Sie alle Ihr

H. Hesse

1 Dr. Elisabeth Löbl (1905-1996).

391 Postkarte an Hedwig Weiner

[Montagnola, Anfang Juli 1938]

Danke für Ihren Brief! Ja, unsereiner lebt nicht leicht, und empfindet oft die Umwelt als brutal oder als kindisch. Aber wir haben diese Umwelt weder zu fliehen noch sie zu ändern, wir haben ihr so viel zu geben, als wir ohne Schaden von unserm Besten geben können, und sie zu benützen und uns ihr zu fügen, so wie wir unsere eigene Natur, unsern Körper benützen und uns ihm fügen, wo er der stärkere ist.

Es reicht nicht zu mehr. Es ist viel zu tun und die Kraft nicht groß.

Herzlich grüßend Ihr

Hermann Hesse

392 An Rudolf Jakob Humm

[Montagnola] 8.7.1938

Lieber Herr Humm

[...] Sie nennen mich eine Säule, caro amico, und ich komme mir eher wie ein halb zerfaserter, überanstrengter Strick vor, an dem viele Gewichte hängen, und der bei jedem neu dazukommenden Gewicht das Gefühl hat: Jetzt wird es bald krachen. Indessen spüre ich dennoch, was Sie vermutlich mit der Säule meinen. Sie spüren in mir etwas wie einen Glauben, etwas was mich hält, eine Erbschaft von Christentum teils, teils Humanität, die nicht bloß anerzogen und nicht bloß intellektuell fundiert ist. Damit hat es seine Richtigkeit, nur könnte ich meinen Glauben nicht formulieren, je länger, je weniger. Ich glaube an den Menschen als an eine wunderbare Möglichkeit, die auch im größten Dreck nicht erlischt und ihm aus der größten Entartung zurückzuhelfen vermag, und ich glaube, diese Möglichkeit ist so stark und so verlockend, daß sie immer wieder als Hoffnung und als Forderung spürbar wird, und die Kraft, die den Menschen von seinen höhern Möglichkeiten träumen läßt und ihn immer wieder vom Tierischen wegführt, ist wohl immer dieselbe, einerlei ob sie heut Religion, morgen Vernunft und übermorgen wieder anders genannt wird. Das Schwingen, das Hin und Her zwischen dem realen Menschen und dem möglichen, dem erträumbaren Menschen ist dasselbe, was die Religionen als Beziehung zwischen Mensch und Gott auffassen.

Dieser Glaube an die Menschen, das heißt daran, daß der

Sinn für Wahrheit, das Bedürfnis nach Ordnung dem Menschen innewohnt und nicht umzubringen ist, hält mich über Wasser. Ich sehe im übrigen die heutige Welt wie ein Irrenhaus und ein schlechtes Sensationsstück an, oft bis zum tiefsten Ekel degoutiert, aber doch so wie man Irre und Besoffene ansieht, mit dem Gefühl: wie werden die sich schämen, wenn sie eines Tages wieder zu sich kommen sollten!

Ich freue mich, daß ein Buch von Ihnen fertig ist.[1] Zwischen Ihrer Sprache und der meinen, zwischen Ihren Problemen und meinen steht die Grenze einer Generation, oft kommt es mir vor, als wäre ich fünfzig Jahre älter als Sie, oft scheinen Sie mir der viel Ältere zu sein. Aber ich spüre über die Grenze weg auch eine Verwandtschaft und echte Kollegialität, Mitarbeiterschaft an verschiedenen Punkten desselben Baues. Im übrigen werde ich immer dümmer, und sehe nur noch mit Erstaunen, nicht mehr mit eigentlichem Verstehenwollen zu, wie noch die kindischsten, ja viehischsten politischen Triebe sich als »Weltanschauungen« etc. geben, ja die Gebärden von Religionen annehmen. Diese Systeme haben mit dem so sehr viel geistvolleren Marxischen Sozialismus das gemein, daß sie den Menschen für nahezu unbegrenzt politisierbar halten, was er nicht ist – ich halte die Krämpfe der heutigen Welt großenteils für eine Folge dieses Irrtums.

Genug geplaudert, ich muß an die Arbeit – leider nicht an die literarische, sondern an die Morgenpost.

Herzlich grüßt Sie Ihr

H. Hesse

1 Rudolf Jakob Humm, »Don Quichote und der Traum vom goldenen Zeitalter«, Olten 1939.

*393 An Oskar Laske**

[Montagnola] Juli 1938

Hochgeschätzter Herr Laske
Unsre Freundin hat mir, als Geschenk zu meinem Geburtstag, Ihr Bild mitgebracht, die Vorfrühlingslandschaft mit dem Gehöft am Hang, und ich möchte Ihnen sagen, daß sie mir damit eine große Freude bereitet hat.

Ich bin kein Analytiker und kann Kunstwerke naiv genießen, ohne mir über das Zustandekommen der ästhetischen Wirkung näher Rechenschaft zu geben; meistens ist ja auch dies Rechenschaftgeben eine Täuschung, und ist nur ein Einordnen des Erlebnisses in ein Schema von Begriffen und Vokabeln. Immerhin habe ich über Ihr schönes Bild, dessen Frische, Leichtigkeit und Beschwingtheit mich erfreut, auch ein wenig nachgedacht. Der virtuose Vortrag, die spielende Bewältigung des Handwerks ist es nicht, was mich entzückt, obwohl auch dies schon viel ist; es ist eher das, daß man den Maler, der so spielend zu arbeiten scheint, dennoch überall im einzelnen sein Objekt umwerben und von ihm bezaubert spürt. Daraus, scheint mir, entsteht die Musik des Ganzen, und entstehen die farbigen Blüten und Zauberinseln im Bild, jene Stellen, wo ein kleiner Fleck Farbe so richtig sitzt und so gestimmt ist, daß man ihn als Beglückung fühlt. – Nun, Sie werden klügere Leute über Ihre Bilder Klügeres sagen hören; ich wollte auch nicht über Ihr Bild reden, sondern nur dafür danken und Ihnen sagen, daß ich es liebe.

* Der Brief ist nicht vollständig überliefert.

394 An Karl Bruno Seeliger

[Montagnola, 1938]

Lieber Herr Seeliger
Der beigelegte Brief von Haringer[1] kam heute. Ich schicke ihn Ihnen, für alle Fälle; eine Erklärung mir gegenüber ist un-

nötig, ich kenne Haringers Psychologie so ziemlich. Dennoch ist es vielleicht möglich, ihm irgendwo ein oder zweimal die Woche einen Mittagstisch zu verschaffen, solang er in Z[ürich] ist. Auch wenn er es mit Unflätigkeiten vergilt.

Ich bin mit Flüchtlings- und Emigrantensorgen, neben den eigenen, so überladen, daß es kein Leben mehr ist. Und dazwischen kommt dann alle paar Tage noch irgend ein 17, 18 oder 20jähriger blonder Jüngling aus der Schweiz, oder aus Deutschland, bringt Verse mit, ist voll Sorgen um die Entwicklung seiner Persönlichkeit, und begreift gar nicht, daß die Welt voll ganz andrer Sorgen steckt.

Addio, herzliche Grüße von Ihrem

H. Hesse

1 Das Schreiben des in die Schweiz geflohenen Schriftstellers Jakob Haringer (1898-1948) ist nicht überliefert.

395 An Max Herrmann-Neiße

[Montagnola, Juli 1938]

Lieber Herr Max Herrmann

Danke für Ihr Gedenken, Ihren Brief und Glückwunsch und Ihre neuen Gedichte. Ich verstehe, daß die Ausbürgerung Ihnen trotz allem so weh tut[1]; andrerseits würde ich, wäre ich in derselben Lage wie Sie, die ausgesprochene Ausbürgerung für ehrenvoller halten als das Fortbestehen einer inhaltslos gewordenen Zugehörigkeit.

Mir geht es wie Stefan Zweig. Teils durch meine eigenen, teils durch die Beziehungen meiner aus Österreich stammenden Frau bin ich in das Wiener Elend und die Fürsorge für Flüchtlinge von dort so stark hineingezogen, daß mir für das Eigene nichts übrig bleibt. Wie ich einst im Kriege, während ich den Krieg verfluchte, jahrelang Fürsorge für die Gefangenen betrieb, so muß ich jetzt diese Flüchtlingsfürsorge treiben. Viel kann man nicht tun, ich konnte einige Kollegen vor der Fremdenpolizei retten, und jetzt haben wir nach monatelangem Bemühen endlich einen befreundeten Flüchtling aus Wien herausgekriegt, es ging nicht leicht, und haben ihn vorerst hier, ich habe mich übrigens seinetwegen auch an Stefan Zweig gewandt. [...]

Möchten wir vom Krieg verschont bleiben, und möchte den Engländern möglichst klar werden, wie es eigentlich in der Welt steht! Sie beide[2] grüßt herzlich

Ihr H. Hesse

1 Fünf Jahre nachdem Max Herrmann-Neiße (als Nichtjude) freiwillig nach London emigriert war, wurde er 1938 vom Reichsminister des Inneren auch offiziell ausgebürgert. Er schrieb dazu am 30.6. 1938 an Hesse: »Ich hatte es schon lange erwartet, aber als es nun klare, unbestreitbare Tatsache geworden war, tat es mir recht weh, verspüre ich eine seelische Wundheit, als wäre ein roher operativer Eingriff erfolgt.«

2 Und seine Frau Leni Herrmann.

396 An Klaus Mann

[Montagnola, 21.7.1938]

Lieber Herr Klaus Mann

Ihr Brief war mir eine Freude, haben Sie Dank für ihn.

Bei uns krachen die Bomben noch nicht, aber ich lebe schon wieder beinahe ebenso im Kriege wie einst in den Jahren 1916 bis 1919, wo ich in der Kriegsgefangenenfürsorge tätig war, nur sind es heut die Flüchtlinge und Emigranten, deren Schicksale und Nöte mich mit bedrücken und denen der größte Teil meiner Arbeit gilt. Obwohl ich die Vergeblichkeit sehe, hat es mich wieder hineingezogen, diesmal hauptsächlich auch durch meine Frau, die aus Österreich stammt und alle nahen Verwandten und Freunde dort hatte. Wir haben Flüchtlinge im Haus, sitzen an den Schreibmaschinen, schreiben Lebensläufe, Einreisegesuche, Bittgesuche an die Fremdenpolizei, kurz ich bin wieder ganz im papierenen Krieg, und es ist um nichts hübscher als damals. Damals versorgte ich die Kriegsgefangenen mit einer kleinen, von mir redigierten Zeitschrift, und mit Lektüre, auch mit Noten, Musikinstrumenten, Studienbüchern für Akademiker etc. Einmal legte ich einem Kistchen Bücher, das als Lagerbibliothek für ein Arbeitslager in Frankreich gedacht war, eine billige Ausgabe des »Goldenen Topfs« von Hoffmann[1] bei, und bekam vom Empfänger den Kopf gewaschen, die deutschen Gefangenen und Krieger, schrieb er mir, seien nicht gesonnen, sich mit so läppischem romantischem Zeug aus Urgroßvätertagen abzugeben, sondern verlangten eine Lektüre, die sie mit dem Heute und dem vollen echten Leben der Gegenwart etc. in Kontakt halte, z. B. Werke von Rudolf Herzog.[2] So ähnlich wird auch der Endeffekt meiner jetzigen Plagerei sein.

Jene Erzählung von Hölderlin, Mörike und Waiblinger[3] die Sie in Barcelona gelesen haben, ist schon alt, sie ist so etwa um 1913 geschrieben.

Hoffentlich sehen wir uns einmal wieder, es würde mich freuen. Es grüßt Sie

Ihr H. Hesse

1 E. T. A. Hoffmann, »Der goldene Topf«. Märchen. Erstdruck in »Fantasiestücke in Callot's Manier«, Bamberg 1814/15.
2 Rudolf Herzog (1869-1943), patriotischer Erzähler und Romancier.
3 H. Hesse, »Im Presselschen Gartenhaus«. Eine Erzählung aus dem alten Tübingen (SW 8, S. 84 ff.).

397 An Herbert Steiner

[Montagnola] 23.7.1938

Im Prozeß der »Vereinheitlichung« und zugleich Banalisierung der Sprache steht, glaube ich, der Dichter eindeutig auf Seite der erhaltenden retardierenden Partei, und sollte es daher möglichst auch in den formalen Fragen der Orthographie etc. tun. Wenn ein Autor einmal das Wort »anderer« geschrieben hat, darf ihn das nicht dazu verpflichten, auf der nächsten Seite auf das Wort »andrer« zu verzichten, bloß weil das »konsequent« ist. Zwischen beiden Wörtern ist ein rhythmischer Unterschied, und wenn auch der Autor die Motive, warum er das einemal so, das andremal so schreibt, nicht immer klarlegen kann, so tut er es eben doch aus einem künstlerischen, einem Bedürfnis nach Differenzierung im Ausdruck. Wenn in einem Quartett von Schubert die Coda eines Satzes die drittletzte Note punktiert, in einem andern Satz aber die sonst gleiche Endphrase der Coda ohne Punkt läßt, so weiß jeder Musikant, daß das auch einheitlich gemacht werden könnte, daß dies aber weit langweiliger wäre.

Ich freue mich, Sie im Widerstand gegen Duden des öftern auf meiner Seite zu sehen!

H. Hesse

398 Postkarte an Carl Gemperle

[Montagnola] 28.7.1938

Danke für Ihren lieben Brief! Über Wiechert weiß ich auch nicht mehr als Sie.[1] Es ist grausig, aber wir haben keinen Grund, uns besser vorzukommen als die Teutonen. Seit 14 Tagen ist unsere Schweizer Fremdenpolizei, also unsre offizielle Schweizer Politik, ausgesprochen antisemitisch, bald wird Hitler Bundespräsident sein. Es ist schlimm, inmitten dieser Blindheit mit offenen Augen zu leben.

Es grüßt Sie Ihr

H. Hesse

1 Ernst Wiechert hatte im April 1938 seine Zahlungen für das nationalsozialistische »Winterhilfswerk« eingestellt, »solange Pastor Niemöller widerrechtlich in Haft gehalten wird«. Im Mai 1938 wurde auch Wiechert von der Gestapo in Untersuchungshaft genommen,

und da er sich weigerte, seine »staatsfeindlichen Erklärungen« zu widerrufen, wurde er (für zwei Monate) in das Konzentrationslager Buchenwald abtransportiert.

399 An Heinrich Rothmund, Chef der Eidgenössischen Fremdenpolizei

Montagnola, 4.8.1938

Hochgeschätzter Herr Dr. Rothmund

Danke für Ihren Brief vom 1. August; er gibt mir willkommenen Anlaß zu einer Begrüßung. Denn ich habe es sehr oft mit Angelegenheiten der Fremdenpolizei zu tun, einesteils als Autor, der sehr häufig von eingewanderten Kollegen um Hilfe gerufen oder um Empfehlungen etc. gebeten wird, andrerseits durch meine sehr nahen Beziehungen zum alten Österreich, von wo schon viele Emigrierte meine Gäste und Schützlinge waren und wo ich noch manche leben habe, deren Herausbringen und Weiterbefördern ich mir zur Pflicht gemacht habe. Ich arbeite also ein wenig auf Ihrem Gebiete mit, wenn auch nur als Freiwilliger und allerdings mit entgegengesetzter Funktion: Während Ihr Augenmerk dem Zweck gelten muß, das Land vor Überfremdung zu schützen, habe ich die Aufgabe, im einzelnen Fall möglichst Linderung der Härten zu erreichen. Ich möchte hinzufügen, daß ich für die Funktion der Fremdenpolizei alles Verständnis habe und daß ich bei vielen Stellen Erfolg gehabt und Verständnis gefunden habe: Die Mehrzahl der Ausgewiesenen, für welche ein Eintreten mir verantwortbar schien, hat tatsächlich neue Aufenthaltsbewilligungen erhalten.

Darum stehe ich auch Ihnen in Fällen gern zur Verfügung, wo Sie etwa über Schriftsteller deutscher Sprache, die sich im Land aufhalten, Auskünfte haben möchten.

Sie vermissen nun aber meine Antwort auf Ihre Fragen. Ich habe mich damals im Fall Ehrensteins[1], durch mehrere rasch nacheinander an mich gelangte Hilferufe von bedrohten Kollegen erregt, in einem Briefe, den Sie zitieren, etwas ungehalten über vorgekommene Härten ausgedrückt. Auf diese Fälle zurückzukommen wäre mir, so viele Wochen später, schon darum unmöglich, weil ich weder ein Büro noch einen Sekretär, weder Akten noch Kartotheken habe – ich bin durch die Bemühungen zu Gunsten der armen Emigranten sogar so in Anspruch genommen, daß ich seit Monaten niemals mehr an meine eigene literarische Arbeit habe denken können.

Wenn ich also auf frühere Fälle hier nicht zurückkommen kann, weil ich den Apparat nicht zur Verfügung habe, um mir alle nötigen Details zu verschaffen, so werde ich doch gerne in etwaigen späteren Fällen, die an mich gelangen, Ihnen möglichst mit sachlichen Auskünften dienen. Im allgemeinen fand ich bisher im Tessin die oberen Organe der Fremdenpolizei stets menschlich und vernünftig, dagegen gelegentlich die Gendarmen unnötig präpotent.

Ihre Tätigkeit, hochgeschätzter Herr, ist mir seit manchen Jahren wohlbekannt, auch Ihre Mitwirkung am Kongreß von Evian, ich kann mich in die Schwierigkeiten Ihres Amtes einigermaßen hineindenken, und bin froh, Sie an dieser Stelle zu wissen.

Mit vorzüglicher Hochachtung Ihr

Hermann Hesse

1 Albert Ehrenstein, a. a. O.

400 Postkarte an Albert Ehrenstein

[Montagnola, Mitte August 1938]

Lieber Herr Ehrenstein,
wir lasen jeden Tag ein paar chinesische Gedichte und dachten Ihrer.[1] Aber mit der Antwort an Rothmund konnte ich nicht so lang warten. Was ich ihm schrieb, trug mir einen Brief von ihm ein, in dem er mir halb wohlwollend, halb

schulmeisterlich auf die Schulter klopft, mich belehrt und es dabei nicht unterlassen kann, mir unter die Nase zu reiben, daß ich ja kein echter Schweizer, sondern bloß ein eingekaufter sei. Ich habe es noch nicht verdaut, und auf jeden Fall werde ich an diesen Mann nie mehr schreiben.

Bei uns geht es weiter Tag für Tag mit Gästen, Besuchen, Beratungen, mit Anwälten, Garantieleistungen für Wiener, um das Visum zu kriegen; ich bin so weit, jeden Emigranten zu beneiden, der irgendwo sitzen, hungern und arbeiten oder nachdenken kann, oder schon tot ist. Viele Grüße! Auch von meiner Frau. Ihr

H. H.

1 Albert Ehrenstein publizierte mehrere Bände mit Nachdichtungen chinesischer Lyrik.

401 An Walter Schädelin

[Montagnola] 13.8.1938

Lieber Freund
Danke für die Rücksendung und deinen lieben Brief!

Da habe ich die letzten sechs Jahre vermutlich vergeblich gearbeitet mit meiner Utopie von Josef Knecht und einer Welt der Sauberkeit und des Geistes, denn ein Maul voll Natur und Schweinebraten ist den Lesern stets lieber als aller Geist [...]. Ich habe vor 35 Jahren mit dem Camenzind etc. mein Lied der Jugend und der Naturschwärmerei gesungen, bin vom Jahr 1914 an langsam zur Wirklichkeit der Welt und damit zur Einsicht von der Notwendigkeit des Geistes erwacht, und muß eben diesen Weg zu Ende gehen. Soeben habe ich das Kapitel des »Knecht« geschrieben, das automatisch sein Verbot in Deutschland veranlassen wird. Zum Glasperlenspielmeister geworden, wendet Knecht Kastalien den Rücken und wird einfacher Schulmeister in der Welt draußen, wo es wieder einmal nach Krieg und großen Zeiten riecht und wo darum der Kampf um die Redlichkeit, um das Alphabet und Einmaleins, um die Fundamente des Denkens und um den Sinn für die Wahrheit (und damit für das Recht) einmal wieder nötig wird.

Ich danke für dein treuliches Lesen und für deine Offenheit. Ich erwarte von neun Zehnteln meiner Leser das selbe Urteil. Wenn es zehn Zehntel werden, dann habe ich mein Spiel und mein Leben verloren. Nicht schade dafür.

Herzlich Dein

Hesse

402 *An Peter Suhrkamp*

[Montagnola] 19.8.1938

Lieber Herr Suhrkamp

Neulich schrieb mir ein Lehrer, ich werde offiziell, speziell bei den Leihbibliotheken, zu den nicht untersagten, aber unerwünschten Autoren gerechnet ...

Meine Schwester, die im Herbst ihr Pfarrhaus für immer verläßt, hat mir etwas Merkwürdiges geschickt: die losen Bilder aus einer illustrierten englischen Ausgabe von »Bunyans Pilgerfahrt«[1], die meine Eltern besaßen, es war eine für damals kostbare Ausgabe mit farbigen Stichen, und wir Kinder durften hie und da die Bilder mit gewaschenen Händen betrachten, der englische Text wurde uns von der Mutter kurz erklärt. Da finde ich nun in den Bildern des alten pietistischen Erbauungsbuches, die ich bis auf 2 alle glaubte vergessen [zu] haben, die halbe »Morgenlandfahrt« wieder, namentlich ein Bild mit der Unterschrift »the pilgrims passing through vanity fair«, das genau dem zweiten Vers des Gedichts »Morgenlandfahrt« entspricht, wovon ich beim Schreiben keine Ahnung gehabt hatte. So gehen die Bilder mit uns, und bei mir waren es die (künstlerisch wertlosen) Bilder aus dem Bunyan, die mich lebenslänglich als platonische Ideen, als Paradigmata für viele Vorstellungen, namentlich für die idealistisch-ritterlichen, begleitet und geformt haben.

Herzlich Ihr

H. Hesse

1 Das 1678 erschienene christliche Erbauungsbuch mit der allegorischen Geschichte des englischen Baptistenpredigers John Bunyan (1628-1688).

403 An Heinrich Rothmund, Chef der Eidgenössischen Fremdenpolizei

Montagnola, 26.8.1938

Sehr geehrter Herr Dr. Rothmund

Beiliegend sende ich Ihnen einen anonymen Brief samt Beilagen (Couvert und eine Nummer National-Zeitung). Ich erhielt diesen Brief gestern abend, der Absender ist mir vollkommen unbekannt. Die Rotstriche in der Zeitung stammen ebenfalls vom Anonymus. Ich sende Ihnen den Brief als Kuriosum und erwarte weder eine Rückgabe noch eine Antwort. Ich wäre sogar dankbar dafür, wenn Sie eine Antwort unterlassen wollten.

Ihren Brief vom 15. d.[1] ließ ich unbeantwortet, weil ich auf seinen von oben herab belehrenden Ton nicht eingehen wollte. Über die Tätigkeit der Fremdenpolizei kann auch ein »sensibler Dichter«, der ja nicht unbedingt ein Dummkopf zu sein braucht, sich unterrichten, und sowohl als Dichter wie als Schweizer und Demokrat hat er nicht nur das Recht, sondern auch die Pflicht, dem Standpunkt der Behörden gegenüber den Standpunkt der Menschlichkeit zu betonen – wie anders sollte denn ein Ausgleich zwischen den Bedürfnissen des Staates und denen der Kultur stattfinden können? Und wie anders als durch »sensible« Nichtbeamte, die wir mit zum Gewissen des Volkes gehören und es mit bilden helfen, soll verhindert werden, daß unser Staat eine autoritäre

Gewaltmaschine ohne Kritik und ohne Hemmungen wird, etwa so wie es in den Diktaturstaaten der Fall ist?

Ihr Brief enthält auch eine Anspielung auf meine »frühere Heimat«, die mich befremdet hat. Ich habe von den 61 Jahren meines Lebens 36 in der Schweiz gelebt und weiß zur Genüge, wie gern der geborene Schweizer dem Eingebürgerten auf die Schulter klopft und ihn fühlen läßt, daß man ihn nicht für voll nimmt. Ich habe aus demselben Grund mich in all diesen Jahrzehnten jeder leisesten öffentlichen Äußerung zur Schweizer Politik enthalten. Daß jenes Anspielen auf die frühere Nationalität eines Eingebürgerten auch im brieflichen Verkehr bei hohen Bundesbeamten Sitte ist, erfuhr ich erst durch Ihren Brief.

Wenn ich wieder von Fällen erfahre, in denen gegen Fremde brutal oder ungerecht vorgegangen wird, so werde ich es Ihrer Amtsstelle sachlich melden. Daß die Kanzleien und die Gendarmen nicht immer vollkommene Muster der Artigkeit sind, dürfte vielleicht auch Ihnen bekannt sein. Aber solche kleinen Vorkommnisse bei Subalternen sind es nicht, die uns »Sensible« je und je stutzig machen und an unser Gewissen appellieren, sondern es ist doch wohl etwas in der Haltung der obern und obersten Behörden selbst jenen Unglücklichen gegenüber, hinter welchen nicht schützend und drohend das Konsulat einer Diktaturmacht steht.

Lassen wir die Auseinandersetzungen, zumal die persönlichen! Die Sache selbst ist wichtig, sonst nichts.

Hochachtungsvoll

Hermann Hesse

1 Siehe Anhang S. 712f.

404 *An Ernst Morgenthaler*

[Montagnola, September 1938]

Lieber Freund

Dein Brief hat mich sehr gefreut und bewegt, und mit Rührung las ich von deinem Uli Bräker[1], und wie er dich, ohne daß du es ahntest, in Konflikt mit den Generälen brachte. Dabei fiel mir erstaunlich viel aus den Kriegsjahren ein, was ich im Lauf der Jahre ganz vergessen hatte. Ich war damals für die Kriegsgefangenen tätig, und zwar für ihre geistigen Bedürfnisse, ich richtete kleine Bibliotheken etc. ein, die das Schweizer rote Kreuz nach Frankreich schickte etc. etc. Einmal war ich damals schnell in Stuttgart, da erzählte ich einem reichen jüdischen Freund von diesen Sachen und sagte ihm, ich sei auch für neue Einfälle bei dieser Fürsorge dankbar, und sofort hatte er den guten Einfall, man solle den Leuten auch Schachspiele schicken, und stiftete mir sofort 50 kleine billige Spiele, später habe ich noch Hunderte hinaus geschickt. Einen andern Gönner brachte ich dazu, mir 50 Stück einer Auswahl von Schuberts Liedern zu stiften. Der General in Berlin, dem das gesamte Gefangenenwesen unterstellt war, erschien auch einigemal in Bern. Einmal besah er sich mein Büro, ich zeigte ihm die Vorräte von Büchern etc. und die Art, wie ich da versuchte, durch die Auswahl der Lektüre eine sanfte seelische Erziehung oder Kur an den Lesern auszuüben. Es interessierte ihn und er, der bisher nur ganz sachlich und kalt militärisch gewesen war, sah mir plötzlich mit einem träumerischen Blick in die Augen und sagte flüsternd, und wie verschämt: »Ja, das sind sehr hübsche Sachen. Auch ich habe eine Liebhaberei: ostasiatische Kunst«. [...] Ich denke deiner oft. Du hast dich besser in deine Aufgabe gefunden als sehr viele, die ich kenne.

Dein H. H.

1 Anspielung auf Uli Bräker (1735-1798), genannt »Der arme Mann aus dem Toggenburg«. Zwangsrekrutiert als Soldat im Siebenjährigen Krieg, desertierte er im Verlauf der Schlacht bei Lobositz/Böhmen.

405 *An Peter Suhrkamp*

M[ontagnola] 10.10.1938

Lieber Herr Suhrkamp

Haben Sie schönen Dank für Ihren lieben ausführlichen Brief nach der Lektüre der zwei Proben.[1] Ich habe mich über ihr aufmerksames Lesen und Ihr Eingehen sehr gefreut, verstehe und billige auch Ihre Kritik am »Brief«[2], die möglicherweise zu einem Teil auch dadurch begründet ist, daß dies Stück noch nicht überarbeitet und ins Reine geschrieben, sondern erste Niederschrift ist. Auf einige andre Leser (es kennen ihn nur sehr wenige) hatte der »Brief« umgekehrt die Wirkung, daß sie in ihm, wie ich es auch wollte, die Wendung Knechts und der ganzen Erzählung vom Ästhetischen ins Moralische sahen und begrüßten. Aber einerlei, ich habe dazu nicht Stellung zu nehmen. Von Wichtigkeit war mir zu vernehmen, daß Knechts Brief Ihnen auch als Verleger das Ganze nicht unmöglich erscheinen läßt, ich habe das halb vermutet. An eine Einzelpublikation des Briefs hatte ich nicht gedacht.

Vielleicht glückt es doch, daß wir uns einmal sehen, ehe mein alter Vertrag abläuft. Ich kann mir zwar nicht denken, auf welche Weise ich bei einem etwaigen neuen Vertrag davor geschützt werden könnte, ein volles Drittel meiner gesamten Tantiemen abgezogen zu bekommen, aber das Ganze gelegentlich zu besprechen, und vorher für sich zu bedenken, wäre gewiß für uns beide gut.

Zu einer Frage hätte ich gern Ihre Meinung gehört. Es handelt sich um mein Gartenbuch im Wiener Verlag B[ermann]. Der Verlag ist beschlagnahmt, und scheint nicht nur ahnungslos und dumm geführt, sondern auch von unartigen Leuten verwaltet zu werden. Ich richtete an den Verlag die höfliche Mitteilung, daß die Zeit der Abrechnung abgelaufen, eine solche aber noch nicht erfolgt sei, und bat um Auskunft und Abrechnung. Das war vor Monaten, ich blieb aber ohne Antwort. Ich war über diese naive Art der Bestehlung so wütend, daß ich sehr Lust hatte, ohne weiteres einen Neudruck des

Buches in der Schweiz zu veranlassen, besann mich aber und wartete noch. Aber geschehen muß etwas, es ist diesen Ereignissen gegenüber mit der »Weisheit« nicht getan, die Sie an Knecht vermissen. Ich kann mir sagen, daß seit Beginn der Weltgeschichte immer und immer wieder gestohlen und Gewalt geübt wurde, aber ob das wirklich ein hinlänglicher Grund ist, mich einer widerrechtlichen Behandlung seitens der Leute auszusetzen, die jenen Verlag sich angeeignet haben. War die Aneignung, Bermann gegenüber, nach deutschen Begriffen erlaubt und richtig, so war sie es doch nicht mir, dem Schweizer gegenüber, über dessen Rechte und Eigentum jener Kommissar doch, weiß der Teufel, nicht wie über das eines im Krieg besiegten Feindes zu verfügen hat. Raten Sie, eine gerichtliche Klage einzuleiten? Oder halten Sie es noch, wie einst, für möglich, daß das Buch an Sie übergeht und mir meine Rechte daran bleiben?

Genug, ich wollte vor allem Ihnen danken. Mit herzlichen Grüßen

Ihr H. Hesse

1 Hesse hatte seinem Verleger den »Corona«-Vorabdruck des »Glasperlenspiel«-Kapitels »Waldzell« und aus dem letzten biographischen Kapitel seines Romans »Das Schreiben des Magister Ludi an die Erziehungsbehörde« gesandt. Suhrkamp antwortete darauf in einem Brief vom 7.10.1938 eingehend. Vgl. »Materialien zu Hesses Glasperlenspiel«, Bd. I, Frankfurt/M. 1973, S. 196ff.

2 Gemeint ist »Das Schreiben des Magister Ludi an die Erziehungsbehörde«.

406 An Martin Beheim-Schwarzbach

[Montagnola, 1938]

Hochgeschätzter Herr Beheim

Ihr Buch »Die Verstoßene«[1] kam grade zu einer Zeit, wo ich mit einer Lektüre fertig und zu einer neuen bereit war, so habe ich es gleich gelesen. Wenn ich auch, meinem Alter entsprechend, für die Zauber des Chaos und des Einmaligen nicht mehr sehr empfänglich bin und meine Liebe sich immer mehr dem Typischen, präformiert Normhaften, Vorbildlichen zuwendet, so hat Ihr schönes, kraftvolles Buch mit seinen starken Visionen, seiner nie ermüdenden Energie und seiner Sprache und gewissenhaften Kleinarbeit mir doch einen sehr schönen Eindruck gemacht, dem ich dankbar bin. Möchte das Werk gute Leser finden! Und möchten Sie sich Ihre Kraft und Liebe auch unter den erschwerenden Umständen dieser Zeit bewahren!

Es grüßt Sie Ihr

H. Hesse

1 Martin Beheim-Schwarzbach, »Die Verstoßene«. Roman, Goverts, Hamburg.

407 An Gunter Böhmer

[Montagnola, Ende Oktober 1938]

Lieber Böhmer

[...] Nun sind Sie in der stramm nationalisierten Welt, die für die halbe Menschheit keine Heimat mehr hat, doch wieder für den Moment untergebracht, und daß das in Paris ist, begrüße ich sehr.

Wir haben in diesen Monaten die verrücktesten Fälle in Händen gehabt, erst dieser Tage fand wieder einer sein vorläufiges, zweifelhaftes Ende. Es war ein Wiener Arzt[1], der seit März unbedingt weg muß und will, der auch längst ein Affidavit für Amerika besitzt, aber dort kann er, da er einer bestimmten »Quote« angehört, erst in etwa 2 Jahren einwandern! Nun wohin mit ihm in der Zwischenzeit? Ich war schon so weit, auf Grund meiner persönlichen Empfehlung und Einladung, und meiner Bürgschaftleistung für die Kosten bis zu einem 2-jährigen Aufenthalt, ihn in die Schweiz zu bekommen, da kamen im letzten Moment neue Schweizer Verordnungen heraus, das in Wien schon vorbereitete Schweizer Visum wurde zurückgezogen, die Sache mußte, nach wochenlanger Arbeit daran, wieder von vorn begonnen werden. Seither, seit Mitte August, haben außer uns, in unsrem Auftrag, zwei Anwälte und zwei Emigrantenbüros an der Sache gearbeitet, es wurde mehr als die halbe Erdkugel abgesucht, um dem Mann wenigstens für kurze Zeit irgend ein Visum zu beschaffen, es kamen auch entlegene Länder wie Albanien, Türkei, mehrere südamerikanische Staaten dran, obwohl der Mann keine einzige fremde Sprache kann, und jetzt, nachdem meine Frau sogar persönlich in Bern gewesen war, hatten wir das Ganze wieder einmal so weit, daß es perfekt schien: wir hatten für unsern Freund ein Visum für Südamerika versprochen bekommen und waren, trotz allem, froh darüber. In diesem Augenblick, mit der selben Post, kam von ihm, der natürlich in Wien inzwischen auch an allen Strängen gezogen hatte, ein Eilbrief, wir möchten nichts mehr tun, er habe soeben das Visum für – Shanghai bekommen! Solche Fälle haben wir, und namentlich meine Frau, in letzter Zeit wohl ein Dutzend in den Fingern gehabt.

Inzwischen hörte ich die paar ersten Stimmen über die gedruckte Probe aus Knechts Leben.[2] Mehrere Freunde zeigten sich, wie ich es erwartet hatte, befremdet, ja degoutiert über die Atmosphäre des Buches, die ihnen unverdaulich unwirklich, dünn, gläsern, abstrakt vorkommt. Aber zwei, drei Leser haben die Sache so erfaßt, wie sie von mir gemeint ist, und mir damit, nach all den Jahren einsamer Arbeit, immerhin gezeigt, daß mein Traum von J. K. nicht bloß mein privates Spiel und mein persönlicher Sparren ist, sondern auch in andern Gehirnen Realität gewinnen kann. Das genügt vorläufig.

Addio, viel gute Wünsche von Ihrem

H.

1 Dr. med. Jakob Rosenberg.

2 In der »Corona« waren »Die Berufung« und »Waldzell« als Vorabdrucke erschienen.

408 An Alfred Kubin

[Montagnola] Ende Oktober 1938

Lieber A. Kubin
Ihr Brief und dessen köstliche Beilage, die Federzeichnung, waren mir eine willkommene Gabe, haben Sie schönen Dank dafür! Und lieb war es mir auch, nach längerer Zeit wieder etwas über Carossa zu erfahren.

Ich schickte Ihnen inzwischen das gedruckte Kapitel aus Knechts Leben[1], nur als Stilprobe, damit Sie etwa die Atmosphäre der Arbeit und der Gedanken spüren, mit denen ich nun schon seit manchen Jahren beschäftigt bin – soweit ich eben noch zu diesen Dingen komme, denn meistens bin ich vom Aktuellen beinahe ganz absorbiert, nicht weil mich das Aktuelle an sich so interessieren oder gar anziehen würde, aber es ist eben Schicksal, ich stehe im Leben an einem Ort, wo ein großer Teil der heutigen Geschehnisse, ähnlich wie einst im Krieg, mich persönlich mitbetrifft und mir persönliche, aktuelle Aufgaben stellt.

Zur Zeit ist in unsrer Nachbarschaft ein junger tschechischer Künstler[2], den ich schon vor einem Jahr näher kennenlernte, der hat auch ein wunderliches Schicksal. Die Familie ist halb deutsch, halb tschechisch, die Staatsangehörigkeit war tschechisch, durch die letzten Ereignisse ist die Familie außerstand gesetzt, dem Sohn noch irgendwelche Unterstützung zu senden, und er selber weiß nicht, welcher Nation er übermorgen angehören wird; der Sprache nach ist er deutsch, aber dem Heimatort nach gehört er zu einem slovakischen Gebiet, das wahrscheinlich an Ungarn fallen wird. Er ist hochbegabt, besonders als Zeichner, und machte mir kürzlich, da ich ihn etwas unterstützen wollte, Illustrationen zu einer kleinen Dichtung von mir[3], die ich meinem Freund und Gönner in Zürich schenken will. [...]

Dies Jahr habe ich manches Alte wieder gelesen, darunter Wieland[4], Jean Paul, den »Siegwart«[5] und andres. An neuen Büchern imponiert mir der »Lennacker«[6] von Ina Seidel, das letzte Buch von Leopold Ziegler[7] (bei Hegner) und nächstens will ich ein neues Buch von Hughes[8] lesen, vom Autor des »Sturm auf Jamaika«[9], den ich in sehr starker Erinnerung behielt.

Ihrer denke ich stets als eines Genossen und Kollegen, deren stets weniger werden. Herzlich grüßt Sie Ihr

H. Hesse

1 »Die Berufung«, Vorabdruck des »Glasperlenspiel«-Kapitels in der Zeitschrift »Corona« vom Juni 1938.
2 Der damals 22-jährige Maler und Schriftsteller Peter Weiss (1916-1982), der Hesse im Sommer 1937 zum ersten Mal besucht hatte und seit Juni in Hesses ehemaliger Behausung in der Casa Camuzzi in Montagnola lebte.
3 Peter Weiss kalligraphierte und illustrierte Hesses Märchen »Kindheit des Zauberers«, das dieser seinem Mäzen Dr. H.C. Bodmer (1891-1956) schenkte. Eine Faksimileausgabe davon erschien 1974 als insel taschenbuch 67.
4 Von Christoph Martin Wieland (1733-1813) las Hesse im Juli »Die Abderiten« (1774).
5 Jean Paul, »Titan«, und Johann Martin Müller, »Siegwart«. Eine Klostergeschichte, Weygand, Leipzig 1776.
6 Ina Seidel, »Lennacker«. Das Buch der Heimkehr, Deutsche Verlags-Anstalt, Stuttgart 1938.
7 Leopold Ziegler, »Überlieferung«, Jakob Hegner, Leipzig 1936.
8 Richard Hughes, »Von Dienstag bis Dienstag«. Eine Seegeschichte, S. Fischer Verlag, Berlin 1938.
9 Richard Hughes, »Ein Sturmwind auf Jamaika«, Erich Reiß Verlag, Berlin 1931. Hesse hat den Roman in seinen Rezensionen mehrfach empfohlen (siehe SW 19, S. 239f., 251, 266, 287, 419).

409 An Harry Maync

[Montagnola, Anfang November 1938]

Hochgeschätzter Herr Professor Maync

Es war mir eine Freude zu erfahren, daß Sie meiner noch je und je freundlich gedenken, ich danke Ihnen für Ihren lieben Brief. Als Gegengruß lasse ich Ihnen einen kleinen Privatdruck[1] aus Berlin zusenden.

Es freute mich besonders zu hören wie Ihr Leben sich über jene Krisen hinweg entwickelt und erholt hat. Bei mir haben Sie ja am Ende meiner Berner Zeit es noch miterlebt, wie meine Ehe und damals ohnehin gefährdete Existenz durch die Gemütskrankheit meiner Frau erschüttert wurde. Ich mußte noch bis ins Frühjahr 19 in Bern aushalten, erst dann wurde ich aus meinem Kriegsamt entlassen. Ich löste den Haushalt auf, meine Frau war jahrelang meist in Anstalten, die Kinder brachte ich da und dort unter, und suchte mir bei Lugano einen Ort zum Arbeiten und zur Besinnung. Ich habe hier zwölf Jahre als Einsiedler gelebt. Die erste Ehe wurde geschieden, doch hat meine erste Frau sich ganz leidlich wieder erholt, zu meinem Erstaunen, und lebt in Ascona. Ich bin seit 7 Jahren wieder verheiratet, ich kann nicht sagen glücklich, denn für die normalen und bekömmlichen menschlichen Dinge wie Essen, Schlafen, Heiraten etc. etc. war ich nie begabt, aber es geht und ich habe hier wenigstens eine gewisse Ruhe, wenn sie auch durch allzu viel Post und namentlich durch allzuviel Besuche gestört ist. Der Schatten, der mich seit Jahren am meisten plagt, ist der schlechte Zustand meiner Augen.

An Sie habe ich in den letzten Jahren namentlich zweimal lebhaft wieder gedacht, beidemal bei der Lektüre Immermanns. Vor etwa 3 Jahren las ich die Epigonen[2] wieder einmal, und dies Frühjahr ließ ich mir den Münchhausen[3] wieder vorlesen, einen meiner Lieblinge, und beide in Ihrer Ausgabe, obwohl ich auch andre besitze.

Im Moment denke ich ans Packen, ich will, wie in den letzten Jahren, eine Kur in Baden machen; ich gehe immer um die Zeit, wo die Hotels ganz leer sind, so daß ich womöglich ein ganzes oder halbes Stockwerk für mich allein habe.

Möge es Ihnen gut gehen in jeder Hinsicht! Mit herzlichen Grüßen Ihr

H. Hesse

1 H. Hesse, »Orgelspiel«, Erasmusdruck, Berlin 1937.
2 Karl Leberecht Immermann, »Die Epigonen«. Roman, 1836.
3 Karl Leberecht Immermann, »Münchhausen«. Roman, 1838/9, in der 5-bändigen, 1906 von Harry Maync herausgegebenen Ausgabe von Immermanns Werken.

410 An Elsy Bodmer

[Baden, November 1938]

Liebe Frau Bodmer

Für die köstlichen Pralinés, die mir Ninon von Ihnen mitbrachte, sage ich vielen Dank.

Und dann habe ich ein kleines Anliegen.

Zu Herrn Bodmers Geburtstag[1], wenn dann die Prüfungen vorüber sind, habe ich ihm ein Geschenk vorbereitet, das ich Ihnen hier schicke und das ich ihm dann zu geben bitte.

Es ist ein handschriftliches, von Hand illustriertes Märchen[2], der Hersteller ist P[eter] U[lrich] Weiss, ein ganz junger, hochbegabter Maler aus der Tschechoslowakei. Ich kenne sehr viele Arbeiten von ihm, er hat auch an der Akademie in Prag einen ersten Preis bekommen. Aber inzwischen ist er durch die Ereignisse nicht nur von seiner Familie getrennt und vorläufig staatenlos geworden, sondern auch in Not; seine Eltern können ihm nichts mehr geben, er weiß noch nicht einmal, wo sie sind und welche Staatsangehörigkeit sie jetzt haben. So muß ich helfen, ihn über die Monate seiner Schweizer Aufenthaltsbewilligung durchzubringen, und da war dieser Auftrag mir und ihm grade willkommen.

Ich hoffe Sie einmal in Baden oder dann nachher in Zürich wiederzusehen. [...] Mit herzlichen Grüßen Ihr

H. Hesse

1 H. C. Bodmer, Hesses Freund und Mäzen, hatte am 16.12.1938 seinen 47. Geburtstag, kurz nach erfolgreichem Abschluss des medizinischen Staatsexamens.
2 Siehe S. 568, Anm. 3.

411 An Gunter Böhmer

[Baden, 26.11.1938]

Caro amico

Ich sitze in meinem Badener Zimmerchen, dem selben, das Sie kennen, und habe hier auch an Sie gedacht. Die Wirtsleute haben sich auch Ihrer erinnert und nach Ihnen gefragt, ich habe Frau Markwalder das Dickens'sche Leben Jesu[1] geschenkt und habe, um ihn ihr zu schenken, auch ein Exemplar des Tyras[2] bestellt. Der Dickens sieht sehr hübsch aus, schade, daß einige Druckfehler stehenblieben. Auch die Übersetzung von Mardersteig ist schön und Ihre Zeichnungen stehen fein auf dem seidigen Papier. Aber alles in allem ist dies »Leben Jesu« zwar ein liebes, braves Büchlein, aber nicht mehr, und es wäre nicht nötig gewesen, es nach dem Tod des frühern Besitzers schleunigst als eine Art literarischer Weltsensation auszuschlachten (worauf die Amerikaner begeistert hereingefallen sind). Ich habe Mardersteig zuliebe, eine kurze Rezension darüber geschrieben[3], sie ist noch nicht gedruckt, ich zeige sie Ihnen dann. [...]

Herzlich Ihr

H. Hesse

1 Charles Dickens, »Das Leben unseres Herrn Jesus Christus«, übertragen von Hans Mardersteig, illustriert von Gunter Böhmer, Hamburg/Paris 1934. Für Bertha Markwalder, die Frau des Verenahof-Arztes Dr. Josef Markwalder.

2 Mariluise Lange, »Tyras«, mit 50 Zeichnungen von Gunter Böhmer, Stuttgart 1934.

3 Bisher konnte ein Abdruck dieser Besprechung nicht nachgewiesen werden. Auch das Manuskript scheint verschollen zu sein.

412 *An Walter Schädelin*

Hotel Verenahof, Baden, 6.12.1938

Lieber Freund

Dein Briefchen war mir eine echte Freude. Als einziger Leser des Gedichts[1] hast Du die Frage darin (werd' ich bestehen?) nicht unterschlagen. Alle andern – auch meine Frau, auch die Freunde mit denen ich dann die Oper hörte – fanden das Gedicht »reizend«, und spürten nichts von dem, um was es mir ging. Das ist ja immer so. Daß nun Du jene Frage doch entdecktest, ist mir lieb.

Übrigens habe ich die »Prüfung« nicht bestanden, und wahrscheinlich war es das letztemal, daß ich eine Oper gehört habe. Ich habe mehr als halb versagt. Und zwar war es nicht wie einst in den Jahren 1916 bis 1919, wo ich überhaupt keine Musik mehr hören konnte, einfach weil es mich zu sehr erschütterte. Sondern es war Müdigkeit und Verkalkung, die mich hinderte und mich sogar manches als entbehrlich empfinden ließ.

Hier sende ich noch ein Gedicht.[2] Falls Du es, aus der Zeitung, schon besitzest, gib es einer Deiner Töchter weiter. Es ist auch hier in Baden entstanden, ein Seufzer aus dem Elend der Juden- und Christenverfolgungen heraus, mit dem ich mich Tag für Tag zu befassen habe. Dein

H. Hesse

1 Das am 24.11.1938 entstandene Gedicht »Mit einer Eintrittskarte zur Zauberflöte« mit den Versen »Ihr Knabenstimmen und du Priesterchor – / Werd ich vor eurer Prüfung noch bestehen?« (SW 10, S. 356f.).

2 Das am 29.11.1938 als Reaktion auf die Nachricht von den Synagogenzerstörungen der sogenannten »Reichskristallnacht« entstandene und am 4.12.1938 in der »Neuen Zürcher Zeitung« vorabgedruckte Gedicht »Nachtgedanken« (SW 10, S. 357f.).

413 An Berthold Heymann

[Baden, 10.12.1938]

Verehrter Herr Heymann

Ich war sehr dankbar für Ihren Brief und hätte gleich für ihn gedankt, aber ich war inzwischen zur Kur in Baden und hoffte, vielleicht auf dem Rückweg in Zürich Sie anrufen oder sehen zu können. Damit ist es nun nichts, ich muß fast ganz liegen und werde dieser Tage direkt heimreisen.

Leider fehlt mir die Möglichkeit, etwas für die Befreiung von Leopold Marx[1] zu tun. Ich habe dort drüben zwar noch Freunde, auch Nichtjuden, aber sie gehören ohne Ausnahme zu den Leidtragenden und Opfern, und auch von ihnen wagen viele schon nicht mehr mir zu schreiben. Ich bin über M[arx] sehr betrübt, er war wohl der edelste deutsche Jude, den ich kannte.

Leider haben sich auch meine Möglichkeiten zum Helfen hier in der Schweiz sehr verringert. Wir, meine Frau und ich, haben seit dem März kaum noch etwas andres gearbeitet als Bedrohte aus Wien etc. herauszubringen und weiter zu spedieren, unsre Mittel sind nahezu erschöpft, und die Fremdenpolizei in Bern, die anfangs auf fast alle meine Versuche gut reagierte, ist nicht nur im allg[emeinen] ratlos, sondern neuerdings auch gegen mich eher verschnupft. In letzter Zeit hatte ich dort, auch in harmlosen Fällen, fast nur Mißerfolge.

Es ist schwer, diese Zeit zu überstehen. Wäre ich jünger, so wäre ich verzweifelt. So bleibt zwar eine gewisse Geduld, und mein Glaube an die Möglichkeiten des Menschen, aber man verbraucht sich sehr, schon im immer neuen Aufbringen dieser Geduld und dieses Glaubens.

Es grüßt Sie Ihr

H. Hesse

1 Leopold Marx (1889-1983), Textilfabrikant und Lyriker, der 1938 im KZ Dachau inhaftiert war und 1939 nach Palästina fliehen konnte.

414 An Walter Köhler

[Montagnola, Ende 1938]

Lieber Herr Köhler

[...] Sie haben so sehr recht mit Ihren Worten über Demut, die man zu haben glaubt und dann doch nicht hat, und Glauben, den man angeblich hat und doch nicht hat! Aber, lieber Kamerad, das ist Menschenlos; auch der Gute, auch der Tapfere, auch selbst der Heilige ist seines Glaubens und seiner Tugenden nicht sicher, er muß stets Rückfall fürchten, und tut es auch. Daher das Symbol der Erbsünde: ihr entrinnen wir alle nicht, und dennoch steht jedem die Gnade offen, dem Sünder oft rascher und leichter als dem Gerechten. Wie komisch und schrullig klingen diese alten Dinge einem Weltmenschen von heute! Aber Ihr Dostojewski hat tief um sie gewußt.

Ich bin stark beladen, bei schlechter Gesundheit, trotzdem haben wir Weihnacht gefeiert, wir hatten die Witwe von Hugo Ball über diese Zeit als Gast bei uns. Glauben Sie, daß unsre Leiden nicht wertlos und vergeblich sind. Und wenn wir nur wenige sind, desto wichtiger ist die Aufgabe.

Herzlich Ihr

H. Hesse

415 An Eugen Link

[Montagnola, Ende Dezember 1938]

Lieber Herr Link

Danke für Ihren lieben Brief, und danke für die schwäbischen Gutle[1], die sind für mich ein Schlüsselloch, durch das man einen Augenblick in die Märchenwelt der Kindheit blikken kann.

Es freut mich, daß die beiden Badener Gedichte[2] Sie erreicht haben, das eine auf dem Umweg über Freund Zeller[3], grade dies erzählt Ihnen mehr von mir und unsrem aktuellen Leben als sonst möglich ist. [...]

Sie haben recht mit dem, was Sie über den Glauben sagen! Aber, wenn man den Glauben ganz ernst und voll nimmt, dann ist es ja nicht der Glaube an uns, der Glaube an unsre Gesinnung, unsre Treue, Tapferkeit etc., auf den es ankommt, sondern nur das Glauben an die wartende, die mögliche Gnade, die wir nie verdienen, aber immer hoffen können. Was den schwachen Petrus zum Fels machte, kann jeden zum Felsen machen. Das ist es, was wir glauben sollen. Das andre, nämlich daß wir Menschen zur Hälfte Viecher und jeder Dummheit und Feigheit fähig sind, brauchen wir ja nicht zu glauben, wir wissen es, es genügt ein Blick in den Alltag, ein Blick in die Geschichte, ein Blick ins eigene Leben und Herz. Diesem traurigen Wissen steht der befreiende Glaube gegenüber, darum ist er »höher denn alle Vernunft«.

Seien Sie gegrüßt, liebe Freunde in Ulm, und viele gute Wünsche, von Frau Ninon und von Ihrem

H. Hesse

1 Weihnachtsgebäck.

2 »Mit der Eintrittskarte zur Zauberflöte« und »Nachtgedanken«.

3 Prof. Eugen Zeller (1871-1953), Gymnasiallehrer in Ulm, 1934, aus politischen Gründen vorzeitig pensioniert. Bedeutender Mörike-Sammler, befreundet mit vielen zeitgenössischen Dichtern. Seine umfangreiche Korrespondenz mit Hesse (seit 1904) verbrannte 1944 bei einem Bombenangriff. Vgl. Hesses Betrachtung »Beschwörungen« (1954). Nach dem Krieg übte Zeller sein Lehramt wieder aus. Zu seinen Schülern zählte Siegfried Unseld, der 1959 als Nachfolger Peter Suhrkamps Hesses Verleger wurde.

416 An einen deutschen Gelehrten

[Montagnola] Ende Dezember 1938

Lieber Herr

Danke für Ihren Brief. Es ist in der Tat genau so, wie Sie andeuten. Nur daß wir ja immerhin Individuen bleiben, auch keine Jünglinge mehr sind, so daß, sollte man meinen, Verständnis eben doch möglich bleibt. Nur sind eben, wenn gehauen und gestochen wird, meist die Hauer und Stecher mehr zu Predigten und Lobpreisungen des Neuen, Jungen und Starken bereit als die Gehauenen. Sie bedenken nicht, daß der ganze Spaß des Hauens unmöglich wäre, gäbe es nicht Gehauene oder zu Hauende. Und da ich zu den Gehauenen gehöre, kann ich Ihnen nur über diese Seite der Welt Auskunft geben. Die Prinzipien übrigens, um die es den Streitern geht, sind mir gänzlich egal, ich gebe nicht fünf Pfennige für sie. Es sind Ideologien, vielmehr Feuilletons über unbewußt gebliebene biologische Vorgänge. Wir Untenliegenden nun sind nicht nur damit beschäftigt, zu bluten und um das zu klagen, was man teils aus Mutwille, teils aus Raffgier uns zerschlagen oder genommen hat, sondern wir haben auch andre, zum Teil sehr anstrengende Funktionen, zum Beispiel die Fürsorge für Heere von ausgeplünderten Flüchtigen. – Die Kriegsgefangenenfürsorge, in der ich einst drei Jahre arbeitete und zeitweise hart zu arbeiten glaubte, war ein Spaß dagegen. Daß hinter den Ideologien, vielmehr Feuilletons, auch viel Jugend, schöner dummer Glaube, und auch ein Teil echter Verzweiflung stehe, daran zweifle ich nicht, die Mehrzahl der Beteiligten sind ja Menschen. Was mich betrifft, so kann ich, wie einst im Weltkrieg, mich für die Streitobjekte selbst schon darum nicht interessieren, weil sie im Streit so jugendlich-derben Vereinfachungen erliegen, daß man nicht dabei ernst bleiben kann, vor allem aber darum nicht, weil überall der Boden voll von Opfern liegt, die aus allen Löchern bluten, und für die zu sorgen uns alten und altmodischen Leuten dringlicher scheint als der jugendliche Wettkampf der Lautsprecher. Ich bin nahezu verbraucht, und bin froh, daß ich alt bin und für das Ganze nicht mehr den vollen Ernst der Jugend aufbringe. Wo ich stehe, ist mir völlig klar, der Standpunkt ist wieder, wie es mir immer ging, ein einsamer, durch keine Gruppe und Partei gedeckt. Ihrer denkt herzlich und mit guten Wünschen

Ihr H. Hesse

417 An Albert Ehrenstein

[Montagnola, Ende Dezember 1938]

Lieber Herr Ehrenstein
Danke für Ihre Gabe, und für Ihre Nachrichten, die ich doch als relativ gute ansehen darf!

Den russischen Camenzind[1] habe ich vor Jahrzehnten wohl zu Gesicht bekommen, habe ihn aber nie selbst besessen. Auch damals schon übte Rußland die Praxis, das ihm Genehme an ausländischer Literatur auf dem Weg des Diebstahls sich einzuverleiben, auch von mir waren verschiedene Bücher in Rußland übersetzt und zum Teil in großer Auflage verbreitet.

Wunderlich war es mir neulich, als Sie mir von der Lektüre meiner beiden Bücher schrieben. Ich hatte, alter Kindskopf, angenommen, der »Goldmund« werde Ihnen kaum viel sagen können, während ich glaubte, einige der Stilübungen des Fabulierbuches[2], die alle historisch gut studiert sind und alle aus einer Art von Spieltrieb kommen, der sich selber ein wenig ironisiert – ja also, ich hatte geglaubt, das würden Sie goutieren. Und nun ist es grade umgekehrt! Für mich ein Gewinn und eine Blamage zugleich, aber ich bin damit zufrieden.

Da ich grade nichts andres habe, lege ich Ihnen als kleinen Gegengruß ein Büchlein bei; wenn es Ihnen nichts sagt, schenken Sie es weiter!

Alles Gute zur Reise, und herzliche Grüße von Ihrem

H. Hesse

1 Die von M. Kadisch übersetzte, 1910 in Moskau erschienene russische Ausgabe.

2 H. Hesse, »Fabulierbuch«, S. Fischer, Berlin 1935.

418 An Georg Goetz

[Montagnola, Anfang 1939]

Lieber Herr Götz

Was sind Sie für ein robuster Mann, man zuckt ganz zusammen, wenn Sie die Hand erheben, und wenn Sie gar Verse aus dem Ärmel schütteln. Sie protestieren so heftig auf die paar Verse, das einzige Neue, was ich seit einem halben Jahr produziert habe, daß irgend etwas in den Versen Sie doch am Ende berührt oder getroffen haben muß, da Sie so heftig reagieren. Ihre Richtigstellung meines Gedichts haut aber am Ziel vorbei – schon darum, amice, weil man Gedichte überhaupt nicht richtigstellen kann. Wenn sie keine Gedichte sind, zerfallen sie von selber. Wenn sie aber Gedichte, Visionen, Schau-Erlebnisse sind, dann ist nichts gegen sie zu machen, dann gehören sie zum Stärksten, was es in der Welt gibt.

Ob mein Gedicht ein wirkliches Gedicht sei, weiß ich nicht, habe auch nicht darüber zu entscheiden. Sie aber, lieber Leser, sollten, wenn ein Gedicht zu Ihnen kommt, nicht die Fäuste ballen und die Stimme erheben, damit machen Sie sich selber für das Gedicht unerreichbar, Sie sollten es erst in sich einzulassen versuchen und es nicht daraufhin examinieren, ob es die von Ihnen gewünschte spinozistische Weltanschauung hat.

Können Sie sich an den Räuber im »Siddhartha« erinnern, der den Buddha in sich hat? So hat die indische Mythologie, mit ihren oft massiven Bildern von Vishnu und Shiva, von den vier Weltzeitaltern, dem Weltuntergang und der ewigen Neuschöpfung, nicht nur kindlich-primitive Züge, sondern enthält in sich, dem Weisen spürbar, auch alle Esoterik. Wie der Räuber Buddha ist, so ist der Demiurg das Eine, und ist Untergang und Neuschöpfung Eins – hinten nämlich, im Hintergrund, tief im Welthintergrund. Vorn aber, auf der Schiefertafel für Schüler, in der mythologisch-poetischen Niederschrift mit spielerischen Buchstaben, ist das Gedicht bloß Gedicht, etwas Zwei- und Vieldeutiges, etwas, was auf die meisten wie eine dumme Kinderei wirkt und auf Spinozisten wie ein rotes Tuch zu wirken vermag. Und zwischen diesem Vorn und Hinten, zwischen dem primitiven Demiurgen oder Dichter und dem esoterischen Spinoza-Gott schwingt und musiziert die ganze Welt. Nur muß man ein wenig zuhören; mit der Trommel kommt man ihr nicht bei, die Trommel baut nur eine Mauer zwischen Gedicht und Leser, zwischen Musik und protestierendem Hörer.

Genug, das war für meine schwachen Verhältnisse ein viel zu langer Brief. Aber ich wollte Ihnen doch zeigen, daß ich Ihre Stimme gehört habe. Dichter hören so gut, daß man gar nicht auf den Tisch zu hauen braucht, sie sind Seismographen. Ich wollte Sie nur grüßen und Sie ein wenig hänseln, und damit vielleicht erreichen, daß Sie künftig gewärtig sind, auch hinter Gedichten, hinter Mythologien und Demiurgen das Geheimnis zu wittern und zu respektieren.

Yin und Yang sollen miteinander spielen nicht miteinander streiten. Das Leid der Welt soll uns im Innersten unzerstörbar, aber es soll uns nicht kraft einer perfekten Philosophie zugeknöpft finden. Und auch die Gedichte machen den Anspruch, mit mehr Spiel und Spaß betrachtet und zugleich mehr ernst genommen zu werden, als Sie es diesmal taten.

Es grüßt Sie freundlich Ihr

H. Hesse

419 An Lydia Link

[Montagnola, 4.1.1939]

Liebe Frau Link
Die Nachricht vom Heimgang Ihrer Mutter traf mich schon in einer Stimmung der Trauer. Tags zuvor hatte ich die Todesanzeige meines lieben Freundes und meines guten Augenarztes, des Grafen Wiser[1], bekommen, die mir sehr nahcging.

Als ich meine Mutter verlor, war ich erst 24 Jahre alt. Sie haben die Ihre lang behalten dürfen. Aber beim Verlust ist es dasselbe, man muß hergeben und stillhalten, es ist nicht anders. Und wenn es eins der Eltern ist, das man verliert, dann ist mit einem Mal ein Loch in die Generation gebrochen, die vor uns und die zwischen uns und dem Tode stand, und man sieht ihn näher, und er geht einen näher an. Wenigstens mir ist es so gegangen.

Ich denke an Sie in herzlicher Teilnahme, und indem ich an Sie denke, sehe ich auch Ihr Haus und Ihre Eltern, namentlich Ihre Mutter, deutlich vor mir. Das letzte Mal, als ich sie sah, ging ich mit ihr im Garten vor dem Hause und sprach mit ihr von Winterthur. Gestalt, Gesicht, Haltung und Stimme sind mir in lebendiger Erinnerung. Und das ist ja auch der einzige bewährte Trost bei einem solchen Verlust: die Dahingegangenen bleiben in dem Wesentlichen, womit sie auf uns gewirkt haben, mit uns lebendig, solange wir selber leben. Manchmal können wir sogar mit ihnen besser sprechen, uns besser mit ihnen beraten und uns Rat von ihnen holen als von Lebenden. […]

Herzlich Ihr

H. Hesse

1 Hesses Augenarzt, Maximilian Graf v. Wiser, zu dessen Patienten auch Gerhart Hauptmann und Emil Strauß gehörten, war am 22.12. 1938 im Alter von 77 Jahren gestorben.

420 An Hans Schreiber

[Montagnola, Januar 1939]

Lieber Herr Schreiber

Danke für Ihren Gruß, es freut mich, daß Sie einmal aus Ihrer Stadt und Ebene heraus gekommen sind. […]

Auf die Ruhe, damit ich »ungestört dem Berufe« leben könnte, ist auch nicht zu hoffen. Mein Beruf liegt irgendwo weit in der Ferne, so wie meine Manuskripte irgendwo in meinem Atelier liegen, Staub darüber und seit Monaten nicht mehr angesehen. Ich habe der Weltgeschichte gegenüber immer die Begabung gehabt, automatisch auf die Seite der Opfer und Besiegten zu fallen, sobald »große Zeiten« ausbrechen. Und so wie ich im Weltkrieg einst drei Jahre lang für die Kriegsgefangenenfürsorge da war, so frißt mich jetzt, immer noch zunehmend, seit 1933 und gar seit März 38 die Sorge für die Zehntausende von ausgeplünderten und verzweifelten Flüchtlingen auf, mit denen Deutschland in seiner Größe die Nachbarn und die Welt überschwemmt. Die eigenen, großen Sorgen kommen daneben nicht auf. Dies Jahr läuft mein Kontrakt mit dem Berliner Verlag ab. Wie einen neuen schließen, da Deutschland keine Verträge hält, keine schützt, jeden sabotiert? Im März, bei der Eroberung Wiens, ist unter andrem auch der Verlag meines Freundes Bermann, samt meinem dort erschienenen Gartenbuch, einfach gestohlen worden, ich habe seither keinen Pfennig Honorar für das gutgehende Buch, keine Exemplare, keine Antworten auf meine Fragen und Reklamationen bekommen, einfach gestohlen. Und so steht es ja mit allem, allem. Zur Zeit ist die stärkste Sorge die um eine Anzahl mir nahestehender, besonders wertvoller deutscher Juden, die bei den scheußlichen letzten Pogromen verschwunden sind. Von einem namentlich, einem der herrlichsten Menschen die ich kenne (er war übrigens im Weltkrieg als Kriegsgefangener mein Schützling, daher kenne ich ihn), bin ich ganz ohne Nachricht und habe Grund zu großer Sorge.

Laufen Sie Ski und lassen Sie die Weltgeschichte sich abrollen! Mir ist leider ein anderer Platz angewiesen. Dafür habe ich das Glück, nicht in dem Lande leben zu müssen, in das Sie bald zurückkehren müssen.

Herzlich wünscht Ihnen Gutes Ihr

H. H.

421 An Hedwig Fischer

[Montagnola, Januar 1939]

Liebe Frau Fischer

Ihr Brief vom 18. Dez[ember] kam mit ziemlicher Verspätung an, und inzwischen habe ich mich bei Eingeweihten wegen einer etwaigen Einreise in die Schweiz erkundigt. Ernstlich Ihren Plan befürworten und Ihnen zuraten kann ich Ihnen nicht, es ist nicht alles wie Sie es sich vorstellten, z. B. ist die Schweiz keineswegs, wie Sie sagen, ein »deutsches Land«, sondern gerade in der Schweiz, und zwar am stärksten dort, wo man deutsch spricht, werden Sie hier einen heftigen Deutschenhaß antreffen, der auch vor Emigranten keineswegs Halt macht. Die Kriegsgefahr besteht hier ebenfalls beständig, es kann jeden Tag geschehen, daß die militärischen Verhältnisse zu ernsten Grenzverletzungen führen, welche sofort das ganze kleine Land in Kriegszustand versetzen werden. Auch die Kriegsstimmung und Kriegspsychose ist in der ganzen deutschen und einem Teil der welschen Schweiz groß. Dazu nun kommt die sehr wenig freundliche Einstellung der Fremdenpolizei. Bei jedem aus Deutschland Emigrierten, der auch nur für einen Tag in die Schweiz kommen will, vermutet man, er wolle dableiben, und verweigert sein Gesuch.

Immerhin ganz unmöglich ist die Einreise nicht, Sie müßten beim Schweizer Konsulat in Stockholm anfragen und nachweisen, daß Ihre Mittel für den Schweizer Aufenthalt ausreichen etc. Nur kann man im Voraus gar nichts darüber sagen, für wie lang die Einreise bewilligt werden würde, wahrscheinlich allerhöchstens für etwa vier Wochen. Ich muß es Ihnen überlassen, ob Sie es bei den Umständen, Kosten und Gefahren des jetzigen Reisens wirklich wagen wollen, wegen eines kurzen Aufenthaltes sich einer solchen Reise auszusetzen. Von einer Aufenthaltsbewilligung für lange Zeit, oder gar für immer, kann nicht die Rede sein, da ist die Fremdenpolizei unerbittlich.

Falls Sie bei Ihrem Plane bleiben wollen, so müßten Sie

also vorerst sich beim Schweizer Konsulat dort vorstellen und ein Gesuch machen. Selbstverständlich können Sie sich dort auf mich berufen und sagen, daß ich, wenn nötig, gern ein Empfehlungsschreiben zur Verfügung stelle. […]

Von Herzen wünsche ich Ihnen eine Entspannung Ihrer Lage, ich kann mich wohl einigermaßen hineindenken.

Mit vielen Grüßen Ihr

H. Hesse

Die Auskunft, die ich wegen Einreise erhielt, lautet: »Die deutsche Emigrantin in Stockholm müßte den Nachweis erbringen, daß sie jederzeit nach Stockholm zurückkehren kann und dort ihr dauerndes Domizil hat, ferner daß sie im Besitz der nötigen Devisen ist um ihren Schweizer Aufenthalt zu bestreiten. Mit diesen Nachweisen sollte sie beim Schweizer Konsulat in Stockholm sich melden.

422 An Peter Suhrkamp

[Montagnola, Januar 1939]

Lieber Herr Suhrkamp

Mir sind Sie zu einer Aussprache stets willkommen, das Datum ist einerlei.[1] Möglichst gut zurecht gelegt haben müßten Sie sich die beiden Fragen: Läßt sich die Lizenz für mein Werk trennen in eine fürs Reich und eine fürs Ausland, und wie?

Zweitens: wenn wir keinen Modus der Lösung finden, also einen neuen Vertrag nicht schließen können, was wird dann aus meinem Werk, aus den Rechten, aus den Vorräten? Mir stehen dabei überall die moralischen Belange zuoberst, nicht die materiellen.

Herzlich grüßt Ihr

H. Hesse

1 Das Treffen fand erst am 25./26.6.1939 in Montagnola statt.

423 An Wilhelm Stämpfli

Montagnola, Ende Januar 1939

Lieber Herr Dr. Stämpfli

Recht zaghaft komme ich mit einer Anfrage zu Ihnen: es handelt sich wieder einmal um einen kleinen Privatdruck.[1] Er sollte womöglich, im Sommer, spätestens zu meinem Geburtstag erscheinen, also Ende Juni fertig sein. Das Manuskript lege ich bei, möglich daß bis zum Sommer auch noch ein Gedicht oder zwei hinzukommen.

Dieser Druck war für Weihnachten 38 geplant, von mir und meinem Freund[2] in Berlin, der dort als Direktor einer großen Druckerei arbeitet und der früher schon manche kleine Gedichtdrucke für mich gemacht hat (Orgelspiel etc. etc.). Es war alles fertig geplant, ich hatte schon die 500 Adressen für die Versendung ausgeschrieben etc., da mußte der Mann mir im letzten Moment absagen: seine Firma (welche den Druck zugleich als Neujahrsgabe für Geschäftsfreunde benutzt hätte) wollte keinen Hesse drucken – die Zeiten haben sich geändert, und was einst gut und geschätzt war, ist es nicht mehr.

So stehe ich nun da mit meinem Druck, vielmehr ohne ihn und bin auf der Suche nach jemand der ihn mir druckt. Ich komme ohne solche literarische Privatgaben kaum mehr aus, die Zahl der Menschen, die mir schreiben, Rat bei mir holen, mir beichten etc. und deren Mehrzahl jetzt in Not und Emigration lebt, ist so gewachsen, daß ich nur einen sehr kleinen Teil der Briefe etc. beantworten kann. Durch eine Gabe aber wie es z. B. ein paar Gedichte sind, kann ich sehr, sehr vielen, die sonst schwer enttäuscht sind, wenigstens ein Zeichen des Wohlwollens, vielen auch etwas Trost und Freude geben. Z. B. das letzte Gedicht im beiliegenden Manuskript, das im Dezember in einer Zeitung[3] erschien, wirkte auf Viele, die in äußerster Not sind, unmittelbar als Aufrichtung und Trost, ich bekam daraufhin eine Menge dankender Briefe aus Deutschland wie aus der Emigration. Wir geborgenen Bürger, die jeden Tag etwas zu essen und einen

Schweizer Paß in der Tasche haben, ahnen ja meistens nicht, wie empfänglich die Hölle der Not viele der Betroffenen heute gemacht hat; ein Wort der Besinnung und der Sympathie wirkt da oft wie Regen auf einen vertrockneten Garten.

Kurz, es liegt mir viel an diesem Druck, sonst täte ich nicht den Bittgang zu Ihnen; so wie die Dinge stehen, werde ich mich bis aufs Letzte darum bemühen. Ich frage Sie also, ob Sie mir den Druck ermöglichen könnten, und mache meine Vorschläge dazu.

Der Vorschlag wäre: daß Sie das Heftchen drucken (für mich brauche ich 600 Stück) und daß Sie für sich selber eine Auflage mitdrucken, die Sie z.B. als Neujahrsgabe an Ihre Geschäftsfreunde etc. verwenden, so daß der Druck für Sie einen Sinn hat. Das wäre natürlich für mich die ideale Lösung.

Wenn das aber nicht möglich ist, so frage ich an, ob Sie geneigt wären, mir das Ding zu drucken und es mir ohne Gewinn zum Selbstkostenpreis zu berechnen. Ich würde dann um einen Voranschlag bitten und den Versuch machen, den Betrag bei einigen meiner Freunde zusammenzubringen.

Das Manuskript liegt hier bei. Die beigelegte Broschüre soll nur zeigen wie ich mir Format und Aussehen etwa denke.

Für mich würde ich etwa 600 Stück brauchen, dazu 600 passende Couverts aus billigem, aber kräftigem Papier zum Versenden.

Für unsre Generation bringt das Alter, das ja ohnehin Beschwerden genug hat, noch besondere hinzu. Dem großen Bankrott zuzusehen, der mit dem Weltkrieg begann und noch lang nicht liquidiert ist, das ist kein Spaß und jeder muß mitbezahlen. Ich habe wenigstens den Trost, daß ich an meine Aufgabe, an die Möglichkeit, etwas von Tradition und Qualität hinüberzuretten, glaube.

Seien Sie herzlich gegrüßt von Ihrem

H. Hesse

1 H. Hesse, »Zehn Gedichte«, Privatdruck, der 1939 bei Stämpfli, Bern, erscheinen konnte.
2 Hans Popp (1903-1976?), Direktor der Erasmusdruck GmbH.
3 Das Gedicht »Nachtgedanken« war am 4.12.1938 in der »Neuen Zürcher Zeitung« erschienen.

424 An Georg Reinhart

[Montagnola, Februar 1939]

Lieber Herr Reinhart, lieber Freund
Ihr lieber Brief hat mich gefreut! Wegen Ihrer Worte über mein Gedicht[1] mußte ich lachen. Sie sprechen vom Pessimismus dieses Gedichts, und grad vorher war ein langer Brief von Morgenthaler[2] über das gleiche Gedicht gekommen, worin es heißt: »Wie überraschend, so unerwartet, in seinem Optimismus, ist der Schluß! Was wäre näher gelegen als eine Anklage gegen den Himmel zu schleudern, einen Fluch auf Gott, der all die Scheußlichkeiten geschehen läßt. Doch tausendmal schöner, tröstlicher, gütiger ist das Bild, das Du von diesem Gott uns schenkst – ich werde es bei mir tragen, wenn ich nächstens wieder einrücken muß. Das Schwerste müßte damit leichter zu tragen sein.«

So schreibt Morgenthaler. Und so verschieden also kann ein Gedicht wirken. Und das ist, so scheint mir, vollkommen in Ordnung. Soweit es mich angeht, ich habe bei der Vorstellung vom Demiurgen weder pessimistische noch optimistische Gedanken gehabt, sondern z. B. an die indische Mythologie gedacht, wonach Vishnu im Spiel, oder im Schlaf, die Welt erschafft, dann sinkt die junge blühende und fromme Welt in vier Stufen durch die Weltzeitalter hinab bis zur letzten Verworfenheit, dann wird Shiwa gerufen, um sie zu zertrümmern – und dann liegt wieder irgendwo hold und lächelnd der herrliche Vishnu, und träumt und schafft spielend eine neue Welt, die wieder entzückend und liebenswert anfängt. [...]

Daß meine Briefe häufig den Poststempel Zürich tragen,

darf Sie nicht täuschen: der größere Teil meiner Post geht durch die Hände eines dortigen Freundes, der sie mir frankiert, weil ich nicht so viel mehr verdiene um das zu können, auch werden mir dort, wenn nötig, Abschriften von Briefen etc. besorgt. [...] Ihnen und Ihrer Frau die herzlichsten Grüße von Ihrem alten

H. Hesse

1 Das Gedicht »Nachtgedanken« (SW 10, S. 357f.).
2 Der mit Hesse befreundete Maler Ernst Morgenthaler.

425 An die Eidgenössische Fremdenpolizei

Montagnola, 14.2.1939

Sehr geehrte Herren!
Den Schriftsteller Beck[1], dessen Gesuch Ihnen vorliegt, erlaube ich mir Ihnen als einen ernst zu nehmenden Dichter zu empfehlen. Er ist der Übersetzer des spanischen Dichters García Lorca, und seine Übertragungen sind von hohem dichterischen Wert. Unter anderem erscheint im nächsten Hefte von Thomas Manns Zeitschrift »Mass und Wert« ein neues Werk des Dichters in Enrique Becks Umdichtung.

Ich kenne die Arbeit von Herrn E. Beck und schließe mich dem Urteil so hervorragender Kollegen wie André Gide und Annette Kolb an. Daß eine solche Begabung, in einer kulturell so wertvollen Arbeit begriffen, dieser Arbeit entrissen und in die sinnlosen Irrwege immer neuer Flucht von Land zu Land getrieben werde, sollte verhindert werden.

Darum erlaube ich mir, auch meinerseits dem hochgeschätzten Herrn Enrique Beck eine herzliche und aufrichtige Empfehlung für Sie mitzugeben.

Hochachtungsvoll

Hermann Hesse

1 Enrique Beck (1904-1974), Schriftsteller und Übersetzer.

426 An seine Schwester Adele

[Montagnola, Februar 1939]

Für Adis

Bei ihrer Lektüre entdeckte Ninon neulich zwei Verse bei Empedokles, dem griechischen Philosophen (Sizilien, fünftes Jahrhundert vor Chr.). Sie stimmen auffallend genau mit einigen Versen von mir überein.[1] An sich ist das natürlich kein Wunder, die Übereinstimmung stammt aus der gemeinsamen Wurzel, der asiatisch-pantheistischen Reinkarnations-Idee. Aber daß es so weit bis ins Wörtliche übereinstimmt, ist doch hübsch. *[Es folgt in Hesses Handschrift der griechische Wortlaut aus dem Empedokles fragm. 117.]*

(Denn ich wurde bereits einmal Knabe, Mädchen, Pflanze, Vogel und flutentauchender stummer Fisch)

und bei H. H.:
Blume will ich wieder geboren werden,
Baum und Gras will ich wieder geboren werden,
Fisch und Hirsch, Vogel und Schmetterling …

1 »Alle Tode« (SW 10, S. 261).

427 An Otto Basler

[Montagnola, 20.2.1939]

Lieber Herr Basler

[…] Leider wundert es mich auch nicht, daß damals Ihr Vortrag nicht anständig bezahlt wurde. Geistige Leistungen sind nun eben heute nicht unter den Sachen, für die Geld vorhanden ist, im Grund ist das eine Ehre für uns. Von der Landesausstellung bekam ich per Formular die Einladung, dort meine Bücher, um auch die Schweizer Literatur zu zeigen, einzusenden, damit sie dort in einem auf der Ausstellung einzurichtenden Leseraum aufgelegt werden. Für jedes Buch solle ich zwei Franken Ausstellungsgebühr bezahlen. So stellen die Leute sich das vor.

Bei der Kriegsgefahr im September hat die engl[ische] Versicherungsgesellschaft Lloyds in wenigen Tagen Millionen verdient, und unter den Mitverdienenden war auch Herr Chamberlain.[1] Die Welt ist im Grund einfach und kindlich. Daher auch ihr Grauen vor uns unverständlichen Intelligenzbestien. Herzlich Ihr

H.

1 Arthur Neville Chamberlain (1869-1940), britischer Premierminister, der 1938 mit Hitler das fatale Münchner Abkommen unterzeichnet hat.

428 An Alfred Kubin

Montagnola, Ende Februar 1939

Lieber Freund Kubin

Beim Lesen Ihres lieben Briefes habe ich den Eindruck, es müsse ein Brief von mir, vor wenigen Wochen, verloren gegangen sein, ein Brief, in dem ich Ihnen namentlich auch über die mir gesandte Zeichnung, den Männerkopf, schrieb und mich für sie bedankte. In Ihrem neuesten Brief nun interessierte mich ganz besonders, was Sie über neue technische Versuche mit stumpfem Instrument, mit Ineinanderfließen der Strichlagen etc. sagen.[1] Das gibt mir einen Einblick in Ihre Arbeit und sinnliche Existenz, und bringt Sie mir beim Lesen ganz nahe.

Eben hatten wir 10 Tage den Dichter Joachim Maass[2] bei uns zu Gast, den ich seit Jahren liebe und schätze, es tat mir leid, ihn wieder ziehen zu lassen. Sehr interessiert und gefreut hat mich, was Sie von Thomas Theodor Heine[3] zu erzählen hatten. Ich wußte lange nichts von ihm. Freund Walter Weiß möchte nach Bolivien, noch hat sich kein Ausweg gefunden.

Wir hatten schon, außer Schneeglöckchen und Krokus, Veilchen und andre Blumen blühen, und die gelben Zitronenfalter flogen zahlreich, aber seit einigen Tagen liegt wieder nasser Schnee, ich bin eingesperrt, und das sind stets schwierige Tage, denn meine Augen sind längst nicht mehr fähig sich den Tag über zu beschäftigen und ich muß nach 1 oder 2 Stunden Arbeit oder Lektüre lange Pausen machen, bei gutem Wetter geht das leidlich leicht, bei schlechtem ist es schlimm. So wird auch im April eine schwierige Zeit kommen, da meine Frau (die, soweit sie dazu kommt, lauter Griechisches liest und studiert) wieder für vier Wochen nach Griechenland will.

Daß Sie für Ihre neue Folge[4] zur Zeit keinen Verleger finden, wundert mich nicht. Diese hübschen Sachen sind alle ruiniert. Indessen ist die Kunst ja nicht unbedingt auf sie angewiesen, und je weniger der öffentliche Apparat funktioniert, je geringer die Unternehmungslust der Kaufleute etc. wird, desto heftiger wird das Interesse und Bedürfnis beim Einzelnen. Je mehr der Mensch in der Hölle lebt, desto nötiger brauche er eine Melodie, einen Vers, ein Bild, eine Erinnerung an alles, was im Moment vernichtet scheint und es doch nicht ist.

In München starb unerwartet mein alter Freund Geheeb[5], einst, in dessen Blütezeit, Redakteur des Simplicissimus. Ich erinnerte mich unsrer ersten Begegnung im Jahr 1905 oder 1906. Da kam Albert Langen mit Geheeb und Ludwig Thoma per Auto in Gaienhofen angefahren, blieb einen Tag und nahm mich dann mit nach München, bald darauf wurde unser »März« gegründet.[6] Jene drei waren alle sehr viel kräftiger, naiver, sehr viel lebenstüchtiger und lebenslustiger als ich, und nun bin ich der, der sie überlebt hat. Gestorben ist auch mein lieber Freund und Augenarzt, der Graf Wiser, mit 76 Jahren; er war der einzige, der mit seiner Outsider-Methode mir immer wieder für eine Weile etwas Erleichterung bringen konnte.

Seien Sie von Herzen gegrüßt von Ihrem

H. Hesse

1 In seinem Brief vom 18.2.1939 schrieb Kubin an Hesse: »Oft zeichne ich jetzt mit abgestumpften Instrumenten und eine scheinbar grobe Wirkung kommt dabei heraus – oder ich lasse die Strichlagen (mit Absicht) ineinanderfließen, so daß Nester, Flecken entstehen, die das etwas Wurstigere meiner inneren Haltung den kleinen Dingen gegenüber irgendwie zeichnerisch ausdrücken – ich sehe das immer erst hintennach, wenn ich mich selber betrachtend dazu verhalte.«

2 Joachim Maas (1901-1972), Erzähler und Romancier.

3 Thomas Theodor Heine (1867-1948), Maler und Zeichner, einer der brillantesten Karikaturisten seiner Zeit, der 1896 zusammen mit Albert Langen die satirische Zeitschrift »Simplicissimus« gegründet hatte. Heine sei z. Zt. in Oslo und als 72-Jähriger immer noch als satirischer Zeichner tätig, »ein Ungeheuer an Zähigkeit«, schrieb Kubin an Hesse.

4 Alfred Kubin, »101 Köpfe«.

5 Reinhold Geheeb (*1872) war am 7.2.1939 gestorben.

6 Die Fahrt, an der sich außerdem der Maler Rudolf Sieck (1877-1957) beteiligte, war Hesses erste Autoreise. Sie führte über Sigmaringen, Tübingen und Augsburg nach München. In Tübingen stellte sich heraus, dass Geheeb dort zur selben Zeit gelebt hatte wie Hesse, der damals noch Buchhandelsgehilfe war. Auf all seinen späteren München-Reisen hat Hesse Geheeb besucht und oft auch bei ihm gewohnt. »Er ist derjenige in der ›Nürnberger Reise‹, der mich in München abholt.« (Aus einem Brief von 1939 an Otto Basler)

429 An Gunter Böhmer

(Mit einer aquarellierten Federzeichnung am Kopf des Briefes)

[Montagnola, 1.3.1939]

Caro amico!

Vielen Dank für den Lauscher[1], sie haben sich soviel Mühe damit gemacht, nun, ich werde mit ihm Freude machen. [...]

Es war und ist auch sonst viel los, Maaß brachte viel zum Besprechen von Bermann etc. mit, Emigrantengeschichten spuken fast jeden Tag, und die Frage der Erneuerung meines Vertrags mit Fischer rückt immer näher, Suhrkamp wird wohl noch dies Frühjahr einmal kommen. Ich hatte in diesen Jahren eigentlich heimlich immer gehofft, es würde gar nicht dazu kommen, es würde vorher die Welt untergehen, oder man werde sterben, oder was sonst solche Faxen sind.

Im April will Ninon wieder nach Griechenland, hoffentlich glückt es.

Danke für Plat's Brief. Es ist schön, daß der Siddhartha eine Tradition erhalten hilft. Wenn Gedanken besonders stark auf Menschen wirken, so sind es meist alte Gedanken, wenn auch in neuen Kleidern. Ninon fand neulich bei Empedokles, dem griechischen Philosophen um 500 vor Chr., zwei Zeilen, die mit zwei Zeilen eines Gedichts von mir[2] fast wörtlich übereinstimmen. »Geistiges Eigentum« gibt es im Grunde ja gar nicht.

Dieser Tage kommt der Schriftsteller Humm[3] für einige Tage als Gast zu uns, wir haben ihn eingeladen.

Heut ist schon der zweite meiner Söhne (diesmal Heiner) 30 Jahre alt geworden. Von Herzen dankt und grüßt Ihr

H.

1 Ein mit eigenhändiger Vignette ausgestattetes Widmungsexemplar der 1933 bei S. Fischer, Berlin, erschienenen, von Gunter Böhmer illustrierten Neuausgabe von Hesses »Hermann Lauscher«.

2 Das Gedicht »Alle Tode« mit den Versen »Blume will ich wieder geboren werden / Baum und Gras will ich wieder geboren werden [...]« (SW 10, S. 261).

3 Der Schweizer Romancier und Essayist Rudolf Jakob Humm (1895-1977) wohnte vom 5. bis 25.3.1939 bei Hesses.

430 *An Rosa Muggli*

[Montagnola, 6.3.1939]

Hochgeschätzte Frau Muggli

Danke sehr für Ihren Brief, der mich in vieler Hinsicht interessierte, und für Ihren Auftrag[1]: ich habe das Manuskript schon damals begonnen, als Sie zuerst davon schrieben, und denke es in Bälde, d.h. in etwa 10 Tagen, schicken zu können. [...]

Die Aufmerksamkeit und Liebe, die Sie für meine Bücher haben, ist mir eine Freude. Aber lassen Sie sie nicht zu einem Personenkultus ausarten, nicht wahr? Ehrfurcht vor der Dichtung, und damit auch eine gewisse Ehrfurcht vor dem Dichter gehören notwendig zum höheren Leben, wenn auch heut nur wenige das wissen und üben. Aber das Reich des Geistes und des Schönen ist ein Ganzes, und daß ein Dichter einen wirklich ganz und gar neuen Gedanken ausspricht, ist nahezu unmöglich: er schöpft aus dem Schatz der Jahrtausende, und nicht nur da, wo er es wissend und absichtlich tut, sondern auch unbewußt. Meine Frau, die am liebsten Griechisch liest, fand z.B. neulich bei dem griechischen Denker Empedokles, 500 Jahre vor Christus, zwei Verse, in denen beinah wortgetreu das gleiche steht wie in einigen Versen von mir (in dem Gedicht »Alle Tode«). Jener Gedanke ist seither tausendmal ausgesprochen und wieder vergessen worden, und wird noch oft wiederkehren, wenn wir nicht mehr da sind. [...]

Herzlich grüßend Ihr

H. Hesse

1 Eine illustrierte Handschrift des Märchens »Piktors Verwandlungen«.

431 An Joseph Englert

[Montagnola, Mitte März 1939]

Lieber Freund Englert

Ein Anliegen führt mich zu Ihnen, ungern genug schreibe ich die Zeilen. Aber ich will es probieren, und bitte Sie, nur dann drauf einzugehen, wenn das Opfer für Sie erschwinglich und erträglich ist. Ich möchte Sie nämlich, leider, um etwas Geld bitten, und zwar um 500 Franken. Das kam so: Zu Ende der Kriegszeit 1918, als ich zum erstenmal die Folgen der deutschen Politik mitbezahlen mußte, schenkte mir ein wohlhabender deutscher Jude[1], dem ich während seiner Kriegsgefangenschaft Dienste erwiesen hatte, 500 Franken. Dieser Mann ist heute wieder bettelarm, sein Sohn ist nach Palästina unterwegs, sein Geschäft »arisiert«, er selber war wochenlang gefangen und bereitet jetzt seine Auswanderung vor. Das einzige, womit er im Ausland rechnen kann, ist der Betrag, den er mir damals gegeben hat und von dem er hofft, daß ich ihn ihm nun zurückgeben könne.

Dies ist die Geschichte.

Ich kämpfe seit Oktober erfolglos mit Gelenkrheumatismen und werde ein altes Männchen. Nachdem wir ein Jahr lang für lauter österreichische Flüchtlinge zu sorgen hatten, ist jetzt Prag an der Reihe, wo wir ebenfalls nahe Freunde haben, und die einzige Schwester meiner Frau rüstet jetzt auch zur Flucht.

Als Ostergruß für Ihre Frau schicke ich den »Lauscher«, auf dem Vorsatzblatt hat der Illustrator von Hand ein Bildchen gezeichnet, Sie sehen unser Haus darauf.

Seien Sie mir nicht böse, und wenn Sie meine Bitte nicht erfüllen können[2], so soll alles sein wie vorher.

Herzlich Ihr

H. Hesse

1 Leopold Marx (1889-1963), Miteigentümer einer Bandweberei in Cannstatt.

2 Joseph Englert hat den Betrag umgehend erstattet.

432 An Peter Weiss

[Montagnola, 9.4.1939]

Lieber Herr Weiss

Danke für Ihren Brief.[1] Ich fühle mit, was Sie erlebt haben.[2] Nur: nehmen Sie es nicht für endgültig und unabänderlich! Als ich in Ihrem Alter war, mußte ich 5 oder 6 Jahre lang Tag für Tag von früh bis spät in einer Buchhandlung stehen und Bücher verkaufen oder Rechnungen schreiben, und glaubte manchmal dran, es könne auch einmal anders kommen, manchmal aber glaubte ich nicht dran und sah keinerlei Aussicht, je meinem eigentlichen Wesen und Talent leben zu können. Gehen Sie den Weg, der jetzt nötig scheint, und behalten Sie sich vor, das, was er Ihnen mit der Zeit an Geld oder an Unabhängigkeit bringt, dann wieder so zu verwenden, wie Sie es früher taten. Auf alle Fälle behalten wir Sie in guter Erinnerung, und unsre Wünsche sind mit Ihnen. Bei uns wachsen die Sorgen, auch die Schwester meiner Frau scheint dicht vor der Flucht zu stehen.[3] Heut ist endlich, nachdem es bis zur letzten Stunde unwahrscheinlich geblieben war, meine Frau nach diesem scheußlichen Jahr in ihre Ferien gefahren. Bei mir sind die Tage mit Gelenkrheumatismen und Augenschmerzen gefüllt; was an Arbeitskraft übrig bleibt, frißt jeden Tag die Post.

Darin gebe ich Ihnen Recht; es ist viel besser, sein Brot mit einer nicht künstlerischen Arbeit zu verdienen, als einen Kompromiß zwischen Kunst und Erfolgswelt zu schließen!

Meine Frau hinterließ noch Grüße für Sie. Jetzt über Ostern sind täglich andre Gäste und Besuche da. Herzlich Ihr

H. Hesse

1 Dieser Brief konnte bisher noch nicht aufgefunden werden.

2 Peter Weiss, der seit September 1938, unterstützt von Hesse, nahe bei Montagnola lebte, war Ende Februar 1939 über Berlin nach Alingsås/Schweden emigriert, wo er eine Arbeit in der Textilfabrik angenommen hatte, in der sein Vater Geschäftsführer war.

3 Lilly Kehlmann nach Hitlers Einmarsch in Prag.

433 An Arthur Stoll

Montagnola, April 1939

Lieber Herr Professor Stoll
Ich hatte gehofft, Ihnen auf Ostern meinen Gruß schicken zu können, den Abdruck des neuen Kapitels[1] meines »Josef Knecht«. Aber nun hat der stets etwas säumige Verlag den Druck doch hinausgezögert und ich kann Ihnen statt eines hübschen Separatdrucks nur ein Exemplar der Korrekturbogen als verspäteten Ostergruß senden.

Der »Josef Knecht« ist nun ein richtiges Alterswerk geworden, es sind schon sieben Jahre seit ich ihn begonnen habe. Uns hat der Fall Prags[2] eine Reihe neuer Verluste gebracht, wir haben dort nahe Freunde, auch Angehörige meiner Frau, deren einzige Schwester ebenfalls gefährdet ist.

Schade wir werden es nicht mehr erleben, daß die heroischen Versuche des modernen Menschen, sich zur Bestie zu vereinfachen, samt ihren Folgen wieder zusammenbrechen. Dennoch zweifle ich nicht daran, daß in absehbarer Zeit der Mensch es wieder mit zwei statt vier Füßen probieren wird, vielleicht erst über unsern Gräbern, aber immerhin. Der Krampf von heute dauert nicht ewig. Es grüßt Sie und die Ihren freundlich Ihr

H. Hesse

1 Das Kapitel »Zwei Orden«, das in der »Corona«, Heft 1, 1939 erschienen ist.
2 Mitte März 1939 waren Hitlers Truppen in Prag einmarschiert.

434 An Walter Lochmüller

[Montagnola, 14.4.1939]

Lieber Herr Lochmüller
[...] wir haben Ihrer herzlich gedacht: zum Schreiben freilich kam es bisher nicht, es war eine allzu unruhige, aufgeregte,

sorgenvolle Zeit, die ganze Welt unruhig, wieder viele Freunde von uns in Not, darunter auch die einzige Schwester Ninons, meine Frau überanstrengt, stets Gäste im Haus, und stürmische Reisevorbereitungen für Griechenland, die samt dem ganzen Reiseplan und Reise-Entschluß 3 Wochen lang fast täglich wechselten, noch zwei Stunden vor der Abreise (Ostersamstag) wurde heftig mit Lugano und mit Zürich telefoniert, und dann doch gereist, was ich guthieß und unterstützte, denn ohne diese Erholung und diese Umstellung für eine Weile wäre sie mir ernstlich zusammengebrochen. Jetzt wird sie schon in Athen sein, von Genua und Neapel kamen Karten, ihr Schiff wurde wegen Albanien[1] umgeleitet, statt direkt wie sonst durch die Meerenge nach Athen, fuhr es um den Peloponnes herum. Bei mir ist für eine Weile meine jüngere Schwester. – Der junge P. U. Weiß[2] ist, wie seine Eltern, in Schweden, und hat sich jetzt, sehr unglücklich, drein ergeben, in eine gewöhnliche, unkünstlerische Arbeit einzutreten, die ihm dort geboten wird. Ich habe ihm hier über den Winter mit durchgeholfen, er hat in meinem Auftrag mehrere kleine Erzählungen von mir von Hand geschrieben und farbig illustriert, sehr hübsch mit vielen schönen Einfällen, ich verwende sie für Geschenke an Freunde und Gönner. Den »Klingsor« wird wahrscheinlich Böhmer jetzt illustrieren[3], er hat das lang gewünscht. Es wird eine nicht käufliche Luxusausgabe mit reicher Illustration, vermutlich etwas größern Formats, und kommt in keiner Form in den Handel. Falls die Sache zustand kommt, und Sie etwa Lust zu einem Tausch hätten, so ginge das, falls ichs vorher wüßte; das Buch wird etwa 25 bis 30 Mark wert sein, in kleinster Auflage gedruckt; gegen eine schöne Arbeit von Ihnen wäre ich gern zum Tausch bereit. [...]

Grüßen Sie Ihre Frau, haben Sie Dank, und seien Sie herzlich gegrüßt von Ihrem

H. Hesse

1 Im April 1939 hatte Mussolini Albanien besetzt.
2 Siehe S. 595.
3 Die Druckplatten von Böhmers Illustrationen zu einer Ausgabe von Hesses Malernovelle, welche die Bauersche Gießerei (Frankfurt am Main) für eine bibliophile Ausgabe in 400 Exemplaren reproduzierte, sind Anfang 1944 bei einem Luftangriff vernichtet worden. Erst im Jahr 2000 konnte eine Neuausgabe des Bandes bei Suhrkamp erscheinen.

435 An Ninon Hesse

[Montagnola, 15.4.1939]

Liebstes Herz

Deine Karte aus Neapel machte mich froh, das war eine gute und schöne Nachricht. Daß du um den Peloponnes herumfährst, zeigt zwar daß Krieg ist, aber für deine Reise sehe ich es als Gewinn an. Die Karte kam Donnerstag früh an, am selben Tag ein Brief für dich den ich umadressierte, ich glaube aus Wien.

Schrieb ich dir, daß neulich der Löwe[1], nahe bei »meiner« Camelie, eine schöne große Natter angefallen hat. Als ich sie antraf, war sie schon arg gebissen, man sah daß sie verloren sei, doch wehrte sie sich mit aufrechtem Kopf noch zischend und unermüdlich, ich verjagte den Löwen, aber später fand ich sie dann tot.

Ich habe sämtliche Rittersporn, die ich aus Samen gezogen hatte, gegen 20 Pflanzen, unten nahe der Hecke ausgepflanzt, etwa dort wo wir sommers die Bank stehen haben, nahe beim Stall. Mit Irmgard[2] haben wir, teils mit, teils ohne Marulla, täglich auch Boccia gespielt, und gestern hat Lorenzo die Bahn gewalzt.

Studio und Atelier sind beide gründlich geputzt.

Gestern gegen Abend sprach ein Mann vor, ein Schweizer, der als Kaufmann einst jahrelang in Baden bei B.B.C. angestellt und dann manche Jahre in England war; er hat nun dort die Arbeitsbewilligung nicht mehr erneuert bekommen, kehrte mit Frau und 3 Kindern in die Schweiz zurück, etwa

40 Jahre alt, hat ein Zimmer in Lugano, hat für bald eine Stelle in Aussicht, aber für den Moment nichts zu essen. Er bot sich zu Garten- oder jeder andern Arbeit an. Ich sagte ihm, ich könne eigentlich nicht dem Lorenzo seine Arbeit wegnehmen; aber da grade in diesen Tagen sehr viel Arbeit sei, könne er ein paar Tage mithelfen, Lorenzo werde ihn anweisen, er könne mit dem Wegräumen der Asche (Gebirg Ida) beginnen. Er sollte heut früh kommen, blieb aber aus, ich weiß noch nicht ob es ein Hindernis gab, oder ob er mich um die 10 Fr., die ich ihm Vorschuß gab, gebracht hat. Letzteres wäre mir nicht sehr leid, er machte einen recht netten Eindruck, und doch würde er mich im Garten, wo ich gern allein bin und nicht gern angesprochen werde, stören. Na, es wird sich zeigen. [...]

Am andern Tag – Jetzt kommen jeden Tag Bettler, und lauter solche, die man nicht mit einem Franken los wird, sondern die Schicksale haben und lange Geschichten zu erzählen. Vorgestern war es der Herr Grütter, der zehn Franken kriegte und andern Tages zur Arbeit antreten wollte, aber nicht wiederkam. Gestern war ein Graubündner da, Dekorationsmaler, mit einer deutschen Frau und Kindern, der sollte in seine Heimatgemeinde reisen, die Armenhilfe bezahlt ihm das halbe Billett, die andre mußte ich bezahlen, es waren 15 Franken. Und heute, soeben, war ich früher als sonst aufgestanden, hatte Kaffee getrunken und, zum erstenmal seit undenklicher Zeit, mich im Atelier an den Josef Knecht gesetzt und versucht, den Faden wieder aufzunehmen. Ich hatte eine halbe Zeile geschrieben, da meldete Ida[3] einen Herrn, der mich kenne und aus Deutschland komme, ich sagte ich empfange nicht, der Mann müsse mir schreiben, wenn es wichtig sei. Sie kam wieder, er sei nicht abzuweisen, und ein Bettler sei es sicher nicht, ich empfing ihn, er überschüttete mich mit seiner Lebensgeschichte, war übrigens sehr viel schicker gekleidet als ich es je war, und bewies mir, daß er bald Arbeit bekommen werde, bis dahin aber ein Zimmer haben müsse, und das koste 30 Franken, etc. etc. Ich hörte lang zu, sagte wenig, versuchte dann zu erklären, wie das mit mir sei, daß ich eigentlich keine Unterstützungsstelle sei, daß ich gestern 15, vorgestern 10 Franken gegeben, und nicht genug verdiene, um etc. etc. – schließlich zog er also mit seinen 30 Franken ab, und Ida versprach mir, jetzt lasse sie sicher keinen mehr herein. Wir werden sehen. Aber offenbar ist in Lugano jemand, der alle diese Leute zu mir schickt.

Jetzt ist die Post gekommen, darunter eine Karte aus Shanghai von Th. Schnittkin[4], der bei Rosenberg[5] war und sehr deprimiert ist, von Rosenberg aber sehr freundlich empfangen wurde.

Addio, lieber Keuper, ich wünsche dir alles Schöne, Frohe und Zärtliche dein

Hermann

1 Eine von Hesses Katzen.
2 Hesses Cousine Irmgard Schabicki, die damals mit seiner Schwester Marulla in Montagnola zu Besuch war.
3 Hausangestellte.
4 Theodor Schnittkin (1886-1968), der über die USA nach Schanghai emigriert war.
5 Dr. Jakob Rosenberg, mit Ninon Hesse befreundeter Arzt aus Czernowitz.

436 An Karl Kuprecht

[Montagnola, April 1939]

Sehr geehrter Herr
Haben Sie Dank für Ihren Gruß und die mitgesandten Gedichte. Ich bin kein Kritiker und möchte kein Werturteil über sie abgeben, aber ich freue mich darüber, daß Sie der Dichtung treu geblieben sind. Es gibt in dieser schrecklichen Zeit keine andre Zuflucht als die zu den seelischen Quellen, an die wir glauben, und uns Künstlern ist wenigstens das geblieben, daß wir im Versenken in die Magie des Schönen im-

mer wieder einen Zugang zum Innern der Welt und ihrem Sinne haben.

Es grüßt Sie Ihr

H. Hesse

437 An Meinrad Inglin

[Montagnola, 2.5.1939]

Hochgeschätzter Herr Inglin

Nach einem schlechten Winter voll Krankheit ist es mir nun im Frühling doch gelungen, Ihr großes Buch[1] kennen zu lernen. Während meine Frau ihre Ferien in Griechenland verbringt, leistet eine meiner Schwestern mir Gesellschaft, und sie hat mir nun das Buch vorgelesen. Nun möchte ich Ihnen nochmals für das Buch danken. Ich habe es nicht als Dichtung betrachtet, sondern als Zeitspiegel und Mahnruf, zugleich zwang es mich, ein eher trübes Stück meines Lebens zu rekapitulieren: ich kam grade während jenes Kaiserbesuchs von 1912[2] in die Schweiz zurück, nach Bern, habe dort den Krieg erlebt, und mußte 1919, nachdem mir alles, was ich gewesen war und besessen hatte, in die Brüche gegangen war, von vorn wieder anfangen. So war ich Ihrem Buch ein aufmerksamer Leser. Ich bin Ihnen dankbar dafür und möchte wünschen, man könnte jedem zweiten Besucher der Landesausstellung zu seiner Lektüre zwingen, Schweizer wie Ausländer, am meisten freilich die Miteidgenossen.

Ich sagte, ich habe Ihr Buch nicht als Dichtung gelesen. Aber schließlich bleibt doch ein Gesamteindruck, der eigentlich dichterisch ist. Wie mitten in der Hölle des Kriegs, des Hungers, der Seuche, der Revolutionsnähe das zarte, edle Gebilde des Bundes schwankt und mitleidet, und endlich doch besteht und seiner bewußt bleibt, das ist ein schönes, unvergeßliches Bild.

Es grüßt Sie mit guten Wünschen

Ihr H. Hesse

1 Meinrad Inglin, »Schweizerspiegel«. Roman, Staakmann Verlag, Leipzig 1938.
2 Anfang September 1912 war der deutsche Kaiser Wilhelm II. auf Staatsbesuch in die Hauptstadt der Schweiz gekommen.

438 An Rudolf Jakob Humm

[Montagnola] 6.5.1939

Lieber Herr Humm
Sie konnten mir keine größere Freude machen als mit Ihrem Brief. Daß Ninon Ihnen nicht eher schrieb, wundert mich nicht, sie versteht es, sich auf Reisen ganz unglaublich zu strapazieren, die Tage werden für die Reisen, Tempel, Museen ausgenützt, die Abende und halben bis ganzen Nächte mit Packen, zum Studieren der Reisebücher, Vorbereiten des Morgigen, Korrespondenz. Es ist jedesmal ein Wunder, wenn sie wirklich und nicht nur lebend, sondern angeregt und sogar einigermaßen erholt, wenigstens aber aufgefrischt wieder erscheint. Diesmal fürchte ich sehr, daß sie ihren Rückweg, den sie wohl eben antritt, noch wird über Prag leiten müssen, dortiger bedrohter Freunde wegen, was nicht nur eine riesige und strapaziöse Reise bedeutet. [...]

Wie sehr haben Sie mit Ihrem Loblied auf die Gesundheit recht! Es gibt ja eine Art, sie zu lieben und zu besingen, die der Nichtgesunde schwer verträgt, aber bei Ihnen ist ja dafür gesorgt, daß nicht die Gesundheit um ihrer selbst willen, ich meine, ohne daß sie dem Geist Dienste leistet, gepriesen und gelebt werde, und Sie haben alles nur wünschbare Verständnis für die Nuancen der Nichtgesunden, die sich ja oft auf höchst komplizierte Art an den von ihnen gehaßten Gesunden rächen. Der lehrreichste Fall ist Nietzsche, er, der typische Astheniker und Intellektuelle, hat den Deutschen eine Lobpreisung der gesunden Bestie hinterlassen, an der die Bestie schon bedenklich erkrankt ist und einmal eingehen könnte.

Bei Ihren Worten über Forsters Reise[1] fiel mir ein, daß noch ein andrer deutscher Literat eine Forschungs-Weltreise mitgemacht hat: Chamisso[2]; auch diese Reise habe ich einst mit Vergnügen gelesen. Von Georg Forster besitze ich die Gesamtausgabe seiner Schriften in neun Bänden, die Gervinus in den 40er Jahren herausgab. G. Forster (der Filius also) ist auch der Held des ersten Buches von Ina Seidel, das ich vor 20 Jahren mit Entzücken las.[3] [...]

Mit Musil, fürchte ich, haben Sie recht. Ich teile die Bewunderung, die Ninon für ihn hat, aber bei mir ist sie nie zu Liebe geworden, und Ihr Eindruck überrascht mich nicht.[4]

Seien Sie mit Ihrer Frau herzlich gegrüßt von Ihrem

H. Hesse

1 Georg Forster, Natur- und Völkerkundler (1754-1794), begleitete seinen Vater Johann Reinhold auf der zweiten Weltumseglungsfahrt (1772-1775) von James Cook und gilt mit seinem 1777 darüber veröffentlichten Bericht als Begründer der modernen Reiseliteratur.

2 Adelbert von Chamisso (1781-1838), Dichter und Naturforscher; er nahm 1815-1818 an einer russischen Weltumsegelung teil, worüber er in seiner »Reise um die Welt« berichtet (zuerst erschienen 1821 u. d. T. »Bemerkungen und Ansichten auf einer Entdeckungsreise«).

3 Ina Seidel, »Das Labyrinth«, Jena 1922.

4 Am 4.5.1939 hatte Humm an Hesse geschrieben: »Gestern waren meine Frau und ich bei [Robert] Musil. Ich hatte aber keinen recht angenehmen Eindruck. Etwas lieblos, abstrakte Stubenluft, fast nur für grammatikalische Fragen zu bewegen.«

439 An Peter Suhrkamp

[Montagnola, 17.5.1939]

Lieber Herr Suhrkamp

Ich glaube, ich habe Ihnen seinerzeit schon eine Kündigung unseres Vertrags gesandt, um zu verhüten, daß er etwa stillschweigend sich erneuere. Für alle Fälle sende ich Ihnen den Wortlaut[1] nochmals. In der Frage nach einem neuen Vertrag sehe ich weniger klar als je, die Verhältnisse werden zusehends schlechter. Nicht einmal in der kleinen Frage wegen meines Wiener Buches[2] war im Lauf eines Jahres etwas zu erreichen. Bitte bereiten Sie ohne Eile eine Besprechung vor, und erwägen Sie ernstlich die Möglichkeiten einer Lösung unseres Vertrags, d. h. einer Übernahme meiner Bücher durch einen Schweizer oder andern nichtdeutschen Verlag. Befinden schlecht. Wenigstens ist meine Frau zurück. Eben war Kasack[3] bei uns. Herzlich Ihr

H. Hesse

1 Bisher nicht auffindbar.
2 »Stunden im Garten«, a. a. O.
3 Hermann Kasack (1896-1966), Schriftsteller, nach dem Tod Oskar Loerkes dessen Nachfolger in Suhrkamps Lektorat.

440 An Kuno Fiedler

[Montagnola, 18. 5. 1939]

Hochgeschätzter Herr Dr. Fiedler
Danke für Ihren lieben Brief, er war mir eine Freude. Nein, wir wollen nicht das Seiende generaliter bejahen, aber der Einzelne soll und darf wissen, daß auch das Schlimme und Böse Anlaß zu Glück und Freude werden kann. Wie denn doch wohl die Seelengeschichte jedes Einzelnen im wesentlichen außerhalb der Weltgeschichte verläuft.

Ich weiß nicht mehr, welches Bildchen mir damals grade in die Hand kam, und lege bei, was ich grade finde. Samt dem Gedichtbuch, dem Sie ein besserer Leser sein werden als das jetzige Deutschland, das meine Verse und Prosa aus allen Schul-Lesebüchern etc. längst gestrichen hat.

Herzlich Ihr

H. H.

441 Postkarte an Heinz Priebatsch

[Zürich, 23.5.1939]

Lieber Herr Priebatsch
Wiechert war im Jahr 38 beinah ein halbes Jahr in Untersuchungsgefängnissen der Gestapo, wurde etwa Ende August wieder frei, im Winter soll ein Stück von ihm[1] aufgeführt worden sein, und soeben ist ein Buch von ihm »Das einfache Leben« im Verlag Langen erschienen.[2] Das ist alles, was ich melden kann.

Ein lieber alter Freund von mir saß ein ganzes Jahr in solcher Haft[3], wurde dann wieder entlassen, ohne aber irgendwie rehabilitiert zu werden. Neulich saß ein Mann bei mir[4], der im selben Gefängnis wie mein Freund war und am selben Tag über 2 Mauern entkam, in Nachtmärschen die Grenze erreichte etc. Sie haben recht: der Deutsche ist sehr sentimental, und wo seine Sentimentalität die nicht seltene Verbindung mit Brutalität eingeht, wird er unerträglich.

Alles Gute wünscht Ihnen

H. Hesse

1 Vermutlich das 1935 erschienene Schauspiel Ernst Wiecherts »Der verlorene Sohn«.
2 Ernst Wiechert, »Das einfache Leben«. Roman, München 1939.
3 Franz Schall (1877-1943), Altphilologe und Oberlehrer in Altenburg/Thüringen. Klassenkamerad Hesses in der Göppinger Lateinschule und im Maulbronner Seminar, »der originellste meiner schwäbischen Freunde«. 1937 wurde er von der Gestapo in der politischen Abteilung des Würzburger Polizeigefängnisses inhaftiert.
4 Kuno Fiedler, der Hesse am 8.5.1939 besucht hatte.

442 An Otto Basler

[Montagnola, 22.6.1939]

Lieber Herr Basler
Inmitten des schlechten Zustandes, in dem ich lebe, war neben einem kurzen Besuch meines jüngsten Sohnes Martin

Ihr Brief eine der angenehmsten Auffrischungen, er hat mir rechte Freude gemacht und mich stark interessiert.

Jener Fiedler[1] ist derselbe, den Sie bei [Thomas] Mann trafen. Ich sah ihn nur einmal im Leben, wußte aber von ihm, seit er mir, vor bald 20 Jahren, sein erstes philosophisches Buch[2] schickte. Außerdem war er in Altenburg, wo er Professor war und wegen Nichtgehorsam gegen die Hitlervorschriften kassiert wurde, mit einem meiner ältesten Freunde, seinem Kollegen, bekannt. Und später hat jener alte Freund von mir[3], zum Teil im Zusammenhang mit der Affäre Fiedler, ein Jahr lang im gleichen Gefängnis in Würzburg gesessen, aus dem Fiedler vor 2 bis 3 Jahren entkam.

Daß F[iedler] vor ein paar Jahren über mich anders dachte als heut, ist sehr begreiflich, umsomehr als er damals wohl gerade sehr stark unter dem Bann von Th. Mann stand. An seiner Aufrichtigkeit in beiden Fällen zweifle ich nicht.

Anders steht es freilich mit dem »Deutschtum«, das er mir zuspricht. Ich glaube, ein Schweizer kann da nie ganz mitfühlen, während es z. B. für viele Franzosen oder »Lateiner«, und noch mehr für die Engländer eine ganz geläufige Vorstellung ist, das Wort »englisch« als ein Synonym für »gut« oder »vollkommen« zu nehmen. So haben es auch die Deutschen, und sie kommen schwer davon los, wie unser Fall zeigt.

Aber andererseits: daß ein Mann, der sein Vaterland so liebt und es auf so grausame Art verloren hat und von ihm ausgebürgert wurde, – daß so ein Mann in seinem zerstörten Leben seine Wunderlichkeiten hat, ist kein Wunder.

Ich werde unterbrochen. Viele Grüße! Ihr

H. Hesse

1 Kuno Fiedler (1895-1973).
2 Kuno Fiedler, »Luthertum oder Christentum?«, Balingen 1922.
3 Franz Schall.

443 An Otto Korradi

[Montagnola, Anfang Juli 1939]

Lieber Herr Korradi

Danke für Ihren lieben Brief. Sie haben mit Wiechert, und auch mit Hamsun, im Gefühl gewiß recht. Von Wiechert sind »Wälder und Menschen«[1] mir lieb. Bei Hamsun liebe ich vor allem die frühen Werke, etwa bis Benoni[2] und Rosa[3]. Der Bruch bei ihm, d.h. das hemmungslose Überlaufen zu einer Religion von Blut und Boden, beginnt bei ihm mit dem Segen der Erde[4], es ist ein deutlicher Einschnitt in seinem Werk, und seither hat er sich bis zur Geistfeindlichkeit zum Anbeter der Kraft und Primitivität entwickelt. [...]

Neulich war mein Verleger aus Berlin[5] kurz hier. Wir sehen beide die Dinge dunkel, machen aber ruhig weiter. Es grüßt Sie herzlich Ihr

H. H.

1 Ernst Wiechert, »Wälder und Menschen«. Eine Jugend, Langen-Müller Verlag, München 1936.
2 Knut Hamsun, »Benoni«, Langen Verlag, München 1909.
3 Knut Hamsun, »Rosa«, Langen Verlag, München 1910.
4 Knut Hamsun, »Segen der Erde«, Langen Verlag, München 1918.
5 Peter Suhrkamp war vom 25. bis 26.6.1939 in Montagnola, um Hesse die Erneuerung des im Oktober 1939 ablaufenden Verlagsvertrags nahezulegen.

444 An Max Herrmann-Neiße

[Montagnola, Juli 1939]

Hochgeschätzter, lieber Herr Herrmann

Sie haben sich meines Geburtstags erinnert und mir so lieb und freundlich geschrieben, dafür möchte ich Ihnen herzlich danken, und nicht minder für Ihre neuen Gedichte, von denen mich namentlich »Fremder Tod«[1] ergriffen hat. Wir leben jetzt alle dem Tod sehr nah, wir Überbleibsel einer andern Welt und eines andern Menschentums, die wir dennoch glauben, es werde das schreierische Heldentheater von heute nicht lange dauern, und es werde das Bild des Menschen, wenn er aus diesem Traum erwachen wird, sich nicht so sehr verändert zeigen. [...]

Meine Frau läßt Sie beide grüßen. Ich spüre, wie schwer Sie tragen, und denke herzlich an Sie. Es muß heut viel gelitten werden, nicht am wenigsten von denen, die zuhaus in Deutschland leben müssen, es kommen stets sehr viele solche zu mir. Auch mein Verleger war da, ein lieber treuer Mensch, ausharrend auf verlorenem Posten.

Addio! Es grüßt Sie Ihr

H. Hesse

(Bald folgt eine Drucksache mit Gedichten)[2]

1 Max Herrmann-Neiße pflegte seinen Briefen an Hesse immer eine Anzahl von Abschriften seiner neuesten Gedichte beizulegen. Das Gedicht »Fremder Tod« wurde erstmals 1941 in den postum erschienenen, von Leni Herrmann besorgten Band Max Herrmann-Neiße, »Letzte Gedichte«, (New York und London), S. 123, aufgenommen.

2 Hermann Hesse, »Zehn Gedichte«, Privatdruck, Bern, August 1939.

445 An Georg von der Vring

[Montagnola, Juli 1939]

Lieber Herr von der Vring

Ihr letzter Gruß hat mich sehr gefreut. Gedicht und reproduzierte Zeichnung sind mir lieb, die Sonnenblumen sind sehr lebendig und schön! Um eine große Zeichnung möchte ich Sie nicht bitten, denn ich habe schon seit manchen Jahren am Besitzen gar keinen Spaß mehr, und außerdem bringt mich das Unterbringen von Blättern größern Formats, wenn ich je und je so etwas bekomme, in Verlegenheit, weil ich, trotz dem neuen Haus, dafür nicht eingerichtet bin. Aber die Sonnenblumen werde ich, nachdem sie noch eine Weile in meinem Studierzimmer gestanden, gern behalten!

Es geht bei uns seit 3 Monaten so unruhig zu mit Besuchen, Gästen und Briefen, die alle dasselbe bringen und wollen, so daß ich etwas zusammengefallen bin, mit Herzbeschwerden und Müdigkeit. Die Leute, die jetzt zu mir kommen (es waren auch sehr, sehr viel Besuche, lauter Flüchtlinge und Emigranten), sind alle moralisch und materiell in Not, oft in großer, und fast alle sehen ihr Unglück von einem Standpunkt aus, von dem ich sie gern wegbrächte, was doch fast nie gelingt. Für mich selber ist die große Zeit diesmal viel erträglicher als anno 14, ich habe das, was ich damals vollzog, bisher nicht zu wiederholen brauchen, die Lektion saß noch ganz gut.

Die freie Zeit gehört dem Garten, wir arbeiten beide den halben Tag darin, wenn die Umstände es erlauben, schwitzen gebückt mit Gießkannen und Spaten, und zwei kleine Katzen sind Herren des Grundstücks, spielen und sehen uns, ihren Pächtern, wohlwollend zu.

Viele Grüße von Ihrem

H. H.

446 An Eugen Link

[Montagnola, 8.7.1939]

Lieber Herr Link

Ich darf nicht warten bis ich wieder vielleicht einmal zum Briefschreiben frei werde, d.h. daß aktuelle Arbeit und Krankheit mich etwas frei geben, sonst käme ich nie dazu Ihnen zu danken. [...] Zum Geburtstag bekam ich von meiner Schwester einen alten Brief geschenkt, den hat unsre Mutter im Jahr 1865 als Braut an eine Freundin geschrieben, sie spricht darin auch von ihrer Liebe und Verehrung zu Mozart.

Die philosophischen Fragen stehen mir zur Zeit fern, sie sind auch durch die Zeitatmosphäre entwertet. Was Sie über den Verstand sagen und gegen den Verstand haben, ist schon recht, aber ich glaube doch, der Verstand am rechten Ort sei eine ganz gute Sache. Und wenn man für Gebiete des Lebens, auf denen der Verstand ein guter Führer ist, nun unbedingt den Instinkt oder die Intuition bemühen will, so wird es meist schiefgehen, ebenso wie umgekehrt. Man muß nur dem Verstand nicht Totalitätsansprüche zugestehen und ihn mit dem Geist gleichsetzen.

Addio, vielen Dank und herzliche Grüße von Ihrem

H. Hesse

447 An Peter Suhrkamp

Montagnola, 31.7.1939

Lieber Herr Suhrkamp

Sie fragten mich damals um mein Urteil über das Buch der Cecile Lauber.[1] Inzwischen habe ich es gelesen und finde den Vergleich mit Giono[2] sehr berechtigt. Diese Frau hat eine gewisse Genialität, kein Zweifel, aber es ist da eine Verwilderung der Phantasie und der Freude am Superlativ und am Riesigen, mit welcher man der Natur nicht beikommt. Da wird von einem Ginster erzählt, der von zwei starken Männern mit Äxten gefällt wird, und nachdem die zwei starken Männer eine Weile ihre furchtbaren Äxte geschwungen haben, brauchen sie noch eine Waldsäge, um den Ginster vollends umzulegen! Wir haben hier im Tessin ziemlich üppige Ginster, ich habe schon manchen umhauen müssen, die kleinen und mittleren kann ein Mann bequem mit der Wurzel ausziehen, die großen und größten kann auch ein schwacher Mann wie ich mit zwei, drei Hieben mit der Gertel abhauen. Die Dichterin hätte auch noch von einem Edelweiß erzählen können, das oben auf der Wunderinsel in den Felsen wächst und an deren Blüten drei Männer, nachdem sie sie mit Beilen gefällt, schwer zu tragen haben. Durch solche Verrücktheiten werden auch die recht guten einzelnen Naturbeschreibungen des Buches ganz entwertet. Aber schlimmer ist die Verquickung von Natur und Menschentum. Natur und Geist, das Hineintragen der Idee von Rache oder Gerechtigkeit in das Reich der Natur und dergleichen. Und daß der Mann, der die Insel ausbeutet, der die Natur dort zur Fabrik macht, ausgerechnet ein Vagant und Artist ist, der vom Jonglieren mit Weingläsern lebt, wirkt wie eine schlechte Nachahmung von Hamsuns August[3], der selber schon nicht einwandfrei ist.

Also, ich halte die »stumme Natur« für eine Entgleisung und glaube, daß solche Bücher, ohne Zweifel gut gemeint, auch für den sittlichen Zustand der Welt nicht bekömmlich sondern verderblich sind, wenn man sie überhaupt so ernst nehmen will!

Es grüßt Sie Ihr

H. Hesse

1 Cecile Lauber, »Stumme Natur«. Roman, S. Fischer Verlag, Berlin 1939.

2 Jean Giono (1895-1970), französischer Erzähler, der das naturverbundene Leben in seiner provenzalischen Heimat schildert.

3 Knut Hamsun, »August, Weltumsegler«. Roman, Langen-Müller Verlag, München 1930.

448 An Friedrich Michael

[Montagnola, Anfang August 1939]

Hochgeschätzter Herr Doktor

Nach der Lektüre Ihres Büchleins[1] muß ich Ihnen doch noch sagen: die Brunnenpappel bei Sigriswil kenne ich gut, sie gehört zum Weiler Oberhusen, dort hatte ich einst, vor mehr als 25 Jahren, einen meiner Söhne als Knaben lange Zeit bei einem Lehrer leben[2] und habe ihn dort oft besucht. Eben dort habe ich, meinen Sohn besuchend, auf einer Alp über Sigriswil den denkwürdigen 1. August des Jahres 1914 gefeiert, auf der Fahrt morgens von Bern nach Thun kam mir schon der Strom der flüchtenden Deutschen, Franzosen, Russen entgegen, und fast bei jedem Bauernhaus hing, der

Mobilmachung wegen, am Wäscheseil eine Uniform zum Lüften.[3]

Und vom Niesen[4] und dem Maler Hodler[5] kann ich Ihnen eine lustige und für H[odler] charakteristische Anekdote erzählen: ein junger Schweizer Maler stand mit der Staffelei am Thuner See und malte. Da kam ein älterer Herr spaziert, den der Maler mit Herzklopfen als den verehrten Hodler erkannte. Hodler ging vorbei und sagte nichts. Nach einer Weile kam er zurück spaziert, da blieb er vor der Staffelei des Kollegen stehen, warf einen Blick auf dessen Arbeit, und der Maler hoffte sehr, ein Urteil über sie zu hören. Hodler aber sagte mit seinem listigen Augenzwinkern: »So, so, Ihr malet's Stockhorn? Malet Ihr lieber der Niese, mit däm ha'n ich schon mänggs Tusig Fränkli verdient.«

(Malet Ihr lieber den Niesen, mit dem habe ich schon manches Tausend Fr[anken] verdient.)

Ich dachte, das mache Ihnen etwas Spaß. Genug nun, und einen Gruß von Ihrem

H. Hesse

1 Friedrich Michael, »Freunde in der Schweiz«, Heidelberg 1939.

2 Wegen einer Lungenkrankheit kam Hesses ältester Sohn Bruno im Februar 1914 dorthin, wo er mit Unterbrechungen bis im August 1915 beim Pädagogen Dr. Ernst Schiller untergebracht war.

3 Der Schweizer Nationalfeiertag (1.8.) fiel damals mit dem Ausbruch des Ersten Weltkriegs zusammen. Vgl. H. Hesse, »Zwei August-Erlebnisse« (SW 12, S. 165 ff.).

4 Berg am Thuner See (2367 m).

5 Den Maler Ferdinand Hodler (1853-1918) hatte Hesse im Juni 1911 in Winterthur anlässlich eines Treffens der »Kunstfreunde der Länder am Rhein« auch persönlich kennengelernt.

449 An Ernst Morgenthaler

[Montagnola, August 1939]

Lieber Freund

Dein Sohn hat recht: warum lernen wir nicht meditieren?

Das Schwierige daran ist das: die Schule des Meditierens, im indischen Yoga, in China, Japan etc. hoch ausgebildet, ist uns Abendländern nicht bloß durch unsre Art und unsre schlechte Erziehung erschwert, sondern besonders auch dadurch, daß wir die Bilder- und Gedankenreihen der asiatischen Vorbilder immer bloß höchstens halb verstehen und uns aneignen können. Der Psychologe C. G. Jung weiß viel darüber.

Die beiliegenden Bildchen, die ich Euch schenke, sind z. B. aus der Vorstellungswelt chinesischer Meditationen entstanden. Sie stammen aus dem eben erschienenen Buch:

Suzuki, Die große Befreiung[1] – aber es ist einfacher, wenn ich Dir gleich den Prospekt des Buches beilege: ich erbitte ihn gelegentlich zurück.

Ninon habe ich für 8 Tage weggeschickt, sie war so abgesorgt und müde. Nachher wird bei uns gebaut, leider. Es werden einige Reparaturen gemacht, und einige Fehler korrigiert, die uns damals beim Hausbau passiert sind, es wird lange dauern.

Herzlich grüßt Dich Dein

Hermann Hesse

1 D. T. Suzuki, »Die große Befreiung«. Einführung in den Zen-Buddhismus mit einem Geleitwort von C. G. Jung, Verlag Weller, Leipzig 1939.

450 An Georg Reinhart

[Montagnola, August 1939]

Lieber Herr Reinhart

[…] Sie denken möglicherweise: was der gute Hesse alles treibt und für nötig hält, während die Welt in Trümmer geht!

Aber ich halte das, was ich treibe, auch wenn es nur Spielereien sind, für sehr viel nötiger und richtiger als das, was sämtliche Generäle, Staatslenker und Völker tun, welche alle, ob sie wollen oder nicht, dem Krieg dienen und den Krieg rüsten. Daß ich da nicht mitzutun brauche, und daß man das, was ich bin und tue, auch mit aller Gewalt nicht zum Rüsten und zum Kriegen verwenden kann, ist mein einziger, kleiner Trost inmitten des Jammers.

Herzlich Ihr

H. Hesse

451 An Heinrich Zimmer

[Montagnola, 1939]

Hochgeschätzter Herr Dr. Zimmer

Mit dem Merlin[1], für dessen Erscheinen in der Corona ich dankbar bin, haben Sie mir eine besondere Freude gemacht und gleichzeitig habe ich Ihnen für den willkommenen Sonderdruck[2] aus Eranos zu danken. Letzteren lese ich bald, den Merlin las ich in diesen Tagen und halte ihn für eine Ihrer schönsten Arbeiten. Ich habe die Gestalt Merlins[3] im Weißdorn immer als ein herrliches Geheimnis empfunden und geliebt, besonders gern hatte ich die Erzählung der Merlinsage durch Friedrich Schlegel, die ich vor 20 Jahren las und oft und gern wiedergelesen hätte, aber ich besitze sie nicht, und habe oft und oft vergeblich versucht, sie mir zu verschaffen. Ihrer und Ihrer Frau[4] dachte ich auch beim Lesen des Briefwechsels George–Hofmannsthal[5], eines unheimlichen Buchs voll schwerer Dämonien. [...]

Mit herzlichen Grüßen Ihr

H. Hesse

1 Heinrich Zimmer, »Merlin«. Essay, in: »Corona«, Heft 2, München/Berlin 1939.

2 Heinrich Zimmers Aufsatz »Weltmutter«.

3 Zauberer und Prophet in der keltischen Artusdichtung.
4 Christiane Zimmer, die Tochter Hugo von Hofmannsthals.
5 Briefwechsel zwischen Stefan George und Hofmannsthal, Georg Bondi, Berlin 1938 bzw. München/Düsseldorf 1953.

452 An Kuno Fiedler

[Montagnola, 12.8.1939]

Hochgeschätzter Herr Dr. Fiedler
Danke für Ihren Brief! Die Einstellung von Humm ist mir bekannt. Natürlich versteht er, der Schweizer, deutsches Wesen und deutsche Geschichte nur halb, das ist gegenseitig, ich habe auch noch nie einen Volldeutschen getroffen, der die Eigenart der Schweiz politisch, historisch und psychologisch wirklich begriffen hätte. Wenn man, nach Hitlers Abgang, das d[eutsche] Volk unter Kuratel stellen könnte, so wäre das für eine Weile vielleicht ganz gut, aber unter wessen Kuratel? Schon nach 1918, als Deutschland sehr schwach und die Sieger sehr stark waren, gelang es nur sehr teilweise und nur für kurze Zeit, und der dadurch geweckte Haß kam lediglich Hitler zugut.

Wir haben mehr als genug Besuche und Gäste, und werden bald für längere Zeit die Unbequemlichkeit des Bauens haben, es muß etwas angebaut und vieles repariert werden. Zum Glück ist es jetzt wenigstens warm und leidlich trocken.

Genug, ich werde gerufen, es ist Zeit zum Tee, und ein junger Mann aus Basel wartet, der mich sprechen will.

Herzlich grüßt Sie Ihr

H. H.

453 *An Georg Goetz*

[Zürich, 15.8.1939]

Lieber Herr Goetz

Ihr Brief freut und rührt mich. [...] Daß es edler, höher, würdiger, vorbildlicher wäre, objektiv und Klassiker zu sein, die eigene Person nur als Träger des Auftrags, nicht als Individuum zu erleben, sich um Alter, Krankheit, Schmerzen den Teufel zu kümmern, das weiß ich ja auch so. Indessen bin ich kein Klassiker, und kein Denkmal und Vorbild, sondern wenn mein Leben und Schreiben irgend etwas Wert für diese Zeit hat, so ist es wegen einer gewissen Aufrichtigkeit, wegen einer gewissen Zerstörung der üblichen Schicklichkeitsgrenzen zwischen Poet und Person, Dichterischem und Privatem. Am weitesten darin geht der Steppenwolf, und viele kleine Aufsätze auch etwa die Nürnberger Reise – so weit werde ich nie mehr gehen. Aber da mein Leben mehr im Leiden als im Freuen bestand, da ich ein alter Mann mit schwindenden Kräften bin, kaum je einen halben Tag ohne Schmerzen, dabei mit recht viel Arbeit und Sorge beladen (so sehr daß ich vor Aktuellem, vor Emigrantenelend etc. etc., oft in Monaten nicht an meine eigene Arbeit komme) – darum kann ich in meinen Gedichten, soweit sie bekenntnishaft sind, das Gefühl von Schmerz und Herbst, von Müdigkeit und Alter nicht wegstreichen, das mich fast immer beherrscht. Ich kann (und mag) mich nicht stärker und tapferer stellen als ich bin. Was ich etwa an Drüberstehen, an Heroischem und Chinesenhaftem habe, äußert sich darin, daß ich seit mehr als acht Jahren die seltenen guten und freien Stunden in den Dienst einer Dichtung stelle, die ich trotz allem auch noch zu Ende zu bringen denke.

Genug, ich darf mir eigentlich so lange private Briefe zur Zeit nicht gönnen, es ist sehr viel zu tun.

Schönen Dank, und herzliche Grüße von

H. Hesse

454 *An Otto Basler*

[Montagnola, 30.8.1939]

Lieber Herr Basler
Haben Sie Dank für Ihr Geschenk und Ihren lieben Brief! Meine drei Söhne sind heut vermutlich auch schon eingerückt. Mein Gast und Schulkamerad aus Maulbronner Zeiten, der Knabe Wilhelm[1] der Nürnberger Reise, ist letzte Woche grade noch vor Torschluß hastig abgereist.

Das Gefühl vom Kommenden hat mich bestimmt, noch in letzter Stunde den Privatdruck mit den Gedichten[2] zu versenden; es war keine Kleinigkeit, den Druck und die Versendung zu ermöglichen, es hat mich Monate der Sorge und mehrere Enttäuschungen gekostet, aber nun sind die Gedichte doch noch in alle Länder gegangen, das ist gelungen. Gedacht war dieser Druck erstens für die Armen, die sich nie eine Lektüre kaufen können, obenan etwa 250 meiner Emigranten, dann für die verzweifelnden Geistigen in Deutschland, namentlich die, die in den Krieg müssen, dann für die persönlichen nähern Freunde, aber es sind weit über diesen Kreis hinaus Antworten oder Bitten um Exemplare gekommen.

Daß Sie im jetzigen Augenblick das Lesen meiner Bücher als eine Notwendigkeit erlebt haben, ist schön, auch für mich – selten erlebt es der Dichter, daß er mehr als Luxus ist.

Ich muß aufhören, man ruft mich. Lassen Sie mich wieder etwas hören, falls Sie eingerückt sind, eine Postkarte einmal.

Herzlich Ihr

H.H.

1 Wilhelm Häcker.
2 Hermann Hesse, »Zehn Gedichte«. Privatdruck, Stämpfli, Bern 1939.

455 Postkarte an Alice Seyler

[Montagnola, September 1939]

Liebe Frau Dr. Seyler
Danke für Ihren Gruß. Die Ereignisse, die uns nicht überraschten, sind nun im Rollen[1], auch meine Söhne stecken seit 3 Wochen in Uniformen. Aber das, was immer war, bleibt und gilt weiter und ist ein besserer Kompaß und Maßstab als die Tagesparolen.

Herzlich grüßend Ihr

H. Hesse

1 Am 1.9.1939 waren Hitlers Truppen in Polen einmarschiert. Der Zweite Weltkrieg hatte begonnen.

456 Postkarte an Ernst Reden

[Montagnola, September 1939]

Danke für Ihren lieben Brief! Das Welttheater macht wieder große Ansprüche. Aber weder die Kriege noch die Kriegsgewinne dauern lang, das Bleibende und Zuverlässige ist anderswo und dem bleiben wir treu.

Es grüßt Sie Ihr

H. Hesse

457 An Rudolf Jakob Humm

[Montagnola, 6.9.1939]

Lieber Herr Humm
Danke für Ihre Karte. Wir sind betrübt darüber, daß Ihre Frau so krank ist, ich hätte gleich geschrieben, aber Sie haben ja wohl auch davon reden hören, daß Hitler seinen Amoklauf begonnen hat, da gab es auch bei uns Störungen: überstürzte Abreise unsres Gastes, meines Schulkameraden von

Maulbronn her, der grade noch und mit größten Schwierigkeiten und Abenteuern seine Heimat wieder erreichen konnte; ferner hatten wir seit langem im Sinn zu bauen (Magdzimmer II, viele Reparaturen etc.), hatten uns davor gefürchtet und es hinausgeschoben, endlich packten wir's an, der Architekt war zweimal da, alles gezeichnet, geprüft und beschlossen, der Tag des Baubeginns festgesetzt, und am Abend vor diesem Baubeginn wurde der Baumeister samt allen Arbeitern einberufen.

In der letzten Nummer der Büchergilde sah ich mit Vergnügen Rousseau angezeigt[1]; schön, daß er fertig ist! Im selben Blatt setzte mich Ch. Strasser[2] durch ein eidgenössisches Gedicht von einer Tonart in Erstaunen, die ich keinem Kanton zuzuschreiben vermag.

Meine Söhne sind eingerückt. Im Dorf ist es unsäglich still, kaum ein Mann mehr zu sehen, nur noch zweimal am Tag ein Postauto, so daß man auch die Zeitungen spät bekommt.

Ich bin froh, daß ich vorher noch den Privatdruck der 10 Gedichte unter Dach brachte. Es dauerte ein halbes Jahr, nein länger, bis es gelang, mit allerlei Mühen und mehrern eher unangenehmen Enttäuschungen. Aber ich habe in meinen Sachen einen dickeren Kopf als mancher denkt und habe es durchgesetzt, im Gefühl noch einmal vor Ausbruch der Gewitter eine kleine private Don-Quichotterie begehen zu sollen. Es hat etwa 70 bis 80 Menschen eine aufrichtige Freude gemacht, darunter Emigranten im tiefsten Elend und jungen Deutschen in Kasernen; die übrigen paar hundert Empfänger haben das Ding nicht gelesen oder höchstens mit einer Postkartenzeile quittiert.

Sie merken, daß ich überflüssig viel Zeit habe. Es regnet nämlich, was herunter mag, ich bin im Hause eingesperrt, mit kaputten Augen, und Schreiben auf der Maschine ist das, was noch am ehesten geht, wenn ich Pausen einschalte. So bloß dazusitzen, Umschläge zu machen und an den Krieg zu denken, wäre ja nicht erträglich.

Grüßen Sie Ihre Frau sehr von uns, besonders von Ninon,

der es umgekehrt geht und die gerade jetzt zu Briefen gar keine Zeit hat.

Herzlich Ihr H.

1 Humm hatte in jenem Jahr – auch während seines Aufenthalts in Montagnola – für die Büchergilde Gutenberg die alte Reclam-Ausgabe von Rousseaus »Bekenntnissen« revidiert.

2 Charlot Strasser (1884-1950), Schweizer Psychotherapeut und Schriftsteller.

458 An Arthur Stoll

[Montagnola, 20.9.1939]

Lieber Herr Professor Stoll

In den Tagen vor Kriegsbeginn habe ich die paar Verse geschrieben[1], die ich Ihnen mitteile. Ich nenne sie Knittelverse, weil ihre Absicht nicht eine ästhetische ist und sie mehr holzschnitthaft unbekümmert etwas ausdrücken als schön sein wollen.[2]

Wäre ich jünger, so würde ich diesen Krieg eher begrüßen als beklagen. Der circulus vitiosus, in dem unser ganzes abendländisches Leben sich seit langem bewegt, treibt auf einen Durchbruch zu, der zunächst sich nur im Zerstören, in Kriegen austoben kann. Den ersten Krieg haben wir ja erlebt und gesehen, daß alle Ideologien, mit denen er begründet wurde, rasch dahinfielen, daß er sowohl in Versailles wie in Hitler fratzenhafte Gebilde eines wilden Unmenschentums zur Folge hatte, und daß er (etwa von der famosen Wahl Hindenburgs[3] an) zwangsläufig auf den neuen Krieg lostrieb. Das wird so weiter gehen, bis die Ermüdung und Ausblutung groß genug ist. Grausam, es so zu sehen, so sehen zu müssen. [...] Herzliche Grüße Ihr

H. Hesse

1 H. Hesse, »Kriegerisches Zeitalter«. Ein Zyklus von 5 Gedichten (SW 10, S. 359ff.).

2 In einem Brief an Otto Korradi schreibt Hesse, das Thema »Krieg« sei keine besseren als Knittelverse wert.

3 Generalfeldmarschall Paul von Hindenburg (1847-1934), der 1925 und erneut 1932 zum deutschen Reichspräsidenten gewählt wurde.

459 An Otto Waser

[Montagnola, September 1939]

Lieber und verehrter Herr Dr. Waser

Haben Sie Dank für Ihren so lieben Brief. Sie haben mir mit ihm eine Freude gemacht und meiner Frau auch, sie holte gleich die Fragmenta Tragicorum[1] und las und übersetzte mir die Stelle.

Sie waren also grade vor Beginn des lang erwarteten Welttheaters noch bei den Teutonen drüben. Ja, das ist noch immer ein merkwürdiges Land. Ich bekam seit Beginn des Polenraubzugs Briefe von Deutschen, namentlich Damen, die denen vom Sommer 1914 nicht nachstehen, es ist nichts anders geworden, nichts gelernt, nur ist alles, Gedanken und Worte, um viele Grade dümmer, roher und barbarischer. Ich habe z.B. einen Freund dort, der hat sein ganzes Leben in Ostasien verbracht[2], Freund dortiger Gelehrter und Künstler, gewohnt an Gespräche mit buddhistischen Bonzen, im Lauf der Jahrzehnte selber fast Asiate geworden; der wurde vor einigen Jahren bei der Heimkehr nach Deutschland von seinen Söhnen belehrt und bekehrt, und ist, ein feiner gewissenhafter Gelehrter, tatsächlich ein Bewunderer Hitlers und Fanatiker des 3. Reichs geworden.

Mir hilft der Gedanke an östliche Mythologien beim Betrachten und Hinnehmen des Weltlaufs. Die Welt als Kampfplatz wildester Dämonen und als Stätte des Jammers und der Zerstörung, während doch über ihr das süße Lächeln des Vishnu schwebt, der stets bereit ist, die zusammengehauene Welt spielend neu zu erschaffen, das ist kein schlechtes Bild. Am liebsten möchte man sich ja hinlegen, einschlafen und nicht mehr aufwachen. Aber wenn ich nachschaue, welches eigentlich meine ganz persönlichen Wünsche und Sorgen sind, so steht doch das Einschlafen nicht zuoberst, sondern erst möchte ich doch noch die Dichtung, mit der ich das letzte Jahrzehnt verbracht habe, fertig bringen, und sie womöglich einer Welt übergeben in der sie gedruckt und gelesen werden kann. Meine Frau läßt sehr grüßen. In alter Hochachtung und Kollegialität Ihr

H. Hesse

1 Gemeint sind die »Danaiden des Aischylos«, Verse aus der Fürsprache der Aphrodite für die Hypermestra, die Waser in Beziehung zu Hesses Gedicht »Nachtgedanken« brachte.
2 Sein Vetter, Wilhelm Gundert.

460 *An Rudolf Jakob Humm*

[Montagnola] 28.9.1939

Lieber Herr Humm
Ich hätte Ihnen schon lang gern einen Brief geschrieben, aber es hat nicht gereicht, nicht die Kraft, nicht die Laune, nicht die Augen. Das Versagen in der Korrespondenz ist mir recht unbehaglich und beschämend, es ist ein Gebiet, auf dem ich die zunehmende Senilität nicht verbergen kann, wie ich's gern täte.

Der Krieg findet in unserm Haus, das ja in zwei Appartements geteilt ist, geteilte Aufnahme. Meine Frau interessiert sich glühend für ihn, hat eine Luganeser und jetzt auch noch die Zürcher Zeitung abonniert, ich erlaubte es sehr ungern, liest alles und fragt mich viele Male im Tag, ob Rußland übermorgen schon Bessarabien werde besetzt haben, und ob das, was der Referent des Manchester Guardian vorgestern über Stalin gesagt habe, nicht doch zu optimistisch sei. Soweit Ninon. Ich dagegen interessiere mich für die Weltgeschichte ganz und gar nicht, es ist mir alles einzelne vollkommen wurst, und ich gebe mir große Mühe, das alles so weit weg zu drängen, daß ich je und je eine Viertelstunde mit intakten Gedanken beim Josef Knecht sein kann. Es wird sich nun zeigen, wer gewinnt, Ninon oder ich. Freilich hat sie überall Verwandte und Freunde, wo geschossen und gebrannt wird, in Warschau, Kattowitz, Lemberg, Krakau, ihre Heimat ist ja Czernowitz.

Ich habe Ende August ein paar Knittelverse zum Krieg gemacht. Ich schickte sie der National-Zeitung. Da ich nicht Antwort bekam, fragte ich nach vier Wochen an und erfuhr, man habe nie etwas von mir erhalten, aber in den letzten Wochen seien zwischen der Redaktion und ihren Mitarbeitern eine ganze Menge Briefe verlorengegangen. Aha, dachte ich, und dachte an mehrere Sendungen von mir, die ebenfalls in letzter Zeit verschwunden und verloren sind.

Vorgestern habe ich wahrscheinlich eine große Dummheit begangen: ich habe einen neuen Vertrag mit dem Verlag S. Fischer unterzeichnet. Falls also bald eine deutsche Inflation etc. kommt, ist dafür gesorgt, daß die Weltgeschichte und mein Privatleben weiterhin hübsch verbunden bleiben. Ich tat es lediglich der Person meines Verlegers[1] zuliebe; er ist ein, wie ich glaube, vollkommen treuer Mensch, und auf so einen zu bauen, schien mir trotz allem besser als alles andre.

Es wird kalt. Ich klappre mit steifen Fingern. Drunten laden die Arbeiter Backsteine ab, es sieht aus, als wollen sie ein zweites Haus bauen, so groß sieht das Zeug aus.

Ihr letzter Brief an Ninon machte mir große Freude!

Ihnen beiden alle guten Wünsche von Ihrem

H. Hesse

1 Peter Suhrkamp in Berlin, dem er am Tag zuvor geschrieben hatte: »Wegen des Vertrages ist mir nicht wohl. Ich komme nicht über das Gefühl weg, daß man in einem solchen Augenblick keine solchen Abmachungen treffen sollte. Aber das sind wohl nur ähnliche Reaktionen, wie unsereiner sie heutzutage gegen ungefähr alles hat, was geschieht.«

461 Postkarte an Theodor Heuss

[Poststempel 2.10.1939]

Lieber Dr. Heuss

Jetzt habe ich mir Ihren Naumann[1] gekauft und werde ihn im Lauf des Herbstes, spätestens des Winters lesen und Ihrer dabei denken. Für Sie muß es eher wunderlich sein, nach Vollendung einer so langjährigen Arbeit wieder von ihr wegzurücken. Vielleicht erlebe auch ich das noch; meine Arbeit steht nun auch schon im neunten Jahr und ist längst noch nicht fertig. Ihr Buch und nicht minder das meine ist mir weit interessanter als diese Versuche, die Welt durch Schießen zu verbessern. Herzlich Ihr

H. Hesse

1 Theodor Heuss, »Friedrich Naumann«. Der Mann, das Werk, die Zeit, Deutsche Verlags-Anstalt, Stuttgart/Berlin 1937.

*462 An einen unbekannten Adressaten, der H. H. aufgefordert hatte, doch öfter »Aktuelles« zu schreiben**

[Montagnola, Oktober 1939]

Danke für Ihren lieben Brief. Ihre Auffassung über die Aufgabe des Dichters, oder seine Funktion im Ganzen der Gesellschaft, teile ich nicht ganz. Der Dichter unterscheidet sich vom normalen Menschen hauptsächlich dadurch, daß er weit stärker individualisiert ist als jener, und so wie er ein Dichter nur werden konnte, indem er diese Individualisierung ohne Rücksicht auf die Normalität und ihre Anpassungsforderungen vollzog, so kann er als Dichter, wenn etwas dabei entstehen soll, nur seinem eigenen Thermometer und Barometer folgen, das oft von dem der Allgemeinheit abweicht. So glaube ich auch kaum, daß ich zu diesem Krieg noch etwas werde zu sagen finden, nachdem ich (zu meiner eigenen Verwunderung übrigens) jene Verse, Knittel- und Gelegenheitsverse[1], hingeschrieben habe.

Im übrigen muß ich meinen eigenen Forderungen und der Ökonomie meines eigenen Lebens folgen. Ich bin, ein alter und ziemlich verbrauchter Mann, vor etwa neun Jahren dazu gekommen, mich auf den Versuch einer Dichtung einzulassen, deren Problematik völlige Hingabe verlangt, und der ich denn auch den Rest meines Lebens widme. Seit mehr als acht Jahren arbeite ich an ihr und habe mich so sachte von allem andern zurückgezogen, um bei meinem Gespinst zu bleiben, einerlei, ob es eine wertvolle Arbeit oder eine Schrulle sei. An dieser Arbeit, von der seit manchen Jahren einzelne Teile da und dort auch gedruckt wurden, muß ich nun bleiben, sonst wären diese Jahre weggeworfen.

Übrigens nährt sich der Krieg, den wir beide hassen, ja von seiner ewigen Tendenz nach »Totalität«. Wenn Krieg ist, so schießen nicht bloß die Soldaten, die Schullehrer tragen Helme und die Bäcker wetzen Bajonette, sondern noch jeder kleine Bub strebt danach, eine Binde um den Arm zu kriegen und kein Bub mehr zu sein, sondern ein Funktionär des Krieges. Je mehr der Dichter dieser Tendenz nachgibt, je mehr er dem Krieg das Recht zugesteht, über ihn zu verfügen, desto weiter kommt er von der Dichtung weg, für die es ja den Begriff der Aktualität nicht geben darf.

* Der Brief ist nicht vollständig überliefert.
1 H. Hesse, »Kriegerisches Zeitalter« (SW 10, S. 359ff.).

463 An Rudolf Jakob Humm

[Montagnola] 4.10.1939

Lieber Herr Humm
Danke schön für Ihren Brief, wenn er mich auch recht in Verlegenheit bringt. Denn der Zeitschriftenplan ist nichts für mich, und auch ich bin nicht der Mann für ihn.[1] Da gehört erstens ein jüngerer, eifrigerer und gläubigerer Mann her, und dann dürfte er für eine nationale Schweizer Zeitschrift nicht

so ein hergelaufener Halb-und-halb-Schweizer sein wie ich, dem jeder bei jedem Anlaß auf die Schulter klopfen und seinen Mangel an Echtheit vorhalten kann.

Hingegen bin ich natürlich bereit, Ihren Plan zu unterstützen, ihn mit zu empfehlen etc. bei Behörden und Privaten. Wieweit ich als Mitarbeiter in Betracht käme, läßt sich im voraus nicht sagen; es ist ja nicht wahrscheinlich, daß ich außer dem Josef Knecht, an den ich nun bald acht Jahre gewendet habe, noch viel anderes schreiben werde, und auf etwaige weitere Kapitel dieses Knecht haben »Corona« und »Neue Rundschau«[2] alte Rechte. Doch ließe sich da immerhin etwas tun, z. B. ältere Sachen von mir abdrucken, auch Gedichte, so daß der Name des öftern dastünde; ich würde da auch nicht heftig auf Honoraren bestehen, solang Sie Anfänger sind.

Die allgemeinen Bedenken gegen einen solchen Plan sind Ihnen so gut bekannt wie mir; Sie wissen, es hat eine Reihe ähnlicher Zeitschriften gegeben, und keine hat sich lang halten können. Vielleicht hilft heute der Appell ans Nationale mehr als früher, ich will es hoffen. Wie die Zeitschrift aussehen soll, darüber müßten wir uns einmal unterhalten können. Das Wichtigste scheint mir: woher werden die Beiträge kommen? Ohne Mitaufnahme der populären Erzähler wird es kaum gehen, und wer zieht da die Grenze zwischen Literatur und Kitsch? [...]

In guter Freundschaft Ihr

H. Hesse

1 Humm hatte Hesse vorgeschlagen, als Herausgeber für eine neue Schweizer Literaturzeitschrift zu zeichnen, deren Redaktionsarbeit Humm übernehmen wollte.

2 Die »Corona« und »Die neue Rundschau« waren die einzigen deutschen Zeitschriften, in denen Hesse z. Zt. des NS-Regimes Vorabdrucke seiner neueren Arbeiten veröffentlichte.

464 An Oskar Loerke

[Montagnola] 5.10.1939

Lieber verehrter Herr Loerke
Seit Ihrem lieben Brief, der mir eine Freude war, wollte ich Ihnen immer schreiben; jetzt, wo ich ihn heraussuche, sehe ich, daß er vom 14. August ist, ich bin also lang Ihr Schuldner geblieben. Einen kleinen Kartengruß allerdings sandte ich Ihnen zwischenein, nach der Lektüre Ihres Aufsatzes über Rückert[1], an dem ich eine reine Freude hatte. Ich las dann auch einige ältere Aufsätze wieder, namentlich über Jean Paul und über den »Westöstlichen Diwan«. Darüber bekam ich große Lust, den »Franz Pfinz«[2] wiederzulesen, aber er war verloren, ich weiß nicht wann und wohin. Aber ich bekam durch Suhrkamp ein Exemplar, und das liebe kleine Buch tat mir durch seine Frische und Fülle und trotz allem fröhliche Weise sehr wohl. So wie das Äußere des Büchleins, nach dreißig Jahren, tadellos wohlbehalten, neu und unvergilbt ist, so hat die Erzählung sich erhalten, die Sätze sind so dicht und gefüllt, die Bilder so schlicht und neu, und etwas von Leibgeber und Lenette[3] duftet darin mit.

Wenn ich den »Steinpfad«[4] bekommen kann, werde ich froh darüber sein. Man hungert nach Substantiellerem und Sinnvollerem, als die Weltgeschichte zu sein scheint.

Möge es Ihnen erträglich gehen! Herzlich grüßt Sie Ihr

H. Hesse

1 Oskar Loerke, »Friedrich Rückert«, in: »Die neue Rundschau«, Berlin vom September 1939.
2 Oskar Loerke, »Franz Pfinz«. Erzählung, S. Fischer, Berlin 1909.
3 Gestalten in Jean Pauls Roman »Siebenkäs«.
4 Oskar Loerke, »Der Steinpfad«. Dichtung, Stomps, Berlin 1938.

465 An Werner Weber

[Montagnola, Oktober 1939]

Sehr geehrter Herr Weber
Nehmen Sie bitte mit einer kurzen Antwort vorlieb, ich bin viel krank und stets stark in Anspruch genommen.

Ich bin kein Kritiker und kann Ihnen über den literarischen Wert Ihrer Gedichte nichts sagen; aber darüber haben Sie mich ja auch nicht befragt. Und Ihre eigentliche Frage: ob Sie Ihrer Dichtung treu bleiben oder versuchen sollen auf sie zu verzichten, ist leicht zu beantworten. Ja, bleiben Sie treu, und fürchten Sie nicht etwas zu versäumen oder falsch zu machen, wenn Sie dem Zwang folgen, Verse zu machen. Wenn Ihr Tun Spielerei ist, werden Sie dies bald selber fühlen. Ich glaube es aber nicht. Ich glaube, daß Ihr Dichten für Sie, wie für Manche, ein Weg zur Individuation ist, eine Hilfe auf dem nicht leichten Weg, sich vom Durchschnitt zu entfernen und etwas Eigenes zu werden. Das ist ein wichtiger Vorgang, denn auch von den nicht Alltäglichen werden die meisten am Ende doch untreu und gehen die bequemeren Wege der Vielen und Uniformierten.

Mit Grüßen Ihr

H. Hesse

466 An Kuno Fiedler

[Montagnola] Oktober 1939

Hochgeschätzter Herr Dr. Fiedler
Mit Überraschung empfing ich Ihr Geschenk und sage Ihnen schönen Dank dafür. Es traf sich so, daß ich Ihre Schrift[1] mir gleich vorlesen lassen konnte, während neue Bücher sonst meistens sehr lange warten müssen.

Die Schrift selbst hat mir, trotz ihrer kriegerischen Stimmung, einen ausgezeichneten Eindruck gemacht, einfach als biblische und christologische Studie, und als Ausdruck eines mir wohlbekannten und höchst sympathischen liberalen Theologentums. Ihr Brief dagegen stellt das alles in ein andres Licht, macht es aktueller, und zeigt mir allerlei, was ich nicht wußte. Daß ein liberaler Theolog zum Beispiel heute die Barthianer[2] als durchaus »orthodox« empfindet und schon fast den Katholiken gleichsetzt, war mir überraschend, und hat mir aufs neue gezeigt, wie vergänglich im Protestantismus alle diese Bezeichnungen sind. Was heute Sekte war, ist morgen orthodox. Mir kommen dabei sehr laienhafte Gedanken. Denn sosehr ich die Gradheit und Tapferkeit Ihrer Schrift liebe, bin ich doch keineswegs ein Antipapist, sondern habe sowohl für den Vatikan wie für die von Ihnen bespöttelten »Summen« des Thomas von Aquin[3] große Bewunderung, ja ich finde sogar, die scholastische Philosophie sei vielleicht neben der Musik diejenige Disziplin, in der das christliche Europa das Vollkommenste geleistet habe.

Ich meine es etwa so: für mich sind zwei Arten von Christentum möglich, ein rein praktisches, persönliches, dogmafreies und ein kirchliches und theologisches. Für den Einzelnen, wenn er dafür hoch genug steht, ist Ihr sittliches Christentum da, das, wie mir scheint, einer Theologie gar nicht bedarf. Als Kirche aber, als Form, als Tradition, als kulturhütende und kulturschaffende Macht ist das katholische Christentum nicht nur dem protestantischen weit überlegen, es ist sogar von einer fast idealen Biegsamkeit und Treue im Wechsel von Bewahren und Sichanpassen.

Das Christentum, das Sie meinen, ist unendlich viel reiner, Jesus-ähnlicher und sittlich höher als alles Kirchliche. Aber es hat weder Basiliken noch gotische Dome, weder etwas wie den Text der römischen Messe noch etwas wie die Musik Palestrinas oder Bachs hervorgebracht, und wird es nie hervorbringen. Für Ihren Standpunkt ist das Magische in der Religion etwas Überwundenes und Dummes, so etwa wie für den reinen Buddhisten die Götter und Mythologien Torheit sind. Aber ich habe es an mir erlebt, daß man von der reinsten Philosophie und Moral gern und mit guten Ergebnissen zu den Göttern und Götzen zurückkehren kann. Die stille, bildlose, götterlose Weisheit Buddhas bedarf des Gegenpols. Und die wilde wütende Größe Shivas und das Kinderlächeln Vishnus sind nicht minder gute Schlüssel zum Geheimnis der Welt als die moralisch-kausale Erkenntnis Buddhas.

Und natürlich glaube ich auch nicht, daß wirklich die Orthodoxie die Mutter des Blutdurstes und der Scheiterhaufen sei. Sondern das Tier und der Dämon im Menschen kehrt immer wieder zum Töten und Quälen zurück, und findet dann natürlich auch immer irgend eine »orthodoxe Ideologie« dazu, so wie Hitler und Stalin, mit entgegengesetzten Orthodoxien denselben Mächten dienen.

Wäre die Menschheit ein Individuum, so wäre sie durch das »reine« Christentum zu heilen, Tier und Dämon müßten zu bannen sein. Aber es ist nicht so. Die »reinen« Religionen sind für eine kleine Schicht Hochstehender, während die Völker der Magien und Mythologien bedürfen. An einen Prozeß der Entwicklung von unten nach oben glaube ich nicht. Immer wieder steigen aus dem trüben Ganzen der Menschheit die einzelnen Reinen und Heilande auf, und werden von den Vielen erst dann verehrt, wenn man sie gekreuzigt und zu Göttern gemacht hat.

Ich werde langweilig, lassen Sie mich aufhören, das alles ist Ihnen ja so gut bekannt wie mir. Ich hatte Freude an Ihrer Schrift.

Seien Sie gegrüßt von Ihrem

H. Hesse

1 Kuno Fiedler, »Glaube, Gnade und Erlösung«, Haupt, Bern/Leipzig 1939.

2 Anhänger des Schweizer Theologen Karl Barth (1886-1968).

3 »Summa Theologica«, Hauptwerk des Dominikanermönches und Kirchenlehrers Thomas von Aquin (1225-1274). Siehe auch Hesses Gedicht »Nach dem Lesen in der Summa contra gentiles« (SW 10, S. 337f.).

467 An Hans Popp

[Montagnola, Oktober 1939]

Lieber Herr Popp

Dieser Tage geht Ihnen von der N[euen] Rundschau ein Kapitel[1] des Josef Knecht zu. Dies Kapitel steht im Plan des Ganzen zwischen den beiden schon gedruckten Kapiteln »Waldzell« und »Zwei Orden«. [...]

Auf welche Weise das heutige Gewerbs- und Geschäftsleben den Menschen an die Wand drückt und ihm Leib und Seele aussaugen will, das ist das Pendant zum Politischen. Das Geld, das Geschäft, die Maschine und der Staat sind die Erscheinungsformen des Teufels in unsrer Zeit. Es verdirbt uns Speise und Luft, Schlaf und Traum. Dennoch müssen Einige aushalten und nicht sich unterkriegen lassen; sonst hat unsre Zeit der nachfolgenden nichts zu vererben.

Herzlich grüßt Sie Ihr

H. Hesse

1 Das Kapitel »Studienjahre«, das im Oktober 1939 in der »Neuen Rundschau« erschien.

468 An Kuno Fiedler

[Montagnola, 18.10.1939]

Hochgeschätzter Herr Dr. Fiedler

Schönen Dank für Ihren Brief! Daß der meinige Sie nicht angreifen oder widerlegen, sondern nur ein Echo und ein Stück Gespräch sein wollte, haben Sie ja verstanden, und so brauche ich mich nicht gegen den Verdacht zu wehren, ich hätte Sie korrigieren oder gar belehren wollen. In der Frage, um die es zunächst ging, war ich ja ohnehin viel zu sehr Laie, um mitzureden. Ich gehe darum auf Ihren lieben Brief nicht im Sinn einer Verteidigung ein. Nur den einen Punkt, da er ein wirkliches Mißverständnis zum Grund zu haben scheint, möchte ich richtigstellen: ich habe gesagt, daß die Menge stets etwas wie Katholizismus etc. brauche – aber ich habe gewiß nicht gesagt, daß wir sie darin unterstützen sollen. Daß sie sich selber ihr Recht nimmt, und dabei die Vorteile der Majorität hat, ist mir natürlich bekannt. Ich sehe dem zu, seit ich lebe. Was ich zu Gunsten der Orthodoxie und zu Gunsten der Dummen und Trägen zu sagen habe, ist lediglich dies: sie existieren und bilden den größeren Teil vom Bestand der Welt und Wirklichkeit. Sie zu »bekämpfen« mag da oder dort nötig sein, es mag z. B. sehr wohl Ihre Aufgabe sein, doch ist es nicht die meine. Im Gegenteil, als Künstler, als Organ der möglichst reinen Betrachtung habe ich die Wirklichkeit zu achten und sie nicht ethisch sondern ästhetisch ernst zu nehmen, was eine ebenso echte und wichtige Funktion ist wie die des Denkers, Kritikers und Moralisten.

Ihre religiösen Rangstufen kann ich mir wohl einigermaßen vorstellen, in Analogie zu Ihren »Stufen der Erkenntnis«. Ich habe Sympathie für Typologien, wenn sie nicht zu dogmatisch werden, und bin als Künstler ohne weiteres zu einer aristokratischen Weltansicht geneigt. Ich fühle ganz mit Ihnen, wenn Sie z.B. die Orthodoxie in einen zweiten oder dritten Rang weisen. Eine andre Frage aber ist, ob es richtig sei, zwischen den diversen Rängen sich auf Macht- und Kompetenzstreitigkeiten einzulassen. Dies hätte eigentlich einen Sinn nur dann, wenn es möglich wäre, durch Belehrung, Überführung etc. einen Menschen vom einen Rang in den andern zu versetzen. Wenn der Edle den Unedlen wirklich adeln kann, dann hat es einen Sinn, daß er ihn als Feind betrachtet, solang er noch unedel ist. Nach meiner Auffassung, für die ich freilich kein System und wenig Ausdrucksmöglichkeiten habe, wird der Unedle eben doch nie edel während allerdings jeder »Rang« natürlich seine Ränder hat, wo die Qualitäten und Stufen ineinander verfließen. So wie jeder Mensch Männliches und Weibliches in sich hat, hat auch jeder Samen des Edlen und des Unedlen in sich, dennoch scheint er mir eigentlich stets geprägt und prädestiniert, edel oder unedel zu sein. Wenn die Orthodoxen an Rang unter den Edleren stehen, so kann ich nicht sehen, wie man sie veredeln könnte, und wenn man das nicht kann, ist weder Belehren noch Kämpfen zu etwas gut. Sondern der Edlere hat, nach meiner Meinung, nichts andres zu tun als so zu sein und zu leben, wie er ist, und wenn zu seinem Wesen auch noch Duldung und Ritterlichkeit im Geltenlassen der minder Edlen gehören, dann desto besser. Er wird, ob er seiner Sendung bewußt ist, ob er die geringere Qualität der andern erkennt und zugibt oder nicht, stets als Edler leben, wird teilhaben am Adel und an der Tragik der höchsten Menschlichkeit. Und diese höchsten Erlebnisse, obwohl sie zum großen oder größten Teil Leiden sind, sind das Plus, das er vor dem Orthodoxen und der Menge voraus hat, dessen er sich nicht begeben und das er den Niederen nicht zugänglich machen kann, er möge es auch noch so sehr wollen.

Wir Künstler haben es darin gut, daß wir durch unsre Natur und die ganze Art unsrer Funktion auf unsre Werkstatt und unsre Mittel angewiesen sind. Es hat für einen Künstler nicht den mindesten Sinn, um irgend etwas andres zu »kämpfen« als um die Perfektion in seinem Handwerk, wobei ich nicht an Routine, sondern an Gewissenserziehung und Hellhörigkeit denke. Natürlich kann ein Künstler zufällig auch noch ein Weltverbesserer und Kämpfer oder Prediger sein, aber der Erfolg seiner Bestrebungen wird nicht von der Glut seines Wollens und der Richtigkeit seiner Überzeugungen abhängen, sondern immer und einzig von der Qualität seiner Leistung als Künstler. Wenn ein unbedeutender Künstler superlativische Proteste gegen die verkommene Welt malt oder deklamiert, so wird das rührend und komisch sein, mehr nicht. Wenn aber ein echter Künstler, meistens wird es ohne Absicht und fast ohne Bewußtsein geschehen, ein paar Linien zeichnet oder ein paar Verse sagt, so wird er damit jeden, der Sinne hat, an das Ewige und unbedingt Wertvolle und Heilige erinnern, an das, worauf hin alle Wertstufen geordnet sind.

Nicht ganz kann ich Ihrer Aufforderung folgen, die Erfindung des Telefons und ähnliche Dinge sehr ernst zu nehmen. Sie sind Technik, und wenn das Telefon oder die drahtlose Radau-Übertragung nicht erfunden wären, so wäre das nach meinem Gefühl keineswegs ein Verlust. Gewiß: der Mensch hat eines Tages unbedingt das Telefon gebraucht, darum wurde es denn auch erfunden. Aber daß er es ohne Telefon nicht mehr aushielt, kam ja nicht von geistigen Fortschritten und Entwicklungen her, sondern er mußte eben mit der Fabrik und der Börse schnellere Verbindung haben, der Geschäfte und der gesteigerten Happigkeit wegen.

Ihre Mahnung an die große Mitschuld der deutschen (und nicht nur deutschen) Intellektuellen und Literaten an der Finsternis der Zeit trifft mich mit, insofern eben jeder Appell an unsre Mitschuld uns treffen und schmerzen muß. Doch gehöre ich auf diesem Gebiet zu den Harmlosen, ich habe weder schädliche Lehren und Haltungen in die Welt gebracht wie ein Nietzsche oder auch ein Stefan George, noch habe ich aus der Nachahmung solcher Haltungen einen Kult gemacht. Man hat mir seit meiner Jugend immer vorgeworfen, daß ich so gar kein »Kämpfer« sei; bald taten es die Frommen, bald die Ungläubigen, bald die Sozialisten bald die Patrioten, darum empfinde ich, vermutlich irrtümlich, auch in Ihrem Brief etwas wie einen leisen Appell an mich, zu Gunsten eines Kämpfens für dies oder jenes Gute. Aber hier bin ich unbelehrbar. Ich habe in meinen jüngern Jahren nicht auf Mahnungen von außen hin, sondern aus eigenem schlechtem Gewissen, manchen Schritt aus dem Künstlertum ins moralische und erzieherische Literatentum hinüber getan, ich habe ohne innern Beruf, aber eben aus schlechtem Gewissen, z. B. lange Jahre demokratisch-antikaiserlichen Bestrebungen gedient, es war noch vor dem Weltkrieg, und habe dafür zahlen müssen wie es sich gehört. Seither bin ich in dieser Hinsicht ruhiger, wenn auch noch längst nicht guten Gewissens.

Man kommt mit der Morgenpost, und im Haus wartet dies und jenes auf mich, ich habe Luxus getrieben mit meiner Zeit und mit Ihrer Geduld. Nehmen Sie meinen Brief als Geplauder. Die Zeitschrift konnte ich noch nicht lesen, werde es aber bald tun.

Herzlich Ihr

H. Hesse

469 An Otto Basler

[Montagnola, 19.10.1939]

Lieber Herr Basler

[...] Der Krieg kam erwartet, und wenn Hitler Danzig und den Korridor genommen hätte und alle andern wieder dazu geschwiegen hätten, so wäre das schlimmer gewesen als Krieg. Ich hatte das halb und halb gefürchtet, und in Deutschland hatten viele es sich so gedacht.

Ich glaube, ich sagte Ihnen schon vor Jahr und Tag, daß ich glaube, der unhaltbare Zustand werde vorerst zu seinem Zusammenbruch und seiner Liquidierung eine Reihe kriegerischer Katastrophen brauchen, deren erste der Weltkrieg war. Scheußlich, daß wir es erleben müssen, aber überraschend war daran nichts.

Ich gehöre zu den Alten und Egoisten, die im Stillen hoffen, sie werden gestorben sein, noch ehe ihnen die Granaten in die Stube krachen. Aber wenn ich es überlege, so wünsche ich vorher doch womöglich noch den Josef Knecht fertig zu machen.

Viele Feldpostbriefe kommen, vorgestern ein schöner von Morgenthaler. Mein ältester Sohn, Landwehr, bekommt jetzt längern Urlaub.

Viele gute Wünsche sendet Ihnen Ihr

H. Hesse

470 *An Gottfried Bermann Fischer*

[Montagnola, Anfang November 1939]

Lieber Freund
Mit Vergnügen sah ich deinen neuen Prospekt an, ich freue mich auf manches, vor allem auf Lotte in Weimar[1] und die neuen Forum-Bücher.

Das Buch von Hutchinson[2] ist in der Tat ganz auf einen Welterfolg angelegt, jedenfalls ist es ein schönes und kluges, menschlich liebenswertes und edles Werk. Mir hat es in der ersten Hälfte mehr versprochen als es dann halten konnte, der Autor ist immer wieder von einem esoterischen Russentum berührt, ähnlich wie in Tolstois großen Romanen das russische Geheimnis, nie ganz ausgesprochen aber stets lebendig, überall hinter der Szene geistert. Statt einer Enthüllung des Geheimnisses ist Hutchinsons Buch ein guter, außerordentlich sauber und schön gebauter und ausgeführter, meisterhafter Roman geworden – beides zu vereinigen wäre unmöglich gewesen.

Die »Stunden im Garten« habe ich, nach monatelanger Plagerei, zum Teil mit Hilfe Suhrkamps, und meinerseits mit einigen hundert Franken Kosten, jetzt in meinem Besitz, etwa 450 geb[undene] Exemplare, der Rest lose, ich lege sie in Kommission nach Olten. [...]

Am Hause und im Haus ist bei uns seit Anfang September gebaut worden, es war allerlei nötig, noch immer sind, nach acht schwierigen Wochen, die Arbeiter überall im Haus, wenigstens sind die störendsten und lärmendsten Arbeiten, das Mauerdurchbrechen etc. endlich fertig.

Leb wohl, Grüße an die Deinen, auch an Frau Fischer!

Dein H.

1 Thomas Mann, »Lotte in Weimar«. Roman, Bermann-Fischer, Stockholm 1939.

2 R. C. Hutchinson, »Ein Testament«. Roman, Bermann-Fischer, Stockholm 1939.

471 An Els Bucherer-Feustel

[Montagnola, 6.11.1939]

Liebe Frau Els

Danke für Ihren lieben Brief und auch das Gedicht, das Sie mir abgeschrieben haben. Es ist wirklich schön, bis auf die letzte Zeile, da sieht man dann auf einmal mit Schrecken, daß das Schöne und Heilige in der Welt nicht die Weihnacht und das Reh und der Schnee und die Mutter sind, sondern die Soldaten, vor denen, aus Ehrfurcht davor, daß sie die Welt in Trümmer geschlagen haben, sogar die Gestirne sich verneigen. Da hört bei mir das Verständnis auf. [...]

Wir denken Ihrer oft mit Sorge [...] Ihr

H. Hesse

472 An Heinz Priebatsch

[Montagnola, November 1939]

Lieber Herr Priebatsch

Danke für Ihren Brief! Wie weit ein Dichter sich zu Gunsten Einzelner, die ihn in Anspruch nehmen, seinem Werk entziehen dürfe, weiß ich nicht; ich weiß nur, daß ich seit Jahr und Tag beinahe nur noch diesen Einzelnen, mir und dem Werk aber nicht oder kaum mehr gehöre, und da heute die Not so groß ist, mag es auch richtiger sein, daß der Künstler mit untergehe und sich in der großen Mühle verbrauchen lasse. Nun, das geschieht ohne unser Zutun.

Ihr dramatisches Manuskript ist gekommen, ich beantworte es durch eine Drucksache, das Lesen ist mir noch nicht möglich gewesen, und der dramatischen Form gegenüber bin ich hilflos und verstehe nichts, ein Urteil darüber habe ich nicht. Ihre Grüße sind stets willkommen; ich wollte, ich könnte Ihnen manches deutlicher schreiben, aber es geht nicht, schon weil der ständige Fürsorgedienst mich verbraucht. Schön war unser Herbst diesmal, warm und feurig. Jetzt ist Allerseelenwetter.

Herzlich grüßt Sie Ihr

H. Hesse

473 An Rudolf Jakob Humm

[Montagnola] 23.11.1939

Lieber Herr Humm

Ihr Brief und Ihr Geschenk haben mir einen guten Tag gemacht, denn zum Glück waren wir nicht grade in ein dickes Buch verbissen, sondern trieben eine Lektüre, die sich leicht unterbrechen ließ, und konnten den Don Quichote sofort lesen.[1] Wir waren beide von der Art, wie Sie ihn aktualisieren, gewonnen und entzückt, auch ergriffen, und sahen Sie, den lieben Hausriesen, tapfer zu Roß die Lanze für das so Schwache und Belächelte und mit Füßen Getretene und doch Unsterbliche und Heilige brechen, jenes Naturrecht, jene Sage vom Menschen und seinen untilgbaren Bedürfnissen und Rechten. Die »Zehn Gedichte« kann ich Ihnen zum Glück noch einmal senden, mit der Bitte, sie nicht mehr oder nur an Verläßliche wegzuleihen, denn es sind bloß einige wenige Exemplare mehr da.

Daß Ihr Don Quichote in diesem kostbaren Kleid auftritt, macht mir auch Spaß und paßt ganz gut. Ich habe ohnehin, obwohl ich selber kein echter Bibliophile bin, für diese Spiele immer Sympathie gehabt, und heute haben sie für alte Leute noch den Charme mehr, daß sie an eine Zeit erinnern, wo Friede war und wo man mit einem Hundertstel von dem, was heut die Rüstungen und Kriege kosten, in allen Dingen des Lebens einen kindlich-üppigen Luxus treiben konnte, was nicht groß und wichtig und vorbildlich, aber sehr viel hübscher war als der ganze geistlose und krampfige Heroismus mit ewig zusammengebissenen Zähnen, der der Schmuck des heutigen Menschen ist.

Was Sie mir über Ihre Lektüre im Josef Knecht schreiben, ist mir sehr lieb.[2] Denn bei der Gebrechlichkeit und den vielen Behinderungen meiner Produktion seit einigen Jahren habe ich natürlich die Befürchtung, es werde im Knecht allzu abstrakt, verklügelt und gewollt geistig zugehen, je und je gespürt, und bin froh, daß die drei »Lebensläufe« Knechts, das am meisten Dichterische im ganzen Buch, schon geschrieben sind. Nun bin ich froh, von Ihnen zu hören, daß Sie in der Sprache Knechts doch Vögel singen hören. […] Denken Sie freundlich an Ihren

H. Hesse

1 R. J. Humm, »Don Quichote und der Traum vom Goldenen Zeitalter«. Essay, Vereinigung Oltner Bücherfreunde, Olten 1939.

2 In seinem Brief vom 20.11.1939 hatte Humm u.a. an Hesse geschrieben: »Wo man Ihre Bücher auch aufschlagen mag, es lächelt Sonne durch die Zeilen.« Vgl. »H. Hesse – R. J. Humm. Briefwechsel«, herausgegeben von Ursula und Volker Michels, Frankfurt/M. 1977, S. 71.

474 An Els Bucherer-Feustel

[Montagnola, Dezember 1939]

Liebe Frau Els

[…] Daß das, was wir im Weltgeschehen nicht verstehen, in den Händen eines Größeren liege, lasse ich gern gelten. Dieser Größere ist Gott, nicht aber Hitler. Und wenn der jetzige Krieg dazu führen sollte, weitere Überfälle und Raubzüge des dritten Reiches auf ungeschützte Nachbarn zu unternehmen, so muß ich ihn billigen. Von Gott dürfen wir Rechenschaft nicht fordern, wohl aber von Hitler und allen, die die Welt »lenken«. […] Herzlich Ihr

H.

475 An Max Herrmann-Neiße

[Montagnola, Dezember 1939]

Lieber Herr Herrmann

Ihr Brief mit den willkommenen Gedichten kam neulich, ohne allzu viel Verspätung; ich danke Ihnen, es war mir lieb wieder etwas von Ihnen zu lesen und etwas von Ihrem Leben zu vernehmen.[1]

Es waren bei uns im Haus sehr unruhige und gestörte Monate durch eine nötig gewordene Bauerei, die auch meine Frau sehr anstrengte, aber nun ist das nahezu vorbei. Der Krieg hat natürlich auch uns in mancher Hinsicht getroffen. Meine Frau hatte nahe Verwandte und alte Freunde in Polen und weiß noch jetzt von keinem, ob er noch lebt; besondere Sorgen haben wir auch um die noch immer in Prag lebenden Freunde, denen die Emigration noch immer nicht geglückt ist. Und meine drei Söhne gehören alle der Schweizer Armee an und sind seit Kriegsbeginn unter Waffen. Das Welttheater selbst interessiert mich nicht. In welchen Formen und unter welchen Teufeleien sich der Abbau des nicht mehr Lebensfähigen vollzieht, ist für alte Leute nicht mehr von Belang. Mein Glaube an eine gewisse Stabilität des Menschen ist sehr groß, ich glaube, daß er von jeder Teufelei am Ende mit schlechtem Gewissen erwacht und daß jeder Korruption ein neues Verlangen nach Sinn und Ordnung folgt – aber den Glauben, daß ich vom Wiederansteigen der momentanen Kurve noch etwas erleben werde, habe ich nicht. Ich bin müde und alt geworden.

Unsre Gegend ist sehr still und merkt vom Krieg sehr wenig, im Unterschied zur deutschen Schweiz. Und endlich haben wir, zum Ausklang dieses Regenjahres, auch eine Periode schönen haltbaren Wetters, sanfte sonnige Tage. Malerisch und farbig ist unsre Landschaft im Winter am schönsten, namentlich solang kein Schnee liegt. Alles hat einen sanften und intensiven Glanz, eine stille Farbigkeit und in der Stunde des Abendwerdens, wenn die Berge wie von innen zu glühen beginnen, steigert sich das zu einer innigen Lichtfeier, die jedesmal wie ein stiller und lächelnder Protest der freundlichen, langfristigen, mütterlichen Mächte gegen das Getue der Weltgeschichte erscheint.

Ihnen beiden freundliche Grüße von meiner Frau und mir und gute Wünsche

Ihr H. Hesse

1 Max Herrmann-Neiße (1886-1941) lebte seit September 1933 mit seiner Frau Leni in (freiwilliger) Emigration in London.

476 An Rolf Schott

[Montagnola, 26.12.1939]

Lieber, hochgeschätzter Herr Schott

Danke für Ihren Brief! Beinah beschämt mich der Ausdruck Ihrer Anhänglichkeit; ich bin ein müd gewordener alter Mann, der mit zu viel Briefpost am Tisch sitzt und sich zuweilen freut, daß mit dem Tode das Entschlüpfen aus einer längst nicht mehr frischen und stimmenden Rolle ihm gewiß ist. Indessen weiß ich auch wohl, daß die uns berühmten Leuten dargebrachte Liebe und Achtung keineswegs zu unterschätzen, daß sie echt [ist] und daß nur die jeweilige Personifizierung und der jeweilige Personenkult Irrtümer sind, daß diese Liebe viel Größerem gilt. Wenn heut ein Mensch einen Dichter oder Maler oder Musiker verehrt, so verehrt er, wissend oder nicht, in ihm alle Güter der Gesittung und des Menschentums, deren später zufälliger Erbe und Vertreter jener ist, und die heute jeder mit Angst bestritten und gefährdet weiß. So muß man sich, wenn man in der Rolle eines zufällig Berühmten ist, zuweilen wie ein Bischof die Hand küssen lassen und das damit gemeinte Opfer richtig weiter adressieren.

Was mir etwas Sorge macht, ist das Fertigwerden meiner Dichtung. Ich habe mich da viele Jahre auf das Ausspinnen eines richtigen Alterswerkes eingelassen, und das Wichtigste ist auch fertig und würde als Fragment zur Not später noch ziemlich deutlich zeigen, was gemeint war, aber das Fertigwerden steht doch sehr in Frage. Ich war zu wenig fleißig und habe zu sehr es drauf ankommen lassen für jede kleine Etappe dieser Arbeit mich reifen und ruhigwerden zu lassen – darüber hat mich das Alter, die beginnende Senilität, eingeholt, und jetzt ist nicht mehr die Frage, ob ich für die noch fehlenden Teile alt und klug und reif genug sei, sondern ob das bißchen Kraft und Lust und Antrieb noch reichen werde, um mich nochmals über die unvermeidlichen Flauten und langen Pausen weg wieder produktiv zu machen. Zur Zeit ruht alles seit Monaten wieder. Und was für jeden Tag an Kraft, Aufnahmefähigkeit, Aufmerksamkeit etc. da ist, wird verzehrt durchs Aktuelle, zwar nicht durch Zeitunglesen, das tue ich kaum, aber durch das, was jeder Tag auf dem Weg der Post an Aktuellem, an Krieg, an Tod, an Elend, Heimatlosigkeit, Unrecht und Gewalt mir in Form von Kriegs-, Emigrations-, Flüchtlings- und andern Schicksalen auf den Tisch legt. Ich vermittle Familien- und Freundesnachrichten, helfe Vermißte suchen, kämpfe je und je, meist erfolglos, gegen unsre Fremdenpolizei, und habe dabei ja auch die eigenen Sorgen, bin mit meiner äußern Existenz auf den Berliner Verlag angewiesen, von dem eine Grenze und ein Devisenstacheldraht mich trennt, habe drei Söhne in der Schweizer Armee stehen etc.

Nun, Sie sehen schon, ich bin heut ein schlechtgelaunter alter Egoist, nicht wert der schönen Sonne, die mir vom Generoso[1] her über die Schulter scheint. Ich würde bis morgen warten, aber es würde morgen und später auch kaum besser sein, das Alter ist kein Feind, den man bekämpfen oder gar beschämen könnte, es ist ein rutschender Berg, der uns zudeckt, ein langsam kriechendes Gas, das uns erstickt. [...] Herzlich Ihr

H. Hesse

1 Monte Generoso, 1700 m hoher Berg bei Montagnola.

Anhang

Zum Brief 1 von [Anfang Januar 1933] an seinen Sohn Heiner:

Siehe Hermann Hesse, »Die Briefe«, Band 4 (1924-1932), S. 649f.

Zum Brief 2 von [Anfang Januar 1933] an seine Schwester Marulla:

Siehe Hermann Hesse, »Die Briefe«, Band 2 (1905-1915), S. 520f.

Zum Brief 3 vom Januar 1933 an seinen Neffen Carlo Isenberg:

Siehe Hermann Hesse, »Die Briefe«, Band 3 (1916-1923), S. 620f.

Zum Brief 5 vom [Januar 1933] an Heinrich Wiegand:

Siehe Hermann Hesse, »Die Briefe«, Band 4 (1924-1932), S. 657f.

Zur Postkarte 6 vom 12.1.1933 an Otto Kleiber:

Otto Kleiber (19.11.1883 Interlaken bis 9.8.1969 Basel), Journalist, Literaturkritiker und von 1919 bis 1953 Feuilletonredakteur der Basler »National-Zeitung«, von der Thomas Mann sagte »wie kein anderes Blatt« habe sie »ein warmes Verhältnis für die trostlose Situation der deutschen Emigranten bewahrt«. Nach der Machtübernahme der Nationalsozialisten in Deutschland wurde die politisch eher links orientierte »National-Zeitung« für zahlreiche deutsche Schriftsteller im

Exil zur einzigen deutschsprachigen Publikationsmöglichkeit in der Schweiz. Spätestens ab 1935 war sie in Deutschland verboten. Von 1919 bis zu seinem Lebensende veröffentlichte Hesse dort zahlreiche seiner Betrachtungen, Gedichte, Buchbesprechungen und Erinnerungen. Seine Korrespondenz mit Otto Kleiber umfasst mehr als 200 Schreiben.

Zum Brief 7 vom 14.1.[19]33 an Helene Welti:

Siehe Hermann Hesse, »Die Briefe«, Band 2 (1905-1915), S. 528f.

Zum Brief 8 vom 26.1.1933 an Reinhold Geheeb:

Siehe Hermann Hesse, »Die Briefe«, Band 2 (1905-1915), S. 519.

Zum Brief 9 von [Ende Januar 1933] an Hermann Hubacher:

Siehe Hermann Hesse, »Die Briefe«, Band 4 (1924-1932), S. 661.

Zum Brief 10 von [Ende Januar 1933] an Max Picard:

Max Picard (5.6.1888 Schopfheim bis 3.10.1965 Neggio bei Lugano), Arzt, Kulturphilosoph, Kunsthistoriker und Essayist, der durch Bücher wie »Das Menschengesicht« (1929), »Die Flucht vor Gott« (1934), »Die Grenzen der Physiognomik« (1937) und »Hitler in uns selbst« (1946) bekannt wurde. Wie Hesse übersiedelte er nach dem Ersten Weltkrieg ins Tessin und stand mit ihm, der einige seiner Bücher besprach und empfahl, in sporadischer Verbindung. In einem Brief an Carl

Seelig vom Februar 1921 bemerkt Hesse: »Picard hat ja viel Altes Testament in sich, aber auch viel Alemannisches aus dem Wiesental.«

Zum Brief 11 von Ende Januar 1933 an Horst Schwarze:

Horst Schwarze war ein Leser in Flensburg, der von 1933 bis 1962 mit Hesse korrespondierte.

Zum Brief 12 vom 28.1.1933 an Gottfried Bermann Fischer:

Gottfried Bermann Fischer (31.7.1897 Gleiwitz bis 17.9.1995 Camaiore/Italien). Der als Chirurg ausgebildete künftige Verleger hatte 1926 eine Tochter des Verlagsgründers Samuel Fischer geheiratet und war bereits 1925 auf Wunsch seiner Schwiegereltern in deren weltberühmtes Berliner Unternehmen eingetreten. Nach S. Fischers Tod im Oktober 1934 wurde er dessen Nachfolger. Weil der Verlag in jüdischem Besitz und deshalb gefährdet war und Werke vieler dem Regime der Nationalsozialisten unerwünschter Autoren veröffentlichte, sah sich Gottfried Bermann Fischer 1935 gezwungen, deren Bücher zunächst in einem in Wien, später in Stockholm und New York ansässigen Exilverlag zu publizieren. Ursprünglich beabsichtigte Hesse, mit seinem Werk in Bermanns Exilverlag überzuwechseln. Als sich jedoch herausstellte, dass dies die Abfindung Bermann Fischers und die Existenz des in Deutschland verbliebenen Teils des Fischer Verlags gefährdet hätte, willigte er ein, bei diesem zu bleiben. Die von den Machthabern noch tolerierten Autoren des Berliner Stammverlags konnten ab Januar 1936 unter der Leitung von Peter Suhrkamp in einer S. Fischer Verlags KG (die Suhrkamp gegründet hatte, um einen Aufkauf der Aktien der S. Fischer Verlag AG durch Strohmänner der NSDAP zuvorzukommen) weiter veröffentlicht werden.

1950 kehrte die Familie Bermann-Fischer aus den USA zurück nach Europa. Da sie sich mit Peter Suhrkamp über dessen künftige Rolle in einem wiedervereinigten Verlag nicht einigen konnte, kam es zu einer juristischen Auseinandersetzung, die mit einem Vergleich endete. Dieser führte zur Trennung in einen S. Fischer und einen Suhrkamp Verlag. 1964 veräußerte Gottfried Bermann Fischer den S. Fischer Verlag an den Holtzbrinck-Konzern und publizierte 1967 seine Memoiren »Bedroht – Bewahrt. Der Weg eines Verlegers« und 1994 »Gottfried Bermann Fischer – Wanderer durch ein Jahrhundert«.

Zu den Schreiben 13 und 14 von Ende Januar 1933 an den S. Fischer Verlag:

Der 1886 vom damals 26-jährigen Samuel Fischer in Berlin gegründete Verlag betreute von 1904 bis 1950 neben den Werken von u.a. Henrik Ibsen, Gerhart Hauptmann, Thomas Mann, Arthur Schnitzler, Bernard Shaw, Hugo von Hofmannsthal, Alfred Döblin auch das von Hermann Hesse. Für den Verlag gewonnen wurde Hesse von dessen Lektor Moritz Heimann (1868-1925). Später waren, neben dem Verleger-Ehepaar Hedwig und Samuel Fischer, Oskar Loerke und Peter Suhrkamp Hesses Ansprechpartner im Verlag.

Zum Brief 15 vom 3.2.1933 an Franz Vetter:

Siehe Hermann Hesse, »Die Briefe«, Band 2 (1905-1915), S. 531.

Zu dem Buch »Mahnung«

Dieses kleine Buch ist in nur 220 Exemplaren im Frühling 1933 in der Werkstatt der Gothaer Gewerblichen Berufsschule gedruckt worden. Da es in mancher Hinsicht etwas Besonderes ist und in mancher Hinsicht meinem Ideal von einem Buch entspricht, teile ich den wenigen Freunden, die es bekommen, kurz seine Geschichte mit.

Entstanden ist es, völlig ohne mein Zutun, aus dem kleinen Kreis einiger Künstler und Gewerbelehrer in Gotha, von denen einer mir seit mehr als 20 Jahren jedes Jahr zu meinem Geburtstag einige Zeilen geschrieben hat. Dieser kleine Kreis sucht in meinen Schriften besonders das »Mahnende« und gehört zu meinen paar besten Lesern.

Zwei aus diesem Kreis sind, zum Teil ehrenamtlich, Lehrer an der Gothaer Berufsschule, sie sind die Urheber des Drukkes und haben ihn geleitet, der eine hat die Zusammenstellung der Texte (ohne daß ich ihn beeinflußt habe) besorgt, der andre Satz und Druck etc. geleitet. Ausgeführt wurde Satz, Druck, Binde-Arbeit etc. von 24 jungen Handwerkern, die in den Sinn meiner Texte eingeführt waren und ein Verhältnis zu ihnen hatten, ein Blatt mit allen ihren 24 Unterschriften ist in meinem Besitz.

Der Druck entstand also in einem kleinen Kreis von meist ganz jungen Menschen rein aus Liebe zur Sache, er sollte den jungen Leuten erstens als eine Art Gesellenstück, zweitens als Erinnerungsgabe an ihre Gothaer Zeit dienen. Sämtliche Mitarbeit an ihm geschah freiwillig und unentgeltlich, das Buch hat nicht einen Pfennig gekostet, denn das bißchen Papier, Druckfarbe und Karton wurde von einigen Gönnern zur Verfügung gestellt. Ebenso will niemand Gewinn daraus ziehen: es ist nicht käuflich.

Ich bekam nur einige wenige Exemplare davon und bitte meine Freunde, sie freundlich aufzunehmen.

Hermann Hesse

Zur Vorgeschichte des Privatdrucks H. Hesse, »Mahnung« (Gotha 1933) schrieb Franz Vetter: »Im Jahre 1932, als sich die deutlichen Anzeichen einer gefahrvollen Unzeit schon bemerkbar machten, faßte ich mit dem mir gesinnungsmäßig wie künstlerisch verbundenen Graphiker Willy Graf den Plan, in einem kleinen Werk Hermann Hesse zu Worte kommen zu lassen – gleichsam in letzter Stunde: als mahnenden Aufruf zu notwendiger Besinnung. Das Buch sollte in der Gewerblichen Berufsschule zu Gotha gedruckt werden, wo wir damals beide im Lehramt standen – er als Graphiker, ich als Maler.«

Die 58 Seiten umfassende und ähnlich wie die Bändchen der Insel-Bücherei ausgestattete Sammlung von Kurzgeschichten und Gedichten erschien (ohne Illustrationen des Malers Franz Vetter) im Frühjahr 1933 in 220 nummerierten Exemplaren und kam nicht in den Handel.

Zum Brief 16 vom 4.2.1933 an Anni Rebenwurzel:

Siehe Hermann Hesse, »Die Briefe«, Band 4 (1924-1932), S. 690f.

Zum Brief 18 von Mitte Februar 1933 an Rudolf Freese:

Rudolf Freese gab 1953 im Berliner Verlag Der Nation einen umfangreichen Band über »Wilhelm Humboldt« heraus. Sein Leben und Wirken dargestellt in Briefen, Tagebüchern und Dokumenten seiner Zeit.

Zum Brief 21 vom [Februar 1933?] an die Redaktion des »Eckart«, Berlin:

»Eckart«, Blätter für evangelische Geisteskultur war eine von 1924 bis 1960 in Berlin erscheinende Monatsschrift.

Zum Brief 22 vom [März 1933] an Jakob Wassermann:

Siehe Hermann Hesse, »Die Briefe«, Band 3 (1916-1923), S. 616f.

Auf einer Postkarte vom 16.1.1934 an seinen Sohn Bruno schreibt Hesse: »Der Tod von J. Wassermann, mit dem wir befreundet waren, tut uns weh: kurz ehe du auf die Welt kamst, 1905, hat mich Wassermann in Gaienhofen das erste mal besucht. Ich hatte ihn sehr gern, obgleich ich mir aus seinen Büchern nichts mache; ein kindlicher, glühender, herzlicher Mensch, immer im Kampf für das Gute.«

Zum Brief 23 vom [8.3.1933] an Adolf [Hans Jürgen] Baden:

Adolf Baden (10.12.1911 Rotenburg/Wümme bis 18.11.1986 Celle), evangelischer Theologe, seit 1968 Honorarprofessor der Universität Münster. Er war einer der bedeutendsten theologischen Essayisten seiner Zeit und wurde durch etwa 20 Buchpublikationen und durch seine Auftritte in der ARD-Sendung »Das Wort zum Sonntag« bekannt. Nach der Ära des Nationalsozialismus wechselte er seinen Vornamen Adolf in Hans Jürgen.

Zum Brief 24 vom [18.3.1933] an seinen Sohn Bruno:

Siehe Hermann Hesse, »Die Briefe«, Band 3 (1916-1923), S. 606f.

Zum Brief 25 vom [19.3.1933] an Arthur Stoll:

Siehe Hermann Hesse, »Die Briefe«, Band 4 (1924-1932), S. 686f.

Zum Brief 26 vom [19.3.1933] an Rudolf Jakob Humm:

Rudolf Jakob Humm (13.1.1895 Modena/Italien bis 27.1. 1977 Zürich), Schweizer Romancier, Erzähler, Journalist und Übersetzer, von 1929 bis 1952 in Kontakt und Briefwechsel mit Hermann Hesse, nachdem dieser Humms 1928 erschienenen Erstlingsroman im Januar 1928 in der Basler »National-Zeitung« lobend erwähnt hatte. Ab 1932 engagierte sich Humm gemeinsam mit Kollegen wie Fritz Brupbacher und Jakob Bührer gegen den Faschismus, öffnete sein Haus den Emigranten und distanzierte sich nach 1936 auch vom Kommunismus. Sein mehr als 300 Seiten umfassender Briefwechsel mit Hermann Hesse, herausgegeben von Ursula und Volker Michels, erschien 1977 im Suhrkamp Verlag.

1943 hat R.J. Humm über seine erste Begegnung mit Hesse berichtet (siehe »Hermann Hesse in Augenzeugenberichten«. Herausgegeben von Volker Michels, Frankfurt/M. 1981 und 1991, S. 225ff.). Anlässlich Humms Roman »Die Inseln« schrieb Hesse 1936: Humm sei ein Autor, »in dem die Fähigkeit zu echtem seelischen Erleben mit einer Neigung zum Rationalisieren im Kampf liegt. Es ist ein Buch für differenzierte Leser, jede leiseste Konzession an das Publikum ist vermieden. Dieser spröde Autor gehört, wie ich glaube, zu den besten Prosaisten deutscher Sprache.« Und 1938 an Johanna Attenhofer: »Wir haben in der Schweiz sehr wenige Dichter, und sie sind fast alle nie erkannt und geschätzt worden. So ging es einst R. Walser, so geht es Humm. Man wird in 30 Jahren anders drüber denken.«

Zum Brief 27 vom [19.3.1933] an Els Bucherer-Feustel:

Siehe Hermann Hesse, »Die Briefe«, Band 2 (1905-1915), S. 586.

Zum Brief 28 vom [19.3.1933] an seinen Halbbruder Karl Isenberg:

Siehe Hermann Hesse, »Die Briefe«, Band 1 (1881-1904), S. 588ff.

Zum Brief 29 vom [März 1933] an Josef Bernhard Lang:

Siehe Hermann Hesse, »Die Briefe«, Band 3 (1916-1923), S. 570.

Zum Brief 30 vom [20.]3.1933 an André Gide:

André Gide (22.11.1869 Paris bis 19.2.1951 Paris), französischer Romancier, Erzähler und Literatur-Nobelpreisträger des Jahres 1947, für dessen ins Deutsche übertragene Werke sich Hesse seit 1905 in mehreren Rezensionen eingesetzt hat (siehe SW 12, 18 und 19). In seinem »Nachruf auf André Gide« erwähnt Hesse dessen Weg als eines »allzu streng und eng erzogenen Überbegabten, der die Enge nicht mehr erträgt und die Welt auf sich warten weiß, der aber nicht gesonnen ist, die in jener Erziehung gewonnene Sensibilität des Gewissens preiszugeben. [...] Er war auf dem gefährlichen Weg jedes Genialen, der sich nach dem Durchbrechen einer für ihn nicht mehr erträglichen Tradition und Moral unsäglich einsam und führerlos der Welt gegenüberstehend findet und auf höherer Ebene wieder nach einem Ersatz für die verlorene Geborgenheit sucht, nach Vorbildern oder Normen, welche die allzu gefährdete Losgebundenheit des Individuums korrigieren und heilen könnten.« Seinem Sohn Heiner schrieb Hesse im März 1951: Gides Tod »ist mir sehr nah gegangen, und es ist von lieben und verehrten Kollegen meiner Generation jetzt eigentlich einzig noch Thomas Mann übrig, der eine einigermaßen ähnliche Bedeutung für mich hat.« Siehe auch Hesses »Erinnerung an André Gide« (SW 12, S. 464ff.).

Zum Brief 35 vom [31.3.1933] an Fritz Abel:

Siehe Hermann Hesse, »Die Briefe«, Band 4 (1924-1932), S. 696.

Zum Brief 40 vom 21.4.1933 an Thomas Mann:

Siehe Hermann Hesse, »Die Briefe«, Band 4 (1924-1932), S. 692ff.

Zum Brief 41 vom [Mai 1933] an Fritz Adolf Hünich:

Fritz Adolf Hünich (1885-1964), Lektor und Herausgeber, war seit 1913 Mitarbeiter von Anton Kippenberg im Leipziger Insel Verlag.

Zum Brief 42 vom [Mai 1933] an Max Herrmann-Neiße:

Max Herrmann-Neiße (23.5.1886 Neiße/Schlesien bis 8.4. 1941 London), Lyriker, Erzähler und zeitweise auch Kabarettist, der 1933 nach dem Reichstagsbrand zunächst in die Schweiz und schließlich nach London emigrierte. Bereits 1930 hatte er in der »Literarischen Welt« u.a. Hesses Roman »Narziß und Goldmund« und 1932 »Die Morgenlandfahrt« empfohlen. Am 12.9.1937 besuchte er mit seiner Frau Leni den Kollegen in Montagnola und schrieb daraufhin das Gedicht »Besuch bei Hermann Hesse« (in: Max Herrmann-Neiße, »Gesammelte Werke«, herausgegeben von Klaus Völker, Gedichte 2, Frankfurt/M. 1986, S. 498f.). Hermann Hesse hatte ihm 1933 die Verse »Für Max Herrmann« gewidmet (SW 10, S. 569f.). Das dreistrophige Gedicht, das sich in Hesses Nachlass fand, endet mit den Zeilen: »Fester sind die Wenigen verbunden, / die der rohen Lockung widerstehn / und in friedlich schöpferischen Stunden / durch den Garten ihrer Liebe gehn, / guten Willens ihre Werke bauen, / ob die Welt auch rings in Hass erkaltet: / denn der Zukunft kann getrost vertrauen, / wer die reine Flamme wohl verwaltet.«

Zum Brief 43 vom Mai 1933 an Lisa Tetzner:

Lisa Tetzner (10.11.1894 Zittau bis 2.7.1963 Carona/Tessin), Kinder- und Jugendbuchautorin, die gemeinsam mit ihrem Mann, dem KPD-Politiker und Arbeiter-Schriftsteller Kurt Kläber, Deutschland 1933 verlassen musste und sich im unweit von Montagnola gelegenen Tessiner Bergdorf Carona niederließ. Auch gegenseitige Besuche lassen sich nachweisen, der früheste am 22.9.1926. Im selben Jahr hatte Hesse in der »Frankfurter Zeitung« ihre zweibändige Märchensammlung besprochen und u. a. betont: »Sie war für ihre große Arbeit in besonderer Weise qualifiziert: Lisa Tetzner ist eine ausgezeichnete Sprecherin und wohl die beste Märchenerzählerin Deutschlands und hat die Märchen der Weltliteratur immer und immer wieder durchsucht und auf ihre Erzählbarkeit, ihre erzählerische Wirkung hin geprüft.« (SW 19, S. 30f.) 1931 empfahl er den »Hans Urian« (SW 19, S. 252).

In einem offenen Brief der »Rheinisch-Westfälischen Zeitung« (Essen) zu Hesses 50. Geburtstag hatte sie vermerkt: »Der Dichter Hesse hat viele Ansätze zum Humor. Die brachen durch im ›Kurgast‹, in der entzückenden ›Nürnberger Reise‹, und auch im dunklen bösen ›Steppenwolf‹ sieht man ihn da und dort aufblitzen (Begegnung mit Goethe, Mozart, Wagner und anderes mehr). Dreimal schon hast du als Dichter die Generation des Heute geführt und warst ihnen

Löser und Deuter, nun lehre uns auch noch das Lachen, zeig uns den Ausweg in den Humor, dann hast du nicht umsonst gelebt und gelitten.«

Zum Brief 44 von [Mitte Mai 1933] an Klaus Mann:

Klaus Mann (18.11.1906 München bis 21.5.1949 Cannes), Erzähler, Biograph, Essayist und Journalist, ältester Sohn von Thomas Mann. Nach der Machtergreifung der Nationalsozialisten verließ er Deutschland und floh im März 1933 nach Paris, wo er sich u.a. durch die Gründung der Zeitschrift »Die Sammlung« zu einem der wichtigsten Repräsentanten der deutschsprachigen Exilliteratur entwickelte. 1938 emigrierte er in die USA, kommentierte als Presseberichterstatter den Spanischen Bürgerkrieg und redigierte noch vor seinem Eintritt in die U.S.-Army die antifaschistische Zeitschrift »Decision«. Er starb 42-jährig an einer Überdosis von Schlaftabletten.

Hesse besprach Klaus Manns Tschaikowsky-Roman »Symphonie Pathéthique« (SW 20, S. 186). An den Verleger Peter Suhrkamp schrieb Hesse am 19.9.1951: Von Klaus Manns Werken »halte ich einzig das Buch über André Gide für ganz gut und wertbeständig. [...] Von den ganz frühen Erzählungen ›Kindernovelle‹ etc. habe ich einen schönen Eindruck über Jahrzehnte weg behalten. Aber von den Romanen, auch dem ›Tschaikowsky‹, auch dem Emigrationsroman glaube ich nicht, daß sie sich halten werden. Etwas anderes ist die Frage, ob nicht auch diese Bücher weiter existieren sollten, nicht ihrer selbst wegen, sondern weil sie zum Kreis um Thomas Mann gehören.«

Zum Brief 50 vom [17.6.1933] an Otto Basler:

Otto Basler (16.12.1902 Gränichen/Aargau bis 12.7.1984 Trogen), Musik- und Sprachlehrer, Organist, Chorleiter und Literaturkritiker. Der durch seinen vielfältigen journalistischen Einsatz für die zeitgenössische Literatur bekannt gewordene Schweizer Freund und Korrespondenzpartner namhafter Autoren kam 1932 anlässlich seiner Besprechung von Hesses »Morgenlandfahrt« in Kontakt mit dem Dichter und bis zu dessen Lebensende in einen Hunderte Schreiben umfassenden Briefwechsel. Mehrfach besuchte er Hesse in Montagnola und Baden, und noch häufiger war Hesse zu Gast bei ihm und seiner Frau Florle in der aargauischen Gemeinde Burg. »Im Nachklang an Gespräche mit Basler« vom 12.11. 1933 schrieb Hesse das Gedicht »Besinnung«. In seinem Rückblick »Hermann Hesse, der Freund – Erinnerungen und Begegnungen« hat Otto Basler 1966 über ihre Verbindung berichtet (siehe »Über Hermann Hesse«. Herausgegeben von Volker Michels, Frankfurt/M. 1976, S. 378 ff.). Für die 1947 im Zürcher Verlag Fretz & Wasmuth erschienene erweiterte Ausgabe der Hesse-Biographie von Hugo Ball hat er das Kapitel »Der Weg zum Glasperlenspiel« geschrieben und zahlreiche Vorträge über den Dichter gehalten. Otto Basler zählte auch zu den besten Schweizer Freunden und Korrespondenzpartnern von Thomas Mann, der ihn im Juli 1950 in Burg besucht und ihm sowohl die Vermittlung seiner Aufsätze an schweizerische Journale als auch die Verwaltung seines Schweizer Bankkontos anvertraut hat.

Zum Brief 54 vom [10.7.1933] an Karl Maria Zwissler:

Siehe Hermann Hesse, »Die Briefe«, Band 4 (1924-1932), S. 698.

Zum Brief 56 vom 16.7.[19]33 an Joseph Englert:

Siehe Hermann Hesse, »Die Briefe«, Band 3 (1916-1923), S. 596.

Zum Brief 57 von [Ende Juli 1933] an Hedwig Fischer:

Siehe Hermann Hesse, »Die Briefe«, Band 4 (1924-1932), S. 660.

Zum Brief 58 von [Anfang August 1933] an seine Cousine Fanny Schiler:

Siehe Hermann Hesse, »Die Briefe«, Band 4 (1924-1932), S. 695.

Zum Brief 60 vom [15.8.1933] an Max Thomann:

Siehe Hermann Hesse, »Die Briefe«, Band 4 (1924-1932), S. 686.

Zum Brief 62 von [Mitte September 1933] an Carl Seelig:

Siehe Hermann Hesse, »Die Briefe«, Band 3 (1916-1923), S. 576.

Zum Brief 66 vom September [19]33 an Werner Reinhart:

Werner Reinhart (9.3.1884 Winterthur bis 29.8.1951 Winterthur), Industrieller, Klarinettist und Mäzen. Er war Vorstand der Gottfried-Keller-Gesellschaft, Quästor der Schweizerischen Schiller-Stiftung und Förderer zahlreicher zeitgenössischer europäischer Komponisten, Künstler und Autoren, insbesondere des Dichters Rainer Maria Rilke, dem er 1921 den Schlossturm von Muzot im Wallis als dessen letzten Wohnsitz zur Verfügung stellte.

Zum Brief 69 von [Ende September 1933] an Bertha Markwalder:

Bertha Markwalder war die Frau des Arztes Dr. Josef Markwalder (1883-1953) im Thermen-Hotel Verenahof in Baden an der Limmat, wo sich Hesse von 1923 bis 1951 meist im Herbst regelmäßig einer Kur unterzog.

Zum Brief 70 von [Ende September 1933] an Willy Kehrwecker:

Willy Kehrwecker (22.11.1900 Rastatt bis 26.11.1988 Ravensburg), Buch- und Schreibwarenhändler in Emmendingen und Ravensburg (Dorn'sche Buchhandlung), war einer von Hesses »Briefträgern«, der die nach Süd-Württemberg/Hohenzollern gerichtete Post des Dichters mit Inlandsporto versah und weiterspedierte. Mit Hesses Genehmigung hat er von zahlreichen dieser Schreiben (zum Eigengebrauch) Abschriften angefertigt und sie am Ende seines Lebens dem Editionsarchiv des Herausgebers anvertraut.

Zum Brief 72 vom [14.10.1933] an seine Frau Ninon:

Siehe Hermann Hesse, »Die Briefe«, Band 4 (1924-1932), S. 662f.

Zum Brief 77 von Ende Oktober 19[33] an Hans Popp:

Hans Popp (30.11.1903 Erfurt bis vermutlich 1986 Bad Brückenau), von 1933 bis 1945 Direktor der Erasmusdruck GmbH, Berlin. 1930 veröffentlichte er in der »Neckarzeitung«, Heilbronn eine Würdigung von Hesses Gerbersau- [Calwer] Erzählungen, besuchte ihn erstmals im Mai 1932 in Montagnola und stellte in seiner Druckerei, 1934 beginnend mit dem Hesse-Gedicht »Besinnung« bis »Orgelspiel« 1937 mehrere Privatdrucke für ihn her. Er traf ihn noch mehrmals in Baden und Zürich und versandte Teile von Hesses nach Norddeutschland gerichteter Post mit Inlandsporto. Seine Korrespondenz mit dem Dichter befindet sich heute in der Wayne State University Library von Detroit, USA.

Zum Brief 78 von [Ende Oktober 1933] an Alfred Kubin:

Siehe Hermann Hesse, »Die Briefe«, Band 4 (1924-1932), S. 691.

Zur Postkarte 79 vom 1.11.1933 an Emil Szittya:

Emil Szittya, Pseudonym für Adolf Schenk (18.1.1886 Budapest bis 26.11.1964 Paris), ungarischer Schriftsteller, Maler, Kunstkritiker, Vagabund und Herausgeber der antifaschistischen Zeitschrift »Die Zone« (1933/34). 1906/1907 befreundete er sich auf dem Monte Verità bei Ascona u. a. mit Johannes Nohl und schilderte seine Begegnungen in einem 1923 publizierten Buch »Das Kuriositäten-Kabinett«. Der auch mit Hugo Ball und Emmy Ball-Hennings befreundete Publizist übersiedelte 1927 von Berlin nach Paris, floh 1940 vor den deutschen Truppen nach Südfrankreich, bis er nach Kriegsende wieder nach Paris zurückkehrte.

Zum Brief 87 vom [3.12.1933] an Otto Feilke:

Otto Feilke war ein Augenarzt in Nürnberg und Regensburg, der etwa ab 1926 mit Hesse korrespondierte, nachdem er ihn im November 1925 anlässlich seiner Lesung in München kennen gelernt hatte.

Zum Brief 90 vom 18.12.[19]33 an Felix Möschlin:

Felix Möschlin (31.7.1882 Basel bis 4.10.1969 Basel), Romancier und Erzähler, Redakteur der Monatshefte »Schweizerland«. Von 1924 bis 1942 amtierte er als Präsident des Schweizerischen Schriftstellerverbandes (SSV).

Zum Brief 101 von Mitte Februar 1934 an Johanna Gold:

Johanna Gold (*1881-?) war eine ältere Freundin Ninon Hesses, die der 14-jährigen Ninon in Czernowitz als Geburtstagsgeschenk Hesses Erstlingsroman »Peter Camenzind« schenkte. Daraufhin richtete Ninon im Februar 1910 ihren ersten Brief an den Verfasser.

Zum Brief 103 von Ende Februar 1934 an Walter Benjamin:

Walter Benjamin (15.7.1892 Charlottenburg bis 26.9.1940 Port-Bou), Philosoph, Kulturkritiker, Essayist, Schriftsteller und Übersetzer, der 1933 nach Paris emigrierte und 1940 vor den NS-Verfolgern mit einem Visum in die USA zu fliehen beabsichtigte. Er nahm sich im spanischen Grenzort Port-Bou das Leben. In einem Brief vom 30.7.1913 an Herbert Belmore hatte er sich positiv über Hesses »Diesseits«-Erzählungen geäußert.

Zum Brief 105 vom 13.3.1934 an Franz Xaver Münzel:

Siehe Hermann Hesse, »Die Briefe«, Band 2 (1905-1915), S. 555f.

Zum Brief 106 von [Mitte März 1934] an seinen Bruder Hans:

Siehe Hermann Hesse, »Die Briefe«, Band 3 (1916-1923), S. 573.

Zum Brief 109 vom 19.3.1934 an Rudolf Leonhard:

Rudolf Leonhard (27.10.1889 Leszno/Polen bis 19.12.1953 Ost-Berlin), expressionistischer Lyriker, Romancier und kommunistischer Journalist. Er war Lektor im Verlag »Die Schmiede«, wo er u.a. die Reportagereihen »Außenseiter der Gesellschaft« und »Berichte aus der Wirklichkeit« herausgab. 1928 übersiedelte er nach Paris und wurde 1933 mit Albert Einstein Präsident der deutschen Sektion der »Ligue des Combattants de la Paix« (ab 1933 »Schutzverband deutscher Schriftsteller«). Von 1939 bis 1944 war er im Lager Le Vernet interniert und lebte nach seiner Flucht als Mitglied der französischen Widerstandsbewegung im Untergrund von Marseille. 1950 übersiedelte er nach Ost-Berlin und trat in die SED ein.

Zum Brief 121 von [Anfang Mai 1934] an Alfred Schlenker:

Siehe Hermann Hesse, »Die Briefe«, Band 2 (1905-1915), S. 566f.

Zum Brief 124 vom Mai [19]34 an Friedrich Michael:

Friedrich Michael (30.10.1892 Ilmenau bis 22.6.1986 Wiesbaden), Romancier, Lustspielautor und Verleger. Der 1923 durch seine »Geschichte des deutschen Theaters« bekannt gewordene Mitarbeiter an zahlreichen Journalen war von 1921 bis 1931 Redakteur der Zeitschrift »Das deutsche Buch«. 1934 trat er als Lektor und Assistent des Verlegers Anton Kippenberg in den Leipziger Insel Verlag ein. Nach Kippenbergs Tod gründete und leitete er den in Wiesbaden ansässigen westdeutschen Teil des Verlags bis 1960. Im Jahr darauf besuchte er Hesse in Montagnola. Siehe seine Erinnerungen im Band »Hermann Hesse in Augenzeugenberichten«, a. a. O., S. 461 ff.

Zum Brief 125 vom [Mai 1934] an Tilly Wassmer:

Siehe Hermann Hesse, »Die Briefe«, Band 4 (1924-1932), S. 680f.

Zum Brief 126 vom Juni 1934 an Max Machhausen:

Max Machhausen (24.8.1914 Köln bis 16.11.2004 Koblenz), promovierter Publizist, der 1937 seine Dissertation über »Die Problematik des objektiven Geistes und den Begriff des Kollektivbewußtseins bei Emile Durkheim« veröffentlichte und A.D. Sertillanges »Verkünder des Wortes« übersetzte, 1936 im Pustet Verlag, Regensburg, erschienen.

Zum Brief 129 vom [Juli 1934] an Hans Reinhart:

Siehe Hermann Hesse, »Die Briefe«, Band 2 (1905-1915), S. 553.

Zum Brief 132 vom [Juli 1934] an Hans Walter:

Siehe Hermann Hesse, »Die Briefe«, Band 4 (1924-1932), S. 696.

Zum Brief 135 von [Ende Juli 1934] an Horst Magel:

Horst Magel (26. 3. 1913 Breslau bis ?), Realschullehrer in Eggeloge (Ammerland), später in Hameln. Im Januar 1945 ist er als politischer Häftling nach Blankenburg (Harz) in das Arbeitslager der Gestapo eingewiesen worden.

Zum Brief 136 von [Ende Juli 1934] an Julie Hellmann:

Siehe Hermann Hesse, »Die Briefe«, Band 1 (1881-1904), S. 607.

Zum Brief 146 vom August 1934 an Toshihiko Katayama:

Toshihiko Katayama (1898 bis 1961) war Professor für Literaturwissenschaften in Tokio, gründete die Zeitschrift »Nippon«, übersetzte u.a. Heinrich Heine, Romain Rolland, Rabindranath Tagore und Gedichte von Hermann Hesse.

Zum Brief 148 vom [20.] 9.1934 an C. G. Jung:

Carl Gustav Jung (26.7.1875 Kesswil bis 6.6.1961 Küsnacht), Schweizer Psychoanalytiker. Der wie Hesse als Sohn eines Pfarrers (im Kanton Thurgau) geborene Forscher gilt als Begründer der analytischen Psychologie. 1905, nach seiner Habilitation, wurde er Oberarzt der Psychiatrischen Klinik Burghölzli in Zürich, befreundete sich 1907 mit Sigmund

Freud, übernahm im Jahr darauf die Redaktion von Freuds Jahrbuch für psychoanalytische Forschung und war von 1910 bis 1914 Präsident der Psychoanalytischen Vereinigung. Von 1935 bis 1948 lehrte er als Professor für medizinische Psychologie an der ETH Zürich und der Universität Basel.

Mit Hesse traf sich der durch zahlreiche Publikationen als Wegbereiter seines Faches geltende Arzt erstmals am 7.9.1917 in einem Berner Hotel zu einem Gespräch über Traumdeutung, Gnosis, seine 1916 publizierten Vorlesungen über »Wandlungen der Libido« und die von Richard Wilhelm übertragenen Klassiker des alten China. Anfang November 1918 diagnostizierte Jung bei Hesses Frau Mia »akute katatone Störungen«; sie wurde daraufhin in die Nervenheilanstalt Küsnacht eingeliefert.

Ein Jahr darauf las er Hesses »Demian«, ein Buch, das seinem ausführlichen an den Verfasser gerichteten Schreiben vom 3.12.1919 zufolge auf ihn »wirkte wie das Licht eines Leuchtturms in einer Sturmnacht«. Jahrzehnte später, in seiner Antwort vom 24.3.1950 auf Fragen von Dr. Emanuel Maier, glaubte er Einflüsse seiner Schriften auf »Demian«, »Siddhartha« und »Der Steppenwolf« ausmachen zu können.

Zum Brief 149 vom 25.9.1934 an Wilhelm Stämpfli

Siehe Hermann Hesse, »Die Briefe«. Band 4 (1924-1932) S. 700f.

Zum Brief 150 vom 28.9.1934 an Max Peinkofer:

Max Peinkofer (22.9.1891 Tittling bis 6.5.1963 Zwiesel), Lehrer, Dramatiker und Lyriker, der von 1924 bis zum Verbot 1936 als Schriftleiter die Zeitungsbeilage »Heimatglocken« der »Passauer Donau-Zeitung« herausgab.

Zur Postkarte 151 von [1934] an Hans Huber:

Hans Huber (15.3.1897 Bergheim/Elsass bis 1.4.1970 Heidelberg), seit 1928 im Justizdienst als Staatsanwalt, Amtsgerichtsrat und von 1952 bis 1963 Regierungspräsident von Baden. Im Mai 1947 hielt er im Heidelberger Bund für demokratische Kultur einen Vortrag über Hermann Hesse, der im Jahr darauf im Carl Pfeffer Verlag, Heidelberg, erschien. Bis zum Tod des Dichters verband die beiden eine regelmäßige Korrespondenz.

Zum Brief 156 vom [16.10.] 1934 an Olli Jacques:

Olli Jacques (geb. Olga Hübner, 1878 bis 1949), Schauspielerin, von 1909 bis 1912 verheiratet mit dem durch seine Doktor-Mabuse-Romane bekannt gewordenen Schriftsteller Norbert Jacques. In ihrer Pension in Salenstein beherbergte sie während des Ersten Weltkriegs zahlreiche Publizisten und Künstler wie u.a. Emmy Hennings, Ferdinand Hardekopf, Ludwig Binswanger, Ludwig Rubiner und René Schickele. Ab 1918 lebte sie im Tessin und unterhielt auch dort in Muzzano und in Carabietta eine Künstlerpension, wo zahlreiche Emigranten, u.a. der junge Maler und Schriftsteller Peter Weiss, Unterkunft fanden.

Zum Brief 157 vom [17.] 10.1934 an seinen Vetter Wilhelm Gundert:

Siehe Hermann Hesse, »Die Briefe«, Band 3 (1916-1923), S. 594f.

Zum Brief 161 von [Anfang November 1934] an Gustav Waldt:

Gustav Waldt (6.2.1883 Darmstadt bis 6.12.1959 Trautheim bei Darmstadt), Lyriker und Erzähler, Gymnasiallehrer in Worms und Bad Nauheim, der 1934 vom NS-Regime entlassen und mit Schreib- und Publikationsverbot belegt wurde.

Zum Brief 164 von Anfang Dezember 1934 an Carl Brinkmann:

Carl Brinkmann (19.3.1895 Tilsit bis 20.5.1954 Oberstdorf/Allgäu), Soziologe und Volkswirt, der als Professor an den Universitäten Heidelberg, Berlin, Erlangen und Tübingen Nationalökonomie, Finanzwirtschaft, Wirtschafts- und Sozialgeschichte lehrte.

Zum Brief 167 vom 13.12.1934 an den Verlag Philipp Reclam junior, Leipzig:

In der 1828 vom Leipziger Verleger Anton Philipp Reclam (1807-1896) gegründeten Firma erschien seit der Mitte des 19. Jahrhunderts die älteste deutschsprachige Taschenbuchreihe, die in preiswerter Broschur hergestellten Reclam-Heftchen, hauptsächlich mit Klassikertexten u.a. für den Schulgebrauch.

Von Hesse enthielt diese sogenannte Universalbibliothek seinen 1929 als Nr. 7003 erschienenen Essay »Eine Bibliothek der Weltliteratur« und ab 1943 die als Nr. 7557 geführte frühe Erzählung »In der alten Sonne«.

Zum Brief 170 von [Ende 1934] an Jakob Weber:

Jakob Weber (15.11.1908 bis 22.3.1994) war ein Sparkassendirektor in Speyer, der 1973 mit dem Bundesverdienstkreuz ausgezeichnet wurde.

Zum Brief 171 von [Anfang Januar 1935] an Walter Lochmüller:

Walter Lochmüller (5.5.1905 Leonberg bis 19.6.1992 Schwäbisch Gmünd), Maler und Emaillekünstler, Prof. und Direktor der Staatlichen Werkkunstschule Schwäbisch Gmünd. 1937 besuchte er Hesse in Montagnola, wo er in der Casa Camuzzi untergebracht wurde und sich mit dem gleichfalls dorthin geflohenen Maler und Schriftsteller Peter Weiss befreundete.

Zum Brief 176 von [Mitte Januar 1935] an Otto Blümel:

Siehe Hermann Hesse, »Die Briefe«. Band 2 (1905-1915), S. 542f.

Zum Brief 177 vom 16.1.1935 an Georg Svensson, Redaktion von »Bonniers Litterära Magasin«:

Georg Svensson (11.10.1904 Västeras bis 3.7.1998 Stockholm), schwedischer Kunsthistoriker, Kritiker und Publizist. Er war der erste Herausgeber eines 1932 gegründeten Literaturmagazins, das in Schwedens bedeutendstem belletristischen Unternehmen, dem Stockholmer Bonnier Verlag, erschien.

Zum Brief 182 von [etwa Februar 1935] an Franz Schall:

Siehe Hermann Hesse, »Die Briefe«, Band 2 (1905-1915), S. 583.

Zum Brief 183 vom [Februar 1935] an Cuno Amiet:

Siehe Hermann Hesse, »Die Briefe«, Band 3 (1916-1923), S. 582.

Zum Brief 184 vom [15.2.1935] an Stefan Zweig:

Siehe Hermann Hesse, »Die Briefe«, Band 1 (1881-1904), S. 618.

Zum Brief 186 vom 22.2.1935 an Otto Hartmann:

Siehe Hermann Hesse, »Die Briefe«, Band 1 (1881-1904), S. 579f.

Zum Brief 188 vom [3.3.1935] an Dieter Zimmermann:

Wolf-Dieter Zimmermann (7.11.1911 Barmen bis 2007 Berlin), Pfarrer aus dem Kreis um Dietrich Bonhoeffer, damals Vikar in Fehrbellin, 1938 bei Otto Dibelius, dessen persönlicher Referent er war. Außerdem wirkte er als Rundfunkbeauftragter der Evangelischen Kirche Berlin-Brandenburg.

Zum Brief 191 vom [13.3.1935] an Hans Sturzenegger:

Siehe Hermann Hesse, »Die Briefe«, Band 2 (1905-1915), S. 510f.

Zum Brief 201 vom 27.4.[1935] an Peter Suhrkamp:

Peter Suhrkamp (28.3.1891 Hatten/Oldenburg bis 31.3.1959 Frankfurt am Main), Lehrer, Dramaturg, Redakteur, Publizist und Verleger, ab 1926 pädagogischer Leiter der Freien Schulgemeinde Wickersdorf, ab 1929 Mitarbeiter des »Berliner Tageblatts« und des Monatsmagazins »Uhu«. 1931 vom Verleger Samuel Fischer eingesetzt, wurde Suhrkamp ab Januar 1932 Herausgeber der Monatsschrift »Die neue Rundschau«. Im Herbst 1933 in den Vorstand des S. Fischer Verlags berufen, erwarb er 1936 den Teil des Verlags, der nicht mit S. Fischers Schwiegersohn Gottfried Bermann Fischer emigrieren durfte. 1942 musste der Verlag auf Druck der Nationalsozialisten in »Suhrkamp Verlag vormals S. Fischer« umbenannt werden. Gleichwohl wagte es Suhrkamp, mehr als ein Drittel der vom Regime unerwünschten Autoren zu verlegen, weshalb Goebbels seine Firma 1944 als »Verlag des 20. Juli«, des Attentats auf Hitler, bezeichnet hat. 1944 wurde der Verleger wegen Verdachts der Vorbereitung zum Hoch- und Landesverrat und weil er in Kontakt zu subversiven Widerstandskreisen stehe, von der Gestapo verhaftet. Zunächst im KZ von Ravensbrück, danach im KZ Sachsenhausen interniert, wurde er, dank der Intervention einflussreicher Bürgen im Februar 1945, auf dem Höhepunkt einer schweren Lungenkrankheit, entlassen. Im Oktober 1945, nach der Kapitulation der Wehrmacht, erhielt er von der britischen Militärregierung die erste Verlagslizenz im Nachkriegs-Deutschland und begann mit dem Wiederaufbau des Unternehmens. Die geplante Fusion mit Bermann Fischers Emigrationsverlag scheiterte 1950 nach Divergenzen mit dem

Exilverleger. Daraufhin kam es zur Trennung vom ehemaligen S. Fischer Verlag. Die Mehrheit der Autoren, zuvorderst Hermann Hesse und Bertolt Brecht, entschied sich für Suhrkamp.

Siehe auch Hermann Hesse – Peter Suhrkamp, »Briefwechsel« 1945-1959. Herausgegeben von Siegfried Unseld, Frankfurt/M. 1969, und den Essay von Volker Michels, »Ohne Hermann Hesse gäbe es keinen Suhrkamp Verlag« in der Edition »Im Dienste der gemeinsamen Sache«, suhrkamp taschenbuch 3784, Frankfurt/M. 2006.

Zum Brief 204 vom [7.5.1935] an Ernst Kappeler:

Ernst Kappeler (14.6.1911 Uster bis 20.5.1987 Uitikon), Schweizer Lyriker, Schriftsteller und Lehrer, der auch durch seine pädagogischen Publikationen und Mundartdichtungen bekannt geworden ist.

Zum Brief 208 vom 16.5.1935 an Jakob Wilhelm Hauer:

Jakob Wilhelm Hauer (4.4.1881 Ditzingen bis 18.2.1962 Tübingen). Der im Basler Missionshaus zum Missionar ausgebildete und von 1907 bis 1911 als Leiter einer höheren Schule in Indien tätige spätere Ordinarius für Religionswissenschaften und Indologie der Universität Tübingen, gründete 1920 den aus der Wandervogel-Bewegung hervorgegangenen Köngener Jugendbund und 1933 die »Deutsche Glaubensbewegung« des Nationalsozialismus. Als Mitglied der SS gab er ab 1934 die Monatsschrift »Deutscher Glaube« heraus und wurde 1937 auch Mitglied der NSDAP. Nach Kriegsende wurde er von den französischen Besatzern interniert, die ihm die Professur entzogen. 1949 als »Mitläufer« eingestuft, bezog er die gesetzliche Pension. Im Oktober 1952 schrieb Hesse an Peter Suhrkamp: »Hauer war als Mensch und Indologe bis 1933 von mir sehr geschätzt, war dann aber ein schwärmerischer Nazi, ein idealistischer, aber immerhin.«

Zum Brief 210 vom 22.5.1935 an Joseph Feinhals:

Joseph Feinhals (31.12.1867 Köln bis 1.5.1947 Schloss Randegg/Hegau), Tabakhändler, der die ersten Havanna-Zigarren auf den deutschen Markt brachte und sich als großzügiger Kunstmäzen verdient machte. Hesse lernte ihn im Februar 1909 anlässlich seiner Lesung im Düsseldorfer Schauspielhaus kennen und führte seitdem einen lebhaften Briefwechsel mit ihm. Im Januar 1914 übernachtete er in Feinhals' opulenter, von J.M. Olbrich und Bruno Paul entworfenen Villa im Kölner Stadtteil Marienburg. In kleiner Auflage erschienen seine reizvollen und bibliophil ausgestatteten Publikationen u.a. zur Kulturgeschichte des Tabaks. Sein Hauptwerk »Non olet oder die heiteren Tischgespräche des Collofino« (Köln 1939) hat er Hesse als dem »gottbegnadeten Dichter, dem Hüter deutschen Sprachguts, dem edlen Menschen und wahren Freunde in froher Bewunderung« gewidmet. Als »Hasenjäger vom Kölner Dom« und Rauchzauberer Collofino kommt Joseph Feinhals in Hesses Erzählungen »Klingsors letzter Sommer« und »Die Morgenlandfahrt« vor sowie als Übersetzer der lateinischen Fassung des Mottos zu Hesses Alterswerk »Das Glasperlenspiel«. Ende Juni und am 3. Juli 1943 bei den Bombenangriffen auf Köln wurden sowohl das Geschäfts- als auch das Wohnhaus mit allen Sammlungen des Kunstmäzens vernichtet und, bis auf dieses Schreiben, auch die gesamte Korrespondenz mit Hermann Hesse. Siehe auch: Rätus Luck, »Collofino« – Das Glasperlenspiel als autobiographisches Dokument in »Hermann Hesses Glasperlenspiel«, Gengenbach/Bad Liebenzell 1987, S. 117ff.

Am 9.8.1943 schrieb Hesse an Hans Conrad Bodmer: »Erinnern Sie sich des Namens Collofino (Feinhals), der da und dort in meinen Schriften spukt? Der alte Freund Feinhals

(Bruder des einst berühmten Sängers Fritz Feinhals) war ein sehr reicher Mann in Köln, hat sich bald nach 1900 eins der damals schönsten Häuser Deutschlands bauen lassen und es mit Bildern, Skulpturen, Sammlungen, Büchern etc. gefüllt. Jetzt schreibt mir der etwa 75jährige Mann aus einem badischen Krankenhaus: am 29. Juni ist sein großes Kölner Geschäftshaus und am 3. Juli sein herrliches Privathaus vom Erdboden verschwunden, es ist von den Häusern und ihrem Inhalt nichts mehr übrig.«

Zum Brief 212 von [ca. 1935] an Anita Daniel:

Anita Daniel (1902 bis 1974), Publizistin, die von 1927 bis 1972 vorwiegend Reisebücher veröffentlicht hat.

Zum Brief 215 vom [8.6.1935] an Arthur Stoll:

Zürich, im Juni 1935
Oetlisbergstraße 40.

Freunde des schweizerischen Schrifttums!

Die Existenz unseres Schrifttums steht auf dem Spiel.

Die Wirtschaftskrise und vor allem die politischen Umwälzungen in den Nachbarstaaten bewirken heute einen solchen Grad der Notlage unserer Schriftsteller, daß uns nichts anderes übrig bleibt, als die Hilfe der Öffentlichkeit anzurufen.

Der ausländische Markt verschließt sich unserem Buche immer mehr; schweizerische Arbeiten werden in den ausländischen Zeitungen nur noch ausnahmsweise aufgenommen. Der schweizerische Schriftsteller ist heute in einem Maße auf sein Land angewiesen wie seit vielen Generationen nicht mehr.

Es ist daher dringend Gebot, daß die Gemeinschaft helfend eingreife. Denn ein freies Schrifttum ist die Voraussetzung für die *geistige Unabhängigkeit der Schweiz.*

Es ist gerade in der heutigen Zeit nicht nur eine Lebensbereicherung sondern eine Lebensnotwendigkeit unseres Landes, sein Schrifttum mit allen Mitteln zu erhalten. Die Wortführer der Ideen, die Gestalter des Innersten müssen unserem Volke erhalten bleiben.

Aus diesem Bewußtsein heraus gehen wir alle die um Hilfe an, die sich für die Freiheit des Geistes und für die selbständige kulturelle Entwicklung der Schweiz verantwortlich fühlen.

Wir haben letztes Jahr einen Kreis von »Freunden des Schweizerischen Schriftstellervereins« zu sammeln begonnen.

Mitglied dieses Kreises kann werden, wer mindestens Fr. 20,– beiträgt.

Treten Sie bei!

Es ist keine Verpflichtung »für Lebenszeit«. Helfen Sie, solang Sie können. Helfen Sie, solang tatkräftige Hilfe ein dringendes Gebot ist.

Als Gegengabe wird Ihnen alljährlich ein signiertes Buch eines unserer Mitglieder überreicht.

Je rascher Sie sich uns anschließen, um so herzlicher unser Dank!

Im Namen des
Schweizerischen Schriftstellervereins
Der Präsident Der Sekretär
Felix Möschlin Dr. Karl Naef

Dass der Verein zur selben Zeit alles tat, um den in die Schweiz emigrierten deutschen Schriftstellern das Publizieren in der Schweizer Presse und bei Schweizer Verlegern zu verunmöglichen, ja selbst vor Denunziationen bei der Fremdenpolizei nicht zurückschreckte, konnte Hesse nicht wissen. Es wurde erst Jahrzehnte später bekannt.

Zum Brief 217 vom [2.7.1935] an Jacob Wackernagel:

Jacob Wackernagel (11.12.1853 Basel bis 22.5.1938 Basel), Indogermanist und Sprachwissenschaftler. In der Familie seines Bruders, des Staatsarchivars Dr. Rudolf Wackernagel, war der junge Hesse in seinen Basler Jahren um die Jahrhundertwende als Buchhändler und Antiquar ein gern gesehener Gast.

Zum Brief 219 vom [Juli 1935] an Ernst Morgenthaler:

Siehe Hermann Hesse, »Die Briefe«, Band 4 (1924-1932), S. 665f.

Zum Brief 221 vom [August 1935] an Erhard Bruder:

Siehe Hermann Hesse, »Die Briefe«, Band 4 (1924-1932), S. 679.

Zum Brief 223 vom [September 1935] an Georg Alter:

Siehe Hermann Hesse, »Die Briefe«, Band 3 (1916-1923), S. 618f.

Zum Brief 225 vom [25.9.1935] an Friedrich Emil Welti:

Friedrich Emil Welti (15.6.1857 Aarau bis 8.3.1940 Kehrsatz bei Bern), Rechtshistoriker, u.a. Präsident der Schweizerischen Mobiliar-Versicherungsanstalt und Kunstmäzen. In erster Ehe war er mit der vermögenden Industriellentochter Lydia Escher verheiratet, von der er sich 1880 scheiden ließ, weil sie ein Verhältnis mit dem ihnen befreundeten Maler

Karl Stauffer-Bern einging. 1893 heiratete er die Arzttochter Helene Kammerer, die lebenslang mit Hesse korrespondierte. Er besuchte das Ehepaar mehrfach auf ihrem barocken Landgut Lohn bei Kehrsatz, wo sein Gedicht »Sommermittag auf einem alten Landsitz« entstand (SW 10, S. 367). Hesses Gedicht »Orgelspiel« (SW 5, S. 342ff.) ist Emil Welti gewidmet.

Zum Brief 230 vom [18.10.1935] an Wolfram Kimmig:

Wolfram Kimmig (26.2.1884 Freiburg/Breisgau bis 20.3. 1973 Konstanz), Rechtsanwalt in Konstanz, dem Hesse die Vollmacht über sein deutsches Bankkonto erteilt hatte. Er war der Sohn des Konstanzer Altphilologen, Gymnasialdirektors und Schriftstellers Otto Kimmig (1858-1913), mit dem Hesse 1908 korrespondiert hatte. Siehe Hermann Hesse, »Die Briefe«, Band 2 (1905-1915), S. 101f. und 104f.

Zum Brief 233 vom [9.11.1935] an Gunter Böhmer:

Gunter Böhmer (13.4.1911 Dresden bis 8.1.1986 Lugano), Maler und Illustrator, von 1960 bis 1976 Professor an der Staatlichen Akademie der bildenden Künste in Stuttgart. Nach seinem Studium an der Dresdener und der Berliner Akademie der Künste bei Emil Orlik und Hans Meid emigrierte er 1933 auf Einladung Hermann Hesses nach Montagnola und bezog dort (sein Domizil bis zum Lebensende) in Hesses ehemaligem Wohnsitz, der Casa Camuzzi. Seinen ersten Illustrationsauftrag, die Bebilderung einer Neuausgabe von Hesses »Hermann Lauscher«, erhielt er 1933 von dessen Verleger Samuel Fischer. Neben einem umfangreichen malerischen Werk illustrierte er in der Folge 175 Bücher, darunter bekannte Werke der Weltliteratur, und war für zahlreiche Verleger ein begehrter Gestalter attraktiver Schutzumschläge. Von Hesse bebilderte er acht verschiedene Werke und hat in seinen gesammelten Schilderungen, u. a. in dem Band »Dokumente einer Freundschaft« (Calw, 1987), mehrfach über seine Erlebnisse mit dem Dichter berichtet.

Zum Brief 237 vom 28.11.1935 an seine Schwester Adele:

Am 11.12.1935 schrieb Emmy Ball-Hennings an Joseph Englert:

»In der vergangenen Woche wurde ich mitten in der spannendsten Arbeit nach Baden gerufen, wo unser Hesse zur Kur war. (Ich glaube, er ist in diesen Tagen zurückgereist.) Ja, und in Baden, da hatte ich Erlebnisse wesentlich anderer Art. Nämlich der Bruder, oder Halbbruder Hesses, der dort bei Brown & Boveri angestellt war, hat sich selbst den Tod gegeben und dies hatte Hesse sehr angegriffen, mehr als ich es für möglich gehalten hätte, denn irgendwie ist er ja doch vor zu starken Eindrücken durch seine eigene Traum- und Gedankenwelt geschützt. Das aber schien diesmal nicht der Fall zu sein, und er hat mir sehr, sehr leid getan. Es kam noch dazu, daß seine Frau Ninon in letzter Zeit und besonders in den kritischen Tagen, da Hesses Bruder starb, auch krank daniederlag, so daß sie ihm weder vorlesen noch Post erledigen konnte, und das habe ich dann ein paar Tage gemacht. Es steht ja schlimm mit seinen Augen, und das ist natürlich gerade für ihn, der viel lesen und schreiben muß, sehr schwer zu ertragen. Es ergab sich aber, daß wir ein Buch lasen, über das zufällig auch ich berichten sollte, mein Interesse war also gesteigert, und da hatten wir doch ein paar schöne, ruhige Stunden. Mich läßt leider nur die Idee nicht los, daß Frau Ninon mehr krank ist, als Hesse anzunehmen scheint. Selbstverständlich habe ich darüber nichts verlauten lassen, bin sogar einesteils froh, wenn Hesse es nicht so merkt und auffaßt, andererseits wäre es freilich schlimm, wenn meine Befürchtung zutreffen sollte, denn Frau Ninon, von der ge-

genseitigen Liebe einmal abgesehen, bedeutet ihm doch auch, was seine Arbeit anbetrifft, unendlich viel, hilft ihm, wo sie nur kann. Sie hat aber die an sich schöne Eigenschaft, ihr eigenes Befinden, wenn sie sich krank fühlt, wenig zu beachten, das ist etwas, was mir besonders in dieser Zeit auffiel, mir nahe ging.«

Zum Brief 239 von [Anfang Dezember 1935] an seinen Vetter Fritz Gundert:

Siehe Hermann Hesse, »Die Briefe«, Band 3 (1916-1923), S. 625.

Zum Brief 244 vom [10.12.1935] an Ida Frohnmeyer:

Ida Frohnmeyer (31.12.1882 Calicut/Indien bis 29.8.1968 Basel), Lehrerin und Schriftstellerin. Tochter des Missionsinspektors Johannes Frohnmeyer (1850-1921) im Basler Missionshaus und Nachfolgers von Hermann Hesses Vater im Vorstand des Calwer Verlagsvereins. Während eines Indienaufenthaltes ihrer Eltern verbrachte sie von 1897 bis 1902 fünf glückliche Jahre ihrer Kindheit in Hesses Calwer Elternhaus. Bekannt wurde sie durch ihre zahlreichen Erzählungen, Legenden und Romane sowie als Redakteurin der Basler Familienzeitschrift »Die Garbe«.

Zum Brief 246 von [vor Weihnachten 1935] an Waldemar Fischer:

Dr. Waldemar Fischer war damals Studienrat an der Knaben-Oberschule von Bad Hersfeld.

Zum Brief 247 vom [Dezember 1935] an Ernst Rheinwald:

Siehe Hermann Hesse, »Die Briefe«, Band 4 (1924-1932), S. 692.

Zum Brief 252 von [Anfang 1936] an Horst Günther Schnell:

Horst Günther Schnell (30. 8. 1911 Wuppertal, gefallen im Februar 1943 bei Staraja Russa), Kapellmeister an der Oper von Braunschweig, von 1939 bis 1942 verheiratet mit der Schriftstellerin Luise Rinser.

Zum Brief 253 von [Mitte Januar 1936] an Max Thomann:

Erklärung

Die Presse der deutschen Emigranten im Ausland hat bei Gelegenheit eines Feldzugs, den sie gegen den alten, verdienstvollen Verlag S. Fischer führt, auch meine Person mit hereingezogen, vor allem in einem Artikel G. Bernhards im Pariser Tageblatt. Da leider dieser Kampf unter anderem auch mit dem Mittel der Verleumdung geführt wird, sehe ich mich genötigt, gegenüber den Behauptungen jenes Artikels das Folgende festzustellen:

1. Ich bin nicht, wie die Emigrantenpresse es darstellt, deutscher Emigrant, sondern bin Schweizer, und lebe seit vollen vierundzwanzig Jahren ununterbrochen in der Schweiz.

2. Ich bin nicht, wie Herr Bernhard behauptet, Mitarbeiter der Frankfurter Zeitung.

Hermann Hesse.

(Aus »Neue Zürcher Zeitung« vom 26. 1. 1936)

Zum Brief 256 vom 24.1.1936 an Georg Bernhard:

Georg Bernhard (20.10.1875 Berlin bis 10.2.1944 New York), Journalist, von 1920 bis 1930 Chefredakteur der »Vossischen Zeitung«, Berlin und Abgeordneter des Deutschen Reichstags. 1933 flüchtete er nach Paris, wo er die Zeitungen der deutschen Opposition, das »Pariser Tageblatt« und 1936 die »Pariser Tageszeitung«, gründete. 1941 floh er nach New York.

Zum Brief 257 von [ca. Januar 1936] an Kurt Kläber:

Kurt Kläber (4.11.1897 Jena bis 9.12.1959 Sorengo/Tessin), Schriftsteller, Mitglied des Spartakusbundes und der KPD, deren Zeitschrift »Die Linkskurve« er herausgab, Leiter der Arbeiterhochschule in Bochum. 1933 als Kommunist verhaftet, floh er über die Tschechoslowakei nach Paris und schließlich in die Südschweiz nach Carona. Wie seine Frau, die Schriftstellerin Lisa Tetzner (1894-1963), schrieb er Erzählungen und unter dem Pseudonym Kurt Held mehrere populäre Jugendbücher wie »Die rote Zora und ihre Bande« sowie mit Lisa Tetzner »Die schwarzen Brüder« (1940/41).

Zum Brief 260 von Ende Januar [1936] an Klaus Mann:

Am 27. Januar 1936 hatte Klaus Mann an Hesse geschrieben:

Sehr verehrter Herr Hermann Hesse –

haben Sie für Ihren Brief vielen Dank – ebenso wie für den Durchschlag Ihres Schreibens an Georg Bernhard, das ja inzwischen publiziert worden ist.

Den Querido Verlag – d. h. den Leiter der deutschen Produktion, Dr. Landshoff – habe ich von dem Inhalt Ihres Briefes an mich in Kenntnis gesetzt; Sie werden von ihm direkt eine Antwort bekommen. Ich darf Ihnen aber jetzt schon sagen, daß man Sie darum bitten wird, die Produktion des Verlages weiter zu empfangen – und weiter zu rezensieren.

Mir liegt daran, in demselben Sinn bei Ihnen vorzusprechen. Sie empfinden die Vorwürfe Georg Bernhards als ungerecht und ungerechtfertigt. Beweisen Sie aber die Richtigkeit und Gültigkeit dieses Ihres Empfindens, wenn Sie sich nun, auf diesen einen Angriff Georg Bernhards hin – aus persönlicher Gekränktheit also – zurückziehen von einer Emigration, die doch wohl nicht nur ein Sammelname für eine gewisse Anzahl von Personen, sondern ein geistig-moralischer Begriff ist? Falls Sie zu diesem Beschluß gekommen sein sollten, so taten Sie dies gewiß in einer stark gereizten Stimmung. Ich bin davon überzeugt, daß dieser Beschluß nicht definitiv sein kann.

Mir scheint, daß Sie um so eher geneigt sein werden, ihn zu revidieren, wenn Sie sich nochmals vorhalten – was Ihnen natürlich bekannt ist –: daß nämlich wir es schließlich sind, die sich in der *Defensive* befinden; daß unsere – zuweilen vielleicht übertriebene – Empfindlichkeit sich aus der ungeheuren Schwierigkeit unserer Position logisch erklärt. Gegen uns haben wir nicht nur den unbegrenzt skrupellosen, beinah unbegrenzt mächtigen Nazi-Apparat, sondern auch jene Kreise in den Ländern, deren »Gastfreundschaft« wir genießen, die mit diesem Apparat sympathisieren – zum Beispiel die »Neue Zürcher Zeitung«. Unter solchen Umständen – so beinah gänzlich isoliert – könnte man wohl zuweilen die Nerven verlieren. Ihre Ritterlichkeit sollte dafür Verständnis haben.

Mußten wir die berühmte Bermann-Erklärung in der N.Z.Z., die mein Vater und Sie unglückseligerweise signiert haben, nicht als den allerbittersten Affront empfinden? Vorangegangen war, im selben Blatt, ein infamer Angriff auf Heinrich Manns schönstes Buch; unmittelbar folgen sollte die Attacke des Doktors Korrodi – dessen starke Seite die Ritterlichkeit nicht eben ist – und seine Eröffnung, daß Leonhard Frank, René Schickele usw. sowohl Juden als Fabrikanten seien, Ernst Jünger aber, der in schlechtem Deutsch von der Materialschlacht schwärmt, ein »Dichter«. Dieses saubere Manifest eines »konservativen Demokraten« war wiederum gefolgt von einer Erklärung von Ihnen – die auch gerade kein Vorbild an Objektivität und Noblesse ist, da sie angibt, die Emigrantenpresse führe ihren Kampf gegen den »alten, verdienstvollen Verlag S. Fischer«, während sie ihn doch gegen die Machenschaften eines gewissen Doktor Bermann führt.

Ich erwähne diese Dinge und Zusammenhänge, um Ihnen die etwas nervöse Reaktion gewisser Blätter verständlich zu machen; es geht hier um Vorkommnisse die absolut verhängnisvoll für uns sein können. In diesem sehr prekären Zusammenhang ist man gegen Sie zu scharf aufgetreten. Im ersten Ärger schien Ihnen dies unentschuldbar.

Sie werden – hoffe ich – meine Offenheit entschuldigen, wenn ich es noch einmal betone: den Angriff Bernhards werden Sie wirkungsvoll nicht durch Gegenerklärungen in der N.Z.Z. widerlegen, sondern indem Sie Ihren geistigen Standort durch weitere Arbeit für unsere Sache – wie bis jetzt – auch künftig dokumentieren.

Ich danke Ihnen besonders dafür, daß Sie auf meinen »Tschaikowsky« in Stockholm hingewiesen haben, und freue mich schon darauf, diesen Hinweis zu lesen.

Nehmen Sie die besten und ergebensten Grüße von Ihrem

Klaus Mann

Zum Brief 259 von [Ende Januar 1936] an Hans Conrad Bodmer:

Siehe Hermann Hesse, »Die Briefe«, Band 3 (1916-1923), S. 590f.

Zum Brief 262 vom [Februar 1936] an Herbert Steiner:

Herbert Steiner (15.8.1892 Wien bis 9.2.1966 Genf), Mitherausgeber und Schriftleiter der von 1930 bis 1943 zunächst in München und nach seiner Emigration in Zürich zweimonatlich erschienenen Literaturzeitschrift »Corona«. Dort veröffentlichte er von 1931 bis 1941 mehrere Vorabdrucke neuer Arbeiten Hesses, u. a. »Die Morgenlandfahrt«, die Hexameterdichtung »Der lahme Knabe«, die »Erinnerung an Hans«, Kapitel aus dem »Glasperlenspiel« und Gedichte. Steiner war auch Herausgeber der Werke Hugo von Hofmannsthals und gründete 1942 und 1945 in den USA die Zeitschriften »Aurora« und »Mesa«. In den 1950er Jahren lehrte er am Pennsylvania State College.

Zum Brief 263 vom 5.2.1936 an Thomas Mann:

Darauf entgegnete Thomas Mann am 9.2.1936:

Lieber Freund Hesse,
seien Sie nicht betrübt über den getanen Schritt! Bedenken Sie den großen Unterschied zwischen Ihrer Situation und der meinen, der von Anfang an bestand und Ihnen so viel mehr Freiheit, Distanz, Unberührtheit sicherte. Ich mußte einmal mit klaren Worten Farbe bekennen: um der Welt willen, in der vielfach noch zweideutig-halb-und-halbe Vorstellungen von meinem Verhältnis zum dritten Reiche herrschen, und auch um meinetwillen; denn schon lange war mir dergleichen seelisch nötig. Nach Korrodi's häßlichem Verhalten nun gar gegen die Emigration unter Verwendung meines Namens war ich dieser eine Genugtuung, ein Bekenntnis zu ihr schuldig. Vielen Leidenden habe ich wohl getan, das zeigt mir der Briefstrom; vielen Unbeteiligten auch ein Exempel gegeben, daß es doch noch etwas wie Charakter und feste Überzeugung gibt. Manche bedauern meinen Entschluß mit Ih-

nen und in Ihrem Sinn. Aber ich meine doch, im rechten Augenblick das Rechte getan zu haben »und befinde mich besser seitdem«, wie es im Liede heißt. Auch bin ich noch garnicht mal sicher, daß die regierende Bande zurückschlagen wird. Olympiade[1] und Außenpolitik sprechen dagegen, und ich halte es nicht für ausgeschlossen, daß – außer daß ich natürlich meine Habe nicht wiederbekomme – garnichts geschieht. Sehr möglich sind Ausbürgerung und Bücherverbot gewiß. Aber wenn sie ausgesprochen werden: entweder, darf ich mir sagen, kommt der Krieg oder es müssen sich in einigen Jahren in Deutschland Zustände herstellen, die die Verbreitung meiner Bücher wieder erlauben.

Ich habe meinen Schritt nie als eine Trennung von Ihnen aufgefaßt; ich hätte ihn sonst nicht getan, oder er wäre mir doch bedeutend schwerer geworden.[2] Nach gesprochenem Wort nun bleibt alles in meiner Haltung beim Alten. Ich werde fortfahren, meine Arbeit zu tun und es der Zeit überlassen, meine Vorhersage (die recht spät erfolgte) zu bestätigen, daß aus dem Nationalsozialismus nichts Gutes kommen kann. Aber mir wäre der Zeit gegenüber nicht wohl im Gewissen, wenn ich es nicht vorhergesagt hätte.

Herzlich und treulich Ihr

Thomas Mann

1 In Berlin fand 1936 die Olympiade statt.

2 Am 7.2.1936 hatte Th.M. in sein Tagebuch notiert: »[...] weitere Kollektion von Glückwunschbriefen [...] einer von Hesse, der meinen Schritt im Grunde bedauert, da er erwartet, nun in Deutschland allein zu bleiben, auch weil er den Bruch als durch die Emigranten erpreßt ansieht.« Aus: Th.M., »Tagebücher 1935-1936«, Frankfurt/Main 1978, S. 254.

Zum Brief 268 vom [12.2.1936] an Otto Basler:

Eduard Korrodi an Hermann Hesse

Zürich, 9.2.1936

Lieber, verehrter Herr Hesse!
Es sind verschiedene Dinge, die mir nahelegen, Ihnen für mein kulturpolitisches Verhalten als Schweizer (der auch die Dimension der Tiefe, die Historie erlebt) ein paar Aufschlüsse zu geben; weil heute ja durch die Politik alles denigniert wird.

Ich habe also gewagt, den Typus Jude Schwarzschild mit einer Äußerung festzulegen. – Thomas Mann, der Angegriffene, schreibt schnell einen Brief an die NZZ[1] – ich lag mit einer Rippenquetschung und einer bösartigen Schienbein-Verletzung zu Bett – und ließ den Brief erscheinen. – Als ich ihn genau las, sagte ich mir: Er kneift also vor diesem Schwarzschild – jetzt, wo Sami Fischer in Zürich nicht starten kann[2], erklärt er sich endlich gegen Deutschland. Die Quittung hat er schon im »Volksrecht«[3], wo er gepriesen wird, und ich ein armer Kretin der Reaktion bin. –

Und was nun den S. Fischer Verlag betrifft, so glaube ich, auch Sie hätten nicht ohne Beratung mit Zürchern – so geheimnisvoll diesen Verlag fördern sollen. Sie vergessen, daß in Zürich ein jüdischer Verlag eine wahre Gefahr ist, und Dr. B[ermann] hat sehr unredlich im Vagen gelassen, was für Autoren nach den schon Bekannten kämen. – Eine gewisse Besorgnis, daß Zürich noch mehr Emigranten bekäme, – auf der andern Seite das Problem: Warum denn in der Schweiz lebende Autoren nicht bei Schweizer Verlegern verlegen wollen – und die Ihnen bekannten Treibereien haben eine ungünstige Stimmung hergestellt.

Ja, die wirklichen Schweizer sind zwischen Stuhl und Bank gefallen, die begabten internationalen Romanciers nicht – denn sie haben ihren »Knopf«[4] in Amerika, und was weiß ich für jüdische Relationen und Filiationen. (Siehe Stefan Zweig).

Herr Thomas Mann will das alles bagatellisieren – und da irrt er sich. Wir *verlieren unsere Schweiz*, wenn diese schillernde Halbschweiz der Basler National-Zeitung (für die der wertvolle Dr. Kleiber[5], den ich sehr schätze, nichts kann) ein Lebensgefühl der Schweiz würde. Auch Sie, verehrter Herr Hesse, erkennen diese Gefahr der *Überfremdung* nicht, oder Sie stehen so sehr auf der »Freiheit froher Linken«, daß Sie meinen Pessimismus nicht verstehen. [...] Kein Thomas Mann hätte die Feder ergriffen, um den üblen Schreiber im »Volksrecht«, der Sie so blöde angriff, wegen Emil Strauß – in die Schranken zu weisen. Unsere israelitischen Blätter heulen, daß man Schwarzschild betupfte – aber daß es eine *deutsche Literatur* im Binnenland gibt und geben wird, geht über ihre Intelligenz.

Wie! wenn ich nun einmal konsequent wäre und all den Juden, die bei uns antichambrieren, sagen würde: geht in die Zeitungen, die sich nicht aus der nationalen Substanz nähren! Haben wir denn nicht alle Fehler begangen, durch die Verwechslung der internationalen Literatur mit der *Weltliteratur*, wie sie Goethe begriff? Thomas Mann sagt uns: daß Drama und Lyrik archaische Formen seien. – Das ist bedenklich und namenlos gewerblich gedacht. – Deutschland *hat* (was immer man sage) eine Jugend, die sich an Schwierigkeiten verbeißt und Romane mit schlechtem Gewissen liest – aber Hölderlin liebt – trotz Olympiaden[6] –.

Darum weiß die Familie Mann nichts.

Eine so inkomplette Literatur, die nur auf dem Roman fußt, begibt sich in die fragwürdigste Zone, sie riskiert, daß man sie ja denen überläßt, die in die Oper gehen und nicht wissen, was eine Symphonie von Beethoven oder ein Mozart-Streichquartett ist. – Von Bach nicht zu reden. –

Thomas Mann entdeckt das Westliche und den Katholizismus und schreibt einen Wälzer über Joseph und seine Brüder – nicht aus gläubigem Gemüt, sondern als Parvenu der liberalen Religionswissenschaft, erschrocken und beglückt, wie man aus »Wissenschaft« Romane destillieren kann. [...]

Ich sage Ihnen in der Offenheit, die uns verbindet, *was mich selbst betrifft*, ekeln mich alle diese Linksemigranten an; es sind rankuröse Temperamente und *statisch* unfähig, ein Opfer des Individuums für eine Gemeinschaft zu bringen. [...]

Es gibt einen schweizerischen Bon sens, und ihm vertraue ich. Es mag mir schlimm ergehen, aber wenn es so ist, daß die Dynastie Mann sowohl das Verständnis der liberalen Kultur und zugleich die Wohltaten einer schamlosen, kulturlosen Sozialdemokratie, die nichts produziert und nichts produzieren will, sondern nur aus unsern Steuern die alte Schweiz vernichtet – begehrt – dann weiß ich, wie sich viele Schweizer verhalten werden. Herr Thomas Mann findet das Verhalten Schwarzschilds wichtiger als »alle Poesie«. Er glaubt es nicht, aber sagt es unter dem Zwang seiner Versippung. – Wir aber werden die Poesie verteidigen, wir werden uns wehren.

Und nachdem Sie sich meines Wissens zum erstenmal öffentlich in einer Schweizer Zeitung als *Schweizer* erklärt haben, werden Sie begreifen, daß Schweizer sein kein restloses Vergnügen ist und auch einen bescheidenen Heroismus verlangt. Warum sollten wir es immer besser haben?

Dieser Brief ist von Affekten geladen, Ihre Klugheit wird sie auf das Maß zurückführen –. Sie werden zweifellos spüren, daß etwas *nicht stimmt,* wenn plötzlich die Schweiz durch einen Zudrang befremdender und anationaler Talente in eine Gefährdung kommt, wo wir denn lieber auf die *Literatur* als auf unsere helvetische Konstitution verzichten möchten.

Verübeln Sie mir dieses freie Wort nicht, wägen Sie es, ob es ganz unvernünftig ist, denn Sie kennen die Valeurs dieser delikaten Frage.

Kein Mensch weiß, was mit Deutschland geschieht. Ich weiß nicht, wie ich mich zu diesem Lande stellen muß, aber daß dieses Deutschland durch seine Wehrkraft eine *Macht* geworden ist, ist ein Phänomen, dem gegenüber Dichter sich in eine lächerliche Position begeben, wenn man weiß, wie Deutschland *gedemütigt* wurde durch die Versailler Verträge – Kein Dichter des Samuel-Fischer-Verlags hätte für dieses schreckliche, aber auch gesunde und hochqualifizierte Volk sich einsetzen dürfen. Und dieser Verlag lebte in der hauchdünnen Oberschicht – und hat sein Schicksal erreicht. Verzeihen Sie mir meinen Freimut!

Die Tatsache besteht! Daß S. Fischer-Autoren – durch ein Paradox gebunden, ihre »liberalen Vorzüge« erhalten wollen – und wir wissen, *daß es um eine andere Schweiz geht*, wenn sie nicht untergehen soll.

Ihr E. Korrodi

1 »Offener Brief an Eduard Korrodi« in »Neue Zürcher Zeitung« vom 3.2.1936.
2 Nachdem die Niederlassung von Bermann Fischers Exilverlag am Widerstand schweizerischer Verleger gescheitert war.
3 »Volksrecht«, Zürcher Tageszeitung, Organ der sozialdemokratischen Partei der Schweiz.
4 Alfred A. Knopf (1892-1984), New Yorker Verleger von Thomas Mann und anderen emigrierten deutschen Autoren.
5 Otto Kleiber von der »National-Zeitung«, Basel.
6 Die Olympiade des Jahres 1936 fand in der deutschen Hauptstadt statt.

Zum Brief 269 vom 12.2.1936 an Eduard Korrodi, Redaktion der »Neuen Zürcher Zeitung«:

Eduard Korrodi (20.11.1885 Zürich bis 4.9.1955 Zürich), Gymnasiallehrer, Essayist und einflussreicher Literaturkritiker, der als Nachfolger von Fritz Marti von 1914 bis 1950 Feuilletonchef der »Neuen Zürcher Zeitung« war. Im Juni 1920 verärgerte er Hesse durch seinen Artikel »Wer ist der Dichter des ›Demian‹?«, worin er sich als Entdecker des bereits von Otto Flake gelüfteten Pseudonyms Emil Sinclair ausgab und Hesse zu einer Stellungnahme, die er nicht veröffentlichte, herausgefordert hat. Nach der Machtergreifung der

Nationalsozialisten war seine Kritik an der Exilliteratur nicht ohne antisemitische Tendenzen, weshalb er auch dazu beitrug, dass dem S. Fischer Verlag eine Niederlassung in der Schweiz verweigert wurde.

Am 30.7.1934 schrieb Hesse an Helene Welti: »Er hat mir oft das Leben reichlich schwer gemacht, ein launischer, nicht guter, kluger aber feiger Mensch, aber mit manchen schönen Fähigkeiten. Für mich interessiert er sich, ohne mich eigentlich leiden zu können, und wenn er einmal über mich allzu gut geschrieben hat, rächt er sich bestimmt beim nächsten Anlaß durch irgend eine kleine oder auch große Bosheit. Er hat seinerzeit den pseudonymen ›Demian‹ sehr gelobt, ohne den Verfasser zu erraten, hat ihn sogar auf meine Kosten gelobt, er ahnte ja nicht, daß ich der Autor sei, und hat sich für die kleine Blamage, statt drüber zu lachen, später hart an mir gerächt. Immerhin komme ich seit Jahren leidlich mit ihm aus.« Auch für Thomas Mann war Korrodi »eine tückische kleine Madame«.

Zu Brief 271 vom [15.2.1936] an Victor Wittkowski:

Victor Wittkowski (3.4.1909 Güstrow bis 30.10.1960 Köln), Erzähler und Lyriker, der 1933 zunächst nach Genf, danach nach Österreich und 1938 nach Rom emigrierte. Dort wurde er 1940 interniert. Mit einem brasilianischen Visum für »nicht-arische Katholiken« kam er im Juni 1940 nach Rio de Janeiro und befreundete sich mit Stefan Zweig. Im Juni 1956 erhielt er die Einbürgerungsurkunde der BRD und lebte seitdem in Köln.

Zum Brief 275 vom [6.3.1936] an Helene Welti:

Am 31.1.1936 hatte Romain Rolland an Hesse geschrieben:

Lieber Freund,
wie sehr bin ich gerührt, daß Sie daran dachten, mir zu meinem siebzigsten Geburtstag zu schreiben! Sie sind einer meiner sehr seltenen Brüder in Kunst und Denken, für die ich Liebe und Hochachtung empfinde; und ich bin glücklich über Ihre Freundschaft.

Wir sind, Sie und ich, zwei Einsiedler. Doch in meine Einsiedelei lasse ich alle Stürme der Welt eindringen; und oft beneide ich die Ruhe der Ihren, im Lichte. Den Traum meines Lebens habe ich nicht gelebt, aber seine Bestimmung. Und die hat mir unentwegt, bei jeder Etappe, an der ich mich auszuruhen dachte, neue Kämpfe beschert. Niemals ein Ausruhen. – Schließlich aber werde ich es doch noch erreichen. Ich habe es mir erworben.

Für diese glückliche Zeit, in der man nur noch zu schlafen, die Ewigkeit zu verschlafen braucht, träume ich, nicht wie Musset von einer Trauerweide über meinem Schlummer, sondern von einem Olivenbaum in der Sonne. Ich habe mir mein ganzes Leben lang die Italiensehnsucht meiner zwanziger Jahre bewahrt. Ich drücke Ihnen herzlich die Hand.

Ihr alter Freund

Romain Rolland

Zum Brief 277 vom 26.3.[1936] an Lene Gundert:

Lene Gundert (31.1.1913 Stuttgart) Krankengymnastin. Nachdem ihr Vater im Ersten Weltkrieg gefallen und ihre Mutter 1915 gestorben war, wurde sie von Hermann Hesses Schwester Adele und ihrem Mann, dem Pfarrer Hermann Gundert, mit zwei anderen kriegswaisen Mädchen adoptiert. Von

1934 bis 1952 war sie fünfmal zu Besuch bei Hesses in Montagnola.

Zum Brief 280 vom [April 1936] an Berta und Emil Molt:

Siehe Hermann Hesse, »Die Briefe«, Band 2 (1905-1915), S. 584.

Zum Brief 283 vom [5. 5. 1936] an Volkmar Andreae:

Siehe Hermann Hesse, »Die Briefe«, Band 2 (1905-1915), S. 564.

Zum Brief 284 vom [6. 5. 1936] an Walter Lochmüller:

Walter Lochmüller (5. 5. 1905 Leonberg bis 19. 6. 1992 Schwäbisch Gmünd), Emailleur und Maler, Professor und Direktor der Staatlichen Werkkunstschule Schwäbisch Gmünd. 1934 kam er als Flüchtling zu Hesse nach Montagnola, wo Hesse ihn und seine Frau Charlotte in der Casa Camuzzi einquartierte. Dort wohnte gleichzeitig auch der Maler und Schriftsteller Peter Weiss.

Zum Brief 285 vom 11. 5. 1936 an Peter Suhrkamp:

Am 6. 5. 1936 hatte Peter Suhrkamp, S. Fischer Verlag, Berlin an Hesse u. a. geschrieben:

Sehr geehrter Herr Hermann Hesse –
[...] Inzwischen las ich das Aprilheft der Vesperschen »Neuen Literatur«. Im Kern seiner Auslassungen findet man, daß er nun offenbar nicht mehr umhin konnte, sich auf den Pas-

sus Ihrer Erwiderung einzulassen, der ihn betraf, daß er nämlich Ihr Vorgänger war in jenem Referat. Offenbar ist er ihm nun auf vielen Seiten begegnet, und er muß dazu stehen. Die Wendung, mit welcher er sich entzieht, ist beachtenswert: als hätten Sie ihm damit nur sagen wollen, er hätte Sie aus Konkurrenzgründen, aus Eifersucht angegriffen. – Diese Dinge erledigen sich natürlich selbst: sie werden durchschaut. Der Schaden, der bei dieser ganzen Kampagne entstanden ist, rührt leider daher, daß Sie ihm überhaupt erwidert haben. Dadurch bekamen die Auslassungen Vespers überhaupt ein Gewicht, das sie hier sonst nicht haben. Aber das konnten Sie nicht wissen. Aber ein für allemal: was sich hier in einigen Winkeln an Gesinnung tut, wird von allen Stellen, nur nicht von denen im gleichen Winkel, als niedrig beurteilt. Dahin gehört neben Vespers »Neue Literatur« noch die »Bücherkunde« des Herrn Hagemeyer.[1] – Der Erfolg der ganzen Kampagne ist nun bisher der beabsichtigte: es haben sich Personen und Stellen gefunden, welche die Gelegenheit benutzten, »Narziß und Goldmund« zu denunzieren. Ich weiß das seit längerem und bin dem sofort in einer offenen Aussprache begegnet. Davon machte ich Ihnen keine Mitteilung, um Sie nicht zu beunruhigen. Vor einigen Tagen hatte ich wieder eine offizielle Aussprache darüber. Solche Besprechungen waren aber nur nötig, um die offizielle Haltung zu bestärken, die ganz eindeutig auf Ihrer Seite ist. An ein Aufgeben denkt man gar nicht. Ich hoffe nur, daß ich weiterhin rechtzeitig Witterung habe und zur Stelle bin. Darin bestand in den letzten Jahren in vielen Fällen, von denen niemand eine Ahnung hat, nicht einmal die, welche es eigentlich anging, meine Aufgabe. [...] Ich brauche jetzt, glaube ich, nur noch zwei Monate Standfestigkeit, um den Verlag wieder auf festen Grund zu bringen, so daß wieder planvoll gearbeitet werden kann. Das alles dauert so lange, weil alle wilden Spekulanten abgehalten werden müssen. Ich bin abergläubisch[2] und möchte Ihnen deshalb im Augenblick keine von den Namen nennen, die ernsthaft in Frage kommen für einen Kauf. Sobald etwas sicher ist, geb ich Ihnen sofort Nachricht. Das wird auf keinen Fall so lange dauern oder einen Weg gehen, daß Sie sich um Ihre Bücher Sorge machen müßten. Das sage ich nicht leichtfertig oder aus einer Spekulation heraus. Diese Sorgen verstehe ich, weil es die Sorgen sind, die ich mir schon lange mache. Was ich in anderen Fällen in dieser Beziehung erreichte, dürfte Sie auch überzeugen, daß ich richtig sorge. Wenn Sie jetzt daran denken sollten, Ihr Werk noch aus dem Verlag herauszuziehen, würde das den Verlag in die äußerste Gefahr bringen. Sollten Sie Pläne dieser Art beschäftigen, geben Sie mir doch bitte vor einem Schritt eine Möglichkeit zu einer Begegnung und einer Besprechung. Selbstverständlich werde ich Ihren Wunsch aber erfüllen und in nächster Zeit berechnen, was der Komplex ausmachen würde, wenn man ihn herausziehen würde.[3] [...]

1 Hans Hagemeyer, Leiter des Amtes für Schrifttumspflege.
2 Mehrfach von Suhrkamp verwendete Formulierung zur Tarnung gegenüber der Briefzensur.
3 Hesse hatte vorgeschlagen, die Rechte an seinen Werken aus dem Berliner S. Fischer Verlag herauszukaufen, um darüber für Bermanns Exilverlag verfügen zu können, und hatte Suhrkamp nach der Kaufsumme befragt.

Zum Brief 287 vom [Mai 1936] an Gustav Kilpper:

Siehe Hermann Hesse, »Die Briefe«, Band 4 (1924-1932), S. 655.

Zum Brief 288 vom [Mai 1936] an Andreas Thom:

Andreas Thom (11.5.1884 Wien bis 25.6.1943 Mooskirchen/Steiermark), Grundschullehrer und Romancier. Von 1918 bis 1923 war er Verlagslektor und zählte zum Freundeskreis der Autoren Albert Paris Gütersloh, Ferdinand Bruckner und des Malers Egon Schiele.

Zum Brief 290 vom [Juli 1936] an Max Silber:

Max Silber war ein Psychotherapeut in Zürich.

Zum Brief 291 vom [Juli 1936] an Helmut Paulus:

Helmut Paulus (29.4.1900 Sonnenbühl/Tübingen bis 17.7.1975 Winneka/Illinois/USA) war Buchhändler und Schriftsteller.

Zum Brief 296 vom 14.9.[1936] an Franziska Reich:

Franziska Reich (14.6.1881 München bis 21.1.1981 Bad Endorf) war eine diplomierte Krankenschwester und seit Beginn der zwanziger Jahre die wichtigste Assistentin des alternativen Augenarztes Maximilian Graf Wiser bis zu dessen Tod 1938. Die musikbegabte Violinistin kannte Hesse schon vordem aus der Lektüre seiner Bücher.

Zum Brief 297 von [1936] an Werner Reinhart:

Werner Reinhart (19.3.1884 Winterthur bis 29.8.1951 Winterthur), Kaufmann, Teilhaber der Winterthurer Firma Gebrüder Volkart, Vorstand der Gottfried Keller-Gesellschaft und Mäzen zahlreicher zeitgenössischer Komponisten und Künstler, u.a. des Dichters Rainer Maria Rilke.

Zur Postkarte 298 vom [September 1936] an Theodor Heuss:

Siehe Hermann Hesse, »Die Briefe«, Band 2 (1905-1915), S. 555f.

Zum Brief 299 vom [September 1936] an Herbert Roch:

Herbert Roch (1907 Penzing/Oberlausitz bis 1978 Lübeck), Publizist und Schriftsteller.

Zum Brief 300 vom [September 1936] an Max Thomann:

Peter Suhrkamp
Verhältnis zum S. Fischer Verlag.

Der S. Fischer Verlag, Berlin, war eine Familien-AG. Nachdem ich seit 1932 als Herausgeber der »Neuen Rundschau« und in der Verlagsdirektion in der Planungsabteilung des Buchverlags mitgearbeitet hatte, wurde ich im Herbst 1933 zum Vorstandsmitglied bestellt. Der Vorstand bestand damals aus dem Gründer des Verlags, Herrn S. Fischer, seinem Schwiegersohn, Herrn Dr. Gottfried Bermann Fischer, der ursprünglich Mediziner war, und mir. Am 15. Oktober 1934 starb S. Fischer. Der Vorstand wurde nicht ergänzt, sondern bestand danach aus Herrn Dr. Gottfried Bermann Fischer und mir. Anfang Winter 1935 erhielt die Familie Fischer vom Propagandaministerium die Aufforderung, aus dem Besitz und der Leitung des Verlages auszuscheiden. Verschiedene Versuche, den Verlag zu verkaufen, führten zu keinem Ergebnis. Als letzter Käufer trat ein Strohmann der Partei auf. Daraufhin wurde ich von der Familie aufgefordert, doch den Verlag zu erwerben und ihn fortzuführen. Ich lehnte zunächst ab, wurde aber dann von einem Gremium aus Verlags-Mitarbeitern und Autoren zur Fortführung des Verlages gedrängt. Da ich kein Kapital besaß, wurde eine Kommanditgesellschaft gegründet, in der ich einziger persönlich haftender Gesellschafter war. Die übrigen Kommanditisten waren: Herr Rechtsanwalt Clemens Abs, Bonn, Herr Christoph Ratjen, ein Sohn des Bankiers Ratjen, Berlin, und Philipp F. Reemtsma, Mitbesitzer der Zigarettenfabrik Reemtsma, Hamburg-Altona. Die drei Kommanditisten wurden mir gegenüber vertreten durch den Bankier Hermann J. Abs, den Auslandsdirektor der Deutschen Bank. Die Kommanditgesellschaft kaufte das Verlagsgeschäft und zahlte an die Familie Fischer den geforderten Kaufpreis von RM 200 000,– zum 1. Januar 1937. In Unterhandlungen mit dem Propagandaministerium und mit dem Wirtschaftsministerium hatte ich für die Familie folgende Vergünstigungen ausgehandelt: a) Freigabe der Auslandskonten b) einen Bar-Transfer von RM 240 000,– nach der Schweiz c) Übereignung einer großen Anzahl von Autorenrechten an Herrn Dr. Bermann Fischer und Ausfuhr des Buchlagers, das mit diesen Autoren verbunden war. Dieses Buchlager allein stellte einen Verkaufswert von RM 1 500 000,– dar. Damit konnte Herr Dr. Bermann Fischer am 1. April 1936 den Bermann Fischer Verlag in Wien begründen, der nach dem Anschluß Österreichs 1938 nach Stockholm verlegt und dort von Bonniers-Verlag, Stockholm, finanziert wurde.

Zum Brief 307 vom [November 1936] an Kuno Müller:

Kuno Müller (1896 bis 1970), Jurist, Publizist und Sammler aus Luzern, der mit Hesse von 1932 bis 1946 sieben Schreiben wechselte.

Zum Brief 309 vom [10.12.1936] an Kuno Fiedler:

Kuno Fiedler (3.2.1895 Schwiebus/Brandenburg bis 13.5.1973 Purasca/Tessin), evangelischer Theologe und Publizist, befreundet mit Katia und Thomas Mann, deren Tochter Elisabeth er 1918 taufte. Wegen seiner Streitschrift »Luthertum und Christentum« 1922 aus dem Kirchendienst entlassen, weigerte er sich auch im Schuldienst, NS-Propaganda zu vermitteln. Im September 1936 verhaftet, gelang ihm die Flucht aus dem Würzburger Landgerichtsgefängnis in die Schweiz, wo er – unterstützt von Thomas Mann – in St. Antönien bis 1955 eine Pfarrstelle bekleiden konnte. Mit Hesse, der sein Buch »Stufen der Erkenntnis« (1929) schätzte und empfohlen hat (SW 19, S. 87), wechselte er von 1922 bis 1959 etwa 65 Briefe.

Über Fiedler schrieb Hesse am 12.9.1939 an Rudolf Jakob Humm: »Der K. Fiedler, mit dem Sie Briefe wechselten, ist ein ganz feiner Kopf und Mensch, aber von der deutschen Hysterie ergriffen; ich kenne das und weiß wie der Deutschenhaß aussieht, wenn er zugleich Selbsthaß ist.«

Zum Brief 310 von [ca. 1936] an Theodor Schnittkin:

Siehe Hermann Hesse, »Die Briefe«, Band 4 (1924-1932), S. 678.

Zum Brief 312 von [ca. 1937] an Generalkonsul Fritz Naschitz:

Fritz Naschitz (21.5.1900 Wien bis 24.3.1989 Tel Aviv), Diplomat, Industrieller und Schriftsteller. Mitarbeiter beim »Prager Tageblatt« und u.a. Vizevorstand des Verbandes deutschsprachiger Autoren in Israel.

Zum Brief 313 vom 10.1.1937 an Georg Reinhart:

Siehe Hermann Hesse, »Die Briefe«, Band 3 (1916-1923), S. 562f.

Zum Brief 315 vom 21.1.1937 an Peter Weiss:

Peter Weiss (8.11.1916 Potsdam bis 10.5.1982 Stockholm), Schriftsteller, Maler, Experimentalfilmer und politisch engagierter Dramatiker, der mit seinen Eltern 1935 nach London emigrierte und im Jahr darauf mit ihnen nach Warnsdorf (Tschechoslowakei) übersiedelte. Seine ersten Manuskripte sandte er an Hesse, den er im Sommer 1937 besuchte und in dessen ehemaligem Domizil, der Casa Camuzzi, er wohnte. Im Herbst begann Weiss sein (von Hesse vermitteltes) Studium an der Prager Kunstakademie. Im Jahr darauf kam er erneut nach Montagnola, illustrierte Hesses Märchen »Kindheit des Zauberers«, die Erzählung »Anton Schievelbeyns ohnfreiwillige Reise nach Ost-Indien« sowie die Betrachtung »Tessiner Sommerabend« und bezog bis zum Januar 1939 ein Zimmer im nahe gelegenen Dorf Carabietta. Nach weiteren Stationen in Alingsås/Schweden und Stockholm gelang es ihm 1960, sein erstes Buch im Suhrkamp Verlag zu veröffentlichen, der daraufhin auch sein künftiges Werk betreute. 1962 besuchte er Hesse ein letztes Mal in Montagnola. Siehe auch seinen Briefwechsel mit dem Dichter, der 2009, herausgegeben von Beat Mazenauer und Volker Michels, u.d.T. »Verehrter großer Zauberer« bei Suhrkamp erschien.

Einen Monat vor Hesses Tod schrieb Weiss dem Dichter: »Ihre Person und Ihr Werk waren für meine Entwicklung von großer Bedeutung. In allen Stationen der Emigration, der Umsiedlungen, der Kriegsjahre – bis zum heutigen Tag, habe ich Ihre Bücher bei mir getragen.«

Zum Brief 319 von Anfang Februar 1937 an Carl Stern:

Carl Stern (5.1.1918 Troppau bis 25.6.1985 Jerusalem), Schriftsteller und Fotograf, der im März 1939 beim Einmarsch der deutschen Truppen in Prag sein dort begonnenes Jurastudium unterbrechen musste und aufgrund der Judenverfolgungen nach Palästina ausgewandert ist. Fast all seine Schriften, Gedichte, Erzählungen und Erinnerungen sind erst seit Beginn der 1980er Jahre, zumeist im Boesche Verlag, Berlin/Haifa, erschienen.

Carl Stern schrieb an Hesse im März 1948 aus Prag:

»Ich möchte Ihnen danken. Sie haben mir vor vielen Jahren, als ich am Beginn einer entscheidenden Entwicklung stand, geholfen, daß ich mich nicht verlor. Ihre vorausweisenden Worte, die Sie mir damals, vor zwölf Jahren sandten, haben mich mein Leben seither klarer und bewußter begreifen gelehrt. Sie sind mir Trost und Leitschnur geblieben, immer wieder Zuspruch und leise Mahnung auf dem wirren Weg zu mir selber.

Wenn ich trotz langer, immer wiederkehrender Anfälle einer hartnäckigen Krankheit, die jedesmal alles dazwischen Aufgebaute bis zur scheinbaren Unkenntlichkeit verschüttete, an den Wurzeln heil geblieben bin, und wenn das Streben nach innerem Bereitwerden immer aufs neue stark in mir werden und wachsen konnte – dann verdanke ich es Ihnen.«

Zum Brief 321 von [1937] an Horst Lange:

Horst Lange (6.10.1904 Liegnitz bis 6.7.1971 München), Erzähler, Romancier und Lyriker, der 1937 durch seinen Erstlingsroman »Schwarze Weide« bekannt wurde. Er war mit der baltischen Schriftstellerin Oda Schaefer verheiratet und u.a. mit Günter Eich und Elisabeth Langgässer befreundet.

Zum Brief 322 vom 26.2.1937 an Otto Michael Knab:

Otto Michael Knab (16.3.1905 Simbach am Inn bis 12.12. 1990 Oregon/USA), Journalist und Erzähler, der 1934 in die Schweiz flüchtete und dort sein Erinnerungsbuch »Kleinstadt unterm Hakenkreuz« veröffentlichte. 1939 musste er die Schweiz verlassen und emigrierte in die USA.

Zum Brief 324 [um 1937] an Wilhelm Stämpfli:

Siehe Hermann Hesse, »Die Briefe«, Band 4 (1924-1932), S. 700f.

Zur Postkarte 326 vom [11.3.1937] an Hans Erich Blaich:

Siehe Hermann Hesse, »Die Briefe«, Band 2 (1905-1915), S. 522.

Zum Brief 327 vom 15.4.[19]37 an Rudolf Hunziker:

Rudolf Hunziker (5.2.1870 Unterstrass/Zürich bis 27.5. 1946 Zürich), Literatur- und Musikwissenschaftler. Der von 1887 bis 1935 als Gymnasialprofessor in Winterthur unterrichtende Publizist gab ab 1911 gemeinsam mit Hans Bloesch die 24-bändige historisch-kritische Ausgabe der Werke von Jeremias Gotthelf heraus.

Zum Brief 328 vom [Mai 1937] an Kurt Eckner:

Kurt Eckner (25.10.1902 Riesa/Sachsen bis nach 1978 Braunschweig), Lehrer in Bernstadt, seit 1951 in Braunschweig.

Dem ersten nach der »Amputation« des S. Fischer Verlags erschienenen Berliner Verlagsalmanach, anlässlich des 50. Verlagsjubiläums 1936, schickte Peter Suhrkamp folgende Erklärung voran:

»Das fünfzigste Jahr

Am 15. Oktober 1936 besteht der S. Fischer Verlag fünfzig Jahre. Sein Begründer starb am 15. Oktober vor zwei Jahren; damals erschien im Almanach eine kurzgefaßte Geschichte des Verlages. Dort möge man nachlesen, was der Verlag war.

Seine Geschichte seitdem ist nicht mehr die Geschichte seiner Ausbreitung, sondern sie ist eine einzige große Probe, die der Verlag vor der deutschen Gegenwart zu bestehen hatte; die Probe ging wie ein echtes Schicksal bis nahe an die Existenz. Vor wenigen Monaten wurden Teile des Verlages, welche in seiner Vergangenheit nicht unwesentlich an seinem Leben beteiligt waren, fortgegeben.

Es würde uns somit schlecht anstehen, das übliche Jubiläum zu feiern. Der Kranz hängt nicht über der Pforte eines saturierten Hauses. Wir haben zu sorgen und zu arbeiten wie in der Jugend dieses Verlages. Der Ertrag des Jahres, aus dem wir auf den folgenden Seiten Proben bieten, muß vom treibenden Saft in Mark und Kernholz Zeugnis sein.

Der Verlag«

Zum Brief 330 vom 12. 6. 1937 an Berthold Heymann:

Berthold Heymann (28. 2. 1870 Posen bis 6. 9. 1939 Zürich), Journalist und SPD-Politiker. Von 1901 bis 1919 war er Chefredakteur des SPD-Wochenblattes »Der wahre Jakob«, von 1920 bis 1933 SPD-Abgeordneter im württembergischen Landtag, befreundet u. a. mit Hesses Calwer Mitschüler Emil Molt, mit dem er die erste Waldorfschule (in Stuttgart) in die Wege leitete. 1933 emigrierte Heymann in die Schweiz und betrieb in Zürich eine kleine Pension, die zur Anlaufstelle für viele Emigranten und verfolgte Politiker wurde.

Zum Brief 333 vom [Juli 1937] an Friedrich Glauser:

Friedrich Glauser (4.2.1896 Wien bis 8.12.1938 Nervi bei Genua), Schweizer Erzähler, Verfasser von Kriminalromanen und Lyriker. Nach einem abenteuerlichen Leben u.a. in der Fremdenlegion in Marokko, einem belgischen Kohlebergwerk und einer Gartenbauschule im schweizerischen Emmental begann der morphiumsüchtige Chemiestudent in Paris und in der Berner Heilanstalt Waldau mit »Wachtmeister Studer« seine erfolgreichen Kriminalromane zu schreiben. Erst etwa 50 Jahre nach seinem Tod wurde er als ein bedeutender Vertreter der deutschsprachigen Literatur wiederentdeckt und 1974 und 1993 u.a. mit Werkausgaben gewürdigt.

Zum Brief 335 vom [Juli 1937] an Paula und Martin Buber:

Paula Buber, geb. Winkler (4.6.1877 München bis 11.8.1958 Venedig), Schriftstellerin, die ihre Erzählungen unter dem Pseudonym Georg Munk veröffentlichte. Seit 1899 mit dem Religionsphilosophen Martin Buber verheiratet, wurde sie »wegen jüdischer Versippung« 1935 aus der Schrifttumskammer ausgeschlossen. Nach der Verwüstung ihrer Wohnung in Heppenheim während der sogenannten »Reichskristallnacht« emigrierte sie 1938 mit ihrer Familie nach Palästina.

Martin Buber: Siehe Hermann Hesse, »Die Briefe«, Band 2 (1905-1915), S. 532f.

Zum Brief 336 vom [Juli 1937] an Karl Erb:

Karl Erb (13.7.1877 Ravensburg bis 13.7.1958 Ravensburg), Operntenor, Oratorien- und Liedersänger, der u.a. 1917 die Titelrolle bei der Uraufführung von Hans Pfitzners Oper »Palestrina« sang und sowohl von Thomas Mann u. a. in dessen »Doktor Faustus«-Roman als auch in Martin Walsers autobiographischem Roman »Der springende Brunnen« gewürdigt wurde.

Zum Telegramm 337 vom [Juli 1937] an Olaf Gulbransson:

Olaf Gulbransson (26.5.1873 Oslo bis 18.9.1958 Tegernsee), norwegischer Maler, Grafiker, Karikaturist und Illustrator. Eingeladen vom Münchner Verleger Albert Langen, kam er 1902 nach München und wurde einer der beliebtesten Zeichner für Langens Satiremagazin »Simplicissimus«, in dessen Redaktion er auch Hesse kennenlernte. Ab 1925 übernahm Gulbransson eine Professur an der Königlichen Kunstgewerbeschule, 1929 an der Münchner Akademie der bildenden Künste. Mit seiner Frau Grete, einer leidenschaftlichen Leserin von Hesses Schriften, besuchte er den Dichter im September 1907 in Gaienhofen und beschaffte ihm um 1909 sein erstes Paar Skier. Noch häufiger waren Hesses mindestens sechs Besuche bei Gulbranssons in München. Das letzte Mal traf er den Zeichner im Januar 1934 und schrieb darüber am 30.1.1934 an Gunter Böhmer: »Einen Nachmittag war ich bei meinem Jugendfreund Olaf Gulbransson, er hat hoch über Tegernsee zwischen den Wäldern einen alten Bauernhof, wo es wie in einer Wikingerburg aussieht und er ist noch der alte Riese und prachtvolle Kerl.«

Zum Brief 339 vom 24.7.1937 an Maximilian Graf von Wiser:

Maximilian Graf von Wiser (24.7.1861 Mainz bis 22.12.1938 Bad Eilsen), Medizinalrat und alternativer Augenarzt zunächst in Mainz, Wiesbaden, London, ab 1913 Leiter der Landes-Augenanstalt Bad Liebenstein und seit 1929 in Bad Eilsen, wo er im Badehotel eine international bekannte Augenklinik gründete. Hier hat er neben Hermann Hesse auch Gerhart Hauptmann, Emil Strauß und Richard Tauber behandelt. Um seine süddeutschen und Schweizer Patienten zu betreuen, kam er alljährlich einige Tage nach Lindau, wo auch Hesse ihn von 1929 bis 1934 aufsuchte. Die letzte Deutschlandreise seines Lebens hatte Hesse vom 26.8. bis 2.9.1936 zu Wiser nach Bad Eilsen bei Hannover geführt. Ihm widmete er das damals entstandene Gedicht »Dem Grafen Wiser« (SW 10, S. 341 f.). Über die Behandlungsmethode des Grafen äußerte sich Hesse mehrfach, u.a. am 19.10.1929 in einem Brief an Joseph Englert. Zwar habe dieser große Outsider der Augenheilkunde ihn letztlich nicht heilen können, aber seiner originellen Behandlung mit immer neuen Linsen sei es gelungen, ihm für längere Zeit große Erleichterung und einen Teil seiner Arbeitskraft wiederzugeben, vermerkte Hesse im Januar 1939 und in einem undatierten Brief an Nora Schadow: »Er steht zur üblichen akademischen Augenheilkunde zeitlebens im Gegensatz und Kampf, vor allem bekämpft er die Brillenbehandlung mit Konkavlinsen bei Kindern. Er heilt und korrigiert hauptsächlich durch Brillen, läßt die Augen mittels der Gläserbehandlung gewissermaßen Gymnastik machen.«

Zum Brief 341 von [Anfang August 1937] an Eberhard Goes:

Siehe Hermann Hesse, »Die Briefe«, Band 1 (1881-1904), S. 598.

Zum Brief 345 vom [August 1937] an Franz Nabl:

Franz Nabl (16.7.1883 Lautschin/Böhmen bis 19.1.1974 Graz), Erzähler und Romancier, der von 1924 bis 1927 die Feuilletonredaktion des »Neuen Grazer Tagblatts« innehatte. Er galt als Nestor der Literatur der Österreichischen Steiermark.

Zum Brief 348 vom 14.9.1937 an Robert Mächler:

Robert Mächler (24.12.1909 Baden/Aargau bis 15.2.1996 Aarau), Schriftsteller, Essayist und religionskritischer Philosoph. Neben seiner Tätigkeit als Journalist für die Berner Tageszeitung »Der Bund« und dem »Badener Tagblatt« verfasste er u.a. die erste, 1966 erschienene Biographie über den Schweizer Dichter Robert Walser, die, in mehreren Auflagen verbreitet, sein bekanntestes Buch geblieben ist. Über Hermann Hesse publizierte er mehrere substantielle Essays und Buchbesprechungen.

Zum Brief 350 vom [22.9.1937] an Edmund Natter:

Edmund Natter (20.11.1877 Stuttgart bis 17.10.1971 Stuttgart), Rechtsanwalt am Oberlandesgericht Stuttgart und Ehrensenator der Universität Tübingen, Schulfreund Hesses in der Göppinger Lateinschule des Rektors Otto Bauer, wo sie 1890/91 auf das Württembergische Landexamen vorbereitet wurden. Im Dritten Reich setzte er sich gegen die Maßnahmen des württembergischen Gauleiters Wilhelm Murr (1888-1945) und des württembergischen Kulturministers und Ministerpräsidenten Christian Mergenthaler (1884-1980) zur Wehr. Seit 1948 besorgte er den Postversand Hesses an Adressaten in Württemberg mit Inlandsporto und war 1950 juristischer Berater von Peter Suhrkamp bei dessen Auseinandersetzung mit Gottfried Bermann Fischer anlässlich der Trennung des Suhrkamp Verlags von Gottfried Bermann Fischer.

In einem Brief vom 14.9.1950 an Karl Dettinger schrieb Hesse: »Freund Natter ist ein geborener und zeitlebens treu bei der Stange gebliebener Jurist. Daß er daneben noch für Kunst, Dichtung und Natur offen geblieben ist, bewundere ich. Die Musik, die er als Geiger heut noch übt, ist seine zweite große Liebe. Ich hatte gute Stunden mit ihm und seiner prächtigen Frau.« Auch in einem »Rundbrief aus Sils Maria« (SW 12, S. 649f.) hat Hesse über seine Begegnungen mit Edmund Natter berichtet.

Zum Brief 354 von [ca. 1937] an seinen Neffen Ulrich Hesse:

Ulrich Hesse (8.11.1919 Wettingen/Schweiz bis 3.2.2009 Magglingen/Schweiz), Erzieher und Sozialarbeiter. Vermittelt von seinem Onkel Hermann Hesse, absolvierte er zunächst eine kaufmännische Lehre in der Züricher Musikalienfirma Hug. Er war einer der Zwillingssöhne von Hermann Hesses jüngerem Bruder Hans, der sich im November 1935 in Baden/Limmat das Leben genommen hatte.

Zum Brief 355 vom [November 1937] an Luise Rinser:

Luise Rinser (30.4.1911 Pitzling/Oberbayern bis 17.3.2002 Unterhaching), Verfasserin erfolgreicher Romane, Erzählungen, Jugendbücher und Erinnerungen. Von 1935 bis 1939 als Lehrerin tätig, gewann sie Hesses Wertschätzung durch ihre 1941 von Peter Suhrkamp veröffentlichte Erzählung »Die gläsernen Ringe«. Im Oktober 1944 wurde sie wegen »Wehrkraftzersetzung« denunziert und bis Januar 1945 inhaftiert. Sie war u.a. mit den Komponisten Horst-Günther Schnell und (von 1945 bis 1959) mit Carl Orff verheiratet. Ihr etwa

100 Seiten umfassender Briefwechsel mit Hermann Hesse, herausgegeben von ihrem Sohn Christoph, ist 2015 im Aufgang Verlag, Augsburg, erschienen.

Zum Brief 360 vom [23.12.1937] an Otto Korradi:

Otto Korradi (28.3.1896 Memmingen bis 9.5.1959 München), Direktor beim Raiffeisenverband, der von 1936 bis 1958 zahlreiche Briefe mit Hesse wechselte. Über den Beginn seiner Bekanntschaft mit Korradi schrieb Hesse im Januar 1942 an Maria Beutert: »Seine persönliche Bekanntschaft mit mir kam so zustande, daß er zufällig in einem Gasthaus in Egern-Tegernsee zu Mittag aß, wo ich mich am selben Tisch zum Essen einfand; ich war damals dort wegen meines Augenarztes (Dr. Wiser). Er erkannte mich nach Bildern, die er gesehen hatte, und hat mir seither oft und schön geschrieben.«

Zum Brief 366 vom Februar 1938 an Richard Benz:

Richard Benz (12.6.1884 Reichenbach/Vogtland bis 9.11.1966 Heidelberg), Kunsthistoriker und Literaturwissenschaftler, Honorarprofessor für deutsche Kulturgeschichte an der Universität Heidelberg.

Für eine Festschrift zum 70. Geburtstag von Richard Benz schrieb Hesse im Mai 1950 über dessen Tätigkeit als Herausgeber und Forscher: Er sei »mit einem Stück deutscher Kultur beschäftigt, das vom deutschen Volke selbst, die Gelehrten nicht ausgeschlossen, viel zu wenig gekannt und geschätzt [wird] und das in seinem Wesen weit deutscher war als alle offiziellen Schemata vom Deutschtum.« Benz sei in Schichten der Historie verliebt, die auch für Hesse teuer und ergiebig waren, und er habe sie »gegen dieselben Mißverständnisse, gegen dieselben Abneigungen und Feindseligkeiten verteidigt, die auch mir oft genug in den Weg traten«.

Zum Brief 367 vom 16.2.1938 an Ferdinand Lion:

Ferdinand Lion (11.6.1883 Mülhausen/Elsass bis 1.1.1968 Kilchberg), Schweizer Journalist und Schriftsteller. Neben literaturwissenschaftlichen und historischen Abhandlungen schrieb der mit Alfred Döblin und Thomas Mann befreundete Redakteur der Zeitschrift »Mass und Wert« auch Opernlibretti für Eugene d'Albert und Paul Hindemith.

Zum Brief 372 vom [10.3.1938] an Lisa Walser:

Lisa Walser an Hermann Hesse

Bellelay, Berner Jura, 6.3.1938

Hochverehrter Herr H. Hesse!

Längst wollte ich mich an Sie wenden und Ihnen einiges mitteilen über meinen Bruder Robert Walser. Sie sind in Ihren Buchbesprechungen jeweilen so warm für ihn eingetreten und haben sich bemüht, den einsamen Menschen und Dichter öffentlich zu würdigen, daß ich es wage, Ihrerseits eine aufrichtige Sympathie für meinen Bruder vorauszusetzen.

Sie wollen daher gütigst mich entschuldigen, wenn ich mir heute erlaube, Ihr Interesse in Anspruch zu nehmen.

Vergangenen Sommer hatten Sie die Freundlichkeit, bei meinem Bruder Karl Walser in Zürich nach dem Befinden Roberts zu fragen und sprachen den Wunsch aus, den Patienten einmal zu besuchen. Mein Bruder riet Ihnen davon ab und bat Sie, den Besuch lieber zu unterlassen, weil Sie vielleicht Unangenehmes zu erwarten hätten, indem sich Robert launisch und unhöflich zeigen könnte. Ich glaube, daß diese Befürchtung unbegründet ist. Oft schon besuchte ich Robert und ging fast immer befriedigt von ihm fort und in dem Bewußtsein, nicht nur ihm eine wünschenswerte Abwechslung gebracht, sondern auch selber angenehme Stunden verbracht zu haben. So ging es auch Herrn Carl Seelig, der mir zu verschiedenen Malen schrieb, wie nett er habe mit Robert plaudern können, und es scheint mir, daß Robert Sie ebenfalls freundlich und gerne empfangen würde, wenn Sie wirklich vorhätten, ihn gelegentlich zu besuchen. Eine solche Freude möchte ich meinem Bruder gerne gönnen, der sehr einsam ist, seit er die Waldau[1] hat verlassen müssen, weil der neue Direktor die chronisch Kranken nicht mehr zu betreuen wünschte. Gut wäre es, sich vorher anzumelden und den Besuch wenn möglich auf einen Sonntag zu verlegen, weil Robert alsdann zum Ausgehen bereit ist. Ein Spaziergang mit ihm ins Land hinaus ist immer noch ein Genuß. – Nun möchte ich mir noch erlauben, Ihnen von einer Angelegenheit zu sprechen, die mir sehr am Herzen liegt. Sie können sich denken, daß Robert keine Schätze gesammelt hat mit seinen Werken. Ein kleines Guthaben, aus dem er bisher teilweise seine Pension in der Anstalt Waldau und Herisau hat bezahlen können, ist bald zu Ende, so daß mein Bruder fürchten muß, der Gemeinde zur Last zu fallen. Dies hätte, wie mir Dr. Hinrichsen anläßlich meines Besuches im Sommer 1937 mitteilte, eine Überführung ins Altersasyl nach Teufen, Appenzell, zur Folge, und davor fürchtet sich Robert sehr. Ich versprach ihm damals, mein möglichstes zu tun, ihn vor dem Armenhause zu bewahren. Schon vorher hatte sich Herr Carl Seelig für ihn eingesetzt und eine Sammlung zu Roberts Gunsten in Gang gebracht hat [sic], deren Ertrag er in Vereinbarung mit mir zum Ankauf einer kleinen Leibrente verwendet wissen möchte. Um diesen Fond[s] zu äufnen[2], beabsichtigt Herr C. Seelig – vielleicht ist dies schon geschehen – dem Schweizerischen Schriftstellerverein ein Gesuch einzureichen mit dem Vorschlag, Robert Walser bei Anlaß seines 60. Geburtstages, 15. April 1938, eine Ehrengabe zu gewähren in Anerkennung seines dichterischen Schaffens. Dürften wir hierbei auf Ihre gütige Mithilfe rechnen und Sie höflichst bitten, an maßgebender Stelle Ihren Einfluß geltend zu machen, damit dem Gesuche entsprochen werden kann? Ich wäre Ihnen herzlich dankbar, und mein Bruder Robert besonders würde Ihnen seine Erkenntlichkeit zuwenden, wenn

Sie beim Schriftstellerverein für ihn eintreten wollten. Glauben Sie, daß ich an letzteres persönlich ein Gesuch stellen sollte, und an wen wäre es zu richten? Ergebenst grüßt

Lisa Walser

1 Die Nervenheilanstalt in Bern.
2 Schweizerische Bezeichnung für »vermehren«.

Zum Brief 379 vom [April 1938] an Ernst Wiechert:

Ernst Wiechert (18.5.1887 Kleinort/Masuren bis 24.8.1950 Uerikon/Schweiz), ostpreußischer Romancier, Erzähler und Dramatiker, von 1930 bis 1933 Studienrat in Berlin, danach einer der erfolgreichsten Schriftsteller der »inneren Emigration«. Ab 1934 unter der Beobachtung der Gestapo, wurde er verhaftet und zwei Monate ins Konzentrationslager Buchenwald überstellt. Nach einer lebensbedrohlichen Unterredung mit Joseph Goebbels entlassen, konnte er weiterhin publizieren, doch durften seine Schriften nicht mehr beworben werden. 1948 übersiedelte er in die Schweiz. Über Ernst Wiechert, der gemeinsam mit dem Schriftsteller Max Picard am 23.10.1937 Hesse in Montagnola besuchte, hatte dieser im Mai 1938 an Albrecht Goes geschrieben: »Was Ernst Wiechert betrifft geht mirs mit ihm ähnlich wie Ihnen, eins seiner Bücher [der Roman »Wälder und Menschen«] freilich macht eine Ausnahme. Auch mir ist er, geschmacklich, zu nuancenlos, ernst und feierlich, zu missionsbewußt und zu norddeutsch. Dagegen ist Person, Gesinnung und Haltung dieses Mannes vorbildlich, er könnte der deutschen Literatur und Intelligenz, die nie viel Zuvilcourage hatte, als Vorbild dienen. Dies ist die andere Seite.«

Zum Brief 385 vom [4.6.1938] an Carl Gemperle:

Carl Gemperle (geboren am 20.7.1907 St. Gallen), Sekundarlehrer in Zürich, Lyriker und Erzähler, den Hesse in dem 1938 erschienenen Sammelband »Bunte Feier«. Erzählungen und Gedichte vorgestellt hatte.

Zum Brief 386 vom [Sommer 1938] an Leonie Stämpfli:

Leonie Stämpfli war die erste Frau des Berner Druckers und Verlegers Wilhelm Stämpfli. Siehe Hermann Hesse, »Die Briefe«, Band 4 (1924-1932), S. 700f.

Zum Brief 393 vom Juli 1938 an Oskar Laske:

Oskar Laske (8.1.1874 Czernowitz/Bukowina bis 30.11.1951 Wien), Maler, Architekt, Graphiker und Illustrator (der u.a. 1922 eine frühe Ausgabe von Thomas Manns »Bekenntnisse des Hochstaplers Felix Krull« bebilderte). Ab 1924 war er Mitglied der Wiener Secession und ab 1928 des Künstlerhauses Wien. Er korrespondierte von 1937 bis 1949 mit Hesse.

Zum Brief 394 von [1938] an Karl Bruno Seeliger:

Karl Bruno Seeliger (1.5.1894 Frankenberg bis 4.3.1978 Falkenstein) war ein Leser, der von 1927 bis 1962 etwa 50 Briefe mit Hesse wechselte.

Zur Postkarte 400 [Mitte August 1938] an Albert Ehrenstein:

Albert Ehrenstein (23.12.1886 Wien bis 8.4.1950 New York), Lyriker, Erzähler und Übersetzer, dessen Bücher 1933 vom

NS-Regime verbrannt wurden. Hesse konnte für ihn nur eine befristete Aufenthaltsbewilligung in der Schweiz erreichen und schrieb 1938 an Carl Seelig: »Sein Verbrechen: er hat einen österreichischen Paß. Wie unsre Behörden sich zu Schnüfflern und Bluthunden im Dienst der Diktatoren hergeben, ist bald nicht mehr erträglich.« Über England Frankreich und Spanien emigrierte Ehrenstein 1941 in die USA.

Über Ehrensteins Erzählungsband »Ritter des Todes« schrieb Hesse 1927: »Ehrenstein gehört zu jenen Humoristen, denen es ernst ist und die daher keinen goldenen oder silbernen Humor kennen, sondern nur den unerbittlichen, glänzend über tiefe Leidensgründe gespannten, den man Galgenhumor nennt.«

Zum Brief 401 vom 13. 8. 1938 an Walter Schädelin:

Siehe Hermann Hesse, »Die Briefe«, Band 2 (1905-1915), S. 562f.

Zum Brief 403 vom 26. 8. 1938 an Heinrich Rothmund:

Heinrich Rothmund (6. 7. 1888 Uster bis 8. 4. 1961 Bern), von 1919 bis 1955 Chef der Eidgenössischen Fremdenpolizei. Er war während des NS-Regimes zuständig für die schweizerische Flüchtlingspolitik und verantwortlich für die Abschiebung jüdischer Emigranten.

Bern, den 15. 8. 1938

Sehr geehrter Herr Hesse,
ich danke für Ihren Brief vom 4. August. Ich will nicht in den Fehler verfallen, den Sie gemacht haben, als Sie Beamten, die ihre von den Oberbehörden vorgeschriebene Pflicht tun, der brutalen Härte und der rohen Gewalt geziehen haben. Wie Sie schreiben, haben Sie es in der Erregung getan. Ich nehme es dem sensiblen Dichter auch nicht übel, wenn er Mühe hat,

die Tätigkeit der Fremdenpolizei zu verstehen. Übel nehmen muß ich es aber dem Hermann Hesse, wenn er Beamte seiner Wahlheimat mit Ausdrücken bedenkt, die auf gewisse Leute seiner früheren Heimat passen mögen, bei uns aber Fremdwörter sein sollen und es auch sind.

Sachlich erlaube ich mir beizufügen, daß die Fremdenpolizei zur Beurteilung von Gesuchen von Schriftstellern in ständiger Fühlung steht mit dem Schweizerischen Schriftstellerverein, weil sie sich bemüht, mit ihren Entscheiden so wenig wie möglich daneben zu hauen. Ich empfehle Ihnen, sich gelegentlich mit Felix Moeschlin oder Dr. Naef über diese Zusammenarbeit zu unterhalten.

Sollte Sie Ihr Weg einmal nach Bern führen, so möchte ich Sie gern persönlich kennenlernen und Ihnen einiges über unsere nicht immer leichte, aber nicht unwichtige Aufgabe erzählen. Bis dahin mag Ihnen der beiliegende Vortrag, den ich am 3. April 1937 an der Delegiertenversammlung der Neuen Helvetischen Gesellschaft in Zürich gehalten habe, einen vorläufigen Einblick geben.

Mit vorzüglicher Hochachtung

H. Rothmund

Zum Brief 406 von [1938] an Martin Beheim-Schwarzbach:

Martin Beheim-Schwarzbach (27.4.1900 London bis 7.5.1985 Hamburg), Romancier, Erzähler, Lyriker und Übersetzer u.a. von Margaret Mitchells Roman »Vom Winde verweht« (1937). 1939 übersiedelte er nach London, wo er u.a. als Journalist und Redakteur beim Sender BBC sein Auskommen fand. 1946 kehrte er als britischer Offizier nach Hamburg zurück und war maßgebend bei der Gründung und Etablierung der Tageszeitung »Die Welt« beteiligt.

In einem Brief vom September 1942 an Volkmar Andreä schrieb Hesse: »Der Dichter Beheim-Schwarzbach ist ein hochbegabter Autor, der seit mehreren Jahren in London lebt. Er hat Deutschland verlassen, das ihm unerträglich wurde, ist aber im politischen Sinn nicht Emigrant, denn zufällig war er, obwohl in Deutschland aufgewachsen und lebend, von Geburt englischer Staatsbürger.«

Zum Brief 409 von [Anfang November 1938] an Harry Maync:

Siehe Hermann Hesse, »Die Briefe«, Band 2 (1905-1915), S. 523.

Zum Brief 410 vom [November 1938] an Elsy Bodmer:

Elsy Bodmer, geb. Stünzi (23.2.1893 Horgen bis 1968 Zürich) war seit 1916 mit Hesses Mäzen Dr. Hans Conrad Bodmer verheiratet. Sie erwarb 1919 eine illustrierte Gedichthandschrift Hesses, womit die lebenslange freundschaftliche Beziehung der Familie Bodmer mit Hesse begann. Sie sammelte einen Teil der an Hesse gerichteten Leserzuschriften.

Zum Brief 415 von [Ende Dezember 1938] an Eugen Link:

Siehe Hermann Hesse, »Die Briefe«, Band 4 (1924-1932], S. 660f.

Zum Brief 418 von [Anfang 1939] an Georg Goetz:

Georg Goetz (13.11.1892 Kopenhagen bis 15.6.1968 Kopenhagen), Übersetzer, Publizist und Dozent. Mit Hesse wechselte er zahlreiche Briefe.

Zum Brief 419 vom [4.1.1939] an Lydia Link:

Lydia Link war die Frau des mit Hesse befreundeten Oberleutnants Eugen Link, die Hesse 1929 und 1931 in Ulm besuchte. Im Juni 1938 kam es zu einem Gegenbesuch der Links in Montagnola. Siehe Hermann Hesse, »Die Briefe«, Band 4 (1924-1932), S. 660f.

Zum Brief 430 vom [6.3.1939] an Rosa Muggli:

Rosa Muggli, geb. Isler (1883 bis 2.1.1956 Kilchberg), Ehefrau von Erwin Muggli (1874-1939), Hesse-Sammlerin, die seit 1938 zahlreiche Briefe mit dem Dichter wechselte. Ihre Sammlung, u.a. mit einem Ölporträt Hesses von Gunter Böhmer, kam 1991 in die Zentralbibliothek von Solothurn.

In einem Brief vom 17.9.1942 an seinen Sohn Heiner charakterisiert Hesse sie als »eine ungewöhnlich liebe und feine Frau, dabei fast schüchtern in ihrer Bescheidenheit«.

Zum Brief 436 vom [April 1939] an Karl Kuprecht:

Karl Kuprecht (17.8.1912 Zürich bis 19.10.2002 Erlenbach (Zürich), Lehrer, Lyriker und Verfasser von Tiermärchen und Sagen.

Zum Brief 437 vom [2.5.1939] an Meinrad Inglin:

Meinrad Inglin (28.7.1883 Schwyz bis 4.12.1971 Schwyz), Zeitungsredakteur, Romancier und realistischer Erzähler.

Zur Postkarte 441 vom [23.5.1939] an Heinz Priebatsch:

Heinz Priebatsch (1907 bis 1952) war ein Lyriker und Schriftsteller, der mit Hesse seit 1937 korrespondierte.

Zum Brief 445 vom [Juli 1939] an Georg von der Vring:

Georg von der Vring (30.12.1889 Brake/Oldenburg bis 1.3. 1968 München), Romancier, Erzähler, Lyriker und Maler, dessen 1927 erschienener Roman »Soldat Suhren« Hesse besonders schätzte. Von der Vrings geschiedene Frau Marianne lebte mit ihren beiden Söhnen Clemens und Thomas von 1944 bis 1957 in Hesses Geburtsstädtchen Calw.

Zur Postkarte 455 vom [September 1939] an Alice Seyler:

Alice Seyler war eine Münchner Ärztin, bei der Hesses Schwester Marulla beschäftigt war.

Zum Brief 459 vom [September 1939] an Otto Waser:

Otto Waser (23.9.1870 Zürich bis 24.1.1952 Zollikon), Professor für Archäologie und Direktor der archäologischen Sammlung der Universität Zürich, darüber hinaus Redakteur der Kulturzeitschrift »Die Schweiz«, die er mit seiner Frau, der Schriftstellerin Maria Waser (1878-1939), herausgab.

Zum Brief 464 vom 5.10.1939 an Oskar Loerke:

Siehe Hermann Hesse, »Die Briefe«, Band 3 (1916-1923), S. 617.

Zum Brief 465 vom [Oktober 1939] an Werner Weber:

Werner Weber (13.11.1919 Huttwil bis 1.12.2005 Zürich), Journalist und Literaturwissenschaftler. Nach seiner Tätigkeit als Gymnasiallehrer in Winterthur wurde er 1951 Nachfolger von Eduard Korrodi als Feuilletonredakteur der »Neuen Zürcher Zeitung«, wo er die Neuerscheinungen Hesses vorstellte und zahlreiche neuere Arbeiten des Dichters vorabdrucken ließ. Von 1973 bis 1987 wirkte er als Professor für Literaturwissenschaften an der Universität Zürich. Zum Dialog zwischen H. Hesse und W. Weber siehe auch »Werner Weber. Briefwechsel des Literaturkritikers aus sechs Jahrzehnten«. Herausgegeben von Thomas Feitknecht, Verlag der »Neuen Zürcher Zeitung«, Zürich 2009.

Zum Brief 476 vom [26.12.1939] an Rolf Schott:

Siehe Hermann Hesse, »Die Briefe«, Band 4 (1924-1932), S. 650.

Nachwort

Authentischer und unmittelbarer als jede Biographie versetzen uns Briefe, insbesondere die täglichen Mitteilungen eines so gewissenhaften Korrespondenzpartners wie Hermann Hesse, in den Verlauf und die Geschichte eines Lebens. Denn kein Außenstehender – und sei er noch so einfühlsam – kann all die Begebenheiten und Beweggründe überblicken, die das Verhalten eines Menschen bestimmt haben, erst recht nicht die Inhalte der Werke eines Künstlers. Hesse, der sich sowohl in seinen Schriften als auch in seinen Antworten auf Zehntausende Leserzuschriften Rechenschaft abgelegt hat über seine Wahrnehmungen und die Vorgänge der Zeitgeschichte, ist dafür ein selten ergiebiges Beispiel. Nicht von ungefähr beziehen die über ihn verfassten Biographien das Beste ihres Wissens aus dem Quellenwerk seiner Briefe, das sich durch neu auftauchende Korrespondenzen von Jahr zu Jahr erweitert und präzisiert. Wenn auch bisher nur etwa die Hälfte seiner Antworten aufgetaucht ist, die es angesichts der Menge der etwa 44 000 überlieferten an ihn gerichteten Schreiben geben muss, ist der mittlerweile gesicherte Bestand doch reichhaltig genug, um seinen Alltag fast lückenlos abbilden zu können und somit auch die Zumutungen der Ära des Nationalsozialismus. Sie bestätigen, was er im April 1946 auf eine Anfrage der New Yorker Zeitung »Der Aufbau« geantwortet hat: »Ich habe nicht nur mit den Nazi nichts zu schaffen, sondern bin wohl der einzige frühere reichsdeutsche Autor, der nicht bis zu Hitler gewartet hat, sondern schon bald nach dem Ersten Weltkrieg Schweizer geworden ist, als ich sah, wie Deutschland seine Republik sabotierte. Auch lebte ich in der Schweiz, die ich von Kind auf als zweite Heimat empfand, damals schon seit langen Jahren.«

Mit den Wahlen zum deutschen Reichstag am 5. März 1933, dem Ermächtigungsgesetz und der im Juli folgenden Auflösung aller Parteien war es zu der von Hesse längst befürchteten Diktatur der Nationalsozialisten gekommen. Den nächsten Weltkrieg, in den sie 1939 mündete, hatte er bereits zwölf Jahre zuvor in seinem »Steppenwolf«-Roman prognostiziert. Seit 1912 in der Schweiz lebend, deren Staatsangehörigkeit er 1924 wiedererworben hatte (als Schüler musste er, der Stipendien wegen, Württemberger und damit Untertan des Deutschen Reiches werden), trafen ihn die Begebenheiten zunächst nur finanziell durch die Doppelbesteuerung in Deutschland und der Schweiz. Existenziell jedoch war er gesichert durch das 1931 bezogene und ihm auf Lebenszeit zur Verfügung gestellte Haus im Tessiner Dörfchen Montagnola und seine bald darauf erfolgte Eheschließung mit der Kunsthistorikerin Ninon Ausländer (geschiedene Dolbin) sowie dank seiner Schweizer Mäzene, auf die er zählen konnte, wann immer es kritisch wurde.

Waren es zu Beginn der dreißiger Jahre noch etwa 15 deutsche Zeitungen und Zeitschriften, die Hesses Beiträge publizierten, wagten dies 1933 nur noch fünf Blätter. Als auch das tonangebende vom jüdischen Publizisten Rudolf Mosse gegründete »Berliner Tageblatt«, das jahrzehntelang seine journalistischen Arbeiten veröffentlicht hatte, verboten wurde und die »Münchner Zeitung«, deren regelmäßiger Mitarbeiter Hesse drei Jahrzehnte gewesen war, auf die politische Großwetterlage reagierte (und seine Empfehlungen von Neuerscheinungen jüdischer Verfasser eliminierte), blieb Hesse als einziges Sprachrohr in Deutschland nur noch die Monatsschrift des S. Fischer Verlages »Die neue Rundschau«. Damit war sein vordem nach Hunderttausenden zählendes Medienpublikum innerhalb von drei Jahren auf die 4200 Abonnenten einer exklusiven Literaturzeitschrift geschrumpft. Ebenso rückläufig war Hesses Wertschätzung seitens der Presse. Wer ihn vordem gewürdigt hatte, wurde zunehmend kleinlauter oder verstummte ganz. Sodass 1937, anlässlich seines 60. Geburtstages, Dr. Owlglass, langjähriger Redakteur des Satireblattes »Simplicissmus«, die Verse zum Besten geben konnte: »Die ganze deutsche Presse / notiert für

Hesse Baisse / Ja, gab' es noch den Mosse, / dann hätt der Hesse Hausse!«

Auch in anderer Hinsicht war diese Zäsur einschneidend. Seit seinen publizistischen Anfängen um die Jahrhundertwende hatte Hesse das Zeitgeschehen, wie es sich in Literatur, Kunst und Kulturpolitik äußerte, kritisch begleitet und überparteilich kommentiert, um das Wünschenswerte nicht nur in seinen Dichtungen, sondern zugleich auch auf direktere Weise vermitteln zu können. Dieses mehr als 30 Jahre sorgfältig balancierte Gleichgewicht zwischen der Präsenz in Form seiner Dichtungen und seinen aktuellen Stellungnahmen für die Tagespresse war nun aus dem Lot gebracht und ausgerechnet dort beseitigt, wo es am nötigsten gewesen wäre: im nationalsozialistischen Deutschland. Angesichts dieser Lage hatte Hesse seit 1933 seine Rezensententätigkeit in der schweizerischen Presse, insbesondere für die liberale Basler »National-Zeitung«, erheblich verstärkt und 1935 das Angebot der führenden schwedischen Literaturzeitschrift »Bonniers Litterära Magasin« angenommen, um von Stockholm aus unzensiert über die wichtigen Neuerscheinungen auf dem deutschen Büchermarkt berichten zu können. Diese Artikel seien, vermerkt er ahnungsvoll in einem Brief vom Mai 1935 an Thomas Mann, »der Ast, auf den ich meine Tätigkeit retten werde, wenn uns ›Die neue Rundschau‹ früher oder später weggenommen wird. Allerdings sind sie vielleicht auch das Pulver, das mich einmal in die Luft sprengen wird, da ich dort je und je auch antideutsche Bücher oder Bücher verbotener und exilierter Autoren anzeige und lobe.«

Immer stärker unter Druck geriet nun auch der Berliner Stammverlag seiner Bücher, die namhafte Firma von Samuel Fischer, dessen jüdische Herkunft dem neuen Regime ein Dorn im Auge war. An den Folgen der damit verbundenen Schikanen war der Verlagsgründer im Oktober 1934 gestorben. Im Vorjahr hatte er seinem Schwiegersohn (dem seit 1926 mit seiner Tochter Brigitte verheirateten ehemaligen Chirurgen Dr. Gottfried Bermann) gemeinsam mit Peter

Suhrkamp (dem Herausgeber der Verlagszeitschrift »Die neue Rundschau«) die Leitung des Unternehmens anvertraut. Doch deren Zusammenarbeit währte nur kurze Zeit, in die am 31.10.1934 die fünfjährige Verlängerung von Hesses seit 1903 bestehendem Verlagsvertrag fiel. Eine Zeitspanne, von der damals noch keiner wusste, wie dramatisch sie für alle Beteiligten verlaufen würde. Nicht ohne Bedenken unterschrieb Hesse 1935 den von Bermann Fischer und Suhrkamp ausgefertigten Kontrakt, allerdings mit einem handschriftlichen Zusatz, der ein illusionsloses Licht auf die kommenden Ereignisse wirft: »Wird der Verlag durch höhere Gewalt (Staatsgewalt, Krieg, Inflation) an der Erfüllung seiner Verpflichtungen gegen den Autor verhindert, so ist der Vertrag auch für den Autor nicht mehr bindend.«

Höhere oder, genauer gesagt, niedere Gewalt war seit der Machtergreifung Hitlers in der Tat zu befürchten, zumal der Verlag seinen Weltruf ja seinen vielen, dem neuen Regime nicht gerade erwünschten Autoren verdankte. Zwar hielten sich die Behörden zunächst noch zurück, bis das Propagandaministerium und dessen Reichskulturkammer zu ihrer teuflischen Perfektion durchorganisiert waren. Doch bereits ein Jahr darauf war im Zuge der »Arisierung des deutschen Verlagswesens« die Enteignung und Gleichschaltung jüdischer Verlage durch Aufkäufer der Partei oder systemkonforme Verleger beschlossene Sache, sodass Ende 1935 auch Bermann Fischer die Aufforderung der NS-Behörden erreichte, aus dem Besitz und der Leitung der Firma auszuscheiden.

Einzig dem Geschick und gewiss auch dem »arischen Stammbaum« seines Kompagnons Peter Suhrkamp war es zu danken, dass die Nazifizierung der Firma verhindert werden konnte. In langwierigen Verhandlungen mit Dr. Heinz Wismann, dem stellvertretenden Leiter der Schrifttumskammer (der 1937 entlassen wurde), ist es Suhrkamp schließlich gelungen, die Gleichschaltung des Fischer Verlags abzuwenden. Denn auf Wunsch Bermann Fischers und der Mitarbeiter des Verlages hatte sich der anfangs zögernde Suhrkamp bereit erklärt, die Firma unter finanzieller Beteiligung der Gesellschafter Clemens Abs, Christoph Rathjen und Philipp Reemtsma zu erwerben, auch um die Familie Fischer mit der Kaufsumme von 240 Tsd. RM entschädigen zu können. Darüber hinaus erreichte er eine Transfergenehmigung für die Rechte und Buchbestände der von den Machthabern unerwünschten Verlagsautoren (780 Tsd. Bände mit einem Verkaufswert von 1,5 Mio. RM), Mittel, die es Gottfried Bermann Fischer erlaubten, im Mai 1936 seinen ersten Exilverlag zu eröffnen. Ein angesichts der sonst üblichen Annexionen erstaunlich kulantes Ergebnis, wobei auch Suhrkamps frühere Tätigkeit als pädagogischer Leiter der Freien Schulgemeinde Wickersdorf mit beigetragen haben mag, wo er u. a. einen Neffen Wismanns unterrichtet hatte, der ihn sehr verehrte.

Einen Pferdefuß jedoch hatte diese ungewöhnlich konziliante Vereinbarung: Einer Freigabe der Verlagsrechte am Werk Hermann Hesses stimmten die Berliner Behörden nicht zu, sosehr sich Bermann Fischer auch darum bemühte. Denn auch die Machthaber wussten um die Beliebtheit dieses Autors insbesondere bei großen Teilen der Jugend, die zu gewinnen sie jede Gelegenheit nutzten. Auch mag das heimatverbunden im alemannischen Raum verankerte Frühwerk des Dichters ihren völkischen Ambitionen zugesagt haben. Und die Hoffnung, ihn vielleicht doch noch auf ihre Seite ziehen zu können, hat dabei gewiss mitgespielt. Hesse selbst sah es nüchterner in seiner Antwort auf einen Brief von Kurt Kläber: Vorläufig beruhe die halbe Duldung der Berliner Behörden gegen den Verlag, Thomas Mann und ihn auf der einfachen Erwägung, dass ihre Werke Devisen bringen, »da sie zu den wenigen deutschen Büchern gehören, die auch im Ausland noch gekauft werden«. Sonst hätte man es wohl kaum hingenommen, dass Hesse sich weigerte, das Formular des Reichsverbandes deutscher Schriftsteller zu unterzeichnen, womit sich ab 1934 jeder Autor, der künftig in Deutschland veröffentlichen wollte, zur Loyalität mit dem NS-Regime verpflichten musste. Unter Berufung auf seine Mitgliedschaft im Schweizerischen Schriftstellerverein antwortete er am 15.3.1935: »Wir verlangen von deutschen Kollegen keine Arier- noch andere Ausweise und erwarten Gegenrecht. Ich unterzeichne daher die Erklärung nicht, nicht weil ich etwa nicht Arier wäre, sondern weil diese Zumutung unserem Schweizer Gefühl und Bewußtsein widerspricht.«

Zunächst hatte er durchaus nicht im Sinn, sich dem Diktat der NS-Behörden zu fügen und sein Werk im Berliner Verlag zu belassen. Stattdessen unterstützte er Bermann Fischers Vorhaben, den Exilverlag in Zürich anzusiedeln, um seine Bücher dort, gemeinsam mit denen von Thomas Mann (dessen Werke erst im Dezember 1936 untersagt wurden) und den anderen verbotenen S. Fischer-Autoren, künftig in der Schweiz erscheinen zu lassen. Doch weil der dortige Verlegerverband das Vorhaben Bermanns aus Konkurrenzneid boykottierte, ist es dazu leider nicht gekommen. Im Dezember 1935, bei einem Treffen in Zürich, musste Bermann seinem Autor mitteilen, dass die deutschen Behörden zwar gestattet hätten, bei seiner Auswanderung einige Autoren mitzunehmen (u. a. Alfred Döblin, Annette Kolb, Thomas Mann, Bernard Shaw, Jakob Wassermann, Franz Werfel, Carl Zuckmayer sowie das Werk der verstorbenen H. v. Hofmannsthal und Arthur Schnitzler), »keinesfalls aber Hermann Hesse, der müsse unbedingt bleiben«. Als dieser sich damit nicht abfinden wollte, wurde weiterverhandelt – ergebnislos, sodass ihm Bermann am 23.1.1936 erneut mitteilen musste: »Inzwischen hat sich in Berlin herausgestellt, dass man Dich nicht freigeben will. Mit Gewalt kann ich Dich nicht herausnehmen«, und mit Blick auf die bevorstehende Trennung der Verlage fügte er hinzu: »Besser wie der (Berliner) Fischerverlag mit seinen Dir treu ergebenen Angestellten und Suhrkamp an der Spitze wird kein anderer Verlag in Deutschland Deine Interessen vertreten.«

Hesse widerstrebte es, der Forderung der Machthaber nachzukommen, und er spielte nach wie vor mit dem Gedanken an eine Überführung seiner Werke in Bermanns ab 1936 in Wien niedergelassenen Exilverlag, was sein handschriftlicher Zusatz zum Verlagsvertrag ja ermöglicht hätte. Dies zu verhindern war für das Berliner Stammhaus offenbar so überlebenswichtig, dass Peter Suhrkamp auf Hesses Ersuchen, er wolle die Rechte an seinen Büchern zurückkaufen, im Mai 1936 geantwortet hatte: »Wenn Sie daran denken sollten, Ihr Werk aus der (Berliner Firma) zurückzuziehen, würde das den Verlag in die äußerste Gefahr bringen«, materiell wie juristisch. War es doch Suhrkamp nur gelungen, Bermann Fischers Emigrationsverlag zu ermöglichen, indem er der Bedingung folgte, dass Hesses Werke im Berliner Verlag blieben. Am 11.5.1936 versicherte ihm Hesse seine Loyalität, wollte aber für alle Fälle doch wissen, »mit welcher Summe etwa die Bücher und Rechte zu erwerben wären, um nur im äußersten Notfall dann an eigene Pläne denken zu können. Selbstverständlich unternehme ich nichts, ohne mich vorher mit Ihnen darüber zu verständigen.« Die Auskunft darüber ist Suhrkamp ihm schuldig geblieben.

Am 31.8.1936 kam es zur ersten persönlichen Begegnung der beiden, während der letzten Reise nach Deutschland, die Hesse in seinem Leben unternommen hat. Man traf sich im niedersächsischen Kurort Bad Eilsen, wo er sich eine Woche lang von seinem Augenarzt Maximilian Graf Wiser behandeln und neue Brillen anpassen ließ. Die Unterredung mit Suhrkamp, »der den sehr verarmten und klein gewordenen Verlag Fischer weiter führen wird«, wie Hesse kurz darauf seinem Sohn Bruno mitteilte, dauerte sechs Stunden. Dabei habe er sehr vieles erfahren, »was man mir (der Postzensur wegen) nicht hatte schreiben können, und das war nichts Gutes«. Denn seit einer im November 1935 losgetretenen Diffamierungskampagne ist es zu einem Sinneswandel der Machthaber gekommen. Urheber der Angriffe auf Hesse war der Literat Will Vesper (Festredner bei der Dresdener Bücherverbrennung vom Mai 1933 und Herausgeber der antisemitischen Zeitschrift »Die Neue Literatur«). Anlass dazu waren Hesses ab März 1935 in der Stockholmer Zeitschrift »Bonniers Litterära Magasin« veröffentlichten Sammelreferate über die lesenswerten Neuerscheinungen auf dem deutschen Büchermarkt. Will Vesper, der vordem für diese Berichte zuständig, doch wegen aufdringlicher NS-Propaganda gekündigt worden war, hatte seinen Nachfolger als einen »Verräter an unserem Volkstum« bezeichnet, »der im Ausland falsche, das Vaterland schädigende Vorstellungen verbreite, die geistigen Leistungen unseres Volkes vor aller Welt verleugnet und herabsetzt« und in »gewissenlosester Weise ein irreführendes und verfälschtes Bild gab, die wichtigsten deutschen Dichter verschwieg, sie in Bausch und Bogen der Kulturmache beschuldigte und dafür Juden und Judengenossen in liebevollster Besorgtheit den Schweden anpries«. Außerdem sei gegen ihn, der bereits ein Jahr zuvor in Ludendorffs Halbmonatsschrift zum »Halbjuden« erklärt und dessen angebliche Mischrassigkeit als »Todesursache der Völker« ausgemacht wurde, bereits dreimal ein Verbot seiner Bücher ausgesprochen worden, erfuhr Hesse nun von seinem neuen Verleger. Zwar habe Suhrkamp dies einstweilen noch abwenden können, nicht aber das Verbot an die Presse, sie zu erwähnen. Darüber hinaus sei beabsichtigt, Neuausgaben von vergriffenen zeitkritischen Werken wie »Unterm Rad«, »Kurgast«, »Der Steppenwolf«, »Betrachtungen«, ja selbst »Narziß und Goldmund« (wegen eines Pogroms, der darin verurteilt wird) zu verbieten. Hinzu komme, dass überhaupt alle Veröffentlichungen seines Verlages (und somit auch die noch lieferbaren 14 von 22 Büchern des Dichters) ab 1936 in keinem Titelverzeichnis für den deutschen Buchhandel mehr aufgeführt werden dürften. Die noch vorrätigen Bücher Hesses müssten demnach unter dem Ladentisch geführt werden, etwa so wie man pornographische Literatur an Gymnasiasten verkaufe. Diese bedrückenden Nachrichten waren es, die der Verleger seinem Autor bei ihrem ersten Treffen überbringen musste.

Der Eindruck, den Hesse damals von diesem eigenwilligen und asketisch zielbewussten Einzelgänger gewonnen hat, muss für ihn bestimmend gewesen sein und seine zuvor nicht immer erfreulichen Erfahrungen mit Suhrkamps pädagogischem Sendungsbewusstsein (der dazu neigte, seinen Autoren Themenvorschläge zu machen und Titeländerungen vorzunehmen) auf positive Weise korrigiert haben. Noch 1951, anlässlich Suhrkamps 60. Geburtstags, erinnert sich Hesse: »Immerhin warst Du auch damals schon ein Partisan des Widerstands gegen die damals herrschenden Methoden und Ideologien des Terrors, und es muß irgendein Vorgeschmack, eine Ahnung der auf Dich wartenden Prüfungen und Leiden spürbar geworden sein, denn in meiner Empfindung für Dich war schon bei der ersten schönen Begegnung in Eilsen etwas wie Bangigkeit und Mitleid.«

Dieses erste persönliche Kennenlernen von Autor und Verleger hat dazu beigetragen ihre Beziehung so weit zu festigen, dass sich Hesse nun doch eine Zusammenarbeit zumindest bis zum Auslaufen seines Vertrages 1939 vorstellen konnte. Doch wurde jetzt alles, durch zunehmende Restriktionen und gedrosselte Papierzuteilungen, noch schwieriger. So wurden Hesses ohnehin rückläufigen Honorare auf Sperrkonten eingefroren und durften von den Devisenämtern erst nach komplizierten Sonderverhandlungen in die Schweiz transferiert werden. »Das Geld, das für mich in Deutschland auf Sperrkonto geschrieben wird«, beklagte er sich im Mai 1938 bei Suhrkamp, »ist verloren ... der Verlust dabei beträgt mindestens 80 Prozent«. Noch immer rechnete er mit einem Publikationsverbot durch die Machthaber, hütete sich jedoch, es selber herauszufordern, um den Behörden keinen Vorwand zu liefern, der es ihnen erlaubt hätte ihn selbst dafür zu beschuldigen. Noch im April 1938 lässt er den Schweizer Publizisten Carl Seelig wissen: »Ich rechne mit dem jeden Tag möglichen Hinausgeworfenwerden, aber bis das eintritt, habe ich der notleidenden Minorität in Deutschland die Treue zu halten, ebenso wie meinem alten Verlag, der in den letzten Jahren, als einer der wenigen nicht gleichgeschalteten, durch systematische Unterdrückung schon fast kaputtgemacht worden ist.«

Suhrkamp, der es gleichwohl wagte in seinem Verlag von

den 443 auf der Abschussliste der Behörden stehenden Schriftstellern 123 zu veröffentlichen, hatte keinen leichten Stand und verhandelte nun – um die für den Verlag existenzgefährdende Kündigung Hesses zu verhindern – direkt mit dem Wirtschaftsministerium und erreichte, dass bis Jahresende 1938 wenigstens ein Monatsfixum von 500 sFr. an seinen Autor in der Schweiz überwiesen werden konnte. Für die erhoffte Publikation des »Glasperlenspiels« stellte er ihm die Möglichkeit eines Sondervertrages in Aussicht, »falls Sie überhaupt Lust haben, mit mir zu gehen und mir das Buch zu geben« (Mai 1938).

Aber der Abschluss der 1931 begonnenen Arbeit an diesem Roman sollte sich wegen der tagtäglich aufdrängenden Sozialarbeit für die Emigranten noch jahrelang hinziehen. Denn angesichts der existenziellen Not der zahllosen Hilfsbedürftigen war an ein kontinuierliches Produzieren im Elfenbeinturm einer Dichtung nun nicht mehr zu denken. Geplante Teile des Werkes, wie der »Schwäbische«, ein »Tessiner« und ein »Chinesischer Lebenslauf Josef Knechts«, blieben unvollendet liegen. Hesse, der vordem fast alle seine Bücher so zügig wie unter Diktat, zuweilen in wenigen Wochen oder Monaten, niedergeschrieben hatte, brauchte für »Das Glasperlenspiel« mehr als zehn Jahre. Wie im Ersten Weltkrieg, als er seine eigenen Projekte fast ganz dem humanitären Dienst in der Kriegsgefangenenfürsorge untergeordnet hatte, war ihm auch jetzt der Einsatz für die Verfolgten vordringlich. Wieder absorbiere ihn »die Sorge für zehntausende ausgeplünderte und verzweifelte Flüchtlinge, mit denen Deutschland in seiner Größe die Nachbarn und die Welt überschwemmt«. Man müsse »in der Welt eben an der Stelle mitarbeiten, wo man gewünscht und gebraucht wird«, bemerkt er im Januar 1935 in einem Brief an Helene Welti. Zwar sei er stets tätig, doch nicht produktiv und das Beantworten all der Zuschriften und Fragen der einzige reale Beweis für den Sinn seiner Existenz und Arbeit.

Was Wunder, dass neben den »Heuschreckenschwärmen«

von Besuchern und Notdürftigen auch Hesses Kollegen, gleich welcher Couleur, so zahlreich wie nie zuvor in seinem Schweizer Domizil vorsprachen: J.R. Becher ebenso wie Martin Buber, Thomas Mann und Stefan Zweig, Peter Weiss, Hans Carossa, Max Herrmann-Neiße, Ernst Wiechert, Joachim Maass, Felix Braun, Romain Rolland, Hermann Kasack, Max Picard oder Carl Hofer. Für Bertolt Brecht und Bernhard von Brentano, für Thomas Mann und Bruno Frank, für Annette Kolb, Ernst Toller, Albert Ehrenstein, Kurt Wolff und manche andere war Hesse eine der ersten Stationen ihrer Emigration. »Das starke Anwachsen der literarischen Beziehungen«, schrieb er 1935 dem Herausgeber der Zeitschrift »Corona«, komme daher, dass er zwischen den reichs- und auslandsdeutschen Literaten stehe »und beide Wert darauf legen, mich mehr oder weniger zu sich zu zählen. Im übrigen habe ich von dieser Sonderstellung nichts als Plackerei, denn zu meinen Verehrern im Reich gehört weder das Kultusministerium noch das Devisenamt.« Auf ungleich kompliziertere Weise als im Ersten Weltkrieg galt es nun, ohne die Protektion seitens humanitärer Einrichtungen, Abhilfe zu schaffen. Wer sich der Mühe unterzieht, die vielen tausend an Hesse gerichteten Schreiben aus den Jahren 1933 bis 1945 zu konsultieren und dabei das Ausmaß an praktischer, moralischer und materieller Hilfe kennenzulernen, der wird sich fragen, wie denn trotz dieser Aktivitäten ein Werk wie »Das Glasperlenspiel« überhaupt noch zustande kommen konnte. Welches Gehör seine Vermittlungsversuche bei den Behörden nach der »Heim ins Reich«-Holung Österreichs fanden, als man auch in der Schweiz täglich »mit dem freundnachbarlichen Besuch der braunen Teufel rechnen musste«, zeigen seine Gesuche. Wäre die Schweizer Fremdenpolizei, berichtet er am 28.5.1938, »auf Hitler vereidigt, so könnte sie nicht prompter in seinem Sinn reagieren«. Dennoch unternahm er es immer wieder, mit einer für sein Naturell verblüffenden Diplomatie, den Betroffenen auch jenseits des amtlichen Instanzenwegs beizustehen, um durch Bittschriften,

Gutachten, Visavermittlungen, Bürgschaften und Einquartierungen die bürokratischen Schikanen zu verhindern oder doch abzukürzen, womit die Staatenlosen nicht selten zu Tode gehetzt wurden. Eine dankbare Aufgabe war das nicht. Denn schon in den Jahren 1933 bis 1936, als er mehr als 60 Bücher unerwünschter oder zur Flucht gezwungener Autoren empfohlen hatte, war ihm auch die Emigrantenpresse keineswegs gewogen. Ohne von den Gründen seiner erzwungenen Bindung an den in Deutschland verbliebenen Verlagsteil zu wissen, hatten ihm die Wortführer der Exilpresse Leopold (»Das Neue Tage-Buch«, Paris) und Georg Bernhard (»Pariser Tageblatt«) vorgeworfen, weiterhin im Fischer Verlag zu publizieren und überdies Mitarbeiter bei der »Frankfurter Zeitung«, »diesem Feigenblatt des Dritten Reiches« zu sein. (Letzteres eine Falschmeldung, denn seit 1927 ist dort kein einziger Beitrag Hesses mehr publiziert worden.)

»In Deutschland«, berichtet er damals an Max Thomann, »ist seit November ein anfangs nur literarischer, jetzt aber weit in die Tagespresse gedrungener Angriff gegen mich im Rollen, viel mehr eine glatte Denunziation mit gefälschten Angaben und Daten aus meinem Leben etc. Gleichzeitig läuft von der Gegenseite der nicht weniger bös gemeinte Angriff der Emigrantenpresse. Die schaden sich freilich damit selber, aber wo so viel Dreck spritzt, sitzt man nicht gut, und so komme ich immer weiter weg von meiner Welt und Arbeit. Den halben Tag muss ich mich für arme Emigranten bemühen, um Geld, um Aufenthaltserlaubnis, um Versorgung halbverhungerter Kinder (das Elend ist oft grauenhaft), und die anderer Hälfte des Tages kann ich mich dann mit dem beschäftigen, was dieselben Emigranten mir als giftige Antwort zurückschicken.« Etwa ein Jahr lang, vom Herbst 1935 bis Herbst 1936, hielt Hesse es in der Schusslinie der Doppelpolemik aus. Dann entschloss er sich, seine vordem so umfassende Tätigkeit als Berichterstatter lesenswerter Neuerscheinungen sowohl in Schweden wie auch in Deutschland einzustellen, wo »Die neue Rundschau« im September 1936 seine letzten Referate zu publizieren wagte. In der Antwort auf eine Zuschrift von Victor Wittkowski vom Januar 1937 begründet er diesen Schritt: »Ich habe diese ›summierenden Besprechungen‹ wie Sie sie nennen, jahrelang gemacht, umschmeichelt von den jungen Autoren und angepfiffen von ihnen, sobald ich ihre Bücher nicht entzückend fand; ich habe mir in den mühsamen Jahren seit 1933 mit dieser Tätigkeit vollends die Augen ruiniert und meine eigene dichterische Tätigkeit fast ganz geopfert, ich habe dabei, durchschnittlich gerechnet, für den vollen Lese- und Arbeitstag etwa einen Franken verdient, und das Endergebnis war, daß ich nicht nur, wie erwartet, in Deutschland als Volksverräter, der in ›jüdischem Sold‹ steht, etc. gebrandmarkt wurde, sondern, daß zugleich die Emigranten und Juden, für deren Autoren und Verlage ich meinen Kopf riskiert hatte, beim ersten Anlaß ebenfalls mit Verleumdungen über mich herfielen. [...] Ich habe dabei viel gelernt und bereue nichts. Aber die Tätigkeit weiterzuführen, wäre in jeder Hinsicht Selbstmord gewesen.«

Hatten sich die Angriffe der Nationalsozialisten an Hesses Kritik der von ihnen propagierten und an seinen Empfehlungen unerwünschter Neuerscheinungen entzündet, so war für die Exilpresse der Umstand, dass Autoren wie Thomas Mann, Hesse, Annette Kolb, Joachim Maass oder Carl Zuckmayer nach 1933 überhaupt noch in Deutschland veröffentlichten, der Stein des Anstoßes. So verständlich das Solidarisierungsbedürfnis der bereits zur Flucht gezwungenen Autoren mit ihren vorläufig noch nicht verbotenen Kollegen war, so begreiflich ist auch deren Haltung, wenigstens mit ihren Büchern in der Höhle des Löwen vernehmbar zu bleiben, die innerdeutsche Opposition zu bestärken und sich nicht von einer Politik in Zugzwang setzen zu lassen, vor der man freiwillig nicht kapitulieren durfte, weil man sonst den Machthabern das Armutszeugnis erspart hätte, beliebte Autoren zu verbieten. Diese Haltung stand auch hinter Thomas Manns »dringlichem Wunsch, mich, solange es möglich ist, von meinem innerdeutschen Publikum nicht trennen zu lassen« (in einem am 15.11.1933 publizierten offenen Brief). Dem entsprach die Sichtweise Hesses, er fühle sich mit seinen Büchern »(vielleicht irrtümlich!) verpflichtet, dieses versaute und brutalisierte Deutschland nicht zu verlassen, sondern in meiner Sphäre die Tradition der Anständigkeit und Gerechtigkeit zu wahren« (im Oktober 1934 an Emil Molt). Doch als Thomas Mann im Februar 1936 dem Druck der auch auf ihn zielenden Angriffe aus der Exilpresse nachgab und sich in einem offenen Brief an den die Exilliteratur bagatellisierenden Literaturpapst Eduard Korrodi (von 1914 bis 1950 Feuilletonchef der »Neuen Zürcher Zeitung«) wandte mit der Feststellung: »Man ist nicht deutsch, wenn man völkisch ist«, hatte er den braunen Machthabern einen Vorwand geliefert, seine Bücher verbieten und ihn ausbürgern zu können. Hesse bedauerte diesen Schritt, weil »die illegale Wirkung des Trostes und der Stärkung«, die Thomas Mann auf die reichsdeutschen Leser habe, nun wohl verlorengehe, und schrieb ihm: »Auch ich bin mitbetroffen und verliere einen Kameraden und beklage das ganz egoistisch.« Deutlicher wird er in seiner Antwort auf ein Schreiben von Victor Wittkowski: Damit habe sich Thomas Mann und seine deutsche Leserschaft um etwas Unwiederbringliches beraubt: »Ich begreife ihn sehr gut, man will nicht ewig im Zwielicht stehen und von beiden Fronten her beschossen werden.« Aber genau das sei die heutige Lage, die jeder Intellektuelle bestehen und worin er schlimmstenfalls umkommen müsse. »Das ›Bekennen‹ hätte einen Sinn, wenn ein Lager, eine Front, eine Gemeinschaft da wäre, an die man glauben könnte. Die demokratisch-liberale Kultur, an die Th. Mann appelliert, ist ihm heilig, aber das hindert nicht, daß ihre offiziellen Vertreter, vom Schweizer Bundesrat bis zum Pariser Deputierten, teils feig, teils käuflich sind und keines Opfers fähig.« Er lehne derlei Kundgebungen ab, hatte er schon 1933 vermerkt, »ich gehöre keiner Partei an, und wenn der Kommunismus mir auch persönlich sympathischer ist als der Faschismus, so hänge ich ihm dennoch nicht an, wie überhaupt keiner Form von Machtstreben«. Er sehe die Aufgabe des Dichters und Intellektuellen darin, den Frieden zu fördern und nicht den Kampf. Zwar habe er auch dazu oft Lust, entgegnete er im September 1933 dem Freund Joseph Englert, »aber nur für Augenblicke. Wozu die Proteste? Wozu die witzigen Aufsätze über Hitler oder über die deutsche Unteroffiziersbegabung? Was gehen sie mich an? Ich kann sie nicht ändern. Ich kann aber allen denen ein wenig helfen, die gleich mir die ganze säuische Machtstreberei und Politik in ihrem ganzen Tun und Denken sabotieren und Inseln des Menschentums und der Liebe bilden inmitten von Teufelei und Totschlag.«

Dagegen häuften sich die Stimmen, die ihn, statt zu resignieren, zum journalistischen Kampf gegen das Regime aufforderten. Doch weder von seinen emigrierten noch von den in Deutschland verbliebenen Freunden ließ er sich in die Rolle eines Praeceptor Germaniae drängen, um das Gewicht seines Namens zu nutzen, um aus der gesicherten Distanz der Schweiz von seinen Landsleuten einen Heroismus zu fordern, für den er nicht selbst den Kopf hinzuhalten brauchte.

Zwei Jahre *vor* Hitlers Machtergreifung dachte er darüber noch anders. Damals begann er mit der Konzeption des »Glasperlenspiels«, »um einen geistigen Raum aufzubauen, in dem man leben und atmen konnte aller Vergiftung der Welt zum Trotz und um den Widerstand des Geistes gegen die barbarischen Mächte zum Ausdruck zu bringen«. 1931, noch bevor er mit der Niederschrift des neuen Buches begonnen hatte, skizzierte er dessen Ausgang: Der Roman sollte abschließen mit einer Unterredung über das Verhältnis von Geist und Politik zwischen dem Führer der Diktatur und seinem Gegenspieler Josef Knecht, der Hauptgestalt des Buches. Unter der Überschrift »Schluss« notierte er den Verlauf des Gespräches: Der Diktator beabsichtigt, auch die Kultur seinem Regime dienstbar zu machen. Neben den staatlichen Schulen und Universitäten sollten nun auch die bis dahin unabhängigen Institutionen wie Kastalien, die Akademie des Glasperlenspiels, gleichgeschaltet werden. Andernfalls müsse man ebenso rigoros dagegen vorgehen wie gegen jede andere Opposition: also Kastalien verbieten, es zerstören und seine Repräsentanten töten. »Der Versucher spricht recht klug und beinah geistig«, heißt es in diesem ahnungsvollen Entwurf, worin Hesse die damals noch nicht gegründeten (nationalpolitischen) Erziehungsanstalten der sogenannten NAPOLA vorwegnimmt (Hitlers Eliteschulen für den Nachwuchs der SS und der Wehrmacht). »Knecht gibt höflich und bescheiden Auskunft, macht keinerlei Versuch, sich zu retten.« Er weigert sich, Kastalien dem Staat zu unterstellen, und antwortet dem Führer: Wer sich jahrelang gewissenhaft dem Erlernen des Glasperlenspiels gewidmet habe, der sei für jedes Ausüben von Macht und materielle Streben untauglich. Damit hat er sich selbst sein Urteil gesprochen. Vor seiner Hinrichtung ersucht er den Diktator noch um ein letztes Spiel. Es handelt vom Kampf der streberischen Mächte gegen den Geist »mit scheinbaren Fortschritten der Macht und Politik, die sich aber langsam als lauter Auflösungen erweisen, und zuletzt, wo das Geist-Thema sich zum Macht-Thema umgekehrt hat, stellt sich heraus, daß alles vom Geist verwandelt und durchsetzt ist«. Mit diesen Worten endet der 1931 entstandene Entwurf. Eine hoffnungsvolle Utopie!

Ein Jahr darauf, in der zweiten Fassung des Vorwortes, die Hesse später gleichfalls verworfen hat, ist die Rede von den haarsträubenden politischen Parolen eines gewissen Litzke (sein Name für Hitler) und der rätselhaften Wirkung verhängnisvoller Bestseller mit Titeln wie »Die Kriegsschuldlüge« oder »Das grüne Blut«, das von der »mystischen, einem heiligen Stigma gleichzusetzenden Auszeichnung weniger echter Führernaturen« handle, die aus »mindestens 30 Generationen reinen Germanenstammes entsprossen« seien. Dieses 1932 entstandene und erst elf Jahre nach Hesses Tod veröffentlichte Vorwort ist eine der treffendsten Karikaturen des Rassismus und aller »Blut und Boden«-Schwärmereien wie auch eine Persiflage auf ein lohnabhängig-obrigkeitshöriges Bildungssystem. Im Juli 1933 erwähnt er diesen Text in einem Brief an Thomas Mann, der ihn vor seinem Exil mehrfach in Montagnola besucht hatte: »Leid tut es mir, daß ich bei Ihrem Hiersein meine Scheu nicht überwand und Sie mit dem Vorwort meines seit zwei Jahren geplanten Buches bekannt machte. Es ist vor mehr als einem Jahr geschrieben und schildert den heutigen geistigen Zustand Deutschlands so genau voraus, daß ich dieser Tage beim Wiederlesen beinah erschrak.« Spätestens dabei ist ihm klargeworden, dass er auf diese Weise nicht fortfahren konnte, ohne den Verlag und seine in Deutschland lebenden Geschwister in Gefahr zu bringen, die überdies als Mitglieder der »Bekennenden Kirche« fürchten mussten, in Geiselhaft genommen zu werden, solange man seiner selbst nicht habhaft werden konnte.

Man mag es bedauern, dass Hesse diese aktuellen Bezüge nicht in die definitive Version des »Glasperlenspiels« einbezogen hat. Aber was wäre dadurch gewonnen? Es hätte ihm zwar den auch heute noch vorkommenden Tadel erspart, das Buch statt in der damaligen Gegenwart in der Zukunft spielen zu lassen. Verboten wurde es ohnehin, selbst in der endgültigen Fassung. Auch darin stirbt Josef Knecht einen Opfertod, aber keinen fremd-, sondern einen selbstbestimmten. Einem Fanatiker wie Hitler auch noch die Ehre zu erweisen, ihn in seinem Werk zu einer Hauptfigur aufzuwerten, kam für Hesse nach 1933 nicht mehr in Frage. Dieses einträgliche Geschäft mit dem Teufel wird ja, wenn auch unter dem Vorwand der Aufklärung, von unzähligen Biographen, der Filmindustrie und den Medien bis auf den heutigen Tag und wohl noch auf ewige Zeiten besorgt. –

Je mehr Tagesaktualität der Dichter dem Buch im Verlauf seiner Entstehung entzog, umso stärker haben sich dabei die Perspektiven erweitert, die in die Zukunft weisen. So kommt es, dass wir das Buch mit seinem bewusst unpolitischen Titel heute nicht mehr nur als eine Auseinandersetzung mit etwas bereits Vergangenem lesen, sondern als ein Kontrastprogramm zu allen autoritären Staaten, ganz unabhängig von ihrem ideologischen Vorwand, der damals eben ein nationalsozialistischer Faschismus war. Immerhin konnten einzelne Kapitel des Buches in Suhrkamps »Neuer Rundschau« und der deutsch-schweizerischen Zeitschrift »Corona« von 1934 bis 1942 vorabgedruckt werden. Deren wenige Abonnenten waren für Hesse eine »verschüttete Diaspora von Menschen, die gleich mir selber [...] das etwas undeutliche Gefühl haben, für eine noch nicht sichtbare Zukunft da zu sein« und »einiges vom Überkommenen weiterzugeben« (Brief vom Februar 1938 an Martin Buber). Doch immer wieder überfielen ihn auch Zweifel: Vermutlich habe er vergeblich an seiner Utopie von Josef Knecht und den Idealschulen Kastaliens gearbeitet, »einer Welt der Sauberkeit des Geistes, denn ein Maul voll Natur und Schweinebraten« sei den Lesern stets lieber als aller Geist« (am 13.8.1938 an Walter Schädelin).

Dass Hesse nach 1936 »keine Donnerkeile gegen Hitler geschleudert« habe, verteidigte ihn Thomas Mann 1945, sei doch ein absurder Vorwurf. Denn wie er dies als Schweizer in einem neutralen Land, »wo auch ich 5 Jahre so gut wie gänzlich den Mund halten mußte, hätte tun sollen«, werde dabei außer Acht gelassen. »Loslegen, mein Herz waschen, konnte ich auch erst in Amerika«, wie auch seine dorthin geflohenen Kollegen Bertolt Brecht, Franz Werfel und Stefan Zweig.

So weitblickend Hesses Sicht der politischen Dinge bereits vor Hitlers Machtantritt war, auf welche Weise sie ihn selbst und seinen Verleger betreffen würden, konnte auch er damals nicht voraussehen. Und so kam es zu dieser Behandlung zwischen Duldung und Sabotage. Ihr ein Ende zu setzen, hat Hesse kurz nach Ausbruch des Zweiten Weltkriegs noch ein weiteres Mal versucht. Inzwischen war nämlich erneut sein Verlagsvertrag abgelaufen. Schon im Februar 1939 hatte er an Suhrkamp geschrieben, weil »unser Vertrag aufgrund der bestehenden wirtschaftlichen und politischen Verhältnisse unhaltbar geworden ist … wird es für mich immer mehr wünschenswert, den Verlag meiner Bücher aus Ihrem Lande weg zu verlegen«.

Umgehend reiste Peter Suhrkamp daraufhin nach Montagnola und versuchte seinem Autor die vernichtenden Folgen zu schildern, die eine solche Entscheidung für die deutsche Firma und für ihn selbst und sein Wagnis habe, neben dem konzessionsbereiten Gerhart Hauptmann nahezu ein Viertel der damals unerwünschten Autoren zu veröffentlichen. Und wieder glückte es Suhrkamp, den Dichter zu überzeugen. Welche persönlichen und finanziellen Folgen das für ihn selber haben würde, war Hesse klar. Das zeigt sein zwei Tage später abgesandter Brief an den Schweizer Schriftstellerkollegen Rudolf Jakob Humm: »Vorgestern habe ich wahrscheinlich eine große Dummheit begangen: ich habe einen neuen Vertrag mit dem Verlag S. Fischer unterzeichnet.« Damit sei dafür gesorgt, dass die Weltgeschichte und sein Privatleben »weiterhin hübsch miteinander verbunden bleiben. Ich tat es lediglich der Person meines Verlegers zuliebe; er ist ein, wie ich glaube, vollkommen treuer Mensch, und auf so einen zu bauen, schien mir trotz allem besser als alles andere.« Diese Reaktion, ungeachtet aller ihn selbst betreffenden Nachteile, Suhrkamp und sein verwegenes Unternehmen über Wasser zu halten – eine Firma, die Goebbels 1944 als den »Verlag des 20. Juli«, also des Attentats auf Hitler, bezeichnen sollte – zeigt etwas von Hesses Ethik, die für ihn, wenn es hart auf hart ging, stets Vorrang vor persönlichem Nutzen hatte.

Doch ist das Schicksal des Verlages und seiner eigenen Schriften in jenen Jahren nur ein Teilaspekt der vorliegenden Korrespondenzen. Im Vordergrund stehen die Emigranten sowie die Menschen in Deutschland, die Hesse keineswegs generell mit ihren Politikern gleichsetzte. Waren sie doch die eigentliche Zielgruppe des »Glasperlenspiels«, dieses Modells einer sowohl die humanistischen Traditionen der Vergangenheit fortsetzenden wie einer künftigen humanen Pädagogik, die von der Gemeinschaft finanziert werden, doch unabhängig von staatlicher Willkür mit einer interdisziplinär alle Wissensgebiete vernetzenden Kommunikationstechnik die »Unzerstörbarkeit des Geistes« bekunden sollte statt völkischem Rassendünkel. Auch existenzielle und theologische Fragen werden in Hesses Briefen immer wieder thematisiert und solche nach der Positionierung der Kirchen, wo unzählige Menschen statt im Religionsersatz der Partei vergeblich Halt zu finden suchten.

Auffallend ist, dass Hesse in den nicht nach Deutschland adressierten Briefen seine Sicht der politischen Dinge ungleich pointierter beim Namen nennt. Denn viele seiner Schreiben wurden von den Zensurstellen der Gestapo geöffnet und auf verfängliche Aussagen untersucht, welche die Empfänger in Gefahr bringen konnten. Von Ausnahmen abgesehen (z. B. wenn er zuverlässigen Besuchern aus Deutschland seine Post anvertrauen konnte), sind seine Stellungnahmen weniger verschlüsselt. In diese Edition einbezogen wurden nun auch jene Schreiben, von denen sich Ninon seit ihrem Zusammenleben mit dem Dichter Abschriften anfertigen konnte. Da sie ihm, seines chronischen Augenleidens wegen, einen Großteil der einlaufenden Post vorlas, interessierten sie manche seiner Erwiderungen. Auf diese Weise ist, seit dem Beginn ihrer Ehe 1931, eine beachtliche Anzahl von Antworten zusammengekommen, die sonst als Unikate nur die Empfänger erreicht hätten und heute recht mühsam oder gar nicht mehr auffindbar gewesen wären. Diese meist ohne Angabe des Adressaten, der Anreden und abschließende Grußzeilen überlieferten 431 Seiten umfassende Sammlung der »Briefe« des Dichters wurde von Ninon Hesse seit der 3. Auflage 1959 bis zu seinem Tod um 231 Schreiben erweitert und liegt seit 1973 als Taschenbuchausgabe u. d. T. »Ausgewählte Briefe« vor. Die meisten Originale dieser Schreiben sind bis heute verschollen und mussten deshalb auch hier oft ohne Nennung der Adressaten, Anreden und Schlussformeln eingereiht werden. Von einigen, wie u.a. den Antworten auf Briefe von Horst Schwarze (Januar 1933), Ernst Rogasch (Februar 1933), sind mittlerweile die Originale wiederaufgetaucht und konnten somit in vollem Wortlaut wiedergegeben werden. Galt Ninons Interesse vorwiegend Hesses Stellungnahmen zu kulturgeschichtlichen, weltanschaulichen, philosophischen, religiösen und zeitgeschichtlichen Themen und weniger den ihr ja vertrauten profanen und privaten Konstellationen des Alltags, so sind auch diese hier berücksichtigt worden. Denn oft erhellen erst sie das Klima und Umfeld von Hesses Erwiderungen. Nur so war ein charakteristisches Gesamtbild zu erreichen, das neben den zeitgeschichtlichen auch die biographischen Begebenheiten jener Jahre überliefert und illustriert. Einmal mehr erweist sich dabei die Eigenart des Dichters wie auch des Briefschreibers Hesse, bei dem sich fast jedes Thema zu Einsichten und Aussagen kristallisiert, die über den jeweiligen Anlass hinaus aktuelle Gültigkeit bewahren. So kommt es, dass wir bei der Lektüre Absender und Empfänger der Briefe oft ganz aus dem Auge verlieren, weil es uns scheint, als sei nicht von ihnen und ihren Problemen, sondern von uns selber und unseren Konflikten die Rede.

Bei der Vielzahl der Korrespondenzen konnte es nicht ausbleiben, dass den unterschiedlichen Adressaten zum selben Zeitpunkt die gleichen Begebenheiten berichtet werden. Um allzu viele Wiederholungen zu vermeiden und Platz für Neues zu schaffen, musste zuweilen auf das in vorherigen Schreiben bereits Erwähnte verzichtet und durch Auslassungszeichen […] gekennzeichnet werden. In keinem dieser Fälle sind dabei inhaltlich relevante Aussagen entfernt oder gekürzt worden. Die seltenen Tippfehler in maschinenschriftlichen Mitteilungen wurden stillschweigend berichtigt und die zahlreichen undatierten Schreiben sowie die jeweiligen Aufenthaltsorte in eckigen Klammern ergänzt und datiert.

Bei erstmals vorkommenden Korrespondenzpartnern sind deren Lebensdaten und Kurzbiographien, sofern sie bis Redaktionsschluss ermittelt werden konnten, in den Anhang einbezogen worden. Wieder gilt mein Dank allen Institutionen, Archiven und Inhabern der Briefe, die mit Kopien oder Abschriften ihrer Hesse-Schreiben zu diesem Sammelband beigetragen haben, insbesondere dem Deutschen Literaturarchiv in Marbach und dem Schweizerischen Literaturarchiv in Bern sowie Frau Elisabeth Matthias für die Anfertigung der Druckvorlage, des Verzeichnisses der Briefempfänger und des Namenregisters.

Offenbach am Main im Dezember 2017

Volker Michels

Verzeichnis der Briefempfänger

Namenregister

Verzeichnis der in den Briefen, Anmerkungen, im Nachwort und Anhang erwähnten Personen, Orte, Verlage, Zeitungen und Zeitschriften sowie der erwähnten Titel von Hesses Publikationen, Letztere kursiv gedruckt